C000128505

1 MONTH OF
FREE
READING

at

www.ForgottenBooks.com

By purchasing this book you are eligible for one month membership to ForgottenBooks.com, giving you unlimited access to our entire collection of over 1,000,000 titles via our web site and mobile apps.

To claim your free month visit:

www.forgottenbooks.com/free700844

ISBN 978-0-666-13080-8
PIBN 10700844

Historische Zeitschrift.

75440

Herausgegeben von

Heinrich v. Sybel und Friedrich Meinecke.

Der ganzen Reihe 75. Band.
Neue Folge 39. Band.

———

München und Leipzig 1895.
Druck und Verlag von R. Oldenbourg.

Inhalt.

Aufsätze.

Miscellen.

Literaturbericht.

Alphabetisches Verzeichnis der besprochenen Schriften.[1]

---

[1] Enthält auch die in den Notizen und Nachrichten besprochenen selbständigen Schriften.

Notizen und Nachrichten.

Römische Nuntiaturberichte als Quellen der Geschichte des Kölnischen Kriegs.

Von

Max Lossen.

Im Vorwort meiner Vorgeschichte des Kölnischen Krieges, Dezember 1881, hatte ich die Erwartung ausgesprochen, daß in den nächsten Jahren noch mancherlei neues Quellenmaterial für die Geschichte dieses Krieges zum Druck gelangen werde. Dabei dachte ich an allerhand mögliche oder wahrscheinliche Publikationen aus deutschen und fremden Archiven, aber gewiß nicht daran, daß schon in nächster Zeit fast überreiche Quellen zur deutschen Geschichte im Zeitalter der Reformation und Gegenreformation aus den Archiven des Vatikans sich ergießen würden.

Freilich hatte schon im Jahre vorher Papst Leo XIII. den „von wissenschaftlicher Begeisterung, wie von staatsmännischer Einsicht zeugenden Entschluß“[1] gefaßt, diese Archive geschichtlicher Forschung zu öffnen; doch verging immerhin einige Zeit, bis die Geschichtsforscher und ihnen folgend die fremden Regierungen soviel Vertrauen in die Stetigkeit dieses Entschlusses gewannen, daß sie ausgiebigen Gebrauch davon machten. Dann aber, Ende der achtziger Jahre, fing man an, sich fast zu drängen und zu stoßen, um einander das Beste vorwegzunehmen. Zu diesem

---

[1] Worte v. Sybel's im Vorwort zu dem Gesammtunternehmen der „Nuntiaturberichte aus Deutschland“ 1, 1. Gotha 1892.

Beſten rechnete man offenbar die Nuntiaturberichte des. 16 Jahrhunderts, denn um ihre Veröffentlichung ſtritten ſich alsbald die
beiden eigens für die Ausbeutung der vatikaniſchen Archive errichteten
hiſtoriſchen Inſtitute in Rom, das öſterreichiſche und das preußiſche,
bis ſie ſchließlich unter einander und mit einem ihnen beiden
zuvorgekommenen Privatinſtitut, der Görres-Geſellſchaft, ſchieblich
friedlich ſich derart in die Beute theilten, daß dem preußiſchen
Inſtitut die Nuntiaturberichte aus den Jahren 1533 bis 59 und
dann wieder die von 1572 bis 85 zufielen, die zwiſchenliegende
und die nachfolgende Zeit aber den beiden Rivalen.

Die Jahre 1572 bis 85, das iſt die Berichte der Nuntien
des Pontifikats Gregor's XIII., übernahm zunächſt Dr. Joſeph
Hanſen, damals Aſſiſtent am preußiſchen Inſtitut, jetzt Stadtarchivar zu Köln, und förderte, ein ungewöhnlich raſcher und
gewandter Arbeiter, das Werk ſo, daß heute, nach etwa fünf
Jahren, bereits zwei ſtarke Bände gedruckt vorliegen.[1])

Als Hanſen ſeine Arbeit begann, trat er mit mir in Verbindung. Da meine Geſchichte des Kölniſchen Krieges ſo breit
angelegt iſt, daß nahezu die ganze Geſchichte der Gegenreformation
auf deutſchem Boden mit ihr verwebt erſcheint, mußte ich natürlich auch die Stellung der römiſchen Kurie und ihrer Vertreter,
der Nuntien, fortwährend im Auge haben. Gegenſeitige Hand-
reichung auf dem ineinander greifenden Arbeitsgebiet lag im
wohlverſtandenen beiderſeitigen Intereſſe. Gern erbot ich mich
deshalb, Herrn Dr. Hanſen mit jeder nur möglichen Auskunft
zu unterſtützen. Er ſeinerſeits kam meinem Wunſche entgegen,
indem er die auf den Kölniſchen Krieg unmittelbar ſich beziehenden
Nuntiaturberichte zuerſt herausgab, andere loſer damit zuſammen-
hängende aber einem zweiten Bande zutheilte.[2])

---

[1]) Nuntiaturberichte aus Deutſchland. III. Abthlg. 1572—1585.
1. Band: Der Kampf um Köln 1576—1584. 2. Band: Der Reichstag zu
Regensburg 1576, der Pazifikationstag zu Köln 1579, der Reichstag zu
Augsburg 1582. Im Auftrage des kgl. preuß. hiſtoriſchen Inſtituts in Rom
bearbeitet von Joſeph Hanſen. Berlin, A. Bath. 1892 und 1894. Bd. 1
LXVI u. 802 S., Bd. 2 XCIII u. 679 S.

[2]) Auf dieſe Vereinbarung bezieht ſich folgende Bemerkung in dem vorhin erwähnten Vorwort v. Sybel's: „Auf eine von Außen gekommene An-

Rein sachlich betrachtet, hat dieses Verfahren etwas Mißliches mit sich gebracht: Hansen mußte von dem für die Gesammtedition aufgestellten Princip der Eintheilung „nach Nuntiaturen" wiederholt abweichen, indem er zusammengehörige Berichte — die des Kardinals Morone von 1576, des Nuntius Castagna von 1579, des Kardinals Madruzzo von 1582 — auseinanderriß, die auf den Kampf um Köln bezüglichen Stücke schon in seinem 1. Bande abdruckte, das nicht unmittelbar dahin gehörige aber erst im 2. Band. Nun, da beide Bände vorliegen, ist der Übelstand guten Theils gehoben; zu bedauern bleibt allenfalls noch, daß gewisse Wiederholungen unvermeidlich waren, durch welche der Umfang der beiden Bände vergrößert wurde.

Indem ich von diesem Umfang spreche, kann ich nicht umhin, einem das ganze Unternehmen treffenden Bedenken Ausdruck zu geben.

Walter Friedensburg erwähnt in der allgemeinen Einleitung zur ersten Abtheilung (S. 41), die Mittheilung der Berichte der Nuntien und der Gegenschreiben der Kurie solle „durchweg im vollen Wortlaut erfolgen, selbst da, wo anscheinend Unwichtiges berichtet werde". Einzelne Forscher, denen dadurch die Mühe und Last einer weiten Archivreise erspart wird — denn non cuivis contingit adire Romam —, mögen dieses Princip willkommen heißen, aber wird sich die große Mehrheit der Benutzer damit befreunden, und wie viele Bibliotheken werden sich die Ausgabe für eine so umfangreiche und so theure Publikation gestatten können? Die Nuntiaturberichte der Jahre 1560—1585 im vatikanischen Archiv füllen allein, wie Friedensburg angibt, 54 Bände; dazu kommt noch ein Menge verwandter Akten desselben Archivs, die auch berücksichtigt sein wollen, ganz abgesehen von dem, was fremde, nicht römische Archive bieten. Gelegentlichen Bemerkungen von Hansen entnehme ich, daß aus der Zeit Gregor's XIII., nach dem, was er selbst auf etwa 1600 Seiten publizirt hat,

---

regung stellte Hansen unter Genehmigung der Kommission die Bearbeitung der Nuntiaturberichte von 1564 ab für den Augenblick ein, um zunächst die Berichte der unter Gregor XIII. durch die kölnischen Wirren veranlaßten Spezialmission zu sammeln und zu publiziren."

noch die laufenden Berichte der Nuntien am kaiſerlichen Hof,
Johann Delfino, Bartholomäus Porzia und Horatio Malaspina,
dann die Schreiben der vorübergehend im Reiche thätigen päpſtlichen Kommiſſare und Nuntien, Felician Ninguarda, Kaspar
Gropper, Nikolaus Elgard, der Veröffentlichung harren. Selbſt
dem ſpeziellſten Spezialiſten dürfte, fürchte ich, damit des Guten
zu viel werden. Mir ſcheint, man müßte von vorne herein einen
Hauptunterſchied machen: nur da, wo die Berichte der Nuntien
gleichſam der Niederſchlag eigener ſelbſtändiger Thätigkeit ſind —
wie dies in der That bei den von Hanſen veröffentlichten großentheils der Fall iſt — mag vollſtändiger Abdruck am Platze ſein;
wo aber der Nuntius nur Berichterſtatter über fremde Ereigniſſe,
mit anderen Worten Zeitungsſchreiber iſt, wird in der Regel ein
kurzes Excerpt genügen.

Ein weiteres Bedenken von allgemeiner Art drängt ſich auf,
welches auch für die von Hanſen publizirten Berichte gilt: Die
während des Kampfes um Köln von Rom entſendeten Nuntien
ſind zwar in der That, wie Hanſen im Vorwort des 1. Bandes
hervorhebt, „nicht mehr oder minder unbetheiligte Zuſchauer“,
ſondern mithandelnde Perſonen, — aber ſie ſind nicht, und
das hat Hanſen infolge einſeitiger Archivbenutzung verkannt, die
Hauptperſonen. Hanſen’s Meinung (1, LXIV), „der Erfolg der
katholiſchen Reſtauration in Köln ſei — darüber geſtatteten die
vorliegenden Akten keinen Zweifel — in erſter Linie der Initiative
der päpſtlichen Regierung zuzuſchreiben“, iſt und bleibt, troß
den von ihm benußten Akten, ein Grundirrthum. Hätte Hanſen
die Akten des Kölner Domkapitels, die des Hauſes Baiern
und des kaiſerlichen Hofes ebenſo genau gekannt, wie die päpſtlichen, ſo hätte er ein ſolches Urtheil nimmermehr fällen können.
Er hätte ſich dann überzeugt, daß die römiſch-katholiſche Mehrheit des Domkapitels, ſowie einzelne mit Gebhard Truchſeß per-
ſönlich verfeindete Domherren, wie der Chorbiſchof Herzog Friedrich
von Sachſen, weiter Graf Salentin von Iſenburg, endlich ſelbſt
die kaiſerlichen Kommiſſare mindeſtens ebenſoviel gethan haben, um
dem Herzog Ernſt von Baiern und damit der katholiſchen Reſtauration im Erzſtift Köln den Weg zu bahnen, als die Send-

boten des römischen Stuhles und weiterhin die römische Kurie selbst. Die Erkenntnis, daß selbst in einem Falle, wo der römische Stuhl so unmittelbar betheiligt war, wie bei dem Kampf um das Erzstift Köln, die Nuntiaturberichte nur e i n e, und nicht einmal die wichtigste Quelle für den Geschichtsforscher sind, wird darum zur Selbstbeschränkung bei ferneren Publikationen mahnen.

Wie wenig das Material eines einzelnen Archivs, eben des vatikanischen, ausreicht, um damit solide Geschichte zu erbauen, hat Karl Unkel bewiesen mit seinem gänzlich mißglückten Versuch, auf Grund der nachher von Hansen publizirten Nuntiaturberichte die Geschichte der Kölner Bischofswahl des Jahres 1583 zu schreiben. [1]

Auch in der geschichtlichen Einleitung von Hansen erscheint da, wo er, hinausgehend über die Skizzirung des Hauptinhalts der nachfolgenden Nuntiaturberichte, die Geschichte dieser Wahl darzustellen sucht, manche Behauptung schief oder unhaltbar. Aus dem Schlußband meiner Geschichte des Kölnischen Krieges wird sich das im Einzelnen ergeben. Hier beabsichtige ich nur in kurzen Umrissen den wesentlichen Inhalt der beiden Hansen'schen Bände anzugeben und dabei auf ein paar kleinere, mit den Nuntiaturberichten zusammenhängende Streitfragen flüchtige Streiflichter zu werfen.

————

Daß das Pontifikat Gregor's XIII. an Nuntiaturen nach Deutschland so reich ist, wie vielleicht kein zweites, hängt zusammen einerseits mit der Eigenart dieses Papstes, andrerseits mit dem hohen Ziel, das er in Bezug auf Deutschland sich gesteckt hatte. Die wichtigsten in dieser doppelten Beziehung in Betracht kommenden Momente habe ich bereits in meiner Vorgeschichte des Kölnischen Krieges (S. 147) hervorgehoben: Gregor XIII. rühmte sich selbst deutscher Abstammung; er kannte die deutsche Nation von der Universität Bologna her und betrachtete es als seinen besonderen Beruf, sie der römischen Kirche wiederzugewinnen. Sodann überließ er sich so vollständig, wie kaum je ein anderer

————

[1] In seinem Aufsatz über „Die Errichtung der ständigen apostolischen Nuntiatur in Köln" im Hist. Jahrbuch der Görres-Gesellschaft. Bd. 12. 1891.

Papst, sowohl in seinem Privatleben, wie in der Verwaltung der römischen Kirche, der geistigen Leitung des Jesuitenordens. Mit den Jesuiten erkannte er, daß es kein wirksameres Mittel der katholischen Restauration gab, als die Verflechtung der politischen und Familien-Interessen der weltlichen Machthaber mit den kirchlichen Zwecken der römischen Kurie. Der geeignetste Weg, eine solche Interessengemeinschaft anzuknüpfen und immer fester zu schürzen, war die Aussendung von Vertrauensmännern der Kurie, die sich mit jenen Machthabern nach dem Grundsatz der do ut des-Politik zu verständigen hatten.

Des Gegensatzes seiner Politik gegen die seines Vorgängers, des starren und fanatischen Mönches Pius' V., war sich Gregor XIII. wohl bewußt. Kurz nach seiner Thronbesteigung schrieb sein Staatssekretär, der Kardinal von Como, an den Nuntius in Wien: „Wir wollen hoffen, wenn die Leute sich überzeugen, daß Se. Heiligkeit der Papst der gemeinsame, gegen Alle liebevolle Vater sein muß, wie er das in Wirklichkeit sein wird, sie dann vielleicht auch einen andern Weg einschlagen, als unter seinem Vorgänger, gegen den ein gewisses Mißtrauen bestand." [1]

In der Instruktion für den im Jahre 1576 auf den Reichstag nach Regensburg gesandten Kardinal Morone wird dieser aufgefordert, bei Gelegenheit auch mit nichtkatholischen Fürsten und Anderen zu verhandeln, um sie zu gewinnen, und „sie dabei mit weicher Hand anzufassen, da die Diener der früheren Päpste vielleicht mit einer, in Anbetracht der Zeiten allzu großen Schärfe vorgegangen sind". (Hansen 2, 25.)

Vergleicht man Gregor XIII. mit seinem Vorgänger Pius V., so wird man manchmal unwillkürlich an den Gegensatz erinnert, wie er zwischen der Art Leo's XIII. und der des neunten Pius besteht. Che venga, non c'è più Pio nono, soll Leo XIII. gesagt haben, als er einen Vertrauten beauftragte, zu Döllinger zu gehen, um ihn der römischen Kirche wiederzugewinnen.

Ein vorzügliches Werkzeug seiner in der Regel vorsichtigen, mit den Mächtigen der Welt Fühlung suchenden Politik hatte

---

[1] W. E. Schwarz, Briefe und Akten zur Geschichte Maximilian's II. Zweiter Theil. S. VI f.

Gregor XIII. an seinem Staatssekretär, dem Kardinal von Como, Tolomeo Galli, der bereits unter seinem vorletzten Vorgänger, Papst Pius IV., eine Zeitlang dieses Amt bekleidet hatte[1]) und jederzeit das volle Vertrauen des Papstes besaß[2]) — ein beweglicher Geist, rede- und federgewandt, nicht ängstlich in der Wahl der Mittel, für Gunst und Gaben sehr empfänglich, vor allem aber nicht eigenwillig und Anderen gerne ihren Antheil an Einfluß und Ehre gönnend. So konnten unter Gregor XIII. und seinem Staatssekretär die an der Kurie vorhandenen Kräfte sich frei regen und Leute sehr verschiedener Richtung Einfluß üben, wenn sie nur dem einen Ziel dienten: Wiederherstellung und Erweiterung der Macht und des Ansehens des römischen Stuhles.

Öfters kehrt in den Instruktionen und Briefen des Kardinals von Como an die Vertreter der Kurie die Weisung wieder, sie sollten consilium capere in arena (vgl. Hansen 2, XXIV), d. h. je nach den Umständen ihre Entschlüsse fassen und dabei auch ein Abgehen von ihrer Instruktion nicht scheuen. Männer vollen Vertrauens, wie die Kardinäle Morone und Madruzzo, erhielten ihre Weisungen entweder nur in ganz allgemeinen Umrissen oder wurden selbst mit Entwerfung ihrer Instruktionen betraut. (Vgl. für Morone Hansen Bd. 2, Nr. 2, besonders S. 23 und 29, für Madruzzo Bd. 2, Nr. 68, 197 und 198.)

Bezeichnend für die Sorgfalt, welche Gregor XIII. den deutschen Angelegenheiten widmete, ist die eigentlich erst durch ihn, gleich im Anfang seines Pontifikats erfolgte Einrichtung und regelmäßige Befragung einer besonderen germanischen Kardinals-

---

[1]) Nicht etwa unter Pius V., wie Hansen wiederholt (1, VI. XXIII. XXIX) irrthümlich angibt.

[2]) Einen Beleg für die vertrauliche Art, wie Como mit dem Papste wichtigere Dinge zu besprechen pflegte, bietet z. B. sein Brief an Kardinal Madruzzo vom 6./16. Oktober 1882, Hansen Bd. 2 Nr. 268. Hübner's Urtheil sowohl über Gregor XIII. wie über dessen Staatssekretär (Sixte-Quint 1, 135 ff.), zumeist geschöpft aus Äußerungen der den beiden abgeneigten venetianischen Gesandten oder aus dem Munde der Umgebung des Nachfolgers, Sixtus' V., bedarf starker Berichtigung. Vgl. auch Hansen 1, XXX f.

Kongregation, zu deren Gliedern die angesehensten, zugleich mit den deutschen Dingen am besten vertrauten Kardinäle, — neben dem Staatssekretär selbst ein Morone, Alexander Farnese, Prosper Santa Croce, Madruzzo, Stanislaus Hosius, Commendone und einige andere ernannt wurden. Die interessanten Protokolle dieser Kongregation aus den Jahren 1573—78 hat W. E. Schwarz im zweiten Theil seiner Briefe und Akten zur Geschichte Maximilian's II., Paderborn 1891, veröffentlicht. Leider sind die Protokolle aus den späteren Jahren bisher noch nicht wieder aufgefunden worden. [1])

Die Reihe der von Hansen veröffentlichten Nuntiaturberichte beginnt, größtentheils im 2. Band, mit den Briefen des Kardinals Johann Morone, nach Ranke „des geschicktesten kirchlichen Diplomaten, der je gelebt hat," vom Regensburger Reichstag des Jahres 1576.

Morone hatte hauptsächlich die Aufgabe, zu verhüten, daß Kaiser Maximilian auf diesem Reichstag den Protestanten weitere Zugeständnisse mache und namentlich die Freistellung, speziell die Zulassung von protestantischen Fürsten und Herren zu den Hochstiftern, nicht bewillige.[2]) Über die Art, wie mit Morone's Hilfe, zumeist freilich durch die Entschiedenheit zuerst des Kurfürsten Salentin von Köln, dann des Herzogs Albrecht von Baiern, dieses Ziel erreicht wurde, bringen Morone's Berichte im Großen und Ganzen zwar kaum wesentlich Neues, im Einzelnen aber manchen unsern Einblick in die Vorgänge vertiefenden oder die Anschauung belebenden Zug. So, wenn Morone empfiehlt,

---

[1]) Diese Publikation von Schwarz enthält außerdem eine ebenfalls manches Belehrende bietende Sammlung von Gutachten aus den Jahren 1573 bis 76 — die meisten aus Deutschland selbst stammend — über die Lage der katholischen Kirche in Deutschland, sowie über die geeigneten Mittel zur Herstellung der verfallenen Kirchenzucht und der vielfach fast verschwundenen Autorität des römischen Stuhles. Zur Erläuterung dieser Gutachten, sowie der oben erwähnten Protokolle hätte Schwarz mitunter etwas mehr thun dürfen.

[2]) Hansen bezeichnet einigemale mißverständlich die „Grafen und Herren" als den „kleinen" oder „niedern" Adel (1, XLVI und 2, LXXIV); nur den landsässigen Adel und allenfalls die Reichsritter darf man so nennen.

dem Mainzer Kanzler Christoph Faber, welcher bereits im vorigen
Jahre 200 Thaler von Rom erhalten habe, neuerdings 100 zu
geben, und ebensoviel dem Trierer Kanzler Jakob Wimpheling;
„denn, schreibt Morone, „an Gelehrsamkeit, Frömmigkeit, Klugheit,
Würde und Ansehen sind sie wirklich zwei Säulen unter diesen
Reichstagsgesandten, haben sich bei der ersten Aktion vortrefflich
gehalten und sind oft bei mir zu Tische und theilen mir Alles
mit, was vorfällt." (H. 2, 91.) Auch von dem Reichs-
hofrathssekretär Andreas Erstenberger rühmt Morone wiederholt
(2, 142 und 160), daß dieser ihm in allen Reichstagssachen
behilflich sei und Aufklärung verschaffe. Den Hofmarschall des
jungen Königs Rudolf, Adam von Dietrichstein, charakterisirt
Morone als einen „Todfeind der Lutheraner" (adversario a
Lutherani per la vita, H. 2, 171).

Interessant sind dann auch die Mittheilungen Morone's
und des ihm beigegebenen Nuntius Delfino über Kaiser Maximilian's letzte Tage. Morone hatte vergeblich dem todkranken
Kaiser zugeredet, vor seinem Tode nach katholischer Art zu
beichten und (unter e i n e r Gestalt) zu kommuniziren. Nach Maximilian's Tod berichtet Delfino, Herzog Albrecht von Baiern habe
auf die Frage des Kurfürsten August von Sachsen, ob der Kaiser
als Papist oder als Lutheraner gestorben sei, geantwortet, Maximilian sei gestorben, wie er gelebt habe, indem er noch im letzten
Augenblick seines Lebens die Leute über seine Religion in Zweifel
ließ. (H. 2, 169[4] f.)

An die Legation des Kardinals Morone knüpft sich eine
kleine, von Hansen wieder aufgerührte historische Streitfrage. In
meiner Vorgeschichte des Kölnischen Krieges (S. 624) habe ich die
Angabe für wahrscheinlich erklärt, König Rudolf habe kurz vor
dem Tode seines Vaters dem Kardinal Morone versprochen,
„künftighin keinem erwählten Bischof die Regalien zu verleihen,
bevor derselbe gemäß den Konkordaten der deutschen Nation die
päpstliche Konfirmation erlangt habe". Hansen (1, XXXI) greift
diese Ansicht an, verwechselt dabei aber zunächst König Rudolf
und Kaiser Maximilian II. und scheint weiter (1, 199 u. 259[3])
den Unterschied zwischen Lehensindult und Regalien zu über-

ſehen. Das Verſprechen, kein Lehensindult — auch nicht für
kurze Zeit — zu verleihen, hätte der Kaiſer gar nicht geben,
jedenfalls nicht halten können, ohne die Regierung in den geiſtlichen
Fürſtenthümern in Zerrüttung zu bringen. Daß aber Morone's
Berichte aus Regensburg über die von mir angenommene Zuſage Rudolf's nichts enthalten, beweiſt nichts, da Morone, bei Erwähnung ſeines Geſprächs mit dem jungen König vom 10. Oktober
(H. 2, 171) ausdrücklich bemerkt, er wolle darüber dem Staats-
ſekretär ſpäter mündlich berichten. [1])

Die Gründe, welche ich früher dafür angeführt habe, daß
König Rudolf die erwähnte Zuſage in der That gegeben hat, behalten alſo bis zu wirklicher Widerlegung ihr volles Gewicht.

———

Von den Berichten des Grafen Bartholomäus Porzia, der
vom Sommer 1573 bis zu ſeinem im Auguſt 1578 zu Prag erfolgten Tode als Nuntius im deutſchen Reiche verweilte, ſind von
Hanſen im 1. Band nur die auf die Kölner Biſchofswahl des
Jahres 1577 bezüglichen abgedruckt. Die Berichte über ſeine
von 1573 bis Ende 1576 reichende ſtändige Nuntiatur in Ober-
deutſchland ſind einer weiteren, durch Dr. Schellhaß zu be-
arbeitenden Publikation des preußiſchen hiſtoriſchen Inſtituts vorbehalten. Ich warte dieſe Publikation, ſowie die von Schwarz ver-
ſprochene der Nuntiaturberichte des Kaſpar Gropper ab, um auf
Grund von ihnen meine, nicht nur von Unkel und Schwarz, ſondern
auch von Hanſen ſcharf angegriffene Behauptung, Gropper ſei
„der erſte ſtändige Nuntius in Köln" geweſen, entweder aufrecht zu halten oder als irrig zurückzunehmen. Daß der von
Unkel aufgeſtellte Unterſchied zwiſchen einem ordentlichen und
einem außerordentlichen Nuntius — daß nämlich jener die jurisdictio ordinaria, dieſer nur eine jurisdictio delegata beſitze —
falſch iſt, hat Hanſen dargethan und ſeinerſeits behauptet, der

---

[1]) Io trattai col rè de Romani tutte le cose sustanziali della
religione, della lega e di Polonia ..., et li diedi molti amorevoli et
cattolici ricordi, i quali con grandissima humanità et religione furno
accettati dalla M[ta.] S. et con prudenti discorsi in risposta, come dirò
poi a bocca.

Unterschied zwischen beiden Nuntiaturen sei ein „rein äußerlicher".
Ein ordentlicher Nuntius sei nämlich der, „dem die Vertretung der
Kurie in einem Bezirk für längere Zeit zufalle". Auch Anton
Pieper stimmt in seiner jüngst erschienenen Schrift „Zur Entstehungsgeschichte der ständigen Nuntiaturen" (Freiburg i. B. 1894),
S. 3 dieser Definition bei. Auf Grund derselben bezeichnet Hansen
die erwähnte oberdeutsche Nuntiatur Porzia's der Jahre 1573 bis 76
als eine ständige, nicht aber die Gropper's. Ich bleibe nun bis auf
weiteres dabei, daß die Nuntiatur Gropper's und die Porzia's im
Wesentlichen gleichartig sein sollten, — beide ständige, wenn auch
nicht im vollen Sinne ordentliche Nuntiaturen; denn ständig und
ordentlich sind nicht ganz gleichbedeutende Begriffe. Wenn Gropper
Anfangs in anderer Art beglaubigt wurde, als Porzia, so er-
kläre ich mir das einfach so, daß letzterer zu befreundeten Fürsten
gesendet wurde, denen ein päpstlicher Nuntius willkommen war,
Gropper dagegen zu einigen Fürsten, deren Gesinnung gegen
den römischen Stuhl man damals noch mißtraute, nämlich
Kurfürst Salentin von Köln und Herzog Wilhelm von Jülich.
Man mußte darauf gefaßt sein, daß beide von einem päpstlichen Nuntius überhaupt nichts wissen wollten. Darum vermied man den verdächtigen Namen. Als sich aber mehr und
mehr herausstellte, daß beide Fürsten dem Vertreter der Kurie
wohlwollend entgegenkamen, sprach man auch in Rom offener,
und so wird denn in den von Schwarz veröffentlichten Protokollen
der deutschen Kongregation schon seit dem Jahre 1574 Gropper
ganz regelmäßig ebenso gut als Nuntius bezeichnet, wie sein
Kollege Porzia.

Zum Beweis für die von mir behauptete gleichartige Stellung
beider verweise ich beispielsweise auf das von Hansen 1, 723[1]
zum Theil abgedruckte Breve vom 28. Juli 1575, worin zu gunsten
der Alumnen des Collegium Germanicum die bisherigen Fakultäten beider Nuntien beschränkt werden, und besonders auf die
bei Hansen 1, XXIX[3] mitgetheilte Stelle aus einem Brief des
Kardinals von Como an den Nuntius in Madrid, vom 12. Juli
1573, worin es heißt: „Unser Herr (der Papst) hat beschlossen,
außer dem ordentlichen Nuntius am Kaiserhof zwei andere

abzufenden, einen zu den Landesherren (i stati) von Salzburg und Baiern und den beiden österreichischen Erzherzogen, nämlich unsern Abt von Moggio (Porzia), welcher bereits abgereist ist; den andern in die rheinischen Landschaften, nämlich unsern Monf. Gropper, Auditor der Rota, welcher in 6 bis 8 Tagen abreisen wird."[1]

Wenn nachher Gropper's Nuntiatur gleichsam von selbst erlosch, so erklärt sich diese, mir seiner Zeit unverständliche Thatsache aus verschiedenen Briefen bei Hansen jetzt dadurch, daß Dr. Kaspar Gropper ein gemütskranker Mann war, den Rom zwar möglichst schonte, aber doch nicht länger brauchen konnte.

Daß die Kölner Mission Porzia's ihren Zweck, die Wahl des Herzogs Ernst von Baiern zum Erzbischof als Nachfolger Salentins von Isenburg, nicht erreichte, kam daher, daß diese Wahl zu viele und zu verschiedenartige, römischem Einfluß großentheils ganz unzugängliche Gegner hatte. Doch kann ich auch nicht finden, daß damals die Politik der Kurie oder die ihres Vertreters, wie Hansen meint (1, 9), eine sonderlich geschickte gewesen wäre. In Rom beging man den Fehler, nicht mit voller Entschiedenheit für die baierische Kandidatur einzutreten, sondern zeitweilig auch den unerfüllbaren Wünschen des Kaisers Rudolf, der gerne einen seiner jüngeren Brüder nach Köln gebracht hätte, das Wort zu reden. Porzia persönlich erklärte sich zwar jederzeit rückhaltslos für Herzog Ernst, aber er schadete diesem durch die unvorsichtige Art, wie er vom Domkapitel dessen Wahl gewissermaßen als einen Beweis der Anerkennung des Universalepiskopats des Papstes forderte (vgl. meinen Köln. Krieg 1, 501. 527. 545).

_____

Die dritte bei Hansen, hauptsächlich im 2. Band, behandelte Nuntiatur, die des Erzbischofs von Rossano, Johann Baptist Castagna, zum Kölner Pazifikationskongreß des Jahres 1579, stimmt ihrem Geiste nach insofern nicht zu den übrigen Nuntiaturen des Pontifikats Gregor's XIII., als Castagna sich nicht

_____

[1] Oltre il nuntio ordinario che sta appresso à l'imperatore di mandarne due altri, wo das ne streng grammatikalisch sogar mit nuntii ordinarii aufgelöst werden müßte.

darum kümmerte, die Herzen der Deutschen dem Papste wieder
zu gewinnen, sondern nur die Autorität des römischen Stuhles
und das davon als untrennbar erachtete Ansehen des Königs
Philipp von Spanien möglichst zu wahren.   Mitunter wird
Castagna's Urtheil über deutsche Dinge gerade dadurch interessant,
daß er sich dem deutschen Wesen so durchaus fremd, man möchte
sagen so ganz als Spanier fühlt.   Nach dem auch in meiner
Studie über den Kölner Pazifikationskongreß (im Histor. Taschenbuch 5. Folge Bd. 6, 1876) erwähnten langen Disput mit einigen
katholischen Vertretern der niederländischen Staten über Möglichkeit und Grenzen religiöser Toleranz berichtet Castagna nach
Rom: „Da sie mir eine Predigt gehalten hatten, hielt ich ihnen
auch eine, hege aber gar nicht die Hoffnung, sie mehr überzeugt
zu haben, als sie mich". (H. 2, 306.)

Castagna theilt die Ansicht des Königs Philipp, daß dieser
eher den Verlust der Niederlage sich gefallen lassen müsse, als
eine Schädigung der römisch-katholischen Religion. (H. 2, 311³.)

Als einen kleinen Beleg dafür, wie fremd Castagna die
deutschen Dinge waren, erwähne ich, daß er einmal von Herzog
Heinrich von Sachsen-Lauenburg, dem Erzbischof von Bremen,
Bischof von Osnabrück und Paderborn, als di un signore
chiamato Henrico duca di Sassonia spricht (H. 2, 317).

Gemeinsam mit den anderen von Hansen behandelten Nuntien
hat Castagna die Vorliebe für die Jesuiten.

Diejenigen Stellen der Briefe Castagna's, welche sich auf
Kurfürst Gebhard Truchseß beziehen, insbesondere auf die damals
noch nicht erfolgte päpstliche Bestätigung seiner Wahl, hatte
Hansen bereits in seinem 1. Band abgedruckt; das wichtigste
Stück dieses Theiles seiner Korrespondenz, der von Castagna
geführte Processus de vita et moribus Gebhardi fehlte aber
in den vatikanischen Akten; während des Druckes des 1. Bandes
fand Hansen eine Kopie im Kölner Stadtarchiv und hat sie dann
in den Mittheilungen aus demselben (Heft 20) publizirt.

<hr />

Ein ganz anderer Mann als Castagna war der als Legat
zum Augsburger Reichstag des Jahres 1582 entsandte Kardinal

Ludwig Madruzzo, deſſen Berichte wieder größtentheils im zweiten
Bande, ſtückweiſe jedoch — ſoweit ſie nämlich auf den Abfall des
Gebhard Truchſeß von der römiſchen Kirche ſich beziehen — ſchon
in Band 1 abgedruckt ſind. Madruzzo, von Geburt ein halber
Deutſcher, nämlich Welſchtiroler, ſodann als Biſchof von Trient
ſelbſt deutſcher Reichsfürſt, kennt die deutſchen Verhältniſſe genau;
er iſt auch der einzige von dieſen Vertretern der Kurie, welcher
deutſch nicht nur verſtand, ſondern auch ſprach und ſchrieb,
wenn auch ungern und wohl mangelhaft (vgl. H. 2, 378[1]).

Hanſen hatte ſämmtliche Briefe Madruzzo's vor dem Druck
mir freundſchaftlichſt zur Verwendung überlaſſen, ſo daß ich für
meine akademiſche Abhandlung über den „Magdeburger Seſſions-
ſtreit" (München 1893) ausgiebigen Gebrauch von ihnen machen
konnte. Es ergab ſich daraus, was auch von Hanſen wiederholt
hervorgehoben wird, daß die katholiſche Reſtaurationsidee im Laufe
weniger Jahre große Fortſchritte auf deutſchem Boden gemacht
hatte. Während Kardinal Morone im Jahre 1576 noch zufrieden
war, wenn er in den Reichsangelegenheiten den Status quo ante
aufrecht erhalten konnte, ergriff Madruzzo ungeſcheut die Offenſive,
um außer Gebrauch gekommene Rechte der römiſchen Kirche wieder-
herzuſtellen. Nicht nur, indem er, wie von mir dargethan, den
proteſtantiſchen Inhabern geiſtlicher Fürſtenthümer die Reichsſtand-
ſchaft abſtritt, ſondern auch, indem er den Kaiſer drängte, ohne
Rückſicht auf die proteſtantiſchen Stände, zur Publikation des
gregorianiſchen Kalenders zu ſchreiten, weiter, indem er Rudolf II.
zu überreden ſuchte, ſich vom Papſt zum römiſchen Kaiſer krönen
zu laſſen. Viel böſes Blut bei den Augsburger Konfeſſions-
verwandten machte auch, daß Madruzzo ſelbſt während des Reichstags zu Augsburg den Trierer Kurfürſten zum Biſchof weihte,
und mehr noch, daß er dort auf Betreiben der Jeſuiten, den
Proteſtanten gleichſam zum Trotz, einen päpſtlichen Ablaß verkündete (H. 2, 504 f.).

Am gewichtigſten, ſowohl durch den Umfang wie durch die
Neuheit des Mitgetheilten, ſind in den beiden Hanſen'ſchen Bänden
die den zweiten Kampf um das Erzſtift Köln, in den Jahren
1582 und 1583, betreffenden Briefe und ſonſtigen Akten.

Nicht weniger als sechs Vertreter der Kurie greifen in diesen Kampf ein: außer dem schon genannten Kardinal Madruzzo der päpstliche Agent oder Kommissar Minutio Minucci, der Kardinal-legat Andreas von Österreich, die Nuntien Malaspina und Bonomi, der Auditor der Rota Orano. Ergänzend treten dazu noch Berichte der ordentlichen Nuntien zu Madrid und zu Paris.

Aus der gewandten Feder des Minucci, auf dessen Bedeutung für die deutsche Geschichte zuerst Stieve (Politik Baierns 1, 126 und 541 ff.) hingewiesen hat, ist ein sehr großer Theil der von Hansen gedruckten Briefe und Akten geflossen; denn Minucci war zuerst der Sekretär des Nuntius Porzia und hat als solcher diesen auch im Jahre 1577 nach Köln begleitet; nach Porzia's Tod trat er in den Dienst des Kardinals Madruzzo, dessen Berichte vom Augsburger Reichstag, gleich jenen Porzia's, größten-theils von seiner Hand geschrieben sind. Ende 1582 wurde Minucci dann von der Kurie als selbständiger Beobachter und Agent nach Köln entsendet, und seine Berichte von dort sind vielleicht die interessantesten aller von Hansen gedruckten Stücke. Es kommt dazu eine Anzahl größerer Denkschriften aus den Jahren 1576, 1583, 1584 und 1588, welche in die deutsche Geschichte jener Zeit eine Fülle von neuen Einblicken eröffnen.[1]

Nicht mit Unrecht spendet der Trierer Kurfürst in einem längeren Schreiben an den Papst (H. 2, 608 ff.) Minucci das Lob, dieser sei nicht nur ein vortrefflicher Kopf, sondern auch ein genauer Kenner der deutschen Verhältnisse. Minucci selbst schließt seine Denkschrift vom Jahre 1588 mit der Versicherung, er be-trachte Deutschland gleichsam als sein Vaterland.

Hansen spricht stets mit großer Anerkennung über diesen „interessanten Mann, der unter allen römischen Diplomaten aus

---

[1] Diese Denkschriften sind freilich sehr ungleich an Werth: Theils sind es wohldurchdachte, ausgearbeitete Schilderungen der Lage der Dinge in Deutschland, so besonders die in Band 1 gedruckte von 1588, theils flüchtig hingeworfene, bewußte Unrichtigkeiten nicht scheuende Parteischriften, so die Diskurse vom 25. März und vom August 1583 im 2. Band. Die meisten dieser Diskurse stammen übrigens nicht aus dem vatikanischen Archiv, sondern aus den im Jahre 1892 vom preuß. historischen Institut angekauften Papieren des Minucci'schen Familienarchivs.

dem letzten Drittel des 16. Jahrhunderts die deutschen Verhältnisse wohl am besten kannte und uns die schätzenswerthesten Aufzeichnungen über dieselben hinterlassen hat"; jedoch tritt ein
gewichtiger Umstand bei Hansen nicht genug hervor, der nämlich,
daß Minucci sich mehr als Vertreter des Hauses Baiern, denn
des römischen Stuhles fühlt. Wie er von Anfang an vor allem
darauf bedacht erscheint, die Wahl des Herzogs Ernst zu sichern
und dessen Interessen zu wahren, so läßt er sich seinerseits meistens
von den baierischen Räthen, namentlich von Hans Jakob von
Dandorf und dem mit diesem enge verbundenen jungen Nieder-
länder Barvitius, berathen. Vielfach erscheinen deshalb die bei
Hansen gedruckten Berichte des Minucci an den Kardinal von
Como fast wie italienische Übersetzungen der von mir aus den
Münchener Archiven excerpirten Briefe, welche Barvitius, Dandorf, Paul Stor an Herzog Wilhelm von Baiern oder dessen
Räthe gerichtet haben.

War Minucci zunächst Vertreter der baierischen Interessen,
so Kardinal Andreas der seiner eigenen. Nur auf das Drängen
des Erzherzogs Ferdinand hatte ihn der Papst als Kardinallegaten nach Köln abgeordnet. Der Erzherzog hoffte, sein Sohn
werde damit sich selbst den Weg zum Erzstift Köln bahnen, oder
wenigstens von Herzog Ernst die Abtretung des Hochstifts Lüttich
erlangen. Indem Pfalzgraf Johann Casimir die Weiterreise des
Kardinals über Speier hinaus vereitelte, förderte er mittelbar
mehr die Nachfolge seines feindlichen Vetters, des Herzogs Ernst,
als er den römischen Plänen Schaden zufügte.

Der Auditor der Rota Orano, ein geborener Lütticher, hat
nur in den ersten Stadien des Kampfes um Köln eine gewisse
selbständige Bedeutung, da es ihm gelang, den widerstrebenden
Herzog Ernst zu bewegen, seine Reise nach Köln zu beschleunigen.

Sehr eifrig in Betreibung der Wahl des Herzogs Ernst
erwies sich der zuerst dem Kardinallegaten Andreas beigegebene,
dann von diesem nach Köln vorausgesandte Nuntius am Hofe des
Erzherzogs Karl von Steiermark, Germanico Malaspina; doch fand
seine Geschäftigkeit nicht jederzeit den Beifall seines eifersüchtigen
Kollegen Bonomi. Auch Minucci rügt mit Recht die ungeschickte

Art, wie Malaspina die kaiserlichen Kommissare in Köln durch sein zur Schau getragenes Mißtrauen verletzt hatte (vgl. H. 2, 658). Hansen spricht einmal (H. 1, VII) die Meinung aus, das Archiv Kaiser Rudolf's II. sei „bis auf geringe Reste verschollen"; für die Archivalien des Kölnischen Kriegs trifft das jedenfalls nicht zu, da diese mir (und vor mir zum Theil schon Friedrich v. Bezold) annähernd vollständig in Wien vorgelegen haben. Die dort verwahrten Briefe der kaiserlichen Kommissare gehören zu den werthvollsten Quellen der Geschichte des Kölnischen Kriegs; sie ergeben unzweifelhaft, was aus den Berichten der römischen Nuntien nicht ersichtlich, daß, wie schon angedeutet, diese Kommissare, namentlich Dr. Andreas Gail, mindestens ebenso eifrig und jedenfalls mit mehr Erfolg für Herzog Ernst sich bemüht haben, als die römischen Nuntien.

Ein nicht eben sympathischer, aber wegen seines, keine Gefahr und kein persönliches Opfer scheuenden Eifers für die katholische Restauration eine gewisse Bewunderung verdienender Charakter ist der Bischof von Vercelli, Johann Franz Bonomi, nachmals ständiger Nuntius für den Niederrhein und die Niederlande; ein echter Vertreter jenes durch Typen wie Papst Pius V. und Kardinal Karl Borromeo bezeichneten Zelotenthums der nach-tridentinischen Zeit. Keine größere Freude für Bonomi, als wenn er einen Ketzer, wie den Jakob Paläologus, der Kurie zum Feuertod überliefern konnte! Auch in Köln empfand Bonomi eine Art von wilder Genugthuung darüber, daß es ihm vergönnt war, wenn auch nicht mehr den bereits von Rom aus abgesetzten Erzbischof Gebhard Truchseß selbst, dann doch dessen entschiedenste Anhänger im Domkapitel, Graf Hermann Adolf v. Solms, Johann v. Winnenberg, Thomas v. Kriechingen, Dr. Middendorp, namentlich aber den Domprobst Graf Georg v. Witzenstein, zu exkommuniziren und ihrer Pfründen zu priviren.

Einen so wesentlichen Antheil an dem Siege der römischen Kirche im Kampf um das Erzstift Köln, wie Hansen und — unverkennbar in tendenziöser Weise — bereits Minucci ihn dem Bischof von Vercelli zuschreibt (vgl. H. 2, 659), kann ich diesem aber nicht zuerkennen. Mir scheint vielmehr die Behauptung

eines Gegners der kölniſchen Nuntiatur im vorigen Jahrhundert,
Bonomi ſei post festum nach Köln gekommen, nicht ganz un=
richtig. Jedenfalls aber hat Bonomi das Seine dazu beigetragen,
daß ſich der Kampf um die Freiſtellung vom Erzſtift Köln in
das Stift Straßburg fortpflanzte.

Soll ich zum Schluß noch ein Wort ſagen über die Art,
wie Hanſen ſeine Editoraufgabe gelöſt hat, ſo kann ich dieſe im
allgemeinen nur loben. Die Texte ſind, auf ſchönem Papier und
in ſchöner Schrift, durchweg fehlerfrei gedruckt, nur die Inter=
punktion dürfte etwas gleichmäßiger ſein. Auf den im 1. Band
gemachten, aber mißlungenen Verſuch, die urſprünglichen Accente
der italieniſchen Vorlage beizubehalten, hat Hanſen im 2. Band
zu gunſten einer gleichartigen, annähernd modernen Accentuirung
verſtändigerweiſe verzichtet. Das Perſonen= und Ortsregiſter zu
jedem der beiden Bände ſcheint ſorgfältig gearbeitet. Einleitung,
Vorbemerkungen und Noten unter dem Text erläutern Perſonen
und Verhältniſſe ſoweit als erforderlich und unter vielfachem
Hinweis auf neuere und ältere Literatur. Einzelne kleine Irr=
thümer hier zu berichtigen, hätte kaum Werth; Gelegenheit dazu
wird der, hoffentlich in längſtens zwei Jahren zu erwartende
Schlußband meiner Geſchichte des Kölniſchen Krieges darbieten.

Friedrich Wilhelm I. und Leopold von Anhalt-Dessau.

Von

Otto Krauske.

Niemals hat die deutsche Kultur der Neuzeit mehr unter ausländischem Einflusse gestanden, als um die Wende des siebzehnten Jahrhunderts. Nach dem Muster des Versailler Hofes schlossen sich die meisten Fürsten von ihren Unterthanen, mit denen sie früher in einem fast vertraulichen Verhältnisse gelebt hatten, durch pomphaftes Ceremoniel ab und verwandten kraft ihrer neuen Souveränität die Einkünfte der verarmten Lande für ihre ehrgeizigen Machtpläne und einen unsinnigen Luxus. Selbst wahrhaft fromme Leute, denen höfische Schmeichelei fern lag, verglichen damals die Herrscher mit Göttern. Der Glanz des Hofhalts galt beinahe als Gradmesser für die Bedeutung des Landesherren. Es bezeichnet diesen Geist, daß August II. von Sachsen-Polen, der die Verschwendung und Lüderlichkeit bis zum ärgsten Frevel trieb, fast allgemein als der glänzendste Fürst bewundert und auch außerhalb seines Reiches mit dem Beinamen „Der Große" geehrt wurde. In allen Kreisen der Gesellschaft wurden die äußeren Formen des Lebens mit einer Wichtigkeit behandelt, die das viel feinere französische Vorbild oft lächerlich verzerrte. Die auffallende Ähnlichkeit vieler Porträts unter einander aus jenen Tagen in Tracht, Haltung und Geberden liegt nicht bloß an der Unbehülflichkeit der Maler: Unter dem Banne der Etikette wurden die Äußerungen der besonderen

2*

Individualität meist mit peinlicher Sorgfalt zurückgehalten oder
vielmehr nach dem großen französischen Schema gemodelt. Die
Ideen und die Sprache Frankreichs herrschten in fast allen
deutschen Kreisen, die auf Bildung Anspruch machten, so souverän,
daß ein Refugié naiv fragen konnte, ob die preußische Königin
Sophie Charlotte überhaupt deutsch verstünde.

Der Sohn dieser Fürstin und des prunkliebenden, ceremoniösen
Friedrich war Friedrich Wilhelm I. Vom Königsglanze und gar
von irdischer Gottähnlichkeit mochte Der nichts wissen. Müßte
er durchaus ein Gott sein, schrieb er seiner Großmutter, so könnte
er sicherlich nur ein ganz kleiner Grasgott sein. Mit gelindem
Schauer berichtete ein österreichischer Gesandter, der kurz nach
Friedrich Wilhelm's Thronbesteigung Berlin besuchte, von der
spartanischen Einfachheit des jungen Königs; wie er in den
Häusern der Handwerker ein= und ausginge und überhaupt so
ganz eigen wäre und Dinge thäte, die man von anderen Potentaten
nicht hören würde. Im Überschwange seiner Urkraft und seines
grobkörnigen Humors verletzte Friedrich Wilhelm häufig geflissentlich die Formen und ergoß ungerechten Spott über das
„Petit - Maître = Wesen" der Gebildeten. Seine Kernworte, das
einzige, was er verschwenderisch an Hoch und Niedrig austheilte,
wurden mit gesittetem Eifer als Pröbchen des bildungsfeindlichen
Potsdamer Wachtstubentones verbreitet und seine übergroße Vorliebe für das Heer in grellen Farben geschildert.

Das Verständnis für die Entwicklung dieses eigenartigen
Charakters ist erst spät aufgegangen. Lange galt die Meinung,
Friedrich Wilhelm hätte sich ganz unter dem übermächtigen Einflusse Leopold's von Anhalt=Dessau gebildet, der schon bei Lebzeiten zu einer mythischen Person mit den Zügen des alten
Bauerngottes Donar geworden war, und hätte sich wohl gar
gegen bessere Einsicht dem herrischen Willen des Fürsten gebeugt.
Heute weiß Jedermann, wie frei seine Natur aus sich selbst heraus-
gewachsen ist. Nur über den Grad des Einflusses, den Leopold
auf die Regententhätigkeit Friedrich Wilhelm's gehabt hat, kann
noch gestritten werden. Während die einen in Leopold das Vorbild des Königs auf militärischem und administrativem Gebiete

sehen und die Anregung zu den Neuordnungen auf ihn zurück=
führen wollen, erblicken Andere nur den älteren Freund im Fürsten.

Es verlohnt sich vielleicht, das Verhältnis der beiden Herren
und die Faktoren, die es belebten und begrenzten, zu untersuchen.
Die Frage hat nicht nur ein psychologisches Interesse: auch für
die Beurtheilung der Reformthätigkeit Friedrich Wilhelm's ist sie
von Bedeutung.

Über ein Menschenalter waren schon die Brandenburger mit
den dessauischen Askaniern eng verbunden. Johann Georg II.,
der Vater Leopold's, hat sich als Statthalter des Großen Kur=
fürsten einen guten Namen gemacht; durch seine Heirat mit der
Oranierin Henriette Katharina wurde er auch dessen Schwager.
Leopold erfreute sich von Jugend an ebenfalls der Gunst des
Berliner Hofes; nach dem Tode Johann Georg's erhielt er so=
fort das väterliche Infanterieregiment und wurde schon in seinem
22. Jahre zum Generalmajor befördert. Bei dem ersten Feste
der Stiftung des Schwarzen Adler-Ordens (1703) wurde er zum
Ritter geschlagen, und der Kronprinz selbst war sein Ordens=
gevatter. Ihre damals angeknüpfte nähere Bekanntschaft ver=
wandelte sich nach wenigen Jahren in Freundschaft. Mit seiner
Mutter verlor Friedrich Wilhelm (1705), trotz ihrer so entgegen=
gesetzten Geistesrichtungen, seine einzige Vertraute am Hofe,
dessen Verschwendnng und Kabalen ihn anwiderten. Wem mochte
da der allzeit freundschaftsbedürftige lieber seine ganze Neigung
zuwenden, als dem bewunderten Fürsten, der im Alter Alexander's
schon Europa mit dem Ruhme der preußischen Waffen erfüllte?
Sie hatten die gleiche volle Hingebung an den Kriegerstand, die=
selbe Achtung für den Werth des Details; auch die tiefe Ab=
neigung gegen das französische Wesen und die Geringschätzung
unproduktiver Gelehrsamkeit war ihnen gemeinsam. Die ver=
breitete Ansicht freilich, daß die Bildung beider Fürsten hinter
der ihrer Standesgenossen zurückgeblieben wäre, muß als irrig
abgewiesen werden; was sie von den meisten Leuten ihres Zeit=
alters unterschied, war nicht der Mangel an Kenntnissen, sondern
ihre unbekümmerte Art sich zu geben und ihre einseitige Werth=
schätzung des Realen.

Es darf vielleicht bemerkt werden, daß der erste ganz eigenhändige Brief des Kronprinzen an den Fürsten aus dem Jahre 1710
stammt. Damit begann recht eigentlich die hier als Hauptquelle
benutzte Korrespondenz [1]), merkwürdig, trotz aller Hunde-, Jagd-
und Soldatengeschichten, durch ihren Ton und ihre Gedanken-
fülle in einer ungefügen, aber belebten Sprache; merkwürdig auch
durch die entsetzliche Handschrift: beide Herren vermochten selbst
ihre vertrautesten Mittheilungen nur in den Kopieen ihrer Sekretäre
zu lesen.

Leider sind nur wenige intime Briefe Leopold's erhalten.
Dem Range und wohl auch dem Charakter des Schreibers gemäß, sind sie weniger ursprünglich und frei von konventionellen
Gedanken und Redewendungen, als die unbefangenen Herzens-
ergüsse seines königlichen Freundes. Hier verbarg Friedrich
Wilhelm nicht seine Gefühle unter der rauhen Außenseite, wie
er Anderen gegenüber pflegte; sogar eine gewisse Sentimentalität
bricht öfters durch.

Das militärische Interesse hatte ihre Freundschaft vermittelt;
bald wurden auch die häuslichen und politischen Verhältnisse in
ihre vertraulichen Erörterungen hineingezogen. Als der Kronprinz damit umging, das landverderbende Dreigrafenministerium
zu stürzen, forderte er im tiefsten Geheimnis die Meinung des
Fürsten. Dieser warnte ihn vor dem Schritte, und sein Rath
hatte Berechtigung, obwohl er nicht ganz uneigennützig war;
denn der Kluge hatte verstanden, neben seinen Beziehungen zu
dem Kronprinzen auch mit dessen Antipoden Wartenberg einen
näheren Verkehr zu unterhalten. Friedrich Wilhelm durfte sich
nicht lange seines Sieges über Wartenberg und Wittgenstein
freuen, dann stand er fast noch isolirter als vorher da: bald
würde er gar nichts mehr zu sagen haben, klagte er dem Fürsten,
der eigene Vater beargwohne ihn als Verräther. Was er aber
noch an Einfluß besaß, bot er auf, um dem Freunde zum er-
sehnten Feldmarschallstabe zu verhelfen. Er versprach sich zwar

---

[1]) Die Korrespondenz Friedrich Wilhelm's mit Leopold wird im Laufe
dieses Jahres als Beiband der Acta Borussica erscheinen.

keinen großen Erfolg von seinen Bemühungen: „Ew. Liebden können aber versichert sein," betheuerte er, „daß ich Ihr guter Freund bin, und glauben Sie oder glauben Sie nicht, Sie werden schon mit der Zeit erfahren, daß ich es gut mit Ihnen meine."

Als er dies schrieb, trennte ihn nur noch ein halbes Jahr von der Krone. Wollte und konnte er als König die Freundschaft in alter Weise mit seinem Feldmarschall pflegen? Leopold's Erwartungen flogen weit höher, als die der Rheinsberger Genossen beim Regierungsantritt Friedrich's. Wer konnte sich auch mit ihm an Einfluß auf den neuen Herrscher messen? Sofort nachdem er die Nachricht vom Tode des alten Königs empfangen hatte, eilte er nach Berlin. Aber wie wurde er enttäuscht, als ihm ein Minister im Namen des Souveräns eröffnete, seine Anwesenheit in der Stadt errege Eifersucht, der König ließe ihn seiner beständigen Freundschaft versichern, doch mit dem bedeutungsvollen Zusatze: „wenn er thut, was ich ihm befehle"; Friedrich Wilhelm selbst wäre sein eigener Finanzminister und Feldmarschall. Die Freundschaft mußte hinter das Staatsinteresse zurücktreten. Bei den großen Gehaltsverkürzungen wurde auch Leopold nicht verschont und einem für Anhalt-Dessau vortheilhaften Vertrage über die oranische Erbschaft wurde die Anerkennung verweigert. Der Fürst empfand dies als persönliche Kränkungen und zog sich verdrießlich zurück; auch nach einem Besuche des Königs in Dessau schwand sein Groll nicht ganz. Er versuchte nun auf Hintertreppen in die Geheimnisse Friedrich Wilhelms einzudringen und so die schmerzlich vermißte Autorität zu gewinnen. Aber auch das mißlang. „Es gehet immer nach dem alten Fuß, sehr geheim und sehr variabel", meldete ihm sein Vertrauter aus Wusterhausen. „Die Köters wissen nichts, bei anderen darf ich mich nicht äußern." Erst allmählich fand er sich in seine Stellung und wußte, Dank seiner großen, vielseitigen Talente und der Liebe des Königs zu ihm, sich zur vollsten Geltung zu bringen.

Ihre Freundschaft wurde mit den Jahren noch fester. Die Memoiren über Friedrich Wilhelm wissen allerdings von tiefen

Zerwürfnissen der beiden Fürsten mit hochpolitischen Folgen zu berichten. Kaum bedarf es aber noch eines Hinweises auf die fast unlösbare Verquickung von Thatsachen und Hofklatsch in diesen Darstellungen; wie die Erzähler gegen besseres Wissen zu Erfindungen greifen, um Mitleid zu erregen, den Reiz ihrer Geschichten zu erhöhen oder den Charakter, so wie sie ihn aufgefaßt sehen wollen, schärfer zu beleuchten. Diese Memoiren sind ein Reflex des Geistes, nicht der Begebenheiten ihrer Zeit. Wer kennt nicht jene dramatische Szene, wie Leopold in Berlin vor den König tritt, der auch den Freund als Genossen des Kléementischen Komplottes fürchtet, wie er seinen Degen weit fortschleudert und sein Haupt als Pfand seiner Treue darbietet. Die Wirklichkeit ist hier, wie sonst, viel schlichter. Friedrich Wilhelm hat keinen Augenblick an Leopold gezweifelt; an demselben Tage (14. September 1718), an dem er zuerst Kléements angebliche Enthüllungen vernahm, deutete er sie dem Fürsten in einem Briefe an und versprach ihm die Aufklärung des Geheimnisses, das er nicht der Feder anzuvertrauen wagte, bei einer nahen Zusammenkunft. „Dann werden Sie sich sehr verwundern", schließt er, „und sagen, es ist italienisch. Adieu, mein lieber Fürst, der ich stets Ew. Liebden Freund bin." In den folgenden Schreiben berührt er von neuem „die große Krise" und überträgt gerade an Leopold die Leitung der Kriegsrüstungen. Bei ihrer Begegnung in Magdeburg (5. Oktober) hat er ihn dann rückhaltslos eingeweiht und nach dem Rath des Fürsten Anordnungen zur Gefangennahme Kléements getroffen. Nicht besser Bestand hält die andere abenteuerliche Geschichte von den Ränken des Dessauers und seines Spießgesellen Grumbkow, um eines — in Wirklichkeit gar nicht vorhandenen — königlichen Testamentes habhaft zu werden.

Allerdings hat Leopold, der ein viel feinerer Diplomat war, als sein teutsch biderbes Auftreten verrieth, nicht immer die geradesten Wege eingeschlagen, um seinen Einfluß zu stärken oder Feinde zu vernichten; seine Freundschaft ist niemals ganz selbstlos gewesen, auch wann er am wärmsten fühlte, vergaß er seinen Vortheil nicht; eine berechnende Art war ihm früh zur zweiten

Natur geworden. Doch soweit er Freundschaft empfinden konnte, hat er sie dem Könige dargebracht. Er ist ihm volle Wahrheit, wenn er seine Bereitwilligkeit betheuert, jeden Blutstropfen für ihn zu vergießen.

Unleugbar gab aber Friedrich Wilhelm mehr Freundschaft, als er empfing. Sein Lebenlang hat er für den Fürsten gebetet und seine Familie beschützt und gefördert. Um Leopold's willen trotzte er auch dem Zorne des Kaisers. Sogar das seinem Herzen schwerste Opfer brachte er mehrmals dem Freunde, indem er ihm beträchtliche Summen vorschoß. „Sie wissen, daß ich nicht gerne Geld leihe," schrieb er dann wohl, „aber zu beweisen die Lieb und Estime, die ich vor Ew. Liebden habe, ist genug, daß ich Alles hergebe, einen solchen treuen Freund in der Noth zu assistiren, Procente will ich nit, und wegen der Sicherheit ist Ihre Parol genug."

Mit Bewunderung sah er zu Leopold als dem erfahrensten General und dem vollendeten Weidmann empor. Dem ruhmgekrönten Marschall gegenüber fühlte er sich stets etwas als Obrist des Leibregiments: alljährlich führte er ihm seine langen Leute vor, wenn sie ausexerzirt waren, und nach dem alten Herkommen, das dem General das Besthaupt von den Pferden eines gestorbenen Obristen zuwies, schenkte er an seinem Todestage dem Fürsten ein aufgezäumtes Roß. Wie sehr entschuldigt er sich, als er, „leider ein Ignorant, der das Ding nicht verstehet", Leopold Rathschläge zur Überrumplung von Mörs ertheilt. So wie der Fürst Alles anordnete, fand der König es am besten; dessen Regiment nennt er ehrend „mit die Norm der Infanterie". Über keine militärische Angelegenheit, war es die Verbesserung der Patronenhülsen, war es ein Kriegsplan, entschied er endgültig, bevor er das Urtheil des Feldherrn eingeholt hatte, „der wohl lehren, aber nichts mehr lernen konnte". Das frische Selbstvertrauen, mit dem Friedrich auf seinem ersten Feldzuge den alten Dessauer absichtlich vom Schauplatze fernhielt, um der Welt zu zeigen, daß er auch ohne Hofmeister zu siegen wüßte, fehlte dem König Friedrich Wilhelm ganz und gar: niemals wäre er, so sagt er selbst, ohne Leopold in den Kampf

gezogen, denn nirgends in der Welt könnte er einen besseren
General finden.

Mit einem Eugen oder Marlborough dürfte man dennoch
den Fürsten kaum vergleichen. Aber ein Theil der ersten Lor=
beeren Friedrich's gebührt „dem alten Schnurrbart". Durch das
Schnellfeuer, die weniger massige Truppenaufstellung, durch den
Gleichschritt — alles Veränderungen, die auf Leopold zurück=
gehen — und durch die eiserne Disziplin wurde die preußische
Infanterie das Muster für alle europäischen Heere und zu einer
Macht, von der der Fürst selbst rühmte, „daß sie Freund und
Feind, und die letzteren mit Zittern, admiriren müssen und vor
ein Wunderwerk der Welt mit ansehen". Welcher Triumph, als
auch der Altmeister Eugen, der so oft die Potsdamer Soldaten=
spielerei verspottet hatte, den königlichen Truppen seine An=
erkennung zollte, und als der preußische Exerzierteufel noch ärger
in die Kaiserlichen fuhr.

War es überhaupt mit der preußischen Exerzierkünstelei so
schlimm, wie sie verschrieen ist? Ein Kenner rühmt gerade
die verhältnismäßige Einfachheit der Reglements und die fast
modernen Anschauungen im Vergleich zu den schwerfälligen Be=
wegungen der anderen Armeen. Das Äußerliche wurde allerdings
in Preußen mit der zopfigsten Pedanterie behandelt. Niemals
hätte sich wohl der König und Leopold wenigstens nicht in seinem
Alter ähnlich vernehmen lassen, wie Friedrich vor Zorndorf, als
er Dohna's schmucke Soldaten mit seinen eigenen verglich, die
wie Grasteufel aussähen, aber bissen.

Auch der Vorwurf, daß der Dessauer die Kavallerie voll=
ständig vernachlässigt hätte, schießt über das Ziel hinaus.
Neigung, Talent und die eigenen Erfahrungen verwiesen ihn zwar
auf die Infanterie; doch er ist es gewesen, der trotz Friedrich
Wilhelm's wiederholten Bedenken die Verdoppelung der preußischen
Schwadronen durchgesetzt hat.

Welcher Zweig des Kriegswesens wäre ihm überhaupt ganz
fremd gewesen? Selbst denjenigen Waffengattungen, für die es
ihm an der wissenschaftlichen Vorbildung gebrach, hat er mit·
großartiger Empirie Direktiven gegeben. Seine Abhandlung über

die Belagerungskunst hat Friedrich's ungeheuchelten Beifall geerntet. Er hat das erste Reglement für das Ingenieurcorps entworfen und die Fortifikation von Magdeburg so trefflich geleitet, daß die Festung, mit dem Könige zu reden, mehr Schrecken gebot als 30000 Mann.

Unstreitig besaß er viel größeres militärisches Talent als sein königlicher Freund. Dennoch sind auch Friedrich Wilhelm's eigene Verdienste um das Heer durchaus nicht gering anzuschlagen. In der Taktik und Strategie reichte der König zwar nicht an Leopold heran. Er war nicht im modernen Sinne der „Feldmarschall", wohl aber der Kriegsminister Preußens. Seine ganze bedeutende Begabung wies ihn auf das administrative Gebiet. Unermüdlich rechnend sorgte er selbst bis auf's Kleinste, bis auf die Kosten des Reservezopfbandes, für die Bedürfnisse seiner Truppen und brachte sie in Einklang mit den Forderungen „guter Menage". Er konnte mit Recht rühmen, daß Dank ihm nirgends der Soldat besser gekleidet, verpflegt und besoldet würde, als in Preußen. Kein anderer Herrscher hat damals ein so großes, kriegstüchtiges Heer mit verhältnismäßig doch so geringem Aufwande zu unterhalten verstanden.

Das gemeinsame Erbe beider Fürsten endlich ist jener eigenartige militärische Corpsgeist der Preußen und die Werthschätzung des Kriegerstandes als des edelsten und vornehmsten Berufs. Seit Friedrich Wilhelm lockte in Preußen die Ehre, nicht mehr der Gewinn, zum Offizierdienste. Durch sie wurde der vorher nicht sonderlich geachtete preußische Offizierstand so gehoben, daß Leopold es für seine „größte Glückseligkeit" hielt, des Königs Rock zu tragen, und seine Feldmarschallwürde höher schätzte, als sein ererbtes Land und Gut, ja selbst als den Fürstenhut. In dem Schmerze über den Tod seines ältesten Sohnes wurde er am meisten dadurch getröstet, daß der abgeschiedene Erbprinz mit den Ehren eines Generallieutenants zu Grabe getragen wurde. Wer nicht Soldat gewesen war, wurde von beiden Herren als ein „Blackscheißer" über die Achseln angesehen.

In der Erinnerung des Volkes lebten sie auch lange nur als die rauhen Exerziermeister Preußens fort; auf den Parade-

plätzen von Potsdam und Dessau sind ihnen Standbilder errichtet
worden. Hätten sie sich wirklich nur militärisch bethätigt, so
dürften sie vielleicht nicht zum Gegenstand einer allgemein
geschichtlichen Betrachtung gewählt werden. Aber wer gedenkt
nicht der unsterblichen Verdienste Friedrich Wilhelm's um den
Ausbau unseres Staates, seiner entsagungsvollen Arbeit für sein
Land? Die einseitige Bezeichnung „Soldatenkönig" ist durch den
zwar wenig schönen, aber den Kern treffenden Ehrennamen
„Preußens größter innerer König" verdrängt worden.

Unter den Gehülfen Friedrich Wilhelm's bei den inneren
Reformen nimmt Leopold eine ehrenvolle Stellung ein. Er war
keine so ausschließlich soldatische Natur, wie etwa Blücher, dem
die Künste der Diplomatie ebenso fremd waren, wie das Geheimnis geordneter Wirthschaftsführung. Nächst den Truppen waren
die Thaler seine besten Freunde. Im Getümmel des Feldzuges vergaß er seiner Güter nicht; auf seinen Kriegsfahrten studirte er die
Kulturen der Länder, aus den Niederlanden brachte er die Kenntnis des Deichbaues, aus dem Süden die Obstzucht und die
Gartenbaukunst nach Dessau mit. Seine Haushaltung gedieh fast
wunderbar: 1701 hatte er bei 300000 Thaler Schulden nur
24000 Thaler Jahreseinkommen; zwei Jahrzehnte später betrugen
seine Einkünfte, Dank dem göttlichen Beistande, so drückt er sich
aus, seiner eigenen Industrie, fast täglichen Applikation und Anordnung, über 200000 Thaler.

Das eigene kleine Land genügte seiner Thatenlust nicht. Als
Gouverneur von Magdeburg und Chef des Regiments in Halle
fühlte er sich berufen, auch an der Regierung des Herzogthums
Theil zu nehmen. Friedrich Wilhelm ließ ihm gerne dabei freie
Hand; liebte er es doch, Offiziere als Kontrollbeamte seinen
Zivilbehörden zur Seite zu stellen und von ihnen über die Thätigkeit der Kammern unterrichtet zu werden. Die Magdeburger
Kollegien hatten manches von der barschen und, wo ein persönliches oder militärisches Interesse in's Spiel kam, parteiischen Art
des Fürsten auszustehen; im ganzen war aber seine Wirksamkeit
durchaus nützlich. Auf seinen Betrieb wurden Sümpfe und Seen
in Ackerland verwandelt, Gräben gezogen, die Industrie gefördert,

die Domänengefälle erhöht. Zum Schrecken des Magistrats erschien er wohl selbst in der Magdeburger Kämmerei, um die Etats zu prüfen. Es ist mit sein Werk, daß die verhältnismäßig kleine Provinz ein Fünftel der gesammten Staatseinkünfte aufbrachte.

Das Arbeitsfeld aber, auf dem der Fürst seine wirthschaftlichen Talente zum Heile unseres Staates voll bewähren sollte, ist ihm vom Könige zugewiesen worden, der ihn durch freigebige Schenkungen ermuthigte, sich in dem verkommenen Litthauen anzusiedeln (1721). Schon bei der großen preußischen Steuerreform hatte sich Leopold für Waldburg, den Urheber und Chef der Generalhufenschoßkommission, erklärt, näheren Antheil hatte er an dem Werke nicht. Nun, wo sein eigenes Vermögen in Preußen angelegt war, förderte er mit ganzer Kraft das Retablissement der Provinz. Im Auftrage Friedrich Wilhelm's waltete er dort auch ohne besondere Bestallung als Vizekönig und setzte gelegentlich nicht minder einem Präsidenten wie ungeberdigen Ansiedlern den Kopf zurecht. Seine Insterburgischen Güter wurden bald die hohe Schule der preußischen Haushaltung; dort mußten Minister, Kammerpräsidenten und Domänenkommissare die Wirthschaftsmethode förmlich studiren und Leopold's Anweisungen ebenso über die Verwaltung und Kolonisation ganzer Ämter wie über die Anlage einer Mistpfütze einholen. Solches Vertrauen hatte der König zu den Fähigkeiten des Freundes, daß er 1724 dem jungen Prinzen Leopold Maximilian die Kontrolle der Domänenkommission übertrug: denn niemand könnte dafür geeigneter sein, als der Sohn eines so bedeutenden Vaters. Er wolle sich hängen lassen, schrieb der dankbare König dem Fürsten einmal, daß seine preußischen Behörden ohne Leopold die Haushaltung niemals in Stand gebracht hätten; ohne ihn läge alles aufgewandte Geld im Quark. Selbst die schwierige Frage, wie die agrarischen Interessen mit denen des Handels und der Industrie in Einklang gebracht werden können, hat der Dessauer angegriffen und nach dem damaligen Zustande Preußens nicht ohne Geschick zu lösen versucht. Wie oft hat er durch seinen Zuspruch den ungeduldigen Friedrich Wilhelm aufgerichtet, der in schwermüthigen Stunden an Preußen schier verzweifelte und sich verschwor, keinen

Pfennig mehr in jenes unergründliche Meer des Retablissements
zu werfen, das ihn zum Schimpf und Gelächter der ganzen Welt
gemacht hätte. Der Erfolg krönte endlich die Arbeit. In seiner
schlichten Art, die merkwürdig von den schwungvollen Worten
Friedrich's über die Verdienste seines Vaters um Preußen absticht,
äußerte sich Friedrich Wilhelm 1737 über das Erreichte: „Ich
muß Ew. Liebden sagen, daß in Litthauen alles recht gut gehet.
Ich kann versichern, daß keine Bredouille wieder wird kommen
und alles im Stande kommen, so wie die anderen Kammern."

Die Wirksamkeit Leopold's ist damit noch nicht abgeschlossen:
auch auf die Behördenorganisation hat er Einfluß gehabt. Der
bedeutende Plan, die zwiespältige Finanzverwaltung Preußens
durch die Gründung des Generaldirektoriums und der Kriegs-
und Domänenkammern zu vereinigen, soll sogar ursprünglich sein
Eigenthum gewesen und vom Könige nur übernommen worden
sein. Diese Vermuthung geht aber doch wohl zu weit. Friedrich
Wilhelm hat öfters ausdrücklich und feierlich versichert, daß
er, ohne Rath dazu von irgend jemand empfangen zu haben,
allein mit dem Beistande des Höchsten diesen Reformgedanken
gefaßt hätte. Überdem hatte er schon vor 1722 mehrmals aus
eigener Initiative eine gewisse Kombination der beiden feindlichen
Behörden in einigen Provinzen hergestellt, indem er ihnen einen
gemeinschaftlichen Präsidenten setzte oder gemeinsame dauernde
Kommissionen aus !hohen !Kammer- und Kommissariatsbeamten
errichtete. Mit Bestimmtheit kann nur gesagt werden, daß der
König allein Leopold von seinem Vorhaben unterrichtet und dessen
„Raisonnements" über die Gestaltung der neuen Centralbehörden
überdacht hat.

Die Nachricht aber, die damals in Berlin verbreitet war,
der Fürst wäre zum Chef sämmtlicher Oberkollegien ausersehen
gewesen, darf so gut wie sicher als leeres Gerücht zurückgewiesen
werden. Sollte Friedrich Wilhelm, der die Erfahrungen seines
Vaters mit einem Premierminister in so bitterer Erinnerung hatte,
der auch seinen Vertrautesten gegenüber „Herr und König" sein
wollte, daran gedacht haben, eine Instanz zwischen sich und
seinen Oberbehörden einzuschieben? Dann hätte er auf das Amt

verzichten müſſen, das er ſich beſonders vorbehalten hatte, der
Financier du Roi de Prusse zu ſein. Sah er doch in der
unmittelbaren Kontrolle aller ſeiner Diener, vom Miniſter bis
zum letzten Schreiber, gerade ſeine vornehmſte Herrſcherpflicht.
Sein Regierungsprogramm, dem er bis zum letzten Lebenstage
folgte, hat er ſelbſt zu Leopold einmal in den Worten gegeben:
„Wo man nit, mit Permiſſion zu ſagen, die Naſe in allen Dreck
ſelber ſtecket, ſo gehen die Sachen nit, wie es gehen ſoll; denn
auf die meiſte Bediente ſich nit zu verlaſſen, wo man nit ſelber
danach ſehet."

Überhaupt war man auch in den näheren Kreiſen um Friedrich Wilhelm zu ſchnell bei der Hand, von ſeiner Freundſchaft
mit Leopold auf deſſen ungemeſſenen Einfluß zu ſchließen. Es
ſchien undenkbar, daß der ſo werthgeſchätzte Fürſt nicht auch an
der auswärtigen Politik betheiligt ſein ſollte; ſelbſt in der Zeit,
wo der ihm verhaßte Seckendorf und Grumbkow, ſein alter Nebenbuhler in der Gunſt des Herrſchers, in Wirklichkeit vor Allen
das Ohr des Königs beſaßen, wurde von dem ausſchlaggebenden
Rathe des Deſſauers geſprochen. Die Politik war nicht Leopold's
Feld, ſie lag außerhalb ſeines von perſönlichen Intereſſen um-
grenzten Geſichtskreiſes, wohl kaum, daß ihn je ſeine Ambitionen
ernſtlich dorthin geführt haben. In ſeiner Jugend hatte er, wie
andere Feldherren jener Epoche, etwas vom Condottiere an ſich:
den preußiſchen Fahnen folgte er nicht aus politiſcher Überzeugung, ſondern in der Tradition ſeines Hauſes und in der
Ausſicht, dort am ſchnellſten hochzukommen; als ſich der leicht Verletzte in dieſer Hoffnung getäuſcht glaubte, machte er Anſtalten, in
anderer Herren Dienſte überzutreten. Später feſſelte ihn allerdings
die Freundſchaft mit dem Herrſcher, ſeine ruhmreiche Vergangenheit unter dem ſchwarzen Adler und die innige Verbindung mit
dem königlichen Heere, aber eine beſtimmte, feſte Stellung zu den
großen politiſchen Fragen in ſeinem zweiten Heimatslande hat
er auch dann nicht genommen. Als begeiſterter Soldat neigte
er zu der Partei, die zu den Waffen rief; ob es dem Kaiſer und
Sachſen oder den Weſtmächten galt, war ihm an ſich gleich. Wie
lebhaft hatte er beim Beginn des polniſchen Erbfolgekriegs den

Anschluß an Frankreich empfohlen; als aber das Gegentheil be=
schlossen wurde, sehnte er inbrünstig einen großen Krieg mit den
Franzosen herbei, um im Kampfe gegen sie neue Lorbeeren zu
sammeln. Er hat wohl, wie auch andere Generale, bei wichtigen
Gelegenheiten ein politisches Gutachten abgeben müssen, die Ent=
scheidung behielt sich aber der König allein bevor.

Freilich, wer kann ermessen, welchen Einfluß der beständige
vertraute Umgang auf den keimenden Gedanken ausübt, ob nicht
die Bahn, die der Fuß scheinbar freiwillig betritt, uns unbewußt
schon von anderen vorgezeichnet worden ist? Aber auch diese
geheimnisvolle Wechselwirkung hat bei festen Geistern ihre
Schranken: sie kann sich in voller Kraft nur bethätigen, wo das
gemeinsame Streben zu demselben Ziele aus der gleichen sittlichen
Wurzel hervorwächst. War dies bei dem Freundespaare der
Fall? In der Auffassung ihres Verhältnisses zu Gott gingen
sie doch weit auseinander.

Friedrich Wilhelm sah, wie der erste Hohenzollersche Kurfürst,
in der Herrschaft ein von Gott verliehenes Amt. Für alle seine
Thaten, ja für alles, was in seinen Landen geschah, fühlte er
sich vor des Höchsten Richterstuhl verantwortlich. Er trug über=
schwer an dieser Last. Ihm erschien der Weltenlenker in dem
alttestamentarischen, puritanischen Lichte; auch sein Gott war der
rächende Jehovah, der die Sünden der Väter an den Kindern
und Kindeskindern heimsucht. Immer wieder befahl er den
Predigern, ihre Zuhörer in der Furcht des Herrn zu unterweisen.
Von früh an hatte er sich in die Betrachtung der göttlichen
Dinge versenkt und sie nach seinem auf die That gerichteten
Sinne ausgelegt. Als bei Tafel einmal der Begriff der Sünde
wider den heiligen Geist erörtert wurde, brach der Zwanzig=
jährige in die Worte aus: „Huren, das ist die schlimmste
Sünde!" Auch in den gewöhnlichen Vergnügungen der Vor=
nehmen witterte er des Teufels Fangstricke. Die Schauspiele
und Maskeraden verdammte er als „Tempel des Satanas";
selbst seine liebsten Freuden, im Kreise froher Zecher zu sitzen
und dem Weidwerk obzuliegen, waren ihm nicht unverdächtig.
Er hätte wohl Lust zum „saufen", äußerte er zu dem jüngeren

Francke, aber er thäte es nicht, weil in Gottes Wort stünde, daß es Sünde wäre. Sein natürlicher Sinn brachte ihn über solche Skrupel hinweg, aber sein Gewissen schlug ihm oft, und war es auch nur, weil er seine Morgenandacht vorzeitig abgebrochen hatte. „Gott verlangt sehr viel von uns", seufzte er, wenn er keinen Ausweg aus dem für ihn noch ungelösten Dilemma zwischen Weltfreude und Weltabkehr fand. In diesem strengen Protestanten steckte doch etwas von katholischer Werkheiligkeit. Mit Schwermuth schaute er auf den schreckbaren Abstand zwischen seinem Können und Müssen und pries die glücklich, deren Kampf der Tod beendet hatte. „Das Beste ist, man muß sterben", schrieb er in der Vollkraft seiner Jahre. „Wohl dem, der dar am ersten stirbet und bei Gott kommet, der ist am glückseligsten, denn auf dieser Welt lauter nichts ist als Thorheit." So sehr er auch die Lehre der Prädestination anfeindete, weil er dadurch die Verantwortlichkeit der Menschen für ihre Thaten aufgehoben glaubte, er lebte sich selbst unbewußt in ihr. Ein Schiff, meinte er, führe geschwinder, das andere langsamer, endlich kämen beide in den Hafen; was ihm auch zustieße, wäre nach dem Rathschlusse des Schöpfers, gegen Gottes Willen ließe sich nichts thun. Gerade diese Zuversicht tröstete ihn in trüben Stunden: Gott verließe ihn nicht, sonst hätte er ihm wider Verdienst und Würdigkeit nicht so oft und so wunderbar geholfen.

Wie fern lag dem Fürsten Leopold dieses unablässige Ringen mit Gott und die daraus entsprossene Glaubensgewißheit. Nicht, daß er sich religiös indifferent gezeigt hätte; er hat viele Kirchen erbaut und die Gottesdienste besucht, wenn auch nicht so fleißig, wie sein frommer Freund es wünschte. Aber das Gebet, das er angeblich vor der Kesselsdorfer Schlacht gesprochen haben soll, spiegelt doch seine thatsächliche Stellung zur Gottheit wieder: er hatte kein lebendiges, ununterbrochenes Verhältnis zu ihr. Mit religiösen Fragen, die für die meisten seiner Zeitgenossen in Deutschland noch den Hauptinhalt des geistigen Lebens bildeten, hat er sich wohl niemals ernster beschäftigt. Das Zerbster Archiv bewahrt freilich ein eingehendes Bekenntnis in des Fürsten Namen, daß die Liebe und nicht die Furcht Gottes der Inhalt unseres Glaubens sein müßte; eine Prüfung ergab aber, daß dieses Schriftstück von der Fürstin Anna Luise verfaßt und von ihrem Gemahl nur abgeschrieben worden ist, um einen Prediger zurecht= zuweisen, der mit deutlichen Seitenblicken nach dem fürstlichen Kirchenstuhle den Mangel an Gottesfurcht beklagt hatte. Der Begriff der Ehre, nicht die Verantwortlichkeit vor Gott leitete die Handlungen des Fürsten. So hoch Friedrich Wilhelm die Ehre stellte, er schätzte sie doch nicht, wie Leopold, „der Selig= keit gleich". Dem Könige war das Christenthum ein Herzens= bedürfnis, Leopold ehrte es, damit ihm gleichsam Gott wohl= gesinnt bliebe, und wegen der Einwirkung auf die Unterthanen. Sich selbst behielt er mit den meisten Fürsten seiner Zeit eine besondere Moral vor, für welche die Gebote, vorzüglich das sechste, nicht geschrieben waren.

Mußte nicht diese geistige Verschiedenheit der beiden Fürsten durch ihre weltliche Stellung noch vergrößert werden? Der eine der König eines waffengewaltigen, vorstrebenden Staates, der andere ein kleiner Territorialherr.

Das Dessauische Land war nicht einmal so groß wie das heutige Fürstenthum Schwarzburg=Sondershausen und hatte nur ein Drittel von dessen Bevölkerung. Auch die bedeutendsten administrativen Reformen in diesem winzigen Gebiete hätten Leopold's Namen kaum unsterblich gemacht; nur der Wirksamkeit für Preußen verdankt er seinen Ruf. Oft und nicht unberechtigt ist dem Fürsten vorgeworfen worden, daß er sich mit allen, sogar unlauteren Mitteln zum Alleinbesitzer in seinem Territorium gemacht hat; aber man darf darüber nicht vergessen, daß damals, bei so engen Verhältnissen, ein Fürst, der mehr sein wollte als der vornehmste Großgrundbesitzer seines Ländchens, nur in solcher Form zur wahren Herrschaft gelangen konnte. Für die Idee des Staates war in diesen kleinen mittelalterlichen Gebilden kein Raum.

Auch Preußen gehörte noch nicht zu den Großmächten, aber seine historische Entwicklung, die weiten Territorien zwischen der Memel und Maas, die sehr abweichenden staatlichen und wirth= schaftlichen Bedingungen der einzelnen Lande und die Aussichten auf neue Erwerbungen stellten den Hohenzollern höhere Aufgaben. Sie empfingen von den Dingen selbst einen Impuls, ihre Territorien zu einem modernen Staate umzuschaffen.

Wie könnte man den Unterschied in den Tendenzen des Beherrschers solcher Länder und eines kleinen feudalen Territorialherrn schneller charakterisiren, als durch die Thatsachen, daß Friedrich Wilhelm seine Schatullgüter den Staatsdomänen einverleibte, während der Fürst das ganze Anhalt-Dessau in sein Hausgut verwandelte, oder daß der König sich und seine Angehörigen der Accise unterstellte, Geistliche und Schulmeister davon befreite, Leopold aber seine Familie und sonst niemand von dieser Auflage entband.

Wie ganz anders mußten sich auch die Beziehungen der beiden Landesherren zu ihren Beamten und Unterthanen darstellen. Der souveräne Patrimonialherr des kleinen Dessau kannte nur ihm persönlich verpflichtete Diener und maß ihnen nach seinem privaten Interesse und Gutdünken Lohn und Strafe zu. So lange es ohne Schaden anging, verschloß er sich gerne den berechtigten Ansprüchen seiner Diener auf Beförderung, er tadelte wohl gar „die unzeitige Ambition“ eines Mannes, nicht länger Hundejunge sein zu wollen.

Ein Verhältnis so persönlicher Natur war in einem größeren Staate von vornherein unmöglich; aber wie es sich im einzelnen anders gestaltete, hing doch wesentlich vom Landesherrn ab. Da war es gleich beim Regierungsantritt Friedrich Wilhelm's aufgefallen, daß er seine Minister nicht von neuem vereidigte: ihr Diensteid sollte nicht der Person, sondern dem abstrakten, unsterblichen Könige geleistet sein. Nicht ihm, sondern Gott sollten alle Diener und Unterthanen für ihre Thaten verantwortlich sein; er selbst betrachtete sich nur als ein Werkzeug in der Hand des Herrn. Wer ein Verbrechen beging, hätte Gott beleidigt und müßte nach dessen unveränderlichem, unbeugsamem Gesetze bestraft werden; als Christ wollte ihm der König verzeihen, aber die Strafe könnte er nicht erlassen, wollte er nicht die Rache Gottes auf sich und sein Land hinabbeschwören. Auch die Erfüllung seiner eigenen Gebote sah er wohl als religiöse Pflicht seiner

Diener an; den Obristen eines schlecht befundenen Regiments
schalt er, gottlos im Dienste gehandelt zu haben.

Aus diesem Gefühle der gemeinsamen Verantwortlichkeit entsprang aber auch die Pflicht, treue Beamte zu belohnen und
vorzüglich ihnen Schutz gegen Jedermann, ohne Ansehen der
Person, zu gewähren. Niemand — das war des Königs Grundsatz vom ersten Tage seiner Regierung an — sollte, wie unter
seinem Vater, ungehört verurtheilt werden. Wie oft hielt er
dem Fürsten vor, der mit den Magdeburger Behörden beinahe
immer auf Kriegsfuß stand, daß die königlichen Beamten pflicht-
und instruktionsmäßig gehandelt hätten oder wenigstens nicht
ohne Untersuchung zurechtgewiesen werden könnten. An seine
Staatsraison durfte ihm auch Leopold nicht tasten. Als der
Fürst in einem erbitterten Streite mit Grumbkow den König in
das Dilemma drängen wollte, entweder den Minister zu entlassen oder mit dem Freunde zu brechen, erklärte ihm Friedrich
Wilhelm, er werde Grumbkow niemals wegjagen, darauf ließe
er Alles ankommen. „Denn", fügte er hinzu, „wenn Das sollte
angehen, so würde eins nach dem andern so fortgesetzt werden
und dann endlich die Reihe an mir kommen. Also ich meine
Officier und Diener souteniren muß, woferne ich mir selber
souteniren will".

Am meisten gab er dem Fürsten in militärischen Dingen
nach. Die Dessauischen Prinzen wurden schneller befördert als
die eigenen Söhne des Königs. Dennoch war selbst auf diesem
Gebiete Leopold's Fürwort nicht stark genug, die als gerecht erkannte Ordnung zu durchbrechen. Schon als Kronprinz hatte
ihm Friedrich abgeschlagen, das Avancement eines Generalmajors
zu empfehlen, weil sonst sieben ältere zurückgesetzt würden. Auch
für die Prinzen sollte es keine anderen Gesetze und Rechte geben,
als für die gewöhnlichen Offiziere. Wie merkwürdig tritt überhaupt hier der Gegensatz zwischen Friedrich Wilhelm und dem
Dessauer in Theorie und Praxis hervor. Während Leopold auf
milde Behandlung der Soldaten drang und dadurch auch im
gemeinen Manne das Ehrgefühl wecken wollte, konnte sich der
König nicht genug verwundern, daß die hannoverischen Soldaten

ohne Prügel ihre Pflicht thäten. Aber wenn ihn seine leicht erregte Wuth fortriß, war niemand gegen Mannschaft und Offiziere
härter als Leopold; dann mahnte ihn Friedrich Wilhelm, die
Ambition der Untergebenen zu schonen und sich mit seinen „armen
Officieren" in Acht zu nehmen, die nur um der Ehre willen
dienten.

Wem entginge freilich, wie oft Friedrich Wilhelm in seiner
despotischen Art sich selbst untreu geworden ist? Auch er hat
wie ein mittelalterlicher Patrimonialherr geschaltet, Leute von
Besitzungen, die ihm anstanden, mit Gewalt verdrängt, im Jäh-
zorn seine Bedienten häufig mißhandelt und seinen harten Eigen-
willen an Statt des Rechts gesetzt. Wo er hinkam, zitterten auch
die besten Beamten und Unterthanen. Was soll noch besonders
an die gewaltsamen Werbungen und die großen Aufwendungen
für Riesensoldaten erinnert werden; auch wenn die Übertreibungen
abgezogen werden, bleibt doch des Häßlichen überviel.

Die Züge einer entschwindenden und einer erst anbrechenden
Epoche bilden den Charakter Friedrich Wilhelm's. — Mit tyran-
nischer Gewaltsamkeit verfügte er über Leib, Leben und Gut der
Unterthanen, seinem Staate und seiner Familie wollte er für alle
Zeit eine unveränderliche Bahn vorzeichnen, mit Ingrimm verfolgte er den ihm fremden Geist der neuen Generation. Aber
echte Frömmigkeit und tiefes Pflichtgefühl gaben seinen Ideen
und Bestrebungen einen großen sittlichen Inhalt und leiteten ihn
von dem Grundsatze aller damaligen Fürsten l'État c'est moi
zu der erhabenen Auffassung des Herrschers als des ersten Staats-
dieners hinüber. Was Fénélon für sein Frankreich vergeblich
ersehnte, das verwirklichte der als Barbar geschmähte König: in
Preußen sollten nicht alle einem, sondern einer allen dienen.

Neue Mittheilungen und Erläuterungen

zu Band 6 und 7 der Geschichte der Begründung des Deutschen Reiches durch Wilhelm I.

Von

Heinrich v. Sybel.

---

1. Die Verantwortlichkeit des Bundeskanzlers.

(Vgl. 6, 90.)

Aus der Reichstagsverhandlung hatte sich schließlich das Ergebnis herausgestellt, daß der Bundeskanzler durch die Gegenzeichnung einer Präsidialverordnung nicht eine gerichtlich verfolgbare, sondern nur eine moralische oder historische Verantwortlichkeit übernahm. Aber diese nur moralische Verantwortlichkeit hatte sofort sehr praktische Folgen. Der Verfassungsentwurf hatte sich den Bundeskanzler gedacht als preußischen Präsidialgesandten zum Bundesrath, der vom preußischen Minister der auswärtigen Angelegenheiten seine Instruktionen zu erhalten hatte, wie vormals der österreichische Präsidialgesandte zum Bundestage von dem Staatskanzler in Wien. Seine Gegenzeichnung war gedacht als Beglaubigung der formellen Verfassungsmäßigkeit der Anordnungen des Präsidiums. Mit der auch nur moralischen Verantwortlichkeit des Bundeskanzlers war diese Auffassung unvereinbar, denn ein nach Instruktionen handelnder Beamter konnte für den Inhalt dieser Instruktionen nicht verantwortlich gemacht werden. So war denn das preußische Staatsministerium einstimmig der Ansicht, daß nach dem Beschluß des Reichstags nur der Minister der auswärtigen Angelegenheiten Bundeskanzler sein könne. Eine weitere Folge war die Gestaltung der dem Bundespräsidium überwiesenen Verwaltungszweige: Posten, Telegraphen, Konsulats= wesen, Etats=, Karten= und Rechnungswesen, Kontrolle der Zoll= verwaltung. Es hatte vorgeschwebt, daß die Ausschüsse des Bundesraths diese Verwaltungen leiten würden, aber die Aus= schüsse waren Kollegien, und eine kollegialische Behandlung der Geschäfte war mit der Verantwortlichkeit des Bundeskanzlers wiederum nicht vereinbar. Es blieb nichts übrig: die Leitung mußte dem Bundeskanzler zustehen.

2. Europäische Anerkennung der Bundesflagge.
(Vgl. 6, 227. 228.)

Am 12. August 1867 wurde das Bundeskanzleramt errichtet, für die dem Bundeskanzler obliegende Verwaltung und Beauf= sichtigung der ihm durch die Verfassung zugewiesenen Gegen= stände, und Rudolf Delbrück zum Präsidenten dieser Behörde bestellt. Eine der ersten Äußerungen ihrer Thätigkeit bestand in der Einführung des Bundes in den internationalen Verkehr. Wenige Wochen nach Verkündung der Verfassung wurde den auswärtigen Regierungen das Symbol des Bundes im Völker= verkehr, die Bundesflagge, zur Kenntnis gebracht und zugleich die Erwartung ausgesprochen, daß den unter dieser Flagge fahrenden Kauffahrteischiffen diejenigen Rechte gewährt werden würden, die den Kauffahrteischiffen der einzelnen Bundesstaaten bisher eingeräumt waren oder von denselben auf Grund der bestehenden Handels= und Schifffahrtsverträge beansprucht werden konnten. Noch vor dem Schluß des Jahres hatten sämmtliche Seestaaten Europas, sowie Brasilien und die Vereinigten Staaten von Amerika die Anerkennung der Bundesflagge mit der vom Bundespräsidium erwarteten Wirkung erklärt.

3. Der Württembergische Kriegsminister General v. Hardegg.

Es geht mir folgende Zuschrift zu:

Nach dem Feldzuge 1866 reichte der damalige Major im Generalstabe v. Suckow Sr. Majestät dem König Karl einen

Bericht ein. Als der Kriegsminister Generallieutenant v. Hardegg hievon Kenntnis erhielt, stellte er Suckow zur Rede, wie er es wagen könne, ohne sein Vorwissen eine derartige Eingabe dem König direkt vorzulegen, und fragte ihn, wer ihn hiezu veranlaßt habe. Suckow antwortete ausweichend und nannte erst, als ihm der Kriegsminister mit der Einleitung eines kriegsrechtlichen Verfahrens drohte, die Person des Königs.

General v. Hardegg begab sich sofort zum König, wurde hierüber vorstellig und bat Se. Majestät, wenn er, wie es den Anschein habe, nicht mehr das Allerhöchste Vertrauen besitze, um seine Enthebung vom Ministerposten. Der König versicherte Hardegg, daß dies in keiner Weise zutreffe, und bewog ihn, in seiner Stellung zu verbleiben.

Als später Hardegg dem König das von ihm bearbeitete neue Wehrgesetz vorlegte, ließ letzterer hinter dem Rücken des Ministers diesen Entwurf durch Suckow begutachten.

Dies veranlaßte Hardegg, nunmehr seine schon einmal gestellte Bitte um Entlassung beim König zu wiederholen, und wurde ihm dieselbe auch gewährt. Die Ordre hatte etwa folgenden Wortlaut:

„Se. Majestät der König haben vermöge Allerhöchster Entschließung vom ... April 1867 den Kriegsminister und Generallieutenant v. Hardegg seiner Bitte gemäß von der Verwaltung des Kriegsministeriums gnädigst zu entheben geruht und in den Ruhestand versetzt."

Ich bemerke hiebei, daß an v. Hardegg, während er Minister war, von dem damaligen Generaladjutanten Frhrn. v. Spitzemberg das Ansinnen gestellt wurde, er möchte doch letzterem von den dem König zu unterbreitenden Vorschlägen vorher Kenntnis geben, damit er Majestät darüber informiren könne. Hardegg wies diese Zumuthung auf das Entschiedenste schroff zurück, da er als Minister nur direkt mit Sr. Majestät zu verkehren gesonnen sei.

Schließlich möchte ich noch anfügen, daß, wenn Suckow in seinen Memoiren — die ich übrigens nicht kenne — den General v. Hardegg für die militärischen Mißerfolge der Württemberger im Feldzug 1866 verantwortlich machen will, dies zum Mindesten sehr ungerechtfertigt erscheinen dürfte.

Die württembergische Division operirte nicht selbständig, sondern stand unter dem Befehl des Prinzen Alexander. Daß die Ausbildung der württembergischen Truppen, deren Bewaffnung, sowie die Schulung ihrer Unterführer der damaligen preußischen Mainarmee in keiner Weise ebenbürtig war, ist ja eine bekannte Thatsache; die Schuld hieran aber einem Manne zur Last legen zu wollen, der erst wenige Monate vor Ausbruch des Krieges zum Kriegsminister ernannt wurde, ist wohl kaum angängig.

Diese Notizen stützen sich auf mündliche Mittheilungen meines im Jahre 1877 verstorbenen Vaters.

Oberstlieutenant Hardegg.[1]

4. Friedenspolitik des Grafen Beust.

Herr Konstantin Rößler[2], der meine Ansicht über Napoleon's Widerstreben gegen alle kriegerischen Tendenzen theilt, also auch nicht an seine große Kriegsverschwörung mit Österreich und Italien gegen Preußen im Jahre 1869 glaubt, bleibt doch bei der Auffassung der Wiener Politik, daß Graf Beust recht eigentlich zur Rache für 1866 an die Spitze des auswärtigen Amtes berufen worden sei und das französische Aufbrausen 1870 nur deshalb, ganz ähnlich wie Thiers, getadelt habe, weil nach dem Verzichte Hohenzollerns der Kriegsvorwand höchst ungeschickt

---

[1] Ich bemerke hiezu, daß in Sudow's Lebenserinnerungen zwar eine Zeile mit einem ungünstigen Urtheil über die Führung der württembergischen Division bei Tauber-Bischofsheim vorkommt, an keiner Stelle aber die Schuld der mangelhaften Organisation des dortigen Heerwesens dem Minister v. Hardegg, sondern stets dem Elend der alten Bundeskriegs-verfassung zur Last gelegt wird.

Was in der vom Könige befohlenen Geschichte des unglücklichen Feld-zugs Sudow über die einzelnen Betheiligten gesagt hat, ist mir ebenso unbekannt, wie dem Herrn Oberstlieutenant.

Daß Herr Minister v. Hardegg zweimal, rasch nacheinander, von dem Könige seine Entlassung erbeten hat, ist Herrn v. Sudow und ebenso mir unbekannt geblieben.   H. v. Sybel.

[2] Preußische Jahrbücher 79, 114 ff.

gewählt und der Losbruch bei Österreichs militärischer Unfertig=
keit in thörichtem Eifer übereilt worden sei. Bei klügerem Ver=
fahren Frankreichs wäre Beust schon mitgegangen.

Gegen meine, hievon gründlich abweichende, jedoch überall
urkundlich erhärtete Darstellung, daß Beust zur Erhaltung der
Selbständigkeit Österreichs die Fortdauer des Gleichgewichts
zwischen Preußen und Frankreich gewünscht und deshalb stets
auf Bewahrung des Friedens gearbeitet habe — hiegegen wendet
Herr Rößler zunächst ein, daß ich die entsprechenden Äußerungen
des Grafen Vitzthum von Eckstädt, eines vertrauten Agenten
Beust's, für die zuverlässigste Quelle gehalten habe. Man braucht
nicht zu bezweifeln, sagt er, daß Beust solche Äußerungen selbst
gegen vertraute Agenten gelegentlich hat fallen lassen. So etwas
spricht man wohl, fährt er fort, um sich die möglichen Folgen
einer Aktion allseitig klar zu machen, oder man will auch
Täuschungen in die Welt setzen, indem man die eignen Ver=
trauten täuscht. Nun wohl, ich bin kein so sachverständiger
Fachmann in diplomatischen Kunstgriffen, wie Herr Rößler: aber
indem ich ihm hienach die Möglichkeit solcher Dinge nicht bestreite,
scheint es mir doch, daß für ihre Wirklichkeit im einzelnen Fall
der Behauptende Beweise beizubringen verpflichtet ist. Darin
aber, fürchte ich, ist es bei Herrn Rößler schwach bestellt. Ich
besorge, er hat keinen andern Beweis für Vitzthum's Täuschung,
als die eigene schon vorhandene, ebenfalls beweislose Meinung
von Beust's Kriegslust. Ich will dies in Kürze darlegen.

Zunächst bemerke ich, daß in meiner Darstellung nicht auf
Vitzthum's Redensarten, sondern auf die ihm von Beust auf=
getragenen amtlichen Handlungen oder Instruktionen Bezug ge=
nommen wird. Als Napoleon 1869 mit dem Plane der offen=
siven Tripleallianz gegen Preußen hervortritt, verwandelt Vitz=
thum denselben, seiner Sache gewiß, ohne erst bei Beust anzu=
fragen, in den Vorschlag eines Vertheidigungsbundes, unter Vor=
behalt von Österreichs Neutralität im Falle eines französisch=
preußischen Kriegs. Der Botschafter Fürst Metternich bestätigt
dies, Beust und Kaiser Franz Joseph genehmigen es, und schließ=
lich lehnt eben deshalb Napoleon die Unterzeichnung des Kriegs=

bundes ab. Sieht das aus wie ein kleines Lügenspiel, um Beust's Kriegslust unter Friedensphrasen zu verstecken?

Aber noch mehr. Wenn zwischen der Stimmung und Haltung der beiden Männer, Beust's und Vitzthum's, damals eine Verschieden= heit bestanden hat, so lag sie nicht darin, daß Beust nach Kampf trachtete, Vitzthum aber Friedensgesinnung zu heucheln hatte. Im Gegentheil! Bei Vitzthum, soeben erst durch Beust in den österreichischen Dienst nachgezogen und in der Regel nur in speziellen diplomatischen Fragen beschäftigt, lebte noch recht ener= gisch die gegen Preußen erbitterte Erinnerung an Sachsens Schick= sale von 1866, während Beust in seiner hohen Wiener Stellung die Verantwortung für die Zukunft der österreichischen Gesammt= monarchie auf den Schultern trug und neben den hierauf gerich= teten Gedanken keinen andern Raum gab. Und wie sollte er bei Österreichs damaligen Zuständen etwas Anderes als Frieden wünschen? Nirgend waren bereits die Wunden des letzten Krieges geheilt oder seine Verluste wieder ersetzt. Der Ausgleich mit Ungarn war gelungen, aber wie man auf diesem Grunde würde leben und bestehn können, war eine Frage der Zukunft; sicher war, daß die Ungarn von einer Herstellung der Präsidialmacht Österreichs in Deutschland schlechterdings nichts wissen wollten. Sonst regte sich aller Orten noch Zwietracht zwischen den ver= schiedenen Stämmen; ein großer kirchenpolitischer Streit erhitzte die Gemüter; die Finanzen lagen im Defizit, und das Heer machte langsam den Übergang zu einer neuen Organisation durch. Und in solcher Lage hätte ein nicht blödsinniger Staatsmann etwas Anderes wünschen oder betreiben sollen als Frieden, dauernden Frieden nicht bloß für Österreich, sondern für Europa? Rußland hat, um sich nach dem Krimkriege zu „sammeln", ein halbes Menschenalter gebraucht: ich weiß mir keine unwahrschein= lichere Behauptung zu denken, als daß Österreich zwei Jahre nach Sadowa bereits Sehnsucht nach neuen Kriegshändeln gehabt hätte. Gewiß ist, daß Beust sich nicht in dieser Stimmung befand.

Als Vitzthum im Jahre 1868 einen von ihm angeregten und von Beust genehmigten Vorschlag auf allgemeine Abrüstung in Paris mit dem Minister Rouher verhandelte und anheimgab,

daß Kaiser Napoleon den Antrag in einem offenen Briefe dem
König Wilhelm vorlegen möchte, erklärte Rouher sich einverstanden,
hielt aber Napoleon's Zustimmung für ungewiß; und wenn der
Kaiser, fragte darauf Rouher, den Brief schriebe, der König aber
den Vorschlag ablehnte, und wenn dann der Kaiser dies übel
nähme, und daraus ein Bruch entstände, würde in diesem Falle
Österreich uns mit den Waffen unterstützen? Vitzthum, darauf
nicht gefaßt, antwortete: Wir befinden uns mitten in der Um=
gestaltung unserer Armee; ehe sie fertig ist, kann ich auf Ihre
Frage nichts Bestimmtes erwidern; hoffentlich werden wir aber
im Dezember das Ziel erreichen. Als er dies Gespräch dem
Kanzler berichtete, erhielt er umgehend folgende Zeilen:

„Verehrter Freund. Sie sagten, Sie möchten so gern mir
meine Arbeit erleichtern. Dessen bin ich gewiß und werde gern
und oft davon Gebrauch machen. Aber jetzt bedenken Sie wohl,
daß Ein unüberlegtes Wort mir die mühsame Arbeit von zwei
Jahren umwerfen kann. Der Gedanke von dem Eintritt in die
Aktion ist jetzt absolut falsch.“

Als dann im Herbst 1869 der lange verhandelte Dreibund
von Napoleon nicht vollzogen, sondern auf unbestimmte Zeit zu
den Akten geschrieben worden war, hatte Vitzthum mit den fran=
zösischen Ministern noch einige nachträgliche Gespräche über ein=
zelne Änderungen des Textes bei etwaiger Wiederaufnahme der
Verhandlungen. Die Franzosen regten an, ob nicht der Pariser
Vertrag vom 15. April 1856 zu erneuern, und ob nicht eine
Bezugnahme auf den Prager Frieden von 1866 in dem Allianz=
vertrag angezeigt sein sollte. Letzteres hätte, wie auf der Hand
liegt, dem projektirten Dreibund die schärfste Spitze gegen Preußen
gegeben.

Beust entschied auf der Stelle: „Wir wünschen keine Modi=
fikationen an dem ursprünglichen Texte. Was die Assimilation
des abzuschließenden Vertrages mit dem von 1856 betrifft, und
die Idee, ihn in unmittelbare Beziehung mit dem Prager Frieden
zu setzen, so kann ich diesem Vorschlag meine Zustimmung nicht
geben. Es wäre schwierig, eine bündige Analogie zwischen diesen
beiden Übereinkommen zu finden, und in politischer Hinsicht wäre

es ein ungeheuerer Fehler. Ich habe heute keine Zeit, dies weiter zu entwickeln. Ein anderes Mal komme ich auf dieses Kapitel zurück, für dessen Behandlung es keine Eile hat, da wir im Allgemeinen aus dem jetzigen status quo nicht herauszutreten und eine schließliche Lösung nicht zu überstürzen wünschen. In Summa also ist zur Zeit nichts zu thun, als die Dinge auf dem Punkte zu lassen, wohin sie gelangt sind."

Wie man sieht, will Beust im Oktober 1869 von einer offensiven Rachepolitik gegen Preußen so wenig wie im September 1868 etwas wissen. Aber wie verträgt sich hiermit, fragt Herr Rößler, die Thatsache, daß Erzherzog Albrecht im Frühling 1870 (es ist wohl nur ein Druckfehler, wenn Herr Rößler dafür 1867 schreibt), dem Kaiser Napoleon einen gemeinsamen Feldzugsplan gegen Preußen vorschlägt? Wenn dies möglich war, so scheine es doch einleuchtend, daß auch die Wiener Politik nicht frei von Kriegsgedanken sein konnte. Von entgegengesetzter Seite werde ich hier durch einen andern diplomatischen Fachmann, Herrn Geffcken (siehe unten), kritisirt. Es sei ein entschiedener Irrtum, wenn ich 7, 204. 205 von einem Feldzugsplan des Erzherzogs rede, ein solcher habe nie existirt. Offenbar können die Behauptungen der beiden geehrten Recensenten nicht neben einander bestehn; wenn der Eine Recht hat, muß der Andere Unrecht haben. Ich bin nun der bescheidenen Meinung, daß beide Herren meine Erzählung mißverstanden und beide in der Sache ziemlich zu gleichen Theilen Recht und Unrecht haben. Ich kann Herrn Geffcken nicht einräumen, daß trotz der bestimmten Aussagen der beiden Generale Lebrun und Jarras der Erzherzog dem Kaiser den Feldzugsplan gar nicht erwähnt habe: denn nirgendwo liegt sonst ein Grund vor, die beiden Offiziere für Erfinder und Aufschneider nach Gramont's Muster zu halten. Dagegen irrt sich Herr Rößler in seiner Ansicht über den Zweck und die Bedeutung des Plans, wie ihn der Erzherzog angegeben hat. Der Erzherzog, welcher die innere Lage Österreichs ebenso gut kannte und in demselben Lichte sah, wie Graf Beust, wünschte gerade zur Verhütung einer kriegerischen Explosion den Kaiser Napoleon auf die Unzulänglichkeit der französischen Streitkräfte

zu einem Kampfe mit der deutschen Übermacht aufmerksam zu
machen. Es war dies nicht eben eine leichte Aufgabe für einen
Ausländer, einen großen Souverän auf die schweren Mängel
seines Heerwesens anzusprechen: für die Wirkung hing zunächst
Alles von der Einführung des Themas ab. Albrecht nahm dann
von der vorübergehenden Unruhe, welche Lasker's thörichter An=
trag über Badens Aufnahme in den Nordbund in Paris her=
vorrief, Veranlassung, den Kaiser Napoleon auf die wachsende
Spannung und die Möglichkeit eines Kriegs für beide Staaten
hinzuweisen. Napoleon, ohne auf politische Erwägungen ein=
zugehen, fragte zurück: wenn es zum Kriege käme, wie hätten wir
nach Ihrer Meinung zu operiren? worauf dann der Erzherzog
den bekannten Plan skizzirte, vor Allem mit vereinter Offensive
Süddeutschland zu überwältigen. Über den weiteren Verlauf des
Gesprächs berichtet mein Gewährsmann:

Nach einem kleinen Diner auf der österreichischen Botschaft
zu Ehren des Erzherzogs geruhte Se. Kaiserl. Hoheit mir anzu=
vertrauen, er habe dem Kaiser nicht verschwiegen, daß die fran=
zösische Armee numerisch viel zu schwach sei, um einen Krieg mit
Deutschland aufzunehmen, selbst wenn man Algerien ganz von
Truppen entblöße. Österreich anlangend, so habe er Napoleon
gesagt, daß auf die Mitwirkung der k. k. Armee bei Beginn
eines Kriegs nicht zu rechnen sei, da man mindestens sechs Wochen
bedürfen werde, um die Mobilmachung zu vollenden. Napoleon
habe ihm darauf geantwortet, er werde einen General nach Wien
schicken, mit allen Etats, die hoffentlich dem österreichischen General=
stab eine bessere Meinung von den französischen Streitkräften
geben würden."

Indessen hatte der Erzherzog dem Kaiser noch mehr gesagt.
Eine frühere Mittheilung Rothan's, Albrecht habe am Schlusse
des Besuchs dem Kaiser wiederholt: "Also, Sire, vergessen Sie
nicht, das österreichische Heer wird seine neue Organisation erst
im nächsten Jahre zum Abschluß bringen" — wird mir durch
einen anderen Gewährsmann von völliger Zuverlässigkeit bestätigt.
Er sei, hat er mir erzählt, im März 1870 auf der Straße in
Paris zwei französischen, ihm befreundeten Offizieren begegnet,

die ihn angeredet und ihm gesagt hätten, sie kämen soeben von einem Gespräche mit Erzherzog Albrecht, der unter anderem ihnen erwähnt habe, daß die österreichische Armee noch ein bis zwei Jahre gebrauche, um mit ihrer neuen Organisation fertig zu werden.

Jedenfalls ist es klar, daß der Erzherzog, nicht daran gedacht hat, dem Kaiser einen Antrag auf Verabredung des Operations= plans für einen bevorstehenden Offensivkrieg gegen Preußen vor= zulegen. Auf eine Frage des Kaisers hat er eine sehr allgemein gehaltene Antwort gegeben und ist unmittelbar darauf zu seinem eigentlichen Thema übergegangen, einer nachdrücklichen Warnung gegen einen Krieg Frankreichs wider Deutschlands Übermacht. Die französische Armee sei nicht zahlreich genug, um ein min= destens sechs Wochen[1]) dauerndes Alleinstehn in einem solchen Kampfe zu ertragen. Die ganze Unterhaltung war kein Kriegs= rath der Vertreter eng befreundeter Reiche; sie war nichts als eine Erwägung des Verhaltens bei einem in der Zukunft viel= leicht einmal möglichen Krieg, ohne die Spur einer eignen offen= siven Absicht, ein Gespräch also, wie dergleichen in den General= stäben aller Staaten zu allen Zeiten vorkommen, wie z. B. in Berlin 1868 zwischen Moltke und Suckow.

Zwei Monate lang erwähnte Napoleon, durch innere Sorgen völlig in Anspruch genommen, das Gespräch mit dem Erzherzog gegen niemand. Als er dann im Mai sich der Verheißung er= innerte, dem Erzherzog einen Offizier mit allen Etats seiner Armee zu schicken, berief er zur Instruktion dieses Offiziers eine Konferenz, bestehend aus dem Kriegsminister Leboeuf, dem abzusendenden General Lebrun und zwei andern Generalen. Hier kam dann auch der sog. Feldzugsplan des Erzherzogs zur Sprache, welchen die vier Generale eben aus dem vom Erzherzog betonten Grunde der relativen Schwäche des französischen Heeres für unausführ= bar erklärten.

---

[1]) Diese Angabe ist durch das spätere Schicksal prophetisch geworden. Die französische Kriegserklärung erfolgte am 19. Juli, genau nach dem Ablauf von sechs Wochen begannen die für Napoleon's Verhängnis ent= scheidenden Kämpfe vor Sedan.

Lebrun kam im Juni nach Paris zurück mit einer per=
sönlichen Erklärung des Kaisers Franz Joseph, daß Napoleon
im Kriegsfalle auf eine bewaffnete Theilnahme Österreichs nicht
rechnen dürfe.

Mit voller Wahrheit konnte später Leboeuf der parlamen=
tarischen Untersuchungs=Kommission erklären, daß der Erzherzog
keine Propositionen gemacht; ich habe mit ihm, sagte er, nur
Beziehungen der Höflichkeit gehabt, und glaube nicht, daß wäh=
rend seines Aufenthaltes in Paris Unterhandlungen stattgefunden
haben.

Noch muß ich aus dem weitern Verlaufe der österreichischen
Politik jener Zeit einen in der neuen Auflage verbesserten Irr=
thum meiner Darstellung erwähnen. Gleich nachdem am 15. Juli
in Paris der Beschluß zum preußischen Kriege gefaßt worden,
hatte am 18. die österreichische Regierung ihr Verbleiben in der
Neutralität den Mächten angezeigt. Dem Grafen Beust erschien
dies sehr bedenklich; er besorgte deshalb eine bittere Entrüstung
Napoleon's. Er schickte also am 20. Juli einen vertraulichen
Brief an den Fürsten Metternich, mit Anweisung, wie er den
kaiserlichen Unwillen bestens beschwichtigen sollte. Am Schlusse
des Schreibens kam er auf Italien und bemerkte, die Italiener
würden nur dann mit Herz und Seele für die Sache Frankreichs
gewonnen werden, wenn man ihnen den römischen Dorn heraus=
zöge, also ihren Truppen, sobald die französische Besatzung den
Kirchenstaat räume, den sofortigen Einmarsch gestatte. Nun war
es seit 1861 weltbekannt, worin „der römische Dorn" bestand,
nämlich in dem französischen Verbot der Roma capitale, in dem
Verbote, Rom zur Hauptstadt des Königreichs Italien zu machen.
Ich verstand also Beust's Meinung dahin, nach dem Abzug der
französischen Brigade den Italienern die Besitznahme der Haupt=
stadt zu erlauben.

Aber von der berufensten Seite bin ich jetzt belehrt worden,
daß dies ein Irrthum war — den übrigens alle französischen
Staatsmänner nach der Lektüre des Briefes vom 20. Juli getheilt
haben —, daß Beust den Italienern zwar die Besetzung des
Patrimoniums Petri gestattet, die Stadt Rom aber der Herrschaft

des Papstes vorbehalten zu sehn wünschte. Der einfache Grund für diesen beschränkten Antrag bestand darin, daß die italienischen Agenten in Wien gebeten hatten, ihrem Könige bei Napoleon die Erlaubnis zur Besetzung einiger strategischer Punkte im Kirchenstaat zu erwirken, ein Gesuch aber um die Annexion der Hauptstadt Rom zu stellen, damals nicht gewagt hatten. Beust gab nach Paris weiter, was jene angeregt hatten; der Erfolg war begreiflich, aber für ihn nicht angenehm. Die Kaiserin und Gramont zürnten, daß er den Papst berauben wollte, in Florenz war die öffentliche Meinung entrüstet, daß ihr nicht der Besitz von Rom geboten wurde.

5. Napoleon und Eugenie.

Meine Darlegung, daß Napoleon III. bis zum letzten Augenblick entschiedener Gegner der Kriegspolitik gewesen ist und nur durch seine Minister sich Schritt auf Schritt, willenlos in seinem schweren Krankheitsstande, zum Bruche mit Preußen hat drängen lassen, hat bis jetzt keine Anfechtung, geschweige denn Widerlegung erfahren. Vielmehr hat Herr Rößler sie als richtig anerkannt, und Herr Delbrück (Pr. Jahrb. Februar 1895) hat sich mit der Bemerkung begnügt, daß ihm meine Auffassung doch noch nicht völlig erwiesen erscheine. Darauf läßt sich natürlich nichts erwidern.

Herr Rößler sagt mit vollem Recht, der wirkliche Grund, welcher den Krieg unvermeidlich machte, sei der Nationalcharakter des französischen Volks gewesen. Seit Jahrhunderten hatte Frankreich in langen Zeiträumen die Leitung Europas besessen; es hielt die Zersplitterung und Schwäche Deutschlands für sein eignes wohlerworbenes Recht, und die vollständige Erwerbung des linken Rheinufers für einen in der Natur der Dinge begründeten Anspruch. Napoleon aber, der sich durch zwei siegreiche Kriege die politische Leitung Europas errungen, zugleich aber auch auf den italienischen Schlachtfeldern mit tiefem Abscheu gegen die Gräuel des Kriegs erfüllt hatte, verwarf in dem berühmten Rundschreiben vom 16. September 1866 auf das Nachdrücklichste jene populäre Forderung, daß Frankreich die eigne Macht durch innere Zerrüttung der Nachbarn zu erhöhn habe. Allein die

öffentliche Meinung seines Landes bäumte sich leidenschaftlich gegen
diese Selbstbeschränkung auf, so daß er zur Sicherung seines
Throns und seiner Dynastie es für nöthig hielt, nach Kompensationen zu streben, sich wenn möglich mit dem gewaltig heran-
gewachsenen Preußen darüber zu verständigen, und bis dies gelungen, gegen die Vollendung der deutschen Einheit, auf Grund
einer falschen Auslegung des Prager Friedens, sein Veto einzu-
legen. Da jedoch keine Kompensation erlangt wurde, blieb das
Verhältnis der beiden Regierungen ein gespanntes, und bei dem
französischen Volke, dessen große Mehrheit sonst bei fortschreitendem
Gedeihn der materiellen Interessen eifrig die Fortdauer des
Friedens wünschte, setzte sich eine tiefe Mißstimmung, um nicht
zu sagen, ein offener Haß gegen das „herrschsüchtige“ Preußen
und das „undankbare“ Italien fest. In einem Augenblicke
besonderer Aufregung über belgische und badische Vorgänge schlug
dann Napoleon im Frühling 1869 den Höfen von Wien und
Florenz einen offensiven Dreibund gegen Preußen vor.

Indessen wollten die beiden Freunde nur von einem Ver-
theidigungsbunde unter starken Vorbehalten wissen. Auch zeigte
sich, daß Bismarck sich durchaus nicht eilig um die Annexion der
deutschen Südstaaten bemühte, und so schob Napoleon die Rati-
fikation des Dreibundes auf unbestimmte Zeit zurück und sagte:
wenn Bismarck nichts überstürzt und die Zeit für seine Pläne
wirken läßt, so wird sich allmählich auch das französische Volk
an die deutsche Einheit wie an ein Naturereignis gewöhnen.

Er war damals soeben von einem lebensgefährlichen Anfall
seines chronischen Nieren- und Blasenleidens erstanden und fühlte
seine Kraft gebrochen und die Hoffnung auf ein höheres Alter
verschwunden. Unter diesen Umständen kam er zu dem Entschlusse,
die Festigkeit seines Throns durch populäre Mittel zu stärken,
durch Erweiterung der Rechte der Volksvertretung und durch
Übertragung der Regierungsgewalt an ein verantwortliches Ministerium. Zum Leiter desselben erwählte er den Abgeordneten
Emil Ollivier, der allein seit 1866 unaufhörlich zum Frieden
und zur Anerkennung Deutschlands gemahnt hatte. So wollte
Cäsar zum konstitutionellen Monarchen werden, um zu erlangen,

was er als sein tiefstes Bedürfnis mit Schmerzen ersehnte, persön=
liche Ruhe nach Innen und Außen.

Unglücklicherweise war Ollivier zwar ein glänzender Redner
und ein fester Doktrinär, aber in der praktischen Politik unerfahren
und ungeschickt und dabei höchst reizbar und jedem Eindruck
widerstandslos hingegeben. Nach dem Abgange des Grafen Daru
verwaltete er eine Zeitlang als Stellvertreter das auswärtige
Ministerium; hier las er die Akten über die Kompensationen und
die Versuche der Einmischung in deutsche Angelegenheiten, wobei
die früheren Minister stets vor Bismarck's deutlicher Abweisung
zurückgewichen waren. Er war entrüstet; bei aller Friedensliebe
und Freundschaft für Deutschland sollte fortan bei ähnlichen Vor=
kommnissen Bismarck ein muthigeres und stolzeres Vorgehn
Frankreichs erleben. In dieser Stimmung nahm er den Herzog
von Gramont in das Kabinet als Minister des Auswärtigen auf,
einen Mann, den Napoleon für einen eitlen Schwätzer und für
ebenso unfähig wie unzuverlässig hielt, der aber als Todfeind
Bismarck's für Ollivier die Sicherheit bot, mit größter Energie
gegen Preußen eintretenden Falls Frankreichs Entschließungen
durchzuführen und die Ehre der Nation zu decken.

Als die spanische Kandidatur Hohenzollern öffentlich bekannt
wurde, erklärte sie Gramont nach völlig grundloser Erfindung
für eine seit Jahren vorbereitete, heimlich betriebene Intrigue der
preußischen Regierung, deren Gelingen Frankreich schlechterdings
nicht gestatten werde. So gab er am 6. Juli Namens der
Regierung im gesetzgebenden Körper eine Erklärung ab, welche
offene Beleidigungen Preußens enthielt, mit einer unverhüllten
Kriegsdrohung schloß und eine ungeheuere Aufregung in der
Presse und bei der Bevölkerung hervorrief.

Gerade in diesen Tagen litt Napoleon wieder an einem
heftigen Anfall seiner Blasenkrankheit. Eine Berathung von fünf
der berühmtesten Ärzte hatte bei ihm Blutarmuth, Hämorrhoiden,
gichtische Schmerzen in den Schenkeln und Füßen und das gefähr=
liche Anwachsen eines großen Blasensteins festgestellt. Der Kaiser
verpflichtete die Ärzte zu ihrem berufsmäßigen Schweigen, nahm
das Protokoll der Konsultation an sich und machte begreiflicher=

4*

weise gegen niemand eine Mittheilung über den Inhalt. Die
Ärzte hatten gewisse Operationen beantragt, Napoleon jedoch war
der Überzeugung, die Operation könnte gelingen, er aber würde
sie nicht aushalten, was 1873 sein Tod auch bestätigt hat. Nun
stelle man sich seine Lage vor. Elende Schmerzen bei jedem
Schritte des Reitpferdes und bei jedem Rütteln des Wagens, und
dazu auch beim Gehen schmerzhafte Unbehülflichkeit. Ein Augen-
zeuge, der seinen kurzen Spaziergang auf der Terrasse des Tuilerien-
gartens zwischen zwei Sitzungen beobachten konnte, hat mir das
Bild geschildert, wie der Kaiser, mit dem einen Arm gestützt auf
den ihm vertrauten General Béville, mit dem andern auf den
eines jungen Adjutanten, langsam mit schleifendem Schritte sich
fortbewegte. Bei einer ähnlichen Promenade besuchte ihn seine
Kousine, die Prinzeß Mathilde; als sie ihn in der Nähe sah,
rief sie aus: Um Gott, auf diesen Füßen wollen Sie in den Krieg
marschiren? Gewiß, er wollte es nicht, aber die Krankheit selbst
nahm seinem Geiste die zum Widerstand erforderlichen Kräfte.
Dazu hatte er seit dem 2. Januar sich zum konstitutionellen
Monarchen gemacht und fühlte sich nicht mehr in der Lage, mit
durchgreifendem Ernste dem sich ihm aufdringenden Kriegslärmen
Ruhe zu gebieten. Und welch ein Dasein stand ihm dann bevor!
Wenn glänzende Siege seine Dynastie befestigen sollten, so mußte
er, der durch und durch kranke, keinen Augenblick schmerzensfreie
Mann, den Oberbefehl über die Armee führen. Denn ein
triumphirender Bazaine, warum sollte er mit den Bonaparte's
anders verfahren, als einst der erste Bonaparte mit der damaligen
Regierung, dem Direktorium, verfahren war?

Immer that Napoleon, was er vermochte, den Krieg zu
vermeiden. Am Vormittag des 6. Juli trat der Kronrath zur
Prüfung des Gramont'schen Entwurfs der der Kammer zu
gebenden Erklärung über die Kandidatur Hohenzollern zusammen.
Ich habe den Verlauf nach den Aussagen des damals Ollivier
nahe stehenden Thiers und des Kriegsministers Leboeuf vor
der parlamentarischen Untersuchungskommission Bd. 7, 276 berichtet. Wie erquicklich wäre es Ende 1871 für den unglücklichen
Leboeuf und seine Hörer gewesen, wenn der General die Schuld

an diesem ersten Kriegssignal von seinen Schultern auf die des gestürzten Kaisers hätte wälzen können? Aber als rechtschaffener Mann that er dies nicht. Gegen die Richtigkeit des Gramont'schen Entwurfs, sagt er, wurde keine Einwendung erhoben, um so entschiedener aber tadelten der Kaiser und die Mehrheit der Minister die vielfach schroffe und gefährliche Form und bewirkten Milderung an verschiedenen Stellen. Aber als wir in die Kammer eintraten, fährt er fort, fanden wir dort eine so aufgeregte Stimmung, daß ihr die gemilderte Form nicht zu entsprechen schien, und so las Gramont den ursprünglichen kriegerischen Text vor. Als diese Aussage Leboeuf's, ohne Nennung seines Namens, Herrn von Gramont bald nachher vorgelegt wurde, gerieth dieser in große Verwirrung, behauptete, die kriegerischen Sätze, die er vorgetragen, seien erst in der Sitzung beschlossen worden, wagte aber doch nicht, den Kaiser als deren Urheber zu bezeichnen. Ebenso begnügte er sich 1872 in seinem Buche France et Prusse, die Gründe für eine scharfe Fassung zu entwickeln; hienach habe der Ministerrath den Text festgestellt und er ihn in der Kammer abgelesen. Außerdem erklärte er Leboeuf's Aussage, wieder ohne Nennung des Urhebers, für eine unwahre Anekdote.

Trotzdem setzten sich in Frankreich die Klagen über Gramont's Leichtsinn, mit dem er durch die Rede vom 6. Juli das Land in einen unheilvollen Krieg gestürzt, in stets neuen Wiederholungen fort. Da erschien am 6. März 1874 in der Indépendance Belge ein langer Artikel, der zunächst berichtete, daß bereits zwei Kronräthe am 5. Juli 1870 stattgefunden hätten zur Berathung der am 6. der Kammer zu gebenden Erklärung. Der Kaiser hätte sich durchaus friedfertig ausgesprochen, indes sei man zu keinem Entschlusse gekommen, so daß am 6. Juli Vormittags eine dritte Sitzung stattgefunden. Hier hätten Ollivier und Gramont einen gemeinsam redigirten Entwurf vorgelegt, ganz im Sinne des Friedens, den der Artikel wörtlich mittheilt. Dann aber hätten die Minister mit Erstaunen bemerkt, daß die Stimmung des Kaisers sich seit gestern völlig verwandelt hätte und entschieden kriegslustig geworden sei. Der Artikel berichtet dann die Spezialdebatte über die einzelnen Sätze des Entwurfs und druckt die kriegerischen Amendements des Kaisers wörtlich ab. Trotz des Widerspruchs mehrerer Minister habe der Kaiser sie energisch durchgesetzt, insbesondere den drohenden Schlußsatz, der die Thüre zu einer friedlichen Lösung verschloß, sagt der Artikel.

Diese Mittheilung, wenige Monate nach dem Tode des Kaisers veröffentlicht, machte großes Aufsehen und rief heftige Widersprüche und Erkundigungen über ihren Verfasser hervor. Ein ehemaliger Abgeordneter, Darimon[1]), fragte einen früheren Beamten des auswärtigen Amtes, den Baron S. A. (ich zweifle nicht St. André), der in nahen Beziehungen zu Gramont stand. Er sagte, der Artikel sei unter der Inspiration Gramont's redigirt worden, der ermüdet und belästigt dadurch gewesen, daß man fortfahre, ihm die Verantwortung für den Krieg zuzuschieben. Darimon bemerkt noch, der Umstand, daß Gramont den Artikel nie dementirt hat, wie das freilich schwierig gewesen, könne schon für ein Geständnis gelten, und so erscheine der Artikel als ein geschichtliches Dokument ersten Ranges. Offenbar hat Darimon die früheren Aussagen Thiers' und Leboeuf's nicht gekannt oder wieder vergessen, sonst würde auch ihm Gramont's verläumderische Erfindung im Gegensatze zu Leboeuf's ehrenhafter Offenheit sofort im richtigen Lichte erschienen sein. Wie vieler solcher Erdichtungen sich Gramont schuldig gemacht, darüber verweise ich auf die Abhandlung am Schlusse meines siebenten Bandes.

Übrigens hat Gramont bei den heftigen Angriffen, die der Artikel erfuhr, doch einige Scham empfunden, allerdings nicht den Inhalt dementirt, aber doch, um keinen Verdacht über seine Autorschaft aufkommen zu lassen, Herrn Ollivier und einem anderen Herrn, von dem Darimon den Vorgang erfahren hat, eine neue Erfindung mitgetheilt, ein untreuer Sekretär habe ihm seine Aufzeichnungen über den Kronrath des 6. Juli gestohlen und sie dann in Brüssel veröffentlicht. Die Gehässigkeit seines Verfahrens wird dadurch freilich nicht abgeschwächt. Nach mehrfachen anderen Proben halte ich es übrigens für ganz möglich,

---

[1]) Vgl. dessen Notes p. s. à l'histoire de la guerre de 1870. Paris 1888. S. 52 ff.

daß er binnen vierzehn Tagen von der genauen historischen Richtigkeit seines Erzeugnisses selbst überzeugt gewesen ist.

Wie Gramont bei dem Beginne der Bewegung ihr durch seine Rede am 6. Juli die kriegerische Wendung gegeben und dann nach dem Tode Napoleon's sich dessen friedliebende Haltung durch eine kecke Lüge anzueignen versucht hat, ganz so ist er auch in Bezug auf den Höhenpunkt und die Entscheidung der Krisis verfahren. Nachdem am 13. Juli 1870 König Wilhelm in Ems die neuen französischen Forderungen abgelehnt und den Botschafter Benedetti nicht weiter zu empfangen erklärt hatte, fanden in Paris lange Berathungen statt, in deren Verlauf am 14. Nachmittags Napoleon den Ministerrath zu dem Entschluß bestimmte, für jetzt sich mit der vom Könige ausgesprochenen Billigung des Rück= trittes des Prinzen Leopold zu begnügen, zur Sicherung der Zukunft aber die Frage einem Kongreß der Großmächte vorzulegen und bis dahin von allen kriegerischen Maßregeln abzusehn. Dann aber veranlaßten Gramont und Leboeuf eine weitere Sitzung Nachts in St. Cloud, wo sie mit stürmischem Drängen die Zurück= nahme des Kongreßplans, die Mobilmachung der Armee und den Entschluß zum Kriege herbeiführten.

Dieser Hergang steht fest durch das Zeugnis des Grafen Vitzthum, dem bei einem kurzen Gespräch am 15. Abends Gra= mont seine Abweisung des Kongreßvorschlags selbst erzählt, des italienischen Gesandten Nigra, der im Laufe desselben Tages mit Gramont darüber gesprochen hat, und eines dritten Zeugen, den wir sogleich kennen lernen werden.

Nach dem schlimmen Ausgang des Kriegs lag Gramont ein Doppeltes am Herzen, die Verantwortung sowohl für die Ver= werfung des Kongreßplans, als für den Mangel an festen Allianzen los zu werden. Zu dem bereits 7, 412 und 413 ff. Erzählten kann ich jetzt noch Folgendes hinzufügen: Nachdem er am 8. Januar 1873 in einem offenen Briefe dem Grafen Beust vorgehalten hatte, daß dessen Bevollmächtigte, Graf Vitzthum und Fürst Metternich, am 24. Juli 1870 ihm einen Kriegsbund mit Frankreich vorgeschlagen hätten — eine vom ersten bis zum letzten Wort erfundene Geschichte —, schrieb er am 21. April 1873 einem ungenannten Freunde[1]), daß er mit Vitzthum und Metternich nebst den Italienern Nigra und Vimercati am 15. Juli den Entwurf eines in Wien und in Florenz bereits gebilligten Vertrags zwischen Österreich und Italien in drei Artikeln besprochen hätte, worin die beiden Mächte sich zur Kriegserklärung gegen Preußen in bestimmter Frist verpflichteten. Hier ist die Phantasie des Herzogs noch unglücklicher als im vorigen Fall gewesen. Denn der Plan eines Sonderbunds der beiden Mächte ist zwar von Österreich den Italienern vorgeschlagen worden, aber nicht am 15., sondern erst am 25. Juli, nachdem beide Mächte seit mehreren Tagen ihre Neutralität erklärt, und Beust den französischen Antrag auf Kriegshülfe kategorisch abgelehnt hatte. Der Entwurf für den Sonderbund (in acht, nicht in drei Artikeln) wurde erst im August der französischen Regierung, und nur deshalb vorgelegt, weil sein siebenter Artikel eine Klausel über die römische Frage enthielt.

Gramont ließ sich dies Alles nicht anfechten, sondern suchte seine Dichtung von einem völlig verabredeten und nur noch nicht mit der letzten Bestätigung versehenen Kriegsbunde bei der nächsten Gelegenheit durch neue Variationen in der Datirung und einzelnen Umständen zu erretten: In einer Streitschrift gegen den Prinzen Napoleon wiederholte er 1878 die Mär von seiner Unterhandlung mit den obengenannten vier Herrn, dieses Mal auf Abschluß der großen Tripleallianz gegen Preußen, über welche man am 18. Juli 1870 (also nicht am 24., nicht am 15., wie früher behauptet) zum Einverständnis gekommen sei. Alles war ebenso grundlos wie die früheren Fabeln. Als die scharfsinnige Abhandlung veröffentlicht war, erinnerte Graf Vitzthum den Herzog brieflich an die Thatsache, daß er am 15. Juli mit ihm nur ein kurzes Gespräch von zehn Minuten in Gegenwart Metternich's gehabt, wo Gramont sich mit wahrer Wut gegen den Kongreßplan des Kaisers geäußert; gleich nachher sei er (Vitzthum) nach Wien abgereist, jene Konferenz am 18. habe also nicht in der angegebenen Weise stattfinden können. Ich setze

---

[1]) Der Brief ist von diesem soeben im Figaro, 17. avril 1895 veröffentlicht worden.

gleich hinzu, daß auch Nigra sich in gleichem Sinne ausgesprochen, und Vimercati wie Vitzthum Paris am 15. verlassen hat.

Auf Vitzthum's Brief antwortete Gramont zunächst mit der unbefangensten Rückkehr vom 18. auf den 15. Juli, dann aber mit der Behauptung, am 15. seien die beiden Österreicher nicht 10, sondern 40 Minuten bei ihm gewesen, und da sei die Triplealliance (also, scheint es, ohne italienische Mitwirkung) verabredet worden. Schon das ist unmöglich, da weder Vitzthum noch Metternich Vollmacht zu solchen Verhandlungen hatten.

Dann aber fährt Gramont in seinem Briefe fort: Sie scheinen nicht zu wissen, daß der Kongreßgedanke aus meiner Initiative entsprungen war, daß er mir angehörte, daß ich ihn am 14. im Ministerrath vorgeschlagen, entwickelt und seine Annahme bewirkt hatte, unter bemerkenswerthen Umständen, die schon von gleich= zeitigen Schriftstellern erwähnt worden sind.

Hiezu macht er die Note: vgl. die Broschüre des Herrn v. Parieu, 1873, Betrachtungen über die Geschichte des zweiten Kaiserreichs, S. 20.

Als ich hierauf das in mehrfacher Beziehung lesenswerthe kleine Buch des Herrn v. Parieu nachschlug, fand ich zu meiner Überraschung, daß ich nach alledem Herrn v. Gramont's dichterische Kühnheit doch noch nicht vollständig erkannt hatte. Ich las in der zweiten Auflage 1871 S. 22:

„Man versichert, daß Herr Ollivier noch am 14. Juli schwankte, und daß an diesem Tage um 6 Uhr Abends (also am Schlusse der Sitzung) der Kaiser noch nichts Anderes als die Berufung eines Kongresses zur Regelung der Schwierigkeit zwischen Frankreich und Preußen begehrte. Die Herren Louvet und Segris hatten mehrfach friedliche Tendenz gezeigt, die Herren Plichon und de Parieu widerstanden kräftig dem Ge= danken, daß aus der durch den Rücktritt des Prinzen Hohen= zollern gelösten Frage ein Krieg entstehn könne." Er führt dann näher aus, wie erst in der um 10 Uhr beginnenden Nachtsitzung in St. Cloud Ollivier und Gramont beinahe alle Minister zum Beschlusse des Krieges fortrissen, indem sie die

Versendung von Bismarck's Zeitungstelegramm für eine Be=
schimpfung Frankreichs erklärten.[1])

Hier haben wir den ganzen Gramont. Er blies die Kriegs=
trompete, so lange die Kriegserklärung in Frankreich populär war.
Als sich dieses Blatt wandte, eignete er sich hinterher Napoleon's
Friedensvorschläge an und citirte zum Beweise dafür eine Schrift,
in der das Gegentheil seiner Angaben steht. Ob er sie selbst
nicht gelesen, oder ob er geglaubt, Vitzthum würde eine alte
Broschüre nicht nachschlagen, lasse ich dahingestellt.

Auch diese Betrachtungen zeigen uns also, wie in den ver=
hängnisvollen Tagen vom 5. bis zum 15. Juli Napoleon fort
und fort zu einer Politik des Friedens gedrängt hat. Am 5. und 6.
fordert er eine milde Erklärung an die Kammer, am 10. schreibt
er geheim an den Prinzen Leopold, sein Rücktritt sei das einzige
Mittel, den Frieden zu erhalten; am 12. beruft er den italienischen
Gesandten Nigra zu einer besondern Audienz, um ihn mit einer
telegraphischen Botschaft an Victor Emanuel zu beauftragen,
durch den Rücktritt des Prinzen sei jeder Grund zum Kriege be=
seitigt; endlich am 14. klammert er sich im letzten Momente an
seinen alten Lieblingsgedanken, einen europäischen Kongreß, um
den Bruch zu verhüten. Als trotzdem der Krieg entschieden war,
sendet er am 15. durch Vitzthum die Bitte an Franz Joseph,
Österreich möge den Kongreß veranlassen; zwei englischen Besuchern
sagt er damals, die Macht sei ihm aus den Händen geglitten,
und schreibt an die Königin von Holland, nicht er habe diesen
Krieg veranlaßt, sondern die aufgeregte öffentliche Meinung. Alle

---

[1]) Diese Angaben bestätigen in allen Punkten meine Darstellung der
Sitzungen am 14. Juli 7, 336 ff. Übrigens bemerke ich, daß Herr v. Lano
eine Erzählung des Ministers Louvet anführt, nach der am Nachmittag des
14. Gramont die erste Erwähnung von einem Kongresse gemacht hätte.
Lano ist, wie wir weiter sehen werden, ein sehr unzuverlässiger Gewährs=
mann; wenn überhaupt etwas an der Notiz ist, so hat Gramont vielleicht
auf das Drängen des Kaisers nach einem friedlichen Ausweg auf einen
Kongreß hingewiesen, was dann der Kaiser lebhaft aufgriff und zähe fest=
hielt. Gramont's eigne Darstellung (France et Prusse p. 212) läßt deutlich
seinen Widerwillen gegen den Gedanken erkennen.

seine Wünsche gingen auf Frieden. Aber der Ansturm auf Krieg
kam zu heftig und zu vielseitig für seine kranke Willenskraft, von
den die Lage beherrschenden Ministern, Gramont, Leboeuf, Ollivier,
von der äußersten Rechten der Kammer, den reaktionären Bona-
partisten, von der großentheils gleichgesinnten Hofgesellschaft, von
gewissen militärischen Kreisen, von der Hetzerei einer fanatischen
Fraktion des Klerus, endlich von der durch Gramont aufgerufenen
Pariser Presse. Der konstitutionelle Cäsar wich dem Sturme der
populären Leidenschaft.

In der Reihe dieser kriegslustigen Treiber und Dränger
fehlt hier ein Name, der in hundert Büchern mit der schlimmsten
Verantwortlichkeit belastet wird, der Name der Kaiserin Eugenie.
Ich bin wohl darauf angesprochen worden, ich hätte sie in meinem
Buche milde behandelt: dafür wüßte ich keinen Grund anzugeben,
da ich nie die Ehre persönlicher Beziehung zu der hohen Dame
gehabt und sie nur ein einziges Mal flüchtig gesehn habe. Ich
habe lediglich die Pflicht des Historikers im Sinne, kein ver-
dammendes Urtheil über eine Handlung oder einen Menschen zu
fällen, bis die ihn belastende Anklage durch zwingende Beweise
bestätigt ist. Jede Verurtheilung nur nach schwankenden Ver-
dachtsgründen oder plausibeln Vermuthungen ist pflichtwidrig, sie
ist es nicht weniger, wenn sie auf Grund eines einzelnen Umstandes, ohne Berücksichtigung des Gesammtcharakters und der
Gesammtlage des Angeklagten erfolgt. Und wenn diese Regel
unverbrüchlich ist, auch wo man die Handlungen längst Ver-
storbener bespricht, um wie viel gehässiger wird ihre Verletzung
gegenüber einer Lebenden, einer längst wehrlosen Frau, die auf
blendender Höhe ein stets gütiges Herz gezeigt und dann durch
furchtbare Schicksalsschläge niedergeworfen worden ist. Wenn
irgendwo, gilt hier das Gebot, nicht aus einem einzigen Worte
hastige Folgerungen zu ziehn, sondern nicht ohne Einblick in ihr
gesammtes Wirken und Leiden zu einem Urtheil über die einzelne
Handlung zu gelangen.

Die französische Literatur und die Aussagen der Zeitgenossen
bieten Material genug, die Entwicklung des Wesens der Kaiserin
kennen zu lernen. In den ersten Jahren ihrer damals zärtlichen

Ehe schwamm sie in Glück und Lebenslust. Sehr schnell hatte sie
mit weiblichem Takte sich in die würdige Repräsentation ihrer hohen
Stellung gefunden; von geistigen oder politischen Dingen war
damals bei ihr keine Rede; als der Kaiser bei seinem Aufbruch
zum italienischen Kriege sie zur Regentin während seiner Abwesen=
heit ernannte, hatte sie kein anderes Gefühl als Schmerz über
die Trennung und Sorge über die Gefahren des Kriegs. Oft
mußte sie auf den Balkon hinaustreten, um ausmarschirende
Regimenter unter Jubelrufen vorüber defiliren zu sehn: dann
grüßte und winkte sie freundlich, aber unter Thränen und Schluchzen:
unsere arme Kaiserin, schrieb ihr alter Freund Mérimée, hat ver=
weinte Augen, dick wie Eier. Die Kürze der Trennung ersparte
ihr die Regierungssorgen; der einzige Wunsch, den sie als Regentin
geäußert hat, war der möglichst rasche Friedensschluß. Er wurde
ihr erfüllt, schon damals nahm der Zorn der revolutionären
Parteien sie zur Zielscheibe; sie sei es gewesen, welche ihren
Gemahl zum vorzeitigen Abbruch eines großen Befreiungskriegs
bestimmt hätte. Es war aus der Luft gegriffen und die wahren
Ursachen des Friedens von Villafranca lagen offen vor aller Welt
Augen. Eugenie konnte sich wieder ihrer bisherigen Hauptarbeit
widmen, der Herrschaft über die jährlichen Schöpfungen der Pariser
und damit der europäischen Moden. Diese Sorge für die äußere
Erscheinung war hier begreiflich; es verlohnte sich bei ihr, sich zu
schmücken. Denn sie war von hinreißender Schönheit und zugleich
von seltner natürlicher Anmuth. Als Bismarck von einem Besuche in
Paris 1857 zurückkam, erklärte er, vielerlei Schönes habe er dort
gesehn, von Allem das Schönste aber sei Eugenie. Bei ihren Zu=
sammenkünften mit der Königin Victoria gewann sie deren Herz, wie
die Anerkennung der ältesten Tochter, später unserer Kaiserin Fried=
rich. Auch unser Kronprinz hatte bei einem Besuche in Paris seine
Freude an ihr. Zwar fand er sie nach ihrer klösterlichen Erziehung
kenntnisarm und schwach gebildet. Sie fragte ihn einmal, ob er
etwas von der weißen Dame wisse, die im Berliner Schlosse umgehe.
Er antwortete scherzend: Natürlich, das ist ja eine meiner Tanten.
Wie erschreckt sah sie ihn darauf aus großen Augen an und bezeigte
ihm seitdem eine Art von eigenthümlichem Respekt. Daneben aber

bemerkte er bei ihr einen hellen Verstand, ein rasches, meist zutreffendes Urtheil über Menschen und Dinge und einen unbeugsamen Willen. Die Lebhaftigkeit dieses weiblichen Willens verursachte zuweilen kurze Stürme am ehelichen Himmel, besonders wenn es sich um Meinungsverschiedenheiten über kirchliche Fragen handelte. Im übrigen hatte sie damals kaum ein anderes Streben, als selbst fröhlich zu sein, andere Menschen zu erfreuen und frohe Gesichter um sich zu sehn. Sie war wohlthätig bis zur Verschwendung, besuchte mit unbefangenem Muth die Hospitäler der Cholerakranken, vermied bis zur Ängstlichkeit jede Kränkung eines mit ihr verkehrenden Menschen. In ihrem engern Kreise war sie rastlos in der Sorge für heitern Zeitvertreib, lebende Bilder, kleine Bühnenspiele, kostümirte Tänze, Charaden, Proverben und ähnliche Erfindungen, die ihr Vertrauter, der geistreiche und frivole Mérimée, nicht selten bis an die Grenze der Leichtfertigkeit führte, welche Grenze aber nie überschritten werden durfte. Denn obgleich ihr Hof, und an dessen Spitze ihr Gemahl, keineswegs aus Heiligen bestand, hielt sie streng auf die Reinheit ihres Rufs und die Festigkeit ihrer ehelichen Treue. Niemals hat, so weit ich sehe, jemand einen Kavalier zu nennen gewußt, dem sie übermäßige Gunst geschenkt hätte.

Und dennoch kam von dieser Seite die tragische Wendung in ihrem Lebensgang. Napoleon war von jeher an niedrige Liederlichkeit gewöhnt, kurze Verliebtheit in gemeine Schönheiten, denen er, nachdem er sie genossen, unter mäßiger Bezahlung sogleich wieder den Rücken kehrte. Eugenie, gegen die sein Benehmen sich niemals änderte, erfuhr davon nicht viel oder hielt die Angaben für übertrieben. Aber im Jahre 1864 fiel Napoleon in die Netze einer berufenen Pariser Courtisane, die ihn längere Zeit zu fesseln wußte, ihm große Geldsummen abschwindelte und das unsaubere Verhältnis in großem Prunke öffentlich vor sich her trug. In Eugeniens kräftiger Natur empörte sich der volle kastilianische Stolz gegen diese Beschimpfung: sie verfiel einem schweren Nervenleiden, drängte aus Paris hinweg und erlangte die ärztliche Anordnung einer längern Kur in Schwalbach. Man ermißt leicht, welches Aufsehen dieser Streit verursachte und wie viele

Vermittler aller Art sich um die Heilung des Bruchs bemühten.
Es gelang denn auch, Eugenie, deren Mutterherz sie zu dem
hoffnungsvollen Sohne zog, zur Rückkehr zu bestimmen. Ach,
sagte sie damals zu Mérimée, wie bin ich unglücklich; es gibt
keine Eugenie mehr; es gibt nur noch eine Kaiserin. Es bezeichnet
ihre Stimmung, daß eine schon früher angeregte Sympathie für
eine unglückliche Vorgängerin auf dem glänzenden französischen
Throne, die Königin Marie Antoinette, damals zu voller Entwicklung gelangte; unermüdlich studirte sie deren Geschichte, sammelte
ihre Bilder und Handschriften, erneuerte Trianon, deren Lieblingssitz,
und richtete dort ein Museum für die Reliquien derselben ein.
Indessen begann doch ein leidliches Verhältnis zu dem Gemahl
sich wieder herzustellen, vollends als 1865 die Nemesis über den
Sünder hereinbrach, der erste stärkere Anfall der .quälenden
Krankheit, die seitdem den Rest seines Lebens vergiftete. Aus
Mitleid und Dankbarkeit erwuchs, soviel man weiß, zwischen ihnen
eine von der Erinnerung an bessere Tage durchwärmte, zwar
nicht mehr zärtliche aber herzliche Freundschaft. Um ihn in seinen
Regierungssorgen bei seiner geschwächten Kraft zu unterstützen,
begann sie sich für Politik zu interessiren, setzte sich mit den
Ministern in Verbindung und gewann mit ihrem klaren Verstande
bei ihnen wie bei dem Gemahl einen gewissen, in spätern Darstellungen sehr übertriebenen Einfluß. Ihr leitender Rathgeber war
Rouher, damals ohne Zweifel der begabteste unter den französischen
Staatsmännern, im Innern ein Gegner der liberalen Tendenzen
Ollivier's und der konstitutionellen Neigungen Napoleon's, in der
auswärtigen Politik aber ein Mann des Friedens und folglich entschiedener Widersacher der Arkadier (vgl. 7, 80) die nur in kriegerischen
Triumphen die Rettung der Dynastie und der Thronfolge des
kaiserlichen Prinzen erblickten. Nachdem ihn die liberale Strömung
aus dem Ministerium verdrängt hatte, schlug er dem Kaiserpaare
vor, die Stärke der Krone und die Sicherung der Thronfolge
auf friedlichem Wege durch ein großes Plebiszit zu erreichen. Der
Kaiser hatte anfangs Bedenken, die Kaiserin aber stimmte freudig
zu, und die Volksabstimmung hatte ein glänzendes Ergebnis. Die
Arkadier aber gaben ihre Partie deshalb noch nicht verloren. In

der Armee hatte es 32000 verneinende Stimmen, darunter eine
ganze Brigade der Pariser Garnison, gegeben. Die Arkadier
fanden, daß die Armee unzuverlässig werde, wenn man sie nicht
baldigst zu Krieg und Sieg hinausführe, die durch Ollivier's
Liberalismus ermuthigten Republikaner würden sonst die Monarchie
und die Thronfolge stürzen. Ihre Männer bildeten von jeher
einen großen Theil der Hofgesellschaft. Jeden Tag vernahm von
ihnen die Kaiserin die Schilderung dieser inneren Gefahren und
draußen des preußischen Übermuths, der fort und fort durch stets
feindseliges Verfahren Frankreichs Interessen schädige und Frankreichs Ehre verletze. Zugleich verbreitete die Partei durch ihre
Presse, daß die Kaiserin diese Auffassungen theile; sie selbst nannten
sich zur Stärkung des eignen Ansehens die Partei der Kaiserin.

So lagen für sie die Dinge, als am 3. Juli die Kandidatur
Hohenzollern bekannt und gleich am 6. durch Gramont's kriegs-
schnaubende Rede, nach dessen eigenem Ausdruck, die Thüre zur
Friedenspolitik geschlossen wurde. Die „Partei der Kaiserin" erzählte
sofort, daß die Kaiserin den Gemahl zur Kriegserklärung dränge.

Ist dies Drängen wahrscheinlich? Man kann sich denken, daß
die fortgesetzten Erörterungen, wie Napoleon's Ansehen beim Volke
durch die unwürdige Schwäche gegen Preußen gesunken, die
Herrschaft eines Bonaparte ohne Lorberen in Frankreich unmöglich,
ohne Bändigung Preußens die Thronfolge ihres Sohns verloren
sei, daß dies Alles in ihrem Mutterherzen und ihrem Ehrgefühle
Widerhall fand. Auf der andern Seite aber wußte sie, daß im
Kriegsfall Napoleon den Oberbefehl über die Armee übernehmen
mußte und daß er den Sohn mit sich nehmen würde, um, wie er
sagte, das erste Studium im Berufe des Souveräns zu machen.
Sie hatte täglich seine grausame Krankheit, sein Leiden und seine
Unbehülflichkeit vor Augen, so sehr er auch die Ursache des Elends
verheimlichte und den letzten Rest seiner Kräfte aufbot, um seine
Schmerzen hinter gezwungenem Lächeln zu verstecken. Sie wußte
ferner, daß er seit Jahren die Erhaltung des Friedens anstrebte
und 1867 nur zur Vertheidigung Niel's Heeresreform veranlaßt
hatte. Als Niel dann 1868 dem Auslande erklärte, daß die
Armee schlagfertig sei, hatte sie durch Rouher erfahren, daß die

Abstriche der Kammer die Armee schwer reduzirt hätten und ohne Bündnisse ein Krieg nicht zu wagen sei, und auf ihre Frage hatte Niel selbst geantwortet: die Armee ist fertig, aber Ihre Allianzen sind es noch nicht. Die Allianzen waren auch 1870 noch nicht fertig.

So wurde sie unaufhörlich durch zwei gleich starke, aber einander entgegengesetzte Besorgnisse aufgeregt, um den Sohn und um den Gemahl, um die möglichen Vortheile und die sichern Gefahren des Kriegs. Oft ist seitdem gesagt worden, ihr kirch= licher Eifer habe sie endlich unter klerikalem Einfluß für den Krieg entschieden. Solche Einflüsse hatten am Hofe zahlreiche Vertreter; eine Zeitlang erfreute sich ein Abbé Bauer von jüdischer Herkunft, der nach Konvertitenweise zuerst mit asketischen, düstern Mienen einhertrat, großer Gunst vieler vornehmer Damen; eben diese Beziehungen aber wurden für ihn selbst mißlich und entzogen ihm die Gnade der Kaiserin vollständig. Gewiß, die Kaiserin hatte eine glühende Verehrung für das Oberhaupt ihrer Kirche und wünschte dringend, die rebellischen Italiener von Rom fern zu halten. Dieselbe Absicht beseelte auch den Herzog von Gramont, der sonst persönlich bei der Kaiserin schlechterdings keinen Einfluß besaß; sie theilte damals und später das wegwerfende Urtheil ihres Gemahls über den eitlen Hohlkopf, und während dieser in blindem Dünkel die französische Armee für sich allein jedem Gegner überlegen erachtete, klang ihr stets Niel's Wort in das Ohr: meine Armee ist fertig, aber Ihre Allianzen sind es noch nicht. Sie wünschte also dringend einen Ausgleich mit Italien, der im Kriegsfall der französischen Armee mehr als 100000 Mann Ver= stärkung geliefert hätte. Aber seit 1861 hatte Italien dafür stets die Überlassung Roms, die ihr unmöglich schien, zur Bedingung gemacht. Also wie sich entscheiden? Der nach seiner Stellung als Präsident des Staatsraths durchaus zur Erkenntnis befähigte Parieu, selbst ein überzeugter Katholik, erklärt es völlig bestimmt für eine Fabel, daß die Kaiserin aus katholischem Eifer zum Kriege getrieben habe.

Überblickt man alle diese Daten und erinnert sich dann der ursprünglichen Natur und des ganzen Lebensganges der Kaiserin,

der fröhlichen Gutherzigkeit, des geringen Interesses an den öffent=
lichen Angelegenheiten, des Abscheus vor den Sorgen und Leiden
des Kriegs 1859: wie sollte binnen wenigen Jahren aus dieser
Frau eine leidenschaftliche und herzlose politische Intrigantin
geworden sein, die aus selbstsüchtiger Herrschbegier und blindem
Preußenhaß den widerstrebenden kranken Kaiser in den schweren
deutschen Krieg gejagt hätte? Wohl mag sie in ihrer von Rechts
und von Links gepreßten Lage nach den wechselnden Eindrücken
in einem Augenblick eine Ehrenpflicht zum Kriege, in einem andern
die Nothwendigkeit des Friedens anerkannt haben, aber durchaus
wahrscheinlich bleibt mir das Urtheil eines mit ihr wohlbekannten
österreichischen Staatsmanns, dahin gehend, ganz tadelfrei könne
er sie nicht erachten: sie habe sicher nicht zum Kriege gehetzt,
aber freilich auch ihren Einfluß nicht zur Abwendung desselben
thätig gebraucht. Ein anderer deutscher Beobachter, der Jahre
lang mit ihr in nahem Verkehr gestanden hat, erklärte mir vor
kurzer Zeit seine Überzeugung, daß die Kaiserin, eingeschüchtert
durch die Unheilspropheten Gramont und Genossen, lediglich der
Sorge um die Zukunft ihres Sohnes nachgegeben hätte, wenn
sie ihre Einwilligung zum Kriege ausgesprochen, den sie in ihrer
Weiblichkeit, ebenso wie aus andern Gründen ihr Gemahl, fürchtete
und verabscheute.

Und nun vollends ihre tausend Mal berufenen geflügelten
Worte: C'est ma guerre, ma petite guerre, la guerre à moi!
Freunde und Feinde streiten über ihre Politik und ihren Ehrgeiz,
aber Alle sind einstimmig darüber, daß sie zu allen Zeiten Ver=
stand, Takt und Urtheil besessen hat, und dennoch nimmt man
kurzweg an, daß sie sich beim Ausbruch eines furchtbaren National=
kriegs mit der Albernheit einer solchen geschmacklosen Renommage
der Mit= und Nachwelt vorgestellt hätte. Sie selbst hat stets
dagegen protestirt; ihre Palastdame Carette hat es ebenso wie
der treffliche Forscher Giraudeau als eine nichtswürdige Erfindung
bezeichnet, und auch Herrn v. Parieu werden wir diesen Zeugen
hinzufügen können. Andrerseits fragt man vergebens nach einem
Gewährsmann, der jene Worte aus dem Munde der Kaiserin
vernommen, oder nach einem Zeugen, dem jener sie berichtet

hätte. Mag nun vor dem Kriege die „Partei der Kaiserin" sie
zu ihrem Ruhme erfunden, mögen nach Sedan die Republikaner
sie als grimmigste Schmähung verbreitet haben: die Worte sind
in alle Bücher und alle Zeitungen übergegangen, Einer hat sie
dem Andern nachgesagt, und jetzt heißt es: sie sind weltbekannt
und damit gewiß und wahrhaftig bewiesen.

Weiterhin erfuhr diese Legende über den Ursprung des Kriegs
speziellere Ausbildung in Bezug auf die entscheidenden Momente
in der Vorbereitung des Kriegsbeschlusses, den 6., den 12., den
14. Juli, für die Forschung erwünscht, da hier die Mittel zur
Prüfung vorliegen.

Wir sahen, wie Gramont, kurze Zeit nach Napoleon's Tod,
in der Indépendance Belge die Entstehung seiner kriegerischen
Parlamentsrede vom 6. Juli geschildert hat: der Kaiser habe sich
bei den ersten Berathungen am Abend des 5. höchst friedfertig
geäußert, dann aber in der Schlußsitzung am Morgen des 6.
mit völlig veränderter Haltung mehrere unverhüllte Kriegs-
drohungen in den milden Entwurf des Ministers hineingebracht.

Darimon[1]), der Gramont's Autorschaft entdeckt und demnach
die Erzählung für authentische Wahrheit gehalten hat, fragt sich
darauf, wie sei ein solcher Sinneswechsel des Kaisers während
einer kurzen Nacht möglich gewesen? Er antwortet: man hat
dies dem Einfluß der Kaiserin zugeschrieben, die seit dem 3.
höchst aufgeregt gewesen; man behauptet, nach den Sitzungen
am 5. habe sie mit dem Kaiser ein Gespräch gehabt, das sich
bis 1 Uhr Morgens fortgesetzt hätte, und dessen Folge sei
die Umstimmung des Kaisers gewesen.

Wir wissen nun aus Thiers' und Leboeuf's Aussagen, daß
diese anonyme Behauptung falsch in ihrer Grundlage ist. Der
Kaiser hat keine Umstimmung erfahren; er hat am 6. wie am
5. keine kriegerische, sondern friedfertige Änderungen in Gramont's
Entwurf durchgesetzt.

Im Figaro (24. und 31. janvier 1894) hat Graf Keratry,
der 1870 als eifriger Chauvinist für den Krieg gearbeitet hat,

---

[1]) Notes p. 72.

eine gewissenhafte Untersuchung über die Frage angestellt, auf
wessen Schultern die Verantwortung für alles Unheil des Krieges
ruht. Daß die Kandidatur Hohenzollern eine preußische Intrigue
und eine durch Bismarck der französischen Kampflust gestellte
Falle gewesen, versteht sich ihm ohne eine Silbe zum Beweise von
selbst; ihn interessirt nur die Frage: welche Franzosen haben die
verbrecherische Thorheit begangen, sich und ihr Land in jene
Falle zu stürzen? Er beantwortet sie in der Hauptsache richtig:
nicht Napoleon war es, sondern Leboeuf und Gramont nebst den
mit ihnen verbündeten Arkadiern, die auch im kaiserlichen Palast
einen starken Einfluß ausübten. Wer dort diesen Einfluß stützte,
berichtet er in der Erzählung der Ereignisse vom 12. Juli, nach
der Meldung des Rücktritts des Prinzen Leopold durch den
spanischen Gesandten, der sie zuerst Herrn Ollivier, dann am
Abend dem Kaiser nach St. Cloud überbracht hätte. „Der
Kaiser“, fährt er fort, „sprach in Gegenwart Gramont's seine
Freude über das Ereignis aus und forderte den Minister auf,
sogleich nach Paris zu eilen und mit Ollivier die Erklärung zu
verabreden, mit der morgen die gute Nachricht der Kammer mit=
zutheilen wäre. Es war 9 Uhr: um Mitternacht aber hatte
Gramont die Empfangssäle der Kaiserin noch nicht verlassen, dort
fand ihn der Kaiser und sprach ihm seinen Tadel über die Nach=
lässigkeit in der Vollziehung eines so wichtigen Befehls aus.
Leider fand sich Gramont weder befriedigt noch geschlagen. Statt
die befohlene Abrede mit Ollivier zu treffen, sandte er an Bene=
detti die Weisung, von König Wilhelm die Garantie für alle
Zukunft zu fordern.“

Wie man sieht, behandelt Keratry die Kaiserin insoweit
schonend, als er nur durch den Zusammenhang der Dinge die
Umstimmung Napoleon's durch die Gemahlin erkennbar macht
und, diskreter als Darimon, nicht ausdrücklich die nach Mitter=
nacht erfolgte Gardinenpredigt erwähnt.

Indessen, diskret oder indiskret, seine ganze Erzählung steht
mit den Thatsachen und Urkunden in unheilbarem Widerspruch.
Von Abends 9 bis 12 Uhr verständigen sich nach Keratry Gra=
mont und Eugenie über ein dem kaiserlichen Befehl entgegen=

5 *

geſetztes Verfahren, und nach Mitternacht erobert Eugenie die
kaiſerliche Zuſtimmung zu Gramont's eigenmächtiger Depeſche.
In der Wirklichkeit kam Gramont um 4 Uhr Nachmittags zum
Kaiſer nach St. Cloud und hatte mit ihm eine mehrſtündige
Verhandlung, bei welcher von einer Theilnahme der Kaiſerin
nichts geſagt wird und welche trotz des anfänglichen Widerſtrebens
des Kaiſers damit endigte, daß dieſer dem Miniſter die Erhebung
der neuen Forderung an König Wilhelm geſtattete. Damit kehrte
Gramont nach Paris zurück und ſandte das betreffende Tele=
gramm um 7 Uhr Abends an Benedetti. Um 10 Uhr erhielt er
aus St. Cloud einen Brief des Kaiſers, worin derſelbe einen
Theil des Inhalts ihres Geſprächs wiederholte. Um 11 Uhr 45
ſchickte der Miniſter ein zweites Telegramm mit dem entſprechen=
den Befehl an Benedetti. Schon die Daten dieſer Pariſer Tele=
gramme, die von Benedetti richtig empfangen und ſpäter gedruckt
worden ſind, reichen aus, die ganze nächtliche Szene in St. Cloud
als ein Hirngeſpinnſt darzuthun.

Indeſſen noch abenteuerlicher und gehäſſiger als dieſe Er=
findung iſt eine Schöpfung der Phantaſie des Herrn v. Lano,
von der ich hier kaum Notiz nehmen würde, wenn nicht Herr
Geffcken (in den Münchener Neueſten Nachrichten, 10., 12.,
13. April 1895) ſie nach Deutſchland verpflanzt und ſie zugleich
in ſeiner bekannten magiſtralen Sicherheit mit einer langen Reihe
ungenauer und irriger Angaben verziert hätte. Da wird z. B.
der belgiſche Eiſenbahnſtreit von 1869 ganz unbefangen unter
den Fehlſchlägen des Miniſteriums Ollivier von 1870 aufgezählt;
da wird berichtet, daß der ſpaniſche Antrag der Kandidatur
Hohenzollern Ende März in Berlin geſcheitert ſei, während der
König die Ablehnung erſt am 24. April und dann am 5. Mai
nach Madrid telegraphirte. Es iſt nicht weniger falſch, wenn
von dem ſpaniſchen Botſchafter Olozaga behauptet wird, er habe
alle Fäden in der Hand gehabt; in Wahrheit erfuhr er die Kan=
didatur Hohenzollern wie die gewöhnlichen Menſchen erſt am
3. Juli; nicht er hat den rumäniſchen Agenten Stratt nach Sig=
maringen geſchickt, ſondern dieſer iſt aus eignem Entſchluſſe ab=
gereiſt. Weiter: aus der Korreſpondenz Bismarck's mit dem

Gesandten Kaniß in Madrid werden zwei Säße scheinbar wörtlich, aber in falscher Fassung citirt; es ist, wie gesagt, unrichtig, daß Gramont die Garantieforderung ohne Vorwissen des Kaisers an Benedetti abgesandt hätte; ja, wenn Geffcken aus Lano, unter ausdrücklicher Anführung desselben, eine Missethat der Kaiserin berichtet, ist er nicht im Stande, die Erzählung seines Originals ohne grobe Irrthümer wiederzugeben. Wir werden sie sogleich kennen lernen.

Herr v. Lano, ein sehr geschäftiger Publizist, hat in einer großen Zahl von Pamphleten die Sünden des zweiten Kaiserreichs besprochen, nach üblicher Weise die Kaiserin mit der Partei, die sich mit deren Namen schmückte, identifizirt und im Jahre 1893 die furchtbare Entdeckung öffentlich in einem Buche la cour de Berlin verkündet, daß die Kaiserin durch zwei verbrecherische Thaten den Krieg unvermeidlich gemacht und damit das Blut von Hunderttausenden auf ihre Seele genommen habe. Dieses Buch ist mir nicht bekannt geworden, indessen hat er in einer späteren Schrift: Après l'Empire, Paris 1894, seine Behauptung gegen polemische Angriffe vertheidigt, so daß man wohl annehmen darf, hier alle Argumente, über die er gebietet, versammelt zu finden. Herr v. Lano erklärt darin, bei Gelegenheit des von Bismarck „gefälschten" Emser Telegrammes, welches den Krieg zum Ausbruch gebracht haben soll, er habe von Ollivier selbst vernommen, daß Benedetti dem Herzog von Gramont über Bismarck's Fälschung Nachricht gegeben und ihm eine genaue Abschrift des echten, von Bismarck gefälschten Berichts des Prinzen Radziwill geschickt hätte. Gramont aber war, fährt er fort, ein Getreuer der Kaiserin Eugenie. Anstatt den Bericht, der Bismarck's Betrügerei bewiesen hätte, den Ministern vorzulegen und ihn sofort dem Bismarck'schen Telegramme entgegenzusetzen, ließ er sich durch die Partei verleiten, ihn zur Kaiserin zu bringen, welche ihm dann zornig befahl, den Bericht geheim zu halten. Er folgte dem Befehl. Der Bericht hätte alle Welt überzeugt, daß König Wilhelm in keiner Weise den französischen Botschafter insultirt hätte; der Kriegsfall, den Bismarck's Fälschung geschaffen, wäre damit beseitigt und die Erhaltung des Friedens gesichert worden. Aber die Kaiserin wollte den Krieg.

Darauf antwortete ein wohl unterrichteter Gegner im Figaro, 11. November, Radziwill's Bericht hätte am 13. Juli noch gar nicht existirt, also hätte Benedetti eine Abschrift nicht einsenden, und die Kaiserin und Gramont eine solche nicht verbergen können. Auch stehe es jetzt fest, daß Bismarck die Fälschung nicht an Radziwill's Bericht, sondern an einer am 13. Abends erhaltenen Depesche Abeken's begangen habe.

Durch so unbedeutende Thatsachen ließ sich Herr v. Lano nicht erschüttern. Er antwortete: Radziwill oder Abeken, gleichviel. Dann hat Benedetti eine Abschrift der Depesche Abeken eingesandt, und diese ist auf Befehl der Kaiserin sekretirt worden. Diese meine Darstellung hat mir der Ministerpräsident Ollivier geliefert.

Es ist nun aus Benedetti's Buch gewiß, daß dieser keine Ahnung von der Existenz der Depesche Abeken gehabt hat. Also heißt es hier wie oben: er konnte keine Abschrift derselben einsenden, Gramont konnte diese Abschrift nicht der Kaiserin vorlegen, die Kaiserin konnte deren Sekretirung nicht befehlen. Herr v. Lano aber bleibt dabei, so sei es geschehn, so habe es ihm Ollivier versichert. Nur so weit hat er einen Eindruck erfahren, daß er in der weitern Erörterung nicht mehr ausdrücklich von einem preußischen Aktenstück, sondern nur unbestimmt von einer Mittheilung Benedetti's redet, deren Unterschlagung das Streben der Kriegspartei zum Siege geführt habe.

Was Ollivier betrifft, so hat dieser sich auch gegen andere Personen beschwert, daß Gramont die am 12. und 13. Juli mit Benedetti geführte Unterhandlung nur mit Vorwissen des Kaisers, ohne Mitwirkung des Ministeriums, also sehr verfassungswidrig geführt habe.[1] Auch Benedetti hat sich später beklagt, daß das Ministerium nicht auf Grund seiner Berichte der Legende von seiner Beschimpfung durch den König entgegengetreten sei. Als hienach aber Lano 1893 die beiden Herrn aufforderte, seine Erzählung öffentlich zu bestätigen, haben beide wohlweislich

---

[1] Darimon, Notes p. 79 ff. Dieselbe Beschwerde hat der Minister Mège geführt. Ebenda p. 123 ff.

geschwiegen. Denn Ollivier wußte zu gut, daß in den entscheidenden Sitzungen des 14. Juli die Minister aus Bismarck's
Zeitungstelegramm keine Insultirung Benedetti's durch den König
herausgelesen, daß Gramont dem Kronrath die Benedetti'sche
Korrespondenz am 14. vorgelegt und daß dann die Sitzung mit
einem Beschluß auf Erhaltung des Friedens geschlossen hatte.
Von einer Einwirkung der Kaiserin zeigt sich bis dahin keine Spur.

Aber triumphirend bringt uns Herr v. Lano jetzt eine Aussage des Ministers Louvet. Als Napoleon nach dem Schlusse
der Sitzung am Abend aus den Tuilerien nach Saint Cloud
zurückkam, habe dort die Kaiserin ihm zornige Vorwürfe gemacht,
daß der Krieg noch nicht erklärt sei, und die ganze Gesellschaft
habe tobend und lärmend ihn mit gleichem Andrängen umringt.
Er habe sich passiv und schweigend verhalten und sich ungeänderten
Sinnes in sein Kabinet zurückgezogen, wo dann bald eine Nachtsitzung begann, in der troß Napoleon's Widerstreben Gramont,
Leboeuf und Ollivier den Kriegsbeschluß errangen.

Louvet war in Saint Cloud nicht anwesend, also auch nicht
Zeuge des Parteilärms und der Reden der Kaiserin. Von
der Sekretirung eines Benedetti'schen Berichts sagt auch er nicht
eine Silbe.

Aber gerade hier, aus der Zwischenzeit zwischen der fried-
fertigen Abendsitzung und der kriegerischen Nachtsitzung, weiß Lano
eine neue Missethat der Kaiserin zu berichten. Der Vorgang an
sich ist äußerst einfach. Gegen 6 Uhr waren die Minister auseinander gegangen, nicht anders wissend, als daß die glühende
Frage entschieden und der Friede gesichert sei. Aber gegen
9 Uhr erschien Leboeuf in Saint Cloud und erlangte vom Kaiser
die Berufung der Minister zu einer nochmaligen Berathung auf
10 Uhr in Saint Cloud. Die Einladungen gingen telegraphisch
an alle Minister ab, jedoch waren in Paris die Herren Louvet
und Segris nicht zu Hause und auch sonst nicht aufzufinden, so
daß sie die Einladung nicht rechtzeitig erhielten. Man sollte
denken, daß nichts begreiflicher und natürlicher wäre als dieser
Hergang. Aber Herr v. Lano blickt tiefer. Louvet und Segris
waren Männer des Friedens, die Kaiserin aber wollte den Krieg;

folglich befahl sie, daß die beiden Herrn von der Sitzung ferne
gehalten würden, und veranlaßte die Unterschlagung der beiden
Telegramme. So unterlag, versichert Herr v. Lano, die Friedens-
partei, ihrer Führer beraubt, in der Nachtsitzung einem neuen
Verbrechen der Kaiserin.

Von einem Beweise ist auch hier keine Rede. Louvet's
vorher mitgetheilte Aussage enthält nicht die leiseste Andeutung
darüber, so wenig wie über die angebliche Sekretirung eines
Benedetti'schen Berichts.

Übrigens bin ich in der Lage, der von dem abwesenden
Louvet gegebenen Schilderung der Vorgänge in Saint Cloud
zwischen den beiden Sitzungen den Bericht eines Anwesenden,
eines französischen Offiziers, entgegenzustellen, der mir von einem
vertrauten Freunde desselben mitgetheilt worden ist.[1]

„An jenem Tage, dem 14. Juli, war eine Anzahl vom
Kaiser geschätzter Offiziere zum Diner nach Saint Cloud befohlen.
Als der Kaiser gleich nach 6 Uhr aus der Sitzung zurückkehrte,
trat er freudestrahlend in den Saal ein, ging auf die Offiziere
zu und fragte: nun, meine Herren, sind Ihre Effekten für den
Feldzug bereit? Ein brausendes Ja war die Antwort. Wohl,
sagte der Kaiser mit fröhlichem Ausdrucke, dann packen Sie
wieder aus; denn, Gott sei Dank, der Friede ist gesichert. Bei
den Offizieren fand diese Nachricht nicht gerade einstimmigen
Beifall, natürlich aber konnte kein Widerspruch laut werden.
Während der ganzen Dauer der Tafel blieb der Kaiser in heiterster
Stimmung, scherzte, erzählte kleine Geschichten, plauderte mit den
Damen. Bald nach Tisch zog er sich in sein Kabinet zurück.
Nach einer Weile hieß es, der Herzog von Gramont und Baron
Jerome David seien angekommen und sogleich zum Kaiser geführt
worden. Später ließ der Kaiser seine Gemahlin bitten, herauf-
zukommen. Als darauf nach dem Schluß der Berathung der
Kaiser wieder im Saale erschien, war sein Aussehn in erschreckender
Weise verwandelt, das Gesicht bleich wie der Tod, die Züge

---

[1] Leider darf ich die beiden Namen nicht nennen, um so sicherer
aber ihre absolute Zuverlässigkeit versichern.

schlaff, die Augen halb geschlossen. Er ließ sich in einen Sitz nieder und blieb stumm. Der Krieg war entschieden."

Der Erzähler meldet nur, was er selbst gesehn oder gehört hat; nur um so zuverlässiger erscheinen dadurch seine Angaben. Von der Ankunft der übrigen Minister und dem sonstigen Verlauf der Nachtsitzung hat er nichts vernommen. Interessant ist die Angabe, daß Gramont sich zur Verstärkung den Führer der parlamentarischen Kriegspartei, Jerome David, mitgebracht hat. Vollends aber erregt unser Interesse die Berufung der Kaiserin zur Theilnahme an der Berathung. Wer die Einladung veranlaßt, und wie die Kaiserin sich geäußert hat, ist nicht bekannt geworden. Wenn sie, getäuscht durch Gramont's unwahre Berichte und Leboeuf's militärische Sorgen, endlich mit schwerem Herzen erklärt hat, daß Frankreichs Ehre und Sicherheit die Mobilmachung und damit den Krieg fordere, so hat sie nichts Anderes gethan, als die sämmtlichen anwesenden Minister, auch mit einer einzigen Ausnahme die bisherigen Vertheidiger des Friedens.

Jede der anwesenden Personen trägt hier ihren Theil der Verantwortung. Auf wessen Haupt aber die erdrückende Schuld lastet, ob auf den Urhebern oder den Opfern der Täuschung, bedarf wohl keiner weitern Erörterung mehr.

Daß die Kaiserin nicht wie Ollivier le coeur léger für den Krieg gestimmt hat — wenn es überhaupt geschehn —, erfahren wir sogleich. Nach dem Schluß der Berathung fragte sie ängstlich den Staatsrathspräsidenten Herrn v. Parieu, was er von dem Beschlusse denke. Er sagte: wenn England eine Formel fände, die uns vor dem Kriege bewahrte, so würde es sich ein großes Verdienst um Frankreich erwerben. Das ist ganz meine Meinung, rief die Kaiserin.[1] Als am Abend des 15. Juli der Krieg in der Kammer angekündigt war und in Paris mit wildem Jubel aufgenommen wurde, ging die Kaiserin mit dem Präfekten des Palastes lange Zeit in dem dunkeln Park von St. Cloud

---

[1] Mittheilung der gerade damals diensttuenden Palastdame Carette, Souvenirs 2, 100. Ebenso Giraudeau (damals Abtheilungsdirektor im Auswärtigen Amt), Napoléon III intime p. 404. Der Verfasser hat Einsicht in die Korrespondenz Napoleon's mit Eugenie nehmen dürfen.

auf und nieder; zu ihren Füßen lag die zum Theil festlich beleuchtete Riesenstadt und ließ den Kriegslärm wie ein dumpfes Brausen herauf schallen. Die Kaiserin war im Kontraste zu diesem Bilde so schweigsam und tieftraurig, daß endlich der Begleiter nach der Ursache fragte. Da brach sie aus: Wie sollte ich nicht erschüttert sein? ein Land wie unser Frankreich, in vollem Frieden gedeihend, wird in einen Kampf verwickelt, bei dem im besten Falle so viel Zerstörung, so viel Jammer sicher ist. Wohl handelt es sich um die Ehre Frankreichs; aber welches Unheil, wenn das Glück uns zuwider wäre? Wir haben Alles auf Eine Karte gesetzt; wenn wir nicht siegen, so stürzen wir in den Abgrund der entsetzlichsten Revolution, die man je gesehn hat.[1)]

Der Gebrauch endlich, den Herr Geffcken von Lano's Ent=hüllungen über den 14. Juli macht, ist so unglaublich, daß jede Ursache außer einer absoluten Gedankenlosigkeit unfindbar bleibt. Ganz gelassen erzählt er, Gramont, der am Morgen des 14. Benedetti's Bericht erhalten, sei damit, nach einer kurzen Begeg=nung mit Lord Lyons, in die Tuilerien gegangen, aber nicht seiner Pflicht gemäß zum Kaiser, sondern zur Kaiserin; er zeigte ihr den Bericht, der jede Insultirung Benedetti's ausschloß und empfing von ihr die dringende Bitte, das Aktenstück geheim zu halten. Gramont that es, ging in die Kammern, acceptirte dort die Mär von der Beleidigung Benedetti's, die er noch Morgens Lyons gegenüber in Abrede gestellt hatte (die Kammersitzung und das Gespräch mit Lyons haben für Geffcken am selben Tage, dem 14. Juli, stattgefunden) und forderte die Mittel für den Krieg. Vergeblich erhoben Thiers und Gambetta Widerspruch; sie wurden niedergeschrien. Geffcken fügt noch hinzu, Sybel erwähne eine weitere Fälschung, deren sich Gramont in dieser Sitzung schuldig gemacht u. s. w.

Ich verbitte mir, meine Angaben in die Reihe dieser Thor=heiten verflochten zu sehn: die berühmte Sitzung, die der Welt den Krieg verkündete, fand nicht, wie hier erzählt wird, am 14., sondern am 15. Juli statt. Der 14. war völlig ausgefüllt durch die drei Kronräthe, deren zweiter den Frieden, der dritte den

---

[1)] Carette 2, 101.

Krieg beschloß: Geffcken hat keine Ahnung davon, daß diese Berathungen existirt haben, obgleich sie in hundert Büchern zu finden sind. Damit entgeht ihm auch die Möglichkeit, in seiner Darstellung die schmutzige Erdichtung Lano's anzubringen, daß die Kaiserin eine Unterschlagung der Einladungen für Louvet und Segris zur dritten Sitzung am 14. veranlaßt habe. Aber er läßt deshalb einen so schönen Fund nicht fallen, nein, er ändert nur das von Lano gegebene Datum und läßt jene Einladungen am 12. auf eine Sitzung am 13. Juli ausgestellt sein.

Das Alles nennt er zum Schluß eine aktenmäßige Darstellung, nach welcher es unzweifelhaft bleibe, daß nicht Napoleon, sondern die Kaiserin und Gramont die wahren Schuldigen am Kriege von 1870 seien.

Wohin man auf dem Gebiete der hier besprochenen Literatur greifen mag, überall faßt die Hand entweder leere Luft oder widerlichen Schmutz.

6. Bismarck's Politik.

Wie bei Napoleon und dem Grafen Beust, finden meine geehrten Kritiker auch hier, daß ich Bismarck's Friedensliebe über= treibe. Herr Rößler ist der Ansicht, Bismarck sei bei dem Luxem= burger Handel allerdings bereit gewesen, Napoleon's Wünsche auf eine „Kompensation" zu befördern. Dann aber sei ein Um= schlag in Bismarck's Meinung erfolgt, der ihn bewogen hätte, dem Kriege nicht bloß in's Auge zu sehn, sondern auf ihn hin= zuarbeiten. Der einzige Grund, den Herr Rößler dafür anführt, ist die Thatsache, daß Bismarck nichts gethan habe, dem Kaiser die Entschädigung zu ermöglichen, ohne welche die Dauer des napoleonischen Regiments unmöglich und folglich der Krieg un= vermeidlich gewesen. Leider vergißt Herr Rößler zu sagen, welches Land Bismarck dem Kaiser zur Erhaltung des Friedens hätte anbieten sollen, etwa die Rheinpfalz unter glühendem Zorne der ganzen deutschen Nation? oder Belgien oder die französische Schweiz unter unabsehbaren europäischen Verwicklungen? Nicht besser steht es um die Bemerkung Herrn Delbrück's (Pr. Jbchr. Februar 1895): wenn mein Beweis für die Friedensliebe Napoleon's und Beust's unwiderleglich wäre, so würde Bismarck in viel höherem Maße als bisher für den Vater des Kriegs zu halten sein. Offenbar wäre dieser Schluß nur dann bündig, wenn kein Anderer als diese Drei den Krieg hätte veranlassen können; er fällt aber ohne weiters zusammen durch die Thatsache, daß in Paris Gramont und Leboeuf, sowie die Arkadier und die Klerikalen gegen Napoleon's Willen bei dem aktiven Theil der Bevölkerung den Kampfzorn entflammt und damit den Bruch unvermeidlich gemacht haben.

Gewichtiger als diese Dinge sind die Ausführungen der Herrn Delbrück und Brandenburg (M. Allg. Ztg., Beilage 11. u. 12. Febr. 1895) über Bismarck's Thätigkeit bei den Verhandlungen über die Kandidatur Hohenzollern, weil sie sich auf die neuen Mittheilungen in den „Aufzeichnungen aus dem Leben des (jetzigen Königs, damaligen Fürsten) Karl von Rumänien" stützen, welche, von dem Bruder des Kandidaten herrührend, eine Quelle ersten Ranges darstellen. „Da durch diese", sagt Delbrück, „die Hauptthatsachen heraus sind, kann über Bismarck's Verhalten kein Zweifel mehr sein."

Den Werth der Quelle stelle ich nicht in Abrede. Aber ich konstatire, daß die Folgerungen der beiden Herrn nicht aus dem richtig erkannten Inhalt, sondern aus gänzlichem Mißverständnis derselben gezogen sind.

Ich erläutere dies durch einige Bemerkungen über die Beschaffenheit der Aufzeichnungen.

Auf den ersten Blick ist es deutlich, daß der hohe Verfasser nicht an eine vollständige, zusammenhängende Geschichte der spanischen Kandidatur seines Bruders gedacht, sondern einfach aufgezeichnet hat, was ihm von seinem Verwandten oder sonst gemeldet wurde. Kein Schluß wäre verkehrter, als daß ein anderweitig bezeugtes Ereignis deshalb als nicht geschehen zu betrachten wäre, weil es in den Aufzeichnungen nicht erwähnt wird. Diesen Fehler macht Herr Brandenburg mehrfach, indem er aus diesem Grunde die völlig sichere Thatsache des ersten spanischen Anklopfens bei den Hohenzollern im April 1869 und den nicht weniger beglaubigten Bescheid des Fürsten Anton an den spanischen Agenten im September 1869 aus der Geschichte streichen will.

Die Aufzeichnungen erscheinen nun in der Form eines Tage=
buchs, welches bei seiner Entstehung ganz sicher nicht für den
Druck zum Besten künftiger Historiker, sondern lediglich zur Fixirung
der Erinnerungen des Schreibenden selbst bestimmt war. Unter
einem gewissen Datum wird ein Vorfall eingetragen, das Datum
aber wird nicht nach fester Regel gewählt; in manchen Fällen ist
es das Datum des Ereignisses selbst, in anderen der Tag, an
dem der Fürst Kenntnis erhalten hat. (Bei Briefen aus Deutsch=
land nach Rumänien beträgt die Differenz zuweilen drei, meist
vier Tage.) Aber noch mehr. In manchen Fällen kommt es
vor, daß der Fürst ein Ereignis unter einem bestimmten Datum
bucht und dann die daraus sich entwickelnden Vorgänge zu der
ersten Notiz nachträgt, und zwar immer ohne eine chronologische
Bemerkung. Für ihn selbst, der den Zusammenhang kannte, be=
durfte es nichts Weiteres; es leuchtet aber ein, wie ein späterer,
sonst unkundiger Leser dadurch zu Irrthümern verleitet werden
kann. Ich will nur zwei Beispiele anführen. Unter dem 2. Juni
berichtet das Tagebuch zuerst von rumänischen Dingen, rückt dann
einen Brief des Fürsten Karl Anton vom 26. und einen des
preußischen Kronprinzen vom 28. Mai ein und erzählt darauf
von einer Korrespondenz zwischen dem Erbprinzen in Schloß
Benrath bei Düsseldorf, dem Fürsten Anton in Nauheim bei
Gießen, dem Kronprinzen in Potsdam, dem Grafen Bismarck in
Berlin. Nach den räumlichen Entfernungen zwischen den Korre=
spondenten und den vorliegenden Daten ist diese Korrespondenz
zwischen dem 23. und dem 29. Mai verlaufen; ihrer Erwähnung
fügt Fürst Karl mit dem einfachen Worte „Übrigens" den Bericht
über mehrere Ereignisse hinzu, die sich am 24. April, am 3. und
am 5. Mai zugetragen haben. Jeder nicht anderweit Unterrichtete
wird unbedenklich auch diese Ereignisse hienach in die Woche vom
23. bis 29. Mai versetzen und damit das wirkliche Bild der Vor=
gänge in sehr starker Weise verschieben.

Unter dem 4. Juni heißt es weiter in dem Tagebuch, der
Erbprinz habe sich entschlossen, die spanische Krone anzunehmen;
dann folgt in demselben Satze, nur durch ein Semikolon von
dem Vorausgehenden getrennt, die Notiz, der Erbprinz habe in

diesem Sinne an König Wilhelm geschrieben, und dieser ihm sogleich geantwortet, daß er mit dem Vorhaben einverstanden sei.
In Wahrheit hatte der Erbprinz den sehr verständigen Vorsatz,
dem Könige seinen Entschluß erst dann mitzutheilen, wenn trotz
der bisherigen Ablehnungen ein neues spanisches Angebot an ihn
gelangte.   So liegt hier im Tagebuche wieder ein nachträglich
gemachter Zusatz über das allerdings längst bekannte Ereignis
des 21. Juni vor; Herr Brandenburg aber hat sich durch die
Fassung des Satzes verleiten lassen, den ganzen Inhalt desselben
zum Datum des 4. zu rechnen, und so zu der allerdings ganz
neuen Entdeckung zu gelangen, daß der König schon am 4. oder
5. Juni Kenntnis von der Sinnesänderung des Erbprinzen erhalten habe, worauf der Kritiker dann sofort weitere politische
Schlüsse aufbaut, die natürlich jedes Grundes entbehren.

Welche Abweichungen von meiner Darstellung der Gesinnung
Bismarck's folgern nun meine Gegner aus den Angaben des
Tagebuchs?

Unter dem 6. Juli berichtet Fürst Karl von einem Briefe
des Königs Wilhelm an den Fürsten Anton, offenbar von demselben Datum, worin u. A. der König bedauere, daß man der
früher geäußerten Meinung des Fürsten von Hohenzollern, man
müsse sich der Zustimmung Frankreichs versichern, keine Folge
gegeben habe, weil General Prim die Geheimhaltung gewünscht,
und Graf Bismarck geltend gemacht habe, daß jede Nation sich
ihren König wählen dürfe, ohne andere zu befragen.   Den Wortlaut des Briefs rückt Fürst Karl nicht ein.

Aus dieser Notiz zieht nun Herr Brandenburg wieder weit-
tragende Schlüsse.   Der Antrag des Fürsten Anton hätte den
Frieden gesichert; der Umstand, daß Bismarck ihn bekämpft und
die Verwerfung entscheidet, beweist, daß der Kanzler nicht so
unerhebliche Vortheile aus der Thronbesteigung Leopold's zu
ziehen gehofft, wie meine Darstellung es im Gegensatze zu den
Angaben des Tagebuchs schildert[1]); er habe ein preußisch-spanisches

---

[1]) Ich habe allerdings die Vortheile, die Bismarck von der Thronbesteigung Leopold's erwartete, als unerheblich bezeichnet. Aber ich habe
damit nicht Bismarck's Ansicht wiedergeben wollen; es ist lediglich mein
eignes, auf des Königs Auffassung gestütztes Urtheil.

Bündnis gegen Frankreich gewünscht, da die von ihm erstrebte
Vollendung der deutschen Einheit Frankreich zum Krieg veranlassen
könne. Nur unter dieser Voraussetzung lasse sich Bismarck's Be=
nehmen verstehen; bei solchen Absichten mußte allerdings das
Geheimnis gegen Napoleon streng gewahrt bleiben.

Ich bedaure: dies Verständnis von Bismarck's Politik ist
nichts als ein Mißverständnis, oder genauer gesagt, eine ganze
Reihe von Mißverständnissen.

Ein Mißverständnis liegt in der Annahme, daß es Bismarck
gewesen, der im Laufe dieser Verhandlung die Verwerfung der
vom Fürsten Anton vorgeschlagenen Mittheilung an Napoleon
entschieden habe. Es steht jetzt fest, sagt auch Delbrück, freilich
ohne alle Konklusionen Brandenburg's mitzumachen, daß Bismarck
eine vorgängige Aussprache mit Napoleon verhindert hat.

Nun, ich sollte denken, daß über die Entstehung und Be=
wahrung des Geheimnisses sowohl nach meiner frühern Aus=
führung (7, 225), als auch nach mehrfachen Angaben des Tage=
buchs jeder Zweifel ausgeschlossen wäre.

Am 20. März schrieb Fürst Anton, Prim habe Leopold die
Krone angeboten unter dem Siegel eines europäischen Staats=
geheimnisses. Ebenso schrieb Prim in seinen Privatbriefen an
den König und an Bismarck, worin er die Kandidatur zur Sprache
brachte, er bitte um strenges Geheimnis, da der Bruch desselben
feindliche Parteien in den Stand setzen würde, den Plan unmöglich
zu machen. Hienach gab es für die Berliner Berather des Plans
nur Eine Wahl. Entweder man wies jeden Eintritt in die Be=
rathung auf der Stelle zurück — und nach dem obigen Brief
vom 6. Juli scheint im ersten Augenblick der König diese Stimmung
gehabt zu haben. Oder man trat in die Berathung ein, dann
war man, wenn man keinen Vertrauensbruch begehen wollte, zu
strenger Erhaltung des Geheimnisses verpflichtet, und dies wurde
denn auch von allen Betheiligten anerkannt und befolgt. Stand
damit die Unmöglichkeit einer Mittheilung an Napoleon fest, so
war Bismarck's Wort, daß jedes Volk zu seiner Königswahl keiner
Erlaubnis eines andern bedürfe, ebenso harmlos wie richtig. Auch
Fürst Anton war nach Prim's Erklärung von der Unverbrüchlich=

keit des Geheimnisses überzeugt. Er schrieb am 20. März, das Geheimnis müsse wenigstens vorläufig gewahrt werden. Ebenso lehnte er am 16. April einen Vorschlag seines Sohnes Karl ab, weil durch dessen Ausführung das bisher musterhaft gewahrte Geheimnis verletzt und der Plan im Keime erstickt werden würde. Desgleichen am 22. April: Das Geheimnis von Spanien ist wunderbar gewahrt worden, und es ist von höchster Wichtigkeit, daß es auch ferner, wenigstens von unserer Seite, gewahrt werde. Er freut sich, daß sogar Olozaga nichts davon erfahren hat.

Und derselbe Fürst, der während der ganzen Dauer dieser Berathung das Geheimnis streng zu wahren einschärft, soll in einem Moment derselben den Vorschlag einer Mittheilung darüber an Napoleon gemacht haben?

Ich kann nicht helfen, es ist das wieder nichts als ein Mißverstehn des königlichen Briefs vom 6. Juli durch die Herrn Recensenten.

Der König erwähnt in jenem Briefe nicht einen im März oder April gemachten, von Bismarck abgewiesenen V o r s c h l a g des Fürsten, sondern eine f r ü h e r geäußerte M e i n u n g desselben, der Folge zu geben nach der Ausbedingung strengen Geheimnisses durch Prim unmöglich geworden sei. Die Frage drängt sich auf: wann ist diese frühere Äußerung geschehn?

Die Antwort liegt allerdings sehr nahe.

Im März 1870, wo der Fürst Anton bei der inneren Beruhigung Spaniens die Annahme der Kandidatur lebhaft wünschte, hat er auf strenges Geheimnis der Verhandlung gedrungen. Dagegen im September 1869, wo die revolutionären Wogen in Spanien noch hoch gingen, wollte er so wenig wie sein Sohn von der Kandidatur etwas wissen. Indessen kleideten beide, Vater und Sohn, die Ablehnung höflicher Weise in bedingte Form ein, und zwar entließ Fürst Anton Herrn Salazar mit dem Bescheide, ehe er die Frage näher erwägen könne, müsse Spanien ihm erst die Zustimmung Napoleon's verbürgen, während der Erbprinz dem Agenten sonstige schwere Bedingungen stellte, Einstimmigkeit der Wahl, Fehlen eines Gegenkandidaten, keine Feindseligkeiten gegen Portugal. Der Fürst hat jenen Vorgang und seinen

Bescheid erst Ende Februar 1870 nach Berlin gemeldet, und daran hat sich der König beim Aufbrausen des Pariser Kriegslärms erinnert, mit Bedauern, daß es nicht dabei geblieben, aber auch mit Anerkennung des Grundes für die Beobachtung des Geheimnisses.

Herr Brandenburg ist von der Erkenntnis dieses Zusammenhangs abgehalten worden immer wieder nach demselben Grunde, nach einer falschen Auffassung der rumänischen Aufzeichnungen. Den Bescheid des Fürsten Anton hatte ich nach einer Mittheilung (wie ich jetzt sagen darf) des damaligen preußischen Gesandten in München, Herrn v. Werthern, erzählt, welcher den spanischen, ihm aus seiner früheren Madrider Gesandtschaft wohlbekannten Staatsrath in Weinburg vorgestellt hatte.[1] Die Antwort des Erbprinzen erscheint jetzt im Tagebuch des Fürsten Karl, und Herr Brandenburg ist sofort mit dem Schlusse fertig: da sie einen ganz andern Inhalt hat als Werthern's Mittheilung, so ist es klar, daß diese grundlos und nur aus Gedächtnißschwäche Werthern's hervorgegangen ist. Nein, geehrter Herr, Werthern's Aussage ist so gut beglaubigt wie möglich, und zudem liegt es auf der Hand, daß sie der Angabe des Tagebuchs nicht widerspricht, sondern sie ergänzt. Beide Herrschaften waren einig in der Ablehnung des Antrags: warum sollte nicht Jeder seine besondern Beweggründe anführen?

Allerdings ist der Wandel unverkennbar, der sich bei Karl Anton zwischen 1869 und 1870 nicht bloß in der Schätzung des spanischen Thrones, sondern auch in der Ansicht über Napoleon's etwaiges Verhalten zugetragen hat. Nach einer Notiz des Tagebuchs hat der Fürst vor dem Weinburger Vorgang sehr bestimmt erklärt, bei aller persönlichen Freundschaft würde Napoleon niemals einen Hohenzollern zur Herrschaft in Spanien zulassen; er

---

[1] Herr Valbert (Revue d. d. mondes, 1 avril 1895) erklärt es für unmöglich, daß ein preußischer Gesandter diese Einführung ohne Befehl oder Erlaubnis Bismarck's gewagt hätte. Diese an sich plausibele Vermuthung hat nur den einen Fehler, daß sie falsch ist. Die Akten, aus denen ich wenigstens dies negative Ergebnis mittheilen darf, ergeben, daß Bismarck überhaupt von den Weinburger Vorgängen erst Ende Februar, und von Werthern's Beihülfe erst Ende Juli 1870 das erste Wort erfahren hat.

betrachtet dann im September die für die Annahme der Kandidatur
gestellte Bedingung als eine unmöglich zu erfüllende Forderung,
mithin als eine deutliche Form der Ablehnung. Aber im März 1870
hat sich dies Alles bei ihm in das Gegentheil umgesetzt. Das
Tagebuch zeigt es, daß er vom ersten Augenblick für die Größe
und den Werth der Kandidatur begeistert ist, daß er unaufhörlich
sich bemüht, durch die Bewahrung des Geheimnisses das Gelingen
trotz des spanischen Parteihaders zu sichern und nach der Ab=
lehnung durch den König die Sache auf's Neue in Gang zu
setzen. Wird nun irgend ein Mensch ein solches Auftreten des
Fürsten für möglich halten bei Fortdauer jener frühern Über=
zeugung von Napoleon's feindseligem Verbote der Kandidatur?
Sein späteres Verhalten gibt darauf die bündigste Antwort. Als
im Juli der Kriegslärm der Pariser beginnt, ist er sofort ent=
schlossen, daß wegen seiner dynastischen Interessen der Friede
Deutschlands und Europas nicht gestört werden dürfe; er vollzieht
den Verzicht seines Sohnes, sobald er weiß, daß König Wilhelm
nichts dagegen einwendet. Hätte er im März noch wie im
September ein Veto Napoleon's vorausgesehn, ganz sicher würde
er daraufhin die Annahme der Kandidatur nicht in das Werk
gesetzt haben. Dazu kommt auch das bestimmte Zeugniß Bismarck's[1]),
daß damals sowohl er selbst als auch Fürst Anton nicht den
geringsten Zweifel gehabt hätten, der befreundete und nahe ver=
wandte Hohenzoller würde dem Kaiser ein erwünschterer Beherrscher
Spaniens sein als der feindliche Orleanist Montpensier oder gar
ein republikanischer Präsident.

Also Anton's Umstimmung ist evident. Aber auch die Ursache
derselben ist uns bezeugt. Der als höchst zuverlässig bekannte
Times=Korrespondent William Russel erzählt (my diary of the
last war p. 97): „Ich ritt dann mit dem Prinzen Leopold. Er
sprach von der Stellung, in die er hinsichtlich des Kriegs gekommen
war, mit einem Tone des Kummers, und was den Kaiser anging,
mit Entrüstung. Es war, sagte er, dem Kaiser vollkommen wohl=
bekannt, daß man mir im Herbste 1869 den spanischen Thron

---

[1]) Mittheilung an Lord Loftus.

angeboten und daß ich gebeten hatte, zur Annahme nicht auf=
gefordert zu werden, und keine Opposition war dann von Frank=
reich erhoben worden. Es erschien keine Andeutung irgend einer
Art, obgleich der Kaiser von dem Anerbieten völlig unterrichtet
war, daß dasselbe ein casus belli sein könnte.“

Also Fürst Anton hatte dem Kaiser, seinem vertrauten lang=
jährigen Freunde, Nachricht von dem Weinburger Vorgange
zugesandt, und der Kaiser hatte in keiner Weise ein Zeichen des
Widerwillens oder gar einer Drohung gegeben.[1]) Da war denn
freilich die auch von Prim genährte Hoffnung begreiflich, Napoleon
werde schließlich die Kandidatur, wenn nicht fördern, so doch
geschehn lassen.

Wie gesagt, theilte auch Bismarck diese Ansicht[2]). Keine
Meldung liegt uns vor, daß bei den Verhandlungen im März
und April die Frage, ob Frankreich sich widersetzen würde, und
was in einem solchen Falle zu thun sei, jemals zur Erwägung
gekommen wäre. Und ganz dasselbe gilt von Brandenburg’s
Erfindung, daß Bismarck von der Erhebung Leopold’s ein spanisch=
preußisches Bündnis zur Durchführung der deutschen Einheit erhofft
habe. Nicht mit einer Silbe ist derartiges erwähnt worden.
Bismarck wußte zu gut, daß in einem solchen Vertrage Preußen
lediglich der belastete Theil sein würde, wenn überhaupt die
spanischen Machthaber das Heraustreten aus der Neutralität und
die Unterzeichnung einer Allianz dem jungen, machtlosen Könige
gestatteten.

Überhaupt steht der Ansicht, daß Bismarck mit kriegerischer
Unternehmungslust in die Angelegenheit der Kandidatur Hohen=

---

[1]) Brandenburg hebt hervor, Leopold habe nicht ausdrücklich gesagt,
daß Napoleon die Kunde vom Fürsten erhalten; irgend ein Gerücht könne
sie ihm zugetragen haben. Ich glaube nicht, daß dem Texte des Originals
gegenüber diese beweislose Vermuthung Bestand haben kann. Woher hätte
Leopold Kenntnis von solchen zu Napoleon gedrungenen Gerüchten haben
sollen? Und wie wäre seine Entrüstung über Napoleon’s Schweigen zu
erklären, als unter der Voraussetzung, daß Napoleon durch den Fürsten
selbst unterrichtet worden?

[2]) Bekanntlich hatte Benedetti im Mai 1869 das Gegentheil bestimmt
erklären sollen, hatte dies aber unterlassen.

6*

zollern eingetreten sei, mit allen, auch den bekanntesten, That=
sachen im Widerspruch. Er hat sie nachdrücklich unterstützt, weil
er sie vortheilhaft für Preußen erachtete und Napoleon eher für
einen Freund als für einen Gegner derselben hielt und jedenfalls
auf dessen oft bewährte Kriegsscheu rechnete. Im übrigen waren
gerade damals, im Mai und Juni 1870, alle Gedanken Bismarck's
auf eine längere Friedenspolitik gerichtet. Wohl sah er, wie
immer seit 1865, in der Vollendung der deutschen Einheit, in
der Wiederaufrichtung des deutschen Reichs, das Schlußwort seiner
Aufgabe. Aber ebenso hatte er stets erklärt, die gedeihliche Lösung
dieser Aufgabe setze das Verschwinden der alten, im Süden noch
fortbestehenden Rasse=Antipathien und partikularen Eigenwilligkeit
voraus, und dafür sei das einzige Mittel eine langjährige gemein=
same Friedensarbeit im Zollverein, die zu gründlicher gegenseitiger
Bekanntschaft und dadurch zum Aufgeben des gegenseitigen
Argwohns und Mißtrauens führe. Es sei etwas Großes, hatte
er zu Suckow gesagt, wenn dies bis zum Ende des Jahrhunderts,
es sei ein Wunder Gottes, wenn es früher gelinge. Durch einen
französischen Krieg konnte der äußere Anschluß des Südens
beschleunigt, die innere Klärung und Vertiefung aber des Einheits=
gedankens nur gestört werden. Schon nach dieser Auffassung
war Bismarck 1870 von jedem kriegerischen Wunsche entfernt.
Man mag es loben oder tadeln, aber so war es.

Es enthielt dann auch die Thronrede zum Schluß des Reichs=
tags am 26. Mai 1870 nicht die leiseste Hindeutung auf eine
baldige Weiterführung des deutschen Einheitswerks. Im Gegen=
theil, sie sprach die volle Zufriedenheit mit den bestehenden Ver=
hältnissen, dem innern Ausbau des Nordbundes, der Entwicklung
des Zollvereins und der vertragsmäßigen Verbindung mit Süd=
deutschland aus; demnach werde auch das Ausland anerkennen,
daß der Nordbund die deutsche Volkskraft nicht zur Gefährdung,
sondern zur Stütze des allgemeinen Friedens ausbilde.

Dem entsprechend eilte nach dem Schluß der Session in
Deutschland Alles zum Genusse der Ferien, der König, die Bundes=
räthe, die maßgebenden Minister, zu Badekuren, Landleben, weiteren
Reisen. Da hinein fiel dann am 6. Juli, wie ein Donnerschlag

bei heiterem Himmel, Gramont's von grundlosen Schmähungen und Drohungen strotzende Rede und der dadurch entzündete Pariser Kriegslärm.

Hat nun Bismarck hierauf besondere Kampflust an den Tag gelegt?

Sein erster Schritt war, daß er dem Bundesrath wahrheitgemäß erklärte, die Unterhandlung, in deren Folge der Erbprinz die Annahme der Krone versprochen, habe unmittelbar zwischen Madrid und Sigmaringen stattgefunden, ohne irgend eine Betheiligung des Königs oder der preußischen Regierung. Ebenso wurden zugleich die Gesandten zu der Erklärung angewiesen, daß die Sache der preußischen Regierung völlig fremd sei, daß Gramont's Auftreten aber ihr jede freundliche Verhandlung zunächst unmöglich mache; wenn man uns angreife, würden wir uns wehren.

Eben hieher gehört auch seine weitere Erklärung, daß er über die Annahme der Krone durch den Erbprinzen nicht von dem Könige, sondern von einem Begleiter des spanischen Agenten die erste Nachricht erhalten habe. Auch dies ist vollkommen richtig, wenngleich Delbrück daran aus dem geistreichen Grunde mäkelt, daß bisher viele Leute die Erklärung ganz anders ausgelegt hätten.

Sofort nach dem ersten Auflodern des Pariser Tobens hielt Bismarck den Verzicht des Erbprinzen auf die spanische Krone für gewiß und erhob auch keine Einwendung dagegen, da die von ihm geschätzten Vortheile der Erhebung Leopold's ihm doch geringer erschienen als die Nachtheile eines Bruchs mit Frankreich. Aber ebenso fest stand bei ihm das Andere: der durch Gramont von Preußen geforderte Rücktritt des Prinzen dürfte erst erfolgen, nachdem Gramont die Preußen zugefügte Ehrenkränkung wieder ausgelöscht hätte. Als ihm in dieser Beziehung die Nachrichten aus Ems über des Königs Verhandlung mit Benedetti Zweifel erweckten, fragte er an, ob der König dort seine Anwesenheit wünsche, und reiste auf die bejahende Antwort am 12. Juli aus Varzin dorthin ab. Allein als er am Abend in Berlin ankam, fand er hier bereits die publizirte Depesche über den Rücktritt

des Prinzen vor. Wie alle Welt sagte er sich, damit sei der
Handel beendet, und zwar ohne Genugthuung für Preußens Ehre,
auf die man nach Erledigung der Hauptsache nicht wohl mehr
zurückkommen könne. Er beschloß, nicht weiter nach Ems, sondern
morgen nach Varzin zurückzureisen, jedoch nicht mehr als Minister.

Aber es sollte anders kommen. Am Morgen des 13. Juli
empfing er die erste Nachricht, daß Gramont, mit dem Rücktritt
des Prinzen nicht zufrieden, weitere Forderungen erhebe, daß der
preußische Botschafter, Baron Werther, sich von ihm die Bestellung
eines ungebührlichen Auftrags an den König hätte aufbringen
lassen. Da wurde Bismarck das Herz wieder leicht. Jetzt war
die Bahn auf's Neue eröffnet zu der Tilgung der von Gramont
bisher gewagten Ehrverletzungen Preußens, sei es durch Verhandlung, sei es durch Blut. Indessen auch in diesem Augenblicke
höchster Spannung verließ ihn seine stolze und sichere Besonnenheit
nicht. Er befahl dem Baron Werther, den er nach jenem
Ungeschick nicht einen Tag länger in Paris lassen wollte, er solle
dem französischen Minister anzeigen, daß er zu einer Badekur
Urlaub genommen habe und sein erster Sekretär die Geschäfte
einstweilen führen werde. Bismarck wollte noch den Schein eines
diplomatischen Bruchs vermeiden, welcher den Weg zu weitern
Verhandlungen vielleicht versperrt hätte. Bald nachher empfing
er den Besuch des englischen Botschafters, Lord Augustus Loftus.
Durch diesen wünschte er, das englische Kabinet zu empfehlender
Anmeldung und kräftiger Unterstützung der preußischen Forderungen
in Paris zu bestimmen, wozu es bei der absoluten Friedensliebe
der englischen Minister kein wirksameres Mittel geben konnte, als
bei der Entrüstung der deutschen Nation über Frankreichs Insolenz
die Erklärung der Sicherheit des Kriegs, wenn Preußens Forderungen nicht erfüllt würden. In diesem Sinne redete er mit
Lord Augustus, gleichsam jeden Satz mit Säbelklirren begleitend.
Der Lord stimmte Allem zu und berichtete desgleichen an seinen
Minister, nur zweifelnd an einer friedlichen Entschließung der
französischen Regierung. Freilich hätte er das Gespräch nicht
brieflich, sondern telegraphisch nach London, und ebenso dort sein
Minister den Inhalt wieder telegraphisch nach Paris berichten

müssen. Jedenfalls war dieser Inhalt in Paris unbekannt, als dort die Entscheidung für den Krieg fiel.

Mir ist die herrschende Auffassung des Loftus'schen Berichts stets als ein Musterbeispiel der Leichtigkeit erschienen, mit der oft auch sonst gebildete Leser dem ersten Eindruck eines wichtigen Aktenstücks unterworfen bleiben. Weil Bismarck zwar nicht offen mit Krieg droht, wohl aber für den ungünstigen Fall verschiedene Maßregeln von zweifellos kriegerischer Bedeutung in Aussicht stellt, hat man seine Rede bereits als eine kaum verdeckte Kriegs=erklärung charakterisirt. Ja, nach Gramont's dreister Erfindung, daß bereits am 14. Juli auf unrechtmäßigem Wege eine Abschrift des Berichtes Loftus' in seine Hand gelangt sei, ist man sogar zu der Vermuthung fortgeschritten, diese Abschrift sei es gewesen, mit der die Kriegspartei das Sträuben Napoleon's und der Minister überwältigt habe.

Bei dieser ganzen Erörterung ist ein sehr einfacher, aber ganz entscheidender Punkt übersehn worden. Alle jene den Krieg bedeutenden Sätze Bismarck's hatten durchaus hypothetischen Charakter: dies und jenes wird geschehn, wenn Frankreich unsere Forderungen abweist. Die Bedeutung der ganzen Aus=lassung, ob zum Frieden oder zum Kriege strebend, hängt also ganz und gar von dem Inhalt dieser Forderungen ab.

Lord Augustus theilt sie in seiner Depesche zweimal mit.

Zunächst fällt dabei auf, daß, während Gramont den König von Preußen aufgefordert hatte, seinen Widerruf der dem Prinzen Leopold ertheilten Erlaubnis direkt an die französische Regierung zu leisten, Bismarck sich mit einer freiwilligen Erklärung Frank=reichs an die europäischen Mächte o d e r in sonst einer amtlichen Form begnügt, ein wahrlich nicht unerheblicher Unterschied. In dieser Erklärung sei Gramont's drohende Sprache zurückzuziehn o d e r genügend zu erläutern, es sei weiter zu sagen, daß die spanische Schwierigkeit befriedigend erledigt sei, daß man dem gemäßigten und entgegenkommenden Verhalten des Königs Wilhelm und seiner Regierung alle Gerechtigkeit zolle und die freund=schaftlichen Beziehungen zwischen beiden Staaten wieder zu voller Sicherheit hergestellt ansehe.

Nun erinnere man sich, daß in der Nachmittagssitzung des 14. Juli die Majorität des französischen Kronraths auf Betreiben des Kaisers zu dem Beschlusse kam, die Mobilmachung zu ver= schieben und dafür am folgenden Tage an die Kammer eine Botschaft zu senden, des Inhalts, daß 1. durch die rückhaltslose Zustimmung des Königs zum Verzicht des Prinzen die Frage in befriedigender Weise für die Gegenwart gelöst sei, 2. daß für die Sicherung der Zukunft die Regierung beschlossen habe, sich an einen Kongreß der Großmächte zu wenden und dort die Fest= stellung eines allgemeinen völkerrechtlichen Princips zu beantragen.

Vergleicht man diese Sätze mit Bismarck's Forderungen, so ist es unleugbar, daß sie, wie miteinander verabredet, zusammen passen. Denn der erste Satz enthält die Zurücknahme der neuen nach Leopold's Rücktritt erhobenen Forderungen und das positive Eingeständnis der befriedigenden Lösung der Frage durch das Verfahren des Königs. Es bedurfte keiner inhaltlichen Erweite= rung, sondern nur einer ausführlicheren Fassung dieses Satzes und dazu etwa eine Wiederholung der bereits von Benedetti am 9. Juli dem Könige vorgetragenen Motivirung der Gramont'schen Rede vom 6. Juli, so waren Bismarck's Forderungen erfüllt, und damit der Friede zwischen den beiden großen Nationen gesichert. Diese Gewißheit aber würde, wenn Loftus' Depesche in der That und nicht bloß nach Gramont's Phantasie dem Kronrath vorgelegen hätte, dem Kaiser und seinen Ministern, davon bin ich überzeugt, die Kraft zu siegreichem Widerstande gegen das Kriegsgepolter Leboeuf's und seiner Genossen gegeben haben. Die in der Depesche hervortretende Entschlossenheit und Mäßigung des deutschen Staatsmannes hätte die nothwendige Ehrenerklärung ohne Blutvergießen erlangt.

Auch hier kann ich nur wiederholen: mag man darüber streiten, ob dies ein Glück oder ein Unglück für Deutschland gewesen wäre, genug, es war so.

Aber es scheint, daß unsere modernen Germanen ganz so wie ihre Vorfahren vor einem Jahrtausend doch unter allen Ruhmestiteln für den höchsten den kriegerischen Siegeslorbeer halten. Sie wollen es nicht hören, daß der nationale Held, der

Wiedererrichter des Reichs, nicht bei jeder Gelegenheit so schnell
wie möglich zur Sturmfahne gegriffen habe. Wenn nichts
Anderes zum Beweise dieser ihrer ganz französisch gedachten
Auffassung übrig bleibt, so greifen sie zu dem längst widerlegten
Argument, Bismarck habe seinen unaufhaltsamen Drang zum
Kriege 1870 doch sicher durch die geschickte Umarbeitung der
Emser Depesche dargethan, womit er die Lunte in zwei Pulver-
fässer zu schleudern, die patriotische Entrüstung der Deutschen zu
glühender Lohe zu entflammen, den Hochmuth der Franzosen bis
auf den Tod zu beleidigen und so zu einer wahnsinnigen Kriegs-
erklärung zu zwingen gedachte.

Die deutschen Kritiker, die sich in solchen Vorstellungen
ergehn, wiederholen damit wörtlich die Behauptungen des Herzogs
von Gramont.

Sicher hat Bismarck aus der Emser Depesche die Ablehnung
des französischen Begehrens, die Zurückweisung Benedetti's, den
Befehl zur Veröffentlichung dieser Dinge mit innerer Befriedigung
entnommen. Wochenlang hatten die Franzosen uns verhöhnt,
mochten sie jetzt die bittere Pille hinunterwürgen, und sollten sie
die Thorheit begehn, deshalb loszuschlagen, nun, so würde ja
Moltke das Weitere besorgen. So war die Stimmung: das
bedeutet den Entschluß, nicht eine Silbe aus Scheu vor fran-
zösischem Zorne abzuschwächen, nicht aber die Absicht, die Worte
zur Herbeiführung einer Explosion zu wählen. Und vor Allem,
für seine Redaktion des Telegramms hatte Bismarck keine Wahl.
Eigne Zusätze zu erfinden war ausgeschlossen durch seine völlige
Unkenntnis der frühern Vorgänge in Ems seit dem 12. Juli
und des weitern Verlaufs seit dem Abgang der Depesche. Mehrere
Stücke der Depesche aber waren völlig ungeeignet zur Veröffentlichung, gerade wenn man nicht auf eine Erhitzung der schon
hoch erregten öffentlichen Meinung sann. Es ging überhaupt
nicht an, von einem eigenhändigen Schreiben des Königs zu
reden. Eine Erwähnung, daß die Szene früh Morgens öffentlich
während der Trinkkur auf der Brunnenpromenade vorgegangen,
hätte die Empörung des deutschen Gefühls verdoppelt. Die
Angabe, daß der König sich erst nach längerer Erwägung mit

seinen Räthen zu der Zurückweisung Benedetti's entschlossen, hätte eine Steigerung des französischen Hochmuths bewirken können. Ganz richtig hat also Felix Dahn in seiner sonst nicht von Irr= thümern freien Festschrift zum 1. April bemerkt, Bismarck's Streichungen hätten nur Milderungen des Textes bewirkt. Der übrig gebliebene Rest der Emser Depesche ist der wörtlich genaue Inhalt des Telegramms.

Was nun die Wirkung desselben betrifft, so war sie bekannt= lich bei dem deutschen Volke gewaltig. König Wilhelm aber sah in ihm nur die Befolgung seines Befehls, durchaus keine Ge= fährdung des Friedens, sondern sagte beim Abschied zu Benedetti: jetzt werden die Ministerien die Verhandlung fortsetzen. In der That fand auch auf der französischen Seite Benedetti in dem Telegramme nichts als die unbedenkliche, vom König veranlaßte, Bekanntmachung einer richtigen Thatsache. Ebenso erklärte in Paris der Ministerrath am 14. Juli Morgens die Versagung weiterer Audienzen an Benedetti für die selbstverständliche Folge der Ablehnung seines Antrags; es führte das am Nachmittag zu dem vorher analysirten Friedensbeschluß. Dann erst erfand Gramont, der ebenfalls vorher an dem Telegramm keinen Anstoß genommen, die Wendung, daß die Mittheilung des Inhalts durch eine offizielle Depesche an die Höfe eine von Bismarck prämeditirte, schwere und nur durch Blut zu sühnende Beleidigung der franzö= sischen Ehre gewesen sei.

Es ist stets dasselbe Ergebnis.

Bismarck war kein durch stachelnde Kampfbegier in das Schlachtgetümmel gedrängter Eroberer. Er war kühn und un= erschrocken im Streite, wie irgend ein Mensch, aber im Siege besonnen und stets der Grenzen des Erreichbaren eingedenk, wie wenige Menschen aller Zeiten. Der Drang seines Herzens ging nicht auf Beherrschung einer unter seine Füße geworfenen Welt, sondern auf das wachsende Gedeihn seines Vaterlandes und seines Volks. Deshalb hat er zur Deckung der Ehre oder der Lebens= interessen seines Staats auch einen gefährlichen Krieg nie gescheut. Und deshalb hat er auch einen siegreichen Krieg unter allen Um= ständen für ein solange wie möglich zu verhütendes Übel erklärt.

Als er am 24. Juli 1866 den Wunsch seines Königs bekämpfte, eine Landabtretung von Österreich auch auf die Gefahr längern Kriegs zu fordern, erklärte er u. a.: jeder Monarch sollte, wenn irgend möglich, den Grundsatz befolgen, niemand zu seinem Minister des Auswärtigen zu ernennen, der nicht selbst auf einem Schlachtfelde gewesen und mit eignen Augen die Masse der Greuel gesehn hätte, die in dem Worte Krieg beschlossen sind.[1]

Daß dies keine flüchtige Stimmung oder gar nur ein rhetorisches Streitmittel gewesen, zeigt ein Gespräch, das er 1868 mit dem baierischen Diplomaten Frhrn. v. Völderndorff hatte[2], (die Zeit war unruhig und gefahrdrohend im Orient und Occident). Bismarck äußerte: „Vielleicht würde ich mir weniger Mühe geben, den Krieg mit Frankreich zu vermeiden, wenn ich nicht die böhmischen Schlachtfelder in der Erinnerung trüge und die Lazarethe und Spitäler besucht hätte. Allein die Leiden und das Elend, das ich dort gesehn, kann ich nicht vergessen. Es ist möglich, ja sogar wahrscheinlich, daß schließlich der Krieg uns doch aufgezwungen wird, und ich zweifle keinen Augenblick, daß wir ihn siegreich beendigen werden. Aber andrerseits bleibt es doch auch möglich, jedenfalls bei den Zuständen in Frankreich nicht völlig unmöglich, daß wir um den Krieg herumkommen. Und der müßte ein schlechter Christ und ein gewissenloser Mensch sein, der nicht schon um dieser Möglichkeit willen Alles aufbieten würde, seinen Mitbürgern einen, wenn auch siegreichen, Krieg zu ersparen, so lange es ohne Schaden für den Staat und ohne der nationalen Ehre zu nahe zu treten geschehen kann."

So hat Bismarck geredet, und so hat er gehandelt. In seiner langen ministeriellen Wirksamkeit hat er dreimal während sechs Monaten in kriegerischer Thätigkeit gestanden, auch jedes Mal vorher lange bemüht, einen friedlichen Ausweg aus den wachsenden Verwicklungen zu finden. Als dann das erstrebte nationale Ziel in ruhmreichster Weise erreicht und die Wiederaufrichtung des deutschen Reichs vollendet war, hat er fortan

---

[1] Erzählung des Kronprinzen.
[2] Erzählung Völderndorff's, Münchener Allg. Ztg. 1895 Beilage Nr. 62.

zwanzig Jahre lang alle seine Kraft der Aufgabe gewidmet, dem deutschen Namen die Achtung Europas, und damit dem deutschen Volke die Segnungen eines dauernden Friedens zu sichern.

Das ist der Staatsmann, dem man nach unverstandenen Notizen kriegerische Gelüste und heimliche Intriguen zur Entzündung gewaltiger Kämpfe nachsagen möchte.

Vor wenigen Wochen haben ihm auf einem aus dem Herzen des Volkes emporgewachsenen Nationalfeste Millionen Stimmen den Dank des Vaterlandes entgegengebracht, sie Alle vereint in dem Wunsche, daß Gott ihn noch lange erhalte und ihn eine Wendung der Zeiten erleben lasse, in der er, befreit von den jetzigen Sorgen, wieder mit vollem Vertrauen auf die Zukunft seiner Schöpfung blicken könne.

Berlin, im Mai 1895.

Miscellen.

Zur Vorgeschichte der Schlacht von Albe (Tagliacozzo).
Von Ernst Sackur.

Die Route, die Konradin von Hohenstaufen am 18. August
1268 von Rom aus nach Sulmona und Luceria einschlug, um sich
mit den Sarrazenen zu vereinigen, jener Marsch, dem Karl von
Anjou sich auf den palentinischen Feldern entgegenstellte, ist bekannt=
lich seit langer Zeit Gegenstand einer sehr erregten Kontroverse
zwischen J. Ficker und dem Generalmajor G. Köhler in Breslau.
Hatte Ficker den königlichen Jüngling von Rom auf der Via Valeria
über Tivoli, Carsoli bis Torano und von da das Saltothal auf=
wärts marschiren lassen, bis zur Thalöffnung zwischen dem Monte
Carce und den Bergen von Scurcola, so vertrat Köhler die ältere
Ansicht, nach der Konradin über Tagliacozzo das Schlachtfeld bei
Albe erreichte. Die Gründe, die Ficker für seine Meinung beibrachte,
waren vornehmlich, daß, wie Karl von Anjou in seinem Schlacht=
bericht ausdrücklich meldet, die Feinde zwischen Scurcola und dem
Monte Carce lagerten, und daß auch die Richtung, die Konradin
und seine Leute bei der Flucht einschlugen, darauf hinweist, daß sie
das Saltothal im Rücken hatten.

Ficker hatte bei seinen Untersuchungen bedauert, daß mit der
wichtigsten Ortsbestimmung im Berichte Karl's, die den sichersten
Anhalt für die Richtung des Zuges geben könnte, nichts anzufangen
sei. In dem Rapport an den Papst heißt es nämlich, die Feinde
seien per Tecli partes eingedrungen, in der Hoffnung, über das
Gebiet von Marsia nach Sulmona und Luceria zu gelangen. Für
Tecli begegnen in den verschiedenen Handschriften und Drucken die

Varianten Ticleri, Titleri, Titui; in der Darstellung, die Karl an die Stadt Padua sandte, liest man dafür Siculi, Cicli oder Scicli partes. Köhler deutete die Tecli u. s. w. partes kühn auf Tivoli: Ficker dagegen war Mittheilungen 4, 569 geneigt, in Siculi u. s. w. eine Korruption aus Sculcolae anzunehmen. Aber auch dies ist unrichtig, die betreffende Ortsbezeichnung ist noch mit aller wünschenswerthen Sicherheit festzustellen.

Noch heute heißt die Landschaft am mittleren Salto, von Torano etwa bis Tagliata, Cicoli oder Cicolano, das alte Aequiculi, wie auf der Kiepert'schen Karte von Mittelitalien von 1 : 250 000 zu ersehen. Auch bei Spruner-Menke no. 21 heißt die Landschaft nördlich vom pagus Marsorum Cciculi. In einer mir erst nach Vollendung meiner Untersuchung bekannt gewordenen Recension von Brandileone über einen der Ficker'schen Aufsätze im Archivio storico per le province Napoletane 9 (1884), 362 wird ebenfalls hingewiesen auf jenen tratto di paese nelle diocesi di Rieti, che fu detto e si dice Cicoli e Cicolano.[1] Das Cicolanum oder Ceculanum kommt im Mittelalter in allen Bestätigungsurkunden für das benachbarte Kloster Subiaco vor.[2] Im Registrum von Farfa ist es ebenfalls nachzuweisen.[3]

Es ist nun leicht zu demonstriren, daß die Varianten Tecli etc. partes nichts als Korruptelen von Ciculi oder Ceculi sind. Die richtige Lesart ist Siculi im Bericht an Padua (s für das französische c vor i). Da nun ciculi abgekürzt mit durchstrichenem l cicli wurde, ergab sich die Variante cicli resp. scicli. Da ferner im 13. Jahrhundert c und t meist gar nicht zu unterscheiden sind, wurde von den Abschreibern des Berichtes an den Papst, wo der Name offenbar undeutlich war, überall t gelesen: aus cecli wurde tecli. Auch die Varianten ticleri und titleri sind vollauf zu erklären, da l auch in ler (also ticli, titli = ticleri, titleri) aufgelöst werden konnte. Ebenso leicht ist titui aus ciculi herzuleiten. Es unterliegt somit keinem Zweifel, daß

---

[1] Brandileone bezieht bereits die Tecli partes vermuthungsweise auf die genannte Gegend. Da bei ihm aber jede nähere Begründung fehlt und seine Vermuthung selbst in den neuesten Arbeiten von Busson über die Schlacht von Albe und Hampe über Konradin von Hohenstaufen übersehen wurde, behalten die vorliegenden Erörterungen ihren vollen Werth.

[2] Vgl. Il Regesto Sublacense no. 1, p. 3; no. 7, p. 14; no. 10, p. 23 u. a. St.

[3] Reg. Farf. III., no. 325 (877) S. 27: habitatores de massa ciculana; S. 28: Actum in eciculis.

an der betreffenden Stelle per Ciculi partes zu lesen ist, eine Orts=
bezeichnung, über deren Interpretation nicht der leiseste Zweifel ob=
walten kann.[1]

Was folgt nun aus der Thatsache, daß Konradin durch das
Gebiet von Cicoli kam? Nicht mehr und nicht weniger, als daß die
Ficker'sche Hypothese, Konradin sei durch das Saltothal nach dem
Schlachtfelde gezogen, definitiv bewiesen ist; denn das Cicoli oder
Cicolano ist eben nichts als das Saltothal nördlich von Torano.
Eine andere Frage ist freilich die, ob die spezielle Marschroute, vor
dem Eintritt in's Saltothal, die Ficker vorschlägt, richtig ist, bezw.
sich mit dem gewonnenen Resultat leicht vereinigen läßt, ob Konradin
nicht einen weit größeren Umweg machte. Aber um hier zu definitiven
Ergebnissen zu gelangen, bedarf es besserer Terrainkenntnis und
genauerer Karten, als mir jetzt zu Gebote stehen.

Nachtrag
zu der Abhandlung „Untersuchungen über die pfälzische Politik" rc.
(74, 407.)

Bei den Erörterungen über die Entstehung des „Extraktes des
schwarzen Registers" habe ich eine Notiz Heilmann's (Kriegsgeschichte
Baierns II, 1, 158 Anm.) übersehen. Nach derselben findet sich ein
„vollständiges Exemplar" der fraglichen Schrift im Münchener Reichs=
archiv, in einem nicht näher bezeichneten Faszikel der großen Serie
„Fürstensachen". Der Ausdruck „vollständiges Exemplar" könnte zu
der Annahme führen, daß der S. 435 von mir besprochene, nur aus
Anführungen bekannte „Extrakt" hier vorliegt. Die Inhaltsangabe,
die Heilmann dann aber beifügt, deutet eher darauf hin, daß sich die
Schrift zu der bei Lundorp gedruckten als eine stark verkürzte, hie
und da freilich auch berichtigte und ergänzte Fassung verhält. Jeden=
falls wäre es wünschenswert, daß die Schrift wieder aufgefunden
und genauer analysirt würde.   M. Ritter.

---

[1] Ich bemerke bei dieser Gelegenheit, daß, wie jedem geschulten Histo=
riker einleuchten dürfte, auch die Montes Taucii im Bericht an Padua, in
die Köhler den Monte S. Felice hinein interpretirt, nichts sind als ein ver=
lesenes Montes Carcii, wie es im Bericht an den Papst richtig heißt, da
t wieder für c gelesen wurde, r aber im 13. Jahrhundert kaum von v zu
unterscheiden ist.

Literaturbericht.

Politik: Geschichtliche Naturlehre der Monarchie, Aristokratie und Demo=
kratie. Von **Wilhelm Roscher**. Zweite Auflage. Stuttgart, Cotta. 1898.
VIII, 722 S.

Eine feste Überlieferung für die Darstellung der Politik als
Wissenschaft besitzen wir nicht. Weder die naturrechtlichen Theorien
der Engländer und Franzosen noch unsere spekulative Philosophie
haben einen Grund gelegt, auf dem die Gegenwart weiter bauen könnte;
und die vielversprechenden Anfänge einer historischen Staatslehre,
als deren vornehmster Vertreter Dahlmann erscheint, sind bisher noch
nicht zum systematischen Ausbau gediehen.

Roscher ist seit langer Zeit der erste, der es wieder gewagt hat,
Ergebnisse geschichtlicher Forschung über Staatenbildung und Ver=
fassungen in systematischem Zusammenhange darzustellen. Auf eine
vollständige Theorie vom Staat ist es ihm dabei offenbar nicht an=
gekommen: die herkömmlichen Erörterungen über Begriff und Zweck
des Staates findet man in dem Buche so wenig wie eine Aufstellung
politischer Postulate. Hatte Dahlmann 1835 sein Buch in die Welt
gesandt mit dem Wunsche, daß es allen politischen Sekten mißfallen
möchte, so will R. zur Versöhnung der Parteien beitragen, indem er
die Einsicht in die relative Berechtigung aller Standpunkte zu befördern
sucht. Er steht seinem Gegenstande als ruhiger, leidenschaftsloser
Beobachter gegenüber; er faßt die Wissenschaft vom Staat als eine
Erfahrungswissenschaft. Das ist der Sinn der Bezeichnung „Natur=
lehre" des Staates, die er auf den Titel seines Buches gesetzt hat, —
einer Bezeichnung übrigens, die vor ihm schon Heinrich Leo in einer
1833 erschienenen Schrift angewandt hatte. Niemand, der R.'s wissen=

schaftliche Art kennt, wird daraus die Befürchtung schöpfen, daß es sich um eine Vergewaltigung des historischen Stoffes durch naturwissenschaftliche Principien und Analogieen handle. Gerade die psychologische Analyse politischer Institutionen und Maßregeln ist vielmehr einer der größten Vorzüge des Buches, wobei freilich zuweilen ein altfränkischer Pragmatismus, wie er aus den Traditionen der alten Göttinger Historikerschule stammen mag, mit im Spiele ist.

Das Buch setzt sich zum großen Theil aus einer Reihe von Monographieen zusammen, die theils in den vierziger, theils in den achtziger Jahren an verschiedenen Stellen veröffentlicht worden sind. Es ist im eminenten Sinne ein Lebenswerk des Verf., der seit dem Beginn seiner akademischen Lehrthätigkeit die Vorlesungen über diesen Gegenstand stets zu seinen Lieblingskollegien gerechnet hat. Mit einer geradezu erstaunlichen Gelehrsamkeit, wie sie nur dem Sammelfleiße dieses langen und reichen Gelehrtenlebens erreichbar war, verbindet sich eine milde, abgeklärte Weisheit des Urtheils und ein rührender Zug kindlich-frommer Gläubigkeit.

Mehr noch als in seinen volkswirthschaftlichen Schriften hat sich R. in der „Politik" an die überlieferten Kategorieen gehalten; und bei dem Mangel eines neueren Systems knüpft er unmittelbar an Aristoteles an. Er will den Beweis versuchen, daß die aristotelische Eintheilung der Staaten in monarchische, aristokratische, demokratische noch immer nicht veraltet ist, daß vielmehr die politischen Erscheinungen selbst unserer Tage noch immer am einfachsten unter diese Begriffe subsumirt und am wirksamsten von daher erläutert werden können; wobei er freilich hinzufügt, daß damit nur die einzelnen Elemente des Staates, nicht der ganze Staat selbst charakterisirt sein solle.

Ob dieser Beweis gelungen ist, erscheint sehr fraglich. Der Vf. selbst gibt zu, daß von dem Unterschiede der drei Staatsformen erst auf den höheren Entwickelungsstufen des Volkes die Rede sein kann, daß auch bei den vorzugsweise sog. Kulturvölkern zur Zeit des Geschlechterstaates dieser Unterschied noch nicht nachgewiesen werden könne. Vor allem aber hat er selbst schon jenes Eintheilungsprincip überwunden, indem er die Ausartung der Demokratie, die er im fünften Buche behandelt, als Spaltung zwischen Plutokratie und Proletariat bezeichnet. Er hat damit die ökonomisch-sozialen Faktoren angedeutet, die unseres Erachtens in einer modernen Theorie der Staatenbildung eine weit größere Berücksichtigung verdienen, als ihnen hier im ganzen zu Theil geworden ist.

Die Darstellung ist so angelegt, daß die einzelnen Staatsformen
in ihren hauptsächlichsten historischen Repräsentanten und ihren all=
gemeinen Principien nach einander abgehandelt werden. Aber sie stehen
nicht zusammenhangslos neben einander, sondern bilden die großen
Entwicklungsstufen im politischen Leben der Völker. Die regelmäßige
Aufeinanderfolge der Staatsformen ist nach R. diese: Aus dem ur=
sprünglichen Geschlechterstaate geht zunächst eine Monarchie hervor,
das patriarchalisch=volksfreie Urkönigthum. Diese Monarchie verfällt
allmählich; eine ritterlich=priesterliche Aristokratie nimmt ihre Stelle
ein. Dann folgt gewöhnlich, gestützt auf den Mittelstand, der sich
zwischen Herren und Knechten herausbildet, die sog. absolute Monarchie.
Sie pflegt sich beim Wachsen des Mittelstandes mehr und mehr mit
demokratischen Elementen zu versetzen und wohl gar einer völligen
Demokratie Platz zu machen. Die Demokratie artet zuletzt aus; der
Mittelstand schmilzt zusammen; es bildet sich die Plutokratie mit der
Kehrseite des Proletariats heraus. Eine neue Form der Monarchie,
der Cäsarismus, ist schließlich das Ende der Entwicklung. Ausnahmen
von diesem regelmäßigen Entwicklungsgang werden selbstverständlich
zugegeben, doch wird behauptet, daß sie immer als solche nachgewiesen
und erklärt werden können.

Offenbar bedeutet dies Entwicklungsschema einen erheblichen Fort=
schritt gegenüber den von Aristoteles, Polybios und Machiavelli auf=
gestellten. Aber ganz wie diese leidet es an dem Mangel einer Unter=
scheidung zwischen den sozialen und den eigentlich politischen Faktoren
der Entwicklung. Das Regelmäßige, was der von R. dargestellten
Aufeinanderfolge der Verfassungsformen zu Grunde liegt, ist doch
eigentlich nur die Umwandlung der gesellschaftlichen Zustände, die
keineswegs nothwendig mit bestimmten Veränderuugen der Staatsform
verknüpft ist. Derselbe soziale Entwicklungsgang ist z. B. in England
mit der Monarchie verträglich gewesen, während er in Frankreich zur
Republik geführt hat. Hier sind eben noch andere Faktoren wirksam:
der individuelle Wille spielt auf dem eigentlich politischen Gebiet eine
ganz andere Rolle wie auf dem sozialen. Das Aufkommen des Mittel=
standes, das in den antiken Stadtrepubliken die Demokratie hervor=
brachte, hat in der modernen Staatenwelt die konstitutionelle Monarchie
erzeugt. Ist das nicht ein Beweis dafür, daß die durch soziale Ent=
wicklung bedingten Veränderungen der Staatsform sich ebensowohl
im Rahmen der Monarchie wie der Republik vollziehen können? Über=
haupt scheint dieser Gegensatz, der für die Unterscheidung des antiken

und des modernen Staatslebens charakteristisch ist, aus besonderen
Ursachen zu entspringen, die bei R. nicht hinreichend gewürdigt sind:
einmal aus der Verschiedenheit der territorialen Grundlagen des Staatswesens und der Ansiedlungsweise, die ein ganz verschiedenes Verhältnis von Stadt und Land zur Folge gehabt hat, und dann — in
Verbindung damit — aus der Thatsache, daß die alte Welt mehr oder
weniger in der auf Sklavenhaltung begründeten geschlossenen Hauswirthschaft stecken blieb, während die neueren Völker darüber hinaus
stufenweise bis zu einer wirklichen Volkswirthschaft aufgestiegen sind.
Und dies hängt schließlich noch mit einem Mangel der R.'schen Ent-
wicklungstheorie zusammen, der dem Historiker besonders auffällig sein
muß: der Fortschritt der Weltgeschichte, die Verschlingung der Völker
in einen immer größeren Kulturzusammenhang, die doch offenbar auch
für die Formen des Staatslebens von weitreichender Bedeutung ist,
erfährt hier gar keine Berücksichtigung; alles scheint sich nur innerhalb
der einzelnen Völker und Gemeinwesen abzuspielen. Die welthistorische
Kluft, die sich z. B. zwischen der Demokratie von Athen und der
der nordamerikanischen Union aufthut, vermag diese Theorie nicht zu
überbrücken.

Über alle diese Dinge wäre noch viel zu sagen. Hier muß sich
Ref. auf Andeutungen beschränken, die er demnächst an anderer Stelle
weiter auszuführen gedenkt. Der hohe Werth des R.'schen Buches
soll durch die vorgetragenen Bedenken gewiß nicht herabgesetzt werden.

Hintze.

An introduction to the history of the science of politics. By
Sir **Frederick Pollock**. London, Macmillan & Co. 1890. 128 S.

Wir holen lange Versäumtes nach, indem wir auf das obige
Büchlein hinweisen, von dem übrigens vor kurzem eine deutsche
Übersetzung (in der Reclam'schen Sammlung) erschienen ist. Es ist
aus einer Reihe von Vorträgen erwachsen, die der Vf. 1882 gehalten
und bald nachher in der Fortnightly Review veröffentlicht hat. Sir
Frederick Pollock ist Professor in Oxford und einer der bedeutendsten
Juristen Englands, in Deutschland schon seit Jahren bekannt durch
sein Buch über englisches Agrarrecht; er ist ein Vertreter der
modernen Richtung in der englischen Jurisprudenz, die sich nicht
mehr mit Blackstone und dem common law begnügt, sondern ihre
Wissenschaft durch umfassende philosophische und historische Studien
zu fundamentiren bemüht ist. Der kurze Abriß einer Geschichte der

7*

politischen Theorien, den er hier bietet, ist das Werk eines Mannes,
der offenbar die Quellen kennt, seinen Gegenstand gründlich durch=
dacht hat, klar und eindringlich darzustellen versteht und auch in der
Auswahl meist einen glücklichen Takt bekundet.   Mit einer Huldigung
an Aristoteles beginnt das Buch; „zurück zu Aristoteles!" ist der
Schlußgedanke.   Dem entsprechend wird das Alterthum ziemlich ein=
gehend behandelt. Ein zweiter Abschnitt umfaßt das Mittelalter
und die Renaissance, ein dritter das 18. Jahrhundert und die Lehre
vom Staatsvertrag.   Auf Einzelnes können wir hier nicht eingehen;
nur mag bemerkt werden, daß die gänzliche Übergehung eines Mannes
wie Hugo Grotius doch wohl kaum zu rechtfertigen ist. Für die
Lehre vom Staatsvertrage und vom Naturrecht überhaupt sind die
Resultate von Gierke's Buch über Althusius (1880) nicht verwerthet
worden.   Das Schlußkapitel erörtert neuere Theorien über Souveräne=
tät und Gesetzgebung, über Zweck und Wesen des Staates, über die
Grenzen der Wirksamkeit des Staates und ähnliches ohne systematische
Vollständigkeit.   Neben Bentham und Austin, Mill und Spencer
werden auch deutsche Forscher wie Humboldt, Savigny, Bluntschli
u. A. berücksichtigt.   Der Standpunkt des Vf. ist ein ethisch=historischer.
Er sieht im Staate nicht bloß eine Veranstaltung zur Gewährleistung
materieller Sicherheit, sondern auch zur Erreichung idealer Güter.
In diesem Sinne bekennt er sich zu Aristoteles gegenüber den
radikalen, staatsfeindlichen Theorien von Mill und Spencer.   Andrer=
seits lehnt er als englischer Realist und Utilitarier die rechts= und
staatsphilosophischen Auffassungen des deutschen spekulativen Idealis=
mus ab, nicht ohne die irrthümliche Voraussetzung, daß diese noch
gegenwärtig unsere Wissenschaft beherrschten.   Hätte er Jhering's
„Zweck im Recht" gekannt, so würde er darin — bei aller sonstigen
Verschiedenheit — eine der seinen nahe verwandte Auffassung gefunden
haben.   -tz-.

Geschichte der Nationalökonomik. Von Hugo Eisenhart, Professor der
Staatswissenschaften an der Universität Halle a. d. S.   Zweite vermehrte Auf=
lage. Jena, Gustav Fischer. 1891.   VIII, 278 S.

Der Charakter des bekannten Buches, dessen hochbetagter Verfasser
nicht lange nach dem Erscheinen dieser zweiten Auflage verstorben
ist, hat keine wesentlichen Änderungen erfahren.   Es stellt die Geschichte
der nationalökonomischen Systeme zwar unter Berücksichtigung der
beständigen Wechselwirkung zwischen Theorie und Leben, aber in der

Hauptsache als Entwicklungsprozeß der immanenten Vernunft von einem idealistisch-teleologischen Standpunkt aus dar, vor dem die modernen Tendenzen reiner Kausalerklärung als unwissenschaftliche Verirrungen eines epigonischen Zeitalters erscheinen. Neu ist die ausführlichere Behandlung der Malthus'schen Übervölkerungslehre und Armenpolitik, die methodologische Erörterung über die historische Richtung, die dazu fortschreiten müsse, das Wirthschaftsleben als ein System vernünftiger Zweckgedanken zu begreifen, eine richtigere Würdigung von Robbertus, dem der Vf. freilich nach wie vor durch- aus ablehnend gegenübersteht, endlich eine von hoffnungsfreudiger Begeisterung getragene Schlußerörterung über die moderne deutsche Sozialreform, die der Vf. als eine Umbildung der Interessenwirth- schaft in eine Berufswirthschaft charakterisirt, und als deren Abschluß er die Einfügung der Kartelle und Gewerkschaften in den Rahmen der bestehenden Berufsgenossenschaften postulirt. Die in der sozial- demokratischen Partei heute fast unbedingt herrschende sozialistische Theorie, die von Marx, ist auch in der neuen Auflage einer ein- gehenderen Besprechung nicht für werth erachtet worden. Im ganzen wird das Buch trotz der Geisteskraft und des vornehmen Idealismus des Vf. den wissenschaftlichen Bedürfnissen der Gegenwart, die eine mehr realistische Fundamentirung verlangt, kaum voll genügen.

-tz-.

Geschichte der altchristlichen Literatur bis Eusebius. Erster Theil: Die Überlieferung und der Bestand. Von **Adolf Harnack.** Leipzig, J. C. Hinrichs. 1893. LXI, 1021 S.

Um die Akademie der Wissenschaften zu Berlin für seinen Plan zu gewinnen, daß unter ihrer Leitung eine neue Ausgabe der vor- nicänischen griechischen Kirchenväter veranstaltet werde — eine höchst wünschenswerthe und zeitgemäße Ergänzung zu dem von der Wiener Akademie veröffentlichten Corpus scriptorum ecclesiasticorum latinorum — und zwar zunächst ein sicheres Urtheil über den Um- fang und die Mittel dieser Arbeit zu schaffen, hat sich Ad. Harnack im Anfang des Jahres 1891 entschlossen, „eine Übersicht über den Bestand und die Überlieferung der altchristlichen Literatur, soweit sie ohne neue bibliothekarische Forschungen gegeben werden kann," herzustellen, und, nur von einem Hülfsarbeiter, Lic. Preuschen, unterstützt, konnte er bereits am 1. Juli 1893 die Vorrede zu dem vollendeten Werke schreiben. Allerdings sind 2 Abschnitte, der über slavische und der

über koptische Übersetzungen altchristlicher Schriften (S. 886—917 und
S. 918—924) von Prof. N. Bonwetsch und Dr. C. Schmidt bei-
gesteuert, aber was auf mehr als 1000 Seiten übrig bleibt, ist ein
so reicher, mannichfaltiger, aus unzähligen Quellen zu erhebender und
so verschiedenartige Vorarbeiten erfordernder Stoff, daß seine Be-
wältigung innerhalb eines so kurzen Zeitraums fast unglaublich scheint
und eben nur H. gelingen konnte.

Daß eine Geschichte der altchristlichen Literatur endlich einmal
geschrieben werden mußte, wenn zunächst auch nur bis Eusebius mit
Ausschluß schon der Akten des nicänischen Konzils von 325, wird
niemand bestreiten, und auch darein wird man sich finden, daß H.
die eigentliche Darstellung dieser Geschichte und die kritische Beantwortung der Fragen nach der Abfassungszeit der Schriften, ihrer
Echtheit, Unverletztheit u. dgl. einem zweiten Theile vorbehalten,
hier aber bloß das überlieferungsgeschichtliche Material gesammelt hat:
was irgend an Nachrichten über altchristliche Schriftsteller und
Schriften auf uns gelangt ist, und was wir noch in Handschriften
besitzen, wird in möglichst bequemer Verarbeitung vorgelegt. Ganz
genau läßt sich ja die Aufgabe des einen Theils von der des anderen
nicht trennen; Vieles aus I wird in II wiederholt werden müssen,
und manche Mittheilungen in I, z. B. über pseudocyprianische Traktate,
über die Quellen und den Charakter verlorener Schriften, sind Stücke
der literarkritischen Behandlung, aber wenn die einfache Bericht-
erstattung über die Objekte der Literaturgeschichte so großen Raum
erfordert, würde sie allerdings nicht gut in Anmerkungen und Ex-
kursen innerhalb dieser Geschichte untergebracht werden können. Und
sehr viel kürzer, als es hier geschieht, ließ sich der Stoff nicht wiedergeben; einzelne Citate hätten vielleicht abgekürzt, andere fortgelassen
werden dürfen, und Rückverweisungen auf früher schon Gesagtes
hätten Ersparnisse ermöglicht, aber vielen Benutzern wird gerade das
besonders erfreulich sein, daß, wenn sie sich in diesem Werke Rath
erholen über einen Autor oder ein Buch, sie das überlieferungsgeschichtliche Material bequem beisammen finden und, ohne erst viel
Citate nachschlagen zu müssen, zu einem Urtheil über den Stand der
Sache befähigt werden.

Dem Zweck der übersichtlichen Vertheilung eines riesigen Stoffes
dient Alles in der Anlage des Buches, auch die ausführlichen Register
der Autoren und Schriften, der im Texte aufgezählten Manuskripte,
endlich der Initien von Schriften und Schriftfragmenten (S. 935 bis

1020). Allgemeine Billigung wird die Disposition finden, die von der chriftlichen Urliteratur (I) und den gnoftischen, marcionitischen und ebionitischen Schriftwerken (II) über Kleinafien, Gallien, Griechen= land (zwischen 150 und 200: III), Ägypten (von ca. 200 bis ca. 300: IV), Paläftina und Syrien (ca. 150—325: V), nach Rom (ca. 150 bis 325: VI) und dem übrigen Abendland (ca. 200—325: VII) fort= fchreitet, um dann die nach Ort und Zeit nicht ficher beftimmbaren vornicänifchen Schriften — z. B. den Pfaff'fchen Anonymus, den Brief an Diognet, die Sixtus=Sprüche —(VIII), Unficheres, Mißverftändniffe, Fiktionen, Kuriofitäten (IX), Poetifches, Konzilsakten, Märtyrerakten, das Wichtigfte aus der indirekten Überlieferung in Catenen, Florilegien (X) zu befprechen und mit einer Überficht über die chriftlicherfeits angeeigneten refp. überarbeiteten jüdifchen Werke, fowie die griechifch= römifchen Zeugniffe bezüglich der Kirche (XI) und einer folchen über die lateinifchen, fyrifchen, flawifchen und koptifchen Überfetzungen altchrift= licher Schriften zu fchließen. Wer bedenkt, daß jeder diefer Abfchnitte wieder in viele Kapitel zerfällt, z. B. IV in 37, von denen allein das neunte, „Origenes", faft 73 S. umfaßt, VII fogar in 58 Kapitel, der wird ermeffen, welche Fülle von Gelehrfamkeit in diefem Bande niedergelegt ift. Vorarbeiten waren allerdings vorhanden, vielleicht zu viele, aber eine halbwegs gleichmäßige Durcharbeitung des ge= fammten Stoffes gab es nicht, und eben diefe war das Bedürfnis.

Ein erquickendes Lefebuch follte nicht geboten werden. H.'s Geift und Originalität im Auffaffen der literargefchichtlichen Probleme und in der Charakterifirung der großen Schriftfteller der alten Kirche werden erft im 2. Bande leuchten können; die hier S. XXI bis LXI vorangefchickten „Grundzüge der Überlieferungsgefchichte der vor= nicänifchen Literatur in älterer Zeit" find etwas zu aphoriftifch und nur andeutend gehalten, obwohl fie feiner Beobachtungen nicht ent= behren; fonft wurde im 1. Bande nichts angeftrebt als Vollftändigkeit und Zuverläffigkeit. Daß die erfte immer nur relativ erreicht werden kann, hat fich der Vf. nicht verhehlt; auf S. 924 bis 933 und S. 1021 gibt er denn auch fchon Nachträge und Berichtigungen, und in den Texten und Unterfuchungen XII, 1ᵇ S. 3—32 wird damit fort= gefahren; jeder Mitforfcher wird in der Lage fein, diefe Verzeichniffe irgendwo zu vermehren, und die Fortfchritte der Wiffenfchaft müffen in Zukunft unabläffig, felbft wenn keine großen Entdeckungen mehr bevorftänden, das Material bereichern. Erhebliche Lücken weift H.'s Werk nicht auf, höchftens die in Catenen und ähnlichen Sammlungen

erhaltenen Fragmente sähe man gern systematisch herangezogen, und
in Abschnitt X und XI wäre wohl ein minder summarisches Verfahren
bisweilen erwünscht; allein bei dieser Literatur fehlt es theilweise
noch an den grundlegenden Untersuchungen, auch wird diese kaum
halb der alten Kirche oder überhaupt der Kirche zugehörige Schrift=
stellerei in einer „Geschichte der altchristlichen Literatur" immer nur
einen Nebenplatz beanspruchen können. Alle Fragmente aber, z. B.
des Origenes oder des Eusebius oder des Hippolytus, die in den
mittelalterlichen Sammelwerken, großentheils noch unedirt, zerstreut
liegen, zu sammeln und unterzubringen, würde eine mehrere Jahre
ausfüllende Arbeit gewesen sein, die bequemer Hand in Hand mit
Herausgabe der einzelnen Texte selber gethan wird. Sollte die
Übersicht über das Material gegeben werden als Einleitung zu dem
großen Unternehmen, das hoffentlich nunmehr sichergestellt sein und
energisch in Angriff genommen werden wird, so mußte verzichtet
werden auf den Grad von Vollständigkeit, der „ohne neue bibliothe=
karische Forschungen" eben nicht zu erreichen war. In der Auf=
zählung der vorhandenen Handschriften hätte allenfalls auch ohne
solche nach Vollkommeneres geleistet werden können, und unter den
Druckausgaben hätte nicht nur die editio princeps — auch das ge=
schieht nicht ausnahmslos —, sondern auch die bisher beste genannt
werden sollen. Daß ein Schriftsteller zuweilen nach verschiedenen
Ausgaben — z. B. das Chronicon Paschale bald nach Ducange,
bald nach Dixndorf — citirt wird, erklärt und entschuldigt die Vor=
rede; leider hängt damit der Übelstand zusammen, daß manche Beleg=
stellen nur sehr schwer aufzufinden sind: mit der Angabe z. B. auf
S. 435: Facundus Hermanniens. bei Sirmond, opera II 740 ist
Wenigen genutzt, selbst wenn man das richtige Hermianensis her=
stellt; es sollte heißen: Facund. Herm. pro defens. X 6 init.

Wegen kleiner Inkorrektheiten und einzelner Versehen wird ein
verständiger Beurtheiler einem so verdienstvollen Werke das Prädikat
der Zuverlässigkeit nicht absprechen. Immerhin bleibt in dieser
Richtung am meisten nachzubessern; Druckfehler sind sehr zahlreich,
die Schreibung der Eigennamen sehr schwankend — z. B. begegnet
Ehrhardt neben Ehrhard, Simon neben Simeon de Magistris, Bulenger
neben Boulenger, Philipps und Phillips neben Phillipps —; in dem
Initienregister, dessen Brauchbarkeit von der Richtigkeit der alpha=
betischen Reihenfolge abhängt, stehen mehrere Lemmata an falscher
Stelle — z. B. ἐπειδή (πολλάκις) τὰ σολοικοειδῶς 5 resp. 9 Zeilen zu

tief, und ob man z. B. Römer 1, 8 als „Anfang" dieſes Briefs
gelten laſſen darf, iſt mindeſtens fraglich. In dem Regiſter der
Autoren dürfte u. A. „Arethas" und „Papſtbriefe" nicht fehlen; auch
iſt bedauerlich, daß die ſlawiſche und koptiſche Überlieferung nicht
mit berückſichtigt wird, denn wenn auch die Zuſammenſtellungen im
Texte hinreichend überſichtlich ſind, kann doch dem Benuter des
Regiſters nicht zugemuthet werden, daß er bei jedem ihn intereſſiren-
den Artikel auch noch jene Paragraphen extra durchſehe. Schreibfehler
liegen z. B. vor S. X, 6 v. u., wo „Lateiniſche" ſtatt Syriſche, und
S. 529, 2 v. u., wo Laodicea ſtatt Hierapolis zu leſen iſt; auffallend viele Fehler ſind in den griechiſchen und lateiniſchen Citaten
ſtehen geblieben — z. B. S. 433 iſt (von Unerheblichem und Zweifel-
haftem zu ſchweigen) ἑπομένους in ἑπτομένους, ιδʹ in ιςʹ, ἐπιλάμψει
in ἐπέλαμπε, ἑαυτὸν μακαρίζοντες in ἑαυτοὺς μ., τὰ πολλὰ in πολλὸ,
συνιδόντα in συνδιδόντα zu ändern. — Wenn S. 337 f. unter den Über-
ſetzern von Origenes-Schriften Victorinus und Ambroſius, „von deren
Arbeiten aber nichts erhalten iſt", genannt werden, ſo beruht das auf
einem Mißverſtändniß des Hieronymus, das freilich S. 732 aufgegeben
iſt. Die pſeudocyprianiſchen orationes ſind nicht — S. 720 —
Reden, ſondern Gebete; S. 760 iſt von „dem Ms.", in dem die
Pfaff'ſchen Irenäus-Fragmente geſtanden haben ſollen, die Rede,
nach Pfaff ſtammen dieſe aber aus verſchiedenen Handſchriften. Das
ἐναλλαττούσας (παρὺ τὰς καθημαξευμένας ἑρμηνείας) in Euſeb.
hiſt. eccl. VI, 16, 1 iſt doch ſicher nicht im Sinne von abwechſelnd,
alternirend — ſo S. 340 — zu nehmen, ſondern wie III, 25, 7 und
VIII, 9, 3 = abweichend von. Dieſer Abſchnitt über die Hexapla
ſcheint mir auch noch andere Mißverſtändniſſe zu enthalten; keinen-
falls haltbar aber iſt die Überſetzung eines ſchlecht überlieferten Satzes
aus dem decretum Gelasianum (c. 5, nicht 3), S. LVII f., wonach die Märtyrerakten in Rom nicht verleſen wurden, „weil ſie von
Ungläubigen oder Unwiſſenden für überflüſſig oder minder ſchicklich
gehalten werden". Minus apta quam rei ordo fuerit iſt nicht
gleich „minder ſchicklich", und nach dem Urtheil der infideles et
idiotae hätte ſich die römiſche Kirche in ſolchen Fragen nicht gerichtet; gemeint iſt, daß durch die Ungläubigen oder Unwiſſenden
Überflüſſiges und Unrichtiges in die echten Märtyrerakten eingeſchoben
worden ſei. — Doch iſt zu bemerken, daß Irrthümer und Ungenauig-
keiten aller Art weitaus ſeltener in den Abſchnitten begegnen, die H.,
als in denen, die unter ſeiner Anleitung E. Preuſchen bearbeitet hat.

In dem Paragraphen z. B. über Victorinus von Pettau, der von Preußchen gefertigt ist, zähle ich auf 3 Seiten 732—4 mehr als 50 Korrigenda, keineswegs bloß gleichgiltige; über den „unter dem Namen des Victorinus stehenden Kommentar zu der Apokalypse" wird sogar ein ganz irreführender Bericht erstattet. Ich erwähne dies nicht, um H.'s Mitarbeiter oder H. selber Vorwürfe zu machen, sondern nur um der mißgünstigen Kritik, der auch dies so überaus dankenswerthe Werk ausgesetzt sein wird, nicht parteiisch zu erscheinen: wenn zwei Menschen, selbst von ungewöhnlicher Arbeitskraft, in 2½ Jahren einen so immensen Stoff zu verarbeiten hatten, kann man nur bewundern, daß ihrem Werke nicht mehr Mängel anhaften, als es hier der Fall ist. Mußte der Band I noch 1893 fertig gestellt sein, so konnte niemand ihn vollkommener herstellen, und die patristische Wissenschaft wird dankbar für die große Gabe, die sie hier empfangen hat, auf die noch größere harren, die ihr in einer hoffentlich in aller Ruhe und in einem Guß geschriebenen Geschichte der altchristlichen Literatur bis 325 der dazu vor jedem Anderen berufene Patristiker schenken wird. Ad. Jülicher.

Leges Visigotorum antiquiores. Fontes juris Germanici antiqui in usum scholarum ex monumentis Germaniae historicis separatim editi. Edidit **Karolus Zeumer.** Hannoverae et Lipsiae 1894. XXI, 395 S.

Über drei Jahrzehnte hindurch mußte ich in der Vorlesung über Rechtsgeschichte bei den Westgoten erklären: „es gibt nur Eine brauchbare Ausgabe der Lex Visigotorum, die Madrider von 1815, und diese ist unbrauchbar": vor Allem deshalb, weil sie die Handschriften in vielen Fällen nicht wog, nur zählte. In der That, wer sich je mit dieser Quelle befaßte, mußte gar oft darüber klagen, daß ihm nur Eines fest stand: die Unrichtigkeit der gegebenen Lesart, dagegen die richtige sich kaum errathen ließ.

Diese Noth ist jetzt für den weitaus größten Theil des Westgotenrechts gewendet: in der vorliegenden Ausgabe der Monumenta ist die Antiqua und die Lex Visigotorum Rekiswinths in wahrhaft mustergiltiger Weise hergestellt. Ward sie doch besorgt durch denselben Mann, dem wir die ausgezeichnete Ausgabe der Formelsammlungen in den „Monumenten" verdanken; ich trete keinem zu nahe, nenne ich Karl Zeumer den zu dieser Arbeit meist Berufenen; er hat sie mit viel bewährter Gründlichkeit und Sauberkeit ausgeführt.

Von der Antiqua wird eine endgiltige Ausgabe in Aussicht gestellt, nachdem die (einzige) von Knust entdeckte Parifer Handschrift, unter Zuhülfenahme der Lichtbildnerei, noch einmal genau geprüft sein wird. Dagegen von der Rekiswinthischen Lex wird hier schon die abschließende Ausgabe veröffentlicht, von der mit bestem Recht gesagt wird, daß sie gar viele Irrthümer und Zweifel der bisherigen Auslegung beseitigt und löst. Angehängt sind die von Gaudenzi gefundenen Bruchstücke gotischen Rechts und zwei leges extravagantes. Drei kurze Kapitel erläutern 1. die Antiqua, 2. die Lex Rekiswinths, 3. den Anhang.

Der Beweis, daß die in zwei Handschriften (Codex Vaticanus Regin. 1024 und Codex Paris. Latin. 4668) erhaltene Redaktion des Westgotenrechts von Rekiswinth herrührt, und zwar die von ihm (unter Aufhebung des bisher für die Römer geltenden Breviars Alarich's) für Römer wie Goten bindend erlassene Lex ist, wird voll überzeugend erbracht: es gab fortab — nach dem Territorialprincip — nur mehr königlich westgotisch Landrecht für beide Völker im Reiche: darüber, daß das Personalitätsprincip nicht, wie Brunner (Deutsche Rechtsgeschichte 1 [1887], 254. 259) will, zufrüheft im Frankenreich und zwar zu gunsten der Salier eingeführt worden ist, vgl. jetzt Könige der Germanen 7³, 1—8; auch Z.'s (von Brunner und A. Schmidt getheilte) Aufstellung, daß die von Gaudenzi gefundenen und irrig Eurich zugeschriebenen Bruchstücke eine Privatarbeit, vor 550 in der Provence entstanden, sind, ist gewiß richtig.

Dagegen bin ich noch immer nicht so ganz davon überzeugt, daß jene Antiqua von Eurich herrühre, wie Brunner 1, 321 und Z. S. X f. in allerdings sehr scharfsinniger Begründung behaupten: ich möchte — bis auf Weiteres — noch an der Urheberschaft Rekared's festhalten. Zwar den Beweis Bluhme's aus einer (interpolirten) Stelle bei Isidor von Sevilla, wonach Rekared im sechsten Jahre seiner Regierung (also 592) die „gotischen Gesetze zusammenfassend kürzen ließ", gebe ich Preis: Z. hat gezeigt, daß hier wohl Verwechselung mit Rekiswinth vorliegt (Reccas ward fälschlich Reccaredus gelesen): auch ist einzuräumen, daß die zuerst von Brunner vorgebrachten, von Z. vermehrten und verstärkten Gründe schwer wiegen: allein mir ist, worauf viel ankommt, noch das Verhältnis des Burgundenrechts zum Westgotischen nicht durchsichtig (Eurich stirbt a. 485, Gundobad a. 516). Sodann ist wenig wahrscheinlich, daß schon ca. 470 die Romanisirung des Gotenrechts soweit vorgeschritten war, wie die Antiqua darstellt. Ferner kann ich (trotz Z.'s Widerspruch S. XII) meinen Gedanken nicht fallen lassen, daß das bloße bonae memoriae, vom Sohne gegenüber dem Vater gebraucht, nicht paßt auf den gefeierten Helden Theoderich, der in der Hunnenschlacht fiel, trefflich aber auf den ketzerischen Leovigild, dem der katholische Sohn eine sancta oder beata memoria nicht nachrühmen durfte. Z. meint freilich, er würde ihm nicht einmal bonam memoriam zugebilligt haben! Aber Rekared half doch seinem Vater regieren: z. B. Hermenigild's Empörung niederwerfen; konnte er nicht „gut" nennen, was er selbst mit gethan? Weiter: es ist überliefert, Eurich hat (zuerst) westgotische Gesetze erlassen; gewiß: aber folgt daraus, daß sie uns erhalten sein müssen? Der erste Hohenzoller in Brandenburg hat auch Rechtsgebote erlassen: würde daraus folgen, falls uns nur das preußische Landrecht'erhalten wäre, daß dieses von jenem herrühre? Endlich, daß Rekared Gesetze erlassen, steht ebenfalls fest: einige benutzt ja Z. selbst.

Allerdings ist aber einzuräumen, daß die Sprache der Antiqua einfacher ist als die der schwülstigen Gesetze aus dem 7. Jahrhundert, und schwer fällt in's Gewicht, daß die vorausgesetzten Streitigkeiten und Ungewißheiten bezüglich der Landtheilung zwischen Goten und Römern besser als in die Zeit Rekared's in die Eurich's passen, so daß ich allerdings durch die neuen Ausführungen Z.'s in meinem Widerspruch schwankend geworden bin.

Gewiß wird auch die zu erwartende Ausgabe der Gesetze der Nachfolger Rekiswinth's wie die hier besprochene eine ausgezeichnete Leistung sein. Dahn.

Geschichte des Deutschen Reiches während des großen Interregnums 1245—1273. Auf Grund einer von der philosophischen Fakultät der Julius-Maximilians-Universität gekrönten Preisschrift umgearbeitet und ergänzt. Von Dr. J. Kempf. Würzburg, A. Stuber's Verlagsbuchhandlung. 1893. VIII, 292 S.

Die vorliegende Arbeit ist eine erfreuliche Frucht der Neubearbeitung der Böhmer'schen Regesten. Kempf hat aus der Fülle der Ereignisse mit reifem Urtheil meist das Wesentliche herauszuheben gewußt und, was heute leider nicht mehr selbstverständlich ist, eine lesbare Darstellung geliefert. Besonders sorgfältig ist die Regierung König Wilhelm's behandelt, dessen Bemühungen, mit seiner schwachen Hausmacht ein festes Königthum zu gründen, scharf hervorgehoben werden; die übliche Vorstellung, als sei Wilhelm lediglich ein Geschöpf der Kurie gewesen bestimmt, Deutschland in Ohnmacht zu erhalten, weist K. zurück. Auch Richard von Cornwallis mißt er den ernsten Willen zu, seinen Pflichten als König in Deutschland nachzukommen, doch die ungünstigen Verhältnisse hinderten ihn daran, wogegen es Alfons hauptsächlich um Italien zu thun war. — Mit dankenswerther Ausführlichkeit sind die für Wilhelm so bedeutsamen flandrischen Erbschaftsstreitigkeiten dargestellt; nicht die gleiche Theilnahme hat K. dem österreichischen Interregnum und der Bildung der přemyslistischen Großmacht im Osten zugewendet, obgleich es an Vorarbeiten nicht gefehlt hätte. — Die Königswahlen, die in die Zeit des Interregnums fallen, sind recht ausführlich behandelt. K. findet schon in der Braun=schweiger Wahl von 1252 die erste Verwirklichung der Theorien des Sachsenspiegels, die Abschließung des Kurfürstenkollegs findet bei der Wahl von 1257 statt; der Versuch der Städte, diese Wahl zu beein=flussen, ist ihm wenigstens nicht entgangen. Viel Neues darf man in der Arbeit nicht suchen; mit K.'s Auffassung der kurialen Politik wird sich nicht Jedermann befreunden, auch die neuere Literatur ist nicht vollständig herangezogen, aber es muß gegenwärtig schon allein als ein Verdienst gelten, wenn sich jemand an die Darstellung der Ge=schichte eines längeren Zeitraumes wagt, statt in Sicherheit vor der bösen Kritik bei der Herausgabe von Quellenschriften dritten und vierten Ranges wohlfeile Lorbern zu suchen. Chroust.

La cour de Rome et l'esprit de réforme avant Luther. Par **Félix Rocquain,** membre de l'Institut. I. La théocratie. Apogée du pouvoir pontifical. **Paris, Thorin et fils. 1893. VIII, 428 S. 10 fr.**

Die kirchliche Revolution, die mit dem Namen Martin Luther's verknüpft ist, stellt sich dem Vf. als das nothwendige Ergebnis eines Jahrhunderte hindurch gegen das Papstthum geführten geistigen Kampfes dar, eines Kampfes, der nach den Äußerungen des Vf. weniger gegen bestimmte kirchliche Lehren, als gegen den Mißbrauch der geistlichen Gewalt des Papstthums gerichtet war. Die von dem Vf. entnommene Darstellung dieser papstfeindlichen Bewegung des Mittel=alters umspannt im vorliegenden Bande die Zeit von der Mitte des 11. Jahrhunderts bis zum Jahre 1216. Ein 2. Band soll die Dar=stellung bis zum Beginne des großen Schismas (1378) führen, ein dritter die kirchlichen Kämpfe des 15. Jahrhunderts bis zum Jahre 1483 behandeln. — Wer in dem 1. Bande etwas mehr sucht, als eine

Geschichte der im 11. und 12. Jahrhundert zwischen Papstthum und Kaiserthum geführten Kämpfe, dem wird das Buch eine Enttäuschung bringen. Neben einer breiten Schilderung der päpstlichen Politik gegenüber den weltlichen Mächten macht der Vf. zwar auch die wechselnde Stellung des Papstthums zur Frage der inneren kirchlichen Reform da und dort zum Gegenstand seiner Betrachtung, keineswegs aber in der Weise, daß der Leser ein lebendiges und anschauliches Bild von den bedeutenden religiösen Kräften und Bewegungen jener Zeit, von dem vom Mönchthum ausgehenden und in die Laienkreise eindringenden kirchlichen Aufschwung, von der Bedeutung der ketzerischen Volksbewegungen erhält, obwohl eine Geschichte der Entwicklung des Esprit de réforme gerade diese Seiten des religiösen Lebens in erster Linie zu berücksichtigen hatte. Eine Vertiefung der Darstellung des Vf. nach der bezeichneten Seite bleibt für die weiteren Theile des Werkes um so mehr zu wünschen, als der vorliegende Band durch die umsichtige Benutzung der Quellen, durch die Schärfe und Selbständigkeit des Urtheils und die anziehende und übersichtliche Darstellung sich vortheilhaft auszeichnet. Eine erhebliche Beeinträchtigung erfährt freilich der Werth des Buches dadurch, daß auch die hervorragendsten deutschen Arbeiten über die Geschichte des Papstthums im Mittelalter seitens des Vf. unbeachtet und ungenutzt geblieben sind.

Herman Haupt.

Hans Georg v. Arnim. Lebensbild eines protestantischen Feldherrn und Staatsmannes aus der Zeit des Dreißigjährigen Krieges. Von Dr. **Georg Irmer**. Mit einem Bildnis Hans Georg's v. Arnim. Leipzig, Verlag von S. Hirzel. 1894. XIV, 398 S.

Auf dem Gebiet der Geschichte des Dreißigjährigen Krieges, auf dem wir in Ranke's Wallenstein ein Muster lebensgeschichtlicher Darstellung besitzen, ist eine der dringendsten, aber auch schwierigsten Aufgaben durch das vorliegende Lebensbild gelöst, trefflich gelöst worden. Die Schwierigkeit liegt zum Theil im Gegenstande selbst. „Grundverschieden in seinem Denken und Handeln von seiner Umgebung, tritt Arnim fast ganz aus dem Rahmen seiner Zeit heraus"; seine tiefgegründete Persönlichkeit ist an sich nicht leicht verständlich. Dazu kommt, daß er seinen Gedanken zwar, dank der Höhe seiner Begabung, überall einen gewissen Einfluß und Geltung hat erzwingen, aber ihnen, ohne den Rückhalt eigener Macht, nirgends eine reine Wirkung verschaffen, ihre Eigenart und Selbständigkeit nicht frei hat entfalten können. Unter solchen Umständen muß für das Verständnis Alles von der Art der Quellen abhangen. Hier aber zeigt sich gerade die Hauptschwierigkeit. Von vornherein haben die mächtigen Parteien, mit denen Arnim hüben wie drüben aneinanderstieß, das Wort in der Weltgeschichte behalten. Und wenn wir jetzt von der getrübten Über- lieferung hinweg uns geltungswürdigeren Zeugnissen zuwenden wollen, werden wir nur allzuoft im Stich gelassen. Indem Irmer seinem Helden gerecht zu werden strebt, muß er „das gänzliche Fehlen eines Briefwechsels Arnim's mit einem Freunde, der sein volles Vertrauen besaß", beklagen. Überhaupt zeigen die Quellen der Lebensgeschichte Arnim's eine große Lückenhaftigkeit, über deren Gründe J. sich im Vorwort ausspricht. Nur zwei Zeiträume, die Jahre 1626—1629 und 1631—1634, machen hierin eine Ausnahme; für sie ist über die öffentliche Thätigkeit Arnim's ein sehr reicher Stoff vorhanden, den J. dann wieder möglichst zusammenzuziehen bemüht ist, zu gunsten einheitlicher Gestaltung des Ganzen, die ihm auch wohl gelungen ist.

Arnim's Geburtsjahr, 1583, hat erst J. festgestellt (S. 2 Anm. 2, S. 365 Anm. 3). Über Jugend, Studien und erste Reisen ist nur wenig zu ermitteln. Fertig tritt Arnim vor uns auf. Man kann vielleicht nicht einmal sagen, daß er in der Schule Gustav Adolf's, bei dem wir ihn zuerst als Söldnerführer (Oberst) treffen, das Kriegs- handwerk gelernt habe. Die Beziehungen zwischen beiden tragen von Anfang an das Gepräge einer gegenseitigen, ziemlich kühlen, Hoch- achtung, wie dieselbe bis zum Schluß bei allem Wechsel der Lage fortbestanden hat. Sehr interessant ist J.'s neue Darstellung der Ge- schichte der schwedisch-brandenburgischen Heirat mit der romantischen Brautfahrt Gustav Adolf's nach Berlin 1620.[1]) Bei Arnim's schwedischen Diensten spielt die Politik noch kaum eine unmittelbare Rolle; be- merkenswerth ist aber, daß er schon damals mit national-schwedischer

---

[1]) Über die Anfänge der Unterhandlung, seit 1615, steht das Wichtigste bei Rommel, Gesch. von Hessen 7, 383 Anm. 334, worauf Hammarstrand (s. Irmer S. 14) sich stützt. Für die Verhandlungen 1619 hat Irmer (S. 21—24) einen wichtigen Bericht Falkenberg's, der jedoch nicht vom 11. August sein kann; wahrscheinlich ist 11. September dafür zu setzen. S. 23 Anm. 2 lies '21./31.' August. 1620 brach der König am 7. Mai von Stockholm auf (s. Styffe, Gustaf Adolfs Skrifter S. 327); nach einem erfolglosen ersten Aufenthalt in Berlin gelang ihm erst am 28. Juni persön- liche Annäherung: 'kurz nach Trinitatis' S. 27 bezieht sich wohl auch auf den 28. Juni, den Sonntag nach Trinitatis alten Stils.

Gegenströmung zu kämpfen gehabt hat: auch dies Verhältnis ist ein stetiges geblieben. Einen eigenthümlichen Zwischenfall bildet Arnim's polnischer Kriegsdienst 1621. Für seine Beurtheilung muß man berücksichtigen, daß es sich lediglich um den Feldzug gegen die Türken, den Erbfeind der Christenheit, gehandelt hat. Offenbar nur für diesen Feldzug hat Arnim mit seinen Brandenburgern sich verpflichtet, wie J. sehr richtig betont. Einer genügenden Erklärung entbehren dagegen, infolge Schweigens der Quellen, die merkwürdigen Rüstungen Arnim's für Mansfeld, Anfang 1623. Bezeugt ist übrigens nur die Absicht, ihm zuzuziehen; nicht, ob sie zu Stande kam. Schwedischer Kriegsdienst trat wieder an die Stelle, bis er im Herbst 1625 für immer abbricht. Hier ist der erste große Wendepunkt in Arnim's Leben.

Unter dem Einfluß der gewaltigen Persönlichkeit Wallenstein's, zu dem wir bald nach jener Zeit die ersten Beziehungen wahrnehmen, erfolgte Arnim's politische Stellungnahme im deutschen Krieg, dessen Bedeutung als Religionskrieg — das muß mit dem größten Nachdruck hervorgehoben werden — er wie so viele andere damals nicht richtig erkannt hat. Er entschied sich gegen Dänemark, das ihm wiederholt seine Dienste anbot, und trat 1627 in Wallenstein's Heer ein. Gegen abfälliges Urtheil über diesen Schritt zu schützen, ist nichts geeigneter, als die Thatsache, daß auch danach noch, und mit ausdrücklicher Versicherung, er brauche darum dem kaiserlichen Dienst nicht zu entsagen, die brandenburgische Regierung an Arnim den Oberbefehl der märkischen Truppen hat übertragen wollen (S. 48). Arnim hat sich auf eine solche Doppelstellung nicht eingelassen, aber er hat die politische Richtung, die er damals einschlug, auch für sein engeres Vaterland zu jener Zeit als die richtige verfochten. Getreuer Brandenburger ist er überhaupt nach seiner, wie nach seines Landes- und Lehnsherrn Ansicht immer geblieben (vgl. S. 109). Die Grundlage seiner politischen Ideen aber war allezeit ein konservativer deutscher Patriotismus. Wo und wie er diesen am besten bethätige, diese Frage mußte sich ihm je nach dem Wechsel der politischen Verhältnisse naturgemäß verschieden beantworten. Daher kam er so oft in die Lage, mit der Partei, der er als Feldherr diente, als Staatsmann nicht mehr übereinzustimmen. Seine Abschiedsgesuche konnten dann oft aus militärischen Gründen nicht so leicht bewilligt werden; zuweilen hat ihre Begründung Erfolg für seine politischen Absichten gehabt.

Von Wallenstein wollte er schon Ende 1627 einmal los (S. 72). Die Gründe sind nicht bekannt; ebensowenig die, die ihn hielten. Als

Wallensteinischer Diplomat war er damals und noch weiter in Ver=
handlungen mit Schweden thätig[1], als kaiserlicher Feldmarschall führte
er 1628 seinen Kampf um Stralsund, 1629 seinen Feldzug in Preußen.
Aber unmittelbar nach seinem Sieg auf der Stuhmer Heide über
Gustav Adolf am 26. Juni 1629 folgte sein Austritt aus dem
kaiserlichen Dienst. Die preußischen Pläne des Wiener Hofes gegen
Kurbrandenburg, vor allem aber das Restitutionsedikt und seine Aus=
führung hatten Arnim über die Ziele der kaiserlichen Politik die
Augen geöffnet (S. 109. 119. 175). Daß J. hier einen Wendepunkt
für Arnim auch insofern ansetzt, als erst jetzt die politische Über=
zeugung Triebfeder und Richtschnur seines Handelns geworden sei,
halte ich für ein unnöthiges Zugeständnis an die alte Auffassung,
deren grundsätzliche Widerlegung ja gerade J.'s Verdienst ist. Sehr
schön spricht sich gerade hier J. über die wichtige Thatsache aus, daß
Arnim auch fortan zur Verwirklichung seiner steten Sehnsucht, „Friede
und Freiheit dem Vaterlande ohne Opferung deutschen Landes wieder
zu erringen", den berufensten Mann in Wallenstein gesehen hat.

Nach der Trennung von ihm vergingen fast zwei Jahre, bis
Arnim in kursächsische Dienste trat. Die politische Lage in Deutsch=
land hatte sich inzwischen gewaltig verändert. In der Grundanschau=
ung Arnim's konnte das freilich keinen Umschwung herbeiführen.
Wohl aber ließ ihn 1631 die Erkenntnis der augenblicklichen Noth=
wendigkeit, die Überzeugung von der dem Evangelium drohenden Ge=
fahr, lebhaft für ein Bündnis der deutschen Protestanten mit Gustav
Adolf eintreten. J. kommt, zum Theil auf Grund neuer Quellen,
zum Ergebnis, daß das Zustandekommen des schwedisch=branden=
burgischen Vertrags vom 21. Juni ebenso in erster Linie Arnim's
Verdienst war, wie ihm hauptsächlich der schwedisch=sächsische Ver=
gleich vom 11. September zu danken ist. Nach der Schlacht bei
Breitenfeld[2] zeigte sich freilich alsbald wieder, wie weit Arnim davon

---

[1] Angeknüpft wurden sie 1627 durch einen nicht mehr vorhandenen
Brief Oxenstierna's an Arnim vom 30. Oktober (Elbing). Auf ihm beruhen
die beiden Schreiben Wallenstein's bei Förster, Wallenstein's Briefe Bd. 1
Nr. 56 und 76. Das erste kann also nicht vom 2. November sein, wie
Förster angibt, Irmer und andere beibehalten; es ist vielmehr (wie auch der
Ort, Frankfurt a. d. O., zeigt) vom 20. oder, wie das unmittelbar an=
schließende zweite Schreiben, vom 21. November.

[2] Für diese stützt sich Irmer, wenn auch nicht ausschließlich, auf die Dar=
stellung von Opitz, die ich leider als mißglückt und verwirrend bezeichnen muß.

entfernt war, in Deutschland jemals schwedische Politik zu treiben.
Nicht eigentlich von Gustav Adolf, der das Entgegenkommen Arnim's
1631 wohl zu schätzen gewußt hat (Briefe vom 16. und 17. Mai 1631)
und ihn sehr gern in seinen Dienst gezogen hätte (Bemühungen
März 1632), ist ihm das verdacht worden, wohl aber von anderen,
Schweden wie Deutschen.

Inmitten der folgenden wechselvollen Ereignisse, auf die hier nicht
näher eingegangen werden·kann, ist es von großem Reiz, zu be=
obachten, wie Arnim Schritt für Schritt mit entgegenstehenden An=
sichten um die Leitung der kursächsischen Politik gerungen hat.　Mit
Hülfe der von J. gegebenen Aufklärungen ließe sich das im einzelnen
zeitlich verfolgen.　Arnim's militärisch=politische Hauptabsicht war von
Anfang an auf Schlesien gerichtet (S. 145. 160. 185); erst im August 1632
drang er völlig damit durch.　Um die Wende des Monats folgten
seine Siege bei Steinau.　Aber alsbald wurden seine schlesischen Pläne
wieder gestört, die politischen durch Meinungsverschiedenheiten mit
Kurfürst Johann Georg, die J. nur nachträglich (S. 282) erwähnt,
die militärischen durch den Umschwung der Lage mit dem Einfall
Holk's (der übrigens S. 192 nach der moralischen Seite hin zu ab=
fällig beurtheilt wird) in Sachsen, wo unter verwickelten, fortwährend
sich ändernden Verhältnissen[1]) die Entscheidung sich vorbereitete.

Sie erfolgte bei Lützen.　Sachsen wurde befreit.　Gustav Adolf
der Befreier aber konnte die politischen Früchte seiner That nicht
ernten.　In dem großen König fiel das gemeinsame Oberhaupt der
Evangelischen hinweg; zwischen schwedischer und sächsischer Politik
kam es zur reinlichen Scheidung.　Damals gewährte Kursachsen Arnim
Raum zu klarer Weiterentwicklung seiner Pläne deutsch=evangelischer
Selbständigkeit; in Franz Albrecht von Lauenburg wurde ihm ein all=
zeit getreuer Genosse von der idealen sogenannten dritten Partei als
Feldmarschall zur Seite gesetzt.　Es ist nun leider nicht möglich,
auf die Verhältnisse, wie sie sich jetzt entwickelten, hier irgendwie ein=
zugehen.　Man weiß, wie die Verhandlungen mit Wallenstein in
jener Zeit ganz in den Vordergrund traten, und welch' großen inneren
und äußeren Antheil Arnim an ihnen hatte.　J. ist durch seine früheren

---

[1]) Über die Ansichten, die Arnim Anfang November in Torgau sich
bildete, vgl. Svenskt Krigshist. Arkiv 2, 636 und 638 (mit der Klage über
seine Abhängigkeit).　Gustav Adolf wünschte zuletzt selbst, daß Arnim, den er
in der letzten Zeit wiederholt seines vollen Vertrauens hat versichern lassen,
in Schlesien bleibe (Irmer S. 196 f.).

Arbeiten und weitere Studien wie kein Anderer auf diesem neuerdings so reich bebauten, so eindringlich umstrittenen Gebiet zu Hause. Man könnte vielleicht finden, daß er über dem Eifer, sich auf ihm zu ergehen, den Standpunkt der einfachen Lebensbeschreibung etwas verläßt. Arnim's kriegerische Thätigkeit (s. S. 211. 216 f. 249 f. 261 f.) tritt vor diesen Dingen zurück, seine schlesische Politik, die zur Konjunktion vom 9. August 1633 führte, wird erst später erörtert (S. 283 f.). Und doch stand für Arnim selbst, den Feldherrn, Staatsmann und Protestanten, Schlesien im Mittelpunkt der Bestrebungen. Nach dem Tode Wallenstein's läßt auch J. das wieder deutlicher hervortreten. Schlesien war der Hauptschauplatz der großen Waffenthaten Arnim's (am 13. Mai 1634 erfocht er den glänzenden Sieg bei Liegnitz), wie der Hauptquell seiner Reibungen mit der schwedischen Partei (s. z. B. S. 290); hier entstand auch die Kluft, die sich zwischen ihn und seinen kurfürstlichen Dienstherrn legte. Sein Verhalten gegenüber dem Prager Frieden und der Aufopferung der evangelischen Schlesier, das bisher gar nicht richtig gewürdigt worden war (vgl. S. 221 Anm. über Grünhagen), wird von J. — sehr zum Vortheil seines Helden — gründlich klargestellt. Arnim, bei seinem zweiten böhmischen Feldzug mit den Friedensplänen des Kurfürsten (S. 305 ff.) ebensowenig wie mit den Kriegsplänen Baner's (S. 298 ff.) in Übereinstimmung, hat am Tage der kursächsisch=kaiserlichen vorläufigen Abmachungen von Pirna (24. November 1634) seinen Herrn schriftlich ersucht, „ihn seiner Wege ziehen zu lassen, da er seine Ehre nicht liederlich in die Schanze schlagen wolle". Es war die selbstlose patriotische Art Arnim's, daß er nun nicht deshalb gleich Alles liegen und stehen ließ; er suchte seinen Einfluß geltend zu machen, so lange noch irgend etwas zu erreichen war, aber der Entschluß zum Rücktritt für den Fall des Friedensschlusses war unerschütterlich. Erst am 29. Juni 1635 wurde die Entlassung, in vollen Gnaden, bewilligt.

Hier ist der Haupteinschnitt in Arnim's späterem Leben. Er war jetzt, abgesehen von einzelnen Aufträgen seines Landesherrn, Diplomat für eigene Rechnung, nur auf sich und die Bedeutung seiner Person gestellt; Vertrauensmann bei den beiden Kurfürsten von Brandenburg und von Sachsen[1]), um die Wette angefeindet von den Kaiser=

---

[1]) Johann Georg hätte ihn jederzeit mit offenen Armen wieder in seinen Dienst aufgenommen. Am Hofe Georg Wilhelm's hatte er mit dem Einfluß Schwarzenberg's zu kämpfen, der ihn ganz und gar nicht verstand (s. S. 345

lichen, deren Verfolgungen er im Januar 1636 mit Noth entging, und
von den Schweden, die ihn im März 1637 zu Hause überfielen und
ihn als Gefangenen nach Stockholm brachten. Nach seiner Flucht,
November 1638, wurden seine Bemühungen nur noch reger, seine
Pläne immer kühner. Sie trugen jetzt vor allem einen offen schweden=
feindlichen Charakter. Trotz der großen Dürftigkeit der Quellen ist
es J. gelungen, die politische Thätigkeit Arnim's sowohl 1635 bis
1637 wie 1639 bis 1641 wenigstens in ihren Grundzügen festzulegen.
Für die ganze Auffassung der noch weniger bearbeiteten späteren
Jahre des großen Krieges sind diese Dinge von nicht zu unter=
schätzender Bedeutung. Der Hauptplan, für den Arnim zwischen
Brandenburg, Kursachsen, Niedersachsen, Dänemark, Preußen, Polen,
Schlesien unermüdlich hin= und her reiste, war ein großes Kriegs=
bündnis zur Vertreibung der Schweden vom Boden des Reichs. Hier=
für hat Arnim schließlich sogar ein ihm angebotenes kaiserliches Heer
führen wollen, unter Vorbehalt freier Religionsübung. Da nahm
ihn der Tod hinweg, zu Dresden am 28. April 1641.

In ein reiches und hochbedeutendes geschichtliches Dasein hat J.
durch sein Buch (mit dem er, in andere Bahnen berufen, von der
Geschichtsforschung Abschied genommen hat) Einheit und überraschende
Klarheit gebracht. Die inneren Zusammenhänge kennen lernen, heißt
zum Verständnis des Lebens gelangen. Auf solchen Wegen vollzieht
sich der Fortschritt der Wissenschaft.   Hermann Diemar.

Die schwedische Armee im Dreißigjährigen Kriege und ihre Abbankung
Von **Theodor Lorentzen**, Dr. phil., Kustos an der Gr. Universitätsbibliothek
zu Heidelberg. Leipzig, Veit & Co. 1894. 216 S.

Der Vf. vorliegender Schrift hatte sich im Anschluß an seine
Dissertation ursprünglich nur die Aufgabe gestellt, einer Anregung
Erdmannsdörffer's zufolge, nachzuweisen, in welche Hände am Ende
des Dreißigjährigen Krieges die 5 Mill. Thaler Kriegsentschädigung
für die Krone Schweden gelangt seien. Beim Studium erweiterte sich
sein Ziel, er suchte sich klar zu machen, wann die Frage der Ent=
schädigung des schwedischen Heeres gesondert von der Kronentschädigung
zuerst in die Erscheinung tritt, wie sie zum wichtigen politischen Faktor

---

u. 361). Der Zutritt Brandenburgs zum Prager Frieden erfolgte g e g e n
E n d e August 1635, vgl. Odhner, Westfal. Fredskongr., Vitterhets-
Akad. 27, 67.

wird, welche Bedeutung dabei die Zusammensetzung des Heeres hat, aus welchen Quellen die Mittel für den Unterhalt der Soldaten flossen und welche Rückwirkung die lange Kriegführung auf die schwedischen Finanzen ausübte. Wir erhalten so gewissermaßen eine Geschichte der finanzpolitischen Bedeutung des Heeres für das Königreich Schweden. Am ergiebigsten sind da die Quellen für die Zeit Gustav Adolf's und die Zeit der Abbankung, welche der Vf., soweit ersichtlich, vollständig herangezogen hat. Man macht sich einen Begriff auch von den ungeheuern wirthschaftlichen Umwälzungen, die der Krieg hervorgerufen hat, wenn man erfährt, daß die jährlichen Unterhaltungskosten für den einzelnen Mann unter Gustav Adolf durchschnittlich 40—50 Thaler betrugen, während sie im Jahre 1648, nach einer Berechnung Oxenstierna's und einer Gegenberechnung der Reichsstände, auf 140—150, also das Dreifache, gestiegen waren.

Was nun die 5 Mill. Thaler betrifft, so weist der Vf., soweit es möglich ist, deren Verwendung im Einzelnen nach. Wir können ihm nur beistimmen: sowie die Verhältnisse damals lagen, ist das deutsche Nationalvermögen durch die Hergabe dieser Summe weniger geschädigt worden, als man bisher annahm; kaum der vierte Theil ist in das Ausland abgeführt, das Übrige haben Deutsche erhalten und für einheimische Zwecke verwendet. Ich füge hinzu, was bedeutet diese Summe jedoch gegenüber den brutalen Erpressungen der ganzen Kriegszeit!

Mit Recht berührt der Vf. schließlich die Kolonisation der verwüsteten deutschen Landestheile durch abgebankte Soldaten. Der gemeine Mann war ein gesuchter, kostbarer Artikel; wenn auch nicht jeder Gemeine, wie die abgebankten Weimaraner, seine 10= bis 12000 Thaler in der Tasche hatte, kleine Kapitalisten waren sie alle. So beherzigten denn auch mehrere Fürsten, wie Würtemberg und Hessen, den wirthschaftlich sehr richtigen Rathschlag Alexander Erskein's, (dessen Nachlaß, im Staatsarchiv zu Hannover, der Vf. ausgiebig benutzt hat), abgebankte Soldaten des schwedischen Heeres anzuwerben und im Lande anzusiedeln: „Hierdurch blieben die Ständ' in etwas Postur und Consideration. Die Reuter würden sich nach und nach einkauffen, bürgerlich niederlassen, das Land populieren und die Ständ' immer geübte Leut' ad militiam et defensionem tüchtig in ihren Landen haben." Für Brandenburg wird sich das Nähere noch feststellen lassen, aber schon die Verfügungen über Besiedelung wüster Güter, die Heranziehung höherer und niederer Offiziere in den brandenburgischen Dienst auf Wartegeld und deren theilweise Anstellung in der Domänenverwaltung, wozu die Einleitung zum 2. Band meiner Protokolle zu vergleichen ist, sind Maßregeln in diesem Sinne.

Ich könnte noch einige andere Punkte aus der Arbeit des Vf. vorführen, so seinen Hinweis auf die verschiedenartige Tendenz, welche den Güterschenkungen der Krone Schweden an die höheren Offiziere zu Grunde lag, von der tiefen staatsmännischen Absicht, die Gustav Adolf damit verfolgte, nämlich der, das auf dem Grundbesitz beruhende System der allgemeinen Heerespflicht auch auf die geworbenen Truppentheile auszudehnen, und durch Güter=Belehnungen die Regiments= Christen und Werbeoffiziere ebenso wie die Generale und Heerführer an die Krone zu ketten, bis auf die wilden Verschleuderungen der Krongüter im bankerotten Staat der Königin Christine, wodurch das Gebäude der schwedischen Militärmonarchie in seinen Grundfesten erschüttert wurde, aber ich bescheide mich im Hinblick auf die Arbeit selbst, welche eine Lücke in der geschichtlichen Literatur befriedigend ausfüllt.

Dem Fleiße des Vf. gegenüber, der bei den zahlreichen Berufs= arbeiten eines Bibliotheksbeamten noch Zeit gefunden hat, sogar archivalische Studienreisen zu unternehmen, unterdrückt der Kritiker gern einzelne Ausstellungen, welche gegen die manchmal ungleichartige Forschung und Darstellung und die etwas zu breite Anlage, namentlich im Abschnitt der westfälischen Friedensverhandlungen, zu erheben wären. Meinardus.

Die Kirchenpolitik Friedrich Wilhelm's, des Großen Kurfürsten. Von **Hugo Landwehr.** Auf Grund archivalischer Quellen. Berlin, E. Hofmann & Co. 1894. XII, 385 S.

Daß dieses aus verschiedenen früher veröffentlichten Einzelstudien erwachsene Buch des bald nach seiner Vollendung verstorbenen Vf. durch den Versuch einer kritischen Revision der bisher vorwaltenden Ansichten über die Kirchenpolitik des Großen Kurfürsten eine nützliche Anregung gegeben hat, ist von der Kritik sofort ziemlich einmüthig anerkannt worden, und auch Ref. kann sich im allgemeinen diesem Urtheil anschließen. Das Bedürfnis einer Revision ergibt sich einerseits daraus, daß allerdings nicht ganz in Abrede zu stellen ist, daß der reformirte Kurfürst Friedrich Wilhelm selbst in seiner Behandlung der kirchlichen Angelegenheiten doch hin und wieder dem konfessionellen Geiste des Jahrhunderts in etwas stärkerem Maße seinen Tribut

entrichtet hat, als man gewöhnlich meint; und andrerseits daraus, daß
die meisten bisherigen Darstellungen, besonders der landeskirchlichen
Politik des Kurfürsten, sich mit einer gewissen einseitigen Parteinahme
auf die Seite des reformirten Bekenntnisses und seiner Anhänger zu
stellen pflegten, während den lutheranischen Elementen ein Minder-
maß von Sympathie zu Theil wurde.

Auf Grund dieser Beobachtung und eines sehr eingehenden
Studiums der gedruckten und vieler ungedruckten Quellen bietet Land-
wehr eine neue Darstellung der Kirchenpolitik Friedrich Wilhelm's,
wobei er indes im Hinblick auf die bekannte Arbeit Max Lehmann's
sich nur mit einem kurzen Anhang über das Verhältnis zur katholischen
Kirche begnügt. Das Buch enthält somit im wesentlichen nur eine
Schilderung der evangelischen Kirchenpolitik, und der Vf. theilt seinen
Stoff zweckmäßig in zwei Haupttheile, in deren erstem er die Reichs-
und auswärtige Politik des Kurfürsten in Bezug auf die kirchliche
Frage, im zweiten seine kirchliche Landespolitik behandelt.

Die alte und neue Forschungen gründlich zusammenfassende Darstellung der kirchlichen Reichspolitik des Kurfürsten entspricht in den
Hauptzügen dem allgemein bekannten Bild, das man sich bisher davon
gemacht hat, und dabei wird es wohl auch im Ganzen sein Bewenden
haben; es war eine tapfere, von großen Gesichtspunkten ausgehende,
auf festen Überzeugungen beruhende evangelische Gesammtpolitik, bei
der freilich das Mühen größer war, als das Gelingen; ihren Höhepunkt erreicht sie da, wo sie, die Grenzen des Reichs überschreitend,
einen europäischen Charakter anzunehmen versucht, in den Verhandlungen mit Cromwell und besonders in denen mit den Niederlanden
im Jahre 1685. Hin und wieder überschätzt der Vf. wohl einigermaßen die von dem Kurfürsten erreichten Wirkungen; daß z. B. auf
das Zustandekommen des wichtigen Art. VII des westfälischen Friedens-
instrumentes, wodurch den Reformirten die rechtliche Gleichstellung zugestanden wurde, neben den energischen Verhandlungen Brandenburgs
auch die vermeintlichen hinter dem Kurfürsten stehenden „15 000 Mann
schlagfertiger Truppen" irgend einen Einfluß geübt haben sollen (S. 50),
ist eine durch nichts zu erweisende Fiktion.

Der eigentliche Schwerpunkt des Buches liegt in den die kirchliche
Landespolitik Friedrich Wilhelm's behandelnden Abschnitten, unter denen
der Natur der Sache nach die auf das Herzogthum Preußen und auf
die Mark Brandenburg bezüglichen die wichtigsten sind; leider hat
für die preußischen Verhältnisse der inzwischen von Breysig heraus-

gegebene 1. Band der ständischen Verhandlungen (Urk. u. Aktenst. XV)
nicht mehr benutzt werden können. Es kann hier nicht ausführlich dar=
gelegt werden, wie der Vf. im Einzelnen den Grundgedanken seiner Arbeit
durchführt, wie er das lutherische Element als das mehrfach mit
Unrecht angegriffene und in begründeten Rechten verletzte nachweist,
wie er streitsüchtige Gehäffigkeit auch bei den reformirten Gegnern
findet und eine gewisse einseitige Parteilichkeit für seine Bekenntnis=
genossen auch bei dem Kurfürsten selbst zu konstatiren sich bemüht.
Das Thatsächliche und zum Theil Neue, was hiefür beigebracht wird,
besonders für die Konflikte in der Mark in den sechziger Jahren,
wird man in den meisten Fällen unbedenklich zu acceptiren haben,
wenn man auch bei manchem geneigt sein wird, es etwas weniger
scharf zu accentuiren und die Gegenrechnung etwas schärfer zu betonen.
Bisweilen schießt der Vf. in seinem Eifer entschieden über das Ziel
hinaus: wenn er den Sinn des sog. ersten Toleranzediktes vom 2. Juni
1662 dahin erläutert, daß das öffentliche „Verdammen, Verketzern" 2c.
der Gegner nur den lutherischen Predigern untersagt wurde, den
reformirten dagegen freigestellt blieb (S. 204), so ist dies jedenfalls
nicht der Sinn des Edikts gewesen und ist auch mit dem Wortlaut
nicht zu vereinigen.

Immerhin aber mag man es als thatsächlich und erwiesen gelten
lassen, daß den Lutheranern in den Landen des großen Kurfürsten
hin und wieder etwas zu nahe getreten wurde, was sie übrigens reich=
lich zurückzahlten; in jenen Zeiten eines überreizten konfessionellen
Empfindens ist das im Grunde sogar leichter begreiflich, als es eine
im völligen Gleichgewicht stehende Toleranz sein würde. Unser Vf.
freilich theilt, wie es scheint, für seine Person selbst bis zu einem
ziemlich hohen Grade jene exklusive Bekenntnisstimmung; sein Buch
trägt als Motto den Spruch Paul Gerhardt's: „Hüte dich ja vor
Synkretisten, denn die suchen das Zeitliche und sind weder Gott noch
Menschen treu"; bei aller ausgesprochenen Achtung vor Toleranz und
Unionsbestrebungen ist er doch im Grunde aller „religiösen Glaubens=
mengerei" sehr abgeneigt und preist die alten Zeiten glücklich, wo
Jedermann noch fest auf seinem bestimmten Bekenntnis stand, wo nicht,
wie heute oft, „Gebildete vor der Frage straucheln, welchem Bekennt=
nis sie denn jetzt eigentlich angehören", und wo „auch der gemeine
Mann genau wußte, welchen Glauben er hatte" (S. 354). Man kann
einen solchen positiv konfessionellen Standpunkt gelten lassen; aber in
einem der Kirchenpolitik des großen Kurfürsten gewidmeten Buche

sollte doch auch noch die Erwägung angestellt werden, ob es denn eine rein zufällige und nur persönliche Sache war, wenn der Gründer des preußischen Staates seiner gemäßigt reformirten Richtung Geltung und Verbreitung im Lande zu verschaffen wünschte und wenn er gegen die strengen Anhänger des lutherischen Bekenntnisses sich in einem scharfen Gegensatz fühlte. Der Vf. durfte der Frage nicht aus dem Wege gehen, ob nicht doch zwischen der kirchlichen Grundstimmung des Kurfürsten und seinem ganzen großen politischen Lebenswerk ein nothwendiger innerer Zusammenhang bestand, ebenso wie zwischen den kirchlichen Anschauungen des orthodoxen Lutherthums und den politischen Tendenzen der altlandständischen Opposition, deren Bekämpfung einen so wichtigen Theil jenes Lebenswerkes bildete. Ein Buch über die Kirchenpolitik des großen Kurfürsten müßte ein klares Verhältnis des Vf. zu dieser Grundfrage und zu den aus ihrer Beantwortung sich ergebenden Konsequenzen aufweisen; das ist hier nicht der Fall. Womit immerhin die Nützlichkeit und relative Verdienstlichkeit der Arbeit nicht in Abrede gestellt werden soll.   B. Erdmannsdörffer.

Lessing. Geschichte seines Lebens und seiner Schriften. Von **Erich Schmidt**. 2. Bandes zweite Abtheilung. Berlin, Weidmann. 1892.

Der vorliegende Band schließt das Werk, von dessen früher erschienenen Theilen an dieser Stelle seiner Zeit (58, 131) Bericht erstattet worden ist, in würdiger Weise ab. Den Eingang bildet eine sorgfältige Darstellung des Fragmentenstreites, der mit rühmenswerther Unparteilichkeit behandelt worden ist. Selbstverständlich ergab sich von hier aus sehr leicht der Übergang zu Nathan dem Weisen; die eingehende Analyse, die dem Drama zu Theil wird, berücksichtigt alle in Betracht kommenden Fragen mit großer Umsicht; und die Klarheit, mit der sich die Charakteristik aufbaut, macht die Lektüre zu einem wirklichen Genuß, so daß gerade dieses Kapitel für den Ref. inhaltlich und formell den Höhepunkt des ganzen Werkes bezeichnet. Bei der Untersuchung der „Erziehung des Menschengeschlechtes", die zusammen mit einer Betrachtung der Freimaurergespräche das folgende Kapitel füllt, hat der Vf. ein umfangreiches Material herbeigezogen und so im Ganzen unzweifelhaft den richtigen Standpunkt zur Beurtheilung des Werkes gewonnen. Seine Absicht, den Gegenstand nach allen Seiten auszuschöpfen, hat den Vf. in diesem Kapitel zuweilen veranlaßt, die Thatsachen etwas zu sehr zusammenzudrängen; kleine Undeutlichkeiten, die dadurch entstehen, werden sich

bei einer zweiten Auflage, die gewiß nicht allzulange auf sich warten
läßt, mit Leichtigkeit beseitigen lassen. Im vorletzten Kapitel sind feine
und einleuchtende Beobachtungen über Lessing's Sprache in übersicht=
licher Anordnung zusammengestellt, während das letzte Lessing's Lebens=
ausgang schildert. Sowohl um der glänzenden Herrschaft über das
Material als um des Scharfblickes in der Auffassung und der Sicher=
heit der Darstellung willen darf das gesammte Werk einen Ehrenplatz
unter unseren deutschen Biographien beanspruchen.

Georg Ellinger.

Briefe Friedrich Leopold's Grafen zu Stolberg und der Seinigen an
Johann Heinrich Voß. Nach den Originalen der Münchener Hof= und Staats=
bibliothek mit Einleitung, Beilagen und Anmerkungen herausgegeben von
Otto Hellinghaus. Münster i. W., Aschendorff. 1891. LV, 524 S. 8 M.

Die Publikation, die wir hier spät zur Anzeige bringen, ver=
dient lebhaften Dank. Von Stolberg's Briefen an Voß (die Briefe
von Voß an Stolberg sind zweifellos vernichtet worden) kannten wir
bisher nur Bruchstücke. Aber erst der Abdruck der ganzen Folge gibt
uns Einblick in die langsame Entfremdung der beiden Männer. In
einer ausführlichen Einleitung weist Hellinghaus nach, aus welchen
Gründen keine dauernde Freundschaft möglich war zwischen dem weichen,
gefühlvollen Grafen, der in sonniger Jugend eine sorgfältige Er=
ziehung genossen hatte, dem Dichten Genuß war, der in treuer Vater=
landsliebe und inniger Religiosität erwuchs, und auf der andern Seite
dem hart=verständigen Abkömmling von Leibeigenen, in dem nach
rauher Kindheit eine weltbürgerliche, der Orthodoxie feindliche Lebens=
auffassung sich ausgebildet hatte und dem unter Müh' und Sorge
selbst die Dichtkunst zur Arbeit wurde. In der That erkennt man
jetzt, da die fast ununterbrochene Reihe von Stolberg's Briefen vor=
liegt, wie früh sich die Trennung vorbereitete, obwohl die alte Herz=
lichkeit immer wieder hervorbrach, doppelt heftig nach jedem Zer=
würfnis, doppelt heftig auch, wenn ein Besuch und mündlicher Aus=
tausch die Mißverständnisse wieder aufklärte, die durch den brieflichen
Verkehr entstanden waren.

Von der leisen Vorbereitung seiner religiösen Bekehrung, die für
den endgültigen Bruch das Entscheidende war, schweigt Stolberg dem
Freunde gegenüber andauernd; aber von vielerlei anderen trennenden
Momenten lesen wir in und zwischen den Zeilen. Bei Stolberg, der
gewöhnlich in höchster poetischer Hitze, eiligst, ohne Reflexion seine

neuen Dichtungen entwarf und ausführte und stets die letzte für die
beste hielt, äußert sich schon 1774, also ganz im Beginn der enthu=
siastischen Jünglingsfreundschaft, unbewußt das Gefühl für das Ge=
quälte in Voßens Oden. Von großen Folgen ist sodann für Friedrich
Leopold der kurze persönliche Umgang mit Goethe gewesen. Man
erkennt es, wenn Stolberg, ebenso wie Voß, sich seit 1775 immer
intensiver in den Homer vertieft, und nun Voß bei eifrigem Studium
und strengen Übersetzermühen stehen bleibt, während bei Stolberg,
ähnlich wie bei dem jungen Goethe, die neu gewonnenen poetischen
Anschauungen gleich das ganze Leben durchdringen. Ernst aber werden
die dichterischen Gegensätze erst, als Friedrich Leopold als Dramatiker
auftritt und damit bei dem kritischen Freunde fast gar keinen Wieder=
hall erweckt. Und als nun Anfang 1786 die erregten Auseinander=
setzungen über Stolberg's erwarteten Bruch mit dem Freimaurer=
orden, als im Herbste desselben Jahres die schwere Krisis wegen
der Ilias=Übersetzung und gegen Ende 1787 die Differenzen über die
Beurtheilung Lavater's und Andres mehr hinzukommen, da sind die
alten herzlichen Töne fast ganz verstummt. Es ist ohne Zweifel ein
Verdienst von der Gräfin Agnes und von Ernestine Voß, daß sich
der Bruch nicht viel früher vollzog. Der Herausgeber hat in den
ausführlichen Anmerkungen hiefür reichliche Beweise gebracht. Daß
er im Ganzen auf Seiten Stolberg's steht, ist ihm nicht zu ver=
argen; ist doch der gräfliche Dichter trotz Allem, was man gegen ihn
auf dem Herzen haben mag, der Sympathischere von beiden, be=
sonders in den Jahren der Jugend. Voß hat nicht erst in seinen
späten Anklageschriften, sondern schon seit den achtziger Jahren, als
Kränklichkeit und Reizbarkeit bei ihm zunahmen, manches ungerechte
Urtheil über den Jugendfreund verbreitet. Dem bietet die Ausgabe
der Briefe ein Gegengewicht.

Textgestaltung und Register zeigen die große Sorgfalt des
Herausgebers; die Anmerkungen freilich sind allzu zahlreich. Hier
hätten gegen 100 Druckseiten gespart werden können.

Zu Text und Erläuterungen seien nur wenige Korrekturen und
Ergänzungen gebracht: 186, 10 ist doch wohl „hille“ zu lesen; 73, 14
hat Bürger ohne Zweifel „Semmelscheibe“ geschrieben. Die frag=
liche „Canossa“ (167, 16) weiß ich auch nicht zu deuten; sollte in der
Handschrift wohl „Lanassa“ stehen? Endlich die „schöne Bäckerin“
(70, 10), die H. nicht nachzuweisen vermag. Das Gedicht erschien zu=
erst 1781 im Februarheft des „Deutschen Museum“, dann als Einzel=

bruck mit folgendem Titel: „Die schöne Bäckerin. Eine Legende. Nebst einer Apologie an den ehrwürdigen Pater S. in M. Der Preis ist 3 Groschen. Dessau, In der Buchhandlung der Gelehrten. 1781." Der Ort M. ist Münster; dort war das Februarheft des „Deutschen Museum" konfiszirt worden, denn die „schöne Bäckerin", die harmlos mit dem Motiv von Ayrer's „Ehrlich Beckin" beginnt, endet als gelungene Satire auf die katholische Geistlichkeit. In beiden Drucken ist das Gedicht unterzeichnet mit „B..r", was kaum anders, als „Bürger" zu deuten ist. Auf ihn paßt sowohl das Gedicht, wie die Apologie. An Blumauer ist nicht zu denken.

Albert Köster.

Karl Friedrich's von Baden brieflicher Verkehr mit Mirabeau und Dupont. Herausgegeben von der Badischen Historischen Kommission. Bearbeitet und eingeleitet durch einen Beitrag zur Vorgeschichte der ersten französischen Revolution und der Physiokratie. Von **Karl Knies**. 2 Bände. Heidelberg, Winter. 1892. CLXII, 284 S.; XVI, 398 S.

Mit dem vorher genannten Werke ist Knies zu der von ihm in den fünfziger Jahren eifrig gepflegten Literaturgeschichte der National= ökonomie zurückgekehrt. Damals folgten rasch aufeinander die Zu= sammenfassung der nationalökonomischen Ansichten Macchiavelli's in einem lehrreichen Aufsatze; die Geschichte der politischen Ökonomie seit Adam Smith in einer Abhandlung, welche noch heute nicht übertroffene Theile enthält; die Schlichtung des Streites der Statistiker und die Aufstellung der Ziele der historischen Nationalökonomie mit ebenso scharfer Logik wie gründlicher Kenntnis der Literatur der politischen Ökonomie. Die Bearbeitung des Briefwechsels zwischen dem Mark= grafen von Baden und französischen Physiokraten läßt ihn ein neues Gebiet der Literaturgeschichte betreten; er erweitert die Quellenkenntnis einer für Nationalökonomie und politische Geschichte wichtigen Zeit, für die seit bald zehn Jahren unter den Nationalökonomen neues Interesse erwacht ist. Es wird bezeugt durch eine Reihe vortrefflicher Arbeiten von A. Oncken, Aufsätze von Bauer, Higgs, Feilbogen, ein Werk von Schelle über Du Pont de Nemours, den Neudruck des Werkes Cantillon's, des „ersten" Vaters Mirabeau's, seitens der Harvard University und eine soeben durch die Economic Asso= ciation veröffentlichte Facsimileausgabe des Tableau Economique.

Das Material des 1. Bandes besteht hauptsächlich aus der Kor= respondenz zwischen dem Markgrafen von Baden mit dem Marquis von Mirabeau und Du Pont aus den Jahren 1769—1787 bezüglich

1771—1806; der 2. Band enthält eine Reihe von Zuschriften Du Pont's
an den Erbprinzen Karl Ludwig von Baden aus den Jahren 1772
bis 1774, denen einige Mittheilungen Baudeau's und ein Briefwechsel
zwischen Turgot und Condorcet über die Reform des Strafverfahrens
einverleibt sind. Der Anhang des 1. Bandes bringt eine von Du Pont
besorgte Abschrift des Turgot'schen Munizipalitätenentwurfs.

Der bedeutende Werth der Veröffentlichung für die National=
ökonomie liegt darin, daß sie über viele Punkte der physiokratischen
Lehre mehr Licht verbreitet oder Zweifel beseitigt, die Kenntnis der
Geschichte der Schule erweitert und manches Neue zur Lebensgeschichte
zweier ihrer hervorragendsten Mitglieder beibringt. Welche Bedeutung
sie für die Kulturgeschichte und die politische Geschichte besitzt, mögen
Berufenere entscheiden. Schelle meinte: Les lettres au margrave
de Bade existent peut-être encore; ce serait un document pré-
cieux à retrouver pour l'histoire du XVIIIᵉ siècle. Seine Er=
wartungen haben sich mehr als erfüllt.

In einer längeren Einleitung gibt K. zunächst eine Darstellung
der französischen Volkswirthschafts= und Finanzpolitik des 17. und
18. Jahrhunderts, aus der die Reformbewegung, von Vauban und
Boisguillebert angefangen, bis auf Mirabeau, Quesnay und deren
Schüler, hervorging; es werden dann die Beziehungen beider Männer
in Ausführungen geschildert, welche die besondere Aufmerksamkeit des
Literarhistorikers verdienen. Der verbreiteten Meinung, Mirabeau
sei, wie er vorher ein Schüler (nach Higgs ein Plagiator) Cantillon's
gewesen, nach seiner Bekanntschaft mit Quesnay dessen Nachbeter ge=
worden, tritt K. mit guten Gründen entgegen. Der bei dem Studium
der Physiokraten auffallende Gegensatz zwischen dem Standpunkte
nüchternster Kapitalintensität und dem andern humanster Begeisterung
für das Wohl der unteren Klassen würde sich nach K. aus der Ver=
schiedenheit des Geistes und des Charakters der beiden Gründer
der physiokratischen Schule erklären. So bildet seine Untersuchung
eine vortreffliche Ergänzung zu dem außerordentlich lehrreichen Auf=
satze von Bauer, welcher bei der Ergründung der Entstehung der
Physiokratie vorzugsweise Quesnay in Betracht zieht. Deren Geschicht=
schreibung ist seit ihnen und Oncken auf dem Wege des Gelingens,
die eine allgemeine Lehre der späteren Zeit weicht vor den Per=
sönlichkeiten und ihren Theorien zurück, die äußere und innere Ent=
wicklung treten kräftiger hervor. Jedoch, es muß hervorgehoben
werden, die Arbeit ist noch lange nicht gethan; der Einschlag der

Ideen ist nicht genügend erforscht. Was Ref. versuchte, bezog sich nur auf die allgemeinen philosophischen Grundlagen. Wir bedauern es, daß K. die Vielseitigkeit und Gründlichkeit seiner Studien nicht in den Dienst dieser Aufgabe hat stellen wollen (vgl. I, S. XXVIII u. CXVIII). Dagegen scheint uns die Übergehung der Besprechung der so oft behandelten droits féodaux und der von Emminghaus lichtvoll dargestellten physiokratischen Versuche in Baden gerechtfertigt zu sein. Möchten uns recht viele ebenso werthvolle Monographien vor dem Erscheinen einer neuen Literaturgeschichte der Nationalökonomie beschieden sein! W. Hasbach.

Das Kurfürstenthum Hannover vom Baseler Frieden bis zur preußischen Okkupation im Jahre 1806. Nach archivalischen und handschriftlichen Quellen von W. v. Hassell. Hannover, Karl Meyer. 1894. 455 S.

Die archivalischen Quellen, welche der Vf. benutzt hat, beschränken sich auf die Akten des Staatsarchivs zu Hannover. Aus diesen hat er Neues namentlich in Bezug auf den Anschluß Hannovers an den Baseler Frieden, sowie auf die erste Okkupation des Kurfürstenthums durch Preußen (1801) beigebracht. Neu ist auch die Darstellung der Phase von der Sulinger Konvention bis zur Artlenburger Kapitulation. Die übrigen Abschnitte des Hassell'schen Werkes wiederholen im Wesentlichen nur Bekanntes.

Für den Zeitraum von 1795 bis 1805 begnügt der Vf. sich auch hinsichtlich der gedruckten Quellen fast ganz mit der Hannover= schen Literatur. Preußische Quellenwerke, wie die für die preußisch= hannoverschen Beziehungen in diesem Jahrzehnte hochwichtige Publi= kation von Bailleu, läßt er völlig unbeachtet!

Die Erzählung der Ereignisse, welche zur Besitznahme Hannovers durch Preußen im Jahre 1806 führten, beruht bei H. nach dessen eigener Angabe vorwiegend auf der Darstellung, welche Ranke davon im 1. Bande der Denkwürdigkeiten Hardenberg's gibt. Was der Vf. aber nicht gesteht, ist, daß er in ausgiebigstem Maße Ranke's Worte in seine Darstellung übernimmt, ohne sie als solche kenntlich zu machen. Ref. hat sich nicht weniger als einige fünfzig derartige Plagiate notirt. Man vergleiche z. B. H. S. 357 f. = R. S. 478 f. 481; H. 360 = R. 489 ff.; H. 361 f. = R. 493 f.; H. 375 = R. 515; H. 385 = R. 531; H. 387 = R. 532 f.; H. 395 = R. 548; H. 396 = R. 549; H. 407 = R. 564 f.; H. 414 = R. 564. 566. 567. 569; H. 415 = R. 569; H. 416 f. = R. 571—575; H. 424 = R. 595

u. f. w. Dasselbe Verfahren beobachtet H. bei der Benutzung anderer Autoren, z. B. Lenthe's, Sichart's, Ompteda's. Namentlich aus letzterem (Überwältigung Hannovers durch die Franzosen) hat der Vf. in weitestem Umfange oft wörtlich abgeschrieben.

Trotzdem ist die H.'sche Arbeit noch am einwandfreiesten, wo sie sich begnügt, der bisherigen Forschung genau zu folgen. Wo der Vf. auf die Quellen selbst zurückgeht, wie z. B. auf die in den Denk= würdigkeiten Hardenberg's mitgetheilten Aktenstücke, erweist seine Dar= stellung sich als unzuverlässig. So behauptet H. (S. 406) unter Bezugnahme auf den Bericht des Grafen Haugwitz vom 26. Dezember 1805, Napoleon habe in Schönbrunn zu diesem geäußert, er sei unwiderruflich entschlossen, Hannover nicht an England zurückzugeben. In einem an Napoleon gerichteten Briefe vom 4. Januar 1806 soll Friedrich Wilhelm III. nach H. gesagt haben, er sehe in der Freund= schaft mit Frankreich „das natürliche System Preußens". Beide an= gezogenen Aktenstücke enthalten auch nicht ein Wort von dem, was der Vf. hineinlegt. Es ist überhaupt eine Spezialität H.'s, daß er in der Weise eines Romanschriftstellers Personen Äußerungen in den Mund legt, die sie nie gemacht haben. Von den Worten, welche u. a. nach S. 184 der hannoversche Kabinetsminister v. Lenthe zu dem russischen Gesandten Woronzow, nach S. 406 f. Graf Haugwitz, nach S. 415 Napoleon zu diesem gesprochen haben soll, weiß keine Quelle etwas. Ebenso wenig findet sich in dem von H. (S. 428) angeführten Briefe Ompteda's der leiseste Anhaltspunkt dafür, daß der Gesandte Bremer gegen das Ansinnen, einen von der preußischen Verwaltung geforderten Revers zu unterschreiben, feierlich protestirt habe. Unrichtig ist es ferner, wenn der Vf. auf S. 417 den Grafen Schulenburg an dem bekannten Staatsrath vom 24. Februar 1806 theilnehmen läßt. Eines groben Verstoßes gegen die geschichtliche Wahrheit macht sich H. auf S. 406 f. schuldig. Er behauptet da, Haugwitz sei der Ansicht gewesen, daß Napoleon sich niemals auf irgend welche Abänderungen des Vertrages von Schönbrunn selbst einlassen würde. Diese Angabe steht jedoch im Widerspruch mit Haugwitz' eigenem Berichte vom 26. Dezember 1805 (Ranke, Hardenberg 5, 236), sowie mit ver= schiedenen Bemerkungen Hardenberg's (daf. 2, 386. 394). Aus diesen erhellt, daß Haugwitz stets dafür gestimmt hat, Friedrich Wilhelm solle den Vertrag nur mit Modifikationen ratifiziren. Unglaublich erscheint, daß H. den bei Hardenberg 5, 262 mitgetheilten Nach= trag zu der Denkschrift des Grafen Haugwitz durch willkürliche

Abänderungen mit der angeblichen Meinung desselben in Einklang zu setzen sucht. Nach H. heißt es in der Denkschrift: „Napoleon bietet uns eine glänzende Erwerbung, durch deren Annahme wir den Krieg vermeiden können, während wir vor drei Monaten fast entschlossen waren, um ihretwillen an dem Kriege theilzunehmen. Deshalb halte ich es für unumgänglich nöthig, den Vertrag, wie er ist, zu ratifiziren, allenfalls mit den nothwendigen Ergänzungen und Einschränkungen, die in einem Memoire explicatif hinzugefügt werden könnten." Den ersten dieser beiden Sätze sucht man in der Denkschrift vergebens! Der zweite lautet dort: „Es folgt hieraus, daß der Traktat vom 15. Dezember mit den in dem (von Haugwitz zugleich mit seinem Bericht vom 26. Dezember 1805) eingereichten Memoire explicatif hinzugefügten Einschränkungen und Ansichten ratifizirt werde." Wie hier, so citirt H. regelmäßig ungenau. Er flicht, wie eben an einem Beispiele gezeigt ist, völlig erfundene Sätze in die Citate ein, er läßt nach Belieben Worte, Satzglieder und ganze Sätze aus, ohne dies auch nur anzudeuten, er verbindet Sätze, die durchaus nicht zusammen= gehören, er ändert Ausdrücke, Satzkonstruktionen ꝛc. in weitestem Umfange ab und umgibt gleichwohl das Ganze mit Anführungszeichen, versichert wohl noch gar ausdrücklich (so auf S. 177), daß er wörtlich citire! Die von H. vorgenommenen Änderungen sind nicht selten tendenziöser Natur, namentlich da, wo seine sichtlich vorhandene Ab= neigung gegen Preußen (vgl. z. B. S. 50, wo dieses mit einem Raubthiere verglichen wird) in Frage kommt. So behauptet der Vf. auf S. 429 unter ausdrücklicher Verweisung auf einen Augenzeugen, Hausmann, mit jedem Tage sei der Widerwille gegen Preußen in Hannover gestiegen, und niemals sei der Geburtstag des rechtmäßigen Königs mit größerer Begeisterung gefeiert worden, wie am 4. Juni 1806. Auch habe in der ganzen Residenz großer Jubel geherrscht, als eine vor dem Fürstenhofe aufgestellte Schildwache in tragikomischer Weise verunglückt sei. Thatsächlich steht bei Hausmann nur, der Geburtstag Georg's III. sei „in Privatzirkeln mit großem Enthusias= mus gefeiert" worden, und die hannoversche Bürgerschaft habe den Unfall der preußischen Schildwache „fast mit Jubel" vernommen.

Nach allem diesen wird man sich schwerlich entschließen können, dem Vf. da, wo er auf Grund archivalischen und handschriftlichen Materials Neues beibringt, unbedingten Glauben zu schenken.

Friedrich Thimme.

General Johann Adolf Freiherr v. Thielmann, ein Charakterbild aus der napoleonischen Zeit. Von **Hermann v. Petersdorff**. Leipzig, Hirzel. 1894. VIII, 352 S.

Auch von dem Helden dieser Biographie kann man wohl sagen, daß sein Charakterbild, von der Parteien Gunst und Haß verwirrt, in der Geschichte schwankt. Thielmann hat, wie unter seinen Mit= streitern, so auch unter den Geschichtschreibern eifrige Vertheidiger und leidenschaftliche, haßerfüllte Gegner gefunden. Nur durch Ver= tiefung der Untersuchung, durch erschöpfende Darstellung der Hand= lungen und ihrer Beweggründe kann hier die Wahrheit ermittelt, kann eine solche Persönlichkeit verstanden und gewürdigt werden. Dieser Aufgabe hat sich der Vf. unterzogen; aus sächsischen und preußischen Archiven und in noch reicherem Maße von den Nachkommen Thiel= mann's hat er ein umfassendes handschriftliches Material zusammen= gebracht, das er in geschickter Weise verwerthet, um ein volles, kräftiges, anziehendes Lebensbild zu gestalten. Er ist keineswegs ein unbedingter Bewunderer seines Helden, sondern zeigt auch dessen mannigfache Schwächen und sittlichen Mängel.

Am besten gelungen ist die Darstellung der Torgauer Ereignisse im Frühjahr 1813. Trotz der Fülle authentischer Mittheilungen aus Akten und Briefen, die dem Leser ein abschließendes, ruhiges Urtheil über die Verhältnisse und den tragischen Ausgang ermöglichen, liest sich dieser Abschnitt wie ein spannender Roman. Leider kann man das Gleiche nicht von der Art sagen, wie Thielmann's verwegene und erfolgreiche Streifzüge im Herbst 1813 erzählt werden. In den vom Vf. gesammelten Papieren konnte er nur wenig darüber finden; umso schärfer hätte er sich in der gedruckten Literatur umsehen müssen, da es sich hier um eine der besten Leistungen Thielmann's handelt, um eine rein militärische, von ihm vollkommen selbständig geleitete und in genialer Weise durchgeführte Unternehmung, bei der er weder durch seine Sucht, sich in politische Verhältnisse zu mischen, noch durch irgend= welche Zerwürfnisse mit Vorgesetzten oder Untergebenen gestört wurde. Vf. bedauert, daß über diesen „Husarenkrieg" so wenig bekannt sei, und verweist auf eine eben erschienene Schrift[1]), die er nicht mehr benutzen konnte. Indessen sind schon lange vorher aus österreichischen und russischen Quellen werthvolle Mittheilungen über diese Streifzüge gedruckt worden, noch bedeutendere hat 1891 Foucart aus französischen

---

[1]) Kardinal v. Widdern, Die Streifcorps im deutschen Befreiungskriege 1813.

Akten gemacht. Da diese Schriften dem Vf. entgangen sind, ist dieser Theil seines Werkes etwas schwach ausgefallen. Inhaltreicher und anschaulicher ist die Darstellung der Thätigkeit Thielmann's im Feldzuge von 1815 und namentlich des Gesechtes bei Wavre am 18. Juni, wo Thielmann, als Befehlshaber des 3. preußischen Armeecorps, die fast doppelt so starke Abtheilung von Grouchy festhielt und dadurch verhinderte, an der Entscheidung bei Belle-Alliance Theil zu nehmen. Nur wäre zu wünschen, daß dem Leser durch eine Übersichtskarte oder durch Skizzen erleichtert würde, dem Gange der Operationen zu folgen.

Paul Goldschmidt.

Binterim und Mooren: Die Erzdiöcese Köln bis zur französischen Staatsumwälzung. Neu bearbeitet von Dr. med. **Albert Mooren**, Geh. Medizinalrath. Bd. 1 XVI, 639 S und 2 XVIII, 654 S. Düsseldorf, L. Voß & Co. 1892 u. 1893.

Diese neue Ausgabe des Hauptwerkes des um die niederrheinische Geschichte hochverdienten Wachtendonker Pfarrers Joseph Hubert Mooren, der 1887 im Alter von 90 Jahren gestorben ist, hat dessen Neffe, der Geh. Medizinalrath Mooren in Düsseldorf, besorgt. Man wird es als einen Akt der Pietät anerkennen, daß der einen Weltruf genießende Augenarzt sich damit auf ein seiner sonstigen Beschäftigung so fern liegendes Arbeitsgebiet begeben hat, und diesem Umstand auch bei der Beurtheilung des Werkes Rechnung tragen. Mancherlei in der neuen Ausgabe muthet uns doch etwas veraltet an; Texte mit unaufgelösten Abkürzungen sind wir heutzutage nicht mehr gewohnt im Druck zu lesen. Und auch die Art, in welcher das urkundliche und sonstige Material zur Erläuterung des liber valoris herangezogen und beurtheilt ist, läßt an vielen Stellen den Mangel einer sicheren methodischen Schulung erkennen. Dieser liber valoris, ein Zehntregister der Kölner Kirche aus dem 14. Jahrhundert, dessen Entdeckung für Binterim und Mooren überhaupt die Veranlassung zu der Herausgabe des fleißigen Werkes wurde, bildet den Grundstock des 1. Bandes. Voraus gehen ihm, wie in der ersten Ausgabe, eine Reihe von einleitenden historischen Abhandlungen, über die Grenzen der Erzdiöcese, die Dekanatseintheilung u. a. Daß der liber valoris eine Steuertabelle der Geistlichkeit für Kreuzzugszwecke gewesen ist, haben auch die ursprünglichen Herausgeber richtig erkannt. Es ist schade, daß für die neue Ausgabe Gottlob's Buch über die Kreuzzugssteuern noch nicht benutzt werden konnte; den allgemeinen Bemerkungen über die

Abfassungszeit des liber etc. würde dies sehr zu Statten gekommen sein. Die geschichtlichen Nachrichten zu den einzelnen Kirchen und Klöstern haben vielfache Ergänzungen erfahren. An den liber valoris an=geschlossen ist ein Kölner Kalendar aus dem 14. Jahrhundert und ein Xantener aus dem 13. Jahrhundert, das auch zahlreiche historische Notizen enthält, ferner ein Verzeichnis der Kirchenkollatoren der Kölner Diöcese aus dem 15. Jahrhundert und ein Atzungs= und Bederegister des Archidiakonats Xanten. Das Ortsregister scheint nur die in dem liber valoris enthaltenen Namen zu berücksichtigen. Dem 2. Band fehlt ein solches vollständig; bei einer Quellenpublikation, die das Werk doch in erster Linie sein soll, ein recht fühlbarer Mangel.

Die wichtigste in dem 2. Bande enthaltene und gegenüber der ersten Auflage neu hinzugekommene Quellenschrift ist das Deskriptions=buch der Erzdiöcese Köln von 1599, dem Kirchen= und Kapellen=verzeichnisse und eine Matrikel des Güterbesitzes der Geistlichkeit aus dem 17. Jahrhundert, ferner eine Zusammenstellung der vom Staat im Anfang dieses Jahrhunderts veranstalteten Güterverkäufe an=geschlossen sind. Der Herausgeber hat die Vorreden zu diesen einzelnen Aktenstücken benutzt, um gelegentlich seinem gepreßten katholischen Herzen Luft zu machen. Wir wollen mit ihm wegen dieses Standpunktes nicht rechten; nur gegen das Zerrbild, das er von Friedrich Wilhelm III. entwirft, müssen wir Einspruch erheben. Bei der Charakterschilderung dieses Königs hätte er sich doch durch das Studium neuerer aus=führlicher Geschichtswerke zu etwas größerer Objektivität emporarbeiten können. Zahlreiche Berichtigungen und Ergänzungen zum 1. Bande beschließen den 2. Band, welcher deren ebenfalls sehr bedürftig ist. Ref. möchte hier nur auf eine auch von anderer Seite oft wieder=holte falsche Behauptung hinweisen (2, 6), daß bereits im 13. Jahr=hundert das westfälische Sauerland ein vollständig entwickeltes Schul=system mit Schulgeld, Schulzwang u. s. w. besessen habe. Die sat=tungen des kusteren unt schulmesteren des Ortes Bigge, angeb=lich von 1270, worauf sich diese Angabe gründet, sind eine offenbare Fälschung; sie stehen übrigens bei Seibertz U. B. nicht 3, 315, sondern 1, 351. Ilgen.

Geschichte der Pfarreien im Gebiete des ehemaligen Stifts Werden a. d. Ruhr. Erster und zweiter Theil. Von Dr. **P. Jacobs.** Düsseldorf, L. Schwann. 1893/94. 544 S.

Das ehemalige Reichsstift Werden ist trotz seiner Kleinheit — es zählte zur Zeit der Säkularisation auf einer Quadratmeile etwa

7000 Einwohner — bemerkenswerth durch das Alter seiner Stiftung, die allgemeine Bedeutung seiner urkundlichen Überlieferung und die feste wirthschaftliche Grundlage, welche ein weit ausgedehnter, einerseits über Westfalen bis nach Ostfriesland, andrerseits bis nach Brabant und den nördlichen Niederlanden reichender Güterbesitz im Verein mit den Gruppen abhängiger Lehen sowie in zahlreichen unter Oberhöfe gestellten Zins-, Pacht- und Behandigungsgütern dem regierenden Abte und dessen Korporation gewährte. Während die äußere Geschichte des Territoriums an die kaiserlichen und päpstlichen Privilegien der tausendjährigen Benediktinerabtei anknüpft und ihre Angelpunkte in der Exemtion gegenüber der Kölnischen Kurie und in den Verhältnissen der Schirmvogtei (in Händen insbesondere der Grafen von der Mark und Herzöge von Cleve, sowie der Brandenburgisch-Preußischen Rechtsnachfolger) hat, fällt die innere Entwicklung desselben wesentlich mit der Gestaltung seines Kirchen- und Pfarrwesens zusammen, basirt auf dem von Erzbischof Willibert von Köln im Jahre 875 umschriebenen Pfarrsprengel und Zehntbezirk. An Stelle der einen Pfarrei Werden (mit den Filialkirchen zu St. Clemens oder zum Borne und zu St. Lucius oder Neukirchen für die südliche, beziehungsweise nördliche Hälfte des Bezirks) traten erst nach der Säkularisation von 1803 und im Zusammenhange mit der Neubildung der Erzdiöcese Köln 1827 drei Pfarreien, Werden, Kettwig und Heisingen. Dementsprechend gliedert sich der Stoff vorliegender Monographie in zwei Haupttheile, von denen der erste die Geschichte des Kirchen- und Pfarrwesens zur Zeit des Stifts, der zweite diejenige der nach der Säkularisation eingerichteten Pfarreien einschließlich der Rektorate Bredeney (jetzt gleichfalls Pfarre) und Dilldorf behandelt. In beiden Theilen sind die einschlägigen kirchlichen und politischen Verhältnisse auf Grund des Quellenmaterials und mit lobenswerthem Fleiße möglichst vollständig berücksichtigt. Insofern bezeichnet die Schrift gegenüber früheren sehr ungenügenden Arbeiten, wie A. Schuncken's „Geschichte der Abtei Werden" (1865) und W. Flügge's „Chronik der Stadt Werden" (1887), einen unleugbaren Fortschritt. Dem zweiten Theile verleihen zudem eine Reihe von Urkunden und Aktenstücken des 12. bis 19. Jahrhunderts im Anhange (S. 409—514) und ein sorgfältiges Orts- und Namensregister zum ganzen Werke erhöhten Werth. Daß die Reformationszeit in wesentlich ungünstiger Beleuchtung erscheint, ist bei dem streng katholisch-konfessionellen Standpunkte des Vf. begreiflich und steht theilweise auch im Zusammenhange mit der einseitigen Beschaffenheit des Quellenmaterials. Doch sind wenigstens die offenbaren Übelstände und Schattenseiten der mittel= alterlichen Entwicklung nicht übersehen. Zum Schluß noch einige sachliche Ausstellungen. Ungenau ist (S. 145), daß Herzog Johann III. von Cleve=Jülich=Berg im Jahre 1532 zwei neue Kirchenordnungen erlassen habe; die erste und hauptsächliche Kirchenordnung dieses Herzogs datirt vielmehr vom 11. Januar 1532, die zweite im Wesent= lichen die erstere erläuternde vom 8. April 1533. Nicht 1544 (S. 146) ist das richtige Jahr des Venloer Vertrags zwischen Kaiser Karl V. und Herzog Wilhelm III. von Cleve=Jülich, sondern 1543 (7. Sept.); demselben folgten am 2. Januar 1544 die ergänzenden Brüsseler Verhandlungen. Daß Konrad von Heresbach, bekanntlich einer der Hauptvertreter der kirchlichen Reformbestrebungen am Düsseldorfer Hofe, 1574 zur katholischen Kirche zurückgekehrt sei (S. 154), ist erwiesener Maßen irrig. Zwischen Kurbrandenburg und Pfalz=Neu= burg wurde nicht, wie es S. 158 heißt, zu Xanten am 10. Mai 1624 ein Vergleich geschlossen, sondern durch die am 11. Mai 1624 zu Düsseldorf vereinbarte Provisional=Theilung gelangte der Xantener Vergleich vom 12. November 1614 zur Ausführung.   x.

Geschichte der französischen Kolonie von Magdeburg. Jubiläumsschrift von Henry Tollin. Bd. 3 Abth. 1B. X, 896 S.; Abth. 1C. VIII, 1327 S. Magdeburg, Faber. 1893. 1894.

Tollin's Buch trägt einen doppelten Charakter. Einmal soll es, und zwar auf Wunsch des Presbyteriums, eine Familiengeschichte bieten; hiebei ergibt sich jedoch, daß eine wahrhafte, geschichtlich zuverlässige Familiengeschichte der Provinzialgemeinde bei der ganz unbändigen Freizügigkeit und dem Taubenschlagcharakter der Kolonie vorläufig unmöglich ist. Sieht man z. B. auf die männliche Ab= stammung, so läßt sich von den ca. 1000—1500 Kolonistenfamilien, die von 1685 bis 1730 in Magdeburg nacheinander als Gemeinde= mitglieder ansässig gewesen sind, nicht eine einzige aufweisen, die ununterbrochen dort ihren Wohnsitz gehabt hätte. Bei dieser Lücken= haftigkeit des Materials hat T. wenigstens den Familiengliedern die Zusammenstellung der Geschichte ihrer Familie soweit möglich zu erleichtern gesucht, indem er Alles bringt, was er zufällig über diese fand, bis auf die Nachkommenschaft „der bisweilen recht gut ver= heirateten Ladenmamsell" (S. VI) herab. Auf der andern Seite gilt ihm die Geschichte der Magdeburger Kolonie bis in das kleinste

Detail als ein Inbegriff und Spiegelbild des gesammten französischen
Refuge in Deutschland. Aus Beidem erklärt sich der Mangel an
einheitlicher Komposition, die Belastung der Darstellung mit einem
übermäßigen Ballast von Einzelheiten, die für den weiteren Leserkreis
nicht das geringste Interesse haben. Wer sich aber durch diese Form=
losigkeit nicht abschrecken läßt, wird doch seine Ausdauer durch manchen
guten Fund belohnt sehen. Im ersten Theile behandelt der Vf. die
Militärs und den Adel; von ersteren ermittelt er im Laufe von zwei
Jahrhunderten 199, deren Verzeichnis er, nach dem Range geordnet,
folgen läßt, darunter einige für die Sittengeschichte nicht uninteressante
Gestalten, wie die des abenteuerlichen „Kaisers von Madagaskar“,
de Langalerie. Auffallenderweise trägt er bei Erwähnung des Haupt=
manns Alexander v. Dohna die Abkunft dieses Geschlechtes von einem
Grafen Aloys von Urpach, einem fränkischen Ritter aus Languedoc
zur Zeit Karl's des Großen, als beglaubigte Thatsache vor, noch
dazu unter Citirung der Kompilation „die Dohnas“, wo das gerade
Gegentheil steht, nämlich der von Räcker geführte Nachweis, daß
diese Genealogie nichts ist als eine Erfindung Paprocky's ... —
Der zweite Theil beschäftigt sich mit dem Fabrikwesen, dem Handel
und dem Handwerk. Wie in allen Ländern, wo die Réfugiés sich
ansiedelten, mit ihrem Auftreten für die Industrie eine neue Epoche
beginnt, so haben sie auch in Preußen 65 neue Gewerbe eingeführt.
Aber es sind fast nur Luxusindustrien, für die das ausgesogene Land
keinen Markt bot, was die Thatsache erklärlich macht, daß sämmtliche
hugenottische Großmanufakturisten von Magdeburg, und zwar bereits
unter König Friedrich I., bankerott gegangen sind. Was die Kolonie
über Wasser hielt, war die ebenfalls von ihr eingeführte Strumpf=
wirkerei, wenngleich damals ein Strumpf für die deutschen Barfüßler,
selbst für die vornehmeren Fußlappenträger, auch ein Luxus war.
Doch auch dieser Erwerbszweig litt bald durch Überproduktion.
Massenhaft gehen daher die armen Hugenotten zu Grunde oder sie
wandern aus, und von den ursprünglich in Magdeburg angesiedelten
Glaubensflüchtlingen ist dort bald nicht ein einziger Name mehr vor=
handen. Das Bild, welches T. zeichnet, ist also um vieles düsterer,
als man es sich gewöhnlich vorstellt, und besondere Beachtung ver=
dient der mehrfach von ihm geführte Nachweis, daß die dem Könige
erstatteten amtlichen Berichte von diesen Nothständen geflissentlich
schweigen, daß dieselben, je näher die Berichterstatter dem Hofe stehen,
um so lieblicher, reicher und angenehmer werden, also durchaus keine
unverdächtige Quelle darstellen. —

Ref. hatte eben die Anzeige von Abtheilung 1 B des 3. Bandes erledigt, als er durch das Eintreffen einer Abtheilung 1 C erschreckt wurde. Schreck ist wohl eine berechtigte Empfindung gegenüber einem unangemeldeten Nachzügler von nicht weniger als 1327 S. Umfang, dafür bringt dieser aber wenigstens die Beruhigung, daß mit ihm das Ganze seinen Abschluß erreicht hat. Der Inhalt gliedert sich in drei Theile mit den nicht eben glücklich gewählten Überschriften: I. Im Tempel (der Gottesdienst, die Kirchenbeamten, die kirchlichen Gebäude); II. Im Presbyterium (La Vénérable Compagnie, die französischen Schulen, Ärzte, Wundärzte und Apotheker, die Kirchenkaste) und III. In der Kirche (das Verhältnis der französischen Gemeinde zu den beiden andern reformirten Gemeinden der Stadt, das zu den anderen Französisch-Reformirten der Provinz Sachsen, sowie zum Consistoire français de Berlin, im deutschen Hugenottenbund, die Magdeburger Réfugiés und die Märtyrer des Désert, im calvinischen Weltbund, Hugenotten und Lutheraner). Im allgemeinen gilt von diesem Schlußbande das Nämliche wie von dem vorhergehenden: systemlos und schwerfällig der Form nach, bietet er inhaltlich doch viel Beachtenswerthes, und namentlich darf dem Vf. das rühmliche Zeugnis nicht versagt werden, daß er hier wie in dem ganzen Werke einen durchaus würdigen, von jeder konfessionellen Voreingenommenheit freien Standpunkt behauptet. Th. Flathe.

Mecklenburgisches Urkundenbuch. Herausgegeben von dem Verein für Mecklenburgische Geschichte und Alterthumskunde. 16. Band. 1366—1370. Schwerin, Bärensprung'sche Buchdruckerei. 1893. 666 S.

Da der Mecklenburgische Landtag von 1892 wiederum einen Beitrag von 2100 Mark jährlich auf fünf Jahre bewilligt hat, so konnte auf eine Weiterführung des Unternehmens, dessen 15. Band im Jahre 1890 erschien, erfreulicherweise Bedacht genommen werden. Der vorliegende 16. Band umfaßt in dem Zeitraum von 1366 bis zum Ende des Jahres 1370 die Nummern 9431 bis 10141. In den Text sind, nach bisheriger Üblichkeit, eine Anzahl Abbildungen von Siegelabdrücken, die sich auf den Urkunden befanden, aufgenommen. Von diesen sind sechs geistliche Siegel (drei des Bischofs Friedrich von Schwerin, eins des Domkapitels zu Güstrow, eins des Klosters Rühn, eins des Priesters Johannes Stolte zu Güstrow), acht Siegel von Landesfürsten der Linien Mecklenburg und Werle, ein Stadtsiegel (Penzlin) und elf Privatsiegel. Am Schlusse des Bandes folgen

Nachträge und Berichtigungen, diesmal in ungewöhnlicher Zahl, was nach der Vorrede sich daraus erklärt, daß ein Mitarbeiter an dem Urkundenwerk, Dr. Techen in Wismar, den Band zwecks Anfertigung des Registers einer sorgfältigen Durchsicht unterzog, die sich sogar auf eine nochmalige Vergleichung sämmtlicher dem Wismar'schen Stadtarchiv entnommener Stücke ausdehnte. Das Register über diesen und die drei vorangehenden Bände wird als Band 17 des Urkundenbuchs zur Ausgabe gelangen.   J. Wiggers.

Die Matrikel der Universität Rostock. 3, 1. Ostern 1611 bis Michaelis 1651. Mit Unterstützung des Großherzogl. Mecklenburg-Schwerinischen Ministeriums und der Ritter- und Landschaft beider Mecklenburg herausgegeben von Dr. **Adolf Hofmeister**, Kustos der Großherzogl. Universitätsbibliothek. Rostock, in Kommission der Stiller'schen Hof- und Universitätsbuchhandlung. 1893. 168 S.

Nachdem der Herausgeber dieses Werkes schon im Jahre 1886 unter gleichem Titel den Anfang, die Jahre 1419—1425 umfassend, als Probe voraufgeschickt hatte, veröffentlichte er von 1889 bis 1891 dessen 1. und 2. Band, letzteren wie den vorliegenden 3. Band in zwei Abtheilungen. Wir haben wiederholt von dieser, auch für angrenzende Theile der Geschichtswissenschaft werthvollen Arbeit in dieser Zeitschrift Kenntnis genommen. Der Schluß dieses 3. Bandes wird für den Herbst 1894 in Aussicht gestellt. Ein dann noch folgender 4. Band soll mit der Vollendung des Werkes ein erst dessen volle Nutzbarkeit ermöglichendes ausführliches Register bringen. Die jetzt erschienene Abtheilung führt das Werk nach den bisher befolgten Grundsätzen um vier Jahrzehnte, in die der Dreißigjährige Krieg fällt, weiter. Unter den Einwirkungen dieses Krieges hatte auch Rostock und seine Universität zeitweise stark zu leiden. Während die Zahl der Immatrikulirten in den vorangehenden Halbjahren über 100 und sogar über 200 betrug, wurden im Winter 1630/31 nur 17 in das Matrikelbuch eingetragen, was in einer Note des derzeitigen Rektors daraus erklärt wird, daß durch die Kriegsleistungen und Verwüstungen ganz Deutschland und besonders Mecklenburg und die angrenzenden Länder erschöpft seien, Rostock eine kaiserliche Besatzung von 3000 Mann habe, die Eltern nicht mehr die Mittel hätten, ihre Söhne auf Universitäten zu erhalten, auch Bedenken trügen, dieselben in die von Kriegern angefüllte Stadt Rostock zu senden. Aber schon im Sommer 1632 hatten diese Verhältnisse sich so sehr geändert,

daß 292 neu angekommene Studenten eingetragen werden konnten.
— Bei der auch in dem vorliegenden Hefte unverkennbar geübten
sorgfältigen Korrektur ist uns nur ein Fehler entgegengetreten: in der
schon erwähnten Note des Rektors zum Winterhalbjahr 1630/31
fordert der Zusammenhang, daß für cum primis gelesen werde
imprimis.   J. Wiggers.

Fontes rerum Austriacarum. Österreichische Geschichtsquellen. Herausgegeben von der Historischen Kommission der kaiserl. Akademie der Wissenschaften in Wien. 2. Abtheilung. Diplomataria et acta. 45. Band 2. Hälfte.
Die Berichte des Baron de Beelen-Bertholff an die Regierung der österreichischen Niederlande in Brüssel 1784—1789. Herausgegeben von Dr. **Hanns**
Schlitter. Wien, in Kommission bei F. Tempsky, Buchhändler der kaiserl.
Akademie der Wissenschaften. 1891. 667 S.

Die österreichische Regierung, welche sich in dem Kriege zwischen
Großbritannien und seinen aufständischen Kolonien in Nordamerika
im allgemeinen neutral verhalten hatte, suchte doch nach Beendigung
dieses Krieges sogleich Handelsbeziehungen mit den Vereinigten
Staaten anzuknüpfen. Eine Folge dieses Bestrebens war die Sendung des Barons de Beelen-Bertholff nach Nordamerika. Derselbe
erstattete, obgleich zunächst nicht in offizieller Eigenschaft in Amerika
weilend, sehr ausführliche und lehrreiche Berichte an die Regierung
der österreichischen Niederlande. Einen praktischen Erfolg hatte die
Sendung Beelen's zwar nicht, besonders deshalb nicht, weil seit dem
Ausbruche der großen Revolution in Frankreich die österreichische
Regierung von Sorgen anderer Art in Anspruch genommen war;
dennoch ist die Veröffentlichung der Berichte Beelen's von großem
Werthe sowohl für die Geschichte des österreichischen Handels, als
auch, wenigstens theilweise, für die innere Geschichte Amerikas. Der
Herausgeber, dem wir u. a. auch eine Geschichte der „Beziehungen
Österreichs zu den Vereinigten Staaten von Amerika" verdanken, hat
den Berichten eine kurze Einleitung, sowie dankenswerthe Anmerkungen,
endlich auch ein Personen- und Ortsregister beigegeben; bei der
großen Mannigfaltigkeit des in den veröffentlichten Schriften Enthaltenen wäre jedoch auch ein Sachregister sehr wünschenswerth.
Mindestens hätte das Inhaltsverzeichnis ausführlicher gestaltet werden
sollen, indem von jedem Berichte, bezw. jeder Berichtsbeilage der Inhalt in Regestenform angegeben wäre. Solche kurze Regesten sind
zwar im Urkundenabdrucke selbst den Berichten Beelen's, aber nur
diesen, nicht auch den viel zahlreicheren Urkundenbeilagen vorangesetzt;

letztere haben mitunter, aber nicht immer, Überschriften in französischer Sprache, die wahrscheinlich von Beelen selbst herrühren. Einen gewissen Ersatz für die sonst fehlende Übersicht bietet allerdings ein nach sachlichen Gesichtspunkten zusammengestellter Auszug aus der Mehrzahl der Berichte Beelen's, verfaßt von dem Grafen Proli, welcher an der Spitze dieser Berichte mit abgedruckt ist.

Tupetz.

Die böhmischen Landtagsverhandlungen und Landtagsbeschlüsse vom Jahre 1526 an bis auf die Neuzeit. Herausgegeben vom kgl. böhmischen Landesarchive. Bd. 7: 1586—1591. Prag, Verlag des kgl böhm. Landesausschusses. Druck von D. Eb. Grégr. 1891. 731 S.

Über die Einrichtung dieses Urkundenwerkes ist bereits anläßlich des Erscheinens der vorausgehenden Bände berichtet worden (vgl. besonders 58, 163 und 62, 557). Der vorliegende Band enthält auch Inhaltsverzeichnisse und Sachregister zu den bereits früher erschienenen Bänden, und zwar für jeden Band gesondert; bezüglich des Sachregisters mag es dahingestellt bleiben, ob nicht die Herstellung eines gemeinsamen Registers für alle sieben Bände vorzuziehen gewesen wäre. Der Inhalt des vorliegenden Bandes gleicht dem seiner unmittelbaren Vorgänger: Berathungen über die Vertheidigung der ungarischen Grenze, über die Abzahlung der kaiserlichen Schulden, über die Beitragsleistung von Eger und Elbogen zu den Landessteuern, dazu Beschwerden des utraquistischen Konsistoriums gegen Städte, welche das Lutherthum begünstigten, endlich auch viele Urkunden von zum Theile sehr privater Natur. Ein interessantes Schriftstück, das man aber in diesem Werke ebenfalls schwerlich suchen würde, ist die Errichtungsurkunde einer Jesuiten-Universität in Komotau durch Georg Popel von Lobkowitz, denselben, welcher bald nachher aus nicht ganz aufgeklärten Gründen ein tragisches Ende fand.

Tupetz.

Johann Leopold von Hay. Ein biographischer Beitrag zur Geschichte der Josephinischen Kirchenpolitik. Von **Wilibald Müller**. Wien, Karl Gräser. 1892. 92 S.

Das Büchlein sucht das Andenken eines halb in Vergessenheit gerathenen Kirchenfürsten der Josephinischen Ära zu erneuern. Von den Familienverhältnissen desselben vermag der Vf. trotz fleißiger Nachforschungen in den Archiven wenig mitzutheilen; bemerkenswerth ist nur, daß zwei Schwestern Hay's mit den Hofräthen Sonnenfels und Birkenstock verheiratet waren. Als Prälat von Nikolsburg spielte Hay eine wichtige Rolle in den Unruhen, welche im mährisch-ungarischen Grenzgebirge durch das ungeschickte Vorgehen jesuitischer Missionäre entstanden waren. Schon damals rieth er im Gegensatze zu der bis dahin in Österreich geltenden Kirchenpolitik zu Maßregeln der Milde, um die Protestanten für den katholischen Glauben zu gewinnen. Als Bischof von Königgrätz erregte Hay Aufsehen durch einen (vom Vf. vollinhaltlich abgedruckten) Hirtenbrief, in welchem er der Geistlichkeit unbedingten Gehorsam gegen das damals erlassene Toleranzpatent Joseph's II. zur Pflicht machte. Der Vf. bespricht das Leben und Wirken Hay's, theilweise gegen Seb. Brunner's Buch über die „Theologische Dienerschaft am Hofe Joseph's II." polemisirend, in durchaus zustimmender Weise, obgleich er zugibt, daß Hay, gleich seinem Vorbilde, Joseph II., mitunter autokratischen Regungen nicht unzugänglich war.   •   Tupetz.

Geschichte der Wiener Journalistik von den Anfängen bis zum Jahre 1848. Ein Beitrag zur deutschen Kulturgeschichte. Von E. V. Zenker. Mit einem bibliographischen Anhang. Wien und Leipzig, Wilhelm Braumüller, k. u. k. Hof- und Universitätsbuchhändler. 1892. XI, 159 S.

Der Vf. hat bereits in der „Österreichisch-ungarischen Revue", Jahrg. 1891, eine „Geschichte des Wiener Zeitungswesens von seinen Anfängen bis zum Jahre 1800" veröffentlicht und legt nun das Ergebnis seiner Studien, der Zeit nach erweitert, auch in Buchform der Öffentlichkeit vor. Die Vorrede hebt mit Recht die Schwierigkeiten hervor, welche das Fehlen gründlicher Vorarbeiten einerseits und die Sprödigkeit des Stoffes andrerseits dem Forscher und Darsteller auf diesem Gebiete bereiten. Wenn daher auch, was der Vf. bietet, wie er selbst bekennt, auf erschöpfende Vollständigkeit nicht Anspruch machen kann, so ist es immerhin als eine schätzenswerthe Erweiterung unserer Kenntnisse von dem älteren Zeitungswesen mit Dank zu begrüßen; besonders gilt dies von dem Anhange, enthaltend: 1. ein chronologisches Verzeichnis der bis zum Jahre 1700 in Wien gedruckten „Relationen und Newen Zeitungen"; 2. ein ebensolches Verzeichnis der in Wien seit dem Beginn des 17. Jahrhunderts erschienenen periodischen Zeitungen. Der eigentliche Text läßt allerdings das Ringen mit der bereits erwähnten Sprödigkeit des Stoffes an vielen Stellen merken, und diesem Umstande ist es wohl zuzuschreiben, daß die Darstellungs-

weise des Vf. journalistischer gehalten ist, als man es sonst an wissen=
schaftlichen Arbeiten gewohnt ist. **Tupetz.**

Geschichte der Wiener Journalistik während des Jahres 1848. Ein Bei=
trag zur deutschen Kulturgeschichte. Von **E. V. Zenker.** Wien und Leipzig,
Wilh. Braumüller, k. u. k. Hof= und Universitätsbuchhändler. 1893. VII, 159 S.

Dieses Werk, eine Fortsetzung des von demselben Vf. herrührenden
Buches über die vormärzliche Journalistik, behandelt dasselbe Material,
welches dem bekannten Buche Helfert's über die „Wiener Journalistik
im Jahre 1848" zu Grunde liegt, aber von einem theilweise anderen
Standpunkte. Im Ganzen stellt es sich als eine Art „Rettung" der
revolutionären Presse des Sturmjahres überhaupt und einzelner
Journalisten wie Häfner insbesondere dar. Daß die Rettung voll=
ständig gelungen wäre, vermöchten wir nicht zu behaupten; ins=
besondere scheint es uns vergebliche Mühe, den indirekten Zusammen=
hang zwischen den Ausschreitungen der radikalen Presse und den
Oktoberereignissen in Abrede stellen zu wollen, wenn auch die direkte
Einwirkung eines bestimmten Zeitungsartikels auf die Mörder Latour's
nicht nachweisbar ist. Die Ausdrucksweise des Vf. ist nicht immer
geschmackvoll; sein Streben, einen höheren Standpunkt zur Beurthei=
lung der Presse des Revolutionsjahres zu gewinnen, bleibt schließlich
in ziemlich banalen Phrasen stecken. **Tupetz.**

Friedrich Graf Deym (geb. 1801, gest. 1853) und die österreichische
Frage in der Paulskirche. Vom Grafen **Franz Xaver Deym,** Regierungs=
rath in Breslau. Leipzig, Breitkopf & Härtel. 1891. VIII, 85 S.

Mit einem Sohne, der in kindlicher Pietät die Geschichte seines
früh verstorbenen Vaters schreibt, ist schwer zu rechten, auch wenn er
die persönliche Bedeutung desselben etwas zu hoch anschlägt, umsomehr,
wenn der Biograph sich mit so liebenswürdiger Bescheidenheit einführt,
wie dies in der Vorrede des vorliegenden Buches geschieht. Es mag
also dahingestellt bleiben, ob Friedrich Graf Deym zu den führenden
Geistern der Paulskirche gehört hat und daher die Erforschung seiner
persönlichen Stellungnahme zu den schwebenden Fragen, insbesondere
zu der österreichischen, so wichtig ist, daß sie verdient, in einem
besonderen Buche dargestellt zu werden. Was die Quellen betrifft,
aus denen der Vf. schöpft, so sind es nur die bereits durch den Druck
veröffentlichten, ja der Vf. gibt sogar selbst zu, daß er nicht einmal
die ganze auf den Gegenstand bezügliche Literatur überblickt. Ihm

kommt es nur darauf an, die aus den Protokollen bekannten Reden, welche sein Vater in der Paulskirche gehalten hat, zu analysiren und mit den sonstigen Vorgängen im Frankfurter Parlament in Beziehung zu setzen, um zu ermitteln, welches jedesmal der Standpunkt seines Vaters gewesen sei. und insbesondere, welche Vorstellung sein Vater von der künftigen Gestaltung des Verhältnisses zwischen Österreich und den übrigen deutschen Staaten sich gebildet hatte. Der Vf. neigt zu der Anschauung, daß diese Vorstellung immer eine und dieselbe war und ziemlich genau dem Zustande entsprach, der sich zwischen dem deutschen Reiche einerseits und der österreichisch-ungarischen Monarchie andrerseits seitdem thatsächlich herausgebildet hat. Beides muß bezweifelt werden. Dem Vf., der im ersten Jubel über die Gründung des deutschen Reiches aus Österreich nach Preußen ausgewandert ist, geschieht es da wohl, daß er seine eigenen Anschauungen in die von ganz anderen Voraussetzungen bestimmte Denkweise seines Vaters hineinträgt. Graf Deym sen. war, wie sein Sohn an einer Stelle selbst ganz richtig bemerkt, im wesentlichen ein Anhänger der Idee vom „engeren" und „weiteren Bunde"; diese Idee aber mit ihren drei Parlamenten, dem deutschen im engeren Sinne, dem österreichisch-ungarischen und endlich dem beiden Staatsgebilden gemeinsamen Parlamente ist denn doch von dem gegenwärtigen Zustande merklich verschieden. **Tupetz.**

Graf Leo Thun-Hohenstein, Franz Exner und Hermann Bonitz. Beiträge zur österreichischen Unterrichtsreform. Von Dr. **S. Frankfurter.** Wien, Alfred Hölder. 1893. VIII, 168 S.

Wir verdanken es der 1893 während des 42. Philologentages stattgefundenen Enthüllung des Thun-Exner-Bonitz-Denkmals in der Wiener Universität, daß Frankfurter unter Benutzung seiner Vorarbeiten zu einem von ihm geplanten Werke „Geschichte und Entwicklung des österreichischen Mittelschulwesens" Leben und Wirken der drei um die Ein- und Durchführung des Organisationsentwurfs von 1849 besonders verdienten Männer in kurzer und doch aufschlußreicher Behandlung zur Darstellung gebracht hat.

Thun's Bildungsgang und seine amtliche Thätigkeit führt F. hauptsächlich auf Grund von Mittheilungen vor, die Frhr. v. Helfert, Thun's ehemaliger Unterstaatssekretär, theils im Österr. Jahrbuch 1891—93 über den Grafen veröffentlicht hat, theils aus seinen noch ungedruckten Aufzeichnungen und persönlichen Erinnerungen dem Vf. hat zukommen lassen.

Für Bonitz konnte F. vornehmlich aus den Nachrufen schöpfen, die ihm seine Wiener Schüler K. Schenkl, W. v. Hartel und Th. Gomperz, und außerdem L. Bellermann in Berlin gewidmet haben. Auch zahlreiche Briefe und ein von Bonitz' Sohn geschriebener und bis zur Berufung seines Vaters nach Wien reichender Lebensabriß standen zur Verfügung.

Am geringfügigsten waren die bisherigen Veröffentlichungen über Exner. Indessen ist über ihn in den Akten des Ministeriums, in handschriftlichen Aufzeichnungen seiner Freunde und in dem Familienarchiv ein ausgiebiges Material vorhanden, durch das sich F. in den Stand gesetzt sah, ein vollständigeres Lebensbild von ihm zu entwerfen.

Es ist ein großes Glück für Österreich gewesen, daß sich in den entscheidenden Momenten seiner Wiederverjüngung 1848/9 Männer an der maßgebenden Stelle zusammenfanden, welche die Befähigung und die Kraft besaßen, den Geist des neuen frischen Lebens, den die Befreiung von dem polizistisch-jesuitischen System Metternich's erweckt hatte, in das Bildungswesen des Kaiserstaates hineinzuleiten und ihm hier eine bleibende Stätte zu bereiten. Thun's gemeinnütziger Idealismus und charaktervolle Festigkeit, unterstützt von Helfert's geschäftsgewandter Hand, Exner's freisinnig-philosophische Weltanschauung, Bonitz' schulmännische Erfahrung und Beider gediegenes Fachwissen wirkten bei der mustergültigen Leistung des Organisationsentwurfes auf das Ersprießlichste zusammen. In die Ausarbeitung haben sich Bonitz und Exner getheilt, so jedoch, daß es ebenso wenig wie bei Goethe's und Schiller's Xenien möglich ist, die geistige Urheberschaft Beider bis in alle Einzelheiten zu verfolgen und zu unterscheiden. Die erste Niederschrift rührt zum größten Theil von Bonitz, zum kleineren — darunter die „Vorbemerkungen" und die überwiegend verwaltungsrechtlichen „Allgemeinen Bestimmungen" — von Exner her. Vorbesprechungen gingen über alle Punkte zwischen Beiden vorher, und ebenso vereinbarten sie untereinander die abschließende Feststellung des Textes vor dessen Vorlage an den Minister. Helfert's Bemerkung, „daß alles Normative von Exner, alles Instruktive von Bonitz herrühre", der F. Werth beimißt, findet doch in der Gesammtdarstellung F.'s keine Bestätigung. Viel treffender sagt F. mit seinen eigenen Worten: „Der ganze Entwurf, wie er vorliegt, muß als das Werk von Exner und Bonitz bezeichnet werden." Exner hatte Bonitz schon 1842 in Berlin kennen gelernt und aus den Unterredungen mit ihm, sowie aus seiner allgemeineren Kenntnisnahme vom Schulwesen in Deutschland und insbesondere in Preußen bei seinen ersten Reformvorschlägen in Österreich nachmals Nutzen gezogen, und als dann Bonitz, von ihm herbeigerufen, Ostern 1849 in Wien eintraf, da gelang in über= raschend schneller Zeit das ganze Reformwerk.   C. Rethwisch.

Die Bauernbefreiung und die Auflösung des grundherrlich=bäuerlichen Verhältnisses in Böhmen, Mähren und Schlesien. — 2 Bände: Erster Theil: Überblick und Entwicklung. — Zweiter Theil: Die Regulirung der guts= herrlich=bäuerlichen Verhältnisse von 1680 bis 1848 nach den Akten. Von **Karl Grünberg**. Leipzig, Duncker & Humblot. 1893.   I, 432 S. und II, 497 S.

Das Werk ist G. F. Knapp zugeeignet und schließt sich in der Art der Anlage sowohl wie in dem Standpunkt der Betrachtungs= weise in allen wesentlichen Punkten seinem Vorbild, dem Knapp'schen Parallelwerk für die preußischen Ostprovinzen, an. Es unterliegt auch wohl keinem Zweifel, daß es für die Beurtheilung der öster= reichischen Bauernbefreiungsgesetzgebung in annähernd ähnlichem Grade grundlegend bleiben wird, wie Knapp's Werk für diejenige der preußischen.   Der Schauplatz der Begebenheiten ist einheitlicher in seiner Gesammtstruktur bei Grünberg als bei Knapp, der Gebiete von so grundverschiedener sozialgeschichtlicher Vergangenheit, wie Schlesien und das deutsche Ordensland, vor sich hatte; deshalb treten manche Züge in der geschilderten Entwicklung in ihrer typischen Gestaltung bei G. eher noch schärfer hervor.   Die Grundlagen aber sind die gleichen.   Wir sehen das Erstehen eines landwirthschaftlichen Groß= betriebes innerhalb der Grundherrschaften, welcher den Bestand der unterthänigen bäuerlichen Wirthschaften bedroht, und finden in der Darstellung G.'s mit überzeugender Deutlichkeit dargelegt, wie der erstarkende absolutistische Staat zunächst lediglich im Interesse des ungeschmälerten Eingangs der Kontribution zu einer Kontrolle der Verschiebungen innerhalb der Grundherrschaften, welche jener Ent= wicklungsprozeß zeitigte, geführt und dann auf der einmal betretenen Bahn weiter gedrängt wurde zu Konsequenzen von steigender Trag= weite: von der Konservirung des Rustikallandes in seiner Qualität als Steuerobjekt, wobei die Frage, in wessen Händen — denen des Gutsherrn oder der Unterthanen — es sich befand, irrelevant schien, zur Konservirung des Gesammtbesitzstandes der bäuerlichen Bevölkerung als der Gesammtheit der Steuersubjekte, wobei die einzelne Person des Bauern noch fungibel blieb, daneben behufs Erhaltung der Steuerkraft der Bauern, zur Ermittelung und Regulirung ihrer Unter=

thanenschuldigkeiten, und endlich erst am Endpunkt der Entwicklung
zu dem Versuch, den einzelnen Bauern in seinem Besitzstande zu
schützen. Und mit der Fortentwicklung der Art und des Maßes des
staatlichen Eingreifens verwandelt sich vor unseren Augen zugleich
der centrale Gesichtspunkt, unter dem dasselbe erfolgt: aus einem
vorwiegend fiskalischen wird er unter Maria Theresia ein überwiegend
populationistischer und gewinnt unter Joseph II. einen radikal-
philanthropischen Charakter; die Überstürzung, welche dieser un-
politische Standpunkt in die Befreiungsgesetzgebung brachte, und der
verfrühte Angriff auf die fundamentalen Lebensbedingungen des
agrarischen Großbetriebes, den die letzten Maßregeln Joseph's II.
unternahmen, führten dazu, daß nach seinem Tode der bis dahin
stetige Fortgang der Agrargesetzgebung mit einem plötzlichen Ruck für
ein halbes Jahrhundert zum Stillstand gebracht und der Abschluß
erst durch die 48er Revolution erzwungen wurde. — Den naheliegenden
Vergleich dieses Hergangs mit dem Verlauf der preußischen Agrargesetzgebung hat auf Grund des G.'schen Werkes inzwischen Knapp
mit der ihm eigenen künstlerischen Formvollendung derart gezogen,
daß es verlorene Mühe wäre, das, was er gesagt hat, hier zu wiederholen. Wenn der Vergleich in socialpolitischer Beziehung nothwendigerweise zu gunsten Österreichs ausfällt, so muß dabei — das möge,
in Anknüpfung an Knapp und G., hier nochmals betont werden —
im Auge behalten werden, daß die Reform sich in Österreich gegen
einen Stand von weniger als 2000 Grundherren richtete, welche ihr
ungeheueres Areal überwiegend durch administrirte Betriebe, also in
derjenigen Form nutzten und nutzen mußten, welche auch rein privat-
wirthschaftlich die wenigst entwicklungsfähige war, während es sich in
Preußen um die Depossedirung einer wohl etwa zehnfach größeren
Zahl von damals sehr lebenskräftigen Eigenwirthen handelte. Noch
1871 zählte Pommern allein ⁵/₄ mal so viel „Gutsbezirke", als Böhmen,
Mähren und Schlesien zusammen „Dominien". Und in welchem
Maße die neuerdings oft in Zweifel gezogene Behauptung, daß der
ostelbische landwirthschaftliche Großbetrieb auf den ungünstigen Sand-
böden des Ostens Träger nicht nur des technischen Fortschrittes,
sondern auch der nationalen deutschen Kultur überhaupt gewesen ist,
zutrifft, ergeben z. B. noch die Zahlen der Volkszählung von 1871
in den nationalgemischten Gebieten Westpreußens. Wenn 1871
Evangelische (= Deutsche) und Katholiken (= Polen) an der Bevölkerung der Landgemeinden und Gutsbezirke der mit besonders

ungünstigem Boden in der Provinz ausgestatteten Kreise Schlochau, Konitz, Tuchel, Neustadt, Putzig folgendermaßen beteiligt waren:

1. Schlochau: Landgem.: Evang. 48,9, Kath. 51,5%
                Güter: „   60,1,   „ 39,9%
2. Konitz und Tuchel: Landgem.: „   15,3,   „ 84,7%
                Güter: „   26,6,   „ 73,4%
3. Neustadt u. Putzig: Landgem.: „   19,5,   „ 80,5%
                Güter: „   30,5,   „ 68,5%

so zeigt dies die Bevorzugung des evangelischen (deutschen) Elementes durch die Güter im Gegensatz zu den polnischen Kleinbauerndörfern.[1]) Die Erhaltung des landwirthschaftlichen Großbetriebes im östlichen Preußen war nicht nur, wie schon — im Gegensatz zu seiner sonstigen Zurückhaltung mit politischen Werthurtheilen, — Knapp hervorhob, politisch nothwendig, sondern sie lag auch im Kulturinteresse: die Rittergüter waren damals noch, was sie heute nicht mehr sein können, die Träger der deutschen Kultur im Osten. Wenigstens im Nordosten: Brandenburg, Pommern, Preußen, Posen. Das Streben nach Erhaltung der Großbetriebe war hier nicht nur begreiflich, sondern auch gerechtfertigt, fehlerhaft und eine verhängnisvolle Konzession an die Interessen des Großgrundbesitzes nur die Aufgabe des Bauernschutzes im entscheidenden Moment. Anders freilich und den österreichischen näher verwandt waren die Verhältnisse der Provinz Schlesien. Die Durchführung der Agrargesetzgebung in Preußisch-Schlesien findet allerdings eine für sie äußerst ungünstige Folie in dem Gang der Entwicklung in Österreich. —

Hat Knapp den mehr sozialpolitisch moralisirenden Standpunkt G.'s durch die Betonung der Bedeutung der rein politischen Gesichtspunkte ergänzt, so bietet uns G. andrerseits — wie auch Knapp selbst hervorhob — sehr erwünschte Ergänzungen für die rechtshistorische Seite der Bauernbefreiung. In der That dürfte hier seine Stärke liegen, und es scheint mir, daß die erste, die rechtliche Struktur der Erbunterthänigkeit darstellende Partie des Buchs, trotz mancher Bedenken im einzelnen, und ohne dem Werth der sorgfältigen aktenmäßigen Darstellung des Vf. zu nahe treten zu wollen, doch die werthvollste und jedenfalls die am meisten originelle ist. Gelegentlich

---

[1]) Ich komme in größerem Zusammenhange demnächst auf diese Zahlen zurück, und es wird dann zu zeigen sein, daß die geschilderten Zahlenverhältnisse auf guter Bodenlage sich fast genau umkehren, und wie die neueste Entwicklung überhaupt sie modifizirt.

möchte die Behandlung des Stoffes hier fast zu ausschließlich rechts=
historisch sein: wir erfahren relativ wenig über die Besiedlungsart
des Landes, und auch die Art der Wirthschaftsführung der großen
Güter kommt, so scheint es mir, etwas kurz fort: die Typen der
„Dreschgütner", „Auenhäusler" ꝛc. sind nicht so eingehend gezeichnet,
wie Mancher angesichts der Bedeutung, die diesen Begriffen auch in
Preußisch=Schlesien zukam, es wünschen wird. Das vorwiegende
Interesse für die rechtshistorische Seite der Sache tritt auch in der
Art der Weiterführung und des Abschlusses der Erzählung des Vf.
hervor. Die Darstellung magert ab, je mehr sie sich der neuesten
Zeit nähert, und schließt mit dem Rechtsakt der Beseitigung des
gutsherrlich=bäuerlichen Verhältnisses durch Erlaß der Patente am
7. September 1848 und 9. März 1849. Die Würdigung des Er=
gebnisses ihrer Durchführung für die Grundbesitzvertheilung und
Arbeitsverfassung des platten Landes, namentlich im Vergleich mit
Preußen oder anderen österreichischen Ländern, hat der Vf. nicht
unternommen. — Allein es wäre undankbar, mit dem Vf. darüber
zu rechten, daß und weshalb er nicht den Bereich seiner Betrachtung
hier und da noch weiter erstreckt hat; wir haben Anlaß, uns dessen
zu erfreuen, was er uns in seinem Werke bieten wollte, und an=
zuerkennen, daß die Ausführung hinter der Absicht zum Mindesten
nicht zurückgeblieben ist.   Max Weber.

An introduction to English economic history and theory. By
W. J. Ashley, M. A. Professor of economic history in Harvard
University. Part I: The middle ages. Second edition. Part II: The
end of the middle ages. London, Longmans, Green & Co. 1892. 1893.
227 bzw. 501 S.

Auch in England ist eine historische Schule in der National=
ökonomie erwachsen, die, unbefriedigt durch die Abstraktionen und
mißtrauisch gegen die absoluten Dogmen der alten „klassischen"
Richtung, sich zur Aufgabe gemacht hat, durch die Erforschung der
wirthschaftlichen und sozialen Entwicklung, deren Produkt unsere
gegenwärtigen Zustände sind, die Wissenschaft neu zu fundiren. Der
Vf. des oben genannten Buches ist einer ihrer hervorragendsten Ver=
treter. Er hat seine wissenschaftliche Laufbahn als fellow am Lin=
coln College in Oxford begonnen, war dann Professor der politischen
Ökonomie an der Universität Toronto (Canada) und hat seit einigen
Jahren den neubegründeten Lehrstuhl für Wirthschaftsgeschichte an

der Harvard-Universität zu Cambridge in Massachusetts eingenommen. Seine Absicht bei dem vorliegenden Werke ist gewesen, ein Lehrbuch zu schreiben, das in der Hauptsache die Forschungen Anderer zusammenfassen sollte; aber die Natur der Vorarbeiten hat ihn, namentlich in dem 2. Bande, mehr und mehr dazu gedrängt, mit eigener Forschung ergänzend und klärend einzutreten. So ist, man kann wohl sagen, ein Muster von Lehrbuch entstanden: eine Zusammenfassung der bisherigen Forschungsergebnisse, geleitet durch didaktische Gesichtspunkte, vertieft durch eigenes gründliches Quellenstudium, ausgezeichnet durch eine, wie es scheint, vollständige Berücksichtigung der Literatur des In- und Auslandes. Die deutschen Forschungen auf dem Gebiete der Wirthschaftsgeschichte sind nicht nur, soweit sie englische Verhältnisse betreffen, herangezogen worden; sie dienen auch häufig dem Bestreben, eine breitere Basis für die Darstellung durch Vergleichung mit kontinentalen Zuständen zu gewinnen, wie denn der Vf. überhaupt von der deutschen Wissenschaft, namentlich von Knies und Schmoller, vielfache Anregung empfangen zu haben scheint.

Auf eine Darlegung des außerordentlich reichen Inhalts können wir uns hier uatürlich nicht einlassen; wir begnügen uns mit einer kurzen Skizzirung der Anlage.

Der 1. Band umfaßt drei, der 2. sechs Kapitel. Das 1. Kapitel behandelt die Grundherrschaft und die Dorfgemeinschaft vom 11. bis zum 14. Jahrhundert, das 2. die Kaufmanns- und Handwerkergilden während derselben Zeit. Der 2. Band enthält die Entwicklung vom 14. bis zum 16. Jahrhundert und beginnt mit einem Kapitel über die Suprematie der Städte und das System der Stadtwirthschaft. Das 2. Kapitel handelt von den Handwerkern zur Blütezeit der Zünfte und von deren Verfall; das 3. greift ein einzelnes Gewerbe, das bedeutendste des alten Englands, die Wollenweberei, heraus und zeigt an dessen Entwicklung den Übergang vom Handwerk zum System der Hausindustrie, wie er sich am Ende der geschilderten Periode vollzog. Hier wie in dem folgenden Kapitel über die agrarische Umwälzung, die durch die massenhafte Zunahme der sog. „Einhegungen" (inclosures) und den damit zusammenhängenden, das Land entvölkernden Übergang zur Weidewirthschaft charakterisirt wird, befindet sich der Vf. auf einem Boden, den er schon früher selbst monographisch bearbeitet hat (The early history of the English Woollen Industry 1887 und ein Artikel in der Economic Review von 1891, 1 über die Auflösung der Dorfgemeinschaft). Eine werth-

10*

volle Darlegung des Armenwesens im Mittelalter und der beginnenden
Armengesetzgebung im Ausgange desselben (Kap. 5) zeigt, daß der
Ursprung des Proletariats weit älter ist, als man in der Regel an=
genommen hat. Den Beschluß des 2. wie des 1. Bandes macht je
ein Kapitel über die ökonomischen Theorien der Zeit, wobei es sich
natürlich in der Hauptsache um die kanonistische Doktrin handelt,
deren relative Berechtigung der Vf. nachweist. In das Schlußkapitel
des 1. Bandes sind außerdem noch Ausführungen über die Gesetz=
gebung aufgenommen worden, die u. E. besser in den früheren
Kapiteln untergebracht worden wären, während das übrige sich leicht
in das Schlußkapitel des 2. Bandes eingefügt hätte. Jedes Kapitel
wird mit einer Literaturübersicht eröffnet, die sich zuweilen, wie im
1. Kapitel des 1. Bandes (über die Grundherrschaft) zu einem kleinen
dogmengeschichtlichen Abriß gestaltet. Es folgen Noten, in denen
das einzelne quellenmäßig belegt wird.

Im großen und ganzen ist in England der Gang der Entwicklung
ein ähnlicher wie in den Kontinentalstaaten: anfangs die Grundherr=
schaft und das Dorf, dann die Stadtgemeinde, endlich größere Terri=
torialkomplexe aus städtischen und ländlichen Gemeinden sind die
Träger des wirthschaftlichen Lebens, das sich auf immer breiterer
Grundlage, in immer größeren politischen Körpern organisirt. Den
Ursprung der Grundherrschaft will der Vf. mit der neueren franzö=
sischen Schule, deren Haupt Fustel de Coulanges ist, und in Über=
einstimmung mit Seebohm nicht aus ursprünglicher markgenossen=
schaftlicher Freiheit, sondern aus einem Zustande tiefer Unfreiheit
der Landbevölkerung ableiten. Auch in England folgt in den Städten
einer Herrschaftsepoche der Kaufmannsgilden eine solche der Zünfte,
um zu Beginn des 16. Jahrhunderts der vordringenden Staats=
gewalt zu weichen; die Ansicht von Rogers, daß bei der Reformation
das Zunftvermögen eingezogen worden sei, wird als ein Irrthum
erwiesen, der auf der Verwechslung des kirchlichen Stiftungsvermögens
mit dem Zunftvermögen überhaupt beruht.

Der Fortsetzung des ausgezeichneten Werkes sehen wir mit Er=
wartung und mit dem besten Vertrauen entgegen.   -tz-.

Die Verfassung der Kirche von England. Von **Felix Makower**,
Dr. jur. Berlin, J. Guttentag. 1894. 560 S.

Wenn bisher unsere Kenntnis der kirchlichen Verfassung von
England recht dürftig und lückenhaft gewesen ist, so ist der Grund

davon eben darin zu suchen, daß es an einer streng systematischen, von juristischen Gesichtspunkten beherrschten Darstellung jener Verfassung gefehlt hat. Wir waren entweder auf englische Arbeiten angewiesen, denen es nicht recht gelang, jene eigenartigen Verhältnisse unserem Verständnisse zu erschließen, oder auf solche deutsche Werke, die in anderem Zusammenhange auch die kirchlichen Verfassungszustände Englands berührten, wie die Arbeiten von Gneist, insbesondere seine Darstellung des englischen Verwaltungsrechts. Um so dankbarer ist es zu begrüßen, daß ein deutscher Gelehrter es unternommen hat, die Verfassung der Kirche von England zum Gegenstande einer wissenschaftlichen Untersuchung zu machen.

Die Darstellung des Vf. zerfällt in fünf Theile. Zuerst (S. 1 bis 164) gibt er eine treffliche Skizze der Geschichte der Kirchenverfassung, in der auch Schottland, Irland, die Kolonien und Nordamerika berücksichtigt werden. Der zweite Abschnitt bringt einen kurzen Überblick über die Quellen des englischen Kirchenrechts (S. 165—182). Hierauf wird (S. 183—203) das Verhältnis der Kirche von England zu anderen christlichen Kirchen (insbesondere zu der Kirche vor der Reformation und zu den anderen christlichen Kirchen der Neuzeit) entwickelt. Der vierte Abschnitt behandelt den geistlichen Stand und die Weihegrade (S. 204—234). Der fünfte Abschnitt endlich, der sich schon durch seinen Umfang (S. 235—481) als der Haupttheil darstellt, schildert die einzelnen Kirchenbehörden, vor allem den König als den Inhaber des kirchlichen Supremats, dann die staatlichen Kirchenverwaltungsbehörden, die Erzbischöfe und Bischöfe, die Kapitel, die geistlichen und kirchlichen Unterbeamten, die Kirchenversammlungen und zuletzt mit berechtigter Ausführlichkeit das eigenthümliche Institut der Kirchengerichte. Ein Anhang (S. 482 bis 550) enthält eine Reihe von interessanten Urkunden und Gesetzen (z. B. die Konstitutionen von Clarendon, die Urkunden betreffend die Unterwerfung Johann's unter die Oberlehensherrlichkeit des Papstes von 1213, die 39 Artikel u. A.), eine wohlgeordnete Übersicht der Literatur und die Regierungsjahre der englischen Könige seit der normannischen Eroberung. Den Schluß bildet ein sorgfältiges Register.

Die Darstellung des Vf. ist durchweg klar und angenehm zu lesen; überall schöpft er aus den Quellen; die englische Literatur ist ihm, soviel wir sehen, vollständig bekannt und vertraut. Vf. hat sich durch seine gründliche und mühevolle Arbeit den Anspruch auf

die Dankbarkeit aller derer erworben, die im Zusammenhange ihrer
geschichtlichen oder theologischen oder juristischen Studien auf die
Verfassung der Kirche von England geführt werden.			R.

The history of early english literature, being the history of
english .poetry from its beginning to the accession of king Alfred.
By **Stopford A. Brooke**. 2 voll. VI, 344 u. 337 S. London, Macmillan. 1892.

Zwei stattliche, vornehm ausgestattete Bände über die Geschichte
der altenglischen, angelsächsischen Dichtung bis zum Jahre 871, ver=
faßt von einem bekannten Theologen, der erst in späterem Lebens=
alter sich als Autodidakt mit der alten Sprache seiner Heimat und
mit der gelehrten Forschung über ihre ältesten Denkmäler vertraut
gemacht hat. Mit der letzteren freilich nur zum Theil und vor=
wiegend indirekt: sein Führer nicht nur, sondern geradezu sein Vermittler für die deutsche Fachliteratur ist der „Grundriß zur Geschichte
der angelsächsischen Literatur" von Prof. R. P. Wülker gewesen, ein
Buch, das allerdings zu fünf Sechsteln aus Büchertiteln und Excerpten
besteht, und der Respekt, mit dem der Rev. Brooke im Vorwort von
dieser geistesöden und formlosen Kompilation redet, erweckt kein
günstiges Vorurtheil. Natürlich kennt B. auch den 1. Band von
ten Brink's „Geschichte der englischen Literatur" (er citirt gelegentlich
die englische Ausgabe), aber er hat das Buch nicht studirt und für
die Gesammtauffassung wie für die Einzelbetrachtung wenig Nutzen
daraus gezogen. Was aber gar seit dem Jahre 1885 (wo Wülker's
„Grundriß" erschien) in Deutschland über die angelsächsische Dichtung
und die lateinische Poesie der Angelsachsen geforscht und publizirt
worden ist, davon scheint der Vf. keine Kunde mehr gewonnen zu
haben: die Bücher von ten Brink und Müllenhoff über den Beowulf
sind ihm ebenso unbekannt geblieben wie der sehr nützliche 3. Band
von' Ebert's „Allgemeiner Literaturgeschichte" und die glänzenden
Arbeiten von L. Traube über Ädelwulf u. s. w. Mit eigener Detail=
arbeit hat der Vf. nirgends eingesetzt, ja er ist, wie allerlei naive
Äußerungen zeigen, in das Wesen und die Methode der philologisch=
historischen Forschung nur wenig eingedrungen. Sein Buch enthält
wohl ein paar anregende Räsonnements, aber keine neuen Ergebnisse
und keine neuen, fördernden Gesichtspunkte, und da es auch den
gegenwärtigen Stand unseres Wissens nicht zuverlässig widergibt,
darf es in Deutschland immerhin ungelesen bleiben.

Ob in England, wo seither noch niemand den Versuch einer zusammenfassenden wissenschaftlichen Darstellung der ältesten Literatur unternommen hat, das vorliegende Werk ein Bedürfnis befriedigt, das zu entscheiden, ist hier nicht der Platz und kommt dem Ref. auch nicht zu. Er will aber gern seinem oben für deutsche Leser formulirten Urtheil noch hinzufügen, daß der Dilettantismus dieses sechzigjährigen, begeisterungswarmen Predigers nichts prätentiöses und herausfordernbes hat, daß er vielmehr gerade da am liebenswürdigsten erscheint, wo eigene Anschauungen zum Ausdruck kommen. Dahin gehört der Versuch, die angelsächsische Poesie enger mit der Natur des Landes und der Eigenart seiner Bewohner verknüpft zu zeigen, das Streben, die Gedichte zur Beleuchtung der alten Kulturverhältnisse zu verwerthen und sogar die mit merkwürdiger Zähigkeit und Einseitigkeit festgehaltene Vorstellung, der Norden Englands sei die Wiege und seine Bewohner seien die fast ausschließlichen Pfleger der nationalen Dichtung. Man merkt da auch wieder, daß — von ten Brink ganz zu schweigen — die auch für die Topographie der Literatur so ergebnisreichen metrischen Untersuchungen von Sievers (1885!) bei Wülker keine Aufnahme mehr gefunden haben. E. Schr.

Geschichte der englischen Literatur. Von Bernhard ten Brink. 2. Band: Bis zur Reformation. Herausgegeben von **Alois Brandl.** Straßburg, Trübner. 1893. XV, 658 S.

Die Vollendung dieses Bandes hat der Vf. nicht mehr erlebt: die zweite Hälfte ist aus seinem Nachlasse von Prof. Brandl zum Drucke hergerichtet und mit einem sehr erwünschten Register für beide Bände ausgestattet worden. Von Brandl, ten Brink's Amtsnachfolger, dürfen wir auch eine Weiterführung des wichtigen Werkes erwarten, und niemand zweifelt, daß, wenn einer, er dazu am ersten berufen ist.

ten Brink selbst hat die Geschichte der englischen Literatur in diesem Bande von Wiclif's Auftreten bis zur Reformation geführt: seine Darstellung schließt mit dem Tode des Grafen v. Surrey, der im Januar 1547, kurz vor dem Ende Heinrich's VIII., auf dem Schaffot starb. Auf keinem Gebiete der mittleren oder neueren Geschichte kann der Historiker des Studiums der Literatur so wenig entraten, wie auf dem der englischen, — und hier findet er einen Führer, der seinesgleichen nicht hat. Schon der 1. Band des Werkes ist ziemlich allgemein als die beste historische Darstellung eines mittel-

alterlichen Schriftthums bezeichnet worden. Man wird aber ohne
Bedenken sagen dürfen, daß dieser zweite, was das Maß der eigenen
gelehrten Arbeit wie die lebensvolle Gruppirung und Vorführung
eines ungemein vielseitigen Materials angeht, seinem Vorgänger noch
beträchtlich überlegen ist. Ich selbst habe bei ten Brink im Sommer
1876 eine Vorlesung über eben den Zeitabschnitt gehört, der diesen
Band umspannt, und kann daher den Umfang und die Intensität der
Forschung, die er seitdem noch dieser Epoche zugewandt hat, am besten
ermessen. Sie erscheint nirgends imponirender als in den Partien,
welche der Geschichte des mittelalterlichen Dramas gewidmet sind,
während in der Form der Darstellung vielleicht die Kapitel über
seinen alten Liebling Chaucer und über die schottischen Dichter
(Barbour, Dunbar, Douglas) noch mehr ansprechen werden. Die sehr
eingehende (fast 200 Seiten lange) Behandlung der Literatur in der
wichtigen Übergangsepoche unter Heinrich VII. und Heinrich VIII.
erscheint der bisherigen Forschung gegenüber vollauf gerechtfertigt
und darf vielleicht auch bei den Lesern dieser Zeitschrift gerade jetzt,
wo eine neue Geschichte Englands unter den Tudor's zu erscheinen
begonnen hat, auf besonderes Interesse rechnen.					E. Schr.

The Law and Custom of the Constitution. By Sir **William R.
Auson,** Bart. D. C. L. of the Inner Temple, Barrister-at-Law, Warden
of All Souls College, Oxford. Part I: Parliament. Second Edition.
Part II: The Crown. Oxford, Clarendon Press. 1892. 2 vol. 375 u.
494 S. 12 sh. 6 d. bezw. 14 sh.

Der Vf., der sich durch ein vielgebrauchtes Buch über die Lehre
vom Vertrage nach englischem Recht einen angesehenen Namen ver=
schafft hat, beabsichtigt einen genauen Überblick über die Normen des
englischen Verfassungs= und Verwaltungsrechts zu geben. Er sieht
es dabei auf eine deutliche Hervorhebung der bestehenden Geschäfts=
praxis der Staatsverwaltung ab und erleichtert das Verständnis durch
unablässige kurze historische Rückblicke und häufiges Herbeiziehen der
jetzt gebräuchlichen Formeln des behördlichen Verkehrs. Von älteren
Darstellungen hat er im 1. Bande besonders auf May's Parliamentary Praxis zurückgegriffen, während ihm für den 2. Band
Alpheus Todd's bekanntes Buch On Parliamentary Government
in England die größte Hülfe gewährte. Für die geschichtlichen Ver=
weisungen hat er sich am engsten an Stubbs angelehnt, doch auch
Hallam und May und einige Parliamentary Reports und Korre=

spondenzen und Reden von Staatsmännern eifrig benutzt. Von
Gneist's monumentalen Werken über das englische Staatsleben hat
Anson leider gar keinen Gebrauch gemacht; und doch hätte er in
ihnen die besten Wegweiser und gründlichsten Vorarbeiten gefunden.
Namentlich die „größte Schwierigkeit", die er hervorhebt, nämlich die
Disposition des Stoffes, wäre ihm durch Benutzung des „Englischen
Verwaltungsrechts der Gegenwart" von Gneist erspart geblieben.

Im 1. Bande bildet die Vertheilung der Staatsgewalt auf die
Krone und beide Häuser des Parlaments (und damit auf den Adel
und die verschiedenen Volksschichten) das Grundprincip der Disposition.
Am ausführlichsten und an erster Stelle behandelt er das Unterhaus
nach den Gesichtspunkten des passiven und aktiven Wahlrechts, des
Wahlmodus und der juristischen Stellung der Gewählten. Dann
folgt die Zusammensetzung des Oberhauses, die Geschäftspraxis des
Gesammtparlaments, der Antheil der Krone und eine Übersicht über
die bisherigen Lösungen der Konflikte zwischen den verschiedenen
Faktoren der Gesetzgebung. Ein Schlußkapitel, in dem die parlamentarischen Kontrollen der Verwaltung dargelegt werden, hat den
irreführenden Titel: The High Court of Parliament, obwohl gerade
die Appellate jurisdiction des Komitees der Lords von diesem
Kapitel ausgeschlossen und auf den 2. Band verwiesen wird.

Die Stärke von A.'s Ausführungen liegt in der unparteiischen
Auffassung der heutzutage üblichen Praxis; besonders sorgfältig zeigt
er darauf, wie im englischen Staatsleben zufällige Formalitäten und
selbst die stillschweigende Konvention der maßgebenden Kreise vor
dem Wortlaut der Gesetze den Vorzug haben. Daß seit 1867 eine
neue Epoche der parlamentarischen Regierung heraufgekommen ist, in
der die juristischen Schnörkel und veralteten Bestimmungen einst heil-
samer Gesetze mit spielender Leichtigkeit beseitigt und rationelle von
Interessenten reiflich erwogene Gesetzgebungsakte ohne Schwierigkeit
alle Stadien der Verhandlung passiren, ist A.'s freudige Überzeugung:
er glaubt an die Weisheit und Gerechtigkeit der öffentlichen Meinung,
die im Kampfe der Parteien in England allerdings die letzte Instanz
ist. Von seinem Standpunkte aus legt er (in der neuen Auflage)
die Regel nieder, daß die Krone auch ohne den Rath der Minister
das Parlament auflösen darf, wenn es fraglich scheint, ob die je-
weilige Politik des Kabinets und der Kammermehrheit der opinion of
the country entspricht. Ebenso kann das Oberhaus nach A. durch
Ablehnung einer wichtigen Gesetzvorlage das Kabinet zwingen, eine

Parlamentsauflösung und Neuwahlen herbeizuführen. Fällt die Ent=
scheidung der Wähler für das verworfene Gesetz aus, so müssen die
Lords sich fügen und ihren Widerspruch aufgeben. Bei Gesetzen, die
nicht von vitaler Bedeutung sind (nehmen wir die Deceased Wife's
Sister Bill zum Beispiel) hat das Oberhaus freie Hand.

· Dagegen sind die historischen Rückblicke meist oberflächlich und
unzuverlässig. Es sind besonders zwei Klippen, an denen der mit
den Antiquitäten des englischen Verfassungslebens nicht vertraute
Autor gescheitert ist. Erstens fällt er in den so häufigen Fehler
vager Generalisationen, die weit über die Angaben der von ihm
benutzten Autoritäten hinausschießen. So z. B. in dem Satze: That
representation is a condition precedent to taxation, and that
the law is the same for all freemen may be regarded as the
cardinal principles of the (Great) Charter (S. 15). Der zweite
Fehler beruht darauf, daß Autoritäten auch als Beleg für Meinungen
gelten sollen, die sie selbst nur ganz hypothetisch hingestellt, gelegent=
lich erwähnt und unerwiesen gelassen haben. Stubbs bringt als
einen der möglichen Gründe, weshalb so viele Städte sich der Be=
rufung zum Parlament zu entziehen suchten, den Wunsch der kleineren
Städte, dadurch der höheren Steuerstufe, die von den Bürgern
bewilligt wurde, zu entgehen und lieber mit den Grafschaften die
kleinere Quote zu zahlen. Dieses supponirte Motiv erscheint in der
Wiedergabe bei A. als das Faktum, daß die Stadt, die Vertreter
sandte, ein Zehntel, die unvertretene nur ein Fünfzehntel zu steuern
hatte. Das ist natürlich leicht als positiv falsch zu erweisen. — Um
noch ein erheblicheres Beispiel zu bringen, setze ich ein Diktum A.'s
und ein den wahren Sachverhalt erhellendes Aktenstück hierher. A.
behauptet: „Die Petitionen der Gemeinen gingen der Geldbewilligung
voran, und die Gewährung des Geldes mochte wohl von den Ant=
worten abhängen, die die Gemeinen auf ihre Petitionen erhalten
haben." Dieser nur ganz entfernt an einen Satz bei Stubbs an=
klingenden Behauptung braucht man nur einen freilich auch von
Stubbs übersehenen Passus aus den Protokollen des Parlaments
von 1402 entgegenzuhalten: „Die Gemeinen baten unsern Herrn
König, daß zur größeren Bequemlichkeit und Annehmlichkeit der
genannten Gemeinen es unserm Herrn König gefallen möge, selbigen
Gemeinen zu gestatten, daß sie von den Antworten auf ihre gemein=
samen Petitionen Kenntnis erhalten dürfen, bevor sie eine Geld=
bewilligung machen. Darauf wurde ihnen (nach Berathung mit dem

Oberhause) „. . geantwortet, daß es niemals die Geschäftsweise noch in irgend einer Zeit seiner Vorgänger und Vorfahren in Gebrauch gewesen sei, daß sie eine Antwort auf ihre Petitionen oder Keuntnis davon erhielten, bevor sie alle ihre anderen Parlamentsgeschäfte gethan und erledigt hatten, sei es Geldbewilligung oder anders. Der König wollte keinerlei Veränderung der guten Gewohnheiten und Gebräuche der alten Zeit." (Rolls of Parliament 3, 458.) Wer aus Ranke's Darstellung weiß, wie der ganze Charakter der kastilischen Cortes durch die Vorwegnahme der Bewilligungen im 16. Jahr-hundert geändert wurde, sieht leicht die fundamentale Differenz zwischen A.'s Auffassung und der geschichtlichen Wirklichkeit.

Im 2. Bande werden in zehn Kapiteln die Verwaltung und Rechtspflege dargelegt und in den einzelnen Abtheilungen immer wieder auf die Vergangenheit bis zu den angelsächsischen Analogien zurückgegriffen. A. geht auch auf die indische und Kolonialverfassungen, auf die schottische, irische und die überseeischen Kirchen des englischen Weltreiches ein. Bei der Fülle des Stoffes muß er sich aber mit Andeutungen über den inneren Geschäftsgang begnügen, der bei Gneist ausführlich dargelegt ist. Die Disposition nach Beziehungen der Krone zu anderen Faktoren ist nicht glücklich. Sie nöthigt zu Wiederholungen z. B. über das Privy Council und bringt die ganze Polizei und Lokalverwaltung Englands einschließlich des Ministeriums des Innern in das (7.) Kapitel von den Dominions and Dependencies of the Crown statt in das 4. von den Depart-ments of Government and the Ministers of the Crown. An eingehender Genauigkeit und realistischer Anschaulichkeit ist A.'s 2. Band mit Gneist's Englischem Verwaltungsrechte der Gegenwart nicht entfernt zu vergleichen. Vielleicht entschließt sich A. für eine neue Auflage zu einer sorgfältigen Benutzung oder Umarbeitung des deutschen Standard work.   L. Riess.

Memoranda de Parliamento. Records of the Parliament holden at Westminster on the twenty-eighth day of February, in the thirty-third year of the reign of King Edward the First. (A. D. 1305.) Edited by Frederic William **Maitland.** (Rolls Series.) London 1893. CXXI, 373 S.

Der durch seine gediegenen rechtshistorischen Forschungen wohl-bekannte Herausgeber hat den Kanzleigebräuchen der Plantagenet'schen Periode schon in einer lehrreichen Abhandlung über das Registrum

Brevium (im 4. Bande der Harvard Law Review) besondere Auf=
merksamkeit geschenkt. Diesmal bietet er uns das von ihm entdeckte
Protokoll des Parlaments von 1305 mit vielen zur Erläuterung
nothwendigen Aktenstücken, die er aus den überreichen Schätzen des
Public Record Office mit rastlosem Fleiße hervorgezogen hat. In
dieser seit Palgrave's Tagen in England selten gewordenen Vereinigung
schwer zu erreichenden zusammengehörigen Materials liegt der Schwer=
punkt der Edition. Der größte Theil des im Mittelpunkte stehenden
Rotulus Parliamenti war schon aus dem Auszuge in dem, wie
Maitland wahrscheinlich macht, im ersten Drittel des 14. Jahrhunderts
entstandenen sog. Vetus Codex bekannt; aber durch die neue Publi=
kation wird uns die Geschäftsführung in einem der ältesten Parla=
mente zum ersten Mal urkundlich genau zur Anschauung gebracht.
In der ausführlichen Einleitung legt M. die verfassungsgeschichtlichen
Hauptresultate seiner eingehenden Beschäftigung mit diesem uns am
genauesten bekannten Parlamente Eduard's I. nieder. M. ist den
großen Autoritäten von Hardy, Palgrave, Gneist und Stubbs gegen=
über sehr zurückhaltend mit seinem Urtheil. Um so erfreulicher war
es mir zu sehen, wie nahe er sich mit meinen vor zehn Jahren ver=
öffentlichten und später auch in der Histor. Zeitschrift[1]) explizirten
Anschauungen berührt, die er freilich nur aus Gneist's polemischen
Bemerkungen dagegen zu kennen scheint. Nicht nur, daß der König
von diesem Parlament keine Geldbewilligung verlangte oder erhielt,
was ja nach der früheren Ansicht der selbstverständliche Zweck jeder
Berufung der Commons war. M. bezeichnet ausdrücklich als one
of the duties jedes Vertreters eines Wahlbezirkes: he brings in,
and, it may be, urges by oral argument the petitions of that
community which has sent him to the parliament (S. LXXIII).
Fast genau so heißt es in meinem meine früheren Resultate kurz
referirenden Aufsatze, „daß sie die Beschwerden der einzelnen Gemeinde=
genossen sowohl wie ihres Verbandes vor den König und seinen
Rath bringen sollten, daß sie dort auf Verlangen weitere Auskunft
gaben und den Bescheid mit nach Hause nahmen." Ebenso konnte
die Verwendung der Abgeordneten für administrative Geschäfte der
Provinzialverwaltung, auf die ich eingehend aufmerksam gemacht
hatte, dem Erforscher der auf dieses eine Parlament bezüglichen
Urkunden nicht verborgen bleiben: Then, again, there are many
appointments to be made; for example, it is the fashion at

---

[1]) 60, 1—33.

this time to entrust a share in the work of delivering the
county gaol to some knight of the county, very often to one
of the knights who is representing or has represented that
county at a parliament. Für elf Abgeordnete dieſes Parlaments
läßt ſich dieſe eigenthümliche Verwendung aus der Liſte noch nach=
weiſen.

Im Anhange gibt M. die wichtigſten auf die Verwaltung der
Gascogne und Aquitaniens bezüglichen Petitionen, die Verhandlungen
Eduard's I. mit dem Vertreter ſeines Schwiegerſohns, des Herzogs
von Brabant, zur Abzahlung ſeiner Schuld und eine genaue Be=
ſchreibung des Vetus Codex. Eine klaſſifizirte Überſicht der erledigten
487 Petitionen ſowie ein Perſonen= und Sachverzeichnis ſind an=
gehängt.   Ludwig Riess.

Warwick the Kingmaker. By **Charles W. Oman.** (English Men
of Action.) London, Macmillan & Co. 1891. 243 S.

Der in der Poeſie oft als Typus behandelte Verräther der
Yorkiſtiſchen Sache hat in dem verdienten Autor von Art of War
in the Middle Ages endlich einen kompetenten Biographen gefunden.
Das Hauptergebnis der populären Darſtellung iſt, daß Warwick's
Thätigkeit bis 1468 von der gewaltſamen Periode ſeiner letzten
drei Lebensjahre grundverſchieden iſt. Seine bedenklichſten Thaten
werden mit ſeiner Erbitterung über die rückſichtsloſe Politik
Eduard's IV. und mit der Rivalität der Neville=Familie gegen die
mit Eduard's Gemahlin verwandten Rivers erklärt. Den angeblich
einer Dame des Hauſes Neville vom Könige angethanen Schimpf
und den vergeblichen Wunſch Warwick's, ſeine eigene Tochter an den
König zu vermählen, ſchiebt Oman mit Recht bei Seite. Eine Über=
ſicht der den Nevilles zufallenden Manors auf einer nach den Escheat
Rolls gearbeiteten Karte wäre eine ſchöne Beigabe zu Kapitel 2 und
3 im Falle einer neuen Auflage.   L. Riess.

Notizen und Nachrichten.

Die Herren Verfasser ersuchen wir, Sonderabzüge ihrer in Zeitschriften erschienenen Aufsätze, welche sie an dieser Stelle berücksichtigt wünschen, uns freundlichst einzusenden.

Die Redaktion.

Allgemeines.

Von den Jastrow'schen Jahresberichten der Geschichtswissenschaft ist der 16. Jahrgang, 1893, erschienen (Berlin, Gaertner. 1895. 141. 455. 508. 301 S. 30 M.). Wir brauchen nicht zu wiederholen, wie willkommen das pünktliche und schnelle Erscheinen dieser Publikation ist. — Neu hinzugekommen ist diesmal ein besonderer Bericht über chinesische Geschichtsliteratur. So erwünscht die gebotene Übersicht sein mag, so scheinen uns durch die Einfügung dieses Berichts die dem Unternehmen naturgemäß gesteckten Grenzen ebenso überschritten, wie durch die eines besonderen Abschnitts über südrussische Geschichtsforschung. Schon jetzt sind die Bände der Jahresberichte zu sehr großem Umfange angeschwollen, und der gegenwärtig vorliegende Band wäre noch bedeutend stärker geworden, wenn nicht mehrere wichtige und umfangreiche Abschnitte ganz fehlten und für den folgenden Jahrgang reservirt wären (für's Alterthum Ägypter und Griechen; für den Abschnitt Deutschland der schon seit Jahren schmerzlich vermißte Abschnitt über die neueste Zeit seit 1815, sowie die Abschnitte über Verfassung und Gesammtgeschichte; für's Ausland der allgemeine Abschnitt über Italien, England bis 1485, Dänemark seit 1523, Südslawen, Neugriechenland seit 1453, Japan, Afrika, Mittel= und Südamerika; endlich die Abschnitte über Geschichtsphilosophie und über Diplomatik). Wir halten aus rein räumlichen Rücksichten für geboten, daß besondere territorialgeschichtliche Abschnitte nur für Deutschland gegeben werden, die übrigen

europäischen Länder dagegen eine Gesammtbehandlung erfahren und die
außereuropäischen, soweit sie nicht für die allgemeine Geschichte in Betracht
kommen, überhaupt unberücksichtigt bleiben. Fleiß und Sorgfalt der
Behandlung sind, soweit eine flüchtige Durchsicht ein Urtheil erlaubt, dieselben geblieben wie in den früheren Bänden.

Von dem neu gebildeten Verein für österreichische Volkskunde ist kürzlich das 1. Heft einer eigenen Monatsschrift unter dem Titel: Zeitschrift
für österreichische Volkskunde, redigirt von Mich. Haberlandt,
herausgegeben (Umfang des Monatsheftes ca. 2 Druckbogen 4°; Preis
jährlich 4 fl. 80 kr.: Verlag von Tempsky in Prag und Wien). Den Inhalt des 1. Heftes bilden I. Abhandlungen: Zum Beginn von M. Haberlandt. — Das Volksmäßige und die Gegenwart von Al. Riegl. — Zur
österreichischen Sagengeschichte von R. v. Kralik. II. Kleine Mittheilungen
(auch mit Illustrationen versehen). III. Ethnographische Chronik aus
Österreich. IV. Literatur der österreichischen Volkskunde. V. Vereins-
nachrichten.

Aus Amerika geht uns das 1. Heft (im Januar ausgegeben) einer
neuen katholischen Zeitschrift zu unter dem Titel: The Catholic Uni-
versity Bulletin, ein Organ der neuen katholischen Universität in
Washington. Es soll vierteljährlich in der Stärke von circa 10 Bogen er-
scheinen; Preis jährlich 2 £, der einzelnen Nummer 50 Cents; Herausgeber
Rev. Thomas J. Shannon, D. D., Catholic University, Washington D. C.
Der Inhalt des 1. Heftes ist: Prospectus. — The church and the sciences
von J. Carb. Gibbons. — Leo XIII. and the Catholic University von
Th. O. Gorman. — Theology in universities von Th. Bouquillon.
— A program of Biblical Studies von Ch. P. Grannan. — The Mc
Mahon Hall of Philosophy von E. A. Pace — The American school
at Athens von D. Quinn. — The Catholic Congress at Brussels von
Th. J. Shahan. — Special Announcement (über die School of philo-
sophy und die School of Social Sciences in Washington). — Daran
schließt sich ein University Chronicle; ein Nekrolog von Eug. Kelly;
Miscellaneous Studies und Book Reviews; Necrologies (kleine Nekrologe
auch von Roscher, Dillmann 2c) und endlich Analecta (Besprechungen von
Zeitschriftenartikeln, Mittheilungen 2c.).

Mit der am 15. Januar ausgegebenen Doppelnummer 9/10 ist der
erste Jahrgang einer neuen italienischen Universitätszeitschrift vollendet, die
wir hier wenigstens mit einem Worte erwähnen wollen: L'Unione uni-
versitaria. Periodico mensile fra i professori universitari italiani.
Redakteure: Bardazzi, Calisse, Graziani, Gualta, Zanichelli. Jährlich
10 Nummern, Preis 10 Lire; sie erscheint in Siena.

Der französische Abbé Graffin hat die Herausgabe einer Patro-
logia syriaca unternommen, die alle syrischen Texte zur altchristlichen

Zeit umfassen soll (vgl. die Anzeige des Abbé Duchesne im Bulletin critique 1895 Nr. 4).

Die Verlagsbuchhandlung von Bruylant=Christophe in Brüssel kündigt das Erscheinen einer neuen Auflage des Dictionnaire encyclopédique de géographie historique du royaume de Belgique an (in 25 Lieferungen à 1,50 fr. herausgegeben von A. Jourbain und M. L. v. Stalle.)

Die Buchhandlung von O. Harrassowitz in Leipzig ladet zur Subskrip=tion ein auf ein neues Repertorium latinae poeseos (Catholica Hymnologica excepta) ab Hugone Vaganay in Lugdunensi catho=lica universitate et bibliothecis, das zur Ergänzung des Repertorium hymnologicum von Ulysse Chevalier dienen soll. Es soll in zwei Theile, mittelalterliche und moderne Poesie, zerfallen und in 5 Faszikeln zu circa 160 Blättern 4° herausgegeben werden (circa 150—200 Blätter für's Mittel=alter, 500—600 Blätter für die neuere Zeit); Preis pro Blatt durchschnitt=lich 40 Pf.

Die Verlagsbuchhandlung von Duncker und Humblot in Leipzig beab=sichtigt, eine populäre, billige Ausgabe von Ranke's Weltgeschichte in 4 Bänden (ohne die Anmerkungen und Analekten) lieferungsweise erscheinen zu lassen, die zu Ranke's 100jährigen Geburtstag, den 21. Dezember d. J., vollendet sein soll.

Von Schlosser's Weltgeschichte ist eine neue Auflage, von O. Jaeger bearbeitet und bis 1888 fortgeführt, in einer billigen Volksausgabe und in illustrirter Prachtausgabe vollständig erschienen.

Zu Bismarck's Geburtstag ist im Verlage von G. Heuer und Kirmse das 1. Heft einer neuen Bismarck=Rundschau erschienen, die hinfort in vier jährlichen Heften unter dem Titel: Bismarck, illustrirte Rundschau für deutsche Geschichte, Kunst und Leben, erscheinen soll.

Die Verlagsbuchhandlung von E. Felber in Berlin versendet einen Prospekt über die von ihr im vorigen Jahre begründete „Bibliothek älterer deutscher Übersetzungen", eine Ergänzung zu den schon bestehenden ähnlichen Unternehmungen von Neudrucken. Es soll die ganze deutsche Übersetzungsliteratur vom 14. bis 19. Jahrhundert, vornehmlich aber die Anfänge der Übersetzungskunst in den Kreisen der deutschen Hu=manisten berücksichtigt werden. Herausgeber ist A. Sauer in Prag.

Die Buchhandlung Hachette et Cie. in Paris kündigt das demnächstige Erscheinen (vor Ablauf des Jahres) des 7. und letzten Bandes des großen Nouveau dictionnaire de géographie universelle an, womit dies 1879 begonnene Unternehmen zum Abschluß gelangt.

In der Zeitschrift für Numismatik 19, 4 veröffentlicht R. Weil einen beim 50jährigen Stiftungsfest der numismatischen Gesellschaft zu Berlin gehaltenen Vortrag: Zur Geschichte des Studiums der Numismatik.

Ein Aufsatz von R. Zimmermann im Märzheft von „Nord und Süd" behandelt: Die Inseln der Seligen, Geschichte einer Idee (von den Griechen bis auf die Gegenwart).

In der Revue des deux mondes vom 15. März veröffentlicht A. Fouillée einen interessanten Essay: La psychologie des peuples et l'Anthropologie. Verfasser warnt mit Recht vor voreiligen Schlüssen aus der Kranologie und namentlich vor der sophistischen Ausbeutung solcher unsicheren Argumente für die Bestimmung moderner politischer und sozialer Probleme.

Neue Bücher: Nikel, Allg. Kulturgeschichte. (Paderborn, Schöningh.)

Alte Geschichte.

In der Nekropole von Daschur in Ägypten sind wieder zwei Gräber einer Königin und einer Prinzessin oder nach anderen Berichten zweier Prinzessinnen aus der 12. Dynastie gefunden worden, die außerordentlich reiche Ausbeute ergeben haben. Die Mumien sind in Holzsärgen, die von Sandsteinsarkophagen umschlossen sind, vollständig mitsammt ihrem Schmuck, Sceptern, goldenen, mit Edelsteinen geschmückten Kronen, Halsbändern, Zierwaffen zc. erhalten. Das Gesammtgewicht des Goldschmuckes wird auf fast 2 Kilogramm angegeben, und es sollen sich Stücke von außerordentlich schöner Arbeit (auch in Filigran) darunter befinden. Der ganze Schmuck ist bereits im Museum von Gizeh ausgestellt. — In der Nähe sind auch zwei Grabkammern aus der 3. Dynastie mit schönen Hieroglypheninschriften gefunden.

Ganz neuerdings kommt die Kunde, daß De Morgan noch die Grabkammern von zwei anderen Prinzessinnen, wie es heißt, aus der 13. Dynastie, entdeckt hat, in denen gleichfalls bei den wohlerhaltenen Mumien sehr reiche Schmuckstücke, Ohrgehänge, Armbänder, Halsbänder aus Gold, Perlen und Edelsteinen gefunden wurden.

Einen abenteuerlichen Artikel veröffentlicht K. Blind im Januarheft der Scottish Review: Aledrinking; Old Egypt and the Thraco-Germanic race (die alten Ägypter erhielten die Kenntnis des Biers im 2. Jahrtausend v. Chr. von dem den Germanen verwandten thrakischen Stamme).

Aus der Deutschen Revue, Januar= und Februarheft, notiren wir einen populären Aufsatz von G. Ebers: Die Literatur der alten Ägypter.

In der Revue des deux mondes vom 1. Februar veröffentlicht Ed. Schuré einen Essay: Sanctuaires d'Orient. L'Egypte ancienne, son symbolisme et sa religion (Pyramiden, Memphis, Abydos; Eindrücke und Betrachtungen während einer Reise des Verfassers).

Über Inschriften, die der englische Major Deane in der Nähe des Indus gefunden hat, und die in's Museum zu Lahore gekommen sind, aber noch der Entzifferung harren, berichtet É. Senart im Journal Asiatique 9, 4: Notes d'Epigraphie indienne.

Aus der Zeitschrift der deutschen morgenländischen Gesellschaft 48, 4 notiren wir einen bemerkenswerthen Aufsatz von H. Oldenberg: Der Vedische Kalender und das Alter des Veda. Verfasser wendet sich entschieden gegen Jakobi's astronomische Ansätze, aus denen derselbe auf zu hohes Alter des Veda schloß. In demselben Heft findet sich noch ein interessanter Artikel von F. H. Weißbach: Das Grab des Cyrus und die Inschriften von Murghab (als Grab des Cyrus kann am ehesten das sog. Gefängnis Salomo's gelten; die Inschriften von Murghab gehören dem jüngeren Cyrus an.)

In den Sitzungsberichten der Berliner Akademie der Wissenschaften 1895 Nr. 8 findet sich ein kleiner Artikel von Ed. Sachau: Baal-Harran in einer altaramäischen Inschrift auf einem Relief des königlichen Museums zu Berlin (unter dem Baal-Harran, dem Herrn von Harran, auf einer Inschrift von Sendschirli ist der Mondgott Sin zu verstehen).

In der Beilage der Münchener Allgem. Zeitung vom 8. Februar ist eine Straßburger Universitätsrede von W. Nowack abgedruckt über „Die Entstehung der israelitischen Religion".

Die Zeitschrift des deutschen Palästinavereins 17, 4 bringt die Schlußartikel von Benzinger's „Bericht über neue Erscheinungen auf dem Gebiet der Palästinaliteratur 1892 und 1893" und von Schick's „Baugeschichte der Stadt Jerusalem in kurzen Umrissen von den ältesten Zeiten bis auf die Gegenwart".

Über die Aufgrabung der 6. Stadt in Troja im vorigen Jahre berichtete einer der Gehilfen Dörpfeld's, Dr. Götze, in der Märzsitzung der Berliner Gesellschaft für Anthropologie sehr eingehend. Einen Bericht findet man in der National-Zeitung vom 12. März.

Ein Artikel von Th. Drück in der Beilage der Münchener Allgem. Zeitung vom 4. März: Delphi und die neuesten französischen Ausgrabungen, gibt eine populäre, aber eingehende und gut orientirende Übersicht über diese Ausgrabungen. Ebenso vergleiche man einen Artikel von R. Lister im Nineteenth Century 216 (Febr. 1895): Delphi, und den Bericht Homolles in der Académie des inscr. 22 (Nov.-Dez. 1894).

Im Globus 67, 7 und 8 veröffentlicht Pr.-Lt. Kannenberg einen größeren Aufsatz: Die paphlagonischen Felsengräber, eine genaue, durch Zeichnungen erläuterte Beschreibung der von ihm auf seiner Expedition in Kleinasien aufgenommenen Grabdenkmäler (vgl. unsere Notiz 73, 155). — In derselben Zeitschrift Nr. 9 und 10 gibt ein Aufsatz von M. Hoernes: Das Problem der mykenischen Kultur, eine Besprechung neuerer einschlägiger Arbeiten. Man vgl. auch einen Aufsatz von L. Mariani in der Nuova

Antologia vom 15. Februar 1895: Dei recenti studi intorno le principali civiltà d'Europa e la loro origine (Referat über die mykenische, etruskische, hithitische Frage und Erörterung der Kontroversen über die Herkunft der alten Kulturen aus Asien oder ihre Entstehung in Europa).

Das American Journal of Archaeology 9, 4 veröffentlicht einen Aufsatz von H. S. Washington: On the possibility of assigning a date to the Santorini Vases. Verfasser konstatirt, daß der geologische Befund es nicht ermöglicht, ein bestimmtes Datum festzusetzen, wohl aber nachzuweisen, daß der Thon zu den Gefäßen von Santorini selbst und zwar aus einem jetzt untergegangenen Thonlager stammt. — Es findet sich in dem Heft noch ein Artikel von A. Marquand: A study of greek architectural proportions (The temples of Selinous; gegen die Semper'sche Theorie gerichtet) und ein Bericht über die American expedition to Krete under Prof. Halbherr.

Die im Westen der Akropolis von Athen vom deutschen archäologischen Institut unter Leitung Dörpfeld's unternommenen Ausgrabungen haben Inschriften zu Tage gefördert, die sich auf zwei kleine Heiligthümer, das des Asklepios Amynos und des Dexion, beziehen.

Beim Winckelmann-Fest der Archäologischen Gesellschaft zu Berlin hielt E. Curtius einen Vortrag über „Olympia in hellenistischer Zeit" (Verhältnis zu den Makedoniern rc.), und J. Koepp über „Schlachtenbilder in Athen" (die Darstellungen der Marathonschlacht am Fries des Nike-Tempels und in der Stoa Poikile). Vgl. die ausführlichen Berichte in der Wochenschrift für klass. Philologie Nr. 9 bis 11.

In der Nouvelle Revue histor. de droit français et étranger 19, 1 behandelt R. Dareste: Une prétendue loi de Solon (im Leben Solon's von Plutarch Kap. 20 über Vertretung eines impotenten Gatten).

In den neuen Jahrbüchern für Philologie 1895, 1 veröffentlicht G. Friedrich einen Aufsatz: Der Zug des Kyros und die griechischen Historiker (Verhältnis der Quellen zu einander, Diodor, Ephorus, Ktesias einerseits und Xenophon andrerseits, im Anschluß an einen Aufsatz von O. Kaemmel, und Verlauf der Schlacht von Kunaxa; vgl. dazu das H. Z. 71, 548 erwähnte Programm von L. Holländer). — In demselben Heft der Jahrbücher behandelt ferner W. Steinkopf: Die Zeit der Rede Cicero's pro Q. Roscio Comoedo (wahrscheinlich 76, vielleicht auch 74 oder 73); ferner H. Fritsch: Das horazische Landgut, seine Lage und Beschaffenheit (vertheidigt in eingehender Erörterung die ältere Ansicht, daß das Landhaus im oberen Licenzathale lag). Endlich macht H. Geist eine Bemerkung zu Tac. Ann. 2, 8 (Germanicus' Landung an der Ems, die nach den richtig verstandenen Worten des Tacitus zu nahe der Mündung erfolgte, wo der Fluß in zwei Arme getheilt ist, während Germanicus besser weiter hinaufgefahren wäre, wo der Fluß noch ungetheilt ist, und Germanicus daher nicht noch den zweiten Arm zu überschreiten gehabt hätte).

A history of Rome to the battle of Actium by Evelyn Shirley Shuckburgh, London, Macmillan, 1894 (XXVI. 809 S.) verfolgt einen ähnlichen Zweck wie die einbändige römische Geschichte von Karl Peter. Auf Verbreitung in Deutschland kann sie nicht rechnen; wer zu ihr greifen würde, begnügt sich auch mit Peter.   -a-

Max Zoeller hat seine 1884 zuerst erschienenen Römischen Staats= und Rechtsalterthümer 1895 in zweiter Auflage (Breslau, Koebner, XIV., 520 S.) ausgeben können, wird mit ihnen aber jetzt Mommsen's „Abrisse des römischen Staatsrechts" gegenüber einen schweren Stand haben. -a-

Rudolf Schubert's Geschichte des Pyrrhus, neu untersucht und nach den Quellen dargestellt (Königsberg in Pr., Koch, 1894, IV., 288 S.), bietet eine sorgfältige Untersuchung, läßt aber fragen, was sich der Ver= faffer unter einer historischen Darstellung vorstellt, wenn er seine Arbeit für eine solche hält. Pyrrhus ist für uns auch in seiner Persönlichkeit faßbar, und seine Charakteristik bleibt eine lohnende Aufgabe. Zu dem ersten Kapitel ist nunmehr eine Marburger Dissertation von Hermann Schmidt zu vergleichen: Epeirotika, Beiträge zur Geschichte des alten Epeiros (Epeiros vor König Pyrrhus). Den Vertrag zwischen Rom und Karthago aus der Zeit des Pyrrhus behandelt Curt Wachsmuth in der Festschrift zum deutschen Historikertage in Leipzig, 1894, S. 57—68. Von den 18 Bogen seines Buches verwendet Schubert mehr als einen auf eine Auseinander= setzung mit den Recensenten seines Agathokles.   -a-

Maurice Albert, Les Grecs à Rome. Les médecins grecs à Rome (Paris, Hachette, 1894, X, 323 S.) beginnt das Horazische Graecia capta ferum victorem cepit zu illustriren und beabsichtigt, die Behand= lung der Künste folgen zu lassen. Den gelehrten Apparat hat der Verfasser nicht bieten wollen.   -a-

Im Hermes 30, 1 publizirt Ed. Meyer einen Aufsatz: Der Ursprung des Tribunats und die Gemeinde der vier Tribus (nebst einem Anhang über die Sezessionen von 494 und 449). Es folgt in dem Heft eine Studie zur neutestamentlichen Quellenkritik von H. Joachim: Die Überlieferung über Jesus' letztes Mahl, und eine Inschriftenstudie von E. Ziebarth: Der Fluch im griechischen Recht. Historisch von besonderem Interesse sind mehrere Artikel zur Geschichte der römischen Kaiserzeit. Th. Mommsen kommt in einem interessanten Aufsatz auf „Das Regenwunder der Marcus= Säule" zurück (vgl. unsere Notizen 73, 544 und 74, 535). Er stellt sich im allgemeinen, namentlich bezüglich des Briefes Marc Aurel's, auf die Seite Harnack's gegen Petersen und Domaszewski, deren Hyperkritik er mit scharfen Worten entgegentritt. — Sodann behandelt P. Viereck: Quittungen

aus dem Dorfe Karanis über Lieferung von Saatkorn (nach Papyrus=
urkunden des Berliner Museums aus dem 2. Jahrhundert n. Chr.). Gleich=
falls aus den Papyrusschätzen des Berliner Museums theilt ferner Fr. Krebs
in einem kleinen Artikel: Metiochos und Parthenope, das Fragment eines
auf die Rückseite einer Urkunde aus dem 2. Jahrhundert n. Chr. geschriebenen
literarischen Textes mit, wie es scheint, das Bruchstück eines Romans über
die auch sonst in der Literatur erwähnte Liebschaft des Metiochos und der
Parthenope. G. Kaibel und C. Robert suchen in einem Anhang den
Text zu ergänzen und fügen eine kurze Erläuterung hinzu. Endlich er=
wähnen wir aus dem reichhaltigen Heft noch eine Miscelle von M. Wilcken:
Eine alexandrinische Ära Octavian's (Verfasser folgert aus einem Berliner
Papyrus die vorübergehende Einführung einer besondern römischen „Er=
oberungsära" in Ägypten, vom 1. Thoth 30 v. Chr. ab gerechnet, die auch
auf Münzen erscheint).

Aus den Archäolog. epigr. Mittheilungen aus Österreich=Ungarn 17, 2
notiren wir Aufsätze von L. M. Hartmann: Über den römischen Colonat
und seinen Zusammenhang mit dem Militärdienste und von A. Bauer:
Zum dalmatisch=pannonischen Krieg, 6—9 n. Chr. Kubitschek macht
epigraphische Mittheilungen (Inschriften aus Cetium; ein Meilenstein an
der norischen Donaustraße; Inedita aus Privatsammlungen); H. Skorpil
setzt seine Mittheilungen von „Antiken Inschriften aus Bulgarien" fort
(133 Nummern), und Gr. G. Tocilescu erstattet Bericht über „In=
schriften aus Racovitza Copaceni in Rumänien" (nach Ausgrabungen im
Jahre 1894). Endlich im Anschluß an eine der vorher von Kubitschek mit=
getheilten Inschriften behandelt E. Bormann: Die Grabschrift des Dichters
Pakuvius (bei Gellius) und des L. Maecius Philotimus (auf einem Stein,
dem Gellius=Epigramm sehr ähnlich).

In der Revue des études grecques 7, Nr. 27/28 veröffentlicht
A. H. Sayce: Inscriptions et papyrus grecs d'Égypte, zum Theil sehr
interessante Stücke, die er selbst auf einer Reise in Ägypten in Gemeinschaft
mit Mahaffy gesammelt (vgl. auch die parallele Publikation Mahaffy's
im Bulletin de correspondance hellénique 18). — In demselben Heft
der Revue findet sich ein Artikel von Th. Reinach: Un peuple oublié,
les Matiènes (ursprünglich ausgedehnt und mächtig; im 6. Jahrhundert
v. Chr. in zwei Theile gespalten; verwandt mit den Paphlagoniern). Vgl.
von demselben Verfasser in dem Heft auch ein Bulletin épigraphique,
Zusammenstellung der von Ende 1892 bis Anfang 1894 publizirten
griechischen Inschriften. Von der Abhandlung von P. Girard: De
l'expression des masques dans les drames d'Eschyle, wird in dem Heft
die Fortsetzung gegeben.

In der Revue Historique 57, 2 veröffentlicht A. Bouché=Leclercq
eine sehr umfangreiche, etwas weit ausholende Abhandlung: Les lois

démographiques d'Auguste (die Ehegesetze, lex Julia und lex Papia Poppaea, und ihre Fortbildung in der spätern Kaiserzeit). — In demselben Heft gibt C. Jullian einen Überblick über die französischen Arbeiten zur römischen Geschichte im Jahre 1894. (Travaux sur l'antiquité romaine).

In der Académie des inscr. machte Bréal Mittheilung von einer in Tunis bei Curba, dem alten Curubis, von einem französischen Offizier gefundenen Inschrift aus dem Jahre 49 v. Chr., der ältesten bisher in Afrika gefundenen lateinischen Inschrift (betr. Anordnungen zur Vertheidigung der von den Pompejanern besetzten Stadt gegen einen Überfall der Cäsarianer).

In der Revue de philologie, de littérature et d'histoire anciennes 19, 1 wirft Ph. Fabia die Frage auf: Les ouvrages de Tacite réussirent-ils auprès des contemporains?, die er in der Hauptsache bejaht. —

Aus der Classical Review 9, 1 notiren wir eine Untersuchung von A. H. J. Greenidge: The procedure in the »provocatio« (das judicium populi in den Komitien ist nach dem Verfasser im Wesentlichen Kassationsgericht und nur ausnahmsweise zugleich wirkliche Provokationsinstanz mit materieller Abänderung des Urtheils).

Einen interessanten Artikel veröffentlicht Th. Hülsen im Bullettino della commiss. archeol. comun. di Roma 22, 4: Il posto degli arvali nel colosseo e la capacità dei teatri di Roma antica. Nach dem aus der Inschrift vom Jahre 80 n. Chr. zu berechnenden Raum, der den Arvalbrüdern eingeräumt war, berechnet Verfasser das Gesammtfassungsvermögen des Kolosseum auf 40—50000 Zuschauer; ebenso stellt er für andere Theater Berechnungen ihres Rauminhalts an. Beiläufig erwähnen wir Vorträge desselben Gelehrten im archäologischen Institut in Rom über die Lage des römischen Sonnentempels (nicht am Abhange des Quirinals, sondern bei S. Silvestro) und über die via Caecilia (Heerstraße von Rom an's adriatische Meer, Fortführung der via Salaria). — In demselben Heft des Bollettino publizirt C. Pascal eine Studie: Acca Larentia e il mito della Terra Madre (a proposito di un passo dei Fasti Prenestini. Verfasser erklärt die Sage für einen Naturmythus, in dem zu der etruskischen Erdgöttin Acca ursprünglich Jupiter als Himmelsgott gehörte). Endlich wendet sich in dem Heft C. Cantarelli noch einmal gegen Baglieri: Nuove osservazioni sulla origine della cura Tiberis.

In den Studi storici 3, 4 publizirt A. Crivellucci den zweiten Theil seines Aufsatzes: Gli editti di Costantino ai provinciali della Palestina e agli Orientali (Eus. V. C. 2, 24—42 e 48—60; II. l'editto agli Orientali, das er gleichfalls für eine Fälschung erklärt. Vgl. dazu von demselben Verfasser am Schluß des Heftes auch die Recension der

Abhandlung von P. Schulze: Quellenuntersuchungen zur Vita Con-
stantini des Eusebius, in der Ztschr. f. Kirchengesch. 14, 4). In demselben
Heft der Studi stor. gibt E. Pais ein Bruchstück zu einer Geschichte
Sardinien's: La formula provinciae nel I. secolo dell' impero secondo
Plinio (eine Erläuterung von Nat. Hist. 3, 85).

Ein interessanter Aufsatz von P. Gardner in der Contemporary
Review 351 (März 1895): The descent into Hades, behandelt die Ableitung der christlichen Anschauung vom descensus ad inferos aus orphischen
und dionysischen Vorstellungen.

Aus den Theologischen Studien und Kritiken 1895, 2 notiren wir eine
Miscelle von Bratke: Die vornicänischen Kirchenväter in der ungedruckten
Katene des Nicetas zum Evangelium Johannis.

In einer längeren Abhandlung im Görres-Jahrbuch 16, 1: Das achte
Buch der apostolischen Konstitutionen und die verwandten Schriften, kommt
v. Funk noch einmal auf die Frage nach dem Verhältnis der apostolischen
Konstitutionen zu den Canones Hippolyti zurück und hält Achelis gegenüber an der Priorität der ersteren fest (vgl. unsere Notiz 73, 545). — In
den kleineren Beiträgen desselben Heftes publizirt und erläutert C. Wey-
man den „zweiten Brief des hl. Paulinus von Nola an Crispinianus
nach der Münchener und der Salzburger Handschrift."

Das neue Heft der Byzantinischen Zeitschrift 4, 1 beginnt mit einem
Artikel von M. Treu: Michael Italikos (wie Treu gegen Cramer und
Boissonades ausführt, Verfasser einer von Cramer herausgegebenen Brief-
sammlung, der in der Mitte des 12. Jahrhunderts lebte, und wahrscheinlich
identisch mit dem Bischof von Philippupolis). Es folgen Artikel von
E. Patzig: Die Troika des Johannes Antiochenus und J. R. Asmus:
Ein Beitrag zur Rekonstruktion der Kirchengeschichte des Philostorgios.
Dann publizirt und erläutert Ph. Meyer „Bruchstücke zweier τυπικά
κτιτορικά (aus dem Kloster Iwiron auf dem Athos), und J. Gay gibt:
Notes sur la conservation du rite grec dans la Calabre et dans la
terre d'Otrante au XIVe siècle: listes de monastères basiliens (d'après
les archives du Vatican). Von besonderem Interesse ist das sodann von
Ch. Diehl veröffentlichte Stück aus einem demnächst erscheinenden größeren
Werke, einer Histoire de la domination byzantine en Afrique: Études
sur l'histoire de la domination byzantine en Afrique. Der vorliegende
Ausschnitt behandelt: le gouvernement byzantin et les populations
indigènes. — Es folgen kleine Artikel von Sp. P. Lambros: Leo und
Alexander als Mitkaiser von Byzanz; von F. Cumont: Note sur une
inscription d'Iconium (aus dem 13. Jahrhundert) und von H. Swain-
son: Monograms on the capitals of S. Sergius at Constantinople.
Endlich folgt noch ein kunstgeschichtlicher, von Abbildungen begleiteter Aufsatz von A. Kirpicnikov: Zur byzantinischen Miniaturmalerei, und eine

Miscelle von F. Lauchert: Der unter Nilos des Älteren Namen über=
lieferte Παράδεισος (stammt von Johannes Geometres).

Eine kleine Schrift von R. Crampe: Philopatris. Ein heidnisches
Konventikel des 7. Jahrhunderts zu Konstantinopel (Halle, Niemeyer. 1894.
62 S.) sucht den Beweis zu führen, daß der pseudolucianische Dialog
Philopatris eine im Winter von 622 auf 623 entstandene orthodox=christliche
Streitschrift war, die den Kaiser Heraclius zum Einschreiten gegen einen
heidnischen Geheimbund in Konstantinopel, der seine Hoffnungen auf die
Perser setzte, bestimmen sollte. Die Schrift ist etwas weitschweifig, und ganz
einwandfrei erscheinen uns die Argumente des Verfassers nicht.

In der Revue des études grecques 7, Nr. 27/28 setzt G. Schlum=
berger seine Publikation fort: Sceaux byzantins inédits, troisième
série, no. 99—145. Aus demselben Heft notiren wir Artikel von C. E.
Ruelle: La clef des songes d'Achmet Abou-Mozar (fragment inédit
et bonnes variantes, aus Manuskripten der Bibliothèque Nationale) und
von H. Omont: Fragments d'un manuscrit perdu des éléments
d'Euclide (aus dem 10. Jahrhundert, in Venedig).

In der Nouvelle Revue Histor. de droit français et étranger 19, 1
veröffentlicht H. Monnier die Fortsetzung seiner Études de droit byzantin.

Aus der Académie des inscriptions notiren wir nachträglich noch
einen Artikel von Th. Diehl über eine in Kairuan gefundene lateinische
Inschrift aus dem 6. Jahrhundert n. Chr. mit einer Nachbildung der eigen=
händigen Bestätigungsformel des Kaisers für die Urkunde.

In der Wiener Zeitschrift für die Kunde des Morgenlandes publizirte
B. Meißner: Eine syrische Liste antiochenischer Patriarchen (nebst Über=
setzung, nach einer Handschrift des Brittischen Museums).

Neue Bücher: G. Lumbroso, L'Egitto dei Greci e dei
Romani. 2. ed. (Rom, Loescher.) — Beaudouin, La limitation des
fonds de terre dans ses rapports avec le droit de propriété. (Paris,
Larose.) — Boissier, L'Afrique Romaine. (Paris, Hachette.) —
O. Seeck, Gesch. des Untergangs der antiken Welt. Bd. 1 und Anhang
zu Bd. 1. (Berlin, Siemenroth & Worms. Mk. 6.) — L. Paul, Die
Vorstellungen vom Messias und vom Gottesreich bei den Synoptikern.
(Bonn, Cohen.) — Krauß, Im Kerker vor und nach Christus. Schatten
und Licht aus dem profanen und kirchlichen Kultur= und Rechtsleben ver=
gangener Zeiten. (Freiburg i. B., Mohr. 6 M.) — Knöpfler, Schrörs
und Sdralek, Kirchengeschichtliche Studien. 2, 2: v. Stychowski, Hierony=
mus als Literarhistoriker. 2, 3: Klebba, Die Anthropologie des hl. Jrenäus.
(Münster, Schöningh. 4,60 bzw. 4,40 M.) — Réville, Les origines
de l'Épiscopat. I. (Paris, Leroux.)

Römisch-germanische Zeit und Mittelalter bis 1250.

In Darenth in der Grafschaft Kent in England sind die sehr schön erhaltenen Fundamente einer großen römischen Villa freigelegt mit Mosaikböden, vollständigem Feuerungssystem, römischen Kaisermünzen aus den ersten drei Jahrhunderten und verschiedenen einzelnen Fundstücken.

Nr. 13 des Limesblattes enthält Berichte der Streckenkommissare Wolff (Straßenforschung und Kastell Okarben bei Friedberg), Conrady (Grenzmarkirung), Steimle (Kastell beim Dorfe Hahlheim) und Eidam (Grenzgräbchen und Pfalzaun bei Gunzenhausen).

Im Korrespondenzblatt des Gesammtvereins der deutschen Geschichts- und Alterthumsvereine 1895 Nr. 2/3 veröffentlicht Generalmajor Wolf einen umfangreichen Artikel „über vorgeschichtliche Befestigungen und Römerspuren im nordwestlichen Deutschland" (Ausgrabungen Schuchardt's bei der Wittekindsburg, die Bohlenwege pontes longi ꝛc. Zu den Bohlenwegen vgl. noch einen Artikel von Prejawa in den Mittheilungen des Vereins für Geschichte und Landeskunde von Osnabrück Bd. 19).

Ein Aufsatz von Ed. Seler im Märzheft der Preuß. Jahrbücher: Über den Ursprung der altamerikanischen Kulturen, wendet sich gegen die Ableitung dieser Kulturen von denen der alten Welt. Auch die Kulturen der Mexikaner und Peruaner haben sich nach dem Verfasser selbständig entwickelt, und sind nicht eine von der andern abzuleiten.

In der Zeitschrift f. deutsches Alterthum 39, 1/2 veröffentlicht R. Much einen Artikel: Germanische Völkernamen (Caerosi, Sunuces, Eburones, Carbones, Phrugundiones, Helvetii Helvii Helvecones, Corvetii, Abarinoi, Sudinoi, Bateinoi, Bojarii, Boji, Scordisci, Gavinoi, Budinoi, Kobandoi, Sidones, Epidioi Eucii, Harudes, Halogir, Rakatai, Campoi, Chaituoroi, Fosi, Semnones, Britolagai, Veltai, Insubres, Chaimai, Chaiviones, Neuroi Rori, Hreidgotar; vom Verfasser zum großen Theil von Thiernamen abgeleitet. Vgl. auch einen Artikel von Hirt über germanische Völkernamen in den Beiträgen zur Geschichte der deutschen Sprache und Literatur 18, 3 1894). — In demselben Heft der Ztschr. f. deutsches Alterthum findet sich noch ein ähnliche Ziele verfolgender Artikel von Th. v. Grienberger: Ermanarik's Völker. Verfasser gibt eine sprachliche Erklärung der Völkerliste bei Jordanes, Kap. 23. Er wendet sich namentlich gegen Müllenhoff (vgl. außer Mommsen's Jordanes-Ausgabe auch die Deutsche Alterthumskunde 2, 73 ff.) und sieht in den Namen der Mehrzahl nach mehr epische Appellativa als wirkliche Völkernamen.

Aus der Beilage der Münchener Allg. Ztg. vom 23. Februar notiren wir einen Artikel von Th. Siebs: Die altsächsische Bibeldichtung (Übersetzung und Erläuterung der neu gefundenen Fragmente).

„Zur Bestattung Karl's des Großen" nimmt E. Pauls in der Ztschr. des Aachener Geschichtsvereins Bd. 16 noch einmal das Wort, indem er sich im Wesentlichen der Auffassung von Lindner anschließt (vgl. unsere Notizen 71, 172 u. 371). Aus derselben Zeitschrift notiren wir einen Artikel von K. Rhoen: Zur Geschichte der älteren Baudenkmale von Kornelimünster (dem 10 km südöstlich von Aachen gelegenen Flecken. Reste aus der römischen, der fränkisch=merovingischen und der Karolingischen Zeit, mit Abbildungen des Thurms der alten Pfarrkirche aus der Merovingerzeit und des Grundrisses der von Ludwig dem Frommen erbauten Kirche).

In den Studi storici 3, 2 setzt G. Simonetti seine Mittheilungen über I diplomi longobardi dell' archivio arcivescovile di Lucca (747—761) fort. — In den Atti e memorie della R. Deput. di storia patria per le provincie di Romagna gibt P. Amaducci: Notizie storiche su gli antichi conti di Bertinoro (mit Abdruck von 16 Urkunden aus dem 11. und 12. Jahrhundert).

In den Romanischen Forschungen 8, 3 veröffentlicht Max Keuffer eine fast das ganze Heft füllende Abhandlung: Die Stadt=Metzer Kanzleien. In außerordentlich sorgfältiger und eingehender Untersuchung behandelt Verfasser das Urkundenwesen der Stadt Metz von Bischof Bertram (1180—1212) an, indem er namentlich den französischen Dialekt der Urkunden nach allen Richtungen hin bestimmt. Im Anhang druckt er 14 Urkunden in französischer Sprache aus dem 13. und 14. Jahrhundert ab.

In der Revue de Philologie française et provençale 8, 3/4 veröffentlicht der Herausgeber L. Clédat einen Artikel: Œuvres narratives du moyen-âge (Analyse mit eingefügten Auszügen in Übersetzung von vier Stücken aus dem 12. Jahrhundert, dem lais de Marie de France ꝛc.).

In der Revue histor. 57, 2 setzt H. Pirenne seine Publikation: L'origine des constitutions urbaines au moyen-âge fort. Es wird sich empfehlen, mit der Besprechung zu warten, bis seine Untersuchungen abgeschlossen vorliegen.

In den Sitzungsberichten der Berliner Akad. der Wissensch. 1895 Nr. 8 gibt W. Wattenbach die „Beschreibung einer Handschrift mittelalterlicher Gedichte (Berl. Cod. theol. oct. 1894)" aus der zweiten Hälfte des 12. Jahrhunderts, die zumeist keinen besonderen Verfassern zuzuweisende Schulpoesie enthält. Wattenbach theilt größere Abschnitte und mehrere längere lateinische Gedichte über verschiedenartige Themata daraus mit.

„Über ein Fragment der Annales Ottenburani im Stifte Melt" aus dem 12. Jahrhundert berichtet P. Ed. C. Katschthaler in den kleinen Mittheilungen der Mitth. des Instituts f. Österr. Geschichtsforschung.

In den Blättern des Vereins für Landeskunde von Niederösterreich 18, 9—12 macht A. Starzer Mittheilung über das vor einigen Jahren neu aufgefundene Original (jetzt im Privatbesitz in Wien) der „Urkunde Kaiser Heinrich's II. über Absdorf aus dem Jahre 1019", indem er in einer Übersicht die Abweichungen der Originalurkunde von den Abdrücken vorführt.

Im Korrespondenzblatt der Westdeutschen Zeitschrift 13, 12 unter Miscellanea vertheidigt F. Lau sich gegen eine von Barges veröffentlichte Kritik seiner Schrift: Die erzbischöflichen Beamten in der Stadt Köln während des 12. Jahrhunderts.

Ein Artikel von H. Riegel in der Beilage der Münchener Allg. Ztg. vom 21. und 22. März: Die Burg Heinrich's des Löwen in Braunschweig, wendet sich gegen die neuerliche Wiederherstellung der Burg, die in Wirklich- keit nicht sowohl eine Herstellung, als ein Neubau ist.

In einer umfangreichen Abhandlung in der Ztschr. f. deutsches Alter- thum 39, 1/2 (auch als Sonderabdruck ausgegeben, Leipzig, J. B. Hirschfeld. 1895. 67 S.) unter dem Titel „Die Standesverhältnisse der Minnesänger", wendet sich Al. Schulte noch einmal zu einer eingehenden Untersuchung der Manesse'schen Liederhandschrift und verficht gegen F. Grimme seine Ansicht, daß die Anordnung dieser Handschrift in der Hauptsache nach den Geburtsständen der Dichter getroffen wurde. Verfasser behandelt eingehend die Standesverhältnisse der Ostschweiz, von denen der Sammler der Lieder ausging, und sucht dann noch einmal zu erweisen, daß die Eintheilung der Handschrift zu diesen Verhältnissen stimmt. Die Untersuchung kommt also auch der deutschen Verfassungsgeschichte indirekt zu Statten.

Wenn auch W. Thoma's Arbeit: Die kolonisatorische Thätigkeit des Klosters Leubus im 12. und 13. Jahrhundert (Leipziger Dissertation 1894) dem Titel nicht ganz gerecht wird, so ist sie doch eine dankenswerthe, mit vielem Fleiße verfaßte, ausführliche und in übersichtliche Gruppen geordnete Zusammenstellung der Erwerbung und der Ausdehnung des klösterlichen Grundbesitzes, sowie der Dörfergründung des um die Ausbreitung des Deutschthums hochverdienten schlesischen Klosters. Im Einzelnen sind erhebliche Ausstellungen zu machen. Wenn Verfasser einer Erstlings= schrift einem Forscher wie Grünhagen den Vorwurf der Nachlässigkeit macht (S. 22 Anm. 1 und S. 27 Anm. 2), sollte er vorsichtiger zu Werke gehen. In den schlesischen Regesten Nr. 77 liegt nur ein Druckfehler vor, Ruschdorf statt Raschdorf, und die schmerzlich vermißte Urkunde steht an ganz richtiger Stelle, nämlich Reg. 338. S. 113 werden wir belehrt, daß Prokuratoren klösterliche Verwaltungsbeamte sind! S. 134/5 wären besser nicht geschrieben worden. Nach diesen sollen im Kloster Leubus gegen die Ordensregeln Abt und Latenbrüder Privatbesitz gehabt haben. Thoma übersetzt nämlich ad usus suorum mit „zu seiner (sc. privaten) Nutznießung", während es doch heißen muß, zum Nutzen der Seinigen, d. h. seiner Klosterbrüder.

-tk-.

Neue Bücher: Grimme, Mohammed. II. (Münster i. W., Aschendorff. 3,50 M.) — G. Grupp, Kulturgesch. des Mittelalters. II. (Stuttgart, Roth. 6,80 M.). — Keutgen, Untersuchungen über den Ursprung
der deutschen Stadtverfassung. (Leipzig, Duncker & Humblot. 5 M.). —
Strakosch-Graßmann, Geschichte der Deutschen in Österreich-Ungarn. I.
(Wien, Konegen. 12 M.)

Späteres Mittelalter (1250—1500).

In den Mittheilungen des Instituts für österreichische Geschichtsforschung
Bd. 16, Heft 1, S. 1 ff. erörtert C. Rodenberg in einer Untersuchung
„Zur Geschichte der Idee eines Deutschen Erbreiches im
13. Jahrhundert" die Voraussetzungen, von denen die Päpste Urban IV.
und Clemens IV., zwei geborene Franzosen, und nach ihnen auch noch
Gregor X. bei ihrer Stellungnahme zu den deutschen Königswahlen ausgingen — alles Pläne, die in ihrer Gesammtheit selbst von der Kurie nur
vorübergehend gehegt wurden. Aber ganz offenbar wollten diese Päpste
eine angestrebte Erbmonarchie befördern, sobald als Gegenleistung der Verzicht auf die Kaiserkrone erfolgt wäre. Eng verknüpfen sich hiermit ferner
die Fragen nach dem Wahlrecht der Kurfürsten, der Erweiterung des Kirchen-
staats und der päpstlichen Herrschaft im übrigen Italien. Weil wir schlecht
hierüber unterrichtet sind, ist allerdings jede Phase, die sich erkennen oder
vermuthen läßt, beachtenswerth, und bei dem verwickelten Wechsel der Situa-
tionen ist Rodenberg's genaue und vorsichtige Erörterung des Quellen-
bestandes werthvoll. Im einzelnen werden freilich auch andere Vermuthungen
möglich sein.   J. S.

Ebenda S. 97 ff. untersucht Wilhelm Erben nochmals das ältere
österreichische Rationar, über das bereits A. Dopsch, Mitth. 14, 449 ff.
gehandelt hatte. Durch genaueren Vergleich mit dem erhaltenen jüngeren
Rationar kommt Erben mit Notwendigkeit zu dem abweichenden Resultat,
daß in dem älteren eine einheitliche, ursprüngliche, der Regierungszeit
Otkar's II. angehörende Aufzeichnung nicht vorliegt. Vielmehr müssen
beide auf eine Urform aus der Babenberger Zeit zurückgehen, die eine zu-
künftige Edition aus ihnen ohne allzugroße Schwierigkeiten wiederherstellen
kann.   J. S.

In derselben Zeitschrift S. 128 f. weist Heinrich Otto im Anschluß an
Ficker's frühere Ausführungen genauer nach, daß die Verzichtleistung
Alfons' von Castilien vor dem 28. Juli 1275 stattgefunden haben
muß, an welchem Tag ihm der Papst den castilischen Zehnt verlieh, und
daß eine Verbriefung des Verzichts vermuthlich nicht erfolgt ist, da es sich
formell um Unterwerfung unter den päpstlichen Schiedsspruch in Sachen des
Thronstreits handelte, obwohl immerhin eine Stelle der Vita Gregorii X.
dem entgegen zu stehen scheint.   J. S.

In den Mittheilungen der Gesellschaft f. Kieler Stadtgeschichte XII. ver=
öffentlicht C. Rodenberg eine anziehende und sorgfältig begründete Schil=
derung des städtischen Lebens in Kiel im 14. und 15. Jahrhundert. Ur=
sprünglich ein populärer Vortrag, fördert der Aufsatz durch kritische Exkurse
auch die verfassungs= und wirtschaftsgeschichtliche Forschung.

Dr. Gustav Salchow's Arbeit „Der Übergang der Mark
Brandenburg an das Haus Wittelsbach (Halle a. S., Kämmerer
und Comp. 1893, 85 S.) (Hallische Beiträge zur Geschichtsforschung,
herausgegeben von Theodor Lindner, Heft 4) vermag einem doch schon
vielfach behandelten Gegenstand eine neue Seite nicht abzugewinnen. Das
Vorschreiten und Zurückweichen der Wittelsbacher in der Mark wird, wie
längst erkannt worden ist, durch den Gang der großen Politik Ludwig's
des Baiern gegenüber den Häusern Österreich und Luxemburg und gegen=
über der Kurie bestimmt; auch für die wittelsbach'schen Erfolge im Norden
machen die Mühldorfer Schlacht und der Trausnitzer Vertrag Epoche.
Salchow macht es nicht ganz deutlich, daß er sich der Bedeutung dieses
Vertrags für die Auseinandersetzungen zwischen König Ludwig's gleich=
namigem Sohne und den Herzögen von Sachsen klar geworden ist.
Eine eingehendere Untersuchung des Feldzugs des Königs Johann von
Böhmen in's Görlitzer Land (vgl. S. 36) wäre in einer Monographie wie
der vorliegenden wohl am Platze gewesen, nicht minder eine weitere Aus=
führung über den Versuch des märkischen Adels, sich von der landesfürst=
lichen Gewalt zu befreien (vgl. S. 62). Daß über die auf dem Nürnberger
Reichstag von 1323 ertheilte Belehnung des jüngern Ludwig mit der Mark
„wunderbarer Weise" erst ein Jahr später eine Urkunde ausgefertigt und
dann von Nürnberg datirt wurde (vgl. S. 44 f;) ist gar nichts so wunder=
bares; allerdings muß man kennen, was J. Ficker in seinen „Beiträgen zur
Urkundenlehre" über das Verhältnis von Handlung und Beurkundung weit=
läufig auseinandergesetzt hat. Eine etwas ungewöhnliche Auffassung ist es,
wenn Salchow die folgenschwere Mordthat der Magdeburger Bürger an
ihrem Erzbischof als einen „Fehltritt" bezeichnet (S. 76). — Ein stilistisches
Meisterwerk kann die vorliegende Arbeit nicht genannt werden.   Chroust.

Der Aufsatz von H. Lacaille, La vente de la baronnie de
Coucy (Bibl. de l'école des chartes LV, livr. 6, p. 573 ff.), der die
Erbstreitigkeiten der Nachkommen des letzten Herrn von Coucy Engelram VII.
(† 1397) behandelt, gewinnt dadurch an Interesse, daß Coucy eine der vier
Großbaronieen Frankreichs, dazu in politisch wichtiger Grenzlage war, und
weil sie der Bruder Karl's VI., der ehrgeizige Ludwig von Orleans († 1407)
kaufte, ehe jener Streit entschieden war, ohne seinerseits bei Lebzeiten die
Anerkennung des Besitzes zu erreichen. Nach endlosen Verwicklungen sprach
sie 1506 eine königliche Ordonnanz der Familie der Orleans zu. Im Anhang
des auf ungedrucktem Material des Archivs und der Bibliothek zu Paris

beruhenden Aufsatzes werden zwei Protokolle aus den Jahren 1399 und 1400 abgedruckt.   J. S.

Ruysbroeck and the Mystics with selections from Ruys broeck. By Maurice Maeterlinck. Translated by Jane T. Stoddart (London, Hodder and Stoughton. 1894. 153 S. 3 Sh. 6 p.) S. 1—121 gibt eine Übersetzung von M. Maeterlinck's Einleitung zu seiner Übersetzung von Ruysbroeck's Noces Spirituelles (Bruxelles 1891), welche eine recht ansprechende, allerdings vom Standpunkt einer rückhaltslosen Bewunderung für die Leistungen der mittelalterlichen Mystik aus geschriebene Darstellung der mystischen Anschauungen Ruysbroeck's enthält. Auf S. 122 bis 153 ist eine Auswahl von Stellen aus verschiedenen Schriften des niederländischen Mystikers beigefügt.

P. Norrenberg, Die hl. Irmgardis von Süchteln. (Bonn. Hanstein 1894. 64 S. M. 1.) (Publikationen aus der rheinischen Geschichte Nr. 9). Die Schrift ist aus dem Nachlaß des kürzlich als Pfarrer von Süchteln (Kreis Kempen) gestorbenen Verfassers herausgegeben, der sich durch eine Reihe von Beiträgen zur niederrheinischen Lokalgeschichte bekannt gemacht hatte. Sie enthält außer einem Nekrologe des Verfassers eingehende Untersuchungen über die Abstammung der Heiligen, die für die Genealogie des älteren Lützelburger Grafenhauses von Interesse sind, eine Geschichte der Verehrung der Heiligen, eine Übersicht über die IrmgardisLiteratur, die Texte der lateinischen und deutschen Irmgardis-Legende und den Bericht über die Erhebung ihrer Reliquien im Kölner Dom vom Jahre 1864.

Neue Bücher: Delaborde, Jean de Joinville et les seigneurs de Joinville. (Paris, Impr. nat.) — Coville, Les États de Normandie .. au 14. siècle. (Paris, Impr. nat.) — Pisko, Skanderbeg. (Wien, Frick. 4,80 M.) — Erslev, Repertor. dipl. regni Danici mediaevalis. I, 2 (1327—1350). (Kopenhagen, Gad.)

Reformation und Gegenreformation (1500—1648).

Im Jahrbuch d. Ges. f. d. Gesch. d. Protest. in Österreich (1895, 1) behandelt R. Fronius Luther's Beziehungen zu Böhmen und zwar in diesem ersten Aufsatze speziell zu den Utraquisten. Neues Material wird dafür nicht beigebracht, die Schilderung beruht im Wesentlichen auf Luther's Briefen. Die direkten Beziehungen zu den Utraquisten finden ihr Ende mit dem Abfall von Luther's früherem Vertrauten Gallus Cahera (1524), auf den ausführlich eingegangen wird.

In derselben Zeitschrift weist G. Buchwald an einzelnen Beispielen auf die Bedeutung des Wittenberger Ordinirtenbuches von 1537 bis 1560 für die Reformationsgeschichte Österreichs hin.

Die Listen einer Zählung der Bevölkerung Roms vom Ende d. J. 1526 oder Anfang 1527 veröffentlicht D. Gnoli aus dem Vatik. Arch. in dem Arch. della R. Società Romana di Storia Patria (XVII, 3, 4). Es ist in denselben stets der Name des Familienvorstandes und die Anzahl der zugehörigen Familienglieder angegeben, als Summe ergibt sich etwas über 55000 Menschen.

In der Römischen Quartalschrift (1894, 3. 4) bringt Ehses aus dem Vatikan-Archiv eine Denkschrift des Diego Lopez Zuñiga (Gegner des Erasmus) v. J. 1530 zum Abdruck, in welcher der Verfasser die Abhaltung eines allgemeinen Konzils für unzweckmäßig erklärt, sich dagegen mehr Erfolg von der Bekämpfung Luther's und seiner Anhänger durch Provinzial-Konzile unter dem Vorsitze päpstlicher Legaten verspricht.

Ein ansprechendes Lebensbild entwirft N. Paulus (Katholik, 1894, Nov. und Dez.) von dem Prediger und Bischof Michael Helding, der 1506 geboren, 1531 Rektor der Domschule in Mainz, 1537 Weihbischof daselbst, 1548 Bischof von Merseburg, 1558 Präsident des Kammergerichts wurde und 1561 als Vorsitzender des Reichshofraths in Wien starb. Er hat namentlich in den 40er und 50er Jahren an den Verhandlungen und Religionsgesprächen mit den Protestanten thätigen Antheil genommen und in dieser Zeit eine bedeutende Rolle gespielt.

Ganz vom katholischen Standpunkt aus schildert und beurtheilt E. Goerigk im Katholik (1895, Febr., 1. Artikel) Johann Bugenhagen und die Protestantisirung Pommerns.

In der Zeitschrift des Aachener Geschichtsvereins XVI, 1894 publizirt G. v. Below einige dem Düsseldorfer Staatsarchive entnommene Aktenstücke zur Geschichte des Aachener Kirchenstreites im 16. Jahrhundert. Die Stücke enthalten Verhandlungen zwischen dem Kaiser Ferdinand, dem Herzoge von Jülich und dem Rathe der Stadt Aachen; die Darstellung Ritter's ergänzend beweisen sie, daß der Streit im Wesentlichen als politischer aufzufassen ist und nicht in ausschließlich kirchlichen Gegensätzen seinen Ursprung hat.

Dem Aufenthalt des Hubertus Languetus in Straßburg (1567 bis 1572) widmet A. Holländer eine kleine Studie in d. Ztschr. f. d. Gesch. d. Oberrheins X, 1. Am interessantesten sind die Berichte Languet's über die Bartholomäusnacht in Paris, die er als Wortführer einer Gesandtschaft der protestantischen Stände miterlebte. Neues über den Verlauf der Mordscenen bringt er allerdings nicht.

Der 15. Jahrgang (1894) des Jahrbuchs der Gesellschaft für die Geschichte des Protestantismus in Österreich enthält ein sehr mannigfaltiges Material (Quellen und Darstellungen) vornehmlich zur Geschichte der Gegenreformation in den österreichischen Kronländern, worauf

Bearbeiter dieser Verhältnisse hiermit verwiesen sein mögen. Auch die dem Schlußheft beigegebene Bibliographie über die einschlägige Literatur des Jahres 1893 dürfte Manchem willkommen sein.

Eine werthvolle Bereicherung unserer Kenntnis von der Entwicklung des Ständethums und ihrer Wechselwirkung mit den wirthschaftlichen Interessen gibt die auf eingehenden archivalischen Forschungen beruhende Arbeit Arthur Kern's: Der „Neue Grenzzoll" in Schlesien. Seine Begründung und Entwicklung 1556—1624 (Berliner Dissertation 1892). Als König Ferdinand I. Schlesien 1526 an sein Haus brachte, waren die Gefälle aus diesem großen reichen Lande für den Herrscher nur noch gering. Vor allem der Türkenkrieg zwang ihn an die Erschließung neuer Finanzquellen zu denken. Anfänglich sind die Stände auf's Heftigste gegen seinen 1556 durchgesetzten Grenzzoll, schließlich erlahmt ihr Widerstand, und der Kampf gegen den Grenzzoll wird ein Kampf um den Grenzzoll. Bisher hatte der schlesische Adel Zollfreiheit genossen. Das Reformationsdekret Kaiser Rudolf's II. v. J. 1600, welches bedeutende Tariferhöhungen festsetzte und den bisherigen Stückzoll vielfach in einen Werthzoll umsetzte, hob dieses Vorrecht auf. Zunächst allseitiger Widerstand dagegen. Die schlesische Kaufmannschaft wird dadurch gewonnen, daß für den Handelsverkehr der fremden Kaufleute zwei- bis dreifach höhere Zollsätze eingeführt wurden, aber die Stände als Vertreter der landwirthschaftlichen Kreise widersprechen um so heftiger, da durch die Unterdrückung der ausländischen Handelskonkurrenz der Landmann vollständig dem einheimischen Kaufmann preisgegeben werde. Im Anfang des 17. Jahrhunderts nahm das ständische Element wie in Deutschland so auch in Schlesien einen siegreichen Anlauf, so daß es schien, die Stände würden ihre Obmacht darthun. Der Dreißigjährige Krieg brachte das Gegentheil. Die siegreiche Monarchie wirft das Ständewesen nieder und vermag jetzt ihre Gesetzgebung den Wünschen des schlesischen Handelsstandes entsprechend zu ändern; die Edikte von 1623, 1624 und 1638 vermehren die Gegenstände des Zolls, erhöhen die Zollsätze und tragen den Wünschen der einheimischen Kaufmannschaft darin Rechnung, daß der Ausfuhrzoll für fremde Kaufleute verdoppelt, für die Juden verdreifacht wird.   tk.

In der Ztschr. f. d. Gesch. d. Oberrheins (N. F. X, 1) druckt Chroust drei Aktenstücke bezw. Rechnungsauszüge ab, die einen Einblick in den Stand der kurpfälzischen Finanzen, speziell der Kammereinkünfte am Anfang des 17. Jahrhunderts gestatten.

Unter den Gründen, die zur großen englischen Revolution führten, spielen neben den diplomatischen und kirchlichen Verhältnissen die Opposition eines „zwar noch unvollkommenen, aber ehrgeizigen Parlamentarismus" und die Unterhöhlung des Throns durch die gerichtlichen Streitigkeiten und Skandale eine wichtige Rolle. So weit diese beiden Gesichtspunkte für die Jahre 1603—1619 in Betracht kommen, hat sie Sayous zu einer kleinen Studie verarbeitet, die im Januarheft der Mittheilungen des Institut de France abgedruckt ist.

In der Ztschr. d. Vereins f. Gesch. u. Alterthum Schlesiens (Bd. 29, 1895) berichtet J. Krebs über einige archivalische Funde zur Geschichte des Dreißigjährigen Krieges in Schlesien. Es handelt sich um Briefe Karl Hannibal's von Dohna und des Herzogs Franz Albrecht von Sachsen-Lauenburg, die auf die Ereignisse des Jahres 1627 einiges neue Licht werfen, für die Beurtheilung der beiden Briefschreiber aber nicht gerade günstig lauten.

In schlichter, ansprechender Weise erzählt Joh. Kretzschmar die Jugendzeit des hessischen Diplomaten und Staatsmannes Johann Kaspar v. Dörnberg (geb. 1616). Seine Ausbildung führte ihn nach Fulda, Kassel, Leyden, Paris, wohin wir ihn an der Hand seiner Briefe und Tagebücher begleiten. Das Bild, das Kretzschmar zeichnet, weist keine außerordentlichen Züge auf. Es ist vielmehr durchaus in der üblichen Schrafsirung der Zeit gehalten und besonders deshalb beachtenswerth, weil die Quellen reichlicher als sonst fließen und weil die Noth des Dreißigjährigen Krieges sehr deutlich zum Ausdruck kommt.

In der Revue d'hist. dipl. IX, 1 beginnt Graf Horric de Beaucaire eine biographische Skizze Bernard's du Plessis-Besançon (1600—1670). Ursprünglich Soldat und als solcher in mehreren Feldzügen erprobt wurde du Plessis-Besançon später von Richelieu und Mazarin mehrfach zu diplomatischen Geschäften verwendet und erwies sich auch hierin sehr geschickt, besonders als éclaireur der Politik, wenn es galt, neue Beziehungen anzuknüpfen oder eine Wendung der Verhältnisse vorzubereiten.

Unter dem Titel „Geschichte und Geschichten neuerer Zeit" (Bamberg, C. C. Buchner 1894, 223 S.) hat H. v. Zwiedineck-Südenhorst zehn Aufsätze zusammengestellt, die sich in der Hauptsache an den größeren Leserkreis des gebildeten Publikums richten. Ein Theil von ihnen behandelt Fragen von allgemeinem Interesse (venetianische Inquisition, Wallenstein-Forschung, Turenne und die Fronde, Geschichte der Prinzessin von Ahlden) und bietet in gefälliger Form die Ergebnisse, zu denen die kritische Geschichtsforschung hinsichtlich ihrer Beurtheilung gelangt ist. Die übrigen sind kleine, abgerundete Bilder zur Illustration politischer und kulturgeschichtlicher Zustände vornehmlich in Österreich während des 17. und 18. Jahrhunderts. Wir heben aus ihnen hervor: Die Hochzeitsreise der Erzherzogin Margarethe von Österreich zu ihrem Gemahl Philipp III. von Spanien 1598, die Gesandtschaft des Frhrn. v. Herberstein nach Konstantinopel 1608/9, die Erziehung der Söhne Max Emanuel's von Baiern in Österreich 1706—1715, Erinnerungen eines österreichischen Kaiserhusaren aus dem Ende des 18. Jahrhunderts.

Neue Bücher: Lavisse-Rambaud, Histoire générale. IV.
(1492—1559.) (Paris, A. Colin; Leipzig, Brockhaus.) — Wierzbows-
kiego, Jakób Uchański arcybiskup Gnieznieński (1502—1581). (Warschau, Kowalewskiego.) — Schriften des Vereins für Reformationsgeschichte
Nr. 46/47: Bossert, Das Interim in Würtemberg. Nr. 48: Sperl,
Pfalzgraf Philipp Ludwig von Neuburg, sein Sohn Wolfgang Wilhelm und
die Jesuiten. (Halle, Niemeyer.) — Curti, Carlo Emanuele I. (Milano,
Tip. Bernardoni di C. Rebeschini E. C.). — Corpus constit. Danisae:
Secher, Forordninger, Recesser etc. 1558—1660. IV, 1. 2. (Kopenhagen, Gad.) — Valois, Inventaire des arrêts du conseil d'État pour
le règne de Henri IV. II. (Paris, Impr. nationale.) — M. Ritter,
Deutsche Geschichte 1555—1648. II. (1586—1648). (Stuttgart, Cotta.
6 M.) — Briefe u. Akten z. Gesch. d. Dreißigjähr. Krieges. VI. (1608/9).
Bearb. von F. Stieve. (München, Rieger.) — Bischoff und Schmidt,
Festschrift zur 250jähr. Jubelfeier des pegnesischen Blumenordens. (Nürnberg, Schrag.)

1648—1789.

Die Hülfstruppen, die der Große Kurfürst von Brandenburg 1663 zur
kaiserlichen Armee gegen die Türken entsandte, nahmen ihren Weg ebenso
wie im folgenden Jahre den Rückweg durch Schlesien. Diese beiden Durchmärsche, die zu mannigfachen Reibereien zwischen den Truppen und der
Bevölkerung bezw. den Behörden Schlesiens führten, da diese letzteren an
gutem Willen sehr viel und die Brandenburger an Manneszucht auch manches
zu wünschen übrig ließen, schildert K. Wutke so eingehend wie möglich in
einem Aufsatz im 29. Bande (Jahrg. 1895) der Ztschr. d. Vereins für Gesch.
u. Alterthum Schlesiens.

Walther Ribbeck veröffentlicht im 52. Band der Ztschr. f. vaterl.
(westfälische) Gesch. u. Alterthumsk. (Münster 1894) den Briefwechsel des
Münsterschen Domherrn und Dompropstes Johann Rodger Tork vornehmlich
mit dem Bischof von Paderborn Ferdinand v. Fürstenberg in den Jahren
1665—1678. Da die auswärtige Politik des Bischofs Christoph Bernhard von Galen darin die Hauptrolle spielt, so hat der Herausgeber
Veranlassung genommen, die vielverschlungenen Wandlungen derselben in
einer ausführlichen Darstellung klar zu legen. Auch zur Geschichte des
Großen Kurfürsten von Brandenburg enthalten die Briefe manche Notiz.

Ein ungenannter, äußerst gelehrter Forscher ist durch die Besprechung
des verfehlten Buches von Torrens, History of cabinets: from the
Union with Scotland to the Acquisition of Canada. London 1894
angeregt worden, in der Edinburgh Review, Jan. 1895, kurz und vortrefflich die Entwicklung in der englischen Politik von der persönlichen
und der Kabinetsregierung zum parlamentarischen Regime darzustellen.

Die Hauptbedeutung der Arbeit Wohlwill's: Hamburg während der Pestjahre 1712—1714 (aus dem Jahrbuche der Hamburgischen Wissenschaftlichen Anstalten. X. 2. Hamburg, Lucas Gräfe & Sillem. 1893. 118 S.) liegt in ihrem ersten Theile, in der durchsichtigen Darstellung der Hamburgischen Politik gegenüber den feindseligen Nachbarn Dänemark und Hannover, gegenüber der bei aller scharfen Wahrung des eigenen Interesses doch principiell wohlwollenden Haltung Brandenburg-Preußens und gegenüber dem inkonsequenten Verhalten des Wiener Hofes, der immer wieder versucht, seine Autorität in Hamburg geltend zu machen, ohne es doch in seinen Nöthen schützen zu können. Diese sich im Laufe der hamburgischen Geschichte unter den verschiedensten Kombinationen oft wiederholende schwierige Lage Hamburgs, welche durch das Hinzutreten Schwedens und Rußlands — in anderen Fällen gehörten statt dessen meist Frankreich, die Generalstaaten oder England zu den Betheiligten — sich noch mehr verwickelte, wird in mustergültiger Weise auf Grund umfassender Quellenforschungen im In- und Auslande dargestellt. Dabei erfahren wir manche neue Thatsachen betreffs der nach Hamburg gesandten kaiserlichen Kommission, der — ganz harmlosen — Beziehungen des schwedischen Generals Stenbock zu Hamburg kurz vor dessen Niederbrennung Altonas u. a. Hieran schließt sich dann die ausführliche Beschreibung der verheerenden Pestepidemie selbst, welche lehrreiche Vergleiche mit allerjüngsten Ereignissen aufdrängt und, wie so manche andere schwere Schicksalsschläge, für Hamburg den Beginn einer neuen Entwicklungsperiode bedeutet. — Vielleicht hätten im ersten Theile der werthvollen und allgemein interessirenden Arbeit bei den Urtheilen über die Politik der Nachbarn deren wesentliche und theilweise jedenfalls durchaus berechtigte eigene Interessen etwas mehr berücksichtigt werden können.

Richard Ehrenberg.

F. Frensdorff, Briefe König Friedrich Wilhelm's I. von Preußen an Hermann Reinhold Pauli (Göttingen, Dieterich'sche Verlagsbuchhandlung. 1893. 58 S. 4°. — Aus dem 39. Bande der Abhandlungen der kgl. Gesellschaft der Wissenschaften zu Göttingen), bietet in seiner Schrift etwas ganz anderes, als der Titel vermuthen läßt. Im Eingange bringt er die Geschichte der Reformation in Danzig; erst im letzten Viertel kommt er zu den Briefen. In Wirklichkeit behandelt der Aufsatz mit vieler Liebe die Geschichte der Danziger Theologenfamilie Pauli seit dem 16. Jahrhundert „in Verbindung mit den Geschicken der Zeit, die sie durchlebte, und die oft tief genug in ihre Verhältnisse eingegriffen haben". Im Anfang tritt das Individuelle vielleicht zu sehr hinter dem Allgemeinen zurück, und eine Überzahl gelehrter Notizen erschwert die Lektüre. Erst mit der Biographie Reinhold Pauli's (1638—1682), der die Familie aus Danzig nach dem westlichen Deutschland verpflanzt hat, kommt das Persönliche zu seinem Rechte. Die wörtlich abgedruckten vierzehn Handschreiben Friedrich Wilhelm's an den Hallischen Hofprediger Hermann Reinhold Pauli (1682—1750)

12*

verdienen in der Mehrzahl nicht die hohe Werthschätzung, die Frensdorff ihnen
beilegt. Aber die daran angeknüpften Erörterungen über die religiöse
Stellung und die Kirchenpolitik Friedrich Wilhelm's sind vorzüglich, sie sind
mit das Beste, was bisher darüber geschrieben worden ist.   O. K.

Jwanowius hat in seiner Arbeit „Die Vernichtung des ständischen
Einflusses und die Reorganisation der Verwaltung in Ostpreußen durch
Friedrich Wilhelm I." Abth. 1 (Sonderabdruck aus der Jubiläumsschrift für die Albertus-Universität 1894. Königsberg, Hartung'sche Buchdruckerei. 42 S.) auf Schmoller's bekannten Aufsatz weiterbauend gut und
richtig die Punkte dargestellt, von denen Friedrich Wilhelm's Reform in
Ostpreußen ausging. Er führt seine dankenswerthen Forschungen zunächst
bis zum Tode Waldburg's (1721). Der Tod des Grafen bildet allerdings
keinen Abschnitt in der inneren Geschichte Ostpreußens. Die Abhandlung
konnte, soweit sie sich mit den Ständen selbst befaßt, trotz allem Fleiß und
Scharfsinn die Forschung nicht endgültig beschließen, da dem Verfasser nur
die Königsberger Akten zu Gebote standen. Die durchaus noch ständisch
gesinnte Regierung der Provinz wurde von der Berliner Centralstelle in
allen wichtigen Angelegenheiten nur so weit in's Vertrauen gezogen, als
es unumgänglich war. Um ein Beispiel anzuführen: Die Huldigung
Friedrich Wilhelm's ist durchaus nicht so leicht von Statten gegangen, wie
man allgemein annimmt. Ilgen und Graf Alexander Dohna mußten erst
mühselige und schwierige Verhandlungen mit den Ständen pflegen, ehe diese
sich herbeiließen, ohne vorhergehende Erledigung ihrer Gravamina zu
huldigen. Die Akten darüber werden in den Acta Borussica, Behördenorganisation Bd. 2, veröffentlicht werden. Ein Theil davon ist bereits in
den „Aufzeichnungen über die Vergangenheit der Familie Dohna." Theil 3
benutzt worden.   O. K.

M. Grunwald's „Beiträge zur Charakteristik Friedrich's
des Großen" (aus dem Staats- und Stadtarchiv zu Breslau) betreffen
Verwaltung und Justizwesen, Beschleunigung des Prozeßverfahrens, Sicherung
des religiösen Friedens, besonders auch die Fürsorge des Königs für den
Bauernstand. (Deutsche Revue, April 1895.)

Eine Anzeige des 1. Bandes von Koser's „König Friedrich der Große",
der „Politischen Korrespondenz" des Königs und des Generalstabswerks über
die schlesischen Kriege in der Edinburgh Review (Aprilheft), unter dem Titel
„Alter Fritz", gestaltet sich zu einer lesenswerthen Studie über die ersten
Regierungsjahre des Königs.

Über die Bauerngesetzgebung unter Friedrich d. Gr. handelt
eine beachtenswerthe Straßburger Dissertation (1895) von Peter Schutia-
koff (einem Russen), die, auf Anregung von Professor Knapp entstanden,
dessen kurze Darstellung des Gegenstandes weiter ausführt, wobei der
Bauernschutz mehr in den Vordergrund gestellt wird als bei Knapp. Die

Auffassung, daß es sich in den Bestrebungen Friedrich's nicht sowohl um weitausjehende soziale Reformen, sondern vielmehr um die Erhaltung einer lebensfähigen, gutsherrlich=bäuerlichen Verfassung gehandelt habe, scheint uns zutreffend.

Wie sehr der rationalistische Geist in den letzten Jahrzehnten des 18. Jahrhunderts auch in die katholische Kirche und Geistlichkeit Deutschlands eingedrungen und wie sehr man auf protestantischer und katholischer Seite bemüht war, die alten Gegensätze zu mildern, zeigt speziell für Schlesien ein lehrreicher Aufsatz Grünhagen's in der Ztschr. f. Gesch. u. Alterth. Schlesiens Bd. 29, hauptsächlich auf Grund des von Lehmann erschlossenen Materials.

In derselben Zeitschrift schildert Grünhagen den Kampf der Breslauer Kaufmannschaft gegen das Merkantilsystem 1786/87, der mit Ertheilung einiger Konzessionen an den Breslauer Handel endigte, ohne daß das bisherige System gründlich verändert worden wäre. Es ist ein Spezialfall der allgemeinen Reaktion gegen die Fridericianische Wirthschaftspolitik, deren wichtigste Wirkung eine größere Freiheit des Transitohandels war.

Einen für die Wirthschaftsgeschichte Frankreichs im vorigen Jahrhundert werthvollen Aufsatz enthält die Revue de Champagne et de Bril (19, 12), eine Aufzählung sämmtlicher Lehen, Domänen und sonstigen Güter, die in der Zeit von 1772 bis 1792 in Reims veräußert worden sind.

Neue Bücher: Lettres de Pierre de Groot à Abraham de Wicquefort (1668—1674) p. p. F. J. L. Krämer. (La Haye, Nijhoff.) — Legrelle, Notes et documents sur la paix de Ryswick. (Lille, Desclée et de Brouwer.) — Cruppi, Un avocat journaliste au 18. siècle. Linguet. (Paris, Hachette. 3,50 fr.) — Sveriges... Riksdagsprotokoll. XIV, 2 (1742/43). (Stockholm, Norstedt. 6 Kr.)

Neuere Geschichte seit 1789.

Die von Brette veröffentlichten Berichte des Chefs der Pariser Polizei Thiroux de Crosne an König Ludwig XVI. vom 20. bis 30. April 1789, eine willkommene Ergänzung zu dem bekannten Werke von Chassin über die Wahlen und die Cahiers von Paris, enthalten Mittheilungen über die Vorgänge bei den Wahlmännerwahlen in Paris, wobei namentlich die große Eintracht zwischen Adel und Bürgerstand auffällt, über den Arbeiteraufstand im Faubourg St. Antoine ꝛc. (Révol. française, Februar 1895.)

Dasselbe Heft bringt eine Abhandlung über die idée autonomiste dans les districts de Paris en 1789 et en 1790, welche hauptsächlich die von den Parisern verlangte, von der National=Versammlung verweigerte Permanenz der Distrikte erörtert, und ein Kapitel aus dem

nächstens erscheinenden 4. Bande von Chassin's Vendée patriote (H. 8.
72, 381), die Sendung der Deputirten Lequinio und Laignelot nach Rochefort und der Vendée, mit Mittheilungen aus ungedruckten Memoiren über
die Schandthaten Lequinio's in den Gefängnissen von Fontenay-le-Peuple.

Bayssie veröffentlicht zwei Schreiben Napoleon's und Lucian's
an Joseph Bonaparte, deren Originale er in Ajaccio im Privatbesitz ermittelt
hat. Das Schreiben Napoleon's, Paris 22. Juni 1792, betrifft Lafayette,
den 20. Juni, die Parteikämpfe in Corsica, Arena, Peraldi, Familien-
angelegenheiten. Das höchst interessante Schreiben Lucian's, Acciani in
Corsica, 24. Juni 1792, tadelt die zweideutige politische Haltung Napoleon's.
J'ai toujours démêlé, schreibt Lucian, dans Napolione une ambition pas
tout à fait égoiste, mais qui surpasse en lui son amour pour le bien
public, je crois bien que dans un État libre c'est un homme dangereux.
Il me semble bien penché à être tyran, et je crois qu'il le serait
bien s'il fût Roi et que son nom serait pour la postérité et pour le
patriote sensible un nom d'horreur. Von sich selbst schreibt Lucian (dem
Napoleon damals vorwarf: tu cours après le pathos): Je me sens le
courage d'être tyrannicide, je mourrai un poignard à la main. (Rev.
de Paris, 15. März.)

Die von Hermant unter dem Titel L'Égypte en 1798 veröffentlichten Auszüge aus dem Tagebuch des Malers Redouté, der als Mitglied der wissenschaftlichen Kommission Napoleon 1798 nach Ägypten
begleitete, geben hauptsächlich eine Schilderung der damaligen Zustände dieses
Landes, enthalten aber auch einzelne interessante Angaben über geschichtliche
Vorgänge, z. B. den Eindruck der Seeschlacht von Abukir auf die Zuschauer
am Lande, die Empörung in Kairo (Oktober 1798) und deren grausame
und verlustreiche Unterdrückung u. s. w. Über Napoleon selbst scheint das
Tagebuch wenig oder nichts zu enthalten. Bemerkenswerth sind die Mittheilungen Redouté's über die schlechte Behandlung der wissenschaftlichen
Mitglieder der Expedition durch die Offiziere, welche den Gelehrten die
Schuld an der wenig beliebten Unternehmung zuschrieben. (Revue bleue,
22. Dezember 1894 bis 9. März 1895.)

Die Rev. des deux Mondes (15. März, 1. April u. 15. Mai) veröffentlicht
aus A. Sorel's 5. Bande den Abschnitt de Léoben à Campo-Formio.

In einer sehr umsichtigen und einleuchtenden Untersuchung über den
Bruch des Friedens von Amiens stellt W. Elebahl fest, daß die
kommerzielle und koloniale Politik Napoleon's, verbunden mit der Ausdehnung der französischen Macht auf dem Festland, England zur Erneuerung
des Krieges genöthigt hat. Der Streit um Malta war wichtig, aber keineswegs entscheidend, das Aufsehen über die Veröffentlichung des Berichtes
Sebastiani's diente nur als Vorwand. (The principal causes of the

renewal of the war between England and France in 1803, in den Transactions of the royal hist. society.)

E. Charavay gibt in der Form einer Chronik eine sorgfältige und genaue Darstellung der äußeren Hergänge in dem Leben Lafayette's, wobei die Angaben der älteren Biographien mehrfach berichtigt werden. (Révol. franç., Februar und März 1895.) In dem Literaturverzeichnis fehlt das Buch Kapp's über J. E. Bollmann (1880).

L. Pingaud veröffentlicht eine in den Papieren von Antraigues gefundene Denkschrift über den sicilischen Hof im Jahre 1809, deren Verfasser J. E. Mellish von 1807 bis 1809 englischer Legationssekretär in Sicilien war. Neben einer Schilderung des Königs, dessen ursprünglich gute Anlagen gerühmt werden, der Königin, des Hofes, des Marquis Circello u. s. w. enthält die Denkschrift eine drastische Darstellung der wirth- schaftlichen Zerrüttung auf Sicilien, der Verworfenheit und Bestechlichkeit der Behörden und Gerichte, und der verzweifelten Stimmung der Einwohner, welche die Franzosen als Befreier von einer verhaßten Regierung herbei- sehnen. (Rev. d'hist. diplom., 1894, 2 und 1895, 1.)

In der Fortsetzung der Veröffentlichung „Aus Karl Friedrich Reinhard's Leben" behandelt W. Lang, hauptsächlich nach den Publikationen von Du Casse und nach Familienpapieren, die Thätigkeit Reinhard's als Gesandter am Hofe König Jerome's (1808—13), indem er besonders dessen Doppelstellung als pflichttreuer Beamter Napoleon's und als Freund Deutschlands beleuchtet. (Deutsche Rundschau, März und April 1895.)

Adolf Beer's Abhandlung „Zur Sendung Metternich's nach Paris im Jahre 1810", die auch Aktenstücke enthält, betrifft den von Metternich am 30. Oktober 1810 in Paris unterzeichneten Handelsvertrag, dem Kaiser Franz infolge des energischen Widerspruchs des Grafen Wallis die Genehmigung versagte. (Mitth. d. österr. Instituts 1895, 1.)

Das von Thomas Ussher, dem Kommandanten des englischen Kriegs- schiffes Undaunted, geführte Tagebuch über die Reise Napoleon's von Frejus nach Elba, das in einer amerikanischen Zeitschrift (vgl. H. Z. 71, 187) und in Plon's Revue hebdomadaire veröffentlicht wurde, ist jetzt auch in deutscher Übersetzung von O. Simon erschienen (Amsterdam, Diedmann. 1894). Ob es identisch ist mit dem in der Revue Britannique (1841) veröffentlichten Journal de la traversée de Napoléon de Fréjus à l'île d'Elbe? Ussher's Aufzeichnungen betreffen die Fahrt Napoleon's nach Elba und die ersten Wochen seines Aufenthaltes auf dieser Insel (24. April bis 28. Mai 1814). Über Gespräche mit Napoleon an Bord des Northumberland hat kürzlich Lord Lyttelton berichtet. (Revue bleue, 8. Sept. 1894.)

Unter dem Titel „Irrfahrten und Abenteuer eines mittel=
staatlichen Diplomaten. Ein Lebens= und Kulturbild aus den Zeiten
um 1800" (Leipzig, Hirzel. 1894. 435 S.) schildert der Freiherr Ludwig
v. Ompteda das Leben Friedrich's v. Ompteda, der, 1772 geboren,
nach wechselvollen Schicksalen in kurbraunschweigischen und westfälischen
Diensten, im Jahre 1819 als kgl. hannoverscher Gesandter in Rom gestorben
ist. Sein Name wurde einst viel genannt bei Gelegenheit des skandalösen
Prozesses gegen die Königin Karoline von England (1820), die er auf
ihren Reisen in Italien zu beobachten hatte, um ihrem Gemahl die zur
glücklichen Durchführung eines Scheidungsverfahrens nöthigen Beweise zu
verschaffen. Der Verfasser, der vor kurzem in der Biographie Christian's
v. Ompteda ein so interessantes Buch geliefert hat, hat es auch hier an
ernsten Forschungen nicht fehlen lassen und aus Familienpapieren wie aus
den Archiven zu Berlin und Hannover manches Wissenswerthe über seinen
Helden zusammengebracht. Dies ist besonders der Darstellung der west=
fälischen Zeit zu gute gekommen, wo Ompteda in Darmstadt, Frankfurt
a. M. (bei Dalberg) und in Wien Gesandter war, sowie der Erzählung
seiner eigenartigen Beziehungen zu Karoline von England und der un=
erfreulichen Zwischenfälle, die ihm in der Ausführung seines Auftrages
begegneten. Eine „geschichtliche Quelle", wie der Verfasser selbst erkennt, ist
die Arbeit darum nicht geworden; wohl aber ein nicht uninteressantes
„Lesebuch" für Anspruchslose, die an dem bunten Wechsel einer Erzählung,
die bald am Reichstag in Regensburg, bald im alten Hannover, am Hofe
Jerome's und in der Villa Karoline's spielt, ihr Gefallen finden werden.

Der von Th. Wiedemann veröffentlichte Briefwechsel Ranke's
mit Bettina v. Arnim entstammt den Jahren 1827—29, der Zeit von
Ranke's erster großer Reise, über die er aus Wien und Rom in seiner
damaligen so persönlichen und lebendigen Schreibweise berichtet. Bettina's
Briefe, in denen sich nach ihren eigenen Worten ihr Geist wie ein „Spiel=
rätzchen" tummelt, besprechen gesellschaftliche Ereignisse in Berlin, Varnhagen
und Rahel u. dgl. Der Briefwechsel zeigt ein nahes und herzliches Ver=
hältnis, das aber, schnell wie es entstanden, auch wieder vergangen ist.
(Deutsche Revue, April 1895.)

G. Monod schildert, ausführlicher als in seiner kürzlich hier besprochenen
Abhandlung (H. Z. 74, 376), die Wirksamkeit Michelet's an der école
normale und zeigt unter Benutzung von nachgeschriebenen Vorlesungen
den einheitlichen Gang in der geistigen Entwicklung Michelet's, dem der
Abfall vom katholischen Royalismus zum Radikalismus mehrfach vor=
geworfen ist. Monod hält jene Jahre (1827—38) für Michelet's beste Zeit,
die damals entstandenen Werke für seine besten. (Revue des deux Mondes,
15. Dezember 1894.)

In der Revue des deux Mondes (1. März 1895) macht Graf
Benedetti Mittheilung von seinen Erlebnissen als Diplomat in Konstan=

tinopel zur Zeit des Krimkrieges. Die Aufzeichnungen, die auch einige Gesandtschaftsberichte enthalten, bringen im Ganzen wenig Interessantes; in der Hauptsache schildern sie kleinere Zerwürfnisse zwischen den drei Verbündeten Frankreich, England und der Pforte. Die Schuld an diesen Zwistigkeiten wird in erster Linie dem unverträglichen und launenhaften Lord Stratford, dem Botschafter Englands, zugeschrieben, sodann dem Großwessir Reschid Pascha, der mit diesem eng liirt gewesen sei.

Einen sehr interessanten Essay über die Kolonialpolitik Frankreichs im 19. Jahrhundert liefert Schefer in der Rev. d'hist. dipl. IX, 1. Er weist nach, daß die französische Kolonialpolitik in ihren Erfolgen und Mißerfolgen abhängig ist von der Festigkeit der französischen Regierung und ihrer europäischen Politik, insbesondere ihrem Verhältnisse zu England, das jede überseeische Unternehmung Frankreichs mit Eifersucht überwache. So errang Frankreich unter Karl X., gestützt auf Rußland und dadurch gegen England gedeckt, in Madagaskar und Nordafrika große Erfolge; die Regierung Louis Philipp's dagegen mußte ihre ganze Aufmerksamkeit auf die Ereignisse in Frankreich und Europa konzentriren und hatte keine Kräfte für eine expansive Kolonialpolitik übrig. In den ersten 10 Jahren verhinderten ebenfalls die bewegten europäischen Verhältnisse und die Bundesgenossenschaft mit England energische koloniale Unternehmungen; erst in den sechziger Jahren wurden sie wieder aufgenommen, aber bald durch den Konflikt mit Preußen wieder lahmgelegt.

Heinrich Gelzer. Von Friedrich Curtius, (Gotha. Perthes. 1892. 57 S.) Die an den Großherzog Friedrich von Baden gerichtete Widmung des Verfassers enthält die Worte: „Was Gelzer's patriotisches Streben auszeichnet, ist die innige Beziehung der politischen Aufgaben des Tages auf die ewigen und höchsten Ziele der Menschheit." Sie erklären zugleich die umfassende Wirksamkeit dieses Mannes, der den Fesseln des Staatsamtes sich zu entziehen wußte und doch den wichtigsten Ereignissen der deutschen Geschichte seit den vierziger Jahren nahe gestanden, zuweilen auf dieselbe Einfluß ausgeübt hat. Über seine Vertrauensstellung zu dem genannten Großherzog, zu Friedrich Wilhelm IV. von Preußen, zu Kaiser Wilhelm I. werden interessante Mittheilungen gemacht, auch über die Rolle, welche ihm in der Zeit des Vatikanischen Konzils und in den Vorbereitungen zur Neuaufrichtung des deutschen Kaiserthums zufiel. Vor allem aber fesselt die Persönlichkeit Gelzer's, in welcher Patriotismus, Bildung und Christenthum harmonisch sich vereinigten. Er blickte weiter als die meisten seiner Zeitgenossen und urtheilte aus einer geschlossenen Lebensanschauung heraus. Darum konnte er als Staatsmann wie als Publicist das Wort ergreifen und sich Gehör verschaffen.   Karl Mirbt.

G. Rathlef, Bismarck und Österreich bis 1866 mit besonderer Berücksichtigung des Sybel'schen Werkes (Sonderabdr. a. d. Balt. Monatsschrift 1892 nebst einem Zusatzartikel: Die Beurtheilung der österreichischen und preußischen Politik im Sybel'schen Werke. Reval 1893), gibt zwei ansprechende Vorträge und zwei in der Form sehr wohlwollend gehaltene, in der Sache stark polemische Artikel gegen H. v. Sybel. Die erhobenen Vorwürfe beruhen vielfach, wie z. B. der gegen die Auffassung der preußischen Februar=Forderungen, der gegen die Darstellung der Gasteiner Konvention, überhaupt der schleswig=holsteinschen Frage in Einzelheiten wie in ihrer Ausgestaltung zu einer deutschen Angelegenheit auf einer Verken=nung staatsrechtlicher Begriffe und völkerrechtlichen Verkehrs. Sie grup=piren sich um die Behauptung, daß Sybel trotz seines redlichen Willens es nicht verstanden habe, die österreichische Politik gerecht zu beurtheilen. So ernsthaft dieser Vorwurf zu behandeln wäre, so fehlt hier der Anlaß. Denn die Begründung, daß nämlich jedes nähere Eingehen, jedes Ver=ständnis für den großen Schmerz fehle, den es Österreich bereiten mußte, auf seine hergebrachte Stellung zu verzichten, beruht auf einem methodischen Fehler. Die Beurtheilung der österreichischen Politik war eine wesentliche Aufgabe der Sybel'schen Darstellung, nicht aber die Erörterung der Gefühle, welche Österreich hatte, als die Konsequenzen dieser Politik durch Preußen gezogen wurden Andere Leser werden sich daher die angebliche Lücke selbst ergänzt haben.   E. B.

R. Leonow, Geheime Dokumente der russischen Orient=Politik 1882—1890. Nach dem in Sofia erschienenen russischen Original heraus=gegeben (Berlin, S. Cronbach. 1893.) Seit der Mitte des vorigen Jahrzehnts hat kaum ein Ereignis so bedeutend auf die europäische Lage eingewirkt, wie die mit einem Thronwechsel verbundene Verdrängung des russischen Einflusses aus Bulgarien. Eine Aktenpublikation hierüber wird daher nicht nur das Interesse des Politikers erwecken, sondern auch das Auge des zukünftigen Historikers auf sich ziehen. Nun ist 1892 eine solche in Sofia erschienen, die auf das Prädikat „authentisch" Anspruch erhebt, und von dieser ist durch Leonow eine deutsche Ausgabe besorgt worden, welche, indem sie die von dem Vorsitzenden der Sobranje, dem Bürgermeister Petkow von Sofia, in bulgarischer Sprache geschriebene Vorrede als eine parteiische, und die in russischer Sprache von dem russischen Konsulats=Dragoman Jakobsohn als eine nicht genügend orientirte historische Einleitung fort=läßt und beide durch eine Sammlung historischer Daten wie eine ganz kurze Erinnerung an die feststehenden Thatsachen ersetzt, doch für die 241 — z. Th im Auszuge — mitgetheilten Aktenstücke vollen Glauben verlangt. Mit vollster Sicherheit läßt sich darüber noch nicht urtheilen. Nur so viel er=fahren wir, daß der Herausgeber der russischen Ausgabe die Akten für echt erklärt, daß der genannte Jakobjohn 1891 von Rußland wegen Entwendung von Dokumenten verfolgt ist, daß er nach der Abberufung der russischen Konsuln von 1886 bis 1889 in Rustschuk und später in Bukarest bequeme Gelegenheit gehabt habe, Abschriften aus den sonst nicht unbeaufsichtigten

Archiven zu nehmen, daß Jakobsohn gar nicht die Fähigkeit zu einer solchen Fälschung besitze und endlich, daß viele Personen von Bedeutung an der Echtheit keinen Zweifel hätten. Gegen die Echtheit spricht auch der Umstand wenigstens nicht unbedingt, daß sich die ganze Veröffentlichung als eine That der Nothwehr Bulgariens in dem ihm von Rußland aufgedrungenen Kampf auf Leben und Tod gibt. E. B.

Neue Bücher: Weil, La campagne de 1814. III. (Paris, Baudouin.) — Mém. du chanc. Pasquier. VI. (1824—1830). (Paris, Plon. 8 fr.) — Ebén, Die schwedisch-norwegische Union und der Kieler Friede. Deutsche Ausgabe von Fr. Arnheim. (Leipzig, Duncker & Humblot. M. 3,60.) — R. Hübner, Jakob Grimm und das deutsche Recht. (Göttingen, Dieterich.) — Thirria, Napoléon III. avant l'empire. I. (Paris, Plon. fr. 8.) — Duval, Napoléon III, enfance, jeunesse. (Paris, Flammarion.) — Hoenig, Die Entscheidungskämpfe des Mainfeldzuges an der Fränkischen Saale. (Berlin, Mittler. Mk. 6.) — W. Graf Roon, Kriegsminister v. Roon als Redner. I. (Breslau, Trewendt. 6 M.) — v. Poschinger, Fürst Bismarck. Neue Tischgespräche und Interviews. (Stuttgart, Deutsche Verlagsanstalt.)

Deutsche Landschaften.

Die Mittheilungen der Badischen historischen Kommission (1894, Nr 16) bringen Archivalien-Verzeichnisse und kurze Regesten aus Orten verschiedener badischer Amtsbezirke, sowie ein umfang- und inhalt-reiches, Urkunden des 13.—18. Jahrhunderts umfassendes „Verzeichnis der in dem Familienarchiv der Freiherrn Roeder von Diersburg in Baden ent-haltenen Archivalien (angefertigt von H. Isenbart)", wobei zu bemerken ist, daß dieses Familien-Archiv seit 1892 im Großherz. General-Landesarchiv zu Karlsruhe hinterlegt ist.

Edgar Andreae's Buch, die Geschichte der Jagd im Taunus. (Frankfurt 1894. Selbstverlag. 423 S.) muß als erster Versuch auf diesem Gebiete mehrfach auf Nachsicht rechnen. Verfasser ist alter Jäger und Praktikus; für die Darstellung der ihm seit langer Zeit bekannten jetzigen Verhältnisse der Jagd und des Wildstandes ist reiches Material zusammen-gebracht. Von der Besprechung dieses Theiles ist hier abzusehen. Der erste, die ältere Zeit behandelnde Theil des Buches ist dürftig, bei Sammlung des archivalischen Materials sind zu enge Grenzen gezogen. Was zufällig das Frankfurter Stadtarchiv, Lersner's Chronik, Bodmann, Scharf's hohe Mark u. a. boten, ist verwerthet. Als Frankfurter hat der Verfasser vorwiegend nur die nahegelegenen Theile des Taunus, namentlich im Homburgischen, berücksichtigt; die gleiche, wenn nicht noch weit umfassendere Behandlung hätten die großen Jagdgebiete der Erzbischöfe von Mainz, der Grafen von Katzenelnbogen und von Nassau im mittleren und westlichen Taunus ver-

dient. Hier hätten archivalische Studien eintreten müssen, an welchen Ver=
fasser vorübergeht. In diesen Abschnitten bietet das Buch nicht, was der
Titel sagt. Auch Disposition und Anordnung sind hier mangelhaft, vieles
nicht zur Sache Gehörige eingeschoben, wie lückenhafte Verzeichnisse germa=
nischer und römischer Bauten, von römischen Kastellen, alten Begräbnis=
stätten. Recht mangelhaft ist ein beigegebenes Verzeichnis von Weistümern.
Einer nicht immer glücklichen Neigung zu etymologischen Spielereien läßt der
Verfasser bei jeder Gelegenheit die Zügel schießen; wir begegnen überall den
ungeheuerlichsten Versuchen zur Erklärung von Orts= und Flurnamen im
Taunus, die meistens besser unterblieben wären. Beigegeben ist eine Karte
des behandelten Gebiets.   S. W.

Das 15. Heft der Beiträge zur Geschichte von Stadt und Stift Essen
(herausgegeben vom Hist. Verein in Essen 1894) enthält zwei kleine Artikel
von Arens über das Wappen des Stifts und der Stadt Essen sowie eine
sehr summarische Übersicht über die Verfassung des Stifts aus der Feder
desselben Verfassers, die er als Einleitung einem Abdruck des Landesgrund=
vergleichs vom 14. September 1794 vorausschickt. Zwei weitere Artikel von
Grevel und Humann beschäftigen sich mit der Baugeschichte Essens, der
letzte, verhältnismäßig beste von Dr. Ferd. Schröder bringt Beiträge
zum Leben der Äbtissin Meina von Oberstein (1489—1521). Aus dem
Jahresbericht geht hervor, daß das historische Interesse in Essen kein sehr
reges zu sein scheint. Der Zusammenhang zwischen der modernen Industrie=
stadt und dem alten Stiftsflecken ist wahrscheinlich nur sehr locker. Kohlen=
schächte und Fabrikschlote sind schlechte Wegweiser zur Vergangenheit.

In dem Pförtner Stammbuche 1543—1893 (Berlin, Weidmann.
564 S.) bietet Dr. Max Hoffmann, Oberlehrer an der Landesschule Pforta,
ein auf gründlichster Quellenforschung beruhendes Verzeichnis sämmtlicher
Zöglinge jener altberühmten Anstalt von ihrer Gründung bis zu ihrer 350jähr.
Stiftungsfeier im vergangenen Jahre. Das Verzeichnis umfaßt nicht weniger
als 12079 Nummern, und wenn sich daher der Herausgeber bemüht hat,
die für das Leben der einzelnen Zöglinge wichtigen Nachrichten und Daten,
soweit er irgend konnte, genau zu ermitteln, so verdient sein Fleiß die
höchste Anerkennung.   v. Egloffstein.

G. Biermann, der bewährte Forscher auf dem Gebiete der Geschichte
Österreichs=Schlesien, hat eine zweite Auflage seiner 1863 zuerst erschienenen,
seit zwanzig Jahren bereits vergriffenen „Geschichte des Herzog=
thums Teschen" (Teschen 1894, VIII, 301 S.) veröffentlicht. Auf
Grund der zahlreichen Publikationen Grünhagen's und Markgraf's und
nochmaliger Forschung im Breslauer Staatsarchiv hat er die meisten Par=
tieen einer durchgreifenden Neubearbeitung unterworfen. Dieselbe ist be=
sonders der ältesten Geschichte zu Gute gekommen; doch hätte gerade hier
die neuere historische Literatur von polnischer Seite einige Berücksichtigung

verdient. Der Titel eines comes (S. 35) bezeichnet in der polnischen Zeit keine Adelswürde, sondern einen Beamtencharakter. Die deutschen Kolonisten erhielten ihre Hufen nicht „erbeigenthümlich" (S. 39), sondern zu Erbzins= recht, durch das ein Eigenthumsrecht des Bauern keineswegs begründet wurde. Die Einführung des Amtes der schlesischen Oberhauptmannschaft durch Kaiser Sigismund (S. 95, Anm. 2) war nur eine vorübergehende Episode. Daß erst „allmählich" (S. 164) der teschnische Adel sich in einen Herren= und Ritterstand geschieden habe, ist abzuweisen. Von „Verlust der persönlichen Freiheit" und „Leibeigenschaft" des Bauernstandes zu sprechen (S. 168), ist unstatthaft (vgl. jetzt auch darüber G r ü n b e r g, Die Bauern= befreiung in Böhmen, Mähren und Schlesien, Leipzig 1894. I. S. 87 ff.). Der Adel verlor seine alte militärische Bedeutung nicht erst durch die Ein= führung der stehenden Heere (S. 200). Eine eingehendere Behandlung der Entstehung und der älteren Geschichte der teschnischen Landesstände wäre erwünscht gewesen. Auch in seiner neuen Gestalt wird sich das verdienst= liche Buch Freunde in der Heimat seines Verfassers erwerben.

F. Rachfahl.

Die historische Stellung der Radziwill. (Berlin, v. Decker. 1892.) Die ein Fünftel des vorliegenden Heftes (21 S.) füllende „geschichtliche Erörterung" enthält eine rein thatsächlich gehaltene Aufzählung der Heiraten von weiblichen Mitgliedern des Hauses Radziwill in souveräne Fürstenhäuser und ihrer Descendenzen und entspricht (nach einer Note zu dem letzten Stücke des Anhangs) dem Inhalte nach einer im Jahre 1886 an den Kronprinzen Friedrich Wilhelm gerichteten Denkschrift, die nachweisen sollte, daß die Radziwill den souveränen Fürstenhäusern in Bezug auf das Erbrecht voll= kommen gleichberechtigt seien, daß also die Ehe des zweiten Sohnes Friedrich Wilhelm's III. (des Prinzen Wilhelm) mit Elisabeth Radziwill unbedingt vollgültig, die Nachkömmlinge dieser Ehe vollkommen erbberechtigt auf den preußischen Thron gewesen wären. Unter den 26 Nummern des Anhangs gehören 13 (diplomatische Berichte u. ä.) dem Jahre 1688 an; den Beschluß macht ein Stück aus dem auf die Denkschrift bezüglichen Schreiben des Verfassers (Biarriß, 28. August 1886) an den preußischen Justizminister.

L—r.

Neue Bücher: G a t r i o, Die Abtei Murbach im Elsaß. 2 Bde. (Straßburg, Le Roux. 15 M.) — K a l c h s c h m i d t, Gesch. des Klosters, der Stadt und des Kirchspiels St. Georgen auf dem badischen Schwarz= walde. (Heidelberg, Winter. 6 M.) — C h r i s t, Neues Archiv für die Geschichte der Stadt Heidelberg. II. (Heidelberg, Koester. 2,40 M.) — K. K ö s t l e r, Handbuch der Gebiets= und Ortskunde des Königreiches Baiern. I. Urgeschichte und Römerherrschaft bis zum Auftreten der Bajoarier. (München, Lindauer. 10 M.) — B u f f, Augsburg in der Renaissancezeit. (Bamberg, Buchner. 2,50 M.) — D o b e n e c k e r, Re- gesta diplomatica necnon epistolaria hist. Thuringiae. I. (c. 500—1120.)

(Jena, Fischer. 15 M.) — Frhr. v. Uslar-Gleichen, Gesch. der Grafen von Winzenburg. (Hannover, Meyer.) — Nehlsen, Dithmarscher Geschichte (Hamburg, Verlagsanstalt. 5 M.)

Vermischtes.

Vom 26. Juli bis 3. August d. J. wird in London der sechste internationale Geographenkongreß tagen, zu dem auch aus Deutschland zahlreiche Betheiligung in Aussicht steht.

Die Göttinger philos. Fakultät hat folgende (langathmige) neue Beneke-sche Preisaufgabe für das Jahr 1898 ausgeschrieben: Apollodori chronicorum reliquiae colligantur, emendentur, illustrentur. Jubemus ipsum librum restitui, quoad hoc fieri potest, artem poéticam, elocutionem, figuras dicendi explicari, consilium et studia grammatici, rationes chronologicas examinari. Optamus, ut definiatur, a quibus chronica lecta sint, quantam apud posteros auctoritatem habuerint; sed in fidem rerum narratarum inquiri non expectamus. Bewerbungs-schriften sind in lateinischer Sprache zum 31. August 1897 an die philosophische Fakultät zu Göttingen einzusenden. 1. Preis 1700 M., 2. Preis 680 M.

Der Vorstand der Gesellschaft für Rheinische Geschichtskunde (Vorsitzender: Stadtarchivar Dr. Hansen, Köln) macht bekannt, daß die Frist für die Preisaufgabe der Mevissen-Stiftung: „Ursprung und Entwicklung der Verwaltungsbezirke (Ämter) in einem oder mehreren größeren Territorien der Rheinprovinz bis zum 17. Jahrhundert", bis zum 31. Januar 1897 verlängert worden ist.

Der „Deutschbund" in Berlin erläßt ein Preisausschreiben für eine „Geschichte des deutschen Volkes". Einzureichen ist zunächst nur die Bearbeitung zweier Abschnitte: Zeit der Hansablüte und der ostdeutschen Kolonisation, und Zeitalter Friedrich's des Großen. Einlieferungsfrist bis zu Bismarck's Geburtstag, 1. April 1896, Preis 1000 M. und nach Abschluß und Begutachtung des dann zu vollendenden Ganzen weitere 2000 M. Zirkulare und Auskunft durch den Bundeswart Dr. Friedrich Lange in Berlin und den zweiten Schriftwart: Karl Techentin, Berlin SW., Zimmerstr. 7

Am 12. Februar starb zu München der Konservator der dortigen ägyptologischen Sammlungen, Franz Josef Lauth, im 73. Lebensjahr (geb. am 18. Februar 1822 zu Arzheim in der Rheinpfalz). Seine Schriften gehören zumeist der ägyptischen Alterthumskunde an; bekannt sind namentlich seine Untersuchungen über Manetho und den Turiner Königspapyrus (München 1869).

In Hannover starb am 18. Februar der dortige Staatsarchivar und Geh. Archivrath Karl Eduard Gustav Janicke, geb. am 1. Januar 1829 zu Magdeburg, der sich namentlich um die mittelalterliche Geschichtschreibung durch Publikationen von Texten und Urkunden verdient gemacht hat („Magdeburger Schöffenchronik", „Queblinburger Urkundenbuch", „Geschichte der Stadt Ülzen"). Über der Herausgabe des Urkundenbuches des Hochstiftes Hildesheim hat ihn der Tod ereilt.

Am 19. Februar starb im Alter von 52 Jahren der Geh. Legationsrath Ludwig v. Hirschfeld. Nachdem er vor zehn Jahren als Botschaftsrath in Konstantinopel das Unglück gehabt hatte, zu erblinden, wandte er sich unter Beihilfe seiner Gattin ganz geschichtlichen Studien zu, die sich namentlich auf sein engeres Heimatsland Mecklenburg bezogen. Vor vier Jahren erschien seine vortreffliche Biographie des Großherzogs Friedrich Franz II., und eine interessante Publikation von ihm über den mecklenburgischen Staatsmann v. Plessen haben wir noch unlängst an dieser Stelle notirt (72, 565).

Am 17. Februar starb zu Halle Julius Opel, der verdiente Geschichtschreiber der dänisch-niederdeutschen Periode des Dreißigjährigen Krieges (geb. 17. Juli 1829 zu Loitschütz bei Zeitz). Erst im vorigen Jahre war der 3. und letzte Band seines Hauptwerkes erschienen (Der niedersächsisch-dänische Krieg. Halle 1871—94). Er hat außerdem in vielen kleinen Arbeiten sich rührig an der thüringisch-sächsischen Lokalforschung betheiligt.

Auch der Anfang Februar in Prag im Alter von 73 Jahren verstorbene Historiker Ed. Schebek hat sich hauptsächlich durch seine Studien zum Dreißigjährigen Kriege, speziell zur Wallensteinfrage, bekannt gemacht.

In Basel starb am 2. März der Professor der Theologie Bernhard Riggenbach (geb. 1848 zu Karlsruhe), Verfasser mehrerer Schriften zur Reformationsgeschichte. — Ebenso war für Elsässer Reformationsgeschichte thätig der Mitte März in Straßburg im 83. Lebensjahre verstorbene Professor Karl Schmidt.

In Göttingen starb am 9. April Professor Ernst Steindorff, der hier vor allem die historischen Hülfswissenschaften vertrat. 1839 zu Flensburg geboren als Sohn eines Arztes, der sich in den schleswig-holsteinschen Kämpfen von 1849/50 einen allerseits geachteten Namen erworben hat, studirte er in Göttingen unter Georg Waitz, in Berlin und Kiel. Mit K. F. Sammer befreundet, war er 1864 für die Sache des Prinzen Friedrich von Augustenburg thätig. 1866 habilitirte er sich in Göttingen und lehrte hier, seit 1883 als Ordinarius, ununterbrochen bis an sein Ende. Die wenn auch kleine Zahl seiner Schüler verdankt dem ebenso liebenswürdigen wie gewissenhaften Lehrer die sorgfältigste Ausbildung in den mühsamen Hülfsdisziplinen. Seine hauptsächlichen Werke sind die Jahrbücher Heinrich's III. (2 Bde. 1876—81) und die höchst verdienstvolle Neubearbeitung des Dahlmann-Waitz in sechster Auflage (1894), ein Werk mehrjährigen mühsamsten Fleißes. Eine ausführliche Biographie Sammer's, die er begonnen, hat er leider nicht mehr zum Abschluß führen können.

Am 22. Februar starb zu Paris im Alter von 87 Jahren der pro=
testantische Theologe und Kirchenhistoriker Puaux, u. a. Verfasser einer
Geschichte der französischen Protestanten.

In London starb am 5. März der berühmte Archäologe und Sprach=
forscher Sir Henry Rawlinson im 85. Lebensjahre (geb. 1810). Ur=
sprünglich Militär und Diplomat, benutzte Rawlinson seinen dienstlichen
Aufenthalt in Persien zu sprachlichen und archäologischen Studien, und von
seinen Abklatschen und Entzifferungen der altpersischen und assyrisch=babylo=
nischen Keilinschriften datirt eine neue Epoche der Keilschriftforschung. Sein
großes Hauptwerk sind The cuneiform inscriptions of Western Asia in
4 Bänden, 1861—70.

Am 11. März starb in Mailand der italienische Geschichtschreiber
Cesare Cantu im 88. Lebensjahre (geb. 8. Dezember 1807 zu Brivio in
der Lombardei), Verfasser der bekanntesten Weltgeschichte in italienischer
Sprache (in 35 Bänden, 1835 begonnen, in katholischer Auffassung geschrieben).
Er hat außerdem zahlreiche kleinere historische und literarhistorische Arbeiten
veröffentlicht und auch als Dichter sich einen angesehenen Namen erworben.

Über Viktor Duruy veröffentlicht E. Lavisse in der Revue de
Paris vom 15. Februar und 1. März Erinnerungen aus intimer Kenntnis.

————————

Entgegnung.

Zu der Kritik in Bd. 74, 347 dieser Zeitschrift bemerkt der Unterzeichnete
zur Steuer der Wahrheit Folgendes:

Die beiden vom Ref. getroffenen „Artikel" B. J. Heft 94 und Beilage
zur Allgem. Ztg. 1894 Nr. 250 enthalten keine Wiederholungen, sondern
bringen im Gegentheile die betr. Resultate in erster Form, ebenso die
Arbeit über den „Drachenfels".

Neustadt a. d. H., 20. März 1895.

Dr. C. Mehlis,
kgl. Gymnasiallehrer, Vorstand des Alterthumsvereins zu Dürkheim, ausw.
Sekretär des B. v. A i. Rh. ꝛc.

Aus dem hellenischen Mittelalter.[1]

Von
Robert Pöhlmann.

Die sozialphilosophische Romantik des späteren Griechen-
thums hat bekanntlich die Bestätigung für ihre Ideale von
sozialer Gleichheit und sozialem Frieden in der Vergangenheit
des eigenen Volkes gesucht. Die aus der übersättigten Kultur
der Gegenwart hinausstrebende sentimentale Sehnsucht nach einem
Zustande unverfälschten Naturlebens erzeugte die Vorstellung
von einem friedlichen, mit der Noth der Armuth und dem Reichthum unbekannten, von allem Interessenstreit freien Hirtendasein
der Vorzeit, das durch die künstliche Ausgestaltung der Kultur
seinen Untergang gefunden.[2]

[1] Diese bereits vor längerer Zeit niedergeschriebene und jetzt nur
erweiterte und verbesserte Abhandlung war ursprünglich für eine „soziale
Geschichte Griechenlands" bestimmt, deren Ausführung infolge der In-
angriffnahme meiner Geschichte des antiken Sozialismus unterblieben ist.
Ich bemerke dies, weil mit einigen meiner Ergebnisse E. Meyer in seiner
Geschichte des Alterthums (Bd. 2) übereinstimmt. Daß E. Meyer von sich
aus in einigen wichtigen Punkten zu gleichen Anschauungen gekommen ist,
wie ich, ist ein erfreulicher Beweis für die Richtigkeit der hier befolgten
Methode, wenn es auch natürlich neben der Übereinstimmung an Meinungsverschiedenheiten nicht fehlt!

[2] Vgl. meinen Aufsatz über das romantische Element im Kommunismus und Sozialismus der Griechen, in dieser Zeitschrift 70 (1893), 6 ff.
und meine „Geschichte" 1, 110 ff.

Die sentimentale Idylle dieses Naturzustandes beruhte in doppelter Hinsicht auf falschen Voraussetzungen: Einmal auf einer ganz unhistorischen Ansicht von der Jugendlichkeit der Nation und dann auf übertriebenen Vorstellungen von der ökonomischen Gleichheit primitiver Gesellschaftszustände. Welch' ungemessene Zeiträume mögen verstrichen gewesen sein zwischen jener Urzeit, in der die Hellenen aus dem Mutterschoße der indogermanischen Völkerfamilie sich losgelöst hatten, und der Besiedlung ihrer historischen Wohnsitze am Mittelmeer! Die Hellenen in Hellas waren von Anfang an nichts weniger als ein Volk, das gewisser= maßen eben erst aus der Hand der Natur hervorgegangen, wie sich das die nationale Sage von dem Urhellenen Deukalion vor= stellte; — sie hatten vielmehr bereits eine lange Vergangenheit hinter sich. Andrerseits mag man sich die sozialökonomischen Zustände des ältesten Hellas noch so wenig entwickelt denken, eine Verwirklichung des Gleichheitsideals, wie es der Lehre vom Natur= zustande vorschwebte, würde man selbst hier nicht gefunden haben.

So enge auch damals noch das Gemeinschaftsleben inner= halb des Stammes= oder Sippenverbandes gewesen sein mag; sobald einmal ein Sondereigen an der Fahrhabe, an den Herden= thieren der Weiden, an Geräth und Hausrath, an Schmuck und Waffen anerkannt wurde — und dies war bekanntlich schon in der indogermanischen Urzeit der Fall[1]) —, war auch die Mög= lichkeit gegeben, daß der Einzelne die Kopfzahl seines Viehes beliebig vermehrte und sich dadurch an Wohlstand über die Genossen erhob, während andrerseits das wechselvolle Schicksal, welchem das lebende Kapital des Hirten unterworfen ist, die Sorglosigkeit, mit der der Naturmensch dem Augenblicke lebt und die Ansammlung genügender Vorräthe für Mensch und Thier vernachlässigt, nur zu leicht den Wohlhabenden zum Bettler machen konnte.[2])

---

[1]) Vgl. die Übersicht über die Terminologie für Eigenthum, Besitz, Reichthum in den indogermanischen Sprachen bei Schrader, Linguistisch= historische Forschungen zur Handelsgeschichte und Waarenkunde. 1, 59 ff.

[2]) Vgl. z. B. die Beobachtungen Middendorf's über die Nomaden des Ferghanathals, in den Memoiren der Petersburger Akademie 1881 S. 335 ff.

Mit dieser natürlichen Tendenz zur Entwicklung sozialer Ungleichheit verband sich aber schon frühzeitig ein zweites, in derselben Richtung wirkendes Moment: die Möglichkeit, fremde Arbeit zur Steigerung der wirthschaftlichen Kraft des Einzelnen und zu persönlichen Diensten nutzbar zu machen. Wenn die Griechen später vielfach geglaubt haben, daß es bei ihnen in ältester Zeit keine Unfreien gegeben habe[1]), so übersehen sie, daß sich die Unbekanntschaft mit der Sklaverei nur unter den allerprimitivsten Lebensverhältnissen, bei Jäger= und Fischervölkern, findet, weil hier eben an eine entsprechende Verwerthung der unfreien Arbeit in der Regel nicht zu denken ist. Dagegen entwickelt schon die Viehzucht und noch mehr der Ackerbau das Bedürfnis nach dienenden Arbeitskräften, welches auf niedrigen Wirthschaftsstufen am besten durch unfreie Menschen befriedigt werden konnte.[2]) Besonders den Ackerbau überläßt ein noch halb nomadisches, nur widerwillig zur Bodenbestellung sich bequemendes Volk, wie es die ältesten Hellenen allem Anscheine nach waren, am liebsten Anderen, Frauen, Greisen und Knechten. Und es ist insofern wohl begründet, wenn der Prophet von dem Pfluge gesagt hat, daß, wo nur dies Werkzeug hingedrungen sei, es stets auch die Knechtschaft mit sich geführt habe. War aber einmal das Bedürfnis nach unfreier Arbeit erwacht, so ergab sich seine Befriedigung von selbst auf mannigfachem Wege: vor allem durch Noth und Gewalt. Die durch den Verlust der Herden Verarmten, die in Kampf und Fehde Unterlegenen fanden eben durch die Knechtschaft die Rettung ihres Daseins. An die Stelle der ursprünglichen Sitte, den besiegten Feind zu erschlagen oder den Göttern zu opfern, trat immer allgemeiner die Verknechtung, welche die Arbeitskraft des Besiegten dem Sieger erhielt. —

Daß diese Herrschaft über unfreie Arbeitskräfte die Entwicklung der Ungleichheit unter den Freien selbst fördern mußte,

---

[1]) Vgl. z. B. Herodot 6, 137; Pherekrat. bei Athenäus 6, 263b. Dagegen Philochoros in Macrob. Saturnal. 1, 10.

[2]) Daher führt Mommsen, R. G. 1⁵, 17 die Sklaverei als rechtliche Institution mit gutem Grund bis in die indogermanische Urzeit zurück.

leuchtet ein. Besonders werden die Führer des Volkes, die
Geschlechts- und Stammeshäuptlinge in der Lage gewesen sein,
sich dieses Mittels zur Mehrung ihres Besitzes und ihres Ansehens zu bedienen. Wohl mochte jeder freie Stammesgenosse
selbst jenen sich gleichstehend dünken, thatsächlich ist doch gewiß
schon dieser Zeit die Erkenntnis nicht erspart geblieben, daß un-
gleicher Besitz ungleiche Macht bedeutet.

Werden wir annehmen dürfen, daß ein solches Volk, wenn
es nun zu voller Seßhaftigkeit und zur endgültigen Vertheilung
des nationalen Bodens überging, diese Theilung auf dem Fuße
vollkommener Gleichheit durchgeführt hat?

Darüber kann ja allerdings kein Zweifel bestehen, daß, was
die große Masse der Freien betrifft, die den einzelnen Familien
oder Individuen zugewiesenen Landantheile durchschnittlich von
annähernder Gleichheit gewesen sind. Die Bezeichnung der Hufen
als κλῆροι, welche unverkennbar auf eine Theilung durch's Los
hinweist, nöthigt zu der Annahme, daß dieselben ursprünglich
ein gewisses Normalmaß des Landeigenthums darstellten, welches
etwa der Leistungsfähigkeit und den Bedürfnissen der Durch-
schnittsfamilie entsprochen haben wird.[1] Allein das schließt
keineswegs aus, daß Einzelne, und zwar nicht nur die Häupt-
linge, sondern auch Andere, welche die Masse an Besitz und
Ansehen überragten, einen bevorzugten Antheil erhielten. Wenn
in der Ilias die Sitte erwähnt wird, verdiente Helden von
Seite der Gesammtheit in ähnlicher Weise, wie den Fürsten mit
reichlichem Landbesitz, mit einem τέμενος auszustatten, so wurzelt
dieser Brauch offenbar in uralter Gewohnheit des Volkes.[2]
Es wird bei den Hellenen nicht anders gewesen sein, als bei
den Germanen der taciteischen Zeit, die den Grund und Boden
ebenfalls „nach der sozialen Werthschätzung" (secundum digna-
tionem, Tac. Germ. 26) getheilt haben. Noch weniger ist
natürlich zu bezweifeln, daß bei den späteren Landtheilungen,

---

[1] Aus den Angaben über den Ertrag der spartiatischen Landlose schließt
E. Meyer (G. d. A. 2, 297), daß dieselben ungefähr die Größe einer deutschen
Hufe (30—40 Morgen) gehabt hätten.

[2] 9, 578 ff.; 20, 184.

nach den letzten Wanderungen und Umsiedlungen, durch welche das geschichtliche Hellas seine Gestalt erhielt, der Verschiedenheit des Ansehens, des Besitzes, der Macht Rechnung getragen wurde.

Mit dem definitiven Abschluß der Landtheilung und der Ausbildung des Privateigenthums am Grund und Boden begann nun aber der angedeutete Entwicklungsprozeß der Ungleichheit und Unfreiheit in der Gesellschaft mit erneuter und vermehrter Kraft seine Wirksamkeit zu erweisen. Sowie der Boden zum Eigenthum ward, wurde er auch alsbald von jener Bewegung ergriffen, welche das Güterleben beherrscht und durch die Art und Weise, wie sie den Übergang des Eigenthums aus einer Hand in die andere vermittelt, die ursprüngliche Vertheilung in kürzerer oder längerer Zeit wesentlich umzugestalten vermag. War einmal die Möglichkeit gegeben, durch Erbschaft, Vertrag, Heirat u. s. w. mehrere Hufen in Einer Hand zu vereinigen, so mußte selbst die weitgehendste Gleichheit in Bälde durchbrochen werden. Ja es konnte vielfach nicht ausbleiben, daß sich im Laufe der Zeit durch die Vermehrung der ursprünglich nur ausnahmsweise vorhandenen größeren Besitzungen eine höhere wirthschaftliche Klasse über den einfachen Hufenbesitzern erhob.[1]

Dazu kamen die tiefgreifenden Wirkungen, welche das Wachsthum der Bevölkerung auf die Vertheilung der Güter zur Folge hatte. Der Besitzer eines κλῆρος, der mehrere Söhne hatte, konnte nicht jedem eigenen Landbesitz hinterlassen. Die wirthschaftliche Lage der Familie mußte sich daher nothwendig verschlechtern, so lange nicht etwa die Möglichkeit bestand, aus unbebautem oder Ödland den Bestand der Hufe zu vermehren, für die Nachkommenschaft, für welche dieselbe nicht mehr ausreichte, neuen Kulturboden zu gewinnen. Daß aber diese Quelle neuen Landerwerbes in vielen Landschaften schon in ziemlich früher Zeit zu versiegen begann, zeigen die Schilderungen des homerischen Epos, die ganz aus den Empfindungen einer Zeit heraus konzipirt sind, in welcher der innere Ausbau des Landes

----

[1] Vgl. die geistvolle Schilderung dieses Prozesses bei Lorenz v. Stein, Die Entwicklung der Staatswissenschaft bei den Griechen. Sitzungsber. der Wiener Akad. (phil.-hist. Kl.) 1879 S. 255 ff.

im Wesentlichen vollendet war und für welche die landschaftliche Physiognomie bereits durch das — Unland und Wald weit zurückdrängende — Kulturland wohlgepflegter Fruchtgärten und Ackerfluren entscheidend bestimmt wurde.[1]) Wenn — wie die Kyprien beweisen[2]) — die Verdichtung der Bevölkerung schon im 7. Jahrhundert als förmliche Übervölkerung empfunden wurde, so müssen damals die Zeiten, wo es noch anbaufähige Markgründe oder herrenloses Land genug gab, um den Nahrungsspielraum der Bevölkerung ihrem Wachsthum entsprechend zu erweitern, längst der Vergangenheit angehört haben.[3])

Ein bedeutsames Symptom dieser wirthschaftlichen Thatsache sind die Siedlungsverhältnisse derjenigen Landschaften, welche das Epos schildert. Während im germanischen Mittelalter die Großen des Volkes ihre Herrenhöfe und Burgen mit Vorliebe in unbewohnten und erst durch Rodung zu gewinnenden Gegenden aufbauten, sehen wir bereits in der Welt des hellenischen Epos die Edlen vielfach im Mittelpunkt des Gaues zusammenwohnen[4]). Die zahlreichen homerischen πόλεις und πτολίεθρα, welche „die Edlen schirmen"[5]), mochten meist nur kleine befestigte Orte von wesentlich agrarischem Charakter sein, sie bezeugen aber immerhin

---

[1]) S. meine Abh. über die Feldgemeinschaft bei Homer. Ztschr. f. Sozial= u. Wirthschaftsgesch. 1, 34 ff.

[2]) Sie führen die in der Ilias erwähnte βουλή des Zeus auf die weise Absicht des Gottes zurück, die Erde vom Drucke der Übervölkerung zu befreien! (σύνθετο κουφίσσαι ἀνδρῶν παμβώτορα γαῖαν).

[3]) Wenn wir auf der Insel Cypern die Möglichkeit und das Recht der freien Rodung und Besitzergreifung noch in historischer Zeit finden, so ist das eine lokale Ausnahme, die für die allgemeine Auffassung der hellenischen Volkswirthschaft nicht in Betracht kommt. Eratosthenes (bei Strabo 14, 684), der uns davon Kunde gibt, hat übrigens selbst bemerkt, daß hier die Okkupation von Ödland zu freiem Eigenthum erst dann zugelassen wurde, als man in anderer Weise der undurchdringlichen Waldwildnis der Insel nicht Herr werden konnte (ὡς δὲ οὐκ ἐξενίκουν ἐπιτρέψαι τοῖς βουλομένοις καὶ δυναμένοις ἐκκόπτειν καὶ ἔχειν ἰδιόκτητον καὶ ἀτελῆ τὴν διακαθαρθεῖσαν γῆν.

[4]) In der Odyssee erscheint es bereits als eine Ausnahme, daß der alte Laertes ständig ἐπ' ἀγροῦ νόσφι πόληος wohnt und nie nach der Stadt kommt. Od. 11, 187; 24, 212.

[5]) ἀριστήων, οἵ τε πτολίεθρα ῥύονται Ilias 9, 396.

einen gewissen Fortschritt in der Konzentrirung des Wohnens.[1] Und daß diese Konzentrirung zum Theil schon sehr frühzeitig und lange vor Homer eingetreten ist, das zeigt das „weitstraßige" Mykene, an dessen Königsburg sich ein ganzer Komplex von Gemeinden anschloß. Ferner beweisen die Kuppelgräber, um welche sich die Gräber dieser Gemeinden gruppirten, daß hier vornehme Geschlechter gehaust haben müssen, das also ein Theil des Adels schon frühzeitig seine Stadthäuser gehabt oder in der Stadt selbst gewohnt hat.[2] Eine solche Gestaltung der Siedlungsverhältnisse läßt auf eine Verdichtung der Bevölkerung schließen, welche für eine innere Kolonisation in größerem Stil gewiß keinen Raum mehr übrig ließ.

Wenn demnach — in den fortgeschrittensten Kantonen wenigstens — für die Masse der Freien die Landesmark frühzeitig zu enge ward, so blieb nichts übrig, als durch eine intensivere Ausnutzung des Bodens die Ernährung einer größeren Kopfzahl auf die Hufe zu ermöglichen, eine Tendenz, die, wie wir schon aus der Odyssee gesehen[3], bald auch zu einer Theilung derselben geführt hat. Es entstand der kleine Grundbesitz neben dem großen.

---

[1] Vgl. die charakteristischen Stellen Ilias 9, 154; Odyssee 2, 259; 6, 191. 195; 7, 26; 10, 85.

[2] Anderer Ansicht ist E. Meyer, Gesch. d. Alt. 2, 383. Er meint, daß „bei Homer die Adeligen von den Stadtleuten geschieden werden". Ich finde die dafür angeführten Stellen nicht beweisend (Od. 2, 22. 75 ff. 127; 18, 222). Wenn — nach E. Meyer's eigener Ansicht (a. a. O. S. 168) — in den Kuppelgräbern der mykenischen Gemeinden „die Geschlechtshäupter oder ein aus der Ortschaft hervorgegangenes Fürstengeschlecht bestattet waren", so können doch in der „Stadt" nicht so ausschließlich rein bäuerliche Besitzer gewohnt, so kann sich auch der Adel nicht so lange dem Zuge nach der Stadt entzogen haben, wie E. Meyer annimmt. — Od. 24, 418. 418. 468. 535, wo uns das Zusammenwohnen der Edlen κατὰ πόλιν deutlich entgegentritt, ist allerdings recht jungen Ursprunges.

[3] 14, 208. Der hier vorliegenden Anschauung ist das Institut des Anerbenrechtes fremd. Das väterliche Gut wird unter die Erben getheilt. Im 7. Jahrhundert sind die Dinge bereits soweit gediehen, daß es für den Bauern räthlich erscheint, nur Einen Sohn zu hinterlassen. S. Hesiod Ἔργα v. 376: μουνογενὴς δὲ παῖς εἴη πατρῷον οἶκον φέρβεμεν κτλ.

Aber auch das vermochte nicht zu hindern, daß zuletzt eine Klasse von Freien heranwuchs, die entweder zu wenig besaßen, um ihre Arbeitskraft auf der eigenen Scholle genügend zu verwerthen, oder die überhaupt kein Stück Land mehr ihr Eigen nennen konnten. Eine Entwicklung, die dann ihrerseits wieder ein neues Moment der Unfreiheit in ihrem Schoße barg. Denn in einer auf der Naturalwirthschaft beruhenden Gesellschaftsordnung, in welcher der Grundbesitz die unentbehrliche Voraussetzung einer selbständigen Existenz bildete, war der Landlose nothwendig zugleich ein abhängiger Mann. Er mußte sich einem fremden Willen unterwerfen, indem er sich entweder als Lohnarbeiter (Thete) bei einem Grundbesitzer verdang, oder — im günstigeren Fall — von demselben gegen Grundzins und Dienste Land zur Bebauung erhielt. So mehrten sich neben den Höfen der größeren Besitzer die Hütten der abhängigen Leute, der Häusler, Kathsassen, Insten (οἰκέες[1]), πελάται, προσπελάται[2]). Und diese Abhängigkeits-verhältnisse nahmen ganz naturgemäß in der Regel einen dauernden Charakter an. Bei der durch die Naturalwirthschaft bedingten Unbeweglichkeit aller Verhältnisse mit ihren unvermeidlichen Be-schränkungen der Freizügigkeit, die durch die Kleinheit der Terri-torien und die Unsicherheit eines unentwickelten Rechtslebens noch vermehrt wurden, war eine nur auf die Verwendung der Arbeits-kraft angewiesene Existenz eine viel zu ungewisse, als daß der besitzlose Freie nicht selbst das Bedürfnis empfunden haben sollte, in einem herrschaftlichen Verband eine dauernde Sicherung seines Daseins zu suchen. Selbst in den fortgeschritteneren Zeiten,

---

[1]) Im Stadtrecht von Gortyn passim, wo der Ausdruck allerdings für Hörige gebraucht wird; aber er ist gewiß ebenso auch für freie Häusler gebraucht worden, wie das Wort πελάται und προσπελάται, welches daneben ebenfalls für Hörige vorkommt (Theopomp bei Athen. 6, 271).

[2]) Die antiken Erklärungen des Wortes: ἐπεὶ τὸ πέλας ἐγγύς · οἷον ἔγγιστα διὰ πενίαν προσιόντες und die andere: οἱ παρὰ τοῖς πλησίον ἐργα-ζόμενοι καὶ Θῆτες (Photius s. v.) treffen den Kern der Sache nicht ganz. Es ist vielmehr auszugehen von der Verbindung der Behausungen dieser ab-hängigen Leute mit dem herrschaftlichen Gute. Allerdings ist dann das Wort, ebenso wie οἰκεύς, ganz allgemein für dienende Leute überhaupt gebraucht worden.

welche das Epos schildert, verpflichtete sich der landwirthschaftliche
Lohnarbeiter dem Herrn offenbar in der Regel mindestens auf
ein Jahr.[1] Auch hatte ja der letztere ganz das gleiche Interesse,
da die angedeuteten Lebensverhältnisse einer rein naturalwirthschaftlichen Epoche, insbesondere das System des Naturallohns
von selbst die Entwicklung einer fluktuirenden Arbeiterbevölkerung
ausschlossen, die es ermöglicht hätte, freie Tagelöhnerarbeit jederzeit
leicht und dem Bedürfnis entsprechend zu erhalten. Bei dieser
Lage der Dinge mußte die Unterwerfung freier Leute unter ein
Herrschaftsverhältnis in der Regel geradezu erblich werden,
besonders bei Zinsleuten, denen naturgemäß alles daran lag, die
übertragene Scholle ihren Kindern zu hinterlassen.

Nun brauchte ja allerdings diese Abhängigkeit den Stand
und die rechtliche Freiheit an und für sich nicht zu beeinträchtigen.
Aber der Freie, der sich ihr unterwarf, erlitt zunächst gewiß eine
empfindliche Einbuße in der gesellschaftlichen Schätzung seiner
Persönlichkeit, zumal dadurch, daß er die Abhängigkeit theilte mit
unfreien Knechten und den auf Zinshufen angesiedelten Leibeigenen oder „behausten" Sklaven[2]), deren wirthschaftliche Lage
ja ganz dieselbe war, wie die seinige. Er, dessen Name jetzt in
steter Verbindung mit dem des Sklaven genannt wurde ($\vartheta\tilde{\eta}\tau\acute{\epsilon}\varsigma$
$\tau\epsilon$ $\delta\mu\tilde{\omega}\acute{\epsilon}\varsigma$ $\tau\epsilon$!)[3]), dessen Willensfreiheit durch die thatsächliche
Gebundenheit seiner Existenz wesentlich beschränkt war, konnte
nicht mehr beanspruchen, im Kreise der Thinggenossen, in der
Versammlung der Gemeinde die gleiche Stellung einzunehmen,
wie der durch seinen Besitz unabhängige Mann oder gar der
Herr, in dessen Dienst und Schutz er sich begeben hatte und von
dessen wirthschaftlichem Wohlwollen er abhängig war. Hatte er
nicht mit dem Besitze fast ebensosehr allen sozialen Halt verloren,

---

[1] Jl. 21, 444: $\vartheta\eta\tau\epsilon\acute{\upsilon}\sigma\alpha\mu\epsilon\nu$ $\epsilon\grave{\iota}\varsigma$ $\grave{\epsilon}\nu\iota\alpha\upsilon\tau\acute{o}\nu$. Od. 18, 360: $\grave{\epsilon}\nu\vartheta\alpha$ $\varkappa'$ $\grave{\epsilon}\gamma\grave{\omega}$
$\sigma\tilde{\iota}\tau o\nu$ $\mu\grave{\epsilon}\nu$ $\grave{\epsilon}\pi\eta\epsilon\tau\alpha\nu\grave{o}\nu$ $\pi\alpha\rho\acute{\epsilon}\chi o\iota\mu\iota$, wo dies dauernde Verhältnis offenbar als
ein Vortheil für den Theten hingestellt wird.

[2] Die wir bei Homer ebenso finden, wie in der Germania des
Tacitus. S. u. S. 232.

[3] Odyssee 4, 644.

wie der vaterlandslose Beisasse, der, mißachtet [1]) und gelegentlich
auch schnöder Behandlung ausgesetzt, in derselben dienenden
Stellung sein Leben fristete, wie er? Und wie konnte es da
andrerseits ausbleiben, daß diese Klasse dienender Leute, zumal
wenn die Abhängigkeit sich durch Generationen vererbt hatte,
vielfach auch eine Minderung ihres Rechtes erfuhr, daß das
natürliche Bestreben der Herren, ihre freien Gutsinsassen ebenso
bleibend an den Boden zu fesseln, wie die Unfreien, mehr oder
minder erfolgreich war?

Der Verlauf dieser Entwicklung entzieht sich allerdings unserer
Kenntnis, allein sie ist uns deswegen kaum weniger gewiß. Denn
sie erscheint als der nothwendige Ausdruck jenes allgemeinen
Gesetzes geschichtlicher Entwicklung, vermöge dessen die ursprünglich
wirthschaftlichen Klassen — ohne eine genügende Gegenwirkung
der Staatsgewalt — noch immer zu Rechtsklassen geworden sind.
Die Klassenbildung bleibt nicht bei der Erzeugung wirthschaftlicher Klassen stehen, sondern enthält stets zugleich die weitere
Tendenz, aus dem wirthschaftlichen Unterschiede zuletzt einen
rechtlichen zu machen. In einer Zeit, in der das ökonomische
Bedürfnis nach persönlichen Diensten und nach Arbeitskräften in
der Produktion, insbesondere in der Bodenproduktion, am besten
durch unfreie Menschen befriedigt werden konnte und wo andrerseits die staatliche Rechtsordnung noch lange nicht so fest gefügt
war, daß auch der, welcher zu schwach war, sich selbst zu schützen,
mit Sicherheit auf den Schutz der Gesammtheit hätte rechnen
dürfen, in einer solchen Zeit mußte der wirthschaftlich Abhängige
und Unfreie vielfach auch rechtlich unfrei werden.

Wurde doch dieser Prozeß durch Sitte und Recht geradezu
gefördert! In solchen Zeiten der Frühkultur, denen uneingeschränkter
Egoismus auf der einen Seite, Mißachtung der Persönlichkeit auf
der andern ihr Gepräge gibt, hat das Recht eine unbegrenzt
dispositive Natur. Wie die Germanen der taciteischen und einer
noch späteren Zeit, konnte in Althellas z. B. der Schuldner Leib

---

[1]) ἀτίμητος μετανάστης! Jl. 9, 648; 16, 59. Dem Dichter erscheint
das Schicksal der landlosen Feldarbeiter als der Gipfel menschlichen Elends!
Ilias 21, 42 ff. Od. 11, 489.

und Leben, Freiheit und Ehre verpfänden. Er konnte den Gläubiger ermächtigen, ihn im Falle der Säumnis in die Knechtschaft ab= zuführen, ihn aller persönlichen und bürgerlichen Ehre zu berauben; und in derselben Weise konnte der Hausvater die Freiheit von Weib und Kind verpfänden. Wir erfahren aus der Ἀθηναίων πολιτεία des Aristoteles, daß noch im siebenten Jahrhundert die armen Theilbauern der attischen Großgrundbesitzer, wenn sie mit der Ablieferung der Pachtbeträge im Rückstand blieben, den Herren mit Leib und Leben verfielen, sie selbst und ihre Söhne.[1] Von ihnen heißt es in der Elegie, in der sich Solon ihrer Befreiung rühmt, daß sie der „Knechtschaft Fesseln trugen, in Furcht sich beugend vor dem harten Sinn des Herrn".[2] So ragen die Zustände, die zur Entstehung eines hörigen[3] Bauernthums geführt haben, noch bis in die historischen Zeiten hinein. Sie selbst sind natürlich uralt!

Indem sich nun so aus diesen Zuständen heraus durch die elementaren Kräfte des Wirthschaftslebens selbst mit innerer Noth= wendigkeit in den Händen einer Klasse größerer Grundbesitzer neben dem sachlichen Herrschaftsrecht über den Boden ein entsprechendes persönliches über zahlreiche in der Bodenproduktion thätige Arbeitskräfte entwickelte, erwuchs aus dem größeren Grundeigen=

---

[1] Aristot. a. a. O. c. 2: ... εἰ μὴ τὰς μισθάσεις ἀποδιδοῖεν ἀγώ- γιμοι καὶ αὐτοὶ καὶ οἱ παῖδες ἐγίγνοντο, καὶ δεδεμένοι τοῖς δανείσασιν ἐπὶ τοῖς σώμασιν ἦσαν μέχρι Σόλωνος.

[2] Aristot. a. a. O. c. 12: τοὺς δ' ἐνθάδ' αὐτοῦ δουλίην ἀεικία ἔχοντας, ἤδη δεσποτῶν τρομευμένους, ἐλευθέρους ἔθηκα.

[3] Daß die attischen Kleinbauern, die Aristoteles a. a. O. c. 2 als πελάται καὶ ἑκτήμοροι bezeichnet, theilweise in Hörigkeit versunken waren, kann nicht zweifelhaft sein. Daher ist die Definition bei Pollux 3, 82, der πελάται und θῆτες in Bezug auf die Rechtsstellung identifizirt, gewiß nicht zutreffend. Daß das Wort πελάτης in der That immer einen bedenklichen Beigeschmack der Unfreiheit gehabt hat, zeigt die Art und Weise, wie es direkt auf Hörigkeits= und Schutzverhältnisse angewandt wird. Vgl. Theopomp a. a. O., Dionys von Halikarnaß 1, 81. 83; 2, 9 (mit Bezug auf die römischen Klienten), Plutarch Romulus 13. Agis 6. Moralia p. 649 e (Βοιωτίον θεοῦ πελάτης καὶ παράσιτος). Ob wir freilich berechtigt sind, πελάται ohne weiteres als „Hörige" zu übersetzen, wie dies Kaibel und Kießling in der deutschen Bearbeitung der Ἀθην. πολ. thun, lasse ich dahingestellt.

thum die Grundherrschaft. Eine Thatsache von weittragendster Bedeutung für das gesammte soziale und politische Leben des Volkes!

Bis dahin hatte die Gleichförmigkeit des Besitzes und eine gewisse Gleichheit des Besitzmaßes bei der großen Menge der freien Volksgenossen eine Ähnlichkeit der Verhältnisse der Gesinnungen und der Interessen zur Folge gehabt, welche eine eigentliche Standesbildung nicht hatte aufkommen lassen. Wenn auch die Unterschiede von Reich und Arm, von Vornehm und Gering nicht fehlten, so waren sie doch zu vereinzelt gewesen, als daß sie ein wirksames Ferment sozialer Gliederung hätten abgeben können. Das änderte sich, als aus der zunehmenden Zahl dienender und zinspflichtiger Landarbeiter einerseits und größerer Grundbesitzer andrerseits zwei Gesellschaftsklassen neben der Masse der gemeinen Freien erwuchsen, von denen die eine unter das Niveau der gemeinen Freiheit herabsank, die andere weit über dasselbe emporstieg. Die wirthschaftliche Überlegenheit mußte ja im Laufe der Zeit auch in sozialer und politischer Hinsicht zur Geltung kommen. Wie ganz anders gestaltete sich jetzt das Verhältnis der freien Volksgenossen unter einander, seitdem den einfachen Hufnern und den kleinen Stellenbesitzern, die im Schweiße ihres Angesichts mit eigener Hand den Boden bearbeiteten, eine kraftvoll aufstrebende Klasse gegenüberstand, der ihr Besitz es gestattete, arbeitslos von den Erträgnissen dienender Leute zu leben, sich in freier Muße dem Waidwerk und der Waffenübung, den Angelegenheiten der Gemeinschaft zu widmen! Es konnte nicht ausbleiben, daß das Bewußtsein einer höheren Lebensthätigkeit, einer durch diese gesteigerten persönlichen Befähigung, insbesondere größerer Wehrhaftigkeit, das Gefühl der im Besitze liegenden sozialen Macht und endlich die Vererblichkeit all' dieser wirthschaftlichen und gesellschaftlichen Vorzüge von Geschlecht zu Geschlecht eine stetig sich erweiternde Kluft zwischen dieser Klasse und der großen Menge der Freien erzeugte. So entsprang aus der Ehre und Auszeichnung, die ererbter Besitz verleiht[1]), eine neue Standesform,

---

[1]) Aus dem ὄλβῳ τε πλούτῳ τε μεταπρέπειν (Il. 16, 696) oder κεκάσθαι (24, 535). Vgl. Odyss. 14, 205: ὅς τοτ' ἐνὶ Κρήτεσσι θεὸς ὡς τίετο δήμῳ ὄλβῳ τε πλούτῳ τε.

der Abel. Die ἀφνειοί, die παχεῖς (die „Fetten", „Schweren")
wurden so zugleich die ἀγαθοί, ἄριστοι, ἀριστῆες, die Führer
und Pfleger des Volkes, ἡγήτορες ἠδὲ μέδοντες. Sie heißen
im Liede die μάκαρες[1]), geradeso wie die ritterlichen Herren des
germanischen Mittelalters dem Chronisten die richen seligen
lude sind. Ihnen gegenüber wurden die übrigen Volksgenossen
zu „Gemeinen", κακοί, χέρηες[2]), während sie die „Wohlgeborenen"
(εὐπατρίδαι, patricii) sind, die schon ihre Abstammung über die
Gemeinen erhebt.

Doch ist es nicht bloß das stille Walten wirthschaftlicher
Kräfte, welches auf die soziale Schichtung der Bevölkerung stände-
bildend gewirkt hat. Noch eine Reihe anderer Faktoren hat den
Prozeß wesentlich beschleunigt. So vor Allem die mit der Entwicklung der wirthschaftlichen Kultur Hand in Hand gehenden,
durch die Überreste der mykenischen Zeit und durch das Epos
bezeugten Fortschritte in der Kriegführung und Waffentechnik.
Die zu Wagen in den Kampf ziehenden Krieger, wie wir sie
schon in der mykenischen Epoche finden, konnte nur der größere
Besitz stellen. Auch auf dem bäuerlichen Mittelbesitz mochte die
zunehmende Kostspieligkeit der Schutzwaffen, deren Entwicklung
zuletzt bis zur Wappnung des ganzen Körpers, zur vollständigen
Metallrüstung fortschritt[3]), vielfach schwer gelastet haben; für
den kleinen Bauern vollends waren sie von vornherein uner-
schwinglich. Die Unterschiede in der Wehrhaftigkeit, die dadurch

---

[1]) Jl. 11, 68: 24, 877. Odyss. 1, 21.

[2]) Ilias und Odyss. passim.

[3]) Vgl. über diese Fortschritte Helbig, Das homerische Epos aus den
Denkmälern erklärt, 2 (1887), 343 ff. Beloch, Gr. G. 1, 80 ff. E. Meyer,
G. d. A. 2, 170 ff. Letzterer bemerkt mit Recht, daß besonders durch den
aus dem Orient entlehnten Streitwagen zwischen dem Adeligen und dem
gemeinen Mann eine weite Kluft geschaffen wurde. Wenn er freilich hinzufügt, daß die Entwicklung des Adels wesentlich auf diesem Momente
beruhte, so wird wohl die Bedeutung des Streitwagens etwas überschätzt.
Vgl. die Bemerkungen über den Gebrauch des Streitwagens bei Roßbach,
Zum ältesten Kriegswesen. Philol. 1892 S. 1 ff. — Zur Geschichte der Metallrüstung s. bes. Reichel, Homerische Waffen 1894. Dazu P. Cauer, Grundfragen der Homer-Kritik S. 204 f.

entstanden, waren für den kleinen Mann um so verhängnisvoller, als in einer Zeit unentwickelten staatlichen Rechtsschutzes Alles auf die persönliche Wehrfähigkeit ankam, und der Schwache, der Person und Besitz nicht selbst zu verteidigen vermochte, nur zu oft rettungslos die Beute des Mächtigen wurde. Daß da — ganz ähnlich wie im germanischen Mittelalter — viele freie Volksgenossen sich der Bürde und den Gefahren des freien Standes entzogen und sich unter den Schutz eines Mächtigen stellten, kann kaum zweifelhaft sein.[1])

Auch hat gewiß hier, wie dort, oft genug unmittelbarer Zwang, rohe Gewalt mitgewirkt, den kleineren Freien besitz- oder rechtlos zu machen. Noch im homerischen Epos reflektiren sich die Zustände einer Epoche, in der man um der Sicherheit willen allgemein in Waffen ging.[2]) Man denke an die privatrechtliche Auffassung des Strafrechts und die bedeutsame Rolle, welche im älteren Hellas die Blutrache als allgemein anerkanntes Rechtsmittel gespielt hat, an die Klagen des Epos über die Schutzlosigkeit der des Vaters beraubten Waisen, die stets in Gefahr seien, durch Andere von dem ererbten Grund und Boden verdrängt zu werden[3]), wenn ihnen keine Helfer zur Seite ständen[4]), insbesondere keine Blutsverwandten, „welchen der Mann im Streite vertraut, wie heftiger Kampf sich erhebe"[5]); — man denke an die wilde Raub- und Fehdelust der alten Zeit, welche eine stetige Gefahr für Freiheit und Eigenthum bildete[6].) Galt

---

[1]) Auch E. Meyer a. a. O. S. 305 ist der Ansicht, daß wesentlich auf diesem Wege ein großer Theil der Landbevölkerung unfrei oder wenigstens politisch rechtlos und vom Adel abhängig geworden ist.

[2]) Thukyd 1, 5, 3.

[3]) Ilias 22, 489 sieht es Penelope als unabwendbare Folge des Todes Hektor's voraus, daß ihrem Sohne ἄλλοι ἀπουρίσσουσιν ἀρούρας.

[4]) ᾧ μὴ ἄλλοι ἀοσσητῆρες ἔωσιν. Od. 4, 164.

[5]) Ebenda 16, 114.

[6]) Man denke nur an die Piraterie, die auch Fürsten nicht verschmähten (Jl. 11, 28), und an den nicht selten in großem Stil betriebenen Viehraub, βοηλασία (a. a. O. 11, 672). Vgl. die Darstellung auf dem Schild Achill's (18, 520 ff.), sowie Odyss. 21, 15 (Viehraub der Messenier in Ithaka. 300 Schafe mit den Hirten!), Jl. 11, 670. Viehraub der Epeer gegen die

doch noch den Hellenen Homer's Raub so wenig als eine Schande, daß der Ruf, ein großer Räuber zu sein, ein Anrecht auf Ehre bei den Zeitgenossen und auf Nachruhm bei dem Sänger gab! Den Ahn des Odysseus, Autolykos, preist das Epos, daß er hochberühmt gewesen sei unter den Menschen durch Diebssinn und Hinterlist, die Gabe eines gnädigen Gottes![1]) — Wo eine solche Freiheit der Vergewaltigung herrschte und das Recht des Stärkeren so mannigfaltige Gelegenheit fand, sich mit Erfolg zu bethätigen, da hat sich die Ansammlung größeren Bodenbesitzes ohne Zweifel oft genug auf dem Wege der Gewalt vollzogen, ebenso wie die Vermehrung der unfreien Arbeitskräfte, die zum Theil geradezu als Zweck der zahllosen Fehden und Raubzüge erscheint.[2])

Am intensivsten aber hat wohl in dieser Richtung gewirkt jenes mächtige Ringen der Stämme um Landgewinn, welches ganze Bevölkerungen aus der Heimath trieb, ganze Landschaften in die Hand neuer Bewohner oder wenigstens neuer Herren brachte. Denn das soziale Ergebnis dieser Eroberungen, Um- siedlungen, Kolonisationen ist in der Regel die Entstehung massen- hafter Abhängigkeitsverhältnisse, eine streng aristokratische Glie- derung der Gesellschaft gewesen. Wenn die Sieger auch einen Theil der unterworfenen Landesbevölkerung in ihrem Privatbesitz unangetastet ließen und sich diesem gegenüber mit einem öffent- lich rechtlichen Unterthanenverhältnis begnügten, so ist doch stets auch ein mehr oder minder großer Bruchtheil des Grund oder Bodens den alten Eigenthümern entzogen und — soweit man sie auf ihrer Scholle ließ — der Erobererklasse ein von dem der Unterworfenen verschiedenes höheres Recht auf diesen Grund-

---

Pylier. Odyss. 23, 327, wo Odysseus die charakteristische Äußerung thut: μῆλα δ' ἅ μοι μνηστῆρες ὑπερφίαλοι κατέκειραν πολλὰ μὲν αὐτὸς ἐγὼ ληΐσσομαι.

[1]) Od. 19, 395.

[2]) Od. 1, 397 sagt Telemach:

αὐτὰρ ἐγὼν οἴκοιο ἄναξ ἔσομ' ἡμετέροιο
καὶ δμώων οὕς μοι ληΐσσατο δῖος 'Οδυσσεύς.

Vgl. Ilias 18, 28: Δμωαὶ δ' ἃς Ἀχιλλεὺς ληΐσσατο. Odyss. 17, 441:

'Ενθ' ἡμέων πολλοὺς μὲν ἀπέκτανον ὀξέι χαλκῷ
τοὺς δ' ἄναγον ζωοὺς σφίσιν ἐργάζεσθαι ἀνάγκη.

besitz eingeräumt wurden. Aus den Scharen der Sieger er=
wuchs so ein Herrenstand, das von ihnen eingezogene Land
wurde unfrei und seine Bebauer in ein Verhältnis der Hörig=
keit, wenn nicht der Sklaverei herabgedrückt. —

Aus solch' verschiedenartigen Motiven erklärt es sich, daß
in der hellenischen Welt schon in sehr früher Zeit die überwiegend
mit Ackersklaven oder Hörigen wirthschaftende Grundherrschaft
eine große Ausdehnung gewonnen hat. Allerdings nicht überall,
wie ja auch die geschilderten ständebildenden Momente keineswegs
sämmtlich überall und nicht immer in gleich intensiver Weise
wirksam gewesen sind. Die Mannigfaltigkeit der hellenischen
Landesnatur, die Verschiedenartigkeit der für die Entwicklung des
Volkslebens maßgebenden geographischen Verhältnisse hat auch
den Prozeß der Klassenbildung auf das Stärkste beeinflußt.
Große und rasche Fortschritte hat derselbe natürlich besonders
da gemacht, wo der reichere Fruchtboden ausgedehnterer Fluß=
niederungen oder die günstigere Verkehrslage der Entwicklung der
Produktion und damit der Ansammlung des Besitzes, der Organi=
sation größerer Wirthschaften förderlich war. Während sich an
der verkehrsärmeren Westküste und in den abgeschlossenen Hoch=
thälern, auf dem kargeren Boden und den Weidetriften der
Gebirgskantone, in Akarnanien, Ätolien, Lokris, Phocis u. a.
in den Hochlandschaften des Peloponnes die soziale Gleichheit
eines einfachen Hirten= und Bauernlebens in weitgehendem Um=
fang erhielt und die Differenzirung der Gesellschaft in der Regel
über ein Großbauernthum kaum hinauskam, zeigen sich uns um
so schroffere soziale Gegensätze in denjenigen Landschaften, die
wie z. B. die Ostküste und das koloniale Hellas vom Strome
der Kultur, wie von der allgemeinen geschichtlichen Bewegung
überhaupt am stärksten berührt wurden, die zum großen Theil
auch das Geschick der Eroberung erfahren hatten. Hier finden
wir das platte Land auf weite Strecken hin nicht mehr von
Freien bebaut, sondern von den an die Scholle gefesselten
Hörigen des herrschenden Standes, z. B. in Thessalien[1]), in

---

[1]) Die Penesten die „Arbeiter" (v. homer. $\pi \acute{\epsilon} \nu \epsilon \sigma \vartheta \alpha \iota = \pi o \nu \epsilon \tilde{\iota} \nu$) oder
die „armen Leute" in mittelalterlichem Sinn? Aus dem Namen Θεσσα-

Argos, Sikyon[1]), Lakonien, auf Kreta, in Byzanz[2]), Syrakus[3]) und Heraklea am Pontus.[4]) Auch scheint in diesen Kolonialgebieten, wo die Grundherrschaft sich über eine Bevölkerung von ursprünglich nicht hellenischer Nationalität erhob, neben der milderen Form der Hörigkeit von Anfang an die reine Ackersklaverei besonders verbreitet gewesen zu sein, wie uns dies z. B. für Chios ausdrücklich bezeugt ist.[5])

Es ist uns nicht mehr vergönnt, im Einzelnen die sehr verschiedenartigen Wege zu verfolgen, die in den verschiedenen Theilen der hellenischen Welt zu solchen Ergebnissen geführt haben.[6]) Es muß uns genügen, daß diese Ergebnisse einerseits

---

λοιέται ist für die Beurtheilung ihrer Stellung nichts zu entnehmen. Wenn man denselben in „Thessaliften" umgeschrieben, weil die Penesten unmöglich οἰκέται heißen könnten, und wenn man in diesem Wort eine Bestätigung der Tradition über die Entstehung der Penestie durch vertragsmäßige Unterwerfung gesucht hat (Schömann 1, 48), so fällt diese Argumentation jetzt durch den Hinweis auf das Stadtrecht von Gortyn, wo die bisher unter dem Namen κλαρῶται oder ἀφαμιῶται bekannten Hörigen des dorischen Herrenstandes auf Kreta als οἰκεῖς bezeichnet werden.

[1]) Stef. Byz. s. v. Χίος: οὗτοι δὲ πρῶτοι ἐχρήσαντο θεράπουσιν, ὡς Λακεδαιμόνιοι τοῖς Εἵλωσι καὶ Ἀργεῖοι τοῖς Γυμνησίοις καὶ Σικυώνιοι τοῖς Κορυνηφόροις κτλ.

[2]) Athen. 6, 271: Φύλαρχος δὲ ... καὶ Βυζαντίους φησὶν οὕτω Βιθυνῶν δεσπόσαι ὡς Λακεδαιμονίους τῶν εἱλώτων.

[3]) Suidas 2, 43. Καλλικύριοι οἱ ἀντὶ τῶν γεωμόρων ἐν Συρακούσαις γενόμενοι πολλοί τινες τὸ πλῆθος ... ὅμοιοι τοῖς Λακεδαιμονίων εἵλωσι κτλ.

[4]) Pollux 3, 83, wo diese, wie in Byzanz und Syrakus, aus der unterworfenen Landesbevölkerung hervorgegangenen Leibeigenen Μαριανδυνοί heißen.

[5]) Daß die unfreien Bauern in Chios bloß Hörige im Sinne der Heloten waren, wie Stef. Byz. a. a. O. behauptet, kann nach der bestimmten Erklärung Theopomp's bei Athen. 6, 265 nicht aufrechterhalten werden, wenn auch Theopomp darin Unrecht hat, daß die Ackersklaverei hier nur durch den käuflichen Erwerb von Barbaren entstanden sei. Daß sie übrigens auch hier uralt ist, gibt er selbst zu.

[6]) Ich übergehe daher die für die sozialen Fragen der geschichtlichen Zeiten von Hellas ohnehin ziemlich bedeutungslosen Hypothesen, die man über die Entstehung der bäuerlichen Unfreiheit in den einzelnen Kantonen aufgestellt hat. Wenn Niese meint, daß dieselbe „da überwiegt, wo die Stadt sich zum Mittelpunkt der Landschaft entwickelte, und da zurücktritt, wo die

in den genannten Thatsachen des sozialen Lebens zahlreicher
Landschaften mehr oder minder klar vor Augen liegen[1]), und
daß sie andererseits gewissermaßen mit Lapidarschrift eingezeichnet
sind in den Boden des Landes.   In den Gräbern und den
monumentalen Überresten ihrer Wohnstätten hat die alte Landesbevölkerung der dem ägäischen Meere zugewendeten Kultur- und
Stirnseite von Hellas von dem südlichen Peloponnes bis nach
Thessalien hin unschätzbare Zeugen ihres Daseins hinterlassen, welche
uns einen Blick in eine Kulturwelt thun lassen, deren Schöpfungen
nur unter der Voraussetzung bedeutender Klassenunterschiede und
einer weitgediehenen Konzentrirung des Besitzes erklärlich werden.
Ein rohes Naturvolk zu den Arbeitsleistungen und zu der Ge-
sittung zu erziehen, wie wir sie in der mykenischen Kulturperiode
finden, wäre ohne eine starke aristokratische Ungleichheit der
Gütervertheilung, dies unentbehrliche Instrument alles technischen
und geistigen Fortschrittes, unmöglich gewesen.

Wie hoch müssen sich vor Allem die zur Königsgewalt er-
starkten Führer des Volks über die Masse der Gemeinfreien erhoben

---

Bevölkerung auf dem Lande zerstreut wohnte" (Hist. Ztschr. a. a. O. S. 78),
so reicht diese Beobachtung, wie Riese selbst zugeben muß, für die Erklärung
der lokalen Erscheinungen nicht aus.   Wenn z. B. nach Riese die spartanische
Helotie nur die natürliche Folge der straffen Vereinigung aller Bürger in der
Stadt sein soll, wie erklärt sich die analoge Hörigkeit in andern Staaten,
wo der Synoikismos nicht entfernt so konsequent war?   Der Satz: „Weil
die Spartaner in der Stadt leben müssen, muß die ländliche Bevölkerung
deren Unterhalt besorgen", — fordert nur die Frage heraus: Warum dieses
Müssen, dieser Zwang?   Und die wahrscheinlichste Antwort auf diese Frage
bleibt doch immer die, daß eben das durch Unterwerfung geschaffene Herrschaftsverhältnis einer Minderheit gegenüber einer zahlreichen abhängigen
Bevölkerung das Motiv für die lokale Konzentrirung der gesammten Herren-
klasse war, daß also nicht erst diese „für das Verhältnis der Heloten bestimmend wurde".

[1]) Natürlich ist die Hörigkeit und Ackersklaverei von Anfang an noch
viel verbreiteter gewesen, als unser lückenhaftes Quellenmaterial erkennen
läßt.   So können z. B. die mit verächtlichen Namen bezeichneten Bauern
Korinths (die κυνόφαλοι Hesych. 2, 555), Epidauros' (die κονίποδες Plut.
Qu. gr. 1), Megaras ꝛc. ursprünglich sehr wohl Hörige gewesen sein, ohne
daß wir das aus den Angaben der Quellen mit voller Sicherheit zu erkennen
vermögen.

haben, wenn sie im Stande waren, Schöpfungen in's Leben zu
rufen, wie sie — zumal nach Schliemann's großartigen Entdeckungen
— an den alten Herrschersitzen von Mykenä, Tiryns und Orchomenos zu Tage getreten sind! Was die Lebenden gewesen, zeigen
die Behausungen der Todten, die Fürstengräber auf der Akropolis
von Mykenä, wo die Leichen vom Kopf bis zu Füßen in Gold
gehüllt und mit einer Fülle von kostbarem Zierrath und Waffen-
schmuck umgeben waren, die Kuppelgräber vor der Burg von
Mykenä, bei Argos und zu Orchomenos mit ihren theilweise
großartigen Dimensionen, insbesondere das sogen. Schatzhaus
des Atreus mit seinem einst so prunkvollen Erz- und Marmor-
schmuck und der Grabbau der Herren von Orchomenos mit der
monumentalen, nach ägyptischen Mustern gearbeiteten Prachtdecke
der Grabkammer und der reichen Erzzier des Kuppelraums.
Noch bedeutsamere Zeugen sind die Fürstenburgen selbst; die
gewaltigen, aus Riesenblöcken geschichteten Ringmauern von Tiryns,
von Mykenä und Gulas am Kopaissee, insbesondere die großartigen Fortifikationen von Tiryns mit ihren Gallerien und
Magazinen, sowie die Palastbauten, deren auf der Hochburg von
Tiryns und zu Mykenä ausgegrabene Überreste uns unmittelbar
in die Wohnung der Herrscher, in eine fürstliche Hofhaltung
jener Zeit einführen. Überall treten uns in der ebenso stattlichen,
wie rationell gegliederten Bauanlage, mit ihren zahlreichen Ge-
mächern und säulengeschmückten Höfen die Merkmale einer fortgeschrittenen Kultur entgegen, das Streben nach einer schönen
und anmuthigen Ausgestaltung des Lebens. Reste uralter Wand-
malerei zeugen von der Verwendung des herrlichen Kunstelementes
der farbigen Dekoration, die einen stimmungsvollen Hintergrund
schuf zu dem reichen und mannigfaltigen Zierrath des Lebens,
von dem uns die mykenischen Gräberfunde noch eine Vorstellung
gewähren: zu den blinkenden, mit Gold eingelegten Waffen der
Männer, dem Goldschmuck der Frauen, dem Gold- und Silber-
geschirr der Tafel und den sonstigen zahlreichen Erzeugnissen
der Kleinkunst. Es ist vollkommen zutreffend, wenn man diese
Hauptstätten mykenischer Kultur in gewissem Sinne den ägyptisch-
vorderasiatischen Residenzen Memphis, Babylon u. a. an die

Seite gestellt, die Mauern von Tiryns an Großartigkeit mit
den Pyramiden verglichen hat.[1]) Findet sich doch schon bei
Homer eine Parallele zwischen dem Reichthum des böotischen
Orchomenos und dem des ägyptischen Thebens.[2]) Ja, wir dürfen
die Analogie ohne Zweifel noch weiter verfolgen und die Ver=
muthung aussprechen, daß auch die sozialökonomischen Grund=
lagen dieser Kulturblüte des östlichen Hellas in mancher Hinsicht
an dessen ägyptisch=orientalische Vorbilder erinnert haben werden.
Nun spiegelt sich in den monumentalen Schöpfungen jener älteren
Kulturen die schroffste soziale Ungleichheit wieder, ein harter
Druck, der große Volksmassen als Werkzeug für die Befriedigung
der Prunksucht Weniger verbrauchte. Wer wollte bezweifeln,
daß auch der Glanz des althellenischen Fürstenthums als das
Symptom einer Herrschaft über bedeutende wirthschaftliche sowohl,
wie soziale Kräfte zu betrachten ist? Die fürstlichen Erbauer
der Paläste von Tiryns und Mykenä, die uns so lebhaft an
die Bauten der alten Königsstädte erinnern, mochten hinsichtlich
des äußeren Machtbereiches noch so tief unter den Herrschern
des Ostens stehen, ihre Stellung innerhalb des Volkes selbst
mochte eine wesentlich andere sein, insofern wenigstens bestand
gewiß eine Analogie, als dem sachlichen Herrschaftsrecht, welches
diese Fürsten und Herren über beträchtliche Theile des Grund
und Bodens besaßen, nothwendig ein nicht minder umfassendes
persönliches Herrschaftsrecht entsprochen haben muß.

Dieser Schluß ergibt sich aus der einfachen Erwägung, daß
auch damals noch das Leben sich durchaus im Rahmen der
Naturalwirthschaft bewegte. Wenngleich die Funde eine bedeutende
Anhäufung edler Metalle in einzelnen Händen bezeugen, so war
doch der Verkehr noch lange nicht zum Gebrauch eines eigent=
lichen Geldes fortgeschritten; ein Beweis dafür, daß die selbständige
Produktivkraft des Kapitals nur unvollkommen entwickelt, Grund=
besitz und menschliche Arbeitskraft noch immer fast die einzigen
Güterquellen waren. In einer Zeit aber, wo Arbeit und

---

[1]) Nach dem Vorgange des Pausanias Dörpfeld bei Schliemann,
Tiryns S. 202.

[2]) Ilias 9, 381.

Bodenprodukte den Hauptgegenstand des Umsatzes bildeten und die Masse der Bevölkerung eigentlich nur aus zwei Klassen, aus Grundbesitzern und aus Arbeitern, bestand, die ihrerseits mit ihrer ganzen Existenz in einer Weise vom Grundbesitz abhingen, daß eine Minderung ihrer Freiheit vielfach unvermeidlich war, in einem solchen Zeitalter der natürlichen Gebundenheit der besitzlosen Arbeit wird man nicht erwarten dürfen, großen Landbesitz überwiegend mit freien Lohnarbeitern bewirthschaftet zu sehen. Noch weniger wird man sich Angesichts dieser wirthschaftlichen Verhältnisse und des unentwickelten Angebots fluktuirender freier Arbeitskräfte zu der Annahme entschließen können, daß es freie Volksgenossen waren, die den Fürsten die Grabesdome gewölbt, die Paläste und die Riesenmauern ihrer Burgen aufgerichtet haben. Diese Schöpfungen sind vielmehr das Symptom einer Organisation der Gesellschaft, in der die Unfreiheit bereits breiten Boden gewonnen hatte, in der es insbesondere den fürstlichen Grundherrn möglich war, zahlreiche dienende Kräfte einem einheitlichen Herrscherwillen zu unterwerfen und für solche Arbeiten in Masse zu verbrauchen.[1]) Wenn nach der Sage der Hellenen das fabelhafte Riesengeschlecht der Cyklopen die Mauern von Tiryns und Mykenä aufgethürmt haben soll, so kann man auch hier wohl sagen: „Es sproßt der Stamm der Riesen aus Bauernmark hervor". Die Unfreiheit, sei es Knechtschaft oder Leibeigenschaft und Hörigkeit, ist die soziale Voraussetzung dieser gewaltigen, wie für die Ewigkeit geschaffenen Werke.

---

[1]) Für die Richtigkeit dieser Schlußfolgerung dürfte wohl der Umstand sprechen, daß E. Meyer gleichzeitig mit mir zu derselben Ansicht gekommen ist. Allerdings geht er noch etwas weiter als ich, wenn er meint, daß den Königen die große „Masse des Volkes" ($\lambda\alpha o i$, im Gegensatz zum späteren $\delta\tilde{\eta}\mu o\varsigma$) „sei es als Leibeigene, sei es als frohnpflichtige Bauern, vollständig unterthan war", daß sie die Volkskraft überhaupt „in ähnlicher Weise anspannen und auf Einen Zweck konzentriren konnten, wie die Pharaonen im Nilthal" (G. d. A. 2, 167). Ebenso allgemein drückt sich Busolt (G. G. 1³, 6) aus. Auch nach ihm sind es die „Unterthanen" überhaupt, deren Kräfte jene Fürsten allem Anscheine nach in der Weise orientalischer Herrscher rücksichtslos in Anspruch nahmen. — Diese Ansicht dürfte — wie gesagt — etwas zu weit gehen.

Man vergegenwärtige sich nur den wahrhaft verschwenderi=
schen Verbrauch von Menschenkräften, dem dieselben ihr Dasein
verdanken! Die Mauern der Burg bei Kopai haben eine Dicke
von 5—7 Metern[1]), die Riesenblöcke der Burgmauer von Tiryns
zeigen mehrfach eine Höhe von 1—1,50 m und eine Länge von
2,90—3,20 m, während ihre Tiefe auf 1,20— 1,50 m geschätzt
wird. Einen solchen roh zugerichteten Block, dessen Gewicht
12—13000 kg betragen mag, auf dem engen und hoch gelegenen
Bauplatz fluchtgerecht zu versetzen, war nach dem Urtheil eines
modernen Architekten[2]) nur mit einem großen Arbeiterheere mög=
lich. Welch einen Aufwand von technischen Hülfsmitteln und
von Menschenkräften muß es ferner gekostet haben, den gewaltigen
Monolithen, der im Palast von Tiryns den Boden der Bade=
stube bildet und das kolossale Gewicht von 20000 kg besitzt,
heranzuschaffen und auf solcher Höhe zu versetzen![3]) Endlich
die monumentalen Behausungen der Todten! Die gewaltigen
Kuppelgewölbe selbst, wie die einzelnen Bautheile, z. B. die Pforte
des argivischen Kuppelgrabes am Heräon mit ihrem 7000 kg
schweren Deckstein, und der ungeheure, sauber behauene Innen=
stein der Oberschwelle des sogen. Schatzhauses des Atreus mit
seinem Gewicht von 122000 kg, eine Steinmasse von 9 m
Länge, 3 m Tiefe und 1 m Dicke! Welch ein Verbrauch von
Arbeitskraft, bis diese gewaltige Masse auf allen Seiten bearbeitet,
auf ihren hohen Standort gebracht und auf ihrer Unterlage
sicher versetzt war![4])

Es erweckt eine unrichtige Vorstellung, wenn neuerdings
die Reaktion gegen die Bewunderung der baulichen Schöpfungen
von Mykenä und Tiryns zu der Behauptung geführt hat, daß
die „aus Holz und Lehm gebauten Königspaläste mit verhältnis=
mäßig sehr geringen Kosten herzustellen waren", und daß selbst
der Bau des größten Kuppelgrabes „keinen höheren Aufwand
erforderte, als der Bau eines dorischen Steintempels mittlerer

---

[1]) Lolling in dem Reisehdb. für Griechenland (2) S. 190.

[2]) Adler bei Schliemann a. a. O. S. XIV.

[3]) Adler a. a. O. S. XXIV.

[4]) Vgl. das technische Urtheil des Architekten Adler a. a. O. S. XLIII.

Größe".[1]) Als ob neben den allerdings aus Bruchstein und
Lehmziegeln aufgeführten Palastmauern, auf welche diese Charakteristik ja zutrifft, Bauglieder von der Mächtigkeit, wie sie sich
in den Kuppelgräbern, in den Fortifikationen und — an der
erwähnten Stelle — auch im Palaste von Tiryns fanden, gar
nicht vorhanden wären! Gerade diese letzteren und der Arbeits-
aufwand, den sie gekostet haben, sind das Entscheidende. Ein
Blick auf diese gewaltigen Bauglieder genügt, um zu erkennen,
daß die genannten Kuppelgräber und die Burgmauern von
Tiryns, namentlich die Gallerien, einen weit größeren Aufwand
an äußerer mechanisch-konstruktiver Kraft erforderten, als ein
dorischer Tempel, bei dem sich das Bauganze aus viel geringeren
und einfacheren Baugliedern zusammensetzte und daher der Anspruch an die mechanisch-technische Kraftleistung von vornherein
ein ungleich geringerer war.[2])

Irreführend ist es auch, wenn gegenüber den — allerdings
oft übertriebenen — Vorstellungen von der Macht und Größe
des mykenischen Königthums, zu denen der übermächtige Eindruck
der Burgbauten viele moderne Beschauer verführt hat, neuerdings
geltend gemacht wird, daß „in einer Zeit des Kampfes Aller
gegen Alle der Schutz vor feindlichen Angriffen das dringendste
aller Bedürfnisse ist, dessen Befriedigung alle zu Gebote stehenden
Mittel dienstbar gemacht werden", daß daher selbst „kleinere
Gemeinden sehr wohl im Stande waren, solche Bauten aufzu-
führen".[3])

Dieser Gesichtspunkt wäre zulässig, wenn Mykenä und Tiryns
in der uns erhaltenen Gestalt große Gauburgen gewesen wären,
hinter deren Wallringen die Landesbevölkerung Schirm und Zuflucht in Kriegsgefahr gefunden hätte; während sie in Wirklichkeit doch vor Allem der Macht und Sicherheit des Einen dienten,
dessen Herrscherwohnung den Burgraum einnahm. Nicht sowohl
davon, was die Gesammtheit der Volksgenossen leisten konnte,
geben sie Kunde, sondern von dem, was ihre fürstlichen Erbauer

---

[1]) So Beloch, Griech. Gesch. 1, 46.
[2]) Nach einer Bemerkung meines Kollegen Flasch.
[3]) Beloch a. a. O.

vermochten. Und noch mehr, als der Burgenbau, bei dem doch
immerhin ein öffentliches Interesse mitwirkte, geben solche Kunde
die Grabesdome, in denen recht eigentlich die Machtstellung ihrer
Erbauer zum Ausdruck kommt und die daher einer späteren
Zeit, mit ihren anders gearteten staatlichen Verhältnissen, durchaus fremd sind.

Allerdings darf man den stummen Zeugen nicht mehr Auf-
schlüsse abzwingen wollen, als es der Natur der Dinge nach
möglich ist. Die Steine sind vieldeutig! Und man kann daher
in den Rückschlüssen auf die politische und soziale Physiognomie
der Entstehungszeit der Denkmäler nicht vorsichtig genug sein.
Wie verschiedenartig sind z. B. die modernen Urtheile über die
Palastbauten des mykenischen Königthums! In Schliemann's
Biographie heißt es von der Palastanlage zu Tiryns: „Diese
Aufeinanderfolge von Thoren gemahnt an die Lebensweise eines
Fürsten, der wie ein Sultan abgeschieden von seinem Volke
lebt und erst nach Überwindung der verschiedenen Stufen von
Wächtern und Hofchargen erreichbar ist".[1] Dagegen besteht nach
E. Meyers Ansicht das Charakteristische des mykenischen Palastes
gerade darin, daß er eben nicht, wie „orientalische Königsschlösser",
„wie ein moderner Sultanspalast von der Außenwelt vollständig
abgeschlossen ist". Er „öffnet sich der Außenwelt, ist dem
Zusammenleben des Herrschers mit den Häuptern seines Volkes
bestimmt und aus dem Bauernhof erwachsen".[2]

Fest steht allerdings das Eine: von einer großen Einheitlichkeit und Überlegenheit der Herrschermacht zeugen die mykenischen
Denkmäler; und es ist schwer begreiflich, wie die an sich wohl-
berechtigte Skepsis gegen die hergebrachten Anschauungen von
der hellenischen Vorzeit nicht einmal das mehr zugeben will, daß
man das alte Königthum als Monarchie auffaßt".[3]

---

[1] S. 81.

[2] G. d. A. 2, 165.

[3] So Niese (Gött. Gel. Anz. 1894 S. 899) in der Recension von
Beloch's Griechischer Geschichte. Niese bezeichnet es geradezu als einen Grundfehler der historischen Anschauungsweise Beloch's, daß für diesen das alt-
hellenische Königthum eine Monarchie ist.

Richtig ist an diesem Standpunkt nur so viel, daß man zwischen diesem Königthum der mykenischen Epoche und der späteren aristokratischen Entwicklungsphase des hellenischen Staatslebens keine allzu scharfe Scheidelinie ziehen darf. Denn schon die mykenische Monarchie zeigt unverkennbar eine starke Beimischung aristokratischer Elemente. Die Denkmäler geben nicht bloß Kunde von der Macht des Fürsten, sondern auch von dem Dasein kleinerer Herren, die an wirthschaftlichen Machtmitteln zwar hinter jenem zurückstanden, aber das Niveau einer gemeinfreien Existenz um ein Beträchtliches überragten. Ich nenne die Grabkammern bei Nauplia, die Kuppelgräber bei Volo in Thessalien, bei Pharis in Lakonien und bei Menidi (Acharnä) in Attika, sowie die Felsengräber bei Spata in Attika, die sich durch ihren Reichthum an Schmucksachen und sonstigen Kunsterzeugnissen als Bestattungsstätten prachtliebender Geschlechter erweisen. Es tritt uns in diesen Denkmälern eine Aristokratie entgegen, die eine bedeutende wirthschaftliche Kraft repräsentirte; und da diese Kraft in einem Zeitalter der Naturalwirthschaft nur in größerem Grundbesitz wurzeln konnte, so sind sie zugleich Symptome einer Entwickelung, welche bereits eine weite Kluft zwischen Bauer und Edelmann geschaffen hatte. —

Das Bild, welches sich so, wenn auch nur in einzelnen hervorstechenden Zügen von der sozialen Physiognomie der fortgeschrittensten hellenischen Kulturlandschaften gegen Ende des 2. Jahrtausends v. Chr. zeichnen ließ, wird uns übrigens noch lebendiger, wenn wir die allgemeinen wirthschaftstheoretischen Schlußfolgerungen aus den Monumenten durch die positiven Einzelthatsachen ergänzen, welche die ältesten literarischen Zeugnisse, die Epen, für die sozialgeschichtliche Erkenntnis des hellenischen Mittelalters darbieten. Denn wenn auch das Epos um Jahrhunderte jünger ist, als die „mykenischen" Denkmäler, so stimmen doch die gesellschaftlichen und staatlichen Zustände, die sich in der epischen Poesie reflektiren, in wichtigen Grundelementen, mit denen der mykenischen Kulturperiode überein.[1]

---

[1] Daher kann ich mich auch nicht entschließen, die mykenische Epoche so strenge von den Zeiten der „homerischen" Kultur zu unterscheiden, wie

Auch im Liede hat sich die Kunde von einem Fürstenthum
erhalten, welches, wie das mykenische, sich durch eine bedeutende
Konzentrirung wirthschaftlicher Machtmittel auszeichnete. Abgesehen von freiwilligen und unfreiwilligen Abgaben und Leistungen
des Volkes, die nach Äußerungen, wie Od. 1, 392 f., den Reichthum des Fürsten beträchtlich mehren halfen, erscheint derselbe
regelmäßig im Besitze eines Krongutes (τέμενος), dessen Werth
und Umfang wiederholt gepriesen wird. [1]) Auch wird das Fürstenthum als die höchste Gewalt im Staate überall in der Lage
gewesen sein, mehr oder minder umfassende Rechte an dem im
Besitz der Gesammtheit gebliebenen Lande zur Geltung zu bringen,
an den weiten Strecken der Wald= und Weideländereien, wofür
wir an den ausgedehnten Weiderevieren des Fürsten von Ithaka
noch ein Beispiel besitzen. Ja, wir begegnen in den Epen
wenigstens einzelnen Fürsten, die über ganze Distrikte sammt
der darauf ansässigen — allem Anscheine nach unterjochten —

---

dies z. B. E. Meyer thut, obwohl er selbst zugibt, wie „lebendig" die
mykenische Kultur in Kleinasien nachgewirkt hat (G. d. A. 2, 291 f.). Ich
rechne im Gegensatz zu ihm auch die mykenische Epoche zum griechischen
Mittelalter, indem ich — wie Lamprecht in seiner deutschen Geschichte —
unter „Mittelalter" dasjenige Zeitalter nationaler Entwicklung verstehe,
welches von den Anfängen seßhaften Ackerbaues bis auf jene Zeit reicht, in
der die Geldwirthschaft zur Ebenbürtigkeit oder zum Übergewicht der geld=
wirthschaftlichen Entwicklung gegenüber den vorhandenen agrarischen Wirth=
schaftsmächten und zu einer vorher unbekannten Bewegungsfreiheit der
Individuen führt. —

Wie P. Cauer, Grundfragen der Homer=Kritik S. 171, mit Recht bemerkt,
ist es schon deshalb unmöglich, mit E. Meyer einen so scharfen Einschnitt
zu machen, weil der Versuch E. Meyer's, das Leben der mykenischen Epoche
zu schildern, in reichem Maße Elemente verwerthet, die erst das Epos uns
darbietet. „Beide Perioden berühren sich eben vielfach, und die Quellen, aus
denen unsere Kenntnis geschöpft wird — Denkmäler und Kleinfunde auf der
einen Seite, Homer's Erzählungen auf der andern —, ergänzen sich in so
erwünschter Weise, daß wir gar nicht anders können, als herüber und hinüber=
greifen, um die ältere Stufe des Daseins durch die jüngere und diese wieder
durch jene uns anschaulich zu machen". Dies schließt übrigens nicht aus,
daß auch Unterschiede vorhanden sind, die man sorgfältig zu beachten hat!

[1]) Il. 40, 194 heißt es ἔξοχον ἄλλων, 12, 313 und Od 17, 299 μέγα,
Il. 12, 314 καλόν.

Bevölkerung wie über Privateigenthum verfügen können. So verspricht Agamemnon als Brautschatz für seine Tochter dem Achill sieben wohlhabende Ortschaften mit zahlreichen Zinspflichtigen.[1] Andererseits erscheint es Menelaos, ein Leichtes, seinen Lieblingswunsch, die Übersiedlung seines alten Waffengefährten Odysseus nach Lacedämon zu verwirklichen; er ist jederzeit in der Lage, über den für die Schadloshaltung eines so begüterten Fürsten und seiner Mannen nothwendigen Grundbesitz zu verfügen und zu dem Zweck sogar die Einwohner einer ganzen Ortschaft einfach anderswohin zu verpflanzen.[2] Auch geht aus der betreffenden Stelle unzweideutig hervor, daß hier diesem Eigenthumsrecht des Königs eine ganze Reihe von Gemeinden unterworfen gedacht wird, ein Gebiet, wo er als unbeschränkter Grundherr über Land und Leute schaltet.[3] Dies mögen Ausnahmeverhältnisse sein; sicherlich aber war der Fürst immer der größte Grundbesitzer im Lande.[4]

Auch der Antheil, den neben dem Fürsten der Adel an dem nationalen Boden gewonnen, erscheint nach den Andeutungen des Epos als ein sehr beträchtlicher. Daß Adel mit ὄλβος und πλοῦτος verbunden sei, ist eine so selbstverständliche Vorstellung für das Epos, daß bei der Charakteristik adeliger Männer die Begriffe ἀφνειός τ' ἀγαθός τε ganz formelhaft gebraucht werden.[5]

---

[1] Jl. 9, 149.

[2] Od. 4, 175 ff.

[3] Ich kann Angesichts dieser Stellen nicht die Ansicht E. Meyer's theilen, daß die Schilderungen der homerischen Epen von den Zuständen der mykenischen Zeit ungefähr ebenso weit abstehen, wie der Ritterstaat des Nibelungenliedes von dem germanischen Staate der Völkerwanderung oder dem vielleicht noch richtiger zu vergleichenden Reiche Karl's des Großen". (A. a. O. S. 167.) Eine Parallele, die mir überhaupt nicht recht deutlich geworden ist.

[4] Daher gilt dies πλοίτῳ κεκάσθαι im Epos vor allem von den Fürsten. Jl. 24, 534, vgl. 5, 544. In Sparta erscheint das Königthum noch in einer Zeit, in der es von seiner ursprünglichen Machtfülle unendlich viel eingebüßt hatte, im Besitze bedeutenden Domaniallandes im Gebiete vieler Periökengemeinden, dessen Insassen den „Königsschooß" φόρος βασιλικός entrichteten. Plato Alkib. S. 123. Xenophon, Staat der Lak. 15, 3.

[5] Z. B. Jl. 13, 664; 17, 576; vgl. Od. 18, 127: εὖν τ' ἔμεν ἀφνειόντε.

Und wie der Dichter im Lobe der Helden, besonders der Gefallenen, mit Vorliebe auf diesen Vorzug hinzuweisen pflegt[1]),
so lieben es die im Epos auftretenden Edlen, sei es bei erst-
maligen Begegnungen oder wo es darauf ankommt, sich persönlich Geltung zu verschaffen, durch die Berufung auf den Adel
nicht bloß, sondern ganz besonders auf den Reichthum ihrer
Vorfahren sich zu legitimiren[2]), wobei mitunter in naivster
Weise die einzelnen Bestandtheile des Familiengutes, das Acker-
und Gartenland, das Vieh u. s. w. aufgeführt werden. [3])

Ungleich wichtiger freilich, als die allgemeinen und un-
bestimmten Angaben über die „Menge von Saatfeldern und
Baumpflanzungen", die das Epos als Besitzthum Einzelner
nennt, wären ziffermäßige Anhaltspunkte für die Beurtheilung
des Maßstabes, den man in jener Zeit an den Begriff eines
größeren Gutes anlegte. Und es könnte ja allerdings scheinen,
als ob wir einen solchen Anhaltspunkt besäßen, nämlich in der
bekannten Stelle der Ilias 9, 576 f., wo die Ältesten der
Ätoler dem edlen Meleager für die Rettung aus Feindeshand
als „große Gabe" (μέγα δῶρον) ein „auserlesenes Gut" (τέμενος
περικαλλές), halb Reben-, halb Ackerland, des besten Bodens
darbieten. Dieses Gut wird ausdrücklich bezeichnet als ein
πεντηκοντόγυον d. h. fünfzig γύαι groß. Allein diese Bezeichnung
ist leider nicht so klar, wie es für unsere Frage wünschenswerth

---

[1]) Il. 16, 596 von einem Gefallenen: ὄλβῳ τε πλούτῳ τε μετέπρεπε
Μυρμιδόνεσσιν. 6, 14 ἀφνειὸς βιότοιο.

[2]) Vgl. z. B. die Äußerung des Hermes als angeblichen Therapons
Achill's vor Priamos: πατὴρ δέ μοί ἐστι Πολύκτωρ· ἀφνειὸς μὲν ὅ γ' ἐστί,
γέρων δὲ δή, ὡς σύ περ ὧδε. Il. 24, 398, vgl. 377 μακάρων δ' ἔξ ἐσσι
τοκήων.

[3]) So begründet Diomedes Ilias 14, 121 den Anspruch, im Rathe der
Achäer — obwohl der Jüngste — mit seiner Rede beachtet zu werden, nicht
nur durch den Hinweis auf seine edlen Ahnen, sondern auch durch eine ausführliche Aufzählung des reichen väterlichen Besitzes: Ἀδρήστοιο δ' ἔγημε
θυγατρῶν, ναῖε δὲ δῶμα ἀφνειὸν βιότοιο, ἅλις δέ οἱ ἦσαν ἄρουραι πυρο-
φόροι, πολλοὶ δὲ φυτῶν ἔσαν ὄρχατοι ἀμφίς, πολλὰ δέ οἱ πρόβατ' ἔσκε·
κέκαστο δὲ πάντας Ἀχαιοὺς ἐγχείῃ. Bezeichnend ist es auch, daß selbst das
Moment der kriegerischen Tüchtigkeit hier erst nach Besitz erwähnt wird.

wäre, da die Überlieferung über die Größe des genannten Feld-
maßes eine überaus verworrene ist, und geradezu unlösbare
Widersprüche enthält. [1]

Nun kann zwar meines Erachtens über die ursprüngliche
Bedeutung dieses Maßes ein Zweifel kaum bestehen. Denn da
γύης identisch ist mit dem Namen eines Pflugtheils (des Krummholzes), so müssen wir nach allen Analogien annehmen, daß eben
nach letzterem auch das Stück Land benannt wurde, welches mit
Hülfe eines Krummholzes d. h. mit Einem Pfluge, an Einem
Tage gepflügt werden konnte. Es ist also meines Erachtens be-
grifflich dasselbe Maß, wie das italische jugum, jugerum,
das „Joch", nur daß dieses nach einem andern Theil des Acker-
werkzeuges genannt ist[2]); und so wird denn in der That schon
von antiken Autoren der γύης auch als ζεῦγος bezeichnet.[3] Bestimmt sich aber so die ursprüngliche Größe des γύης nach der
Leistung des Ackergeräthes, so steht für die genauere Feststellung
die weitere Thatsache zu Gebote, daß in Hellas das Normalmaß
für ein „Gewende" (πλέθρον homer. πέλεθρον!), d. h. für die
Länge der Furche, welche der Pflugstier in Einem Ansatze zieht,
bis er wieder umwendet, 100' betrug, wie der altitalische vorsus,
und daß man daraus als entsprechendes Flächenmaß das
□ Plethron ableitete. Zur Pflügung dieser Fläche genügte
ein halbes Tagewerk, und es ist daher kaum zu bezweifeln, daß
man das Doppelplethron oder das ganze Tagewerk zu einem
besonderen Flächenmaß machte[4]), welches dann ein längliches

---

[1]) Vgl. die Zusammenstellung der — übrigens sehr späten — Quellen
bei Hultsch, Griech. u. Röm. Metrologie (2) S. 40 ff.

[2]) Auf den γύης trifft demnach zu, was Eustathios fälschlich dem
Odyssee 18, 371 f. erwähnten τετράγυον zuschreibt: διάστημά τι ὅσον ἦν
ἀροτριᾶν, ὡς εἰκός, δι' ἡμέρας τοὺς ἀγαθοὺς ἐργάτας καὶ χρωμένους βουσὶν
ὁμοίοις.

[3]) Eustathios zu Il. 9, 575 vgl. Etym. M. unter γύης.

[4]) Zu dieser Schlußfolgerung halte ich mich berechtigt Angesichts der
Analogie des römischen jugerum. Die Römer bestimmten ihren actus
(= vorsus) nach dem Duodecimalsystem auf 120', gewannen daraus den
□ actus, das halbe Tagewerk, und aus diesem wieder durch Verdopplung
das jugerum.

Viereck von 200′ Länge und 100′ Breite bildete (20000 □′ =
0,19 ha und eben den Namen $\gamma \acute{v} \eta \varsigma$ erhielt. Wir würden also
auf Grund dieser Berechnung für das $\tau \acute{\varepsilon} \mu \varepsilon \nu o \varsigma$ $\pi \varepsilon \nu \tau \eta \kappa o \nu \tau \acute{o} \gamma \nu o \nu$
der Ilias eine Fläche von 9,5 ha, etwa 38 römischen jugera,
erhalten.

Allein wenn dieses Ergebnis auch insoferne einen gewissen
Werth hat, weil es wenigstens den Mindestbetrag darstellt,
den wir für ein derartiges Gut annehmen müssen[1]), so verliert
es doch für unsere Frage an Bedeutung dadurch, daß es durch-
aus zweifelhaft bleibt, ob gerade hier $\gamma \acute{v} \eta \varsigma$ in seinem ursprünglichen Sinn gebraucht ist. Denn wir haben es mit einem Acker-
maß zu thun, dessen Größe vielfach geschwankt hat, da für den
Gebrauch des Wortes offenbar schon frühe auch der allgemeinere
Begriff einer bebauten Fläche überhaupt ($\gamma \acute{v} \eta$ Nebenform zu
$\gamma a \tilde{\iota} a$) maßgebend wurde. Daher die Bezeichnung $\gamma \acute{v} \eta$ neben $\gamma \acute{v} \eta \varsigma$
und die Anwendung auf sehr verschiedenartige Flächen, die den
Umfang eines Tagewerkes weit übertrafen. Nach dem Schol.
zu Od. 7, 113 z. B. wo den ausgedehnten und mannigfaltigen
Pflanzungen des Alkinoos nur eine Größe von vier $\gamma \acute{v} a \iota$ zugeschrieben wird, soll hier unter $\gamma \acute{v} \eta \varsigma$ ein Ackermaß von 12 Plethren
zu verstehen sein, was in der That alle Wahrscheinlichkeit für
sich hat; und in einer allerdings viel späteren, aber auf ältere
Landvermessungen zurückführenden agrarischen Urkunde (der tabula
Heracleensis) erscheint sogar ein $\gamma \acute{v} \eta \varsigma$, der nach der Ansicht von
Hultsch eine Größe von 48 Plethren hatte, also genau soviel,
wie der $\acute{o} \rho \chi a \tau o \varsigma$ $\tau \varepsilon \tau \rho \acute{a} \gamma v o \varsigma$ des Alkinous.[2]) Legen wir auch
nur das kleinere der letztgenannten Ackermaße als Maßstab an
die Iliasstelle an — und warum sollte hier nicht möglicherweise
dasselbe Maß zu Grunde liegen können, wie in der Odyssee? —,

---

[1]) Freilich ist dieser Mindestbetrag ein sehr bescheidener! Das $\pi \varepsilon \nu \tau \eta$-
$\kappa o \nu \tau \acute{o} \gamma \nu o \nu$ würde demgemäß einer alten deutschen Hufe (30—40 Morgen) an
Größe entsprochen haben. Der Ertragswerth würde allerdings bei den
anderen Produktionsverhältnissen ein wesentlich höherer gewesen sein. —
Völlig unmöglich ist der von Guiraud (La propriété foncière en Grèce
S. 64 f.) berechnete Minimalwerth von 3,15 ha.

[2]) Hultsch a. a. O. S. 41. 668.

so würde sich für unser Gut die stattliche Größe von 57 ha = 228 römische Morgen ergeben.

Doch sei dem, wie ihm wolle, sicherer als derartige Berechnungen sind jedenfalls die Schlüsse, welche sich aus den Andeutungen des Epos über die Entwickelung und den Umfang der Wirthschaft auf den größeren Gütern ergeben. Wie bezeichnend ist in dieser Hinsicht z. B. das schöne Bild in der Ilias (11, 67), wo die gegeneinander rückenden Schlachtlinien der Troer und Danaer mit den Reihen der Schnitter verglichen werden, „die einander begegnend Schwaden dahinmäh'n in dem Gefild' des begüterten Mannes".[1]) Auch die in der Schildbeschreibung (Ilias 18, 540 ff.) enthaltene prächtige Schilderung des Lebens und Treibens auf den Feldern der großen Gutswirthschaften bietet ähnliche charakteristische Züge, so z. B. die Bemerkung über die Menge der pflügenden Feld-arbeiter (πολλοὶ ἀροτῆρες), über das Fest nach der Ernte, bei welcher der Schnitter so viele sind, daß zu ihrer Bewirthung ein gewaltiger Stier geschlachtet wird, u. dgl. m. Ferner beweisen die vielfachen Äußerungen des Epos über den Herdenreichthum Einzelner, in denen gewiß die thatsächlichen Verhältnisse der Zeit, insbesondere die Fortschritte der Schafzucht, zum Ausdruck kommen[2]), daß neben dem eigentlichen Kulturboden die grundherr-liche Wirthschaft sich im 9. und 8. Jahrhundert auch bereits

---

[1]) Οἱ δ', ὥστ' ἀμητῆρες ἐνάντιοι ἀλλήλοισιν ὄγμον ἐλαύνωσιν ἀνδρὸς μάκαρος κατ' ἄρουραν πυρῶν ἢ κριθέων.

[2]) Z. B. Il. 2, 705: Ἰφίκλου υἱὸς πολυμήλου Φυλακίδαο. 2, 106: πολύαρνι Θυέστῃ. 14, 490: Φόρβαντος πολυμήλου. Vgl. auch 11, 244 über die Brautgabe des Iphidamas

πρῶθ' ἑκατὸν βοῦς δῶκεν, ἔπειτα δὲ χίλι' ὑπέστη
αἶγας ὁμοῦ καὶ ὄϊς, τά οἱ ἄσπετα ποιμαίνοντο,

eine Stelle, die sich allerdings auf Thracien bezieht, aber doch auch für die allgemeine Auffassung der Dichtung nicht ohne Bedeutung ist. Vgl. z. B. Il. 11, 677:

ληΐδα δ' ἐκ πεδίου συνελάσσαμεν ἤλιθα πολλήν,
πεντήκοντα βοῶν ἀγέλας, τόσα πώεα οἰῶν,
τόσσα συῶν συβόσια, τόσ' αἰπόλια πλατέ' αἰγῶν,
ἵππους δὲ ξανθὰς ἑκατὸν καὶ πεντήκοντα
πάσας θηλείας, πολλῇσι δὲ πῶλοι ὑπῆσαν.

Dazu Od. 14, 1007.

über große Strecken der Viehnahrung erzeugenden Gebiete, des Wald-, Wiesen- und Weidelands ausgedehnt hatte.

Dabei ist nicht bloß der Umfang der Viehwirthschaft, z. B. der großen, weite Räume beanspruchenden Schafzüchtereien, von Bedeutung, sondern auch die Art des Betriebes. Der rationelle Betrieb der Viehwirthschaft, wie wir ihn aus zahlreichen Angaben des Epos über Aufzucht, Haltung und Nutzung des Groß- und Kleinviehes kennen lernen, insbesondere der offenbar längst vollzogene Übergang von der Produktion mageren Viehes zur Milchverarbeitung, auf deren Ausdehnung die Schilderung einer großen Milcherei in der Odyssee (11, 188 ff.) einen Schluß zuläßt [1], die Ausbildung der Mastwirthschaft in allen Zweigen der Viehzucht [2], endlich die umfassenden Rindviehbestände, die unverkennbar darauf hindeuten, daß sich vielfach schon ein weit besseres Ebenmaß zwischen Arbeitsvieh und Kleinvieh herausgebildet hatte, als es unter primitiveren Verhältnissen möglich war, all' diese Intensitätsfortschritte sind zugleich Symptome von Verbesserungen in der Organisation der Arbeit, in der Bodenbenutzung, [3] in der allgemeinen Betriebsweise der Landwirthschaft überhaupt, die zum Theil gewiß mit der Entwickelung der größeren Güterwirthschaft enge zusammenhängen. Ähnliches gilt von der Rossezucht der homerischen Edelhöfe, die für den Adel dieser Zeit in vielen Landschaften nicht bloß ein nothwendiges Erfordernis zur Behauptung der Waffenfähigkeit war, sondern zugleich auch Luxuszwecken diente und daher schon damals zu hohen und feinen Leistungen fortgeschritten war. [4] Daß eine solche Pferdezucht, die — nach den Bemerkungen des Epos über Rosseherden und Rosseweiden

---

[1] Vgl. auch zur Charakteristik der Milchwirthschaft Jl. 16, 642.

[2] Od. 14, 13 ff.; 17, 180; 20, 163. 186; 23, 304.

[3] Über die Fortschritte der Wiesenkultur s. meine Abh. über die Feldgemeinschaft bei Homer, Ztschr. f. Sozial- u. Wirthschaftsgesch. 1, 38 ff.

[4] Vgl. Ilias 8, 189; 23, 281 und die zahlreichen Stellen, welche Schönheit und Leistungen des Rosses feiern; dazu die Erwähnung ausgezeichneter Rossezüchter ebenda 5, 640; 23, 347 und die Benennung der Edlen nach dem Roß, z. B. ἱππόδαμος (passim) Ἵππασος 11, 450; ἀνέρες ἱπποκορυσταί 2, 1; Ἱπποκόων (Rossekenner) 10, 518; Ἵππόθους 2, 840; Ἱππόλοχος 6, 206; Ἱππόμαχος 12, 189; Ἱππόνους 11, 303.

zu schließen [1]) — nicht selten auch in Beziehung auf die Zahl in größerem Stil betrieben wurde, nur größeren Gutswirthschaften möglich war, ist nicht zu bezweifeln, wie sie denn auch schon von den Alten als Hauptsymptom einer starken Konzentrirung des Besitzes bezeichnet wird. [2]) Machen wir doch ganz dieselbe Beobachtung im germanischen Mittelalter! So werden in einem karolingischen Kapitular den caballarii, den Pferdebesitzern, die übrigen Volksgenossen als pauperiores gegenübergestellt [3]), und wir finden in unserem früheren Mittelalter hervorragende Pferdezuchtgebiete gerade da, wo sich der Adel mit reichem Besitzthum in weit höherem Grade als anderwärts über den kleinen Landwirth erhob. [4]) Wenn daher in den Epen verschiedene Landschaften mit dem Beinamen ἱππόβοτος, „rossenährend“, auftreten [5]), wenn hier oder in anderen Quellen von gewissen Landschaften gerühmt wird, daß sie seit alter Zeit in der sorgsamen Aufzucht und Abrichtung edler Pferde, überhaupt in der Pferdezucht sich hervorgethan, wie z. B. Thessalien, Böotien, Sikyon, Epidauros, Elis, Sicilien, besonders Agrigent und Syrakus, Sybaris, Kyrene, das kleinasiatische Aolien und Jonien, Euböa u. a., so schließen wir daraus überall auf das Emporkommen einer grundbesitzenden ritterlichen Aristokratie, die in wirthschaftlicher Hinsicht die Masse des Volkes weit überragte. Über welch' ausgedehnten Landbesitz z. B. die Ritterschaft der „Hippoboten“ von Chalkis verfügte, beweist die bedeutsame Thatsache, daß, als am Ende des 6. Jahrhunderts deren Güter der siegreichen

---

[1]) Weiden Od. 4, 635; 21, 347. — Herden Il. 4, 500; 11, 680; 20, 221. Od. 4, 635; 21, 22.

[2]) Arist. Pol. 6, 3 § 1 S. 1289 b: καὶ τῶν γνωρίμων εἰσὶ διαφοραὶ καὶ κατὰ τὸν πλοῦτον καὶ τὰ μεγέθη τῆς οὐσίας οἷον ἱπποτροφίας — τοῦτο γὰρ οὐ ῥάδιον μὴ πλουτοῦντας ποιεῖν · διόπερ ἐπὶ τῶν ἀρχαίων χρόνων ὅσαις πόλεσιν ἐν τοῖς ἵπποις ἡ δύναμις ἦν, ὀλιγαρχίαι παρὰ τούτοις ἦσαν. 7, 4 § 3 S. 1321 a: αἱ δ' ἱπποτροφίαι τῶν μακρὰς οὐσίας κεκτημένων εἰσίν. Vgl. Isokrates v. Gespann 33, dazu Herodot 6, 35. 125.

[3]) L. L. 1, 149 (v. J. 807 c. 7).

[4]) Vgl. Jnama-Sternegg, D. W. G. 1, 168.

[5]) „Argos“ (d. h. ursprünglich Thessalien) passim, Τρίκκη Il. 4, 202. Elis Od. 21, 349.

athenischen Demokratie zum Opfer fielen, das eingezogene Land
hinreichte, um mindestens 2000 Bauernstellen zu errichten[1]);
und dabei blieb noch ein wahrscheinlich beträchtliches Stück als
Tempelgut und Staatsdomäne unvertheilt.[2])

Die geschilderten Fortschritte der großen Güterwirthschaft
haben ferner einen sehr bedeutsamen architektonischen Ausdruck
gefunden in der umfassenden, schon bei Homer bezeugten Umbildung des ländlichen Baustiles, in welcher sich der Prozeß der
aristokratischen Klassenbildung in ähnlicher Weise widerspiegelt, wie
die sozialpolitische Machtstellung des alten Stammfürstenthums
in dem mykenischen Burgen- und Palästebau. Neben dem alten
Bauernhause, welches die ganze Wirthschaft, Wohnung, Stallung
und Scheune unter Einem Dache vereinigte[3]), erscheinen jetzt stattliche
Herrenhöfe, die einen ganzen Komplex von Wohn- und Wirth-
schaftsgebäuden darstellten und auf denen die ländliche Ökonomie
von dem Herrenhause mehr und mehr sich abtrennte und auf eigenen
Vorwerken konzentrirte. Während im Bauernhause Herr und
Gesinde unter Einem Dache patriarchalisch zusammenwohnten, sehen
wir hier die dienenden Leute in kleineren Nebenwohnungen
untergebracht und in völlig gesonderter Wirthschaft, wie uns
dies z. B. in der Odyssee, in der Schilderung des Landgutes
des Laërtes, anschaulich entgegentritt.[4]) Die Räume des
Wohnhauses selbst dehnen sich aus, Dank der umfassenden
Verwendung des neuen, dem Osten entlehnten architektonischen

---

[1]) Die Zahl gibt der hier gut unterrichtete Älian V. H. 6, 1. Weniger
glaubwürdig ist die Zahl 4000 bei Herodot 5, 77; vgl. Kirchhoff, Abh. d.
Berl. Ak. 1873 S. 18.

[2]) Wahrscheinlich mindestens ein Zehntel; vgl. Thuk. 3, 50, wonach in
Lesbos von 3000 Losen 300 den Göttern vorbehalten blieben.

[3]) Über dies altgriechische Bauernhaus, dessen getreues Abbild das von
Galen geschilderte pergamenische und das altsächsische Bauernhaus ist, vgl.
Nissen, Pompejanische Studien S. 600 f.

[4]) 24, 205 ff.: ... τάχα δ' ἀγρὸν ἵκοντο
καλὸν Λαέρταο τετυγμένον ...
ἔνθα οἱ οἶκος ἔην, περὶ δὲ κλίσιον θέε πάντῃ,
ἐν τῷ σιτέσκοντο καὶ ἵζανον ἠδὲ ἴανον
δμῶες ἀναγκαῖοι, τοί οἱ φίλα ἐργάζοντο.

Elementes der Säule, welche zugleich eine größere bauliche Ausnutzung des Hofraumes, die Anlage von Hallen im Hofe für die mannigfaltigen, stetig wachsenden Bedürfnisse der Wirthschaft ermöglichte. —

Aus alldem geht auch hervor, daß sich in der Hand des begüterten Adels mit der ausgedehnten Verfügung über Grund und Boden gleichzeitig eine solche über zahlreiche dienende Arbeitskräfte verband.

Wenn man von einer fortschreitenden Volkswirthschaft im allgemeinen sagen kann, daß sie die Tendenz zeigt, die gleiche Bodenfläche mit immer mehr Kapital und Arbeit zu versehen, so gilt dieses Entwicklungsgesetz auch für die antike Welt, nur mit der Modifikation, daß dieselbe — infolge der Sklavenwirthschaft — viel mehr als die Neuzeit diese stärkere Intensität des Landbaues durch Arbeits-, viel weniger durch Kapitalzusatz zu erreichen suchte![1] Während z. B. der Bau des Pfluges keine irgend nennenswerthen Fortschritte machte, rechnete man in einer Zeit hochentwickelter Wirthschaft auf jeden Pflüger drei gewöhnliche Arbeiter, d. h. für Kornfelder 4—5 mal soviel außerordentliche Hülfe, als man z. B. in England Anfangs dieses Jahrhunderts auf derselben Fläche anwandte.[2] Wenn in den Geoponicis schon für 20 Schafe ein Hirt nebst Hirtenknaben verlangt wird[3], so mag das vielleicht auf unrichtiger Überlieferung beruhen, aber es ist doch z. B. für das Attika des 4. Jahrhunderts ein Fall bezeugt, wo auf eine Herde von 50 feinwolligen Schafen ein Hirte kam.[4] In Epirus bildete das sogar die Regel; auch wurde hier andrerseits auf 100 grobwollige Schafe ebenfalls ein Hirte gerechnet[5], während neuerdings für 1800 Schafe 5 Hüter genügen. Im Epos deutet schon die Bezeichnung des Schweinehirten Eumäus und des Rinderhirten Philoitius als ὄρχαμοι ἀνδρῶν auf das zahlreiche Personal, welches auch nach der Vorstellung des Dichters

---

[1] Vgl. Roscher, Ansichten der Volkswirthschaft 1³, 16; System 2 § 28.
[2] Columella 2, 13. Roscher a. a. O. S. 17.
[3] 18, 1, 75.
[4] Demosthenes geg. Euerg. u. Mnesib. 52.
[5] Varro, d. r. r. 2, 2, 20; vgl. Cato, d. r. r. B. 10.

15 *

die Viehzucht beanspruchte[1]), wie er denn in der That im Gehege
des Eumäus noch Platz hat für vier andere Hirten und einen
Aufseher (ὀυτὴρ σταθμῶν).[2]) Ebenso zeugen die genannten
homerischen Schilderungen der Erntearbeiten[3]) von einem starken
Aufwand an Arbeitskräften und einer ziemlich fortgeschrittenen
Arbeitsgliederung.

In derselben Richtung wirkte ferner das für die antike
Volkswirthschaft überhaupt charakteristische, aber natürlich in
älterer Zeit am schärfsten ausgeprägte Bestreben, die Befriedigungs-
mittel der Bedürfnisse des Hauses möglichst in der eigenen Wirthschaft zu erzeugen. Wenn sich auch bereits in der Zeit des Epos
eine Reihe von Handwerken und Gewerbsbetrieben von der Hauswirthschaft abgelöst und zu Nahrungsgewerben des Marktes entwickelt hatten[4]), so hatten sie doch für die regelmäßigen Bedürfnisse
des eigentlichen Haushalts noch keine Bedeutung gewonnen.
Wir befinden uns hier noch in der Periode der geschlossenen
Hauswirthschaft, der Oikenwirthschaft, wie sie Robbertus genannt
hat, die sich eben dadurch kennzeichnet, daß sich der ganze Kreis-
lauf der Wirthschaft von der Produktion bis zur Konsumtion im
geschlossenen Kreise des Hauses vollzieht. Die dem regelmäßigen
Konsumtionsbedarf der Hausangehörigen dienenden Produkte

---

[1]) 14, 21; 20, 185.

[2]) 14, 24; 17, 186. Die Zahl 4 ist allerdings schablonenhaft gebraucht,
wie Jl. 18, 578 beweist, wo (in der Schildbeschreibung) eine Rinderherde
ebenfalls mit 4 Hirten erscheint. Aber die Dichtung muß sich doch bei diesen
Zahlen innerhalb der Grenzen der Wahrscheinlichkeit halten, wie sie eben durch
die thatsächlichen Verhältnisse des Wirthschaftslebens bestimmt wurden.

[3]) Jl. 11, 67 ff.; 18, 542. 550 ff.

[4]) Wobei ich allerdings die Frage aufwerfen möchte, ob nicht etwa die
bei Homer genannten Handwerker: der Schmied, der Zimmermann, der
Lederarbeiter, Bogner ꝛc., die gleich dem Arzt, dem Boten, Ausrufer (Herold!)
und Sänger als δημιοεργοί bezeichnet werden, ursprünglich nur Gemeinde-
funktionäre gewesen sind, wie unsere Dorfhirten oder die gewerblichen Arbeiter
der indischen Dorfgemeinschaft, die auch als Demiurgen in diesem Sinne für
Alle arbeiten und dafür von Allen ernährt werden. Die Entwicklung der
Demiurgen zu einem freien Nahrungsgewerbe des Marktes wäre dann erst
als eine zweite Phase in der Geschichte des gewerblichen Berufstandes anzusehen.

durchlaufen ihren ganzen Werdegang von der Gewinnung des
Rohstoffes bis zur Genußreife in der gleichen Wirthschaft und
gehen ohne Zwischenstufe in den Konsum über.[1]

Zunächst produzirte die Acker-, Garten- und Viehwirthschaft
im wesentlichen für das Haus; wie denn der Konsum ihrer
Erzeugnisse bei dem menschen- und bedürfnisreichen Leben an den
Herrenhöfen ein außerordentlich reichlicher gewesen sein muß.
Ebenso gewiß ist, daß bei diesen Erzeugnissen in einem wohlbestellten οἶκος der gesammte Produktionsprozeß sich vollständig
innerhalb desselben abspielte. Die beschwerliche Arbeit des
Mahlens[2] und offenbar auch des Backens des Brotes[3] ist bei
Homer Sache des weiblichen Gesindes; auch das Kämmen und
Krämpeln der Wolle[4], das Spinnen und Weben, bis zur Her-
stellung von feinen Buntwirkereien, wird im Hause von Sklavinnen
oder Tagelöhnerinnen betrieben[5], die beiden letzteren Arbeiten
unter persönlicher Betheiligung der Frauen des Hauses[6], die selbst
niedrigere Geschäfte, wie z. B. das Reinigen von Kleidern und
Stoffen, nicht verschmähen.[7] Ferner ist die einfache Technik der
Lebererzeugung[8], wie sie die Ilias schildert[9], ohne Zweifel auf

---

[1] K. Bücher, Die Entstehung der Volkswirthschaft, S. 16. Allerdings über-
treibt Bücher die Stellung der geschlossenen Hauswirthschaft im antiken Wirthschaftsleben, wenn er meint, daß dasselbe überhaupt nie die Stufe erreicht
habe, wo „die Gegenstände des täglichen Bedarfes einem regelmäßigen Austausch unterlagen", daß also im ganzen Alterthum, ebenso wie im früheren
Mittelalter, nur „seltene Naturprodukte, gewerbliche Erzeugnisse von hohem
spezifischem Werthe die wenigen Handelsartikel gebildet hätten". (S. 37.)
Letzteres trifft, wie die Geschichte der mykenischen Keramik beweist, schon für
das hellenische Mittelalter nicht mehr ganz zu.

[2] Od. 7, 104; 20, 106.

[3] Ein Zeugnis dafür bietet wahrscheinlich die Erwähnung der γρηΰς
καμινώ Od. 18, 27, wie Riedenauer (Handwerk und Handwerker in den
homerischen Zeiten, S. 190) mit Recht bemerkt hat.

[4] Od. 18, 316; 22, 423.

[5] Ilias 12, 433.

[6] Vgl. die Stellen bei Riedenauer a. a. O. S. 77. 191.

[7] Il. 22, 154; Od. 6, 85.

[8] Nicht der Gerberei; vgl. Thaer a. a. O. S. 601.

[9] 18, 289.

ben ländlichen Höfen selbst geübt worden, desgleichen — neben
der handwerksmäßigen Herstellung besserer Arbeiten — die Ver=
arbeitung des Leders zu Schuhwerk u. s. w. [1]), wie sich denn noch
der hesiodeische Bauer die filzgefütterten Winterschuhe von Rinds=
leder, den Mantel von Bocksleder selbst angefertigt hat.[2]) Auch
die Gefäße für den Hausbedarf und für die Bergung des
Wein= und Oelertrages werden auf Besitzungen, auf denen sich
Thonerde vorfand, vielfach von den eigenen Arbeitskräften her=
gestellt worden sein, ebenso wie das Baumaterial für die Wohn=
und Wirthschaftsgebäude, bei deren Errichtung wir ebenfalls die
Leute der Grundherrschaft mitwirken sehen.[3])

Diese geschlossene Hauswirthschaft setzte bei umfassenderem
Besitz eine ziemliche Arbeitsgliederung voraus, zumal als seit der
Berührung mit dem Orient die Bedürfnisse sich zu erweitern und
zu verfeinern begannen. Die Spezialisirung der Arbeit aber und
die Befriedigung erweiterter Bedürfnisse ließ sich um so leichter
ermöglichen, je zahlreicher die Arbeitskräfte waren, die dem οἶκος
zur Verfügung standen.[4]) Und zwar mußten diese Arbeitskräfte
dauernd mit dem Hause verbunden, d. h. sie mußten wo möglich
Sklaven oder Hörige sein. Nur so konnte man einzelne technische
Verrichtungen, wie das Mahlen des Getreides, die Besorgung
des Viehes, die Bestellung des Ackers, das Weben, Spinnen u. s. w.,
Einzelnen für ihr ganzes Leben übertragen und sie für diesen
Dienst besonders ausbilden.

Daher zeichnet sich die homerische Gutswirthschaft, ähnlich
wie die germanisch=mittelalterliche, durch ein auffallendes Über=
gewicht unfreier Hausdiener aus. Die Organe der autonomen
Wirthschaft des οἶκος, die οἰκέται, sind wesentlich Unfreie, auf
denen eben damals fast die ganze Arbeit des Hauses lastete. Neben

---

[1]) Od. 4, 24.
[2]) W. u. T. S. 540 ff.
[3]) Das stattliche Gehöfte des Eumäus z. B. ist von den Sklaven selbst
erbaut 14, 5.
[4]) Dies verkennen alle diejenigen, die sich — wie Büchsenschütz (Besitz
und Erwerb im griechischen Alterthum), Guiraud u. A. — keine klare Vor=
stellung von der wirthschaftlichen Autonomie des οἶκος gebildet haben. Vgl.
dagegen Bücher a. a. O. S. 22 f.

ihnen tritt die freie Lohnarbeit, als deren Repräsentanten man die sog. Θῆτες zu betrachten pflegt, durchaus in den Hintergrund; und oft genug mag damals auch die Stellung dieser Theten nur die von Halbfreien gewesen sein.[1]) Wenn der als Bettler ver- kleidete Odysseus sich rühmt, dereinst ein begüterter Mann gewesen zu sein, der in Fülle besessen, was eine behagliche Lebensstellung voraussetze, so hebt er dabei ausdrücklich den großen Sklaven- besitz hervor, über den er geboten[2]), ein deutlicher Beweis dafür, daß eine ausgedehnte Verfügung über unfreie Arbeitskräfte als die selbstverständliche Voraussetzung eines großen Wirthschafts- betriebes galt.[3]) Und wie wäre auch ohne eine starke Nachfrage die frühzeitige Entwicklung des Sklavenhandels möglich gewesen, von der sich ebenfalls bereits im Epos so vielfache Spuren finden?[4])

Dabei ist es von Interesse, zu beobachten, wie die Durch- führung eines einheitlichen Organisationsplanes, das Bestreben, die produktive Kraft der Wirthschaft möglichst zu heben, in größeren landwirthschaftlichen Betrieben zu einer Gliederung der

---

[1]) Wenn von Freien, die sich um Lohn ($\mu\iota\sigma\vartheta\tilde{\omega}$ $\dot{\epsilon}\pi\grave{\iota}$ $\dot{\rho}\eta\tau\tilde{\omega}$) verdingen, das Wort $\vartheta\eta\tau\epsilon\acute{\upsilon}\epsilon\iota\nu$ gebraucht wird (z. B. Ilias 18, 357; 21, 443), so ist dies noch kein Beweis dafür, daß das Verhältnis der Theten immer und überall, in Zeiten der Naturalwirthschaft ebenso wie in denen der entwickelten Geldwirthschaft, den Charakter eines freien Kontraktsverhältnisses bewahrte. Strabo z. B. (12, 542) gebraucht $\vartheta\eta\tau\epsilon\acute{\upsilon}\epsilon\iota\nu$ auch von der Arbeit Leibeigener: ... $\varkappa\alpha\vartheta\acute{\alpha}\pi\epsilon\rho$ $K\rho\eta\sigma\grave{\iota}$ $\mu\grave{\epsilon}\nu$ $\dot{\epsilon}\vartheta\acute{\eta}\tau\epsilon\upsilon\epsilon\nu$ $\dot{\eta}$ $\mu\nu\acute{\omega}\alpha$ $\varkappa\alpha\lambda\upsilon\mu\acute{\epsilon}\nu\eta$ $\sigma\acute{\upsilon}\nu\upsilon\delta\upsilon\varsigma$, $\Theta\epsilon\tau\tau\alpha\lambda\upsilon\tilde{\iota}\varsigma$ $\delta\grave{\epsilon}$ $\upsilon\dot{\iota}$ $\pi\epsilon\nu\acute{\epsilon}\sigma\tau\alpha\iota$. Die Schlüsse allerdings, die z. B. von Buttmann in diesem Sinne aus der Etymologie des Wortes gezogen worden sind, sind nicht beweiskräftig.

[2]) Od. 17, 422 f.:
$\dot{\eta}\sigma\alpha\nu$ $\delta\grave{\epsilon}$ $\delta\mu\tilde{\omega}\epsilon\varsigma$ $\mu\acute{\alpha}\lambda\alpha$ $\mu\upsilon\rho\acute{\iota}\upsilon\iota$, $\check{\alpha}\lambda\lambda\alpha$ $\delta\grave{\epsilon}$ $\pi\upsilon\lambda\lambda\grave{\alpha}$,
$\upsilon\dot{\iota}\sigma\iota\nu$ τ' $\epsilon\tilde{\upsilon}$ $\zeta\acute{\omega}\upsilon\upsilon\sigma\iota$ $\varkappa\alpha\grave{\iota}$ $\dot{\alpha}\varphi\nu\epsilon\iota\upsilon\grave{\iota}$ $\varkappa\alpha\lambda\acute{\epsilon}\upsilon\nu\tau\alpha\iota$.

[3]) Wenig bedeuten allerdings die ziffernmäßigen Angaben des Epos, z. B. die fünfzig $\delta\mu\omega\alpha\acute{\iota}$ im Palaste des Odysseus (Od. 22, 421) und des Alkinoos (7, 183), noch weniger die modernen Versuche, den Sklavenbestand auf dem fürstlichen Domanium von Ithaka zu berechnen, wie es z. B. Richard (De servis apud Homerum p. 19) versucht hat.

[4]) Il. 7, 475; 21, 40. 78 ff. 102; 22, 45; 24, 751. Odyss. 14, 115. 449 ff.; 15, 482; 20, 383.

unfreien Organe des οἶκος führten, welche wenigstens einem Theile
derselben die Möglichkeit sozialen Aufsteigens gewährte. Durch
die Entwicklung des gartenmäßigen Anbaues und durch die
Erweiterung der Bedürfnisse des Herrenhofes war die Wirthschaft
des οἶκος vielfach zu einer Differenzirung der Produkte fortgeschritten, welche es wünschenswerth machte, bei gewissen Spezial-
kulturen an die Stelle des Eigenbetriebes mit Sklaven und Lohnarbeitern eine Betriebsform zu setzen, welche den Arbeiter an dem
Gedeihen der Pflanzungen persönlich interessirte und dadurch
deren Ergiebigkeit steigerte. Damit hängt es offenbar zusammen,
daß wir neben den auf dem Herrenhofe wohnenden Unfreien
auch behauste Unfreie (servi casati nach mittelalterlichem Rechts-
ausdruck) finden, denen bestimmte Theile des Herrenlandes zu
selbständiger Bewirthschaftung überlassen waren; wie z. B. dem
Sklaven Dolios, der mit seiner zahlreichen Familie einen Weinberg
bewirthschaftete.[1]) Eine Erscheinung, die genau so im germanischen
Mittelalter wiederkehrt, wo es auch gerade die gartenmäßigen
Kulturen sind, die vineae dominicae, die in dieser Weise an
unfreie Knechte übertragen wurden. Leider gibt das Epos keine
Auskunft über die Bedingungen der Übertragung Allein dieselben
sind gewiß keine anderen gewesen, als unter den ganz analogen
mittelalterlichen Verhältnissen. Um das Interesse des Kolonen
an dem ebenso bedeutenden, wie leicht zerstörbaren Kapital zu
verbürgen, welches die perennirenden Kulturpflanzen, Weinstöcke,
Öl- und Feigenbäume, sowie die Hülfsanlagen, Terrassen, Pfähle,
Gehege u. s. w. repräsentirten, wurde der Ertrag zwischen Herr
und Kolon getheilt. Es ist das System des Theilbaues[2]), wie
es sich in einem naturalwirthschaftlichen Zeitalter von selbst
ergab und uns daher auch in Hellas gleich in den Anfängen der
beglaubigten Geschichte entgegentritt, so z. B. bei den Theilbauern
oder „Sechstlern" (ἑκτήμοροι)[3]) des attischen Grundadels und

---

[1]) Odyss. 4, 736; vgl. 24, 387.

[2]) Über die Bedeutung der Weinkultur für die Entwicklung des Theilbaues vgl. Inama-Sternegg, D. Wirthschaftsgesch. 1, 366, und Lamprecht,
D. Wirthschaftsleben 1 (2), 907 ff.

[3]) So genannt offenbar deswegen, weil sie ein Sechstel (nicht fünf
Sechstel!) des Ertrages an den Grundherrn abgaben, wie schon Aristoteles

den messenischen Halbbauern Spartas.[1]) — Ein Verhältnis, das den Sklaven wirthschaftlich gleichstellte mit den in Abhängigkeit gerathenen Freien und daher gewiß vielfach auch zu einer Verbefferung seiner Rechtsstellung, zu einem Auffteigen in die Klasse der Hörigen geführt hat.[2])

Es ist eine empfindliche Lücke unserer Erkenntnis, daß uns jeder Anhaltspunkt fehlt, diese sozialökonomischen Erscheinungen, in denen sich die Vielseitigkeit der Oikenwirthschaft von neuem kundgibt, weiter zu verfolgen.

Dagegen sei hier noch auf ein anderes Symptom dieser Vielseitigkeit hingewiesen, nämlich auf die sozialgeschichtlich höchst intereffante Thatsache, daß das Epos dieselbe geradezu in einer typischen Perfönlichkeit verkörpert hat, in Odysseus, der in gleicher Weise geschickt ist als Schnitter und Pflüger[3]), als Schiffsbauer und Tischler[4]), als gewandter Diener bei allen häuslichen Verrichtungen, welche nur immer „eblere Männer vom Dienste Geringerer fordern".[5]) Diese merkwürdige Gestalt des ritterlichen Epos ist die Verkörperung der — von der geschlossenen Hauswirthschaft geforderten — ausgebreiteten technischen Arbeitsgeschicklichkeit; einer Vielseitigkeit des Könnens und Verstehens, von der

---

Ἀθην. πολ. c. 1 erkannt hat: ἐπὶ ταύτης γὰρ τῆς μισθώσεως εἰργάζοντο τῶν πλουσίων τοὺς ἀγρούς. Vgl. die — die Frage wohl endgültig entscheidende — Erörterung von Gomperz, Die Schrift vom Staatswesen der Athener und ihre neuesten Beurtheiler (1891) S. 45 ff. — Der Name ἐκτήμοροι ist nach Analogie der mittelalterlichen Bezeichnung tertiatores zu beurtheilen (die ein Drittel der Ernte abgaben), sowie nach dem Theilbau a la quinta (Abgabe von einem Fünftel) in der Campagna Roms und dem portugiesischen Namen quinta für den Bauernhof (von derselben Abgabe).

[1]) Über diese Halfenwirthschaft der spartanischen Heloten f. Tyrtäus fr. 6 u. 7.

[2]) Die Überlaffung eines Gütchens für geleistete Dienste, wie sie Eumäus Od. 14, 62 ff. erwähnt, scheint geradezu mit Freilaffung verbunden gewesen zu sein. — Aus 14, 452 geht ferner hervor, daß Eumäus ein peculium besitzt, das ihm sogar den Ankauf eines Sklaven auf eigene Rechnung gestattet.

[3]) Od. 18, 365.

[4]) Od. 5, 248; 23, 189.

[5]) 15, 320.

sich der Kulturmensch der Neuzeit nur schwer eine rechte Vorstellung machen kann.[1]) Die Selbstgenügsamkeit des οἶκος ist
so sehr Princip der ganzen Wirthschaft, daß sich sogar Edle und
Personen fürstlichen Standes gelegentlich zu gewöhnlicher Hand-
arbeit herbeiließen, ja in solcher Selbsthülfe eine gewisse Genugthuung fanden. So sehen wir in der Ilias einen Sohn des
Troerfürsten beschäftigt, junge Baumzweige abzuschneiden, um
sich selbst einen Wagenstuhl zu flechten[2]); ein anderer, Paris,
hat sich — allerdings unter Mitwirkung kundiger Bauleute — seine
Wohnung selber erbaut.[3]) Die Freier auf Ithaka, die doch über
ein zahlreiches Dienstpersonal verfügen[4]), sehen wir Arbeiten, wie
das Abhäuten von Thieren und sonstige Vorbereitungen zum
Mahlen persönlich übernehmen.[5]) Die Stiere, auf deren Häute,
sie beim Spiele vor dem Hause lagern, haben sie selbst geschlachtet.[6])
Etwas ganz gewöhnliches ist ferner die Betheiligung an landwirthschaftlichen Geschäften, z. B. an der Beaufsichtigung der Herden.[7])
Der greise Fürst Laërtes ist in allen Zweigen der Gartenbestel-
lung wohlerfahren, wenn auch natürlich die Art und Weise, wie
er sich's auf seinem ländlichen Hofe sauer werden läßt, in seiner
besonderen Lage begründet ist.[8]) Dieselbe landwirthschaftliche
Kenntnis darf Odysseus ohne weiters bei den stolzen Edelleuten
voraussetzen, die ihm die Gattin umwerben. Allen Ernstes
fordert er in der Freierversammlung den, der ihm seine Bettler-
rolle vorgeworfen, zum Wettkampf in der Arbeit des Schnitters

---

[1]) Vgl. K. Bücher a. a. O. S. 18.

[2]) Il. 21, 37.

[3]) a. a. O. 6, 314.

[4]) Im Gefolge derer von Dulichion erscheinen sechs Diener Od. 16, 248,
die von Ithaka bringen zwei fertige Köche mit (a. a. O. 253).

[5]) 2, 300. 328; 17, 182; vgl. auch 7, 5 von den Brüdern Nausikaas,
welche die Maulthiere ausspannten, mit denen sie von der Wäsche zurückkam,
und selbst die Gewänder in's Haus trugen. -

[6]) 1, 108.

[7]) So finden wir Il. 5, 313 Anchises bei den Herden, 20, 188 Äneas,
11, 106 die Söhne des Priamos (auf dem Ida), 6, 421 die sieben Brüder
der Andromache.

[8]) 24, 244 ff.

und Pflügers heraus [1]); eine Herausforderung, die auf die abe-
ligen Hörer des Sängers komisch hätte wirken müssen, wenn eine
gewisse praktische Erfahrung in diesen Dingen des Edelmannes
unwürdig erschienen wäre. [2])

Wir haben eben in diesem homerischen Adel eine Aristokratie
vor uns, die mit ritterlicher Lebensweise zugleich ein lebhaftes
ökonomisches Interesse verband. Ihre αὐτοδιακονία, welche später
die Stoa allzu einseitig im Sinne ihrer αὐτάρκεια gedeutet hat,
ist der Ausdruck eines energischen Strebens, sich den Anforderungen gewachsen zu zeigen, welche die Leitung einer vielseitig
entwickelten herrschaftlichen Wirthschaft an den Gutsherrn stellte.
Daher erscheint auch im Epos der Jüngling erst dann zum
Manne gereift, wenn er Erfahrung in der Wirthschaft und die
Fähigkeit zur selbständigen Leitung derselben erworben. [3]) Er
lernt keineswegs bloß „Speere werfen und die Götter ehren". Auch
wird dieser eigenen Wirthschaftsführung der Edlen, der sorgfältigen Beaufsichtigung der Landwirthschaft wiederholt gedacht. [4])
Wie bezeichnend ist die Szene in dem Erntebilde des Achilleus-
Schildes, wo der Herr selbst mitten unter seinen Feldarbeitern
dargestellt wird, „die Freude im Herzen"! [5]) Diese Grundherrn
sind eben nicht bloß Krieger, sondern auch Landwirthe, welche
in der Bewirthschaftung ihres Grundbesitzes einen wichtigen
Lebenszweck sahen und daraus fortwährend neue Kraft zur

---

[1]) 18, 365.

[2]) Es ist also nicht ganz zutreffend, wenn Roscher (Politik S. 85)
meint, die Herleitung aller höheren Technik 2c. von Hephästos, dem körperlich
verkrüppelten, oftmals verhöhnten und gemißhandelten Techniker der Götter-
welt, sei für die volkswirthschaftlichen Ansichten Homer's überhaupt
charakteristisch.

[3]) Od. 19, 160:
ἤδη γὰρ ἀνὴρ οἷός τε μάλιστα οἶκον κήδεσθαι κτλ.

[4]) Das ἔργα ἐποπτεύειν, ἐπὶ ἔργα ἰδεῖν. Vgl. z. B. Od. 16, 140. 144.
Dazu 4, 640. Von den Söhnen eines ithakesischen Edlen heißt es: δύο δ᾿
αἰὲν ἔχον πατρώϊα ἔργα. Od. 2, 22.

[5]) Ilias 18, 555 f.:
— βασιλεὺς δ᾿ ἐν τοῖσι σιωπῇ
σκῆπτρον ἔχων ἑστήκει ἐπ᾿ ὄγμου γηθόσυνος κῆρ.

Stärkung ihrer Stellung in Staat und Gesellschaft zu gewinnen suchten.

Wenn selbst in dem Idealbild, welches das Epos von der ritterlichen Welt entwirft, das wirthschaftliche Moment so stark hervortritt, wie viel mehr muß dies noch in der Wirklichkeit der Fall gewesen sein! Jedenfalls war es der energischen Arbeit an der Entwickelung und Steigerung der wirthschaftlichen Kräfte ganz wesentlich mitzuverdanken, daß die Edelhöfe eine so hervorragende Bedeutung für das gesammte nationale Leben gewannen. Durch sie wurde der Adel befähigt, die lebendigen Kräfte der Nation überhaupt in seinen Dienst zu ziehen, wie uns das besonders deutlich in der Entwicklung der Volksepik entgegentritt, die ja auf's Engste mit dem herrschenden Stande verwuchs, überall sein Leben, sein Empfinden, seine Sitte widerspiegelt.[1]

Auch hier zeigt sich derselbe als eine siegreich aufstrebende, zur Überwindung aller anderen sozialen Faktoren berufene Macht. Während auf seinem Dasein der volle Sonnenglanz der homerischen Dichtung ruht, ist von freien Bauern nirgends die Rede. In den Gleichnissen, auf dem Achilleus-Schilde u. s. w. überall nur große Herden, große Landbesitzer! Ebenso liegt die an ergreifenden Momenten ohne Zweifel reiche Geschichte des Unterganges der Gemeinfreiheit, auf deren Trümmern sich die ritterliche Welt des Epos erhob, völlig im Dunkeln. Genug, wenn es gelingt, diesen tragischen Prozeß wenigstens in seinem allgemeinen Verlauf und in seiner geschichtlichen Notwendigkeit zu verstehen!

---

[1] S. meinen Aufsatz: Zur geschichtlichen Beurtheilung Homer's in dieser Zeitschrift 73, 396 ff.

König Friedrich Wilhelm II. und die Genesis des Friedens von Basel.

Von
Paul Bailleu.

I. Die Vorbereitung.

Unter allen Kriegen, die der preußische Staat geführt hat, ist schwerlich je einer so wenig populär gewesen, wie der im Jahre 1792 begonnene Krieg gegen Frankreich. Die Allianz mit Österreich, mit dem Preußen ein halbes Jahrhundert hindurch immer im Gegensatz, oft im Kriege gestanden hatte, widersprach den herrschenden politischen Überlieferungen ebenso sehr wie die Theilnahme an einem Angriff auf Frankreich, dem in Preußen trotz der Revolution viele Sympathien zugewandt blieben. Wenn die preußischen Staatsmänner selbst immer den Gesichtspunkt vertraten, daß man nur als Hülfsmacht Österreichs ohne eigenen Anlaß an dem Kriege theilnehme, so war es erklärlich, daß in Preußen von einem Kriege für fremde Interessen unumwunden gesprochen wurde. Was war der großen Mehrzahl der Preußen das Reich, die Reichsfürsten und ihre Streitigkeiten mit Frankreich? Die ganze preußische Geschichte im 18. Jahrhundert war wie eine fortschreitende Loslösung Preußens von dem Reiche gewesen. Durch den Fürstenbund zeitweilig unterbrochen, sollte diese Entwicklung gerade durch die französische Revolution, die anfänglich die auseinanderstrebenden Elemente wieder zusammenzuführen schien, nur noch rascheren Fortgang erfahren. Schon

waren in Preußen nationale Interessen und nationale Empfindungen emporgekommen, die mit denen im Reiche noch sich berührten, keineswegs zusammenfielen. Kein nationales Interesse
knüpfte sich jetzt an einen Krieg, bei dem nicht Deutschland und
Frankreich um die Rheingrenze, sondern Österreich und Frankreich
um den Besitz Belgiens zu kämpfen schienen. Preußens territoriale
Interessen wiesen eher nach Osten, wo die augenscheinliche Zer-
setzung der polnischen Republik die volle Kraft des preußischen
Staates in Anspruch zu nehmen drohte. Im Volke, wie in der
Armee, bei Ministern und Generalen gab es eine Unzufriedenheit,
die bei dem ungünstigen Verlauf des Krieges und infolge der
Streitigkeiten mit Österreich sich zu einer fast allgemeinen Mißstimmung und zu dem lauten Ruf nach Frieden steigerte.

In dem Kabinetsministerium Preußens, dem die Führung
der auswärtigen Angelegenheiten oblag, fanden diese Stimmungen
und Ansichten einen entschlossenen Vertreter in dem Freiherrn
v. Alvensleben; er hatte das Bündnis mit Österreich von Anfang
an bekämpft und pflegte seiner Abneigung gegen die fortgesetzte
Theilnahme an dem Kriege mit Frankreich bei jeder Gelegenheit
rückhaltlosen Ausdruck zu geben. Von seinen beiden Kollegen
war der Träger der friderizianischen Tradition, der alte Graf
Finckenstein, wenn auch mit größerer Zurückhaltung, im Wesentlichen doch derselben Überzeugung, und selbst Graf Haugwitz, der
als Freund Österreichs in das Ministerium eingetreten war, begann allmählich die Verbindung mit der Koalition zu verurtheilen
und die Beendigung des Krieges herbeizuwünschen. Auch der
Staatsmann, der, ohne dem Kabinetsministerium anzugehören,
in den Fragen der auswärtigen Politik oft von entscheidendem
Einfluß war, auch Marquis Lucchesini hätte Preußen gern aus
den Verwicklungen im Westen gelöst gesehen, um im Osten mit
desto stärkerem Nachdruck eingreifen zu können. Vollends im
Generaldirektorium rief Alles nach Frieden, nicht bloß, wie natürlich, Struensee, Werder, Blumenthal, die Finanzminister, die aus
ihren Kassen alles Geld mehr und mehr schwinden sahen; selbst
ein Mann wie Woellner hat wiederholt seine Stimme für Beendigung des Krieges erhoben.

Anschauungen und Stimmungen gleicher Art herrschten in der preußischen Armee, bei den Truppen wie bei den Generalen. Es ist nicht unrichtig und schon im vorigen Jahrhundert zuweilen bemerkt worden, daß die damaligen preußischen Offiziere überhaupt hätten friedliebend sein müssen, da sie durch die Entziehung der Beurlaubtengelder von jedem Kriege eine empfindliche Schädigung ihrer wirthschaftlichen Interessen erwarten konnten. Wenn aber in der preußischen Armee im Fortgang des ersten Revolutionskrieges thatsächlich fast jeder Zug echt soldatischer Begeisterung vermißt wird, so lag das doch hauptsächlich in dem Gegensatz des Augenblicks zu der lebendigen Erinnerung an die Kriege König Friedrich's, so daß die ungewohnte Waffengemeinschaft mit Österreich statt kameradschaftlicher Gesinnung Eifersucht, Streitigkeiten und gesteigerte Abneigung zur Folge hatte. Unlustig war man in den Krieg gezogen, widerwillig setzte man ihn fort. Ein Heinrich v. Kleist, von dessen Geschlechtsgenossen fast auf jedem Schlachtfeld des siebenjährigen Krieges Einer den Heldentod gefunden hatte, konnte damals nach Frieden rufen, um die im Kriege „so unmoralisch getödtete Zeit mit menschenfreundlicheren Thaten bezahlen zu können". „Zentnerschwere Langeweile", so urtheilt der Freiherr vom Stein nach einem Besuch des Lagers vor Mainz, lastete auf dem Heere; kaum daß Männer, wie Blücher und der jugendliche Prinz Louis Ferdinand, durch frisch zugreifende Thatkraft die Ehre der preußischen Waffen retteten.

Nur Einen Mann eigentlich gab es in ganz Preußen, dem dieser Krieg Herzenssache war: dieser Eine war der König von Preußen selbst, Friedrich Wilhelm II. Die Politik, die zu dem Bunde mit Österreich und zu dem Kriege mit Frankreich geführt hatte, war sein eigenstes Werk: er allein hielt sie dem wachsenden Widerspruch gegenüber aufrecht. Ritterliche Theilnahme an dem Schicksal Ludwig's XVI. und der Bourbonen, aber auch der Wunsch nach territorialen Erwerbungen, und vor allem die Neigung, als Vorkämpfer des Deutschen Reiches zu glänzen, wirkten dabei zusammen. Wie er einst schon bei den Vorbereitungen zum Fürstenbunde der eifrigste gewesen, so war in ihm das deutsche Gefühl auch jetzt noch stärker als in irgend einem

Anderen seines Volkes. Eine Trennung von dem Reiche und
von Österreich, dem er durch Verträge verpflichtet war, widersprach seinem Ehrgefühl; der Gedanke an ein Abkommen mit den
„Königsmördern" vollends war ihm widerwärtig.

Zu diesen sich bekämpfenden Stimmungen und Ansichten,
in deren Widerstreit sich der Krieg schwächlich fortbewegte, traten
nun im Frühjahr 1794 noch andere Momente hinzu, die gegen die
Fortsetzung des Krieges am Rhein mit voller Schwere ins Gewicht fielen und deren Einwirkung sich auch der König nicht
ganz entziehen konnte. In Polen brach ein Aufstand aus, der
die Mobilisirung eines preußischen Heeres von 40000 Mann
nothwendig machte, dessen Oberbefehl der König selbst, nicht
ohne Widerstreben, übernahm. Damit wurde dem Krieg am
Rhein vollends jeder vorwärts drängende Impuls entzogen; es
tauchte selbst schon der Vorschlag auf, die 20000 Mann Hülfstruppen, die Preußen auf Grund des Allianzvertrages den
Österreichern zur Verfügung gestellt hatte, nach dem Osten zurückzunehmen. Ein anderes Moment von größter Wichtigkeit war
die Finanzlage Preußens. Sie ist in ihrer Bedeutung für die
Vorgeschichte des Friedens von Basel noch wenig gewürdigt [1])
und darf deshalb hier etwas ausführlicher behandelt werden.

Schon im Januar 1793 hatten zuerst in Frankfurt a. M.,
dann in Berlin zwischen Struensee, Blumenthal und Heinitz,
unter Zuziehung von Woellner und Schulenburg, Berathungen
stattgefunden, um die Höhe der Ausgaben für den Krieg festzustellen und die Mittel zu ihrer Aufbringung zu erwägen.
Man berechnete, daß der Krieg bisher etwa 13 Millionen gekostet habe, daß für das laufende Jahr etwa 18 Millionen erforderlich seien, welche durch die vorhandenen Bestände gedeckt
werden könnten, hielt es aber gleichwohl für rathsam, nach außerordentlichen Hülfsquellen rechtzeitig sich umzusehen. Blumenthal
empfahl eine Anleihe bei der kurmärkischen Landschaft, die gern
dazu bereit gewesen wäre; Struensee, der das einheimische Geld

---

[1]) Am meisten, so viel ich sehe, von Philippson, Geschichte des preußischen
Staatswesens, Bd. 2, 3. Kap.

lieber im Lande behalten wollte, verwarf Blumenthal's Antrag
und schlug seinerseits vor, in Holland eine Anleihe von 5 Mil=
lionen Gulden aufzunehmen und zugleich das durch den Krieg
am Rhein in Umlauf gebrachte, aber wenig beliebte preußische
Courant gegen Obligationen der Seehandlung einzulösen. Zu=
gleich unterließ er nicht, dem Könige wiederholt und dringend
seinen lebhaften Wunsch nach Wiederherstellung des Friedens
auszusprechen; Kredit, meinte er, sei nicht zu verachten, aber
man könne ihn doch für den Staat nützlicher verwenden als zu
Schlachten und Belagerungen.[1]

Der König genehmigte beide Vorschläge Struensee's, und
beide hatten den besten Erfolg. Der Verkauf der Seehandlungs=
Obligationen, den das Bankhaus Willemer in Frankfurt ver=
mittelte, brachte 4 Millionen Gulden; die 5 Millionen holländischer
Anleihe wurden in Amsterdam rasch gezeichnet, während An=
leihen für Österreich, Rußland und Amerika dort nicht den
gleichen Anklang fanden. Indessen, wie weit konnte man mit
diesen paar Millionen kommen? Die Bedürfnisse der Armee
stiegen, die Einkünfte sanken, Handel und Wandel stockten; der
vorher reichlich gefüllte Staatsschatz, mit dem man in dem
armen Staate bisher jeder finanziellen Krisis hatte vorbeugen
können, leerte sich mehr und mehr. Für Handel, Gewerbe und
Fabriken in Preußen kamen ernste und schwere Tage. England
begann bereits das Festland mit billigen Waaren zu über=
schwemmen und, wie Struensee wiederholt klagte, nach einer
„Universal=Commerz=Monarchie" zu streben. Frankreichs billigeres
und besseres Leinen verdrängte das schlesische, so daß ein Noth=
stand unter den Webern um sich zu greifen anfing. Der östliche
Markt verringerte sich durch die Fortschritte der Russen in
Polen und durch deren Einfuhrverbote gegen Goldwaaren,
Uhren u. s. w., die hauptsächlich Berliner Fabriken trafen. Die
westlichen Provinzen litten unmittelbar unter dem Kriege,
was sich bei dem weiteren Vordringen der Franzosen in den Ein=
nahmen Westfalens fühlbar machte. Was in den schlimmsten

---

[1] Struensee an den König, Frankfurt a. M., 11. u. 18. Januar 1793.

Jahren des siebenjährigen Krieges nie erhört war, trat schon
1793 ein: es kam, namentlich in Schlesien, zu Unruhen unter
Bauern, Webern und Handwerkern, bei denen die Regierung
bald übermäßige Strenge, bald unzeitige Nachsicht zeigte.

In dieser Nothlage machte es sich als ein ernster Übelstand
geltend, daß ein wirkliches Finanzministerium in Preußen nicht
bestand. Der Minister, der das Zoll- und Accisewesen verwaltete und auch die Anleihen vermittelte, Struensee, war nicht
der Mann, solcher Schwierigkeiten Herr zu werden. Bei aller
seiner gründlichen wissenschaftlichen Bildung in Staats- und
Volkswirthschaft, entbehrte er der drängenden Lage gegenüber
thatkräftiger Entschlossenheit ebenso wie schöpferischer und ursprünglicher Gedanken. Ein vortrefflicher Bankier, sobald es sich um
kleine Geldoperationen oder um Anleihen von wenigen Millionen
handelte, versagte er völlig, wo es galt, für die Aufgaben einer
neuen Zeit neue Hülfsquellen aufzufinden. Der Gedanke an
neue Steuern, vollends an Papiergeld, erschreckte ihn. Schon
im Juli 1793 verzweifelte er daran, für die Fortsetzung des
Krieges im nächsten Jahre mehr als einige Millionen durch Anleihen herbeischaffen zu können; unter lebhaften Klagen über die
Noth des Staates wiederholte er nur immer von neuem seinen
dringenden Wunsch nach Frieden und nach Rückkehr des Königs
und der Truppen, die allein wieder alles gut machen könnten.[1])

Nicht glücklicher oder ergebnißreicher waren die Erwägungen,
die gleichzeitig im Schoße des Kabinetsministeriums über die
Mittel zur Fortsetzung des Krieges angestellt wurden. Graf
Haugwitz schrieb seinen Kollegen, „er werde die Vorsehung segnen“,
wenn man keinen dritten Feldzug zu führen brauche; aber mit
einem Hinweis auf die Verträge mit England-Holland und Österreich und besonders mit Rußland über Polen meinte er seufzend,
der König werde sich der ferneren Theilnahme am Kriege nicht
füglich entziehen können. Sein Kollege Alvensleben wollte gar
nichts dabei finden, wenn man sich einfach vom Kriege zurückziehe; von Österreich, sagte er, sei nichts zu fürchten, und gegen

---

[1]) Struensee an den König, 5. u. 26. Juli 1793.

Rußland werde man äußersten Falls eben mit den Truppen sich vertheidigen, die man jetzt zur Bekämpfung Frankreichs und zur Vergrößerung Österreichs verwende. Er benutzte zugleich die Erörterung, um seinem Unmuth über den ganzen Krieg wieder einmal in grimmigen Worten Luft zu machen. Haugwitz wiederholte seinen Wunsch, daß ein dritter Feldzug unnöthig werde; blieb aber dabei, daß, wenn es doch dazu käme, Preußen zur Theilnahme vertragsmäßig verpflichtet sei. Zur Aufbringung der Mittel kam er auf einen eigenartigen Gedanken. Mit Unterstützung des Geh. Legationsraths Steck, der die deutschen Sachen im Kabinetsministerium bearbeitete, entwarf er einen Plan zur Ausgabe von Kreditscheinen des Reichs, welche von den Reichsständen an Stelle und nach Verhältnis ihrer Truppenkontingente übernommen werden sollten. Alvensleben wies einen solchen Gedanken weit von sich; es war ihm nicht schwer nachzuweisen, daß er politisch wie finanziell gleich unausführbar sei. Werde die Theilnahme Preußens am Kriege wirklich unvermeidlich, meinte er, so müsse sie auf das äußerste Maß eingeschränkt werden, vor Allem müßten der König selbst und die Prinzen das Heer verlassen, dessen Stärke auf 32 000, höchstens 35 000 Mann herabzusetzen sei. Vorschläge zur Herbeischaffung der hierdurch sehr verminderten Kosten zu machen, sei Sache der Finanzleute; er hatte aber doch auch seinerseits hiefür einen besonderen Gedanken. Steck hatte bereits in einer seiner Denkschriften, in Erinnerung an den westfälischen Frieden, von Säkularisationen gesprochen und für Preußen Münster oder Osnabrück, Paderborn, Hildesheim genannt, die auch vielleicht als Hypotheken für die Obligationen des Reiches dienen könnten. Alvensleben schlug jetzt vor, man könne bei der nächsten Vakanz Bamberg und Würzburg sequestriren und deren Einkünfte als Reichsmittel verwenden.

Bei diesem Gegensatz der Ansichten zeigte sich eine Einigung unmöglich. Gegen Ende Juli, unter Betheuerung ihres sonstigen Einvernehmens, übersandten Haugwitz und Alvensleben, jeder einzeln, dem König ihre Gutachten über die Fortführung des Krieges. Der König begnügte sich, Beiden für ihre Arbeiten

16*

freundlichst zu danken; über die Vorschläge zur Herbeischaffung
von Geldmitteln ging er mit einigen höflichen Wendungen hinweg, ohne sie weiter in Erörterung zu ziehen.[1]

So blieb nichts übrig, als wiederum zu auswärtigen Anleihen seine Zuflucht zu nehmen. Zunächst genehmigte der König
eine abermalige Anleihe in Frankfurt (7. Oktober 1793); es
wurde ein Mißerfolg, nur die erste Million wurde rasch gezeichnet, langsam ging noch eine zweite ein, dann, bei der ungünstigen Wendung des Krieges und aus anderen Ursachen,
hörten die Zahlungen gänzlich auf. Noch geringeren Erfolg
hatte die Ausschreibung einer Anleihe in Holland (4. März
1794): es wurden zwei Millionen gezeichnet, aber selbst davon
nur eine gezahlt. Ebenso mißlangen auch alle Versuche, von
Österreich und dem deutschen Reiche Geld oder wenigstens Verpflegung der im Felde stehenden preußischen Truppen zu erlangen.
Andrerseits wurde die Deckung der laufenden Heeresausgaben
um so schwieriger, als auch schon Rückzahlungen auf die im Jahr
zuvor in Frankfurt aufgenommene Anleihe fällig wurden. Die
Verlegenheit stieg so hoch, daß der Rückmarsch der preußischen
Truppen vom Rhein offen angekündigt wurde.

In dieser Noth ergriff König Friedrich Wilhelm II. mit
lebhafter Freude den Vorschlag Englands, ihm die Fortsetzung
des Krieges durch Subsidien möglich zu machen. Am 19. April
wurde im Haag ein Vertrag unterzeichnet, in welchem England außer
einer namhaften Summe für die feldmäßige Instandsetzung der
preußischen Armee eine monatliche Subsidie von ca. 150 000 Pfund
(900 000 Thaler in Gold) vorläufig vom 1. April bis zum
Schluß des Jahres 1794 zusicherte. Die Fortführung des
Krieges am Rhein war damit freilich zunächst ermöglicht. Allein,
vom König selbst abgesehen, war die Genugthuung über den

---

[1] Denkschriften und Berichte von Steck 22. Mai u. 16. Juni 1793,
Haugwitz 28. Juni, Alvensleben 30. Juni u. 2. Juli; Konferenz am 15. Juli;
Berichte beider Minister 29. Juli, Antwort des Königs 12. August 1793.
Am 16. Juni schreibt Steck an Haugwitz: „Das Ende des unglücklichen
Krieges wäre immer eine Wohlthat, welche Dero Ministerium am meisten
verherrlichen würde."

Vertrag doch weder bei dem Heere noch in Berlin besonders groß, die finanzielle Hülfe keineswegs ausreichend. Noch ehe der Vertrag wirksam wurde, brach der Aufstand in Polen aus, der durch die augenblicklich nothwendigen Ausgaben die letzten Kassenbestände fast erschöpfte und die Unkosten für das Heer auf monatlich zwei Millionen steigerte. Dann dauerte es bis zum 11. Juli, ehe die erste sehnlich erwartete Geldsendung aus London in Berlin wirklich anlangte und theils zur Deckung der Vorschüsse verwandt, theils nach dem Rhein und nach Polen geschickt werden konnte. Auch dann hörte die nagende Sorge um das leidige Geld keinen Augenblick auf. Immer lebte man in der Furcht, daß England infolge von Streitigkeiten über die Verwendung der preußischen Truppen am Rhein den Vertrag kündigen werde; jede Nachricht über Schwierigkeiten und Zögerungen in der Zahlung, an denen es nicht fehlte, beunruhigte die Minister in Berlin und veranlaßte sie, Kabinetsminister wie Finanzminister, in sorgenschweren Denkschriften und Berichten an den König die Wahrscheinlichkeit der Einstellung der englischen Subsidien, die wachsenden Finanzverlegenheiten und die Nothwendigkeit eines baldigen Friedensschlusses zu erörtern.[1])

Unter dem Drucke dieser politischen und finanziellen Schwierigkeiten kam es nun im Sommer 1794 wirklich dahin, daß sich in Preußen wie eine Art Verschwörung bildete, um den König zum Rücktritt von der Koalition oder mindestens zur Anknüpfung von Friedensverhandlungen mit Frankreich zu bestimmen. Am eifrigsten dabei war der Oberbefehlshaber der preußischen Truppen am Rhein, der Feldmarschall Möllendorff. Niemand verurtheilte den Krieg lauter als er und seine Umgebung. Alle seine Berichte aus dieser Zeit widerhallen von seinen Klagen über die Feinde, die in so unbequemer Weise Krieg führen, daß sie „drei, vier, fünf Tage" hinter einander ihn angreifen, über die Engländer, die auf Grund ihres Subsidienvertrages in seine Operationen hineinreden, über die Österreicher, die immer unmögliche

---

[1]) Berichte des Kabinetsministeriums, 11. u. 26. Juli. Struensee und Blumenthal, 26. Juli u. 8. August 1794.

Ansprüche an ihn stellen und die Schuld jedes Mißlingens ihm aufbürden, nicht zum wenigsten aber auch über seine eigenen Offiziere, die „bei der geringsten Verlegenheit unter tausend Bedenken kleinmüthig werden" und mit Ausnahme Blücher's jede Entschlossenheit vermissen lassen. Wunderliche Selbsttäuschung des alten Feldmarschalls! Er selbst war von allen der zaghafteste, von allen der unentschlossenste. „Wäre es möglich", schrieb er seinem König, „aus Chagrin zu sterben, so würde ich wohl der erste sein." Er begnügte sich jetzt nicht, in seinen Briefen unablässig auf Frieden zu bringen und selbst um die Ermächtigung zur vertraulichen Anknüpfung mit den Feinden zu bitten; mit seiner Genehmigung wurde durch seinen Adjutanten Major Meyerinck und durch den General Graf Kalckreuth unter Vermittelung eines Kreuznacher Weinhändlers Namens Schmerz eine geheime Unterhandlung mit den Feinden eingeleitet, angeblich zur Auswechselung der französischen Kriegsgefangenen, die den Preußen lästig fielen, thatsächlich zur vorsichtigen Anbahnung einer wirklichen Friedensverhandlung.[1] Lebhafte Unterstützung fand Möllendorff hiebei nicht bloß an dem Minister Schulenburg, der in Frankfurt a. M. die Verpflegung der Armee leitete und seine frühere Mitwirkung bei den österreichischen Verträgen 1791 und 1792 jetzt durch verdoppelten Eifer für den Frieden gut machen zu wollen schien; auch die Kabinetsminister in Berlin hatten keinen sehnlicheren Wunsch mehr, als die unerträgliche Last des französischen Krieges endlich abzuschütteln. Am 28. Juli, eben unter dem Eindruck „verzweifelter" Berichte Möllendorff's, beantragten sie bei dem König die Ausfertigung einer Vollmacht für Hardenberg, der im tiefsten Geheimnis eine Unterhandlung mit den Franzosen zunächst über einen Waffenstillstand, dann aber auch über einen allgemeinen oder besonderen Frieden anknüpfen solle. Selbst Graf Haugwitz, der den Vertrag im Haag unterzeichnet hatte und dem Gedanken eines Separatfriedens noch widerstrebte, schrieb doch: „Frieden müssen wir haben und auf

---

[1] Zur Ergänzung der früheren Darstellungen von Sybel, Ranke, Sorel u. A. vgl. jetzt die Aktenstücke in den Papiers de Barthélemy, Bd. 4 u. 5.

jeden Fall muß man des Elends ein Ende machen, und der Winter muß uns den Frieden ins Land bringen" (30. Juli). Welche Elemente im Interesse des Friedens gleichzeitig in Bewegung gesetzt wurden, beweist auch eine Eingabe des bekannten Kommerzienraths Ephraim, der ebenfalls den Augenblick für geeignet hielt, dem König seine guten Rathschläge für den Frieden zu übersenden.[1])

Allen diesen Vorstellungen gegenüber, von welcher Seite sie auch kommen mochten, beharrte König Friedrich Wilhelm II. bei der Politik, die er einmal ergriffen hatte: er verweigerte entschieden die Unterzeichnung der ihm vorgelegten Vollmacht für Hardenberg, ebenso wie er dem Feldmarschall Möllendorff die erbetene Ermächtigung abschlug, und wollte selbst nicht einmal zu einem allgemeinen Frieden die erste Anregung geben.[2]) Er blieb dabei, das sei die Sache Österreichs oder Englands, denen Preußen, als Auxiliar- und Subsidiar-Macht, dann sich anschließen könne. Es war vergeblich, wenn Lucchesini, nach einem kurzen Aufenthalt in Wien, ihm versicherte, daß daran nicht zu denken sei; daß Österreich den ursprünglichen Zweck des Krieges — die Herstellung einer starken monarchischen Regierung in Frankreich — längst aufgegeben habe; daß die Engländer die preußischen Truppen nur für die Zwecke ihrer selbstsüchtigen Politik ausbeuteten, um ihre Eroberungen in Indien zu sichern und durch Schwächung der französischen Marine ihre eigene Seeherrschaft zu befestigen — Friedrich Wilhelm blieb unerschütterlich. Wohl machten Struensee's und Blumenthals unablässige Klagen über die Finanznoth des Staates einigen Eindruck: aber er hoffte doch immer, durch Subsidien und Anleihen darüber hinwegzukommen. Die politischen Schwierigkeiten selbst schlug er weniger hoch an: wenn ihm nur die rasche Beendigung des polnischen Krieges glückte, so hoffte er durch seine Gegenwart

---

[1]) Eingabe vom 1. August 1794. Der König bemerkte dabei, Graf Hertzberg werde wohl „diesen politischen Hebräer" angestiftet haben. Nach einer Angabe von Haugwitz stand Ephraim dagegen mit Möllendorff und Bischoffwerder in Verbindung.

[2]) Vgl. Sybel 3⁴, 227.

am Rhein bei seinen Truppen, mit denen er „Gutes und Böses
zu theilen" für seine Pflicht hielt, selbst wieder Alles in's rechte
Geleis bringen zu können.

Aber der langsame Verlauf des polnischen Feldzugs entsprach mit nichten den Erwartungen des Königs. Unter den Ent-
behrungen in dem verwüsteten Lande, dem Mangel an anregender
Gesellschaft, den Verdrießlichkeiten aller Art, litten das freudlose
Gemüt und die ohnehin erschütterte Gesundheit des Königs, und
in dem Anschwellen seiner Füße zeigten sich schon die Anfänge
der Krankheit, die ihn wenige Jahre später hinwegraffen sollte.
Es mag damit zusammenhängen, daß er den Entschluß zu dem
Sturm auf Warschau nicht fassen konnte und sich zur Aufhebung
der Belagerung entschied, dem unrühmlichen Rückzug aus der
Champagne einen gleich ruhmlosen Rückzug aus Polen hinzu-
fügend. Den König traf diese neue Enttäuschung schwer, und
es scheint, als ob die Vorstellungen Lucchesini's, der bei dem
Marsch von Warschau nach Breslau beständig um ihn war,
jetzt wenigstens vorübergehend größeren Erfolg hatten als vorher.
Der König selbst veranlaßte, daß zur Verstärkung der Truppen
in Polen Österreich um das vertragsmäßige Hülfscorps von
20 000 Mann angegangen wurde; er war auch nicht mehr dagegen, daß im Falle einer Ablehnung die gleiche Zahl preußischer
Truppen vom Rhein abberufen werde. Lucchesini selbst erwartete
bereits nach dem Rhein gesandt zu werden, um dort Mittel und
Wege für den allmählichen Rücktritt Preußens von der Koalition,
oder wenigstens für einen Waffenstillstand vorzubereiten. Aber
solche Gedanken entsprangen nur vorübergehenden Anwandlungen
einer trübselig hypochondrischen Stimmung: in Breslau ange-
langt, wurde der König in Kurzem wieder anderer Ansicht,
wollte von Frieden und Waffenstillstand nichts mehr hören und
schickte Lucchesini auf seinen Posten nach Wien.[1])

---

[1]) Die beste Schilderung der Stimmung des Königs bei dem Rückzug
von Warschau gibt Lucchesini in einem Briefe an seine Frau: Pouvons-nous
redresser ces fautes? Oui. Le voulons-nous? Cosi, cosi. Y réussi-
rons-nous avec nos demi-volontés? Je le souhaite beaucoup et l'espère
un peu moins. En renonçant à la guerre de France, tout est redressé

Diesen Schwankungen des Königs gegenüber waren die Minister um so fester entschlossen, nach seiner Rückkehr bei passender Gelegenheit einen neuen Sturm auf seine Kriegslust zu wagen.[1]) Das zehrende Übel des doppelten Krieges im Osten und im Westen, der steigende wirthschaftliche Nothstand, die häßlichen Zänkereien mit Österreichern, Russen und Engländern, — die ganze wachsende Spannung der finanziellen und politischen Lage überhaupt drängte einer lösenden Krisis rasch entgegen.

II. Die Krisis.

So war die Lage, als König Friedrich Wilhelm II. am 26. September in Potsdam wieder eintraf, glücklich, in seinem „ehrlichen Garten" dem polnischen Elend enthoben zu sein, immer noch geneigt, seine Truppen am Rhein selbst wieder gegen die Franzosen in's Feld zu führen. Wer ihn freilich damals sah, mochte wohl daran zweifeln. Graf Haugwitz, der ihn im Marmorpalais aufsuchte, erschrak über die traurige Veränderung seines Aussehens und die Spuren eines Leidens, welches das Gerücht einer Vergiftung in Polen zuschreiben wollte; er meinte später: „es war nicht mehr derselbe Mann".

Gleich am Tage nach der Ankunft des Königs, am 27. September, hatte Struensee Vortrag. Er berichtete dem König, daß die Gelder, auf die man bei regelmäßiger Zahlung der englischen Subsidien werde rechnen können, bis Ende des Jahres noch immerhin 11 Millionen betragen würden, von denen nur etwa 1,7 Millionen zur Rückzahlung von Vorschüssen u. dgl.

---

dans trois mois. Mais on ne le veut point. C'est un prestige que ce Francfort, que cette guerre pour les trônes d'autrui, ce désir d'être admiré sur le Rhin plutôt que sur la Vistule qui est désespérant. J'ai fait tout pour l'en détourner, ou pour me brouiller tout-à-fait avec. Ni l'un ni l'autre ne m'est réussi. La mi-octobre doit me ramener à Vienne, ou nous ramènera tous au Rhin. Car cette idée n'est pas encore de notre esprit royal. (6. September.)

[1]) So die Minister an Lucchesini, 16. September. Schulenburg schreibt an Hardenberg, 24. Sept.: „Es wird alles angewandt werden, um den König von dieser unglücklichen Idee abzubringen" (von der Fortsetzung des Krieges).

erforderlich wären. Dem König schien die hiernach verfügbare
Summe um so mehr hinreichend, als das Oberkriegskollegium
ihm versicherte, daß man mit noch nicht 6 Millionen alle Kosten
des Krieges bis zum Jahresschluß werde bestreiten können. Er
verfügte darauf sofort, daß die Magazine für den Feldzug des
Jahres 1795 in Stand gesetzt würden, was Manstein mit Mühe
auf die zwei Monate Januar und Februar einschränkte. Es
war vergeblich, daß der Verwalter des Staatsschatzes, Blumenthal, den Möllendorff ausdrücklich dazu aufgefordert hatte, unter
lebhaftem Appell an sein „wohlthätiges Herz" in den eindring-
lichsten Worten ihn abermals beschwor, „an den Frieden zu
denken" (2. Okt.). Ungleich willkommener klangen dem König
die Nachrichten aus dem Westen, wo eine Anzahl von Reichsständen sich zu selbständigen Anstrengungen aufzuraffen schienen
und durch ihre Vertreter in Wilhelmsbad über einen neuen
Fürstenbund und die Aufstellung einer Landmiliz beriethen. Dem
Landgrafen von Hessen-Kassel, einem der eifrigsten Förderer dieser
Bestrebungen, ließ der König durch Hardenberg in Worten wärmster
Anerkennung seine freudige Theilnahme versichern. Auch Nachrichten anderer Art, aus Frankfurt, wo er 1½ Jahre früher so
glückliche Tage verlebt hatte, haben, wie es scheint, das Verlangen
des Königs nach dem Rhein gesteigert. Von der Abberufung
der 20000 Mann war nicht mehr die Rede: vielmehr flog bald
die Kunde durch das Reich, daß König Friedrich Wilhelm selbst
wieder an den Rhein kommen und den Oberbefehl über seine
Truppen übernehmen werde.

Eben indem aber die kriegerischen Neigungen des Königs in
neuer Stärke erwachten, traten im Westen wie im Osten Ereignisse ein, welche seine liebsten Wünsche vernichtend durchkreuzten.
Zunächst geschah, was die Minister in Berlin schon immer be-
fürchtet hatten und was nach der Lage der Dinge am Rhein
nichts ausbleiben konnte: am 5. Oktober lief aus London ein
Bericht des preußischen Gesandten Jacobi ein, nach welchem Pitt
unter Klagen über die mangelhafte Erfüllung des Haager Vertrages durch Preußen die bevorstehende Suspendirung der Subsidien in Aussicht gestellt hatte. Am nächsten Tage kam aus

Südpreußen die Nachricht, daß die Polen ein preußisches Corps unter Szekely vollständig geschlagen, Bromberg erobert hätten und Danzig und Graudenz bedrohten. Bis in die Umgegend von Frankfurt a. O. verbreiteten ihre streifenden Schaaren Furcht und Schrecken. Schleunigst mußte die Berliner Garnison selbst zu ihrer Abwehr aufgeboten werden.

Die Wirkung dieser Nachrichten auf die Minister war allgemein und außerordentlich. Es wollte nicht viel sagen, daß Woellner in einem, wie gewöhnlich, höchst schwülstigen Schreiben den König um Wiederherstellung des Friedens anflehte (7. Okt.);[1] er hatte seinen früheren Einfluß längst verloren, und der König scheint ihm nicht einmal geantwortet zu haben. Unter den Ministern des Kabinets aber und der Finanzen gab es nur eine Stimme: schleunigste Rückberufung der Truppen vom Rhein. Finckenstein, Alvensleben und Haugwitz beantragten eine Erklärung an die Engländer, daß Preußen nunmehr seine Truppen zurückziehen und zu seiner eigenen Vertheidigung verwenden müsse. Sie stellten dem Könige vor, daß sich der gegenwärtige Zeitpunkt dazu besonders eigne, da durch den letzten Sieg Hohenlohe's die Waffenehre gerettet und der Rückzug völlig gesichert sei (7. Okt.). Struensee unterstützte eifrigst diese Anträge durch eine düstere Schilderung der verzweifelten Lage der preußischen Finanzen; er erschreckte den König mit der Aussicht auf das „so fürchterliche Übel", auf ein Defizit, das er infolge des Ausfalls an englischen Subsidien und anderen Einnahmen bis zum Schluß des Jahres auf über 3 Millionen berechnete, und verlangte schleunigste Beendigung des Krieges am Rhein, Befreiung Westpreußens von den eingedrungenen Polen, überhaupt „Ruhe im Westen und Friede im Osten" (8. Okt.).

Auch diesem Ansturm gegenüber bewahrte König Friedrich Wilhelm II. ruhige Gelassenheit. Mehr als die Suspendirung der Subsidien kränkte es ihn, daß man gleichzeitig in England auf geheime Verhandlungen Preußens mit den Franzosen hingedeutet hatte. Er war einverstanden mit der Erklärung an

---

[1] Von M. Lehmann veröffentlicht, H. Z. 62, 285.

England, meinte, daß man allerdings, auch wenn die Hülfs-
gelder weiter gezahlt würden, wohl 15 oder 20000 Mann werde
abberufen müssen, begnügte sich aber vorläufig, den Feldmarschall
Möllendorff zu ermächtigen, bei dem Zurückweichen der Österreicher
auch seinerseits über den Rhein zurückzugehen (8. Okt.).

Die Kabinetsminister, erfreut über die Genehmigung der
vorgeschlagenen Erklärung an die Engländer, bemerkten doch sehr
wohl die zögernde Unentschlossenheit des Königs, und Alvensleben insbesondere drang bei seinen Kollegen auf neue energische
Vorstellungen. Ein zweiter Bericht Jacobi's mit der amtlichen
Erklärung Pitt's, daß das englische Ministerium die Zahlung
von Subsidien an Preußen nicht länger verantworten könne,
gab dazu einen willkommenen Anlaß. Am 9. Oktober trugen
die Minister dem König noch einmal die Lage der Dinge vor,
die allen Zweifel ausschließende Erklärung Pitt's, das unaufhalt-
same Zurückweichen der Österreicher, die eben an der Roer eine
neue Niederlage erlitten hatten, die Gefährdung der Stellung
der preußischen Truppen; sie sprachen ihre Erwartung aus, daß
der König dem Feldmarschall nunmehr bestimmte Weisung geben
werde, sich mit allen seinen Truppen auf das preußische Gebiet
zurückzuziehen. [1]

Es ist zweifelhaft, ob das Ministerium diesmal mehr Erfolg
gehabt hätte, wenn nicht der Mann, dessen Hand bei allen
großen Wandlungen der preußischen Politik unter König Friedrich
Wilhelm II. so bestimmend eingegriffen hat, wenn nicht Bischoffwerder mit seinem mächtigen Einfluß ihm zu Hülfe gekommen
wäre. In den ersten Jahren der Regierung war sein Einfluß
auf den König, der in dem General den vom Orden der Rosen-
kreuzer ihm bestimmten Führer und Berather verehrte, schlechthin
entscheidend gewesen; im Jahre 1793 war infolge seiner Ver-
heiratung mit der Gräfin Pinto eine Entfremdung eingetreten,
und der Oberst Manstein, den Haugwitz unterstützte, hatte ihn
zeitweise aus der Gunst des Königs verdrängen können. Schon

---

[1] Berichte Jacobi's vom 26. und 30. September, Denkschriften und
Aufzeichnungen der Kabinetsminister vom 7. u. 9., Schreiben des Königs an
die Minister und an Möllendorff vom 8. Oktober.

während der Belagerung von Warschau indessen war sein Rath wieder maßgebend geworden, und seit der Rückkehr nach Potsdam stand er abermals als der nächste bei dem König in einer Vertrauungsstellung[1]), die er bis zum Ende der Regierung zu behaupten gewußt hat. Er war es, der in diesen entscheidenden Tagen, wie ein zufällig erhaltenes Aktenblatt uns verräth, zuweilen die Erlasse des Königs an das Kabinetsministerium entworfen hat; er war es auch, der, wie ein Schreiben Alexander von Humboldt's uns berichtet,[2]) den König überredete, dem Andrängen der Minister wenigstens theilweise nachzugeben. Aber auch jetzt noch — wie zögernd, wie langsam ließ der König sich die Entschlüsse abringen, die eine neue Wendung der preußischen Politik vorbereiteten! Am 8. Oktober, sahen wir, die Ermächtigung an Möllendorff zum eventuellen Rückzug über den Rhein; am 11., nachdem Österreich durch seinen Vertreter in Berlin die Sendung eines Hülfscorps nach Polen abgelehnt hatte, Befehl zum Rückzug der vielbesprochenen 20 000 Mann unter Hohenlohe, doch mit der Einschränkung, daß der Feldmarschall selbst Zeit und Ausführung des Rückmarsches vorsichtig festsetzen möge, worüber der König noch nähere Nachrichten erwarte; endlich, zwei Tage später, am 13. Oktober, neue Weisung an Möllendorff: „da nun auch die Engländer wahrscheinlich die Zahlung der Subsidien nicht kontinuiren werden, so werde ich mich endlich zu dem Entschluß genöthigt sehen, meine sämmtlichen Truppen völlig anhero zurückzunehmen". Er möge sie deshalb zum Abmarsch nach Westfalen und Ansbach bereit stellen. Wie man sieht, alles nur unbestimmte Befehle, vorläufige Anordnungen, deren Ausführung immer noch näherer Bestimmung vorbehalten blieb: keine entscheidende Maßregel, kein unwiderruflicher Schritt zur Trennung von der Koalition und zur Annäherung an Frankreich.

Thatsächlich dachte um die Mitte Oktober König Friedrich Wilhelm II. noch so wenig wie je an einen Separatfrieden mit Frankreich. Niedergebeugt von schweren körperlichen Leiden, die

---

[1]) Vgl. Sybel 3[4], 215, Bericht des Fürsten Reuß vom 30. Sept. 1794 bei Zeißberg, Quellen z. Geschichte d. deutschen Kaiserpolitik Österreichs 4, 454.

[2]) Veröffentlicht H. Z. 71, 456.

seine Gesundheit zerstört, seine Willenskraft gebrochen hatten und ihn gerade jetzt schmerzhaft heimsuchten, war er vor dem Drängen aller seiner Rathgeber zurückgewichen und hatte mit innerlichem Widerstreben jene Befehle über den Rückmarsch seiner Truppen erlassen. So unbestimmt sie waren, sie schienen ihm immer noch zu weit zu gehen. „Gott weiß," so schrieb er an die vertraute Freundin, der er seine Sorgen rückhaltlos auszuschütten pflegte, „Gott weiß, wie nahe mir der Rückzug geht und wie er mir zuwider ist." Der Freiherr v. Alvensleben, der in seiner Ungeduld über dies zögernde Widerstreben des Königs in einer umfang- reichen Denkschrift abermals die Unmöglichkeit der Fortsetzung des Krieges und die dringende Nothwendigkeit des Friedensschlusses vorgestellt hatte, erfuhr eine ernste Abweisung. „Ich werde mich wohl hüten", antwortete ihm der König, „bei einer Unter- handlung mit der Nationalversammlung voranzugehen; durch einen solchen Schritt würde ich Vertrauen und Achtung in Europa einbüßen, es wäre eine meinem Charakter widersprechende Nieder- trächtigkeit (bassesse), und ich verleugne alle diejenigen, die sich unterstehen, meinen Namen bei Verhandlungen mit der Ver- sammlung zu gebrauchen" (20. Oktober). Sorgfältig, zu nicht geringem Verdrusse seiner Minister, pflegte er trotz des Vertrags- bruches die Beziehungen zu den Seemächten und ließ immer wieder andeuten, daß er einer Verständigung über das ein- getretene Zerwürfnis mit England keineswegs abgeneigt sei. Als vollends nach der Niederlage Kosciuszko's bei Maciowice (10. Okt.), welche eine rasche Beendigung der polnischen Unruhen in Aussicht stellte, die Vertreter der Seemächte in Berlin mit neuen Anträgen erschienen, zeigte der König die bedenklichste Neigung darauf ein- zugehen, und es bedurfte der ganzen Geschicklichkeit der Minister, ihn wenigstens bei der Forderung festzuhalten, daß vor allen weiteren Verhandlungen England erst die rückständigen Subsidien auszuzahlen habe.

Gemächlich zogen inzwischen die preußischen Truppen über den Rhein, wenig belästigt von den in achtungsvoller Entfernung vorsichtig folgenden Feinden; langsam rüstete sich Hohenlohe mit dem Hülfscorps zum Abmarsch nach dem Osten, wo sich der Krieg ebenso lässig hinzog wie im Westen. Denn das war nun die Folge des unausgeglichenen Gegensatzes, um nicht zu sagen des unabläfsigen Kampfes zwischen dem König, der den Frieden nicht wollte, und den Ministern und Generalen, die den Krieg ver- urtheilten: ein dämmernder Übergangszustand zwischen Krieg und Frieden legte sich auf das ermattete Preußen, Thatkraft und Ent- schlossenheit auf allen Seiten lähmend. König Friedrich Wilhelm, mit lebhaftem Gefühl für seine und seines Staates Würde, keines- wegs ohne Verständnis für die Erfordernisse der Stellung Preußens in Deutschland, aber hülflos eingeengt zwischen seinen Neigungen, die ihn an der Seite der Verbündeten und im Kampfe mit Frankreich festhielten, und den Nothwendigkeiten der inneren und äußeren Lage, welche der Fortsetzung der bisherigen Politik den Weg versperrten, schien wie erdrückt unter der Last der im Osten und Westen nach Lösung heischenden Aufgaben, vor denen seine Einsicht und sein Wille kraftlos zurückwichen. Bei Generalen aber und Ministern verstummte jede andere Erwägung vor dem lauten und rücksichtslosen Ruf nach Frieden, durch den man allen Schwierigkeiten und Anstrengungen am bequemsten enthoben zu werden hoffte, ein Ruf, der auch in Frankreich gehört und als das Zeugnis für Preußens Erschöpfung frohlockend begrüßt wurde. Nirgend eine überlegene Einsicht, ein starker Wille, der in diesen Tagen, da mit dem Alten ein Neues rang, den preußischen Staat durch das Gewirr sich kreuzender Interessen in die neue Zeit fest und sicher hinübergeleitet hätte.

So von schwachen Händen unsicher geführt, schwankte die preußische Politik zwischen Krieg und Frieden ziellos hin und her. Noch am 24. Oktober hatte der König eine Anzeige der Minister über die neuen Anträge Englands und Hollands mit einer Weisung beantwortet, die je nach der Entscheidung fremder Mächte die beiden Möglichkeiten der Fortsetzung des Krieges und des Rückzugs der Truppen vom Rheine offen hielt. Bereits am nächsten Tage, am 25. Oktober, begann die preußische Politik langsam in eine neue Bahn einzulenken, unter dem zwingenden Drucke von Einwirkungen, welche dem König die Unmöglichkeit der Fortsetzung des Krieges zeigten, gleichzeitig aber auch die

Möglichkeit des Friedens in Verbindung mit der Beschützung des deutschen Reiches und einer großartigen Stellung überhaupt eröffneten.

Schon am 13. Oktober hatte Struensee abermals die Aufmerksamkeit des Königs auf die wachsende Finanznoth gelenkt, indem er zugleich die Lage als so verzweifelt darstellte, daß er den König bat, aus dem Staatsrath eine Kommission zu bilden, welche die in der Nothlage erforderlichen Maßnahmen berathen und dem Könige Vorschläge machen könne. Der König ging sogleich darauf ein: eigenhändig ernannte er zu Mitgliedern der Kommission, neben Struensee, für das Generaldirektorium Werder, für das Justizministerium Goldbeck, für das auswärtige Ministerium Alvensleben, für die Militärverwaltung Generalmajor Geusau. Die — bisher ganz unbekannten — Berathungen dieser Kommission und ihre Ergebnisse sind für die Vorgeschichte der Baseler Verhandlung, mehr noch für die Beurtheilung der damaligen Lage des preußischen Staates überhaupt, von solcher Bedeutung, daß wir ihnen hier eine eingehendere Würdigung widmen dürfen.[1])

Die Kommission begann ihre Verhandlungen am 16. Oktober mit einer Prüfung der Bedürfnisse und Mittel für den Rest des Jahres 1794. Was sich dabei herausstellte, war wenig erfreulich, aber doch nicht geradezu hoffnungslos. Zur Deckung der außerordentlichen Kriegsbedürfnisse, die auf nahe an 6 Millionen angeschlagen waren (s. S. 250), verfügte man noch über 4,6 Millionen, zu denen Struensee durch verschiedene kleine Finanzmaßregeln noch 200000 Thaler beschaffen zu können hoffte. Den dann bleibenden Fehlbetrag von etwa 1 Million dachte man theils durch eine Anleihe in Frankfurt, theils, auf Geusau's Anregung, durch Ersparnisse in der Militärverwaltung aufbringen zu können, so daß für die Fortsetzung des Krieges bis Ende 1794 immerhin Deckung vorhanden schien. Nachdem man hierüber dem Könige vorläufig Bericht erstattet (18. Okt.), ging man an die ungleich

---

[1]) Nach den Manualakten der Kommission, die zwar keine Protokolle, aber die gemeinsamen Berichte an den König in verschiedenen Entwürfen und zahlreiche Gutachten der einzelnen Mitglieder enthalten.

schwierigere Aufgabe, für die etwa erforderlichen Kriegsbedürfnisse des Jahres 1795 neue Hülfsquellen aufzusuchen. Hiebei stießen die Gegensätze innerhalb der Kommission, namentlich zwischen Struensee und Alvensleben, hart auf einander

Völlig einmüthig waren zunächst alle Mitglieder der Kommission in dem bringenden Wunsch nach Herstellung des Friedens; „aus der Fülle des Herzens", meinte Werder, der die Wirkungen des Krieges an den Ausfällen seiner Kassen am schmerzlichsten empfand, stimme er dem bei, und man beschloß, der allgemeinen Abneigung gegen den Krieg am Rhein einen möglichst starken Ausdruck zu geben. Allein, bei der bekannten Gesinnung des Königs, blieb doch nichts übrig, als sich auch mit den Mitteln zur Fortsetzung des Krieges ernstlich zu beschäftigen. Struensee legte dazu der Kommission den Entwurf eines Berichtes an den König vor, in dem er zunächst die auswärtigen Hülfsquellen, die Möglichkeit von Anleihen in Holland, Frankfurt, Sachsen, Hessen erörterte; man war einig, daß davon im allgemeinen nichts, höchstens von Hessen-Kassel etwas zu erwarten sei. Bei der folgenden Prüfung der Hülfsquellen des eigenen Landes überzeugte man sich schnell, daß auf Kassenbestände oder Einnahme-überschüsse keine Hoffnung sei. Wohin man sah, war Alles im Rückgang: der auswärtige Handel, die Zollerträge im Osten wie im Westen; dazu kamen Getreidemangel in den östlichen und mittleren Landestheilen und deshalb Ausfälle in der Grundsteuer und den Pachtgeldern der Domänen. Seufzend beklagte hiebei die Kommission die Abwesenheit der Truppen, deren Rückkehr das Gewerbe beleben und die Accise-Einnahmen steigern würde. Noch schärfer, als Struensee ursprünglich vorgeschlagen, wurde auf Werder's Antrag hervorgehoben, daß, von der Accisekasse vielleicht abgesehen, alle Kassen eher Zuschüsse brauchen, als etwa Vorschüsse machen könnten. Bedeutungsvoller, aber ebenso ergebnislos, war die Diskussion über die Möglichkeit einer Erhöhung der bestehenden und Einführung neuer Steuern. Als neue Steuer wagte Struensee nur eine freiwillige patriotische Kriegssteuer vorzuschlagen; eine Steuererhöhung beantragte er in der Form, daß auf dem platten Lande Naturallieferungen zu mäßigem Preise erhoben oder die

Grundſteuer erhöht würde, was in den meiſten Provinzen nur
die Beſitzer adeliger Güter treffen könnte. Überhaupt aber wollte
er, daß jeder „Beſitzer eines adeligen Dominii zur Kontribution
gezogen werde“. Man könne in der Mark die Ritterpferdauflage
verdoppeln, in Schleſien und Preußen von der beſtehenden Steuer
einen Monatsbetrag außerordentlich erheben. Der Bauernſtand
müſſe jedenfalls verſchont bleiben. Für die Städte empfahl er
eine Erhöhung der Acciſe (unter Ausſchluß von Brot, Bier,
Branntwein und Fleiſch), deren Ertrag er auf etwa 278000 Thaler
berechnete. Dieſe Vorſchläge ſtießen bei allen Mitgliedern der
Kommiſſion auf den lebhafteſten Widerſpruch. Von den Naturallieferungen erwartete bei der ſchlechten Ernte niemand etwas,
ebenſo wenig von einer freiwilligen patriotiſchen Kriegsſteuer.
Die Erhöhung der beſtehenden Steuern überhaupt bekämpfte
Werder mit dem Hinweis auf das unausbleibliche „Geſchrei der
Nation“, namentlich des „größeren und reicheren Theiles“; gegen
die ſtärkere Heranziehung des Adels erinnerte er an deſſen Privilegien und Aſſekuranz; mindeſtens, wandte er ein, müßten die
Stände gehört werden, die ſich dann vielleicht ſogar noch zu
größeren Opfern verſtehen würden. Den entſchiedenſten Gegner
aber fand Struenſee in Alvensleben.

Alvensleben warf Struenſee vor, daß er ſeit ſeinem
Eintritt in das Miniſterium nur auf eine Gelegenheit warte,
den Adel der Steuerpflicht zu unterwerfen. Sehr eingehend erörterte er die Schwierigkeiten einer Aufhebung der Steuervor-
rechte des Adels, die Verwirrung bei Erbtheilungen, Lehnsab-
findungen, Auszahlung des Kanons, die Gefährdung der land-
ſchaftlichen Kreditſyſteme; er erwartete geradezu den Bankrott
zahlreicher adliger Familien. Denn der preußiſche Adel, betonte
er, ſei arm, da er ſeine Söhne in der Armee bis zum Kapitän
erhalten müſſe; erſt möge man die Offiziere ſo bezahlen, daß
ſie von ihrem Solde leben könnten, dann würde der Adel Steuern
zahlen. Für den Thron und die privilegirten Stände Frankreichs habe der König den Krieg angefangen; ſollte er nun
Preußens bevorrechtigte Stände ebenſo drücken, wie der Konvent
die Privilegirten gedrückt, die Bankiers aber geſchont habe?

Wolle man jetzt die Rechte des Adels mit Füßen treten, so lasse sich der Umsturz aller anderen hergebrachten Rechte voraussehen; so habe auch einst sein Elternvater bei der Einführung der Ritterpferdegelder schon das jetzige Projekt vorausgesagt. Aber nicht bloß für den Adel lehnte Alvensleben die Besteuerung ab; mit allem Nachdruck, in ernsten und freimüthigen Worten, warnte er überhaupt vor neuen Auflagen. Ehe man, so führte er aus, einem solchen Gedanken auch nur theoretisch Folge gebe, müsse der König selbst sich zu den größten Aufopferungen nicht nur entschließen, sondern sogleich damit vorangehen; sonst sei die Explosion einer Volksbewegung zu befürchten; denn, sagte er, „jede den Luxus oder die Phantasie befriedigende Ausgabe beleidigt und kränkt auf das bitterste den, der oft seine dringendsten Bedürfnisse entbehren muß, um zu jenen Ausgaben beizutragen". Zur Durchführung einer solchen Maßregel machte Alvensleben einen Vorschlag von äußerstem Radikalismus; er nahm für die Kommission eine Art unbeschränkter finanzieller Diktatur in Aussicht; die Kommission solle den Etat sämmtlicher öffentlichen und heimlichen Besoldungen und Pensionen prüfen; alle Etats unterzeichnen; jede außerordentliche Zahlungsanweisung solle nur mit Genehmigung der Kommission Gültigkeit haben, ohne diese für erschlichen und strafbar erklärt werden. Nur unter solchen Voraussetzungen, erklärte Alvensleben, könne man an neue Auflagen denken und überhaupt die nothwendigen Reformen in Angriff nehmen. Der Adel, so schloß Alvensleben seine Ausführungen, könne höchstens in der Form freiwilliger Beiträge herangezogen werden oder, wie im siebenjährigen Kriege, durch Aufbringung des Kapitals der Ritterpferdegelder. Dagegen lenkte er die Aufmerksamkeit der Kommission auf eine Klasse von Eigenthümern, die Struensee bei seinen Anträgen ganz übergangen habe: die Kapitalisten, Bankiers und Rentiers. Er schlug vor, alle Dokumente über Kapitalbesitz, auch Wechsel, mit einer prozentuellen Stempelsteuer zu belegen; Seehandlung, Bank, Hypothekenbücher sollten die Kontrolle bilden; kämen bei Erbschaften, Kautionen, Depositen oder Prozessen ungestempelte Dokumente zum Vorschein, so wären diese dem Staate verfallen.

17*

In diesen Vorschlägen Struensee's und Alvensleben's, vielleicht zum ersten Mal in Preußen ausgesprochen, treten sich
Grundsätze und Gedanken entgegen, deren Kampf durch das
19. Jahrhundert hindurchgeht: auf der einen Seite der Widerspruch gegen die Vorrechte privilegirter Klassen und die Steuerfreiheit des adeligen Grundbesitzes, auf der andern Seite die
Forderung nach stärkerer Heranziehung des beweglichen Kapitals
zu den Steuerlasten.

Bei dem Gegensatz der Anschauungen zwischen Struensee
und Alvensleben ging es damals, wie es in solchen Fällen wohl
zu geschehen pflegt: die Kommission ließ beide Vorschläge fallen.
Dem König wurde unumwunden erklärt, daß eine direkte Kriegssteuer wohl in anderen Ländern gewöhnlich sei, in Preußen aber
der Volksstimmung widerspreche; bei einer Erhöhung der bestehenden Abgaben müsse man Unzufriedenheit und selbst Wider-
setzlichkeit befürchten; ein Jeder werde, wie die Kommission nicht
unterließ hervorzuheben, die Einwendung machen, daß der Krieg
mit Frankreich der Nation doch gar keinen Vortheil verspreche.
Von allen den Vorschlägen blieb daher nichts übrig, als der
Gedanke einer freiwilligen Steuer in der Form eines nach wenigen
Jahren rückzahlbaren Darlehens, wobei die Kommission jedoch
hinzufügte, daß sie bei Fortdauer des Krieges gegen Frankreich
davon wenig erwarte. Außerdem genehmigte die Kommission
noch eine von Struensee vorgeschlagene vierprozentige Anleihe
im Inlande, aber nur in Scheidemünze, die von den staatlichen
und landschaftlichen Kredit-Instituten nicht als Kapital angenommen wurde. Einigen vorläufigen Nutzen versprach man sich
auch durch eine gesteigerte Ausprägung von Kreuzern und Groschen.
Zu einer Erörterung gab dann noch die von Struensee angeregte
Maßregel einer Einschmelzung goldener und silberner Geräthe
Anlaß. Struensee selbst hatte bemerkt, daß dabei wohl nur
dann etwas herauskommen werde, wenn auch der König sein
goldenes und silbernes Tafelservice in die Münze schicke. Werder
fand die Erwähnung des Königs bedenklich, Alvensleben aber
trat hier Struensee völlig bei und fügte dem Berichte noch hinzu, daß der König selbst bei der Einschmelzung mit seinem Bei-

spiele vorangehen möge. Eine von Struensee erwähnte Kürzung
der höheren Gehälter und Pensionen wurde von Alvensleben
und Goldbeck bekämpft, fand aber schließlich doch mit der Bemerkung Aufnahme, daß dabei nur einige tausend Thaler gespart
werden könnten. Übrigens empfahl man sonst allenthalben die
strengste Sparsamkeit; ein Vorschlag von Goldbeck, dabei die
Einstellung der Opernaufführungen und der nächsten Frühjahrs-
paraden zu erwähnen, wurde jedoch verworfen.

Merkwürdig, wenn auch erklärlich, ist es, daß bei diesen Erörterungen die Frage einer Kreirung von Papiergeld nur flüchtig
gestreift wurde. Struensee, in seinem Berichtsentwurfe, hatte
die Frage wohl aufgeworfen, indem er die Schaffung von Papiergeld zwar nicht grundsätzlich abwies, aber im Hinblick auf die
gegenwärtige Lage des Staates und die Abneigung der öffentlichen Meinung doch zur Zeit für schlechterdings undurchführbar
erklärte. Von den andern Mitgliedern war nur Alvensleben
dem Papiergeld nicht ganz entgegen, fügte sich aber dem fachmännischen Urtheil von Struensee.

Nach Maßgabe dieser Berathungen kam am 26. Oktober
der Bericht an den König zum Abschluß, ohne Zweifel eines der
bemerkenswerthesten Dokumente aus der Geschichte des alten
Preußen, ein 19 Seiten langes Schriftstück, dessen positiver Inhalt sich dahin zusammenfassen ließ, daß die Kommission als
einzige ergiebige Hülfsquellen zur Beschaffung von Geldmitteln
für die Fortsetzung des Krieges ein inländisches Darlehen in
Scheidemünze und die gesteigerte Ausprägung von Groschen und
Kreuzern ermittelt und anempfohlen hatte. Das war das Er-
gebniß von Berathungen, zu denen sich eine Woche lang die
erfahrensten Beamten des Staates vereinigt hatten, ein trauriges
und erschreckendes Zeugnis für die wirthschaftliche und finanzielle
Unfruchtbarkeit und Ohnmacht des preußischen Staates in seinen
alten Formen. Erinnern wir uns an die Ergebnisse, die zur
selben Zeit der Krieg im Westen wie im Osten gehabt hatte,
das Zurückweichen der preußischen Truppen über den Rhein,
das siegreiche Vordringen polnischer Scharen bis an die Grenzen
der Neumark, so wird man sagen müssen, daß die Grundlagen,

auf denen der alte preußische Staat bisher geruht hatte, Militär und Finanzen, zu zerbröckeln begannen und den Staat mit der Last seiner neuen Aufgaben nicht mehr zu tragen vermochten.

Sehr begreiflich nun, daß die Kommission, die das Ergebnis ihrer Vorschläge im günstigsten Falle auf einige Millionen an= schlug, dem König ihren Bericht selbst als „niederschlagend" be= zeichnet hat. Sie ging aber noch weiter: sie meinte, daß bei Aus= führung ihrer Vorschläge sich wahrscheinlich noch mehr Schwierig= keiten herausstellen würden, als man jetzt ohnehin voraussehe; sie hielt sich deshalb verpflichtet, mit um so größerer Entschieden= heit den König um Wiederherstellung des Friedens vor allem im Westen zu bitten, wo die Fortsetzung des Krieges ganz un= möglich geworden sei. Die Worte der Kommission sind in mehr als einer Hinsicht merkwürdig genug, um hier vollständig wieder= holt zu werden. Sie lauten: „Unser patriotischer Wunsch, der sich mit unverrückter Treue und Aufopferung gegen Ew. K. M. verbindet, geht dahin, daß Höchstdieselben dem Staat und den bis jetzt so glücklichen Unterthanen den zur allgemeinen Wohlfahrt und Glückseligkeit so nothwendigen Frieden unter zweckmäßigen Bedingungen je eher je lieber zu verschaffen geruhen mögen. Wir sind überzeugt, daß Ew. K. M. Höchstselbst nichts sehnlicher wünschen, als die Wiederherstellung von Frieden und Ruhe und verhoffen daher in tiefster Unterthänigkeit, daß Ew. K. M. es uns nicht als eine Einmischung in fremde uns nicht zukommende Geschäfte ansehen werden, wenn wir Höchstdenenselben die Ver= sicherung geben, daß der Wunsch nach Frieden und äußerer so= wohl als innerer Ruhe der allgemeine und herrschende Wunsch des ganzen Volkes ist, das Ew. K. M. mit wahrer Treue er= geben ist und Höchstdieselben mit verdoppelter Treue verehren wird, wenn Höchstdieselben bald diesen Lieblingswunsch der Nation in Erfüllung bringen können. Wir müssen nach der strengsten Wahrheit hiebei bemerken, daß vorzüglich die Nation gegen den französischen Krieg gestimmt ist und daß sie weit eher einige außerordentliche Lasten zu übernehmen bereit sein wird, wenn bloß davon die Rede wäre, die polnischen Unruhen zu dämpfen."

So nachdrücklich diese Vorstellungen waren und so sehr die Kommission auf einen Erfolg zu hoffen berechtigt war, so sah sich Struensee doch für die Einwirkung auf den König, dessen zähes Widerstreben er kannte, rechtzeitig noch nach einem Bundesgenossen um: er fand ihn in dem Oheim des Königs, dem Prinzen Heinrich.

Prinz Heinrich hatte zu den Männern gehört, die bei der Thronbesteigung König Friedrich Wilhelm's II. einen allgemeinen Umschwung in der inneren wie in der auswärtigen Politik Preußens erwarteten. Zu dem neuen König, seinem Neffen, mit dessen Vater er in brüderlicher Liebe verbunden gewesen war, hatte er immer in den besten Beziehungen gestanden, um so mehr, da Beide sich in einem gewissen Gegensatz zu König Friedrich fühlten, unter dessen rücksichtsloser Selbstherrschaft Beide litten oder zu leiden meinten. Wenn aber der Prinz nun geglaubt hatte, fortan zu einflußreicher Theilnahme an der Staatsleitung berufen zu werden, so fand er sich in diesen ehrgeizigen Hoffnungen bald getäuscht. Vergebens hatte er gleich nach dem Regierungsantritt des Königs zu einer Annäherung an Frankreich gerathen, vergebens seinen Wiedereintritt in den aktiven Militärdienst nachgesucht. Zwischen König und Prinz trat eine Entfremdung ein, die noch durch Erbschaftsstreitigkeiten verschärft wurde. Erst im Jahre 1789, unter Mitwirkung des Grafen Hertzberg, kam eine Aussöhnung zu Stande, doch ohne daß der Prinz darum an politischem oder militärischem Einfluß irgend gewonnen hätte. Die Allianz Preußens mit Österreich und die Theilnahme Preußens am Revolutionskriege mißfielen seiner unwandelbaren Hinneigung zu Frankreich, und alle seine Bemühungen, den König zu einer Änderung dieser Politik zu bestimmen, waren bisher erfolglos geblieben. Jetzt, im Oktober 1794, anscheinend durch Struensee unterrichtet, glaubte er seine Zeit gekommen.[1]

---

[1] Vgl. Sybel, Revolutionszeit 3⁴, 275 Note. Daß Prinz Heinrich durch Struensee zu seiner Einwirkung auf den König veranlaßt wurde, darf aus der Thatsache geschlossen werden, daß es Struensee war, der die Denkschriften des Prinzen dem König unmittelbar oder durch Bischoffwerder übermittelte. Die Verbindung des Prinzen Heinrich mit Struensee und Bischoff-

Am 21. Oktober hatte der Prinz von Berlin aus gebeten, dem König seine Aufwartung machen zu dürfen; Friedrich Wilhelm lud ihn nach Potsdam, wo am 25. in Sanssouci eine Zusammenkunft stattfand. Was zwischen beiden dort besprochen wurde, darüber fehlt es leider an zuverlässigen Nachrichten: nur vermuthen können wir, daß die Lage des Staates, die Nothwendigkeit und Möglichkeit eines Friedensschlusses mit Frankreich erörtert wurde. Es scheint selbst, daß der Prinz bereits den Grafen Goltz, den späteren Friedensgesandten in Basel, als Unterhändler vorgeschlagen hat. Gewiß ist, daß der Prinz nur wenige Tage später, am 29. Oktober, durch Vermittelung Struensee's, dem König eine Denkschrift übersandte, in welcher er die Anknüpfung einer geheimen Verhandlung mit Frankreich in Bern empfahl, zunächst um zu erfahren, ob Frankreich den Frieden wolle und ob es Preußen als Vermittler mindestens für das Deutsche Reich und für Holland zulassen werde. Als Grundlagen der weiteren Verhandlung bezeichnete der Prinz: die Schonung der westfälischen Provinzen Preußens, Anerkennung der Erwerbungen in Polen, Sicherung Baierns gegen Österreich. Zum Unterhändler empfahl er, ohne den Grafen Goltz zu nennen, aber deutlich auf ihn hinweisend, einen Mann, der in den Geschäften erfahren sei, gut französisch verstehe und bereits einige Zeit in Frankreich gelebt habe.[1]

Diesem Eingreifen des Prinzen Heinrich ist für die Entschließung des Königs zur Anknüpfung mit Frankreich damals wie später immer eine entscheidende Bedeutung beigemessen worden[2]; wie denn auch der König selbst durch Äußerungen und Verhalten, in diesen Tagen wenigstens, dem Prinzen für

werder bestätigt auch der österreichische Gesandte in Berlin, Fürst Reuß; Bericht vom 4. Februar 1795 bei Zeißberg 5, 97.

[1] Schriftwechsel des Prinzen Heinrich mit dem König und Struensee, und Denkschrift vom 29. Oktober im Kgl. Hausarchiv. Merkwürdig, daß in der Denkschrift die Zusammenkunft in Sanssouci mit keinem Worte berührt wird.

[2] Am 1. November schreibt Struensee an Prinz Heinrich: „Ew. Königl. Hoheit haben in dieser äußerst delikaten Sache die Bahn gebrochen und zuerst den festen Entschluß bewirkt, dem Krieg am Rhein wo möglich ein Ende zu machen."

seine Rathschläge Achtung und Anerkennung unzweifelhaft bezeugt hat. Wenn aber jenes richtig wäre, so müßte lediglich die Unterredung in Sanssouci die Umstimmung des Königs bewirkt haben; denn schon an diesem Tage, im Zusammenhang, vielleicht auch infolge der Einwirkungen von einer anderen Seite her, ist der erste Entschluß des Königs zu einer Verhandlung mit Frankreich thatsächlich gefaßt worden.

III. Der Entschluß zur Unterhandlung.

Wie wir uns erinnern, war am 13. Oktober der Befehl an Möllendorff abgegangen, seine sämmtlichen Truppen für den Abmarsch nach Westfalen und Ansbach bereit zu halten (vgl. S. 253). Der alte Feldmarschall gerieth über diese Weisung, die er durch seine unablässigen Klagen doch nicht zum wenigsten mit veranlaßt hatte, in die lebhafteste Unruhe. So sehr ihn die anscheinende Wendung zu einer friedlicheren Politik erfreute, so wenig konnte er sich die Gefahren verhehlen, welche der Abmarsch der preußischen Truppen für das Rheinland zur Folge haben mußte, wenn es nicht vorher durch einen Waffenstillstand geschützt werde. Er sah Mainz und Frankfurt bedroht und fürchtete überdies, bei dem weiteren Vordringen der Franzosen, Gährung und Unruhen, vielleicht eine Revolution im Reiche. Andrerseits wünschte zwar niemand aufrichtiger den Frieden als Möllendorff, allein er kannte doch auch die Franzosen zu gut, um nicht zu wissen, daß nur eine achtunggebietende Truppenmacht auch bei ihnen friedliche Neigungen wachzurufen vermochte. Daraus ergab sich für ihn eine zwiefache Aufgabe: Festhalten der preußischen Truppen am Rhein, bis das Reich ihrer nicht mehr bedurfte; daneben aber Einlenken in die Bahn friedlicher Verständigung mit Frankreich. So entschloß sich denn Möllendorff, unmittelbar nach Empfang der Weisung vom 13. Oktober, seinen Adjutanten Major Meyerinck nach Potsdam zu senden, mit einem Schreiben, in welchem er, auch mit Rücksicht auf die leichtere Verpflegung, den König bat, die Armee (mit Ausnahme der 20 000 Mann) bis auf weiteres am Rhein zu lassen, zugleich aber mündliche Eröffnungen ankündigte, „die er der Feder nicht anvertrauen

könne" (19. Oft.). Es waren die geheimen Verhandlungen mit
Frankreich, die Möllendorff jetzt dem König zu enthüllen dachte.

Meyerinck hat später in Basel mit großer Genugthuung
erzählt, wie gnädig der König ihn in Potsdam empfangen —
wahrscheinlich bereits am 24. Oktober —, wie freundlich er seine
Mittheilungen auch über Schmerz, „der das Eis gebrochen",
aufgenommen habe. Thatsächlich hatte seine Sendung in doppelter
Hinsicht vollen Erfolg. Noch am 25. Oktober erließ der König
den Befehl an Möllendorff, zwar die 20 000 Mann unter Hohen=
lohe nun „unverzüglich" abmarschiren zu lassen, die übrigen
Truppen aber am rechten Rheinufer vorläufig festzuhalten. Neben
den politischen und militärischen Gründen, die Möllendorff hiefür
geltend gemacht hatte, wirkte auf den König, so scheint es, auch
die ihm nahe gelegte Besorgnis, daß sonst nichts die Österreicher
Clerfayt's verhindern könne, eines Tages in Baiern einzurücken.

Noch an demselben Tage, oder unmittelbar darauf, fiel die
Entscheidung auch in der Frage der französischen Verhandlung.[1])
Meyerinck hatte dem König nicht nur versichert, daß die Franzosen
selbst eine Verhandlung über Auswechselung der Gefangenen
wünschten und dafür die Schonung der preußischen Provinzen
am Rhein in Aussicht stellten; er betheuerte auch, daß das
ganze Reich aus der Hand des Königs den Frieden zu erhalten
verlange, daß insbesondere Kurmainz dazu in aller Form die
Anregung geben werde. In der That hatte Kurfürst Karl
Friedrich, auf Dalberg's Anrathen, eben in Regensburg beantragt:
da es sich zwischen dem Reiche und Frankreich doch hauptsächlich
um den westfälischen Frieden handele, so möge man Schweden,

---

[1]) Zur Chronologie: Am 24. Oktober war Meyerinck in Potsdam
(nach Zinzendorf's Bericht bei Hassel, Kursachsen und der Baseler Friede,
Neues Archiv f. sächs. Geschichte 12, 204 erst am 25.); am 25. Prinz Heinrich
in Potsdam, Befehl zum Verbleiben der Truppen am Rhein, Manstein
benachrichtigt Lucchesini von Meyerinck's Ankunft, der Verhandlung über
Gefangenenauswechselung und der Möglichkeit einer preußischen Vermittelung
für das Reich; 26. Bericht der Finanzkommission; 27. Schreiben des Königs
an Haugwitz über die Sendung Meyerinck's nach Basel; 28. Haugwitz in
Potsdam (Sybel 3⁴, 274); 29. Denkschrift des Prinzen Heinrich. Am
2. Nov. war Meyerinck wieder in Frankfurt a. M. (Tagebuch Hardenberg's).

und als neutralen Reichsstand noch Dänemark, um Übernahme einer Friedensvermittelung ersuchen. Zugleich hatte Dalberg die Hülfe des Königs für Mainz angerufen, und der Kurfürst selbst ihn in bringenden Worten gebeten, „dem Reiche den Frieden zu verschaffen, eine Wohlthat, für die ihm ganz Deutschland dankbar sein werde".[1]) Wie hätte der König diesen schmeichelnden Klängen widerstehen können, er, der in Krieg und Frieden den Schutzherrn Deutschlands so gern gespielt hätte! So beauftragte er denn den Major Meyerinck, nach Basel zu reisen und mit den Franzosen über eine Auswechselung der Gefangenen zu verhandeln, zugleich aber über ihre Geneigtheit zum Frieden Gewißheit zu schaffen. Also: Verbleiben der preußischen Truppen am Rhein und Anknüpfung einer Friedensverhandlung, zwei Maßregeln, die sich scheinbar widersprachen, thatsächlich sich ergänzten; denn wie Möllendorff, versprach sich auch König Friedrich Wilhelm von einer Verhandlung mit Frankreich nur dann Erfolg, wenn er dabei die Waffen keinen Augenblick aus der Hand legte.

Überblickt man die Gründe und Erwägungen, die, von der Finanzkommission, Prinz Heinrich und Möllendorff geltend gemacht, durch ihre zusammengreifende Wirkung die Entschlüsse des Königs veranlaßten, aus denen, wenn auch erst nach neuen Schwankungen, der Friede von Basel hervorging, so war es zunächst unzweifelhaft die durch den Bruch des Haager Vertrages gesteigerte Finanznoth, welche auch dem König zugleich mit der Unmöglichkeit der Fortsetzung des Krieges den Wunsch nach Frieden nahe legte. Von den in der politischen Lage begründeten Momenten haben die gespannten Beziehungen zu Österreich, das zweifelhafte Verhältnis zu Rußland, die Rücksicht auf die Verhandlungen über Polen, wohl für das mahnende Drängen der Minister und des Prinzen Bedeutung gehabt: für den Entschluß des Königs waren diese Erwägungen um so weniger bestimmend, als sie nothwendig in den Gedanken eines Separatfriedens ausliefen, den der König immer noch zurückwies. Entscheidend aber für

---

[1]) Schreiben Dalberg's vom 18., des Kurfürsten vom 19. Oktober.

seine Entschließuug wurde die Aussicht auf einen allgemeinen oder wenigstens deutschen Frieden, bei dem er selbst die ersehnte Rolle des Friedensfürsten spielen zu können sich schmeichelte.

So viel wir sehen[1]), baute sich dem König die Friedensaktion, zu der er jetzt schritt, in drei Stufen auf. Zunächst die vorbereitende Unterhandlung durch Meyerinck, der die Bereitwilligkeit Frankreichs zum Frieden ermitteln, gleichsam den Boden prüfen sollte, welcher die preußische Friedenspolitik tragen würde. Dann eine preußisch=französische Friedensverhandlung in aller Form, wofür der König schon damals den Grafen Goltz in Aussicht nahm. Endlich ein Friedenskongreß nicht bloß für das deutsche Reich, sondern womöglich für alle kriegführenden Mächte, unter Vermittelung Preußens und unter Theilnahme Lucchesini's, irgendwo in der Nähe des Rheins, wohin der König dann doch noch selbst zu kommen dachte. Ich wiederhole: es war zweifellos nur die lockende Aussicht auf dies letzte und höchste Ziel, die den König zu dem ersten Schritt der Annäherung an Frankreich bestimmte, dasselbe Ziel, das der preußischen Politik noch ein volles Jahr lang, bis in den Herbst 1795, vorschweben sollte. Und man sage nicht, daß es so ganz chimärisch gewesen wäre. Auf das Reich beschränkt, hätte eine preußische Friedenspolitik, bei der wachsenden Friedenssehnsucht in Deutschland wie in Frankreich, unter zielbewußter und energischer Führung wohl Aussicht auf Erfolg haben können. König Friedrich Wilhelm freilich, als fühle er, daß seine Kräfte ihn vor Erreichung des Zieles verlassen würden, hat gleich damals die glänzenden und ihn bezaubernden Aussichten auf sein großartiges Friedensamt zweifelnd selbst als „Luftschlösser" (châteaux en Espagne) bezeichnet.

Zunächst geschah, was der König angeordnet, in Formen, die dem persönlichen Charakter dieser ganzen Politik und der

---

[1]) Der König an Haugwitz, 27. Oktober (in dessen Nachlaß); Manstein an Lucchesini, 25. u. 30. Oktober. Wir würden über die Ansichten und Absichten des Königs zuverlässiger unterrichtet sein, wenn dessen eigenhändiges Schreiben an Lucchesini (une longue lettre raisonnée) vom 3. und 4. Nov. erhalten wäre; immerhin lassen sich aus Lucchesini's noch vorhandener Antwort Rückschlüsse auf den Inhalt jenes Schreibens ziehen.

vorläufig vertraulichen Einleitung der beabsichtigten Unterhandlung entsprachen. Wie das auswärtige Ministerium bei dem Umschwung, der sich in den Tagen vom 24. zum 27. Oktober vollzog, unmittelbar nicht betheiligt war, so wurde auch Meyerinck für seine nähere Instruktion nicht an das Ministerium, sondern an Möllendorff gewiesen. Von dem Feldmarschall, aber im Namen des Königs, erhielt er in Hochheim die nöthige Vollmacht mit der Weisung, in Basel offen als Unterhändler über eine Auswechselung der Gefangenen aufzutreten, Rückgabe aller Franzosen gegen Schonung der westfälischen Provinzen Preußens zuzusichern. Dann aber sollte er weiter erklären: Preußen wünsche nichts mehr, als einen Krieg zu beendigen, an dem es ohne eigenes Interesse nur als Hülfsmacht betheiligt sei. Ein Friede sei leicht auf der Grundlage, daß Preußen seine Truppen zurückziehe, Frankreich das preußische Gebiet räume. Vor Allem aber müsse man sich über Waffenstillstand und Neutralität verständigen, auch für das deutsche Reich, wie Möllendorff dem Unterhändler wiederholt und nachdrücklich einschärfte.

Noch ehe aber Meyerinck mit diesen Aufträgen Möllendorff's in Basel anlangte, war die Stimmung König Friedrich Wilhelm's wiederum schwankend und zweifelhaft geworden: noch einmal schien die Lust an der Bekämpfung der Revolution über alle Erwägungen und über die einmüthigen Vorstellungen seiner Rathgeber den Sieg davontragen zu sollen. Es kamen dem König Zweifel an dem Erfolg der Sendung Meyerinck's, überhaupt an der Möglichkeit einer Verständigung mit den Franzosen, die, wie er bemerkte, ihre Offensive gegen das Reich, ohne alle Schonung preußischen Gebietes, rücksichtslos fortsetzten und Mainz und Mannheim bedrohten. Und schon erhob sich vor dem König die große Frage, welche für die preußische Politik dieser Jahre die wichtigste zugleich und schwierigste werden sollte: die Frage nach dem Schicksal der deutschen Lande links vom Rheine. War es möglich, so erwog der König mit dem Prinzen Heinrich, der nicht aufhörte, ihn mit Denkschriften zu bestürmen, war es möglich, daß die Franzosen dem Reiche in seiner Gesammtheit die Neutralität zugestehen und sich hinter Saar und Mosel gutwillig zurückziehen

würden? Andrerseits, wenn man die Neutralität auf das rechts-
rheinische Deutschland beschränkte, würde man nicht damit die
Abtretung der überrheinischen Lande für den künftigen Frieden
in Aussicht stellen und sich bei Kaiser und Reich dadurch miß-
liebig machen? Unter verdrießlichen Klagen über „die vielen
Hindernisse, die sich seinen besten und heilsamsten Absichten hindernd
in den Weg stellten"[1]), hielt es der König eben deshalb für nothwendig, auf alle Möglichkeiten sich finanziell vorzubereiten. Er
genehmigte die Anträge der Finanzkommission auf Ausschreibung
einer inländischen Anleihe und Prägung von Kreuzern und
Groschen (S. 260), und gab den Auftrag, bei dem Landgrafen
von Hessen-Kassel wegen eines Darlehns anzufragen.

Eine neue Steigerung erfuhr diese kriegerische Stimmung
des Königs noch durch die Wendung der Dinge in Polen, die
seinen Rathgebern so oft zu friedlichen Mahnungen Anlaß gegeben
hatten. Eben hatte der König die Vorschläge seiner Minister und
Generale gebilligt, wonach Preußen bei den Verhandlungen über
die Theilung Polens den Anspruch auf die Weichselgrenze und
besonders auf die Palatinate Krakau und Sendomir gegen Österreich unnachgiebig festhalten solle[2]), als in Potsdam ein Major
Suworow's eintraf mit der Nachricht, daß Warschau von den
Russen mit stürmender Hand erobert sei. Erleichtert athmete der
König auf. Vergessen war, daß er eben Forderungen in Polen
erhob, welche die Gefahr eines Bruches mit Rußland und Öster-
reich in sich schlossen. Wozu brauchte er noch Truppen im Osten?
Ohne langes Besinnen, aus eigenstem Antriebe, sandte er an das
bei Fulda angelangte Corps Hohenlohe's einen Feldjäger mit dem
Befehle ab, sogleich Halt zu machen, und an Möllendorff die
Weisung, diese Truppen wieder am Rhein in Quartier zu legen

---

[1]) Denkschriften des Prinzen vom 2. und 6., Schreiben des Königs vom
11. November. Die im 5. Bande von Ranke's Hardenberg nach undatirten
Kopien veröffentlichten Denkschriften des Prinzen haben in den Originalen
folgende Daten: S. 49 (Exposé sur la guerre et la paix) 1. Febr 1795;
S. 56 (Projet d'instruction) 21. November 1794; S. 72 (Projet d'instruction pour le comte de Goltz) 26. Januar 1795.

[2]) Vgl. Sybel 3[4], 276.

(17. November). Die ganz spontane Entschließung, das frische Zugreifen, wirkten wunderbar belebend auf den müden Geist König Friedrich Wilhelm's. Er meinte, es wäre doch unverantwortlich, in diesem Augenblick die preußischen Truppen am Rhein schwächen zu wollen, vielmehr müsse er selbst sich wieder persönlich an die Spitze seiner Armee stellen. Zu Bischoffwerder äußerte er freudig, das sei der erste Schritt, den Dingen am Rhein wieder eine bessere Wendung zu geben, und indem er so sprach, glaubte er, mystisch gesinnt wie er war, aus der gehobenen Stimmung seines Inneren eine überirdische Bestätigung seiner Worte zu vernehmen. Noch lag in diesen Entschlüssen nicht nothwendig die Wiederaufnahme des Krieges; wir wissen, daß der König von Anfang an nur gestützt auf eine ansehnliche Truppenmacht unterhandeln wollte; allein andere seiner Äußerungen zeigen doch, daß er auf einen guten Ausgang der angeknüpften Verhandlungen kaum noch rechnete: bei der Nachricht, daß Merlin von Thionville den Grafen Kalckreuth zu einer Zusammenkunft eingeladen habe, meinte der König, es würden dabei doch nur unannehmbare Bedingungen herauskommen, die demjenigen Schande machten, der darauf eingehe (18. November).

Nur ein Hindernis gab es bei dieser neuen Wendung für die hoffnungsfroh schwellende Stimmung des Königs: die Verpflegung der preußischen Armee am Rhein. Ein eigener Zufall wollte es nun, daß gerade an die Maßregeln, die der König hiefür traf, ein abermaliger Umschwung und der endgültige Entschluß zur Eröffnung einer formellen Friedensverhandlung mit Frankreich anknüpfen sollte.

In den letzten Weisungen an Möllendorff über das Verbleiben der preußischen Truppen am Rhein hatte König Friedrich Wilhelm die bestimmte Erwartung ausgesprochen, daß das Reich, das er dadurch schütze, nun auch für den Unterhalt seiner Truppen Sorge trage. Der Minister Hardenberg, dem Möllendorff hievon Mittheilung machte, bemühte sich deshalb sogleich, in Verbindung mit Graf Goertz, die Stände und Kreise am Rhein zum Anrufen der preußischen Vermittlung, zugleich aber auch zur Hergabe von Geld für das preußische Heer zu bestimmen. Seine Anstrengungen

hatten den besten Erfolg: nach einander baten Hessen-Kassel und
Darmstadt, Trier und Zweibrücken, der oberrheinische, der kur-
rheinische und der fränkische Kreis um die Verwendung des
Königs; von dem schwäbischen Kreise konnte ein gleiches Gesuch
erwartet werden. Auch zur Gewährung von Mitteln für den
Unterhalt der preußischen Truppen zeigte sich jetzt, der drängenden
Noth gegenüber, größere Bereitwilligkeit als früher. Das neue
politische System, das, vom König ergriffen, von Möllendorff
und Hardenberg eifrig gefördert, stattliche Kriegsrüstung mit
Friedensunterhandlungen verbinden wollte, war im besten Zuge,
sich zu verwirklichen. Der König, dem Hardenberg am 22. November
über seine Verhandlungen berichtete, war höchlich erfreut und sprach
ihm die vollste Billigung seines Vorgehens aus (27. November).

Da aber griffen die Kabinetsminister scharf und nachdrücklich ein. Die neue Wendung der persönlichen Politik des Königs,
namentlich die ganz ohne ihr Zuthun erfolgte Rücksendung des
Hohenlohe'schen Corps, hatte bereits ihre lebhafte Mißstimmung
erweckt und sie veranlaßt, sich an Lucchesini in Wien mit der
Bitte zu wenden, ihre Vorstellungen bei dem König im Interesse
des Staates zu unterstützen. Hardenberg's Bericht aber, der
auch ihnen zuging, erfüllte sie geradezu mit Schrecken. Wie
nun, wenn diese Verhandlungen wirklich Erfolg hatten, wenn
die Mittel zur Fortsetzung des Krieges, welche die Minister in
Berlin nicht finden konnten oder nicht finden wollten, doch noch
herbeigeschafft wurden? Bedenklich meinte Finckenstein, diese
Aussichten würden bei dem König die Lust zum Kriege wieder
steigern. Alvensleben aber rief: „Gibt es denn keine Hülfe für
unser Elend?" In den stärksten Ausdrücken schalt er auf
Hardenberg und Goertz, diese Fremden, die Preußen dem Reiche
aufopfern wollten. „Wir alle drei," schloß er, „wir sind Preußen,
und ich glaube, wir müssen mit dem König von Preußen sprechen."[1]

---

[1] Man wird die merkwürdigen Worte Alvensleben's vielleicht gern im
Original lesen: Il est impossible de se refuser à la réflexion que le
comte Goertz et M. de Hardenberg, qui veulent sacrifier la monarchie
prussienne à l'Empire, ne sont pas Prussiens, mais sont de l'Empire.
Nous tous les trois, nous sommes Prussiens, et je crois que nous
devons parler au Roi de Prusse. (28. November.)

Alvensleben's Ansicht fand die Zustimmung seiner Kollegen. Gleich am nächsten Tage (29. November) übersandten sie ihrem Könige eine im nachdrücklichsten Tone gehaltene Vorstellung gegen die Hardenberg'sche Verhandlung, thatsächlich aber gegen die ganze preußische Politik, wie sie sich unter den persönlichen Impulsen des Königs zuletzt gestaltet hatte. Sie warnten davor, von den Reichsständen irgend welche Unterstützung zu erwarten. Das Verbleiben der Truppen am Rhein wollten sie nicht gerade verurtheilen; aber auch wenn — so hieß es ganz nach Alvensleben's Äußerung — auch wenn die preußische Monarchie der Vertheidigung des Reiches aufgeopfert werde, so würde dadurch das beabsichtigte Ziel doch nicht erreicht werden; denn wenn die Preußen Mainz und Frankfurt behaupteten, so könnten die Franzosen eben an anderen Stellen den Rhein überschreiten. In energischen Worten bekämpfen sie jeden Gedanken an eine neue Anleihe, oder gar an einen vierten Feldzug. Statt dessen beantragen sie jetzt unumwunden, einen erfahrenen Diplomaten nach Basel zu senden, der allein unter des Königs und ihrer eigenen Leitung die von Meyerinck begonnene Unterhandlung fortsetzen solle. Zur Rechtfertigung einer solchen Verhandlung erinnern sie, daß jetzt auch Holland und selbst Österreich insgeheim mit Frankreich angeknüpft hätten. Preußen dürfe sich nicht zuvorkommen lassen: für sein eigenes Interesse und die spätere Vermittelung sei es von Wichtigkeit, daß zuerst der König seinen Unterthanen die unschätzbare Wohlthat des Friedens schenke.

Hätten wir nur diese Denkschrift der drei Minister, in der das besondere Interesse des preußischen Staates einen so kräftigen Ausdruck findet, wir müßten glauben, daß bei der unmittelbar nach ihrem Vorschlage gefaßten Entschließung des Königs nun doch der preußische Partikularismus über die deutschen Interessen gesiegt habe. Glücklicherweise hat sich aber noch ein zweites Schriftstück vom 29. November erhalten, ein Schreiben, mit dem Graf Haugwitz den amtlichen Bericht der Minister begleitet hat. Darin bekräftigt er zunächst die Vorstellungen seiner Kollegen und dringt auch seinerseits auf schleunigste Sendung eines Bevollmächtigten nach Basel, wofür er den Grafen Goltz, den der

König selbst bereits genannt habe, oder den jungen Baron
Brockhausen in Vorschlag bringt. Ganz abweichend aber sind
die Gründe, die er dafür geltend macht, Gründe, die mit kluger
Berechnung den innersten Nerv der Gesinnungen des Königs zu
treffen bestimmt waren. Haugwitz, der einzige Kabinetsminister, der
den König zuweilen sah, wußte wohl, daß das engere Interesse
Preußens allein ihn noch nicht zum Einlenken in eine friedlichere
Politik zu bestimmen vermochte; deshalb ist es die Rücksicht auf
das deutsche Reich, die er bei seinen Vorstellungen ausschließlich
in den Vordergrund rückt. In warmen, etwas sentimentalen
Worten erinnert er seinen Monarchen an die deutschen Fürsten
und Kreise, die in ihrem Vertrauen zu der Person des Königs
Preußens Schutz und Vermittelung anrufen und deren Bitten
er sich nicht länger versagen dürfe. Vom Kaiser sei nichts zu
erwarten; sein Verhalten bei dem Antrage von Mainz zeige, daß
er seine Interessen denen der Engländer unterordne. Die Zeit
dränge: der König möge der Stimme seines großen und gefühlvollen Herzens folgen und diejenigen nicht länger in Ungewiß-
heit lassen, die ihr gerechtes Vertrauen auf ihn setzten und ihr
Schicksal in seine Hände legten.

Es läßt sich nicht nachweisen, da uns gerade aus diesen
Tagen jede vertrauliche Äußerung des Königs fehlt, aber es ist
mir nicht zweifelhaft, daß es die von Haugwitz vorgetragenen
Erwägungen und keine anderen waren, die jetzt den Entschluß
des Königs zur Einleitung einer förmlichen Verhandlung
entschieden haben. Wir sahen, mit welcher hartnäckigen
Zähigkeit im Widerspruch gegen alle seine Rathgeber König
Friedrich Wilhelm das ganze Jahr 1794 hindurch eine Annäherung an Frankreich zurückgewiesen hatte, welche die Trennung
von der Koalition und die Preisgabe des deutschen Reiches zur
Folge gehabt hätte. Eine Verständigung mit Frankreich fing
ihm dann erst an zulässig zu erscheinen, wenn sie mit der Vertheidigung des deutschen Reiches vereinbar blieb. Der Ruf nach
Frieden, den er bisher nur aus dem Munde seiner Preußen gehört und unbeachtet gelassen hatte, schien ihm jetzt beachtenswerth,
da er auch von den Deutschen im Reiche lauter und lauter

erhoben wurde. „Im Reiche spricht man nur von Frieden“, so schrieb damals ein französischer Diplomat; was wir aus deutschen Quellen wissen, bestätigt diese Äußerung.[1]) Welche Möglichkeiten auch der eine oder andere der Minister schon in's Auge gefaßt haben mochte: der König selbst dachte nur an einen deutschen, noch nicht an einen preußischen Frieden; nicht trennen wollte er sich von dem Reiche, nur ihm im Frieden vorangehen, wie er bisher im Kriege der Vorkämpfer Deutschlands gewesen war.

Die Sendung eines Friedensunterhändlers nach Basel ist kein Sieg der preußischen Interessen über die deutschen, auch kein Sieg der friedlichen Bestrebungen der Minister über die kriegerischen Neigungen des Königs: sie ist die weitere Entwickelung eines politischen Systems, das preußische und deutsche Interessen, den Wunsch nach Frieden mit der Rüstung für den Krieg umfaßte.

Am 1. Dezember benachrichtigte König Friedrich Wilhelm in zwei eigenhändigen Schreiben die Kabinetsminister und den Prinzen Heinrich, daß er den Grafen Goltz nach Basel schicken werde. Aber die Sendung von Goltz ist nur die eine Seite der Politik Friedrich Wilhelm's; um auch die andere Seite zur Anschauung zu bringen, dürfen wir nicht vergessen hinzuzufügen, daß der König gleichzeitig den Befehl zum Verbleiben der Truppen am Rhein wiederholte und daß er wenige Tage später, trotz aller Abmahnungen seiner Minister, den Freiherrn von Hardenberg zur energischen Fortsetzung der Anleiheverhandlungen ermächtigte.

---

[1]) Bericht Bacher's vom 5. November 1794, Papiers de Barthélemy 4, 411. Von deutschen Quellen vgl. neuerdings Hassel, Sächs. Archiv 12, 206; Erdmannsdörffer, Politische Korrespondenz Karl Friedrich's von Baden 2, 237. 244. 246. (Schreiben Karl August's von Weimar.)

Literaturbericht.

La loi de l'histoire, constitution scientifique de l'histoire. Par
J. Strada. Paris, Félix Alcan. 1894. 246 S.

Das vorliegende Buch ist ein Theil des philosophischen Systems,
das der Bf. in zahlreichen, zum Theil umfassenden Werken seit Jahr=
zehnten niedergelegt hat; er nennt seine Philosophie die des „metho=
dischen Impersonalismus" und erwartet von ihrem Durchdringen das
Heil Frankreichs und der ganzen Welt. Ref. ist es nicht gelungen,
sich die grundlegenden Werke Strada's zu verschaffen, Robert Flint
erwähnt den Autor und sein System in seiner Historical philosophy
in France u. s. w. (1893) gar nicht, daher muß sich die Beurtheilung
auf das vorliegende Buch an sich beschränken. Obwohl St. meint,
Auguste Comte weit hinter sich zu lassen, steht seine Geschichts=
philosophie durchaus auf dem Boden der Comte'schen Anschauung.
Der gesammte Verlauf der Geschichte ist nach seiner Ansicht bestimmt
durch die Art und Weise, wie sich die Menschen zu den umgebenden
konkreten Objekten, den Thatsachen, verhalten. Dies Verhalten durch=
läuft im Fortgange der Kultur drei Stufen: die des Fidéisme, die
des Rationalisme, endlich die des Impersonalisme méthodique.
Auf der ersten ist die Richtschnur des Verhaltens (le critérium infaillible) der Glaube an die persönliche Autorität von weltlichen und
geistlichen Gesetzgebern, Autokraten, Priestern, Propheten; auf der
zweiten wird in langem Kampfe gegen jenes der subjektive Verstand
zum Critérium infaillible gemacht; auf der dritten endlich gelangt
man zu dem wahren Critérium, indem man mit der von St. ent=
deckten wahrhaft wissenschaftlichen Methode des Impersonalisme
überall die unumstößlichen Thatsachen und die Gesetze, die nichts

anderes ſind als die oberſten allgemeingültigſten Thatſachen, als Critérium infaillible dahinſtellt. Les faits indestructibles müſſen, wie urſprünglich bei dem primitiven Menſchen und dem Thier, wieder die unmittelbare Richtſchnur alles Thuns werden, nur nicht inſtinktiv wie bei jenen, ſondern indem man ſich mit bewußter Erkenntnis in Harmonie mit ihnen ſetzt. Das Geſetz der Geſchichte iſt die logique fatale des critériums infaillibles acceptés.

Ich will nicht auf eine Kritik dieſer Anſchauungen eingehen, weil das viel zu weit führen würde; augenſcheinlich liegt die Hauptſchwäche derſelben, wie bei Comte, auf dem Gebiete der Erkenntnistheorie, die St., wie jener, verachtet; weſentliche Originalität können ſie m. E. nicht beanſpruchen. Das merkwürdigſte an dem Buch iſt die Anſicht von dem konkreten Hergang der Zivilſation, die darin entwickelt wird. St. vindizirt der ariſchen Raſſe vermöge ihrer angeborenen Anlage allen weſentlichen Antheil an dem Fortſchritt der Kultur, weil ſie das Kriterium des Rationalisme, die unumgängliche Vorſtufe des wahren Kriteriums, aufgeſtellt und gegen das Princip des Fidéisme durchgekämpft hat; unter den Ariern aber ſind die Griechen und die Franzoſen die eigentlichen Bannerträger jenes den Fortſchritt bedingenden Kriteriums, die Franzoſen auch die Träger des neuen Zukunftsprincips, das St. ihnen vor allen Völkern verkündet. Die anderen Nationen, ſoweit ſie nicht von Frankreich erleuchtet worden ſind, haften noch tief in dem Egoismus des fideiſtiſchen Princips mit all' ſeinen autokrati= ſchen Konſequenzen, vor allem England und Preußen. Vermöge dieſes Gedankenganges, den der Vf. mit gröblicher Vergewaltigung der geſchichtlichen Thatſachen zu erweiſen ſucht (z. B. alle Kriege Frank= reichs ſeit Pippin mit Ausnahme derjenigen Napoleon's I. ſeien reine Vertheidigungskriege geweſen, Luther ſei nur ein Nachahmer Lefèvre's d'Eftaples, Kant ein Kopiſt des Descartes u. ſ. w.), kommt die Ge= ſchichtsphiloſophie St.'s auf den vulgärſten Chauvinismus hinaus, der ſich nicht genug thun kann in kraſſen Äußerungen. Nur eine Probe davon (S. 171 f.): „Was thut die theokratiſche Autokratie Preußens? Sie unterjocht Deutſchland und träumt davon, die Welt zu unterjochen. Sie ſchlägt Rußland vor, mit ihm die Reiche des Orients und des Occidents zu erneuern. Sie reißt verblendete Könige mit ſich, deren ſie ſich ſpäter entledigen wird, wie Öſterreichs nach Sadowa und wie des Königs von Bayern. Sie ſtürzt Europa in Ruin durch ihre unausgeſetzt wachſenden Rüſtungen. Lauernd er= wartet ſie die Stunde eines ſchon entſchiedenen Krieges. Sie organiſirt ein allgemeines Spionirsystem gleich der alten Inquisition. Schon zeichnet sie die Häuser zu Brand, Raub und Mord. Sie überfällt in vollem Frieden die europäischen Staaten. Denn, wirklich, in Europa geht das alles vor!" Frankreich dagegen ist la mère, le sauveur, l'inspiratrice générale de l'Europe, l'axe du monde, le peuple de l'impersonalisme par excellence u. s. w. Man könnte, den Verfasser travestirend, ausrufen: Das alles kommt in einem Buche vor, welches die unumstößlichen Thatsachen und die Methode des Impersonalismus zur unfehlbaren Richtschnur des Denkens und Verhaltens erheben will! E. B.

Gesammelte Abhandlungen zur Biblischen Wissenschaft von Dr. **Abraham Kuenen.** Aus dem Holländischen übersetzt von K. Budde. Freiburg i. B., Paul Siebeck. 1894. XIV, 511 S. 12 M.

Der Name des am 10. Dezember 1891 zu Leiden gestorbenen Professors Kuenen hat unter den Freunden der biblischen Wissenschaft einen so guten Klang, daß alle mit Freuden diese aus dem holländischen Original schön ins Deutsche übertragenen, zum Theil vorher schwer zugänglichen Arbeiten des berühmten Forschers willkommen heißen werden. Wie der Anfang des Bandes mit dem Bildnis des Vf. geschmückt ist, so bringt der Schluß (S. 501—511) das von Professor van Manen zusammengestellte Verzeichnis sämmtlicher im Druck erschienenen Arbeiten von A. K. Dem Straßburger Herausgeber, der schon als Student in Utrecht das Holländische sprechen gelernt und durch die geschmackvolle Übersetzung von K.'s Hibbert=Vorlesungen (Volksreligion und Weltreligion. Berlin, G. Reimer, 1883) sich ohne Nennung (vgl. S. IV) seines Namens verdient gemacht hatte, gebührt unserer besonderer Dank für die geschickte Auswahl der im vorliegenden Bande vereinigten Abhandlungen. Es ist Budde in der That gelungen, auf verhältnismäßig engem Raume uns ein Bild von der mannigfachen Thätigkeit des Leidener Gelehrten auf dem Gebiete der Wissenschaft zu geben, das nicht nur zur ersten Einführung in diese Studien sehr lehrreich ist, sondern auch bleibenden Werth besitzt.

Mit besonderem Interesse habe ich die auch mir noch unbekannte Abhandlung über die kritische Methode (S. 3—46) gelesen, worin der Vf., zum Theil im Anschluß an H. v. Sybel, die Gesetze des historischen Wissens und Forschens lichtvoll darlegt. Dann folgen (S. 49 bis 251) sechs akademische Vorträge aus den Jahren 1866 bis 1891, die in den Schriften der Königlichen Akademie der Wissenschaften zu

Amsterdam längst gedruckt vorliegen, aber von der gelehrten Welt
Deutschlands, der sie erst jetzt leicht zugänglich werden, die sorgsamste
Beachtung verdienen.   Diese Abhandlungen betreffen die Zusammen=
setzung des Sanhedrin, den Stammbaum des masoretischen Textes
des Alten Testaments, die Männer der großen Synagoge, Hugo
Grotius als Ausleger des Alten Testaments, die Jer. 7, 18 erwähnte
Himmelskönigin und die Chronologie des persischen Zeitalters der
jüdischen Geschichte.

Von den schließlich aus Fachzeitschriften aufgenommenen Arbeiten
(S. 255—500) stammt nur die über das Werk Esra's aus der Pariser
Revue de l'histoire des religions, alle übrigen aus der Leidener
Theologisch Tijdschrift, und sie gehören den Jahren 1880—1890 an.
Unter dem Titel Verisimilia? lesen wir hier die mit köstlichem Humor
geschriebenen und auch für die alttestamentliche Textkritik unserer Tage
sehr lehrreiche Beurtheilung des lateinischen Buches, worin der hol=
ländische Theologe Pierson zusammen mit seinem philologischen Lands=
mann Naber die lacera conditio Novi Testamenti nachweisen wollte.
Bei aller Humanität vollzieht K. an den Aufstellungen der beiden
Gelehrten eine vernichtende Kritik; ohne ihnen irgendwelche böse Ab=
sicht zuzuschreiben, weist er nach, daß es sich um einen ganz unwill=
kürlichen Fehler handle, „den Ausfluß der Übermacht einer bei der
guten Kost der Klassiker und der formalen Logik groß gewordenen
Subjektivität, die sich an dem, oberflächlich angesehen, unlogischen
Semitismus vergreift" (S. 375 f.). Alle anderen Abhandlungen und
Recensionen beschäftigen sich mit alttestamentlichen Fragen. Außer
der kritischen Untersuchung von Gen. 34 (Dina und Sichem) und
Exod. 16 (Manna und Wachteln) empfangen wir eine Besprechung
der jüngsten Phasen der Hexateuchkritik und des Verhältnisses der=
selben zur israelitischen Religionsgeschichte. Der Aufsatz „Drei Wege,
ein Ziel" handelt über Renan's Histoire du peuple d'Israël, Kittel's
Geschichte der Hebräer und Baethgen's Beiträge zur semitischen
Religionsgeschichte, während die „Geschichte des Jahwepriesterthums
und das Alter des Priestergesetzes" namentlich des Grafen Baudissin
Buch über das alttestamentliche Priesterthum einer eingehenden Prüfung
unterzieht.

Mit Recht nennt Budde in seiner Würdigung von K.'s Lebens=
werk und Person (S. IV ff.) den Vf. einen bedeutenden Menschen und
einen edlen Charakter; mögen die gesammelten Abhandlungen auch
im deutschen Gewande dem Fortschritt der Wissenschaft dienen.

Adolph Kamphausen.

Das alte Testament, seine Entstehung und Überlieferung. Grundzüge der alttestamentlichen Kritik in populär=wissenschaftlichen Vorlesungen dargestellt von W. Robertson Smith. Nach der zweiten Ausgabe von The old Testament in the Jewish Church übersetzt von J. W. Rothstein, Prof. der Theol. in Halle. Freiburg i. Br., Paul Siebeck. 1894. XIX, 447 S. 10 M.

Wie Abr. Kuenen in Holland, so gebührt unzweifelhaft dem am 31. März 1894 als Professor des Arabischen in Cambridge gestorbenen Schotten W. Robertson Smith in England die erste Stelle unter den Gelehrten, die das neue wissenschaftliche Studium des Alten Testaments unter ihren Landsleuten in Aufnahme gebracht und durch eigene Leistungen in erfolgreichem Wetteifer mit Wellhausen und anderen deutschen Meistern mächtig gefördert haben. Als Sohn eines Predigers 1846 geboren, erhielt S. 1870 den Lehrstuhl für Hebräisch und alt=testamentliche Exegese am College zu Aberdeen. Aber sein Versuch, die Grundsätze wissenschaftlicher Forschung, die er als Student in Bonn und Göttingen kennen gelernt hatte, auf den Boden der von starrer Orthodoxie beherrschten schottischen Freikirche zu verpflanzen, trug dem glänzend begabten und wahrheitsliebenden Gelehrten seine Absetzung als Professor ein. Im Gegensatz zu dem scheinbar sieg=reichen kirchlichen Fanatismus forderten alsbald hunderte von ange=sehenen Männern, die es für besser hielten, die Stellung der neueren Kritik kennen zu lernen, als sie ungehört zu verdammen, den gemaß=regelten Kritiker zu öffentlichen Vorlesungen auf. Die zwölf Vor=lesungen, die nun S. in den ersten Monaten des Jahres 1881 zu Edinburgh und Glasgow vor durchschnittlich achtzehnhundert Zuhörern hielt, gaben in edler und für jeden Gebildeten verständlicher Form eine geistvolle Darlegung der biblischen Kritik nach ihrem Wesen, ihren Mitteln und Ergebnissen. Schon im April 1881 mit Anmer=kungen im Druck erschienen, wurden diese Vorlesungen im Jahre 1892 neu herausgegeben, nicht nur vielfach verbessert, sondern auch durch eine dreizehnte, die Geschichtserzählung des Hexateuchs behandelnde, vermehrt, welche eine allgemeine Skizze der gesammten Ergebnisse der Pentateuchkritik darbietet.

Fand schon die erste Auflage unter den „Ethisch=Orthodoxen" der Niederlande so reichen Beifall, daß sie eine Übersetzung in das Hol=ländische veranlaßten, so verdient nun die von Rothstein angefertigte treue Verdeutschung der zweiten Ausgabe, deren deutschen Titel der Vf. (vgl. S. VIII) noch selbst angeben konnte, in noch viel größerem Maße eine freundliche Aufnahme bei den deutschen Lesern. Professor

Kautzsch in Halle hat den sorgsamen Übersetzer für die Arbeit gewonnen und dabei mit Rath und That unterstützt. Rothstein hat seine erläuternden und berichtigenden Zuthaten leicht kenntlich gemacht und durch die mit vielem Fleiß hergestellten Register (Verzeichnis der Bibelstellen und Sachregister, S. 430—447) den Gebrauch des Buches wesentlich erleichtert.

Den Reichthum des Inhalts mag die folgende Übersicht kurz veranschaulichen. Die erste Vorlesung behandelt: Biblische Kritik und die Theologie der Reformation; die zweite: Christliche Auslegung und jüdische Überlieferung; die dritte: Die Schriftgelehrten; die vierte und fünfte: Die Septuaginta und die Komposition der biblischen Bücher; die sechste: Die Geschichte des Kanons; die siebente: Den Psalter; die achte: Die traditionelle Anschauung von der Geschichte des alten Bundes; die neunte: Das Gesetz und die Geschichte Israels vor dem Exil; die zehnte: Die Propheten; die elfte: Die älteste Gesetzgebung im Pentateuch; die zwölfte: Das deuteronomische Gesetzbuch und die levitische Gesetzgebung. Nach der schon erwähnten Ergänzungsvorlesung (S. 368—410) machen dann sechs auch für den Fachmann interessante Nachträge den Schluß.

Konnte Kuenen (Gesammelte Abhandlungen, S. 324) dem ziemlich orthodoxen Rostocker Professor Ed. König, weil dieser den Prolog der Jobeide für unecht erklärte und den Epilog des Predigers einen jüngeren Zusatz nannte, den berechtigten Vorwurf machen, daß er zuweilen hyperkritisch verfahre, so versteht sich's wohl von selbst, daß ich manchen Ausstellungen von R. S., der an Besonnenheit etwas hinter Kuenen zurücksteht, meine Zustimmung versagen muß. Wenn z. B. S. 97 der hebräische Text Jer. 27, 22 für den unechten Einsatz eines gedankenlosen Abschreibers erklärt wird, obgleich der den Griechen zur Weglassung der Worte bestimmende Grund m. E. auf der flachen Hand liegt, so hängt das mit der jetzt in weiten Kreisen herrschenden Überschätzung der Septuaginta zusammen. Selbst prüfende Leser werden in den gelehrten und scharfsinnigen Schriften des geistreichen R. S. nicht minder als in den Abhandlungen des nüchternen Abraham Kuenen vielfache Belehrung und Anregung finden. Mit vollem Recht nennt Rothstein den Vf. nicht nur einen reichen, klaren und festen Geist, sondern auch einen wahrhaft frommen Mann, aus dessen Buch man lernen könne, daß wahre, ernste und konsequente Kritik und unverrückbare Liebe zur Wahrheit wurzelhaft zusammengehören.

Adolph Kamphausen.

Kleine Schriften. Von **A. v. Gutschmid.** Herausgeg. von Franz Rühl. 5. Bd. Leipzig, Teubner. 1894. 768 S.

Der letzte Band der nun vollendeten Ausgabe (vgl. 72, 79) enthält die Schriften zur römischen und mittelalterlichen Geschichte und Literatur, eine von dem Herausgeber verfaßte Skizze von A. v. Gutschmid's Leben, mit besonderer Rücksicht auf seine Thätigkeit als Gelehrter und Lehrer, ein chronologisches Verzeichnis seiner Schriften, ein Register und Stellenverzeichnis zum 5. Bande. Mit Befriedigung darf der pietätvolle Herausgeber auf das nun abgeschlossene Werk blicken; man wird ihm gerne glauben, daß es mühseliger war und mehr Erwägung forderte, als es den Anschein hat. Die freudige Genugthuung, daß sein Bemühen allseitige Anerkennung gefunden hat und sein Unternehmen willkommen geheißen wurde, hat Rühl aus den zahlreichen Besprechungen der vier ersten Bände gewinnen können.

Der fünfte reiht sich seinen Vorgängern würdig an und bietet auch wiederum eine Reihe von ungedruckten Aufsätzen und Abschnitten aus Vorlesungsheften, auf deren kurze Besprechung ich mich hier beschränke.

In der Abhandlung „Die zwei ersten Bücher des Trogus Pompeius" geht v. G. von der Herstellung ihres Inhaltes mit Hülfe der Prologe, des Auszuges des Justinus, der Fragmente und des Jordanes aus und fügt daran eine bis in's Einzelnste gehende, öfter zu selbständigen Digressionen (wie über die Amazonensage) auswachsende Vergleichung der Nachrichten des Trogus mit dem sonst erhaltenen Material. Die Ergebnisse für die Quellen des Trogus selbst sind je in einem besonderen Abschnitte am Schluß der kritischen Erörterungen beider Bücher zusammengefaßt. Von den Digressionen abgesehen, betrachtet v. G. als erwiesen, daß Deinon im ersten Buche die Quelle des Trogus gewesen sei; auf Deinon geht also die Verarbeitung von Nachrichten des Herodot, Ktesias, Hellanikos und Charon zurück, deren Vorlage in letzter Linie die Analyse ergeben hatte. Die Abschnitte über die äolischen und ionischen Städte und über die Geschichte der Lyder sind wahrscheinlich Ephoros entlehnt. Im zweiten Buche ist die Geschichte der Skythen und des skythischen Feldzuges des Dareios ebenfalls aus Deinon geflossen, die Geschichte der Amazonen aus dem Atthidographen Istros, die ältere Geschichte Athens bis zum Ende des Buches aus Ephoros. Diese drei Schriftsteller sind die Vermittler älterer Nachrichten, von denen eine größere Anzahl ebenfalls sich noch auf die ursprünglichen Gewährsmänner zurückführen läßt.

Diese an sich reichen Ergebnisse sind jedoch nicht die einzigen, die v. G.'s Abhandlung abwirft. Sie enthält auch über die Quellen einzelner Abschnitte anderer Schriftsteller bemerkenswerthe Resultate. So wird die Benutzung des Ktesias im zweiten Buche des Diodor und bei Nikolaos von Damaskos, die Benutzung des Matris im vierten Buche des Diodor, des Myron und Ephoros im neunten und zehnten Buche dieses Autors erörtert; die direkte Abhängigkeit des Valerius Maximus und Frontinus von Trogus, worüber seither in besonderen Schriften gehandelt worden ist, gestreift; dasjenige, was bei Ampelius im liber memorialis auf C. Nepos de regibus zurückgeht, reinlich von dem Trogus Entlehnten geschieden; eine besonders ausführliche Untersuchung ist den Kämpfen zwischen Athen und Megara und dem Antheil Solon's und des Peisistratos dabei gewidmet, eine sehr reich- haltige Anmerkung handelt nebenbei über die Strategik des Aineias; kurz, diese Abhandlung, eine wahre Perle v. G.'scher Arbeitsweise und Gelehrsamkeit, bietet Ergebnisse und Anregungen, die nach den mannigfachsten Richtungen hin fruchtbar sind.

Aus Vorlesungsheften v. G.'s sind diesem Bande die Abschnitte über Fabius Pictor, die Origines des Cato, Valerius Antias und Licinius Macer eingefügt, die Quellen zur römischen Kaiserzeit durch Nikolaos von Damaskos, die Biographen des Apollonius von Tyana, Cassius Dion (mit einem Anhang über die Anordnung der Fragmente und die Bucheintheilung, sowie die Ökonomie der römischen Geschichte dieses Schriftstellers), ferner durch den Herodot-Imitator Eusebios (Frg. h. G. III, 728) und Ammianus Marcellinus vertreten. Ein- gefügt ist ein kurzer Abschnitt über „die erste wirkliche Christen- verfolgung" unter Kaiser Decius. Im Rhein. Mus. N. F. 13, 377 hatte v. G. zur näheren Begründung der Einwendungen, die er (ebenda 12, 622) gegen Müllenhoff's Schlußfolgerungen über die Schrift Διαμερισμὸς τῆς γῆς erhoben hatte, unter dem Titel: Zur Kritik des Δ. τ. γ. Theile einer umfänglicheren Untersuchung über diese und andere Bearbeitungen der Gen. c. 10 enthaltenen Völkertafel veröffentlicht. Dieses Manuskript, das der Vf. noch bei Lebzeiten verliehen hatte, ist dem Herausgeber F. R. noch in letzter Stunde vor Abschluß des Bandes zur Verfügung gestellt worden, und so konnten die Ergänzungen zu dem Wiederabdruck jenes Aufsatzes aus dem Rhein. Mus. (Kl. Schr. 5, 240 ff.) noch gegeben werden. Darüber zu urtheilen, was von diesem aus dem Jahre 1857 stammenden Aufsatz nach v. G.'s eigener Ansicht „noch brauchbar" ist, bin ich außer Stande;

er liefert aber auf alle Fälle den Beweis, daß Ausstellungen an den
Arbeiten Anderer, die v. G. in Recensionen machte, immer auf umfassen=
den Kenntnissen und ihm eigenthümlichen Ansichten beruhten, die er sich
durch selbständige Untersuchung selbst auf den abgelegensten Gebieten
erarbeitet hatte. Für seine umfassende Gelehrsamkeit, von der auch
der letzte Band der kleinen Schriften wieder Zeugnis ablegt, gab es
überhaupt diese Grenze nicht.   Adolf Bauer.

The history of Sicily from the earliest times. By **E. A. Freeman.**
Vol. IV. Edited from posthumous Mss. with supplements and notes
by A. J. Evans. Oxford, Clarendon Press. 1894. 551 S.[1])

Über die Eigenart dieses Werkes habe ich mich bei Besprechung der
drei ersten Bände (69, 298 ff.) bereits geäußert, hier ist vor allem die
erfreuliche Thatsache festzustellen, daß die Vermuthung, es werde infolge
des Todes des Vf. ein Torso bleiben, durch den eben erschienenen Band
und die in Aussicht gestellten weiteren hinfällig ist. Der Schwieger=
sohn des verewigten Vf., der durch seine numismatischen Forschungen
bekannte A. J. Evans, hat in dessen Nachlaß genügendes Material
gefunden, um in dem vorliegenden Bande die Herrschaft des älteren
und jüngeren Dionysos, die Geschichte des Dion und Timoleon, sowie
das Emporkommen und Regiment des Agathokles zusammenzufassen;
ein nächster Band soll die römische Eroberung der Insel, ein weiterer
die normannische enthalten.

Freeman's hinterlassenes Manuskript war jedoch nicht lückenlos
und enthielt so gut als keine Anmerkungen; nur die Stellen waren
bezeichnet, an denen der Vf. solche anzubringen beabsichtigte. E. hat
die Lücken durch die entsprechenden Abschnitte aus F.'s kürzerer Dar=
stellung der Geschichte Siciliens, die in der Sammlung Story of the
Nations erschienen ist, ausgefüllt und nur an ganz wenigen Stellen
sich genöthigt gesehen, einen oder mehrere verbindende Sätze dem
Texte einzufügen. Dagegen sind die zahlreichen Anmerkungen und
die als Supplemente bezeichneten Exkurse fast ausschließlich sein Werk.
Von F. rühren nur die acht als Appendices bezeichneten Exkurse am
Schlusse her.

Die Darstellung ist infolge dieses Verfahrens bald ausführlich,
bald kurz, das Wesentlichste allein enthaltend, je nachdem sie aus F.'s

---

[1]) Von einer deutschen Übersetzung des Werkes durch Bernhard Lupus
ist soeben der 1. Band (Leipzig, Teubner) erschienen.

Manuskript oder aus seinem bereits publizirten Werke stammt. Diese unvermeidliche Ungleichmäßigkeit nimmt man jedoch gerne in den Kauf, umsomehr als gerade die Partien, deren Darstellung für F.'s Gesammtauffassung von besonderer Wichtigkeit waren, in der ausführlichen Fassung gegeben werden konnten. So ist die Herrschaft des älteren Dionysos, so sind insbesondere seine Kriege gegen die Karthager in nahezu vollständiger Darstellung vorhanden, und von dem die Quellen seiner Zeit behandelnden Exkurs ist mindestens ein beträchtliches Stück ausgearbeitet gewesen. Die Darstellung der Belagerung von Motye und die Gründung von Lilybaeum, sowie die Befestigung von Syrakus durch Dionysos I. und die Belagerung der Stadt durch Himilkon geben dem Vf. den Anlaß zu eingehenden topographischen Untersuchungen, denen außer F.'s eigener genauer Kenntnis des Landes auch die des Herausgebers in den Anmerkungen zu Statten gekommen ist. E. hat ferner sehr werthvolle, Numismatisches betreffende Notizen und einen mit einer vortrefflichen Münzentafel ausgestatteten Exkurs über die Zeit des Timoleon beigefügt. Ebenso sind Karten der Befestigungen von Syrakus, des Reiches des älteren Dionysos und Detailkarten von Motye, Lilybaeum und der Umgebung Karthagos beigegeben. Ein sehr beachtenswerther Exkurs des Herausgebers behandelt die Kolonien des älteren Dionysos an der adriatischen Küste; in diesem ist jedoch der Versuch bei Diodor eine Verwechslung des am Drilon gelegenen Lissos mit Issa, dem heutigen Lissa nachzuweisen, m. E. nicht gelungen.

Ebenso sind die Abschnitte über Dion und Timoleon von F. bereits ziemlich vollständig bearbeitet gewesen; die Darstellung der Schlacht am Krimisos als einer der Episoden des Eternal strive zwischen Ost und West hat ihm den Anlaß zu einer vergleichenden Betrachtung Timoleon's mit Alexander und mit den späteren Hellenen, die im Westen erobernd auftraten, bis auf Pyrrhus geboten.

Auch dieser Band wie seine Vorgänger geht den quellenkritischen Problemen, die die deutsche Forschung so nachdrücklich beschäftigen, theils aus dem Wege, theils werden sie geradezu abgelehnt. F.'s Bestreben ist ferner darauf gerichtet, möglichst viel von der Überlieferung zu halten und aus den verschiedenen, auch widersprechenden Nachrichten eine gerundete und lückenlose Darstellung zu gewinnen; der Exkurs über das Emporkommen des Agathokles, von dem er selbst sagt, es sei a delightful field for comparative criticism bietet für diese Art der Betrachtung ein gutes Beispiel. Sie geht darauf aus, das Wider-

strebende zu vereinen, und muß also den Gegensätzen möglichst die
Spitzen wegnehmen, während die von F. abgelehnte Quellenforschung,
der es um die Ermittelung der verschiedenen Gewährsmänner zu thun
ist, nicht nur gelegentlich diese Gegensätze zu stark betont, sondern
auch bloß zufälligen Übereinstimmungen zu großes Gewicht beilegt.
Das von dem Bf. und Herausgeber festgehaltene Verfahren zieht
andere Nachtheile nothwendig nach sich; ihre Nacherzählung der
antiken Berichte leidet öfter darunter, daß nicht scharf genug unterschieden wird. Daß vor dem Emporkommen des Agathokles, wie
Grote und Holm aus den erhaltenen Nachrichten folgerten, eine olig-
archische Verfassung in Syrakus bestand, hat F. m. E. erfolglos bestritten; mit der Annahme eines vague practical sense von Worten
wie δυναστεία, συνέδριον oder ὀλιγαρχία ließe sich — einen ähnlichen
Mangel an Nachrichten vorausgesetzt — auch die Oligarchie der 400
und die Herrschaft der Dreißig und der Zehn in der Verfassungsgeschichte Athens in Frage ziehen. Ebenso wenig begreife ich, daß
E., der die Beschreibung der Pest im Lager der Karthager auf Phi-
listos zurückführt und annimmt, daß sie nach dem Muster der thukydideischen Schilderung der Pest in Athen angefertigt sei, die bei Diodor
angegebenen Krankheitssymptome für die Vermuthung verwenden
konnte, diese Pest sei eine bösartige Form der Malaria gewesen.
Was die Berücksichtigung der neueren Literatur anlangt, so weist auch
dieser Band die gleiche Vollständigkeit wie die übrigen auf. E., der
hier mehr als der Bf. in Betracht kommt, gebührt das Verdienst, F.'s
Werk auch in dieser Hinsicht in dessen Sinn vervollständigt zu haben.
Nur ab und zu ließe sich das eine und andere nachtragen, so nehmen die
über die Inschrift von Halaesa (S. 41 Anm.) vorgebrachten Bemerkungen weder auf Kaibel's 1882 erschienene Abhandlung, noch, was
schwerer wiegt, auf dessen Bemerkungen zu der Inschrift CIGG et Sic.
Nr. 352 Bezug.

Die Gesammtauffassung sowohl von dem älteren Dionysos als
von Agathokles ist abhängig von der hohen Werthschätzung, die F.
dem hellenischen Wesen im Gegensatz zu dem „kanaanaeischen" ent-
gegenbringt; die Ausbreitung griechischer Herrschaft durch diese beiden
gewaltthätigen Männer wiegt in den Augen des Bf. so schwer, daß er
sie auch als Menschen höher einschätzt, als ich es vermöchte, und insbesondere den Schattenseiten ihres Herrscherthums zu geringe Aufmerksamkeit widmet. Sie erscheinen als Vorkämpfer für ideale Güter
der Menschheit, was dem einen wie dem anderen gleich ferne gelegen hat. Adolf Bauer.

Lehrbuch der Dogmengeschichte. (Sammlung theologischer Lehrbücher.) Von D. **Adolf Harnack.** 1. u. 2. Band. Dritte verbesserte und vermehrte Auflage. XVIII, 800 und XV, 483 S.

Harnack's großes Werk ist zu bekannt, als daß man darüber noch viel zu sagen brauchte. Von Freund und Feind ist seine epochemachende Bedeutung längst anerkannt. Mit der umfassenden Gelehrsamkeit, welche in den Anmerkungen ein so reichliches Material niedergelegt hat, daß man fast auf jede Frage der älteren Kirchengeschichte darin eine Antwort findet und nur immer den divinatorischen Scharfsinn bewundern muß, der überall neue Auffassungen andeutet und fast immer das Richtige dabei trifft, verbindet sich die Gewandtheit der Sprache, welche den Text selbst zu einer ebenso angenehmen wie fördernden Lektüre macht — auch für den Nichttheologen —, unerläßlich für jeden der Geschichte studirt. Die Meisterschaft des Historikers aber liegt in der Gesammtauffassung, welche, die große Entwicklung der Dogmengeschichte mit allseitigem Blicke umfassend, das Ganze wie das Einzelne an dem im evangelischen Urbild gegebenen Ideal zu messen und zu beurtheilen, zugleich aber in seiner relativen Nothwendigkeit für jede Zeit zu verstehen weiß (s. besonders 3. Aufl. § 22 Zus. 1 S. 73). Und wie das Ganze des christlichen Lebens genial der Darstellung der Dogmengeschichte als Hintergrund einverleibt wird, auf welchem sich überall jene centrale Frage nach der Erfassung des in Christo der Menschheit gegebenen Heiles abschattet, so sind es vornehmlich die großen, beherrschenden Persönlichkeiten eines Athanasius, Augustin, Luther, denen H. seine liebevolle Aufmerksamkeit widmet und in deren Charakteristik er das Größte leistet.

Bereits — das spricht schon für sich — liegt die 3. Auflage des großen Werkes (zunächst Bd. 1 und 2) vor. Rastlos fortarbeitend hat H. die reichen Erträge seiner eigenen, staunenswerth großen Arbeit ebenso wie die anderer zu verwerthen gewußt. Oft unmerklich seine Änderungen zeigen, daß er berechtigten Einwänden voll Rechnung getragen hat. Anderwärts setzt er sich mit seinen Kritikern kurz auseinander (bes. S. 22 über den Begriff Dogma; 39 u. ö. über Sohm's Kirchenrecht). Sonst sind unter vielen anderen hervorzuheben größere Zusätze S. 52 A über Visionen; S. 64 A, 203 A über das Abendmahl; S. 121 über den Einfluß griechischer Bildung; S. 148 A über das Taufsymbol; S. 208 ff. eine Charakteristik der älteren Literatur, dann besonders der Exkurs S. 764 ff. über Dogma und Liturgie. In der Gesammtauffassung hat sich nichts verändert. Ich notire noch, daß S. 82

A. 1 Z. 16 Christus oder Christum (nach Paulus) gelesen werden muß (nicht wie S. 800 falsch korrigirt ist). S. 171 A 2 lies Did. 10, 3 statt 9, 3.   v. D.

Einleitung in das Neue Testament. (Grundriß der theologischen Wissenschaften. Dritter Theil 1. Band.) Von D. Adolf Jülicher, Prof. der Theol. in Marburg. Erste und zweite Aufl. Freiburg, Mohr. 1894. XIV, 404 S.

Dies Buch, welches die Einleitung in das Neue Testament auffaßt als einen Zweig der allgemeinen Literaturgeschichte, ist ausdrücklich auch auf außertheologische Kreise berechnet. In der That, mag auch der Theologe mancherlei daran auszusetzen haben, zumal wenn er an die eigentliche Bestimmung eines Leitfadens für Studirende denkt (vgl. Lit. Centr.-Blatt 1895 Nr. 4 Sp. 113), der Historiker wird in dem gewandt geschriebenen Werke die beste Orientirung über die ganzen einschlägigen Fragen nach ihrem gegenwärtigen Stande finden. Jülicher ist in eminentem Sinne historisch veranlagt, das zeigen die speziell geschichtliche Entwicklungen bietenden Abschnitte, während er der johanneischen Spekulation kaum gerecht wird. Das zeigt sich auch in der großen Umsicht und Vorsicht des Urtheils, das oft mit einem non liquet abschließt. Wie er sich stets die damaligen Verhältnisse möglichst gegenwärtig zu halten sucht, so übersieht er auch nicht — wie häufig geschieht — die aus der Textüberlieferung fließenden Schwierigkeiten. Freilich geht es dabei nicht ohne Einseitigkeiten und Übertreibungen ab. Zuweilen z. B. hat man den Eindruck, J. kenne nur altchristliche Dorfgemeinden, während wir doch ein volles Recht haben, uns an die allein bekannten Verhältnisse der großen, maßgebenden Metropolen zu halten. J.'s Resultate sind in Kürze: wir haben zehn echte Paulus-Briefe (bei Eph. ist Echtheit wahrscheinlicher als Unechtheit), den drei letzten Decennien des 1. Jahrhunderts entstammen die synoptischen Evangelien (Marc., Matth., Luc.), Act., auch 1. Petr., Hebr. und Apok., während Joh. und die meisten katholischen Briefe, sowie die Pastoralbriefe der werdenden katholischen Kirche des 2. Jahrhunderts angehören. Der Kanon bildet sich im Laufe des 2. Jahrhunderts in allmählichem Übergang von Anagnose zu dogmatischer Autorität in vierfacher Abstufung: erst der „Herr" im Evangelium, dann die inspirirte „Offenbarung", dann Paulus und im Anschluß an ihn der Rest des „Apostolos". Bei der Textgeschichte läßt J.'s Skepsis an den Resultaten der bisherigen Forschung es freilich zu einer eigentlich geschichtlichen Entwicklung gar nicht kommen. Wie im großen, so bietet auch im einzelnen dies Buch mannigfachste Anregung und wird jedem eine fördernde Lektüre sein. v. D.

Das rheinische Germanien in der antiken Literatur. Von **Alexander Riese.** Leipzig, B. G. Teubner, 1892. VII, 496 S.

Ein Urkundenbuch für Geschichte und Kultur des rheinischen Germaniens in der Römerzeit zu veröffentlichen, war ein glücklicher Gedanke zu einer Zeit, wo die Erforschung des rhätisch-obergermanischen Grenzwalles die thätige Mitwirkung weiter Kreise aufruft, denen die Beschäftigung mit den Originalquellen altgermanischer Geschichte fern-liegt, und auch der Philologe und Historiker von Beruf mehr als früher das Bedürfnis fühlt, eine umfassende Sammlung der Quellen-stellen stets zur Hand zu haben. Der glückliche Gedanke hat durch Riese eine allen berechtigten Anforderungen entsprechende Ausführung gefunden. Von den 15 Abschnitten des Buches enthalten die ersten 12 die Stellen zur Geschichte der Rheinlande bis zum Untergange des weströmischen Reiches, der 13. die wichtigeren Zeugnisse über die Geographie, 14. und 15. endlich solche über Bauten und sonstige Dinge, die zu kennen bei Ausgrabungen und für die Benutzung von Lokalmuseen nützlich sein kann. Über die Berechtigung der insbesondere für die beiden letzten Kapitel getroffenen Auswahl kann man, zumal z. B. der Abschnitt über die Bauten nothwendigerweise viele Dinge enthält, die nicht nur für Germanien, sondern ganz allgemein gelten, im einzelnen oft abweichender Meinung sein, ohne daß darin ein Tadel für das Werk läge; für einen schweren Fehler halte ich es aber, daß der Vrf. nach der Vorrede S. V. sich nicht hat ent-schließen können, „mythologische" Nachrichten einzureihen, weil diese, einmal angefangen, hätten zahllos werden müssen. Wie der Angabe des Tac. Germ. 9 über Mercurius, Mars, Hercules als Hauptgötter der Germanen, die erst neuerdings durch Zangemeister (Heidelb. Jahrb. 5 (1895), 46 ff.) in die richtige Beleuchtung gesetzt worden ist, die Aufnahme verweigert werden konnte, ist mir nicht begreiflich; außerdem aber sind doch, abgesehen von den keineswegs so übermäßig zahlreichen Zeugnissen für germanische Religionsübung, z. B. Dinge wie die Gottesdienste des compitum (Grom. S. 302 u. a.) und die Lagerkulte (Tac. ann. 15, 29 u. a.) bei Ausgrabungen für die Beurtheilung von Fundstücken von derselben Wichtigkeit, wie etwa Wegebau, Bäderanlage u. s. w., für welche R. Stellen gibt. Die von R. gebotene Stellensammlung beschränkt sich überall auf literarische

Texte und Münzlegenden, während sie die Inschriften ausschließt;
daß die Brauchbarkeit des Buches durch diese Trennung des epi=
graphischen Materials von der übrigen Überlieferung in bedauerlicher
Weise beeinträchtigt wird, ist R. gewiß nicht entgangen, offenbar sind
hier äußere Gründe, vor allem der Umstand, daß Zangemeister's
Sammlung der germanischen Inschriften immer noch aussteht,
mächtiger gewesen, als innere Erwägungen. An Vollständigkeit läßt
die Sammlung, abgesehen von der erwähnten Lücke des Planes,
nichts Wesentliches vermissen; die Anordnung der einzelnen Stellen
richtet sich in Abschnitt 1—12 nach der Zeitfolge der Ereignisse, in
13 und 15 nach der chronologischen Abfolge der Schriftsteller, in 14
ist sie eine sachliche: unvermeidliche Inkonsequenzen werden durch
das doppelte Register der Autoren und der Gegenstände unschädlich
gemacht. Zu tadeln ist, daß für die Wiedergabe der Texte nicht
immer die besten und neuesten Ausgaben zu Grunde gelegt sind; so
sehen z. B. die beiden Stellen aus Frontin's Strategemensammlung
6, 17 und 18 (Front. 2, 3, 23 und 2, 11, 7) bei Gundermann ganz
anders aus als bei Dederich, dem R. folgt, und insbesondere ergibt
sich, daß an der zweiten Stelle die Handschriften nicht *Ubiorum*,
sondern *Cubiorum* bieten; auch für Athenäus mußte Kaibel statt
Meineke, für Appian und Herodian Mendelssohn statt Bekker benutzt
werden. Unverständlich geblieben sind mir die Erwägungen, auf
Grund deren R. den griechischen Schriftstellen eine lateinische
Übersetzung beigegeben hat: ich glaube, daß denjenigen Benutzern des
Buches, die Strabo oder Cassius Dio nicht im Urtext lesen können,
mit einer Verdeutschung besser gedient gewesen wäre.

G. Wissowa.

Geschichte der christlich=lateinischen Poesie bis zur Mitte des 8. Jahr=
hunderts. Von M. Manitius. Stuttgart, Cotta Nachf. 1891. X, 518 S.

Die Besprechung eines guten Buches kann man ohne Schaden
ein paar Jahre anstehen lassen, denn man wird beim häufigen Ge=
brauche immer mehr treffliche Seiten an ihm entdecken und auch als
letzter Referent den Leser noch auf verborgene Vorzüge aufmerksam
machen können. Anders bei einem schlechten Buche. Hat man da,
wie es mir in diesem Falle begegnet ist, theils wegen Überhäufung
mit andern Arbeiten, theils aus Unlust die übernommene Recension
von Jahr zu Jahr hinausgeschoben, so kann es einem begegnen, daß
man das Buch schon gerichtet findet und nur die Gerechtigkeit des

Todesurtheils konſtatiren kann. An dem vorliegenden Elaborate,
welches ſich für eine Literaturgeſchichte ausgibt, hat der beſte Kenner
des Gegenſtandes, L. Traube, das Henkeramt in einer ebenſo gründ=
lichen und gerechten wie vernichtenden Recenſion (Zeitſchr. f. deutſches
Alterthum 36, 203 ff.) längſt vollzogen: er hat nachgewieſen, daß die
Abgrenzung und Anordnung des Stoffes willkürlich und verfehlt iſt,
daß der Vf. nur die alleräußerlichſten Zuſammenhänge ſieht und ein
Verſtändnis für den Entwicklungsgang der chriſtlich-lateiniſchen Lite=
ratur und die ihn beſtimmenden Faktoren durchaus vermiſſen läßt,
daß er nicht nur im allgemeinen die von ihm nach ſeinen Vorgängern
citirte neuere Literatur nicht beherrſcht, ſondern ſelbſt bahnbrechende
Arbeiten wie die von de Roſſi und Wilh. Meyer nicht gekannt oder zu
benutzen nicht verſtanden hat, daß endlich die ſog. „Analyſen" der
Dichterwerke, auf die Manitius ſelbſt großen Werth legt und die räumlich
den größten Theil des Buches in Anſpruch nehmen, nichts ſind als
triviale und im einzelnen von Überſetzungsfehlern ſtrotzende Inhalts=
angaben. Ich kann dies harte Urtheil, welches das Buch als naivſte
Dilettantenarbeit charakteriſirt, nur vollinhaltlich beſtätigen und begnüge
mich damit, die reiche Sammlung Traube's durch ein paar weitere,
auf's Gerathewohl herausgegriffene Beiſpiele zu ergänzen: S. 49 f.
wird für den lactanziſchen Urſprung des Gedichtes de paſſione
domini G. Fabricius als Gewährsmann aufgeführt und das Gedicht,
wenn es auch wenig glaublich ſei, daß es von Lactanz herrühre, für
frühchriſtlich erklärt, obwohl Vf. den Aufſatz von S. Brandt, Comment.
Woelfflin. 79 ff. citirt, der die Geſchichte und moderne Entſtehung des
Gedichtes darlegt; man vgl. jetzt auch die erneute Behandlung der
Frage durch Brandt, Ausg. d. Lact. II, 1 p. XXII—XXXIII mit
dem unklaren Gerede von M., um den Unterſchied zwiſchen wiſſen=
ſchaftlicher Forſchung und urtheilsloſer Kompilation voll zu empfinden.
Das Gedicht des Claudius Marius Victor heißt für den Vf. „die
Alethias" (S. 181. 188); was über das Leben des Paulinus von
Pella S. 213 geſagt wird, beweiſt, daß der Vf. gar nicht gemerkt hat,
daß die von ihm wiedergegebene Darſtellung von W. Brandes nicht
auf Überlieferung, ſondern auf einer zwar ſcharfſinnigen, aber im
Hauptpunkte, dem verwandtſchaftlichen Verhältniſſe zu Auſonius, das
Richtige verfehlenden Kombination beruht (vgl. Gött. gel. Anz. 1889,
S 294 f.). Bei Paulinus von Nola fehlt S. 261 die für die Kenntnis
der handſchriftlichen Überlieferung unentbehrliche Arbeit von E. Chate=
lain; Burſian's Ausgabe des ſog. poema ultimum nennt M., ſcheint

sie aber nicht angesehen zu haben, da er sie sonst doch wohl kaum
unter „Allgemeines" angeführt und den von Bursian benutzten cod.
Monac. 6412 saec. X nicht unerwähnt gelassen haben würde; daß
die Bemerkung S. 294, 5 über den prosodischen Gebrauch von idolum
falsch ist, hätte ihm ein Blick in Bursian's Text gezeigt. Bei Dra-
contius wird zwar die bahnbrechende Arbeit W. Meyer's über die
Berliner Centones der Laudes dei mehrfach mit gebührendem Lobe
angeführt, aber an der Spitze des Paragraphen werden die Handschriften in einer Weise citirt, die völlige Unbekanntschaft mit den
Ergebnissen von Meyer's Untersuchung verräth; denn neben dem
alten Bruxellensis der Laudes dei wird der nach Meyer's Nachweis
wie alle anderen Handschriften aus ihm abgeschriebene Urbinas
genannt, zwischen beiden steht der Vatic. Reg. 508, der nicht die
Laudes dei sondern das andere Gedicht, die Satisfactio, enthält;
für die Profangedichte wird neuere Literatur, aber nicht die einzige
Handschrift angeführt: es ist völlig unerfindlich, welchen Nutzen eine
so kopflose Handschriftencitirung stiften soll. Ähnlich werden die
Handschriften der beiden getrennt überlieferten Gedichte des Priscian
S. 356 ohne Sonderung aufgeführt, von dem Gedicht de laude
Anastasii imperatoris fehlt die editio princeps von S. L. Endlicher
(1828), von der die angeführte im Bonner Corpus scriptorum
historiae Byzantinae abhängig ist; von der periegesis die in
C. Müller's Geographi graeci minores 2, 190 ff.; hätte Vf. diese
eingesehen, so würde er wohl nicht vergessen haben zu bemerken,
daß dies Gedicht die Übersetzung der erhaltenen griechischen περιήγησις
des Dionysios ist.   G. Wissowa.

Quellen und Forschungen zur Geschichte der Abtei Reichenau, heraus-
gegeben von der badischen historischen Kommission. II.: Die Chronik des
Gallus Öhem, bearbeitet von Karl Brandi. Heidelberg, Winter. 1893.
XXVIII, 216 S.

Dem Hist. Zeitschr. 67, 537 besprochenen ersten Theil dieser
großen Publikation folgt jetzt die versprochene Ausgabe der Reichenauer Chronik des Gallus Öhem, besorgt von Karl Brandi, demselben
jungen Historiker, der sich durch seine Bearbeitung der Reichenauer
Urkundenfälschungen ein nicht geringes Verdienst erworben hat. Dieselben Vorzüge, welche jener Arbeit nachzurühmen waren, gelten auch
von dieser: die Edition ist mit großem Aufwand von Sorgfalt und
Akribie hergestellt, die Untersuchung der Handschriften und Quellen
auf breitester Grundlage aufgeführt.

Der Herausgeber bietet mehr als die Chronik des Ö. In der Einleitung gibt er zunächst einen Überblick über die Historiographie der Reichenau von ihren Anfängen bis zu ihrem kläglichen Ausgang in der Mitte des vorigen Jahrhunderts und weist dem G. Ö. in dieser literarischen Entwicklung seinen bescheidenen Platz an; dann erörtert er die handschriftliche Überlieferung der Chronik und kommt zu dem von Barack's in der Bibliothek des literarischen Vereins Bd. 84 erschienener Ausgabe abweichenden Ergebnis, daß die einzige selbständige Überlieferungsform die Freiburger Handschrift ist, die zwar nicht das Original, wohl aber die Reinschrift eines in mehrfacher Beziehung unvollendeten Konzeptes ist, aus der alle andern Überlieferungsformen abgeleitet sind. Trotz dieses Verhältnisses hat der Herausgeber auch die Lesarten der abgeleiteten Handschriften zu verzeichnen für geboten erachtet, weil deren Schreiber sich in mancherlei Veränderungen und Verbesserungen versucht haben.

Dann folgen die drei Theile der „Cronick des Gotzhuses Rychenowe", zunächst die Vorrede Öhem's und seine Zusammenstellung des Besitzes, der Kirchen, der Reliquien u. s. w., hierauf die eigentliche Chronik, die Geschichte der Äbte von Sanct Pirmin bis Abt Friedrich II. (1453), woran sich aus einigen Handschriften noch dürftige Fortsetzungen anschließen, endlich das Wappenbuch, in dem die Äbte, Konventualen und Lehnsleute des Klosters mit ihren Namen und Wappen aufgeführt werden. Die Bedeutung der neuen Ausgabe liegt wesentlich in der sorgfältigen und peinlich genauen Ausscheidung der Quellen, die auch durch den Druck in verschiedener Weise hervorgehoben werden, eine mühsame Arbeit, deren Ergebnisse aber weit über den Versuch von O. Breitenbach im 2. Band des Neuen Archivs hinausgehen.

Von den Beilagen bietet der Herausgeber 16 bis auf Nr. 1 unedirte Urkunden aus der Zeit von 1293 bis 1496 und einen Theil des Gedenkbuchs des Großkellners Johann Pfuser von Norstetten. Es folgt ein genaues Register und 23 Tafeln, auf denen die vier dem Wappenbuch vorausgehenden kolorirten Blätter und die 503 Wappen des Wappenbuchs abgebildet sind. Kehr.

Monumenta Wormatiensia. Annalen und Chroniken. Herausgegeben von **H. Boos.** Mit einer historischen Karte und sechs Lichtdrucktafeln. Berlin, Weidmann. 1893. (A. u. d. T.: Quellen zur Geschichte der Stadt Worms. III.) XLVIII, 726 S.

Statt der Fortsetzung des Wormser Urkundenbuches erhalten wir hier einen Band Annalen und Chroniken. Nach dem ursprüng=

lichen Plane sollte das Urkundenbuch bis zum Jahr 1526 geführt
werden, und der Herausgeber glaubte damals, diesen Stoff in zwei
Bänden unterbringen zu können. Aber der 1890 erschienene zweite
Urkundenband (vgl. H. Z. 72, 127 ff.) reicht nur bis in das Jahr
1400, und bei gleichartiger Weiterführung hätte es, wie der Herausgeber jetzt meint, noch zweier umfangreicher Bände bedurft. So
wird denn die Urkundenpublikation als zu weit führend abgebrochen:
gewißermaßen als Restlieferung erscheint in dem vorliegenden Bande,
abgesehen von beiläufig untergebrachten Stücken, noch eine kleine
Urkundensammlung aus den Jahren 1401—1430.

Die Monumenta, welche der Band vorführt, sind meist alte
Bekannte; so die Chronik des Kirschgarter Mönchs, die Lebens-
beschreibungen Burkard's und Eckenbert's und die verschiedenen Wormser
Aufzeichnungen aus dem 13. Jahrhundert. Doch sieht man sie darum
nicht minder gern hier vereinigt, zumal da einige darunter durch
eine Neubearbeitung nur gewinnen konnten. Für die Aufzeichnungen
aus dem 13. Jahrhundert und was sich daran angeschlossen hat,
war dem Herausgeber die Untersuchung A. Köster's (vgl. H. Z. 64,
489) von Nutzen. Den Sammelband, aus welchem Köster die von
ihm zuerst genauer geschiedenen bürgerlichen, geistlichen und diversen
Notata ableiten will, glaubt B. (S. XXX) gefunden zu haben
in einem 1497 vom Wormser Stadtschreiber vorgelegten Codex, von
welchem es heißt: „Die alt cronic unsern vorfarn durch die pfaff-
heit ubergeben ... derselben chronicken sein drey einer handtschrifft
des orts, der ein bischoff ein, das domcapittel die ander und wir
burgermeister und rate die dritt haben, gleych gestalt, eins gebends,
einer grosse und eins buchstabens." Von Interesse ist es, daß der
Stadtschreiber unter Angabe der Folien Stellen daraus anführt, so
daß man einigermaßen Einblick gewinnt, wie die verschiedenen Aufzeichnungen auf einander folgten. Was der Band an Quellen Neues
bringt, gehört wesentlich dem 15., einiges auch dem ersten Viertel
des 16. Jahrhunderts an. Es sind zu nennen die Auszüge aus
Wormser Rathsbüchern, eine um 1500 verfaßte Denkschrift über die
Verteidigung der Stadt Worms in Kriegsläuften, die Tagebücher des
Bürgermeisters Reinhart Noltz von 1493 bis 1509 und die Beschreibung
des Einritts Bischof Johann's von Dalberg 1483. Die Noltz'schen
Tagebücher lagen leider nur in einer mangelhaften, 1714 aus einer
Uffenbach'schen Abschrift gefertigten Kopie vor. Der Herausgeber
hat den sprachlich stark entstellten Text „überall auf die alamannisch-

oberfränkische Lautstufe zurückgeführt". Interessant sowohl durch den Inhalt wie durch die lebhafte Darstellung, wenn auch für die Wormser Verhältnisse nur wenig bietend, ist die schon erwähnte Denkschrift. Der Verfasser, ein weit herumgekommener Kriegsmann, der seinen Namen verschweigt, war nach B. (S. XXXIV) „kein Wormser Kind, sondern ein zugezogener Hintersasse". Er war aber in Worms aufgewachsen, denn er nennt sich mit Bezug auf diese Stadt „ein hietzogen kynt" und gedenkt S. 360, 38 ff. des von Wormser Geistlichen empfangenen Unterrichts. In der einzigen erhaltenen Handschrift möchte ich nicht mit B. das Autograph des Vf. vermuten, denn dieser konnte bei der Reinschrift aus Flüchtigkeit wohl gewisse Irrtümer begehen, aber er konnte doch kaum statt des ihm bekannten und sonst richtig gesetzten Namens Krantz einmal (S. 357, 43) Kranck schreiben. Unverständlich ist S. 357. 28, wo von Kundschaftern gesagt wird: „und soren in der sasten gen Metz und hett visch viel damit besehen und uberschlugent alle sachen"; es muß heißen: ... und hetten visch veil, damit besahen und uberschlugent sie alle sachen. S. 362, 32: „Graf Albrecht von Zorn und Billewert(?) worden ... erschossen"; es ist offenbar zu lesen: ... und vil lewtt (leute). S. 358, 4: „in derselbigen in der thore"; ich denke: nider thore. — In der Urkunde S. 268, 28 (und entsprechend im Register) ist der Mainzer Jeckeln zum Jungen Swabe durch ein Komma hinter Jungen in zwei Personen zerlegt.

Vermißt habe ich in der Sammlung die Historia veridica per cives Wormatienses desolati cenobii Kirsgarten (1525) des selbst unter den Vertriebenen befindlich gewesenen Konventbruders Johann von Stuttgart, welche Falk in den Geschichtsblättern für die mittelrheinischen Bisthümer Nr. 3—5 aus einer wenig späteren Darmstädter Handschrift in deutscher Übertragung mitgetheilt hat. B. scheint sie nicht zu kennen, da er sie S. XX, wo er von der Zerstörung des dicht vor dem Speyerer Thor gelegenen Klosters spricht, nicht erwähnt. Die beigegebenen Tafeln stellen dar: Siegel und Wappen der Stadt Worms, die bekannte gefälschte Urkunde Friedrich's I. für Worms von 1156, eigenhändige Briefe von Reinhart Noltz und Sebastian Brant und zwei Pläne von Worms und Umgegend.

Wanbald.

Lehrbuch der Kirchengeschichte. Von **W. Möller**. 3. Band: Reformation und Gegenreformation. Unter Benutzung des Nachlasses von W. Möller bearbeitet von **Gustav Kawerau**. Freiburg i. Br. u. Leipzig, J. C. B. Mohr (P. Siebeck). 1894. 440 S.

Dieser Band umfaßt die Zeit vom Beginn der Reformation bis zum Jahre 1648, während ein 4. Band die Geschichte bis zur Gegenwart fortführen soll. Es war vorauszusehen, daß eine solche Theilung notwendig werden würde, und dieselbe ist mit großer Freude zu begrüßen. Freilich hat diese Erweiterung zur Kehrseite, daß sie die Aussichten auf eine allgemeine Verbreitung dieses vortrefflichen Lehrbuchs im Kreise angehender Theologen vermindert hat. — Nach den Mittheilungen des Vorworts haben wir wesentlich Kawerau als den Verfasser dieses 3. Bandes anzusehen. Schwerlich hätte man einen geeigneteren Bearbeiter dieser Periode finden können. Denn seine bekannte Vertrautheit mit derselben hat es ermöglicht, daß der Leser über den Stand der Forschung zuverlässig unterrichtet wird und ein anschauliches Gesammtbild empfängt. Während der 2. Band zu mancherlei Wünschen in Bezug auf Stoffauswahl und Anordnung Anlaß gibt, befriedigt die Lektüre dieses 3. Bandes fast ausnahmslos. Es ist nur fraglich, ob (vgl. S. 55 ff.) die Heraushebung einer mystisch-revolutionären Gruppe neben den schwärmerisch-anabaptistischen Kreisen (S. 57 ff.) auf der einen und der Bauernrevolution (S. 59 ff.) auf der anderen Seite empfehlenswerth ist, und nicht vielmehr bloß zwei Bewegungen zu unterscheiden sind, die der Schwarmgeister und die der Bauern (vgl. die Zerreißung Münzer's S. 55 und 61). Daß die kleinen Kirchenparteien auf der Grenzscheide zwischen Protestantismus und Romanismus von K. unter den Begriff „die akatholischen Gruppen" zusammengefaßt werden (S. 394 ff.), ist geeignet, irrige Vorstellungen über die Beschaffenheit derselben zu erzeugen. Denn nur für die Utraquisten ist die Bezeichnung zutreffend. Die Waldenser standen zwar ursprünglich auf dem Boden des mittelalterlichen Katholizismus, aber wurden, wie der Verfasser mit Recht S. 395 bemerkt, durch die Reformation zu einer evangelischen Kirche. Was aber die Wiedertäufer betrifft, so ist der Nachweis ihres Festhaltens gewisser Stücke der mittelalterlichen Auffassung vom Staat und bürgerlichen Leben nicht ausreichend, sie als katholisches Gebilde zu charakterisiren. Denn erst der Berührung mit der reformatorischen Gedankenwelt verdankten sie ihre Entstehung und stets fühlten sie sich mehr von der evangelischen als von der römischen Kirche angezogen.

Ebensowenig darf die antitrinitarische Bewegung der Papstkirche zugewiesen werden. Allerdings hat der Skotismus und Humanismus in den Unitariern sich ausgewirkt, ebenso sehr aber das .kritische Element der reformatorischen Principien. Und auch bei ihnen machen wir die Beobachtung, daß sie den Reformationskirchen sich verwandter gefühlt haben als dem römischen Kirchenwesen. Sebastian Frank endlich und Caspar Schwenkfeld sind durch die Reformation hindurch zu ihrem mystischen Spiritualismus gekommen. Die Gesammtbezeichnung für alle diese kirchlichen Gruppen hätte diese positiven Beziehungen zu dem Protestantismus hervorkehren sollen an Stelle der negativen zu dem Romanismus. — Für die hoffentlich bald nöthig werdende zweite Auflage sei dem Verfasser zur Erwägung gestellt, ob nicht dem Wormser Reichstag S. 26 ff. (vgl. daneben den Augsburger 1530 S. 93 ff.), dem Bauernkrieg S. 59 ff., dem Passauer Vertrag S. 146, den Moraldoktrinen der Jesuiten S. 242 ff. eine ausführlichere Darstellung zu Theil werden kann.   Carl Mirbt.

Die Denkwürdigkeiten Schâh Tahmâsp's I. von Persien (1515—1576). Aus dem Originaltext zum ersten Mal übersetzt und mit Erläuterungen versehen von **Paul Horn.** Straßburg, K. J. Trübner. 1891. 156 S. 3 M.

Der Historiker wird nicht ohne Interesse erfahren, daß nicht nur Karl's V. großer Gegner, Suleiman, wie er selbst Memoiren schrieb, sondern daß auch dessen Zeitgenosse, der viel unbedeutendere Perserschah, Aufzeichnungen hinterließ. Sie sind allerdings unvollständig und behandeln fast nur die Kriege, die Tahmâsp mit den Türken zu führen hatte. Der Übersetzer, der das Original gleichzeitig im 44. Bande der Zeitschrift der deutschen morgenländischen Gesellschaft herausgegeben hat, hat durch seine Einleitung und ausführliche Anmerkungen den oft recht seltsamen Text verständlich zu machen gesucht und ihn aus anderen Quellen ergänzt. Er übt auch mit Recht an seinem sehr unzuverlässigen Autor Kritik; nur hätte er darin noch weiter gehen können. So war der Schah einem Bündnis mit den Ungläubigen und einem gemeinsamen Vorgehen gegen die Türken doch nicht so abgeneigt, wie er sich stellt (S. 36). Zwar die Sendung Balbi's, der 1529 und 1530 im Auftrage Karl's V. zu dem Schah vorzudringen suchte (vgl. Lanz, Korrespondenz Karl's V., 1, 292 ff., 329 f., 355 f., 379 f. und 385), mag zu keinem Abschluß geführt haben, da ein Bote Balbi's von den Türken aufgefangen und mit dem Venetianer Andrea Morosin in Aleppo, der Balbi nach Persien durch

geholfen hatte (Lanz 1, 385) gepfählt wurde, wie der spanische Gesandte in Rom am 25. Mai 1531 dem Kaiser mittheilt (Simancas
Estado leg. 853 fo. 45). Weitere Briefe Balbi's dürften daher nicht
erhalten sein, wie H. meint (S. 6). Aber der spanische Geschichtschreiber Ocampo bemerkt in seinen Aufzeichnungen, daß Anfang 1542
am kaiserlichen Hofe in Valladolid ein Gesandter des Sofi weilte
(Escurial. Cod. II. V. 4 fol. 175), wie damals in Europa der Perserschah genannt wurde. Und diese Gesandtschaft wird die zweite Sendung
Karl's (S. 6) veranlaßt haben. Es scheinen also die Beziehungen
Karl's V. zu Persien nie abgebrochen worden zu sein.

J. Bernays.

Doktor Wenceslaus Linck von Colditz, 1483—1547. Nach ungedruckten
und gedruckten Quellen dargestellt von **Wilhelm Reindell**. Erster Theil:
Bis zur reformatorischen Thätigkeit in Altenburg. Mit Bildnis und einem
Anhang, enthaltend die zugehörigen Documenta Linckiana 1485—1522.
Marburg 1892. 290 S.

Daß der treffliche Augustiner Wenceslaus Linck aus Colditz,
der Nachfolger des Johann von Staupitz im Generalvikariat seiner Kongregation, der nachmalige Prediger in Altenburg und Nürnberg, eine
Lebensbeschreibung verdient, wie manche andere Leute zweiten und
dritten Ranges aus jener Zeit sie gefunden haben, wird niemand
bestreiten. Daß ein solches biographisches Denkmal aber zwei Bände
umfassen müßte, wird außer dem Vf., der die Bedeutung seines Helden
stark überschätzt und z. B. geneigt ist, in ihm nächst Luther den
ersten Prediger der Reformationszeit zu sehen, schwerlich ein Kenner
zu behaupten wagen. Der Vf. hat, was rühmend anerkannt werden
muß, keine Mühen und Kosten gescheut, um neues archivalisches
Material zusammenzubringen, ohne doch großen Erfolg gehabt zu
haben. Von den am Schluß des vorliegenden Bandes abgedruckten
oder verzeichneten Briefen und Dokumenten dürften — vielleicht abgesehen von den aus dem Altenburger Archiv stammenden — die
meisten schon bekannt oder schon von Andern verwerthet worden sein,
und nicht immer hat der Vf. diesen Thatbestand und die Citate Anderer,
die ihn zum Abdruck der betreffenden Quellenstellen veranlaßt haben,
angegeben (z. B. S. 255 vgl. mit Th. Kolde, Deutsche Augustinerkongr.
S. 272, ferner 250 vgl. ebendas. S. 356 zc.). Auch die Erwartung,
daß meine Ausführungen über Linck durch die Spezialforschung wesentliche Verbesserungen erfahren würden, hat sich leider nicht erfüllt.
Natürlich fehlt es nicht an dankenswerthen Ergänzungen im einzelnen,

dahin rechne ich die Nachweise über das Studium Linck's an der Leipziger Universität, aber das Bild bleibt im ganzen dasselbe, und ich kann nicht verschweigen, daß der Vf. an einzelnen, übrigens nebensächlichen Punkten nur dadurch zu einer Polemik gegen mich kommt, daß er mich nicht verstanden oder Unrichtiges aus meinen Auslassungen gelesen hat. Störend ist die in die Darstellung selbst verflochtene, im Tone nicht immer glückliche, Polemik gegen Bendixen's Arbeit über Linck, und ganz unnöthig ist die Polemik gegen die Irrthümer Terne's, von dessen Auslassungen über Linck in einem verloren gegangenen Manuskript über Gabriel Didymus der Vf. nur aus Wagner (G. Spalatin, Altenburg 1830) etwas weiß, während ihn der schon 1737 erschienene Druck von J. G. Terne (Versuch zur suffizienten Nachricht von Gabriel Didymus ꝛc. fatalem Leben. Leipzig 1737) hätte überzeugen können, daß dieser Autor weder Linck noch seine Eltern überhaupt erwähnt. Mehr Neues wird man vom zweiten Theile erwarten dürfen. Th. Kolde.

Beiträge zur Geschichte des Jesuitenordens. Von **Fr. H. Reusch.** München, Beck. 1894. 266 S.

Der Vf. beschäftigt sich zuerst mit der Frage, ob Jesuiten mit Genehmigung oder Duldung ihrer Oberen die Erlaubtheit des Tyrannenmordes vertheidigt haben. Er liefert den Nachweis, daß nicht nur Mariana in seinem 1599 in Toledo mit spezieller Ermächtigung des Generals Aquaviva veröffentlichten Werk: de rege et regis institutione diese Theorie verfochten hat, sondern daß eine Menge namhafter Theologen, wie z. B. Suarez, Becanus, Santarelli, Busembaum, in der Verbreitung der Lehre, daß der Papst das Recht habe, weltliche Fürsten abzusetzen, jener gefährlichen Ansicht Vorschub geleistet haben, wenn sie auch aus Klugheitsrücksichten ihren Lesern es überließen, die letzten Konsequenzen zu ziehen. Es ist von hohem Interesse zu sehen, wie das Pariser Parlament und die Sorbonne diesen Doktrinen entgegentraten und durch welche Mittel der Orden die öffentliche Meinung zu beruhigen versuchte. Auf die Feststellungen des Vf. über die Verfügung Aquaviva's gegen die Lehre des Mariana im Jahre 1610 (S. 11 ff.) und über die angebliche Verurtheilung des Becanus seitens der römischen Index-Kongregation im Jahre 1613 (S. 42 ff.) sei besonders aufmerksam gemacht. Über den Antheil Pius' V. und Gregor's XII. an den Mordanschlägen gegen Elisabeth von England handelt der Nachtrag S. 254 ff. —

Der zweite Aufsatz „Französische Jesuiten als Gallikaner" (S. 59—119)
enthüllt eine Episode in der Geschichte der Orden, welche für deffen
Stellung zur Kurie außerordentlich charakteristisch ist. Ludwig XIV.
hatte durch Edikte von 1673 und 1675 dem sogenannten Regalien=
recht eine Ausdehnung gegeben, welche scharfe Proteste Innocenz XI.
hervorrief. Aber die französischen Jesuiten übten als Beichtväter
des Königs auf die Besetzung der von diesem abhängenden geistlichen
Stellen einen so großen Einfluß aus, daß sie der päpstlichen Ent=
scheidung offene Opposition entgegensetzten. R. zeigt sodann, wie
die berühmten gallikanischen Artikel, welche nicht ohne Mitwirkung
des Jesuiten La Chaise zu Stande gekommen waren, in den ersten
Jahrzehnten von den französischen Jesuiten ganz und gar nicht be=
kämpft worden sind, sondern geradezu der erste Anlaß ihres Streites
mit dem General Gonzalez wurden. Ihre von Ludwig XIV. unter=
stützten Emanzipationsbestrebungen gingen so weit, daß der Plan,
für Frankreich einen von dem General unabhängigen Vorsteher zu
wählen, ernstlich betrieben wurde; freilich scheiterte er an der Stand=
haftigkeit Alexander's VIII. Noch im Jahre 1761 haben sich 116
Jesuiten feierlich zu den gallikanischen Kirchenfreiheiten bekannt, doch
ohne dadurch, wie sie hofften, dem Verbot ihres Ordens vorzubeugen.
— Der Versammlung von Bourgfontaine im Jahre 1621, auf welcher
die Häupter der jansenistischen Partei die Zerstörung der katholischen
Religion beschlossen haben sollen, ist die dritte Studie (S. 120—168)
gewidmet. Daß die ganze Erzählung eine boshafte Erfindung der
Jesuiten gewesen ist, steht fest. Trotzdem wird sie, wie der Vf. höchst
lehrreich zeigt, bis auf den heutigen Tag wiederholt und höchstens
ihre Unsicherheit zugestanden. — „Der falsche Arnauld. Eine Illu=
stration des Satzes: der Zweck heiligt die Mittel" ist Gegenstand der
vierten Untersuchung (S. 169—195). Mehrere Professoren oder
Pfarrer in Douai und Tournai, welche in dem Verdachte des Janse=
nismus standen, wurden im Jahre 1698 in hinterlistiger Weise mysti=
fizirt. Durch Briefe, welche Antoine A. unterzeichnet waren und die
Empfänger zu der Meinung bringen mußten, sie seien von Antoine
Arnauld geschrieben, ließen die Genannten zu einer Korrespondenz
sich verleiten. Zu spät erkannten sie, einem Mitglied oder Helfers=
helfer der Gesellschaft Jesu — die Persönlichkeit, welche die Sache
einfädelte, ist nie ermittelt worden — ihre vertraulichen Bekenntnisse
gemacht zu haben. Es ist kaum befremdlich, daß die Verwerflichkeit
des ganzen Verfahrens von jesuitischer Seite niemals zugegeben worden

ift. — Das Material für die „kleineren Beiträge", welche das Werk abschließen (S. 196—253) ist größentheils aus Abschriften von ungedruckten Jesuitenbriefen entnommen, die R. in Döllinger's Nachlaß gefunden hat und die auszugsweise in der lateinischen Originalsprache als „Archivalische Beiträge zur Geschichte des Jesuitenordens" in Brieger's Zeitschrift für Kirchengeschichte 15 (1894), 98 ff. 261 ff. veröffentlicht worden sind. Gerade dieser letzte Abschnitt bietet viel Interessantes über das Ignatius- und Xaverius=Wasser (S. 198 ff.), die Wunder des heiligen Aloysius (S. 203 ff.), die Erhebung von Jesuiten zu Kardinälen (S. 211 ff.), die Theilnahme an den guten Werken der Gesellschaft Jesu (S. 213 ff.), die Beförderung der Ablässe seitens der Jesuiten (S. 216 ff.) selbst durch Fälschungen (S. 222 ff.) und ihre Altarprivilegien (S. 226 ff.), über die Jesuiten als Beichtväter der Fürsten (S. 228 ff.) Aus den „Erinnerungen" eines Visitators der baierischen Jesuiten vom Jahre 1596 erfährt man, daß dieselben ihre Ordensregel vielfach vergaßen, speziell im Verkehr mit dem weiblichen Geschlecht (S. 234 ff.). Über das Lesen verbotener Bücher seitens der Jesuiten handelt S. 239 ff. Aller Beachtung werth sind die Schlußausführungen über die Bücherzensur, welche der Orden an den Werken seiner Mitglieder übt (S. 243 ff., vgl. S. 5). — Der Vf. erklärt im Vorwort, die Schlußfolgerungen aus seinen Untersuchungen den Lesern überlassen zu wollen. Die Ergebnisse der letzteren sind durch diese Entsagung nur um so wirkungsvoller.

Carl Mirbt.

Franz Paul Freiherr v. Lifola, 1613—1674, und die Politik seiner Zeit. Von **Alfred Francis Pribram.** Leipzig, Voit & Co. 1894. VIII, 714 S.

Die abschließende Biographie eines der interessantesten österreichischen Staatsmänner, und mehr noch, ein wertvoller Beitrag zur Geschichte der Zeit, aus dem Vollen geschöpft, auf eingehenden Studien in den Archiven von Wien, Paris und London beruhend, von einem der besten Kenner der Diplomatie des 17. Jahrhunderts. Neben zahlreichen Ergänzungen zu den schon bekannten Kapiteln von Lifola's Lebensgeschichte erfahren wir über einige Zeiträume völlig Neues, so z. B. über die Thätigkeit im Elsaß. Wesentliches auch über die Wirksamkeit vor und während des ersten Raubkriegs. Überall tritt uns das gleiche Bild des rastlosen, ganz von einer Idee — Kampf gegen Frankreich — erfüllten Mannes entgegen, in London, Münster, Warschau, Berlin, wie in Madrid und den Niederlanden, wohin ihn immer sein

Geschick führt. Fast jedes der 21 Kapitel bringt uns eine Fülle neuen Details, manche rücken den gesammten Verlauf in ein neues Licht, so besonders das 17. Interessant sind die Mittheilungen über die ersten Projekte zur Theilung der spanischen Erbschaft (S. 328—331 u. später), beachtenswerth auch der Nachweis geringer Glaubwürdigkeit, die den bisher fast maßgebenden Berichten Gremonville's über den Kaiserhof zukommt. Vor allem aber ist es die vom Vf. versuchte neue und abweichende Würdigung der Persönlichkeit und Politik Kaiser Leopold's, die unsere Aufmerksamkeit in Anspruch nimmt. Jene einseitig absprechende Beurtheilung der österreichischen Politik, die, durch Droysen inaugurirt, lange Zeit geherrscht hatte, ist zwar schon in dem bedeutendsten neueren Werk über den Zeitraum, in Erdmannsdörffer's Deutscher Geschichte, aufgegeben worden. Pribram geht noch weiter. An mehreren Stellen sucht er einige bisher stets getadelte Entschließungen Leopold's nicht nur als Ausflüsse seines — wie er selbst mehrfach zugibt — schwachen Charakters zu entschuldigen, sondern geradezu als Gebote der Staatsklugheit zu rechtfertigen. Die kritischen Punkte sind hier die Jahre 1668 und 1671, wo Leopold sich gegenüber dem französischen Vorgehen in den Niederlanden, statt zum Widerstande, zu Verträgen bestimmen läßt, die ihn zur Neutralität verpflichten und ihm überdies einen Theil der zweifellos nur ihm gebührenden Erbschaft entziehen. Die Rechtfertigung dieses Verhaltens ist Pr. nach meiner Ansicht nicht völlig gelungen. Er bleibt uns den Nachweis schuldig, warum dasselbe, was 1673 möglich und heilsam war, 2 Jahre früher den Ruin Österreichs hätte herbeiführen müssen. Die veränderte Lage im Orient, die er als Grund anführt, ist gewiß zu berücksichtigen, aber sollte das Argument völlig überzeugen, so mußte es deutlicher ausgeführt und mit genaueren thatsächlichen Angaben gestützt werden. Alles in allem genommen gewinnt man aus Pr.'s Darstellung erst vollends den Eindruck, daß das Österreich Leopold's I. vor der Zeit Eugen's von Savoyen — der Vorwurf trifft ebenso sehr und wohl noch mehr die Minister, als den Herrscher — in der verhängnisvollen Epoche Ludwig's XIV. weder über die drohende Politik des Gegners, noch über die zu befolgende eigene Haltung sich klar gewesen ist und deshalb so oft in kritischen Momenten nur einen halben oder gar keinen Entschluß gefunden hat. Österreich war sich, um im Stile der Zeit zu sprechen, seiner ratio status nicht bewußt. Der Einzige aber, der vor dem Prinzen Eugen die gleiche Idee in Wort und Schrift unablässig vertreten hat, eben Lisola, er hat — dies ist der Eindruck, mit dem wir von dem Buche scheiden — die verdiente Stellung und Beachtung nicht gefunden, so daß die giftige Bemerkung des Venetianers nur zu begründet erscheint, die Fürsten glaubten die Treue ihrer Diener entsprechend zu belohnen, wenn sie den Leichen Weihrauch streuten. Mir scheint, gerade die Behandlung Lisola's ist das stärkste Argument gegen die staatsmännische Befähigung Leopold's, den Pr. übrigens treffend als österreichischen Landesherrn charakterisirt, der sich erst in zweiter Linie auch als Kaiser fühlt. Immerhin hält dieser Österreicher auch mit vielen bloßen Territorialfürsten seiner Zeit den Vergleich schlecht aus.

Daß neben dieser allgemein historischen Seite des Buches die persönlich-biographische oft stärker zurücktritt, als dem Leser lieb ist, liegt in der Natur des Stoffes und des Helden, von dem außer seiner diplomatischen nur noch Spuren einer regen schriftstellerischen Wirksamkeit bekannt sind, die bei Pr. gebührend zur Geltung kommt. Der Mann hat zu wenig Persönliches an sich, als daß sein Biograph mehr als das Bild der Geschäfte bieten könnte. Doch wäre es vielleicht zu vermeiden gewesen, daß man z. B. im 9. und 10. Kapitel (vor dem Frieden von Oliva) den Helden auf so lange aus den Augen verliert, wie dort geschieht. Der Stil des Vf. ist nicht immer glücklich, seine Ausdrucksweise mitunter ermüdend; doch wäre es undankbar, deswegen, wie wegen anderen Einzelheiten, den unzweifelhaften Werth des Buches herabzusetzen, das, einen bedeutenden Stoff in gründlicher Verarbeitung darbietend, die Kenntnis einer wichtigen Epoche der europäischen Geschichte nicht unbeträchtlich vertieft.

Haller.

Geschichte des deutschen Volksschullehrerstandes. Von **Konrad Fischer**, Seminarlehrer. 2 Bde. Hannover, Karl Meyer (G. Prior). 1892/3. VII, 353 u. 458 S.

Das Buch ist dem Wunsche des Vf. entsprungen, aus der Betrachtung des Entwicklungsganges, den der deutsche Volksschullehrerstand genommen, eine klarere und unbefangenere Erkenntnis über die von den Volksschullehrern in der Gegenwart zu erstrebenden Ziele heranreifen zu lassen. Als solche betrachtet F. die Hebung der Bildung des Volksschullehrers, die Verbesserung seiner Einnahmen und seiner gesellschaftlichen Stellung, sowie die Durchführung des ausschließlich staatlichen Charakters der Volksschule und einer fachmännischen Schulaufsicht.

F. bringt zur Ausführung seiner Aufgabe nicht wenige schätzens=
werthe Eigenschaften mit. Er kennt die Schulpraxis von seiner Berufs=
thätigkeit her genau und hat sich zugleich in ausgedehnter Weise mit
der einschlägigen Literatur vertraut gemacht. Für die Sache seines
Standes mit warmem Eifer erfüllt, hält er sich doch von jeder Schön=
malerei fern und verschweigt niemals die bei den Berufsgenossen
hervorgetretenen Fehler und Schwächen. Wie er ein großer Freund
der Psychologie als Wissenschaft ist, so besitzt er auch einen sicheren
Einblick in das Wesen der menschlichen Natur und bietet in seiner
Darstellung eine ganze Reihe von beachtenswerthen Wahrheiten all=
gemeinerer Art. Zum Geschichtschreiber im besonderen befähigt ihn
die Einsicht, daß aller Fortschritt auf einem allmählich sich vollziehen=
den organischen Wachsthum beruht und daß in den menschlichen An=
gelegenheiten alles ineinander greift, das Einzelne nur in seiner Ver=
knüpfung mit dem Allgemeinen verstanden werden kann.

Die schwächeren Seiten des Werkes bestehen dagegen in Folgen=
dem. Wo der Vf. sich auf geschichtliche Gebiete begibt, die seinem
Gegenstand nur als Außenkreise angehören, erweist sich seine Kenntnis
der Thatsachen insbesondere für die von ihm ausgesprochenen all=
gemeinen Ansichten nicht überall als ausreichend. Außerdem ist er
nicht zu einer ganz freien Herrschaft über die Fülle des von ihm
aufgenommenen Stoffes gelangt. Die starke Aneinanderreihung von
Einzelfällen verdunkelt mehrfach das Wesentliche; man verliert zu
leicht die leitenden Gedanken in der Menge von Belegen. Nament=
lich wo seine praktischen Zwecke den Vf. stärker beeinflussen, finden
sich auch unzulässige Verallgemeinerungen, die zum Theil wieder im
Widerspruch miteinander stehen. Eine Kontrolle des Werthes der Einzel=
angaben bleibt sehr häufig unmöglich, da die Quelle nicht nam=
haft gemacht wird. Endlich zieht sich durch das Ganze als leicht
erklärliche Folge seiner praktischen Bestimmung eine etwas reichliche
Beimischung von Raisonnement zu der Darstellung der Sache selbst.

In kürzerer Zusammenfassung, doch in mehrere Kapitel getheilt,
wird die Zeit vom Ursprung der deutschen Volksschule bis 1700
behandelt. Es folgen eingehendere Abschnitte über das Zeitalter
des Pietismus und der Aufklärung. Der ganze 2. Band ist dem
19. Jahrhundert gewidmet und zerfällt in die Abtheilungen: Um
1800 — Franzosenzeit — Befreiungskriege — 1816 bis 1840 —
1848 — Reaktion — Seit 1866 —, wobei noch besondere Kapitel
von den Beziehungen zur Geistlichkeit, zu den Parlamenten und der

Presse und zum Heer handeln. Eine Schlußbetrachtung, ein Sach= register und ein reichhaltiges Verzeichnis der benutzten Werke nehmen die letzten Blätter ein.

Der Inhalt des ganzen Werkes zeigt uns die Geschichte des deutschen Volksschullehrerstandes als einen Lebenslauf in aufsteigender Linie. Über das namentlich seit der Neugestaltung Deutschlands Erreichte spricht sich F. denn auch mit warmer Anerkennung aus. „Die Lehrer haben aufgehört, ihr Brot mit Thränen zu essen.‟ Außer den Groß= städten, mit Berlin an der Spitze, erreichen die Gehälter in Württemberg die größte Höhe. Sachsen steht in der Lehrerbildung voran, Baden hat die Führung in der Erhebung der Schule zur Selbständigkeit gegen= über der Kirche übernommen. Die Nachtseite der deutschen Volksschule stellt das feudale Mecklenburg dar. Hier hat auf den adeligen Gütern die Ritterschaft und die Kirche die Lehrer noch völlig in der Gewalt. Gewiß gibt der noch bestehende Zustand in Mecklenburg dem Vf. recht, daß von der Geistlichkeit und dem Adel der freieren Entfaltung der Volksschule viel Hemmungen bereitet worden sind, aber gerade in diesem Punkte beweist er eine doch zu einseitige Auffassung. Der von ihm gewählte geschichtliche Stützpunkt für die Abweisung der Ansprüche der Kirche an die Schule ist nicht haltbar. Denn kann auch, wie zuzugeben, die Kirche nicht schlechtweg als die Mutter der Volksschule gelten, so ist sie doch diejenige unserer Schule überhaupt und in sehr vielen Fällen auch bezüglich der Begründung von Volksschulen. Näheres darüber bietet Specht, Geschichte des Unterrichtswesens in Deutschland S. 246 f. Für die Ansprüche auf die Schulleitung kommt aber auch gar nichts darauf an, wie es in alten Zeiten war, sondern vielmehr, wie sich die Rechtsentwicklung seither nach den neuen Bedürfnissen der fortschreitenden Zeit gestaltet hat und ferner gestalten muß. Daß die Schule bis auf den heutigen Tag auch unter den Geistlichen auf= richtige Freunde und eifrige Förderer gehabt hat, gesteht auch F. völlig zu, nur besagen andere Stellen bei ihm dann doch wieder ihrem Wort= laut nach das Gegentheil. Am wenigsten gelangen verhältnismäßig die Verdienste der katholischen Geistlichkeit in F.'s Werk zu ihrer gebührenden Geltung. So fehlte z. B. in der von ihm benutzten Literatur das treffliche Buch von G. Hübsch, Die Reformen und Re= formbestrebungen auf dem Gebiete der Volksschule im ehemaligen Hochstift Bamberg 1754 bis 1795, und auch der Sache selbst gedenkt er nicht. Begründeter ist es, wenn auch die Bereitwilligkeit des Adels zum Eintreten für die Volksschule überwiegend ungünstig beurtheilt wird, doch hätte sich an erfreulicheren Erscheinungen mehr zusammen stellen lassen. Dahin gehört u. a. die Thatsache, daß unter den von 1772 bis 1798 in Westpreußen entstandenen 750 Landschulen sich 173 auf adeligen Gütern befanden. Daß bäuerliche Gemeinden nicht gerade entgegenkommender sich zeigten, als der Adel es zu thun pflegte, darüber gibt Vf. ausreichende Belege. Aus alledem zieht er den Schluß, daß die Schule am besten als Staatsschule gedeiht.

Unser Schlußurtheil über sein Buch geht dahin, daß wir mit unserer Anzeige dessen Leserkreis erweitern möchten, denn niemand wird es ohne mannigfache Belehrung und Anregung aus der Hand legen: es steckt tüchtige Arbeit darin, und es offenbart sich darin ein redlicher Charakter, der sich Achtung erwerben muß.

C. Rethwisch.

G. G. Gervinus' Leben, von ihm selbst. 1860. Mit vier Bildnissen in Stahlstich. Leipzig, Wilh. Engelmann. 1893. XVI, 408 S.

Die Selbstbiographie von Gervinus umfaßt nur die Jugendjahre 1805 bis etwa 1835, obgleich das letzte Kapitel zeitlich etwas darüber hinausgreift. Der äußere Verlauf des Lebens in diesen dreißig Jahren ließe sich in wenigen Worten wiedergeben und ist in der That ohne merkwürdige, erwähnenswerthe Zufälle. Wie es bei der stark reflektirenden Natur von G. nicht Wunder nehmen kann, ist die Betrachtung und Beobachtung fast ausschließlich auf die innere Entwicklung gerichtet; die äußeren Ereignisse werden kurz angedeutet, bilden nur die Wendepunkte, erscheinen meist als Ergebnisse innerer Erfahrungen und Erlebnisse. Deren aber weiß der scharfe Beobachter seiner selbst in Fülle zu erzählen; eine Kämpfernatur, entwickelt er Geist und Charakter in hartem Ringen mit sich selbst und schonungslos, mit einer fast bis zur Schroffheit gediehenen Wahrheitsliebe erzählt er diese schweren Kämpfe, aus denen er schließlich doch als Sieger hervorging.

Das Buch bietet keine leichte, keine behagliche Lektüre; selbst der Schilderung der Jugendjahre fehlt der fröhliche Schimmer, in dem sie sonst dem rückblickenden Manne erscheinen. Mit wenig Freude blickt er auf die Schulzeit zurück; trotz aller Schwärmerei und poetischen Neigung tritt er, unberathen und ungeleitet, in eine Buchhandlung, nach kurzem Verweilen in ein Waarengeschäft. Er sucht ja in der Selbstschilderung der Lehrjahre in der Kaufmannschaft nach Möglichkeit auch ihnen gute Seiten für seine Entwicklung abzugewinnen, schwingt sich sogar zu einem Panegyrikus auf den Kleinhandel auf,

von dem man nicht recht sieht, ob er Ernst oder Ironie ist; aber daß
er schließlich darin keine Befriedigung fand und keck die Brücke ab-
brach, ist sehr natürlich. So ging er zum Studium über und in
ernster, energischer Arbeit überwand er den Dilettantismus seines
bisherigen Betriebes, seine unklare und gefährliche Vielleserei, und
nun trat ihm in Schlosser der Mann entgegen, der auf sein ganzes
Leben den entscheidenden Einfluß ausübte. In einem eigenen langen
Kapitel zeichnet er den großen Historiker in seinen Eigenthümlichkeiten,
ohne bei aller Dankbarkeit für das, was er ihm war, die Mängel
zu verhehlen. Er findet den Grundfehler der Schlosser'schen Geschichtschreibung darin, daß dieser sich gewöhnte, „das Publikum in geöffneter
Werkstätte zum Zeugen seiner Studien zu machen", und „in allen seinen
Werken läßt er, was Andere genügend behandelt hatten, am liebsten bei
Seite liegen". Er schreibt keine Rettung, sondern er sucht zu einer
gerechten Würdigung, auch der Persönlichkeit, durchzubringen. Er
zieht in geistreicher Darstellung die Parallele zwischen Schlosser und
Ranke, allerdings ohne diesen ganz zu erfassen, auch etwas an der
Oberfläche bleibend. Die in sich abgeschlossene Persönlichkeit Schlosser's
machte auf G.'s schwankendes und unbefestigtes Wesen den Eindruck
des Übermächtigen, und es ist im Fortgang der Darstellung von
hohem Reize, zu sehen, wie er sich allmählich aus den fesselnden
Banden befreite und „zum eigensten Besitz seiner selbst kam". Manches
trug dazu die Entfernung von Heidelberg bei, da er mit schönem
Eifer eine Lehrerstelle in Frankfurt a. M. übernahm, mehr aber noch
eine Reise nach Italien, die er als junger Heidelberger Dozent antrat.
Hier in dem gelobten Lande der Kunst überkam ihn ein bisher fast
unbekanntes Gefühl leiblicher und geistiger Gesundung und innerer
Zufriedenheit, hier emanzipirten sich zuerst seine künstlerischen Anschauungen von denen seines Lehrers, hier in der Fremde erwachte
in ihm ein kräftiges Nationalgefühl im Gegensatz zu den „weltbürgerlichen Hängen", die Schlosser's Universalismus in ihm erzeugt hatte.
Als wissenschaftliche Frucht entstand seine Schrift über Macchiavelli,
über die er sich ausführlich verbreitet.

Nach der Rückkehr galt es, sich zu entscheiden, ob er seine weitere
Thätigkeit der Dichtung, Philosophie oder Geschichte zuwenden sollte
und wollte. Er entwickelt poetische Pläne, die ihn lockten und die
er nachher nicht ohne amüsante Selbstironie betrachtete, philosophische
Ideen, die ihn erfüllten — als Proben der ersteren sind einige Übersetzungen aus arabischen Dichtern und ein Fragment Gudrun, der

letzteren seine Grundzüge der Historik im Anhang abgedruckt — den
Ausschlag gab, wie G. ganz offen erzählt, die Wahl seines Verlegers,
dem er eine Geschichte der europäischen Staaten, eine Politik auf
geschichtlicher Grundlage und eine Geschichte der deutschen Dichtung
anbot und der sich für das dritte entschied.

Das Schlußkapitel behandelt anziehend seine Liebe und Ehe-
schließung, sein inniges Zusammenleben mit der Gattin und ihren
Antheil an seinem Buche: Shakespeare und Händel.

G.'s Selbstbiographie unterscheidet sich bedeutend von den zahl-
reichen Werken ähnlicher Art, die mehr oder weniger auf den äußeren
Verlauf des Lebens und die Beziehungen zu den Mitlebenden den
Nachdruck legen. Das Buch schildert fast ausschließlich die geistige
Entwicklung des Mannes, dessen Dasein in der Wissenschaft tiefe
Spuren hinterlassen hat und dessen harter Kampf mit dem eigenen
Selbst ebenso die hohe Theilnahme des Lesers erregt, wie er die
Erklärung für seine spätere, tief bedauerliche und unglückliche Haltung
im öffentlichen Leben gibt. Aus der Überwindung seines Selbst
erwuchs eine Selbstgerechtigkeit, die in ihrer starren Einseitigkeit jedes
Bekenntnis, geirrt zu haben, ausschloß und zu dem Bewußtsein
führte, klarer als Andere das Rechte erkannt zu haben und konsequent
daran festzuhalten, auch wenn das Rechte sich als das Falsche erwies.
Gingen die Dinge nicht den Weg, den er ihnen vorgezeichnet hatte,
so gingen die Dinge falsch, nicht er hatte falsch gezeichnet. So erscheint auch in Gervinus das Kind und der Jüngling als des Mannes
Vater. Die vier reizenden Bilder stellen ihn als Jüngling und
älteren Mann, seine Gattin nnd seinen Freund Franz Grüner dar.

Bruno Gebhardt

Deutsche Geschichte im 19. Jahrhundert. Von **Heinrich v. Treitschke.**
Fünfter Theil. Bis zur Märzrevolution. Leipzig, Hirzel. 1894. 774 S.

Wer einen neuen Band von Treitschke's Geschichte in einer
Fachzeitschrift besprechen soll, ist in der unbehaglichen Lage, Alles,
was er sagen wird, von vornherein ziemlich überflüssig zu finden.
Es steht nun doch einmal fest: lesen muß Jeder von uns allen das
Buch selbst, und T.'s literarische Persönlichkeit und Stellung zu schildern
und weise zu beurtheilen, thut hier nicht mehr noth. Der Ref. hat
eine Charakteristik des Mannes und seines Werkes kürzlich an anderer
Stelle versucht;[1] wenn er, dem Wunsche der Redaktion sich fügend,
nun auch in der H. Z. das Wort ergreift, sei es ihm erlaubt,

---

[1] Im Deutschen Wochenblatt vom 10. Januar 1895.

auf jene Charakteristik zu verweisen, die, unbeschadet mancher Ab=
weichung, in der ganzen Art des Urtheils doch nichts Anderes hat
sein können als die ehrlichste Lobpreisung dieses genialen Menschen
und großen Schriftstellers, den ich, gegenüber Angriffen, die ich voll=
kommen begreife und würdige, mit vollem Bewußtsein auch einen
großen Historiker nenne. Der Widerspruch abweichender politischer
Meinungen und der Widerspruch der wissenschaftlichen, im engeren
Sinne Ranke'schen, Orthodoxie trifft, wenngleich in abgeschwächtem
Maße, auch diesen neuen Band. Ich — denn dies ist einer der
Gegenstände, bei denen man nicht wohl vermeiden kann in der ersten
Person zu reden — bin grundsatzlos genug, diese Einwände und Gegen=
sätze nicht ganz so groß zu sehen wie es wohl geschieht, die Stellung=
nahme T.'s auf dem Boden einer starken patriotischen und nationalen
Empfindung, nach der Vorstellung die ich mir von der möglichen und
nothwendigen „Wissenschaftlichkeit" des darstellenden Historikers mache,
nicht für unwissenschaftlich, vielmehr für wissenschaftlich fruchtbar zu er=
klären, und überdies der Persönlichkeit da ziemlich weite Grenzen zu
stecken — wenigstens wenn sie eine ist —; und ich glaube nicht recht an
eine Schädigung der historischen Jugend durch das gefährliche Vorbild
dieses Gewaltigen. Wer ahmt denn T. in der Eigenart und — um
es ruhig so zu nennen — der Einseitigkeit seines politischen, deutschen,
preußischen Pathos nach? Wer hat es versucht, in diesen Schuhen
zu gehen? Sie wären jedem Nachtreter viel zu weit. Dagegen ist
es allerdings wahr, daß es in unserer historischen Welt manche Schläfrig=
keit aufzuwecken und manche Starrheit aufzuthauen gegolten hat und
daß die innerliche Wärme T.'s darin, wenn ich nicht ganz irre, sehr
heilsam gewirkt hat und ebenso wohl auch weiterwirken wird: wie er
von Leben überquillt, so hat er Leben geschaffen — eine pädagogische
Bedeutung dieses hinreißenden Lehrers auch den Historikern gegenüber,
die man, so fern T. sein Lebelang einer jeden Neigung zum Schule=
machen geblieben ist, und gerade deshalb, recht hoch wird anschlagen
dürfen. Und dann das Werk selbst! Es hat viel zu viel Kraft und
Macht, als daß es nicht in manchen allgemeinen Zügen und in einer
Reihe einzelner zum Widerspruche herausfordern sollte. Ein Werk
von erstem Range ist es um so mehr. Dem Gegenstande, den es
schildert, schafft es die erste volle Darstellung, die er gefunden hat,
als eine wissenschaftliche und künstlerische Leistung des großen Stils;
entstanden aber ist es aus dem besten Lebensinhalt seiner eigenen Zeit
und wird deren Monument bleiben in weiter Zukunft. Ein Kritiker

hat einmal das tiefsinnige Urtheil gefällt: „man muß T. nehmen als
Ganzes, wie er ist, oder ihn gar nicht nehmen". Das ist nun
glücklicherweise falsch: denn man muß ihn nehmen. Aus dem Wege
kann diesem Buche doch keiner von uns gehen: bescheiden wir uns
also, uns unbefangen an ihm zu erfreuen — denn es ist das schönste
historische Erbauungsbuch, das unser Volk besitzt — und überdies,
nach hundert Seiten hin recht viel aus ihm zu lernen.

Man darf wohl sagen, daß der neue Band der bisher schönste
von allen ist. Das Augenleiden, unter dessen dumpfem Druck er geschrieben worden ist — die Vorrede klagt darüber — merkt man ihm
wahrlich nicht an: keine Spur der Erlahmung wird auf dem weiten Wege
sichtbar. Den Gegenstand bildet die Zeit von 1840 bis 1848; „König
Friedrich Wilhelm IV." ist dieses „fünfte Buch" überschrieben. Wieder
sind die Schätze vornehmlich des Berliner Archivs in weitem Umfange
herangezogen, vielerlei Ergänzungen dem Vf. von dankbaren Lesern
mitgetheilt worden, die Literatur der Zeit in all' ihren Richtungen
bis hinab zu einer Fülle von Zeitungen hat er durchgemacht, allmählich beginnen auch seine eigenen Erinnerungen hörbar mitzusprechen;
besonders in den Porträts der Männer, die damals hervortraten und
zum Theile noch heute am Leben sind, erkennt man sie leicht. Der
Stoff, der diesem Bande zu Grunde liegt, ist außerordentlich groß.
T. hat mit überlegener Herrschaft ein Kunstwerk aus ihm gebildet,
wie es so einheitlich zugleich und lebensvoll selbst ihm noch
nirgend gelungen ist. Insofern ist der Band, als literarisches
Ganzes, durchaus neu und mit keiner früheren Darstellung des Zeitraumes vergleichbar. Sein historischer Inhalt freilich ist minder
neu. Die entscheidenden Thatsachen dieser 8 Jahre kannte man bereits vor T. vollständiger und genauer als die des vorhergegangenen
Vierteljahrhunderts; eine eigentlich überraschende Neubegründung
unserer Kenntnis war hier nicht zu erwarten. Auch in der Gesammtauffassung weicht T. hier von den besten seiner Vorgänger nicht
wesentlich ab. Auch jetzt bleibt die meisterhafte knappe Übersicht
Sybel's bestehen. Aber einmal erfährt bei T. jede einzelne Gruppe
von Ereignissen eine Menge von Bereicherungen, Berichtigungen, Erklärungen, und vor allem: die Gesammtheit des deutschen Daseins der
Zeit erscheint — auch inhaltlich — hier zuerst in umfassendem, allseitig
und voll ausgeführtem Bilde.

Seine leitenden Züge zeichnen sich scharf ab. Die 40er Jahre
sind erfüllt von erregter öffentlicher Bewegung, sie sind politisch, sie

treiben in zwiefacher, immer wieder ineinander fluthender Strömung, einer vorwiegend freiheitlichen und einer vorwiegend nationalen, auf die Revolution zu. Die europäische Politik beginnt mit dem Siege der konservativen Mächte in der orientalischen Frage, dem Siege über Thiers, mit dem französischen Kriegslärm von 1840, der das deutsche Nationalgefühl so folgenreich erweckte. Und sie schließt im Winter 1847/48 mit dem Siege des europäischen Liberalismus und Radikalismus im schweizer Sonderbundskrieg. So stehen diese auswärtigen Ereignisse am Ein= wie am Ausgange von T.'s Erzählung; dazwischen, beim Jahre 1846, ein Kapitel über den polnischen Auf= stand und über den Ausbruch des schleswig=holsteinischen Konfliktes. Es versteht sich, daß sich in diesen Abschnitten die Eigenart T.'s be= sonders scharf ausprägt: er sieht die Dinge ganz aus dem deutschen und preußischen Gesichtspunkte und will sie so sehen; auch seine neuen Quellen sind fast alle preußischen Ursprunges. Sie liefern für Europa und Preußen vielerlei Eigenes und Charakteristisches; für Friedrich Wilhelm's IV. äußere Politik sind sie, in demselben Sinne wie die beiden ersten Bände Sybels, so bezeichnend als vernichtend. Das Urtheil des Vf. lehrt sich gegen diese Politik ebenso entschieden wie gegen Vieles in derjenigen Louis Philipp's und Nikolai's, vollends aber Metternich's und Palmerston's. Über das Verhältnis Preußens zu Österreich ergeben sich im einzelnen interessante Neuigkeiten (z. B. über den Krakauer Handel). Auch diesmal verfolgt T. die Haltung Rußlands und seinen Einfluß auf die deutschen Verhältnisse genau: er gelangt zu dem Urtheil, daß dieser Einfluß auch für die 40er Jahre stark überschätzt worden sei, nur in Darmstadt und Wiesbaden habe er einige Geltung besessen. Den Geist der russischen Politik in ihrer Selbstüberhebung und der doch unleugbaren Großartigkeit ihrer mission conservatrice spiegelt der klassische Rechenschaftsbericht, den Nesselrode dem Zaren Ende 1850 zum 25. Jahrestage seiner Thron= besteigung überreichte und den T.'s Anhang im Wortlaute wiedergibt: ein Rückblick, monumental, prahlerisch, dogmatisch, nur halbwahr und dennoch aufrichtig, mit allen Schwächen und Stärken eines Philipp's II.

Im Innern strebt T., wie stets, nach einer wirklich deutschen Geschichte. Worauf er dabei aber das Hauptgewicht legt, drückt schon die fein und sorgfältig aufgebaute Komposition deutlich aus. Öster= reich ist in das letzte, europäische Kapitel verwiesen und wird ziemlich kurz erörtert. Durchaus im Vordergrunde steht Preußen. Die übrigen Staaten treten nur gegen Ende ganz ausdrücklich hervor ("Verfall der

monarchischen Gewalt in den Mittelstaaten"); weiter vorn sind sie
schon einmal behandelt worden, aber nur inmitten des Abschnittes,
der „die Parteiung in der Kirche" schildert: dort sind die Südstaaten
dem Berichte über den Ultramontanismus, Sachsen dem über den
Deutschkatholizismus angereiht. Die geistes- und wirthschaftsgeschichtlichen Kapitel umfassen natürlich ganz Deutschland, aber auch da geht
T. von Preußen aus und schließt er mit Preußen. Preußischen Ge-
sandtschaftsakten sind viele seiner Angaben über das Leben der Mittelstaaten entnommen. Auf der einen Seite ist nun, und nicht ganz mit
Unrecht, darauf hingewiesen worden, daß der große Aufschwung
nationaler Empfindungen, der auch nach T. diese Jahre wesentlich
charakterisirt, doch, und besonders in seinen außerpreußischen Regungen,
nicht so ausdrücklich und so eingehend verfolgt wird, wie man es
gerade in diesem Werke erwarten möchte. Andrerseits muß man
ebenso stark betonen, daß manche Einzelzüge, die in den früheren
Darstellungen über Gebühr hervortraten, erst hier innerhalb einer
wirklich das Ganze und auch die realen Gewalten allseitig berück-
sichtigenden Erzählung ihren richtigen Platz und das ihnen doch nur zukommende Maß von Wichtigkeit angewiesen erhalten; ich denke dabei
an die Parteiversammlungen der südwestdeutschen Liberalen. Und wieder
muß man dem unerfreulichen Mißverständnis entgegentreten, als liege
dieser Zurückdrängung früherer einseitiger Urtheile und liege der
Kritik, die T. an den Mittelstaaten übt, Feindseligkeit oder Geringschätzung den nichtpreußischen Stämmen gegenüber zu Grunde. Denn
niemand umfaßte wohl bisher die Individualität unserer Stämme
mit feinerem Verständnis und wärmerer Liebe, als dieser alte Todfeind des Partikularismus; und bei den Schwaben, die sich, wenn ich
nicht irre, besonders empfindlich gezeigt haben, scheint mir der Arg-
wohn am wenigsten begründet zu sein. Es ist von jeher drollig zu
beobachten gewesen, wie in den Recensionen (und das Vorwort des
4. Bandes verrät, auch in persönlichen Zuschriften) der Ton durch-
brach, „daß wohl alles Übrige zu billigen, aber die Heimat des
Tadelnden schlecht behandelt sei". Der Ref. glaubt sich von diesem
Groll wie von kritischem Hochmuthe frei, wenn er nun doch das
undankbare Amt auf sich nimmt, in einem raschen Überblicke über
die der inneren Geschichte gewidmeten Theile des 5. Bandes hier und
dort eine Frage zu äußern und eine Lücke anzudeuten.

In den Abschnitten über das kirchliche Leben nimmt T. sehr
rückhaltlos seine persönliche Stellung — die sich mit keinem der Partei-

standpunkte decken würde — ein. Über Rom und den Klerikalismus spricht er mindestens mit Abneigung, gelegentlich — zumal in den baierischen Angelegenheiten — mit Schärfe. Innerhalb des Protestantismus müht er sich, beiden Theilen ihr volles Recht zu geben. Er urtheilt mit Wohlwollen selbst über die Lichtfreunde, mit wärmerer Sympathie über die Pietisten, das Verhalten Friedrich Wilhelm's gegen die radikaleren Rationalisten würdigt er, ohne es zu billigen; der Widerhall des neuesten Streites über das Apostolikum klingt mannigfach durch. Mit weitgehender Schonung wird Eichhorn, dem T. vom Zollverein her innerlich nahesteht, behandelt: seine Unterrichtspolitik wird fast in allen Stücken getadelt, er selber liebevoll begriffen; auch wer im Tadel weiter zu gehen wünschte, wird diese Nachsicht nicht im Grundsatze verwerfen können. Gerade sie zeichnet diesen neuesten Band in mancher Hinsicht vor früheren des Werkes aus; insofern sie den positiven religiösen Bestrebungen entgegengetragen wird, bezeichnet sie zugleich, im Vergleiche mit der liberaleren Vulgata, einen wissenschaftlichen Fortschritt.

Glänzend ist Kap. 5: „Realismus in Kunst und Wissenschaft". Der ganze Reichthum vielseitiger Gedanken und künstlerischer Anschauung ist hier von neuem, beinahe verschwenderisch, ausgegossen. Eben deshalb wird kein Theil des Buches so lebhaft zu allerlei Widerspruch anregen wie dieser: nicht nur in seiner Fülle allgemeiner Sätze und in den Urtheilen über diese und jene Individualität, die naturgemäß, und vollends aus diesem Munde, einigermaßen subjektiv ausfallen mußten.[1] Auch über dasjenige wird sich diesmal hier und dort streiten lassen, worin immer der höchste Werth dieser reizvollen geistesgeschichtlichen Übersichten T.'s bestanden hat, über die Einfügung nämlich der literarischen Bewegung in das gesammte nationale Leben der Zeit. Er scheidet die vierziger Jahre scharf — aber vielleicht etwas zu scharf? — von den dreißigern, betont den volleren, positiveren Inhalt, das pathetische nationale Gefühl, das die bloße zersetzende Kritik der Anfänge des „jungen Deutschlands" zurückdränge. Er hebt den „Realismus" hervor, der sicherlich diesem Jahrzehnt bereits in steigendem Maße den Charakter gibt. (Politische Lyriker; Alexis, Auerbach, Freytag; L. Richter, A. Menzel u. A.) Man kann fragen, ob nicht

---

[1] Rühmenswerth und in allem Wesentlichen treffend scheint mir die männliche Kritik, die Treitschke S. 378 ff. an Heine übt; grimmig ist sie freilich, aber verständnislos ganz gewiß nicht.

auch die neue literarische Bewegung in ihren internationalen Zusammenhang hineingestellt werden müßte, wie er hier nur für die bildenden
Künste konstatirt wird, die T. als die „weltbürgerlichen" der von
Natur „nationalen" Poesie entgegensetzen möchte. Und vielleicht
könnte der Realismus jener Tage überhaupt doch noch genauer beschrieben und enger begrenzt werden. T. selber hat wohl in den
vierziger Jahren zuerst eine „realistische" Kunst kennen gelernt, wie
sie eben damals emporkam. Aber wie fremd ist uns dieser Realismus,
selbst derjenige der Freytag'schen Jugenddramen, längst geworden!
Wie zahm und von wievielen älteren Elementen durchdrungen er in
diesen seinen Anfängen noch war: diese rechte literarische Eigenart
des fünften Jahrzehnts scheint mir T. nicht ganz mit jener das Besondere treffenden Kraft plastischer Charakteristik herausgearbeitet zu
haben, die ihm sonst überall eigen ist. — Die Musik findet in dem
Gesammtplan seines Werkes offenbar an späterer Stelle ihren Platz.

Eingehend ist (Kap. 6) „Wachsthum und Siechthum der Volkswirthschaft" besprochen. Für das Wesen von T.'s Geschichtschreibung
ist dieser Abschnitt vielleicht vor allen bezeichnend. T. will das gesammte Leben seines Volkes, auch das wirthschaftliche und soziale,
darstellen, aber er geht nicht von diesem eigentlich aus: der Staat, der
persönliche Gedanke, die persönliche That liegen ihm doch näher, er ist
und bleibt, im weitesten Sinne, politischer Historiker. Das Kapitel —
trefflich aufgebaut — ist seinem Hauptinhalt nach Geschichte der
Wirthschaftspolitik (Zollverein, Eisenbahnen, Bankwesen). Von ihr
entwirft es ein farbenreiches, prächtiges und werthvolles Bild, an
dem man sich freuen muß; überall sind dabei Züge der allgemeinen
Politik (Rußland, Österreich, England) eingewoben: das England
Cobden's wird charakterisirt, sein Einfluß auf das deutsche Leben, der
Kampf von Schutzzoll und Freihandel, dann wieder das innere Treiben
der preußischen Finanzverwaltung, die Wirksamkeit Rother's geschildert.
Von der Gewerbepolitik dieser Jahre[1]) ist dagegen, wenn ich nicht
irre, nicht die Rede. Der Schluß des Kapitels ist dem Kommunismus
gewidmet, der Entwicklung der sozialen Zustände dagegen nur ein
verhältnismäßig enger Raum (S. 506—512), und was dort über den
Umschwung der Lebensgewohnheiten, die Entfaltung von Kapitalismus
und Proletariat, die Enteignung des Landvolkes gesagt wird, ist
wuchtig und eindrucksvoll, aber man spürt leicht, daß es weder land

---

[1]) Vgl. z. B. Schmoller, Kleingewerbe S. 82.

schaftlich noch chronologisch reich genug gegliedert noch überhaupt voll
genug ausgeführt ist. Das war vor der Hand unvermeidlich. T. hat
auf diesem schwierigen Felde nicht monographisch arbeiten können, das
verbot ihm die Rücksicht auf die Förderung seines Gesammtunternehmens,
und an Vorarbeiten hat es gemangelt; erst allmählich werden diese
Lücken ausgefüllt werden. Was er, in seinem großen Sinne, jetzt
darbietet, wird man dankbar aufnehmen. Und es ist wahr, daß das
eigentlich Entscheidende im Dasein jenes Jahrzehntes auf dem
politischen Boden hervortrat. Die Zeit von 1840 bis 1848, wie
schon gesagt, zeigt ein ausgeprägt politisches Antlitz, und die innere
Politik im engeren Sinne, die Verfassungspolitik ist es, die auch bei
T. den Vordergrund füllt.

Und hier liegen denn die sichtbarsten Verdienste unseres Bandes;
es ist bewundernswerth, welch eine gewaltige Stoffmasse gerade darin
er vollkommen bezwingt und beseelt. Das gilt bereits für die außerpreußischen Staaten; es gilt für die lebensprühende Schilderung des
deutschen Zeitungswesens, einen der glücklichsten Abschnitte des Buches,
die Frucht erstaunlicher Arbeit. Es gilt wiederum am meisten für
Preußen. Eine eingehende und aktenmäßige Geschichte der preußischen
Verwaltung in diesen Jahren hat es vor T. nicht gegeben. Das
Leben der einzelnen Provinzen wird sorgsam verfolgt, Rheinland,
Posen und Ostpreußen stehen dabei voran; auch unter den Universitäten
ist Königsberg vornehmlich bedacht, Halle und das Kuratorium
Pernice hat der Ref. — vielleicht selbst ein Opfer der oben ver-
spotteten provinzialen Eifersucht — doch ein wenig vermißt. Weit
genauer als bisher wird aus den intimen Quellen die lange Vor-
geschichte des Vereinigten Landtages dargelegt, die Geschichte der Ver-
fassungsideen des Königs, der Einflüsse und Berathungen, die seine
Pläne durchlaufen, um doch schließlich immer wieder zu ihrer Aus-
gangsstelle zurückzukehren, der Männer, die er heranzieht und die sich vergeblich gegen seine Anschläge sträuben, wie Arnim, Bodelschwingh, der
Prinz von Preußen. Den Mittelpunkt für diese wie für alle politischen
Vorgänge in Preußen und in Deutschland aber bildet Friedrich
Wilhelm IV. selbst. Er ist der Held dieses Bandes, er verleiht
ihm die persönliche Einheit und den tragischen Zug: Menschen und
Ereignisse sind um ihn herum geordnet. Die Beschreibung des
Herrschers und seines Kreises leitet T.'s Darstellung ein: eines der
schönsten, feinsten und tiefsten Bildnisse, die unsere Literatur besitzt.
T.'s eigene Natur ist der Friedrich Wilhelm's IV., seine Ideale sind

denen des Königs so fremd, ja so feindlich wie nur möglich. Es
hat nicht anders sein können, als daß die Erscheinung und die Politik
des Königs in fast all ihren Hauptsachen von dem Historiker scharf
kritisirt wurde; er hat es rückhaltlos gethan — aber nicht schonungslos. Er hat alle innerlichen und äußerlichen Fehler des Dilettanten,
des Romantikers, des willkürlich und unpolitisch springenden, geistreichen,
von seiner Majestät bis zum Eigensinn durchdrungenen und doch so
willensschwachen Monarchen tapfer und ehrlich aufgedeckt, so daß dieser
Band, geschrieben von einem Politiker, unter dessen Hand die Erzählung
nothwendig und ungesucht immer sogleich zur Lehre wird, fast einem
warnenden Fürstenspiegel gleicht; daß es ein Hohenzoller ist, den er richtet,
beirrt ihn nicht einen Augenblick lang. Aber in die Persönlichkeit
ist er dennoch mit nachfühlender Liebe tief und zart eingedrungen:
seine eigene Künstlernatur wird allen den widerspruchsvollen Regungen
des liebenswürdigen und reichbegabten Künstlers gerecht, der in
Friedrich Wilhelm steckte. Mit Ernst und mit Trauer, aber ohne
Haß und Hohn hat er ihn ganz begriffen und ganz veranschaulicht,
ihn in den Tagen des Glückes freudig begleitet und doch die Anzeichen
kommenden Unheils, die von Anfang an, Dank der eigenen Schuld
des Königs, drohend sichtbar werden, scharf hervorgehoben; er nimmt
ihn in Schutz gegen die gedankenlose Tadelsucht der Zeitgenossen und
der Späteren, entwickelt seine Gedanken überall aus ihm selbst, vertheidigt sie, wo sie ihm lediglich verunglimpft und mißkannt scheinen,
rühmt was zu rühmen ist, vergißt niemals der historischen und der
menschlichen Nachsicht und schließt doch mit vernichtendem Urtheil.
Packender hätte der tiefste Inhalt dieses schmerzensreichen Schicksals
nicht ergriffen werden können: es ist wissenschaftlich und künstlerisch
eine Leistung, die ihres Gleichen sucht.

Friedrich Wilhelm will seinem Volke die eigenen Doktrinen auf-
zwingen, ihm die Verfassung nur als ganz freies königliches Geschenk
und nur in den ganz bestimmten christlich-ständischen Formen dar-
reichen; er geräth nach langem, erbitterndem Warten und Schwanken
mit den sozialen Verhältnissen und den geistigen Anschauungen, wie
sie sich einmal ringsum entwickelt haben und das liberale Zeitalter
beherrschten, in offenen Konflikt. Den Vereinigten Landtag von 1847
malt T. in einem prächtigen Bilde; sein Urtheil steht maßvoll
zwischen den Parteien, er findet Fehler hier wie dort; die eigentliche
Schuld mißt er mit Recht dem Könige zu, während sein persönlichstes
Empfinden ihn doch mehr auf die Seite der Monarchie verweist;

indessen sind es nur einige wenige Wendungen, die ich deshalb an=
fechten möchte.

Es mag in dem Inhalte dieses Bandes liegen, daß T. diesesmal
ausdrücklicher und gleichmäßiger als seit langem das Recht (oder
Unrecht) auf beide Seiten der historischen Gegensätze vertheilt; viel=
leicht haben auch die sänftigenden Jahre des nunmehrigen Sechzigers
dazu beigetragen. Streitbar zwar und der Alte ist er geblieben;
auch jetzt noch brechen Neigung und zumal Abneigung so stark hervor,
daß der Leser sich oft genug gegen sie wehrt, und es ist keine Gefahr,
daß dieses unvergleichliche Temperament mit seinem leidenschaftlich
kraftvollen und dabei doch niemals schulmeisterlichen Urtheile seine
Eigenart verlöre. Die größere Milde, die sein neuestes Buch wirklich
auszeichnet, hat Saft und Farbe des schriftstellerischen Charakters nicht
verringert; nur immer reifer, nicht matter ist er geworden. Ich habe
aus den geistlichen und politischen Abschnitten Beispiele solcher Milde
angeführt, sie ließen sich leicht vermehren (Sachsen, Baden, Baiern).
Das recht eigentlich tragische Wesen dieser Periode, die mit „hohen
Entwürfen, glänzenden Hoffnungen, überschwänglichen Träumen"
beginnt, um in „kläglichem Mißlingen und unvermeidlichem Zusammen=
bruche" zu enden, tritt bei diesem Ausgleiche von Licht und Schatten
erst völlig ergreifend heraus: nur derart angesehen, konnte das „er=
schütternde Trauerspiel", das der Historiker zu schreiben hatte, so, wie
er es in seiner Kritik an Gervinus (S. 419) fordert, „die Seele
befreien".

Die letzten Kapitel schließen den Ring der Entwicklung. In der
europäischen Welt, in Preußen, im deutschen Bunde drängt Alles
zum Bruche; die Bundesreformpläne zeigen das Bedürfnis und die
Unfähigkeit, Besseres in Deutschland zu schaffen; der schweizer Kampf
ist das Vorspiel der Revolution, zugleich der Beweis aller Schwäche
und Haltlosigkeit der konservativen Großmächte und insbesondere der
preußischen Politik.[1]) Keine dichterische Erfindung könnte die Hand=
lung so eindrucksvoll bis vor die Katastrophe führen, deren Nahen
man mit dumpfer Erwartung überall spürt, wie es hier die Geschichte
selber gethan hat. Auf der Schwelle zum März 1848 bleibt die Dar=
stellung stehen. Für die deutsche Revolution fehlt es uns bisher noch
völlig an einer wirklichen Geschichte, die all das auseinanderfließende

---

[1]) In den schweizer Gegensätzen steht Tr. auf der Seite der Radikalen
und der Einheit; sein Urtheil über die Neuenburger Verhältnisse kann ich
nicht völlig theilen.

bewegte Leben der Sturmjahre breit und anschaulich umfaßte, die in „der starken Persönlichkeit des Erzählers" den zersplitterten Er= eignissen die erforderliche Einheit verliehe und die nothwendige trost= lose Unfruchtbarkeit der zwischen der Paulskirche und einem Friedrich Wilhelm IV. hin= und hergetriebenen nationalen Bestrebungen nicht nur streng nachwiese, sondern zugleich durch die reiche Kraft ihrer Darstellung künstlerisch überwände. Nur T. kann uns diese Geschichte geben. Die Fortsetzung seines Werkes, die Keiner ersetzen könnte, ist uns, wenn man es sagen darf, fast noch wichtiger, als was wir bereits von ihm besitzen.   Erich Marcks.

Chartularium universitatis Parisiensis sub auspiciis consilii gene-ralis facultatum Parisiensium ex diversis bibliothecis tabulariisque collegit cum authenticis chartis contulit, notisque illustravit **Henricus Denifle**, O. P., in arch. apost. sed. Rom. vicarius, acad. Vindob. et Berol. socius, auxiliante **Aemilio Chatelain**, biblioth. universit. in Sorbona conservatore adiuncto. Tomus III ab anno MCCCL usque ad ann. MCCCLXXXIV. Parisiis 1894. XXXVII, 777 S. Großquart.

Auctarium chartularii univers. Parisiensis ... ediderunt **Henricus Denifle ...**, **Aemilius Chatelain**. Tom. I. Liber procuratorum nationis Anglicanae (Alemanniae) ab anno MCCCXXXIII usque ad annum MCCCCVI. Parisiis 1894. LXXVII, 992 S. (Spalten). Großquart.

Immer reicher entfaltet sich die wissenschaftliche Thätigkeit auf dem Gebiete der Geschichte gelehrter Bildung und der Universitäten. Zahlreichen Matrikelveröffentlichungen reihen sich die Publikationen anderer Universitätsakten und der Universitätsurkunden an, so daß unsere Kenntnis von der Verfassung und dem Besuche der Universitäten des Mittelalters beträchtliche Bereicherung erfährt. Eine der be= deutendsten dieser Publikationen, das Urkundenbuch der Universität Paris, des in Deutschland im Mittelalter allein „hohe schuole" ge= nannten studium generale, hat letzthin einen gewaltigen und wichtigen Schritt vorwärts gethan. Von dem im Jahre 1889 begonnenen großen Unternehmen sind im vorigen Jahre zwei Bände erschienen. Nach= dem der erste Band, außer einer pars introductoria (von 1163 an) in 55 Nummern, die Urkunden von 1200 bis 1286 in 530 Nummern gebracht hatte, und die erste Hälfte des 2. Bandes, die den Zeitraum bis zum 21. August 1350 umfaßt, dem ersten im Jahre 1891 gefolgt war, wurde die Reihenfolge unterbrochen und die zweite Hälfte des 2. Bandes, die die collegia saecularia von 1286 bis 1350 enthalten sollte, für jetzt zurückgelegt, um alsbald den 3. Band, der die wichtige

Zeit des Schismas umfaßt und allgemeine Univerſitätsangelegenheiten betrifft, erſcheinen zu laſſen. Gleichzeitig damit iſt ein Band des Auctarium ausgegeben worden. Es ſind zwei ſchön ausgeſtattete, reiche und ſtattliche Bände dieſes gewaltigen Werkes, würdig des lumen mundi, dem ihr Inhalt gewidmet iſt, die zu durchblättern ein Vergnügen, zu ſtudiren ein Genuß und die Quelle reichſter Belehrung iſt. — Der 3. Band des Chartularium reicht bis zum Tode Papſt Clemens' VII. und enthält für dieſen Zeitraum (von 1350 bis 1394) 522 Urkunden, die in 3 Theilen veröffentlicht werden. Zuerſt kommt ein allgemein chronologiſch geordneter Theil, in welchem einzelne Gruppen von zuſammengehörenden Urkunden auch beſonders zuſammengeſtellt ſind; dann folgen 90 Diplome de schismate aus den Jahren 1378—1394, und den Beſchluß macht ein Anhang, der eine Reihe von Statuten kennen lehrt. Den Urkunden geht eine Einleitung voran, in der uns die gelehrten Bearbeiter über den mannigfaltigen Inhalt des Bandes Aufſchluß geben und die Fortſchritte ſchildern, die die vorliegende Publikation im Vergleich mit du Boulay's foliantenreichem Werke und Jourdain's verdienſtvollen Arbeiten darbietet, denen man bisher faſt ausſchließlich die urkundliche Tradition über die Univerſität Paris verdankte. Unter den Wiſſenſchaften nahm, wie bekannt, in Paris die Theologie die erſte Stelle ein, die zu der Zeit, wo der 3. Band des U.=B. einſetzt, allerdings ihre Glanzzeit hinter ſich hatte. Überhaupt gehört der Inhalt des Bandes eigentlich einer Zeit des Niedergangs der Univerſität an, denn die Gemüter waren durch das Schisma erregt und von ernſten Studien abgezogen. Doch waren immerhin noch jährlich über 10000 Studirende in Paris, die juriſtiſchen Studien ſtanden in Blüte, und die Medizin machte Fortſchritte: es ſind damals mehr Studenten der Medizin in Paris, als jemals früher. Aber viele hervorragende Magiſter verließen die Univerſität, ſo Heinrich von Heſſen, Marſilius von Inghen, Konrad von Gelnhauſen, Heinrich von Oyta (Frieſoythe), Albert von Sachſen, Gerhard von Kalter, Heinrich Oldenberg aus Köln u. A., die darauf in Deutſchland an die Spitze der neugegründeten Hochſchulen traten. — Es iſt unmöglich, auch nur ein flüchtiges Bild von dem reichen Inhalte des Bandes zu geben. Nur Einiges ſei angedeutet. Beſonders wichtig ſind die Statuten Urban's V. für die vier Fakultäten aus dem Jahre 1366, die fortan das Fundament für die Univerſität bildeten und die hier (Nr. 1319) nach einem neu erworbenen Codex der Pariſer Nationalbibliothek veröffentlicht werden. Die theologiſche

Streitigkeiten mit den Predigermönchen über die Lehren des Johannes de Montesono enthaltenden Urkunden und die 18 Diplome, die den Streit der Universität gegen den Kanzler Joh. Blanchart betreffen, sind in besondere Gruppen zusammengestellt. Sehr bedeutend sind ferner die Urkunden Nr. 1528 bis 1531 vom Jahre 1386, die eine Klage der Dekretisten=Fakultät gegen den Magister Amelius de Brolio enthalten, der seine Vorlesung ohne Berechtigung früh Morgens halten wollte. In diesen Aktenstücken ist Vieles bemerkenswerth, so z. B. daß man erfährt, was bisher nicht feststand, daß die theologischen Magister Vorlesungen über die Bibel gehalten haben, während die Baccalare nur die libri sententiarum behandelten; daß die 26 doctores regentes, die die Decreta lasen, nicht des Morgens lesen durften, was allein den Baccalaren zustand, denn en ceste ville en ladite faculté les bacheliers lisent à matin et les docteurs lisent à prime. Et la raison est bonne, car c'est raison que les docteurs, qui ont longuement traveillé en l'estude, soient allegez, et pour ce lisent à prime, qui n'est pas si grant heure que celle du matin; et les bacheliers lisent à matin pour estre instruis en la science; und man erfährt ferner que la lection du decret ne dure pas oultre le quart d'un heure, et nuls est reputé escolier pour ouyr la lection du matin, se il ne oyt la lection du decret, par consequent le lisant du matin n'est pas reputé regent. Wichtig für die Geschichte des Rechtsstudiums sind sodann die Urkunden vom 21. Februar 1356 und 17. August 1358 (Nr. 1230 und 1242), da sie die Annahme widerlegen, als ob Innocenz VI. gestattet habe, in Paris das ius civile zu lesen. Schließlich seien als von ganz hervorragender Wichtigkeit die rotuli doctorum, magistrorum u. s. w. der vier Fakultäten erwähnt, die dem Papste eingereicht wurden, und von denen die aus den Jahren 1353, 1362, 1378/79 und 1387 in diesem Bande mitgetheilt werden und viele tausend Namen überliefern. Besonders interessant ist es, daß die Artisten nach den Nationen geordnet sind, zu denen sie gehörten. Der umfangreichste rotulus ist der der Jahre 1378/79, der fast 40 Seiten füllt. Die natio Gallicana umfaßte die prov. Parisiensis, Senonensis, Remensis, Turonensis, Bituricensis; es gab ferner die natio Picardorum und Normannorum und die natio Anglicana oder Alemanniae, von der sogleich die Rede sein wird. —

Die Edition selbst ist musterhaft. Ein schönes großes Quart=format läßt die auf vortreffliches Papier gedruckten Urkunden leicht

überblicken. Die Nummerirung geht durch alle Bände. Es ist dabei
zu bedauern, daß oben auf der Seite, wo am äußeren Rande
die Seitenzahl, am inneren die Jahreszahl steht, nirgends die
Nummer der Urkunde vermerkt ist. Bei solchen Diplomen nämlich,
die über mehrere Seiten reichen, und sie sind hier sehr zahlreich, ist
es bequem und erleichtert es die Benutzung ungemein, auch diese
Nummer vor Augen zu haben. Am Schlusse der Urkunden stehen
Anmerkungen, die über die Provenienz belehren, Literaturnachweise
und sonst alles enthalten, was über den Text oder einzelne Worte
darin zu sagen ist. Auch über die in den rotuli vorkommenden
Personen enthalten die Noten Bemerkungen, die z. Th. die sonst
(z. B. bei Budinszky, Die Universität Paris und die Fremden an ders.
im Mittelalter, Berlin 1876) vorhandenen Nachrichten über die einzelnen
Persönlichkeiten berichtigen. — Am Schlusse des Bandes folgt nach
einigen Zusätzen und Berichtigungen zu den zwei Bänden eine Tabelle
(Seite 671—692), die noch einmal die Nummer der Urkunden, die
Daten, die Regesten und die Seitenzahlen, mithin den ganzen Inhalt
des Bandes kurz zusammenstellt, und dieser Tabelle schließen sich
auf Seite 693—777 die Register an, und zwar ein Personen=
register nach Vor= und Zunamen und ein Sachregister. Beide sind
von hohem Werthe, da sie nach einer vortrefflichen Methode
gearbeitet sind. Die Personen findet man ausführlich bei den Vor=
namen behandelt; bei den Zunamen wird dann nur auf die Vor=
namen hingewiesen.

Wichtiger für uns Deutsche, als das Chartularium, ist der vor=
liegende Band des Auctarium. Er vermittelt uns nämlich in vor=
züglicher Ausgabe die Kenntnis des ersten Theiles eines überaus
werthvollen Buches, des liber procuratorum nationis Anglicanae.
Zu dieser Nation gehörten auch die Deutschen und ihre Nachbarn
auf der Pariser Hochschule, und man ermißt die eminente Bedeutung
dieses Buches für die Geschichte der Universität Paris und namentlich
für die Geschichte der gelehrten Bildung in Deutschland während eines
Theiles des Mittelalters, wenn man erwägt, daß dabei alle Gradu=
irten der Nation in der Artistenfakultät mit Namen aufgeführt, zahl=
reiche Mittheilungen über die Geschehnisse und viele Aktenstücke nieder=
gelegt worden sind. Das Buch war bisher so gut wie unbekannt
und ist daher mit Recht ganz vollständig zum Abdruck gebracht
worden. „Fänden sich nur in Paris gleich ergiebige Quellen für
uns Deutsche, wie in Bologna!" rief Aloys Schulte bei Gelegenheit

einer Besprechung der Acta nationis Germanicae universitatis
Bononiensis (Berlin, Reimer, 1887) aus. Nun, dieser Wunsch ist
überreich erfüllt, wennschon das Pariser Prokuratorenbuch der Artisten
einen anderen Charakter hat, als jene drei Jahrhunderte umfassenden
Bologneser Akten. Der vorliegende Band umfaßt die Jahre 1333
bis 1406, zwei andere sollen bis zum Jahre 1492 reichen, und dann
sollen die Prokuratorenbücher der natio Gallicana und der natio
Picardorum folgen, die einzigen, die außer dem Buche der deutschen
Nation erhalten sind, aber nur Theile des 15. Jahrhunderts ent=
halten. — Die Ausgabe beginnt mit den Memorabilia nationis,
einer umfangreichen Einleitung der Herausgeber, die in 16 Kapiteln
den Inhalt des Bandes zusammenfaßt und zuerst von dem Namen und
dem Siegel der Nation handelt. Im Jahre 1367 kommt für die natio
Anglicana zum ersten Male der Name der natio Alemanniae vor und
gewinnt immer mehr Verbreitung, bis er 1442 fast gänzlich an die
Stelle des alten tritt. Mit der Beschreibung des großen Nations=
siegels können wir uns nicht völlig einverstanden erklären, denn es
scheint nicht zweifellos zu sein, daß die im oberen Abschnitte dar=
gestellten Figuren wirklich den die Jungfrau Maria krönenden Christus
bezeichnen. Die Memorabilia zählen sodann die Länder auf, aus
denen die Nationsgenossen stammen: das Reich, Ungarn, Böhmen,
Polen, Schweden, Dänemark, Norwegen, Schottland, England, Irland,
Aquileja und Livland, die nach Kap. 3 eigene Provinzen innerhalb
der Nation bildeten. Kap. 4 zeigt, wer Mitglied der Nation war,
nämlich die Artisten, und zwar in der Regel so lange, bis sie einen
Grad in einer anderen Fakultät erreichten, un théologien est de
la faculté des arts, jusqu'à ce qu'il ait le bonnet sur la teste
(1406); die einem Mönchsorden angehörten, waren nicht in der
Nation. 14 Jahre mußten diejenigen alt sein, die Baccalare wurden,
die magistri 21; viele jedoch waren beträchtlich älter, manche blieben
sehr lange in der Nation, so z. B. Konrad von Rutershoven länger
als 35 Jahre. Nachdem wir dann die Prokuratoren, Rektoren,
Examinatoren und Pedelle als Beamte der Nation und deren Ge=
bäude, die scholae, kennen gelernt haben, erklärt der folgende Ab=
schnitt (7) die Bezeichnungen für die Graduirten in der Artisten=
fakultät, determinantes: die nach vollendetem Baccalarexamen dis=
putirt und die dabei aufgeworfenen Fragen endgültig entschieden,
determinirt, haben; licentiati: die den nächst höheren Grad erlangt
haben, und die incipientes: die die erste Magisterlektion lesen. Nach=

dem sie dann die Gebühren bezahlt und den Eid geleistet haben, heißen sie magistri, und zwar sind sie (Kap. 8) magistri regentes oder non regentes, je nachdem sie mit Lesen fortfahren oder aufhören.

Interessant ist es, den späteren Lebensgang der Nationsgenossen (Kap. 9) zu verfolgen und zu sehen, wer Bischof geworden, wer auf anderen Universitäten[1] nachgewiesen werden kann u. s. w.; man ermißt, welcher Fleiß und welche Belesenheit zu einer solchen Zusammenstellung gehört! Die nächsten Kapitel lehren die zu leistenden Zahlungen und das Münzwesen der Nation überhaupt kennen, und die letzten betreffen die Kirche und die Feste, den Patron, die Wirthshäuser, von denen 40 mit Namen aufgeführt werden, nennen die Besitzungen der Nation und erzählen die Streitigkeiten mit den anderen Nationen, und das letzte Kapitel schildert die Schicksale der Nation während des Schismas. — Dieser den ganzen Inhalt des Buches zusammenfassenden Einleitung folgt ein Kalendarium in usum nationis Anglicanae, in dem mehr als 100 Tage außer den Ferien genannt werden, an denen non legitur, und hieran schließt sich auf 931 Spalten der Abdruck des fast vollständig erhaltenen liber procuratorum mit seinen schier unzähligen Nachrichten über unsere deutschen Landsleute. Nicht weniger als 936, in der Regel monatlich wechselnde, Prokuratoren hat die Nation von 1333 bis 1406 gehabt, und eine sehr dankenswerthe Tabelle am Schlusse, die alljährlich die Summe der Graduirten angibt und nahezu vollständig ist, läßt uns durch Addition die Gesammtsumme finden, daß in dem angegebenen Zeitraume 1117 determinirt haben, 817 Lizentiaten geworden sind und 676 als Magister zu lesen begonnen haben. Ein vorläufiges Personenregister ist dem Bande beigegeben, das die Namen unter dem Herkunftsorte oder -lande zusammenstellt, mithin zugleich die Stelle eines Ortsregisters vertritt.

Möge das schöne Werk recht bald von seinen gelehrten Editoren fortgesetzt werden, ihnen zur Ehre, der Wissenschaft zur Förderung!

Ernst Friedlaender.

Neuere Erscheinungen über italienische Geschichte des Mittelalters und der Renaissance, vornehmlich aus den Jahren 1893 und 1894.

I.

Vor kurzem ist in Frankreich eine Société d'études italiennes zusammengetreten. Die Namen der Mitglieder bürgen für eine nütz-

---

[1] Hier findet sich das Citat Acta nationis Germanicae in studio Bononiensi, während das Buch wohlüberlegt den Titel hat Acta nat. Germ. universitatis Bononiensis.

bringende Thätigkeit. Die Gesellschaft wird jenen sonderbaren histo=
rischen Geist von sich fernzuhalten wissen, der in dem neuen Buche
des Herrn Joseph Reinach, La France et l'Italie devant l'histoire[1]),
sein Wesen treibt. Hier lesen wir: Die anderen Völker haben Italien
gegenüber als Eroberer, als Unterdrücker im politischen und geistigen
Sinn, gehandelt. Frankreich dagegen sah in Italien stets das Vater=
land des antiken Rom, ja gewissermaßen une soeur latine. Chaque
fois, que l'âme de l'Italie s'endort, c'est la France qui la reveille.
Frankreich begeht nur den Fehler, daß es die Hoffnungen der Italiener,
die es erweckt, nie ganz erfüllt, sondern auf halbem Wege stehen bleibt.
Man würde sich nicht wundern, wenn der französische Autor seinen
Satz für die Entwicklung der letzten 100 Jahre, seit Bonaparte, auf=
gestellt hätte; man würde auch nicht ohne Interesse seinen Ausführ=
ungen über die französisch=italienische Politik im 17. und 18. Jahr=
hundert folgen. Aber sein Satz soll gelten von den ältesten Zeiten,
seit es Franzosen gibt, seit Karl dem Großen (!), von dem die Idee
der Italia una e libera stammt.[2]) Ich denke mir, daß jeder sach=
kundige Franzose die fünf ersten Kapitel des Reinach'schen Buches
nur mit Kopfschütteln lesen wird.

Die Geschichte der französischen Ansprüche auf italienische Throne
ist bekannt genug. Wenige dagegen wissen, daß um die Mitte des
14. Jahrhunderts ein Italiener Anspruch auf die Krone von Frank=
reich erhob. Der nachgeborene Sohn des drittletzten Capetingers,
Ludwig's X., soll von einigen treuen Hofleuten vor den Nachstellungen
der Gräfin von Artois dadurch gerettet worden sein, daß man
ihn mit dem Kinde eines Guccio Baglioni aus Siena vertauschte.
Der Prinz wuchs in Siena in der Verborgenheit auf, ward dann
entdeckt, von manchen, so vom Tribunen Cola Rienzi, anerkannt und
endigte nach einem abenteuerlichen Leben in der Gefangenschaft des
Königs von Neapel. Diese Kaspar Hauser=Geschichte ist in einer an=
geblich von dem Prätendenten selbst verfaßten Schrift niedergelegt. Seit
längerer Zeit untersuchte Curzio Mazzi die Überlieferung ihres Textes
und ihre historische Glaubwürdigkeit, veröffentlichte aber bis jetzt nur
ein kleines Bruchstück aus derselben nebst einigen kulturgeschichtlichen

---

[1]) Paris, F. Alcan. 1893. 244 S.
[2]) Il a donc fait de l'Italie un royaume, sinon autonome, du
moins indépendant.... Ainsi, pour la première fois dans l'histoire,
apparaît l'idée qui sera celle de l'unité de l'Italie, maîtresse d'elle-même.

Erläuterungen.[1]) Nun ist ihm ein junger Landsmann, Latino Maccari, mit der Veröffentlichung des Ganzen (nach cod. Barberin.
XLV, 52) zuvorgekommen.[2]) Nach einer Überschau über die dem
Prätendenten gewidmete Literatur charakterisirt M. den Quellenwerth
der Istoria. Als historischer Kern bleibt: Giannino ist in Frankreich geboren, seit früher Kindheit in ärmlicher Umgebung zu Siena
erzogen. Durch seine persönliche Tüchtigkeit und Liebenswürdigkeit
kommt er empor, wird von unbekannter Seite über seine „königliche
Abkunft" belehrt und dadurch zu Extravaganzen verleitet. Schließlich
stirbt er in einem neapolitanischen Gefängnis. Für den Verfasser der
Schrift hält M. den Mathematiker Tommaso Ugazzari, einen nahen
Verwandten Giannino's, der um 1400 lebte. Er soll, wohl zur Ver-
herrlichung der Familie, dieses Gewebe von Wahrheit und Dichtung
geschaffen haben. — Gegen Maccari's Text und Kommentar hat sich
der obenerwähnte C. Mazzi bereits in scharfer Kritik gewandt.[3]) Mit
wie viel Recht, wird seine bevorstehende Publikation, die denselben
Stoff auf breiterer Grundlage behandeln soll, uns lehren.

Der Gesichtspunkt, von dem wir ausgingen — die Beziehungen
zwischen Frankreich und Italien — führt uns zu jenen Territorien,
in denen sich die Entwicklungen beider Länder naturgemäß am meisten
berühren: Savoyen und Piemont. Für die historische Physiognomie
dieser Alpengebiete sind die Familien der großen Feudatare charakteristisch. Unter ihnen war im Beginn des 13. Jahrhunderts das Haus
Montferrat am höchsten gestiegen. Um den Markgrafen Bonifazius I.,
den Eroberer Konstantinopels und König von Thessalonich, das Ideal
der Troubadours, scharte sich die höfische Kultur der Romanen in
ihren glänzendsten Vertretern. Unzertrennlich von der Gestalt des
Markgrafen ist die seines treuen Sängers und Kampfgenossen Raimbaut de Vaqueiras. Wir haben in den drei poetischen Briefen (ein-
reimigen Tiraden) des Troubadours an Bonifaz ein schönes Denkmal
dieses Verhältnisses und überhaupt des Lebens jener ritterlichen Kreise.
Es sind anschauliche Bilder aus ihrer gemeinsamen Vergangenheit:
Jugendstreiche, Liebesabenteuer, Kampfscenen, vom italienischen, sicilischen
und orientalischen Kriegsschauplatz. Oskar Schultz hat sich daher den

---

[1]) Il tesoro d'un re, Nozze Gorrini-Cazzola. Roma, Forzani e Co.,
tip. del Senato. 1892.

[2]) Istoria del Re Giannino di Francia, a cura di L. M. Siena,
tip. Carlo Nava. 1893. LX, 200 S.

[3]) Giorn. stor. della lett. ital. Ao. 12 (1894), 23, 251 ff.

besonderen Dank der Historiker verdient, indem er die drei proven=
zalischen Gedichte zum ersten Mal kritisch herausgab, übersetzte und
äußerst sorgfältig kommentirte.[1]) Als Beilage gibt er eine kultur=
geschichtlich werthvolle Zusammenstellung über die Beziehungen der
Montferrat und Malaspina zu den Troubadours, dazu Geschlechts=
tafeln der beiden fürstlichen Familien. Der Werth dieser Publikation
bleibt bestehen, wenn auch die chronologische Fixirung der drei Briefe,
wie sie der Vf. im 1. Kapitel unternimmt, sich wohl nur theilweise
halten läßt. Nach seiner Ansicht sind es drei verschiedene Gedichte,
von denen das eine vor August 1194 in Oberitalien, die anderen 1204
und 1205 im Orient entstanden. Dagegen hat kürzlich R. Zenker[2]) mit
guten Gründen eine andere Auffassung verfochten, wonach die drei
Tiraden ein einheitliches Ganze bilden und gleichzeitig im Jahre 1205
verfaßt sind.

Man hat es dem ritterlichen Charakter des Markgrafen Bonifaz
immer zur Ehre angerechnet, daß er die Vormundschaft über seinen
jungen Verwandten Thomas I. von Savoyen, die ihm dessen Vater
Humbert III. übergab, nicht zur Vergrößerung seiner eigenen Macht
benutzte, sondern seinem Schützling half, die gefährdete Stellung
seines Hauses wieder zu retten. Zur Mündigkeit gelangt, hat dann
Graf Thomas eigene Wege eingeschlagen und im engen Anschluß an
die kaiserliche Politik eine seine Nachbarn weit überragende Höhe er=
reicht. Die Geschichte dieser Regierung (1189—1233) und derjenigen
seines Nachfolgers bis zum Jahre 1263 erzählt C. Alberto di Ger=
baix=Sonnaz.[3]) Der 1. Band des Werkes ist bereits 1883 erschienen
(vgl. H. Z. 52, 557 f.). Der uns vorliegende 2. Band theilt die
Vorzüge des 1., hat aber die Mängel desselben in noch höherem
Grade. Die deutsche Literatur der letzten zehn Jahre ist überhaupt
nicht benutzt. Man wird dies freilich dem verdienten Verfasser, der
seit langer Zeit als diplomatischer Vertreter Italiens in Sofia den
Centren abendländischer Wissenschaft entrückt ist, nicht zu hoch anrechnen.

---

[1]) Die Briefe des Trobadors Raimbaut de Vaqueiras an Bonifaz I.,
Markgrafen von Monferrat. Halle a. S., M. Niemeyer. 1893. VIII. 140 S.
Ein vollständiges Namensverzeichnis und 5 Kartenskizzen sind beigefügt.

[2]) Zu den Briefen des Raimbaut de Vaqueiras, Zeitschr. f. Rom. Philol.
18 (1894), S. 195 ff.

[3]) Studi storici sul Contado di Savoia e Marchesato in Italia
per C. Alberto di Gerbaix-Sonnaz di St. Romain. Vol. II. Torino-
Roma, L. Roux e C. 1893. VII, 355 S.

Die spätere Entwicklung der savoyischen Monarchie ist von Cibrario, Ricotti und Carutti dargestellt worden. Doch blieb dabei eine Lücke. Für die zweite Hälfte des 15. Jahrhunderts fehlte bisher noch eine höheren Ansprüchen genügende Arbeit. Diese hat nun Ferdinando Gabotto ausgeführt.[1]) Sein Werk beruht auf einem überaus reichen Material, das ihm mehrere der großen italienischen Archive, vor allem aber auch die kleineren und kleinsten Archive Piemonts geliefert haben. Der Nutzen für die Lokalgeschichte ist augenfällig. Über das ständische Leben in Piemont, die savoyischen Fürsten, unter denen die Persönlichkeit des Philipp „ohne Land" hervorsticht, die französische Politik bis zum Zuge Karl's VIII. finden sich interessante Aufschlüsse. Der Gang der Ereignisse vom Tode Amadeus' VIII. (b. i. Papst Felix V.) bis zum Ende der Regentschaft der Bianca von Montferrat ist ausführlich und gut dargelegt. Erfreulicherweise will der Vf. im nächsten Bande die piemontesische Kultur im Zeitalter der Renaissance eingehend behandeln.

Auf den Schlössern Piemonts hatte das ritterliche Ideal seit den Zeiten des großen Bonifazius eine feste Stätte. An Stelle des Provençalischen trat aber als höfische Sprache das Französische. Der Roman de la Rose galt als der Inbegriff geistiger Kultur, die Helden der französischen Epen als ritterliche Vorbilder. In diese Atmosphäre führt uns die Schrift von N. Jorga über Thomas III. von Saluzzo.[2]) Das Leben dieses kleinen piemontesischen Markgrafen fällt in die Jahre 1356 (?) bis 1416, ein Zeitalter, in dem man eine letzte Steigerung des mittelalterlichen Wesens zu beobachten glaubt. Das Ritterthum entfaltet in Oberitalien, vornehmlich in Piemont, einen geräuschvollen Pomp von abenteuerlichen Fahrten und Turnieren. Gleichzeitig ziehen die Scharen der Büßer — der »bianchi« — unter Singen und Weheklagen durch die Städte und mahnen zum Frieden, zur Reue, zur Vorbereitung auf die letzten Dinge. Die alte Losung von Pace und Misericordia

---

[1]) Lo Stato Sabaudo da Amedeo VIII. ad Emanuele Filiberto. Vol. I (1451—1467). Torino-Roma, L. Roux e C. 1892. IV, 120 S. Vol. II (1467—1496). Ebenda. 1893. VII, 535 S.

[2]) Thomas III, marquis de Saluces. Étude historique et littéraire avec une introduction sur la politique de ses prédécesseurs et un Appendice de Textes. Thèse présentée à l'université de Leipzig. St. Dénis, H. Bouillant. 1893. VIII, 221 S. Dankenswerth das Namensregister.

ergreift wieder viele Herzen. Diese beiden gegensätzlichen Stimmungen, die ritterliche und die asketische, kommen zum Ausdruck in einem alle= gorischen Roman, le Chevalier errant, den Markgraf Thomas in der Gefangenschaft zu Turin verfaßte. Unter dem Bilde des „irrenden Ritters" schildert er sich selbst, zuerst inmitten der glänzenden ritter= lichen Gesellschaft, dann aber, von der Dame Congnoissance über die Nichtigkeit dieses Treibens belehrt, als reumüthigen Pilger, der dem jenseitigen Ziele zustrebt. J. veröffentlicht im Anhang die zahl= reichen noch nicht gedruckten Partien des Romans. Der Hauptwerth der Arbeit liegt wohl in den kultur= und literarhistorischen Ausführungen der Kapitel 2 und 4. Die älteste Geschichte des Hauses Saluzzo, die Jugend= und Regierungszeit Thomas' III., der von begehrlichen Nachbarn stets in seinem bescheidenen Besitze bedroht war; der Ein= fluß Frankreichs in diesen Gegenden, wird vom Vf., soweit dies ohne archivalische Studien möglich ist, behandelt.

Das städtische Leben tritt in Piemont zurück. Nur Asti und Chieri genossen volle politische Freiheit. Es ist indessen lehrreich, auch die Ent= wicklung einer jener kleineren Gemeinwesen, die sich nur einer beschränkten kommunalen Selbständigkeit erfreuten, von den ältesten Anfängen an zu verfolgen, wie dies kürzlich der Baron Carutti in Bezug auf Pignerol gethan hat. [1]) — Die Statuten Pignerol's von 1220 zeigen schon ein Verbot des Aufenthalts gegen die Armen von Lyon. In dichter Nähe nämlich, in den cottischen Alpen, hatte die Waldensische Gemeinde eine Zuflucht gefunden. Sie ist hinfort ein nicht unwichtiger Faktor in der Geschichte des französischen und italienischen Alpenlandes. Jahrhunderte lang kämpft das kleine Häuflein gegen die Übermacht Frankreichs und Piemonts um seine Existenz. Wir haben jetzt aus der Feder des bekannten Waldenser Theologen Emilio Comba eine zusammenhängende Geschichte der Sekte von Arnold und Petrus an bis zur Breccia di Porta Pia[2]), wohl in erster Linie für die Gemeindegenossen geschrieben, aber auch für andere recht gut brauchbar, da die neueste, zumal auch die deutsche Forschung (K. Müller, Preger, Haupt u. s. w.) verwerthet ist. Der Schwerpunkt liegt in der späteren Entwicklung seit der

[1]) Storia della città di Pinerolo, scritta dal barone Domenico Carutti. Pinerolo, tip. Chiantore-Moscarelli. 1893. VIII, 656 S. Vgl. G. Rossi im Arch. stor. it. s. V. 13 (1894), 216 ff.

[2]) Storia de' Valdesi. Firenze, tip. Claudiana. 1893. VII, 427 S. mit nützlicher Karte und populären Illustrationen, der Preis nur L. 1.50!

Reformation. — Eine Abhandlung desselben Verfassers[1]), welche die
Quellen und Hülfsmittel zur Waldensergeschichte eingehend erörtert,
wird den Historikern willkommen sein. Freilich, gewisse Momente aus
der Jugendzeit der Sekte, das Bild ihrer Verbreitung in Italien und
ihre Zusammenhänge mit anderen Ketzern, bleiben noch dunkel, da
die Quellen versagen. Was gäben wir auch darum, wenn wir wüßten,
ob und in welcher Gestalt die Lehren des Waldes den Jüngling von
Assisi berührt hatten, als er die Armuth zu seiner Braut erkor!

Es ist bezeichnend für die geistige Disposition unseres Zeitalters,
daß weite Kreise dem Leben des hl. Franz eine warme Theilnahme
entgegenbringen. Auch nach den Meisterwerken Hase's und Thode's
konnte die neue Biographie von Paul Sabatier[2]) auf Interesse
rechnen. Den heutigen Stand der Forschung faßt Anton Chroust in
seiner Skizze „Franz von Assisi"[3]) kurz zusammen. Mit der „sera-
phischen Genossin" des hl. Franz beschäftigt sich die Schrift von
Francesco · Falco, Pensieri filosofici di S. Caterina da Siena.[4])
Es ist dies die erste in einer Reihe von Studien, die Falco der
moralphilosophischen Literatur Italiens gewidmet hat. Die zweite
Schrift[5]) behandelt Bono Giamboni, Graziolo Bambagiuoli und Fra
Giordano da Rivalto, die dritte[6]) den Pisaner Theologen Cavalca
(† 1342), die vierte[7]) den großen Franziskaner Bonaventura zusammen
mit Brunetto Latini und dem Fiore di virtù, die fünfte[8]) endlich
einen Moralisten des 16. Jahrhunderts, den Paolo Paruta (geb. zu
Venedig 1540). Man wird derartige Untersuchungen gern annehmen
als Beiträge zur Kenntnis einer Entwicklung, deren Wurzeln in jener

---

[1]) Cenno sulle Fonti della storia dei Valdesi, Arch. stor. it. s. 5.
12 (1893), 95 ff.

[2]) Vie de S. François d'Assise. Paris, Fischbacher. 1894. CXXI,
418 S. — Ich verweise auf die ausführlichen Besprechungen von Guignebert
(Moyen-Age, März 1894) und Pfister (Rev. crit. 2./9. Juli 1894), ferner
von F. Tocco (Arch. stor. it. s. 5. 13 (1894), 118 ff.) und in der Civiltà
cattolica vom 20. Januar 1894.

[3]) Beilage z. Allg. Ztg. vom 27, 28. und 30. April 1894.

[4]) Lucca, tip. del Serchio. 1890. 32 S.

[5]) Moralisti italiani del Trecento. Ebenda. 1891. 90 S.

[6]) Domenico Cavalca Moralista. Ebenda. 1892. 31 S.

[7]) San Bonaventura, Brunetto Latini ed il Fiore di Virtù. Ebenda.
1893. 122 S.

[8]) Paolo Paruta Moralista. Ebenda. 1894. 67 S.

Epoche liegen, da Franz von Affisi das geistige Leben seines Volkes mit einem tieferen Inhalt erfüllte.

Seine Wirkung lag wesentlich in der Persönlichkeit. Schon vor ihm und vor Waldes hatten Arnold von Brescia und die Patarener das Wort von der „armen Nachfolge Christi" ausgesprochen. Es war schon ein Schlagwort im Munde jener politischen Parteien gewesen, die unmittelbaren Antheil haben an den kommunalen Anfängen von Mailand und Rom.

Den schon so oft dargestellten Anfängen der kommunalen Selbstständigkeit in diesen beiden Städten hat Giuseppe Paolucci eine neue Untersuchung gewidmet.[1]) Er hofft auf diesem Wege den Schlüssel zu finden zur Frage des Ursprungs der italienischen Kommunen überhaupt. Denn Mailand und Rom gelten ihm als die beiden Typen des ursprünglichen kommunalen Lebens, eine Auffassung, gegen die sich manches einwenden läßt. Im ersten Theil, l'origine del comune di Milano, führt der Vf. eine schon früher[2]) von ihm vorgetragene Ansicht über die Entstehung des Comune von Mailand weiter aus und begründet sie durch sorgfältige Interpretation der drei Mailänder Chronisten. Dabei setzt er sich in zum Theil scharfer Polemik mit seinen Vorgängern auseinander, von Giulini, Leo und Hegel bis Pawinsky und Anemüller.[3]) Über die letzte zusammenhängende Darstellung des Gegenstandes durch R. Bonfadini[4]) geht er kurzweg zur Tagesordnung. Paolucci zeigt, wie in den Kämpfen der Pataria das Volk gegenüber dem Adel, der die simonistischen Priester beschützt, erstarkt, wie es die Edlen allmählich durch sein Gewicht, seine Zahl, die Verbreitung der neuen Ideen erdrückt. Leider versagen die Quellen gerade für die kritischen Jahre, in denen der zuerst kaiserlich gesinnte Erzbischof Anselmo da Rode und der größere Theil des Adels sich vor der Bürgerschaft demüthigte. Aber es läßt sich doch erkennen, wie aus einer ungeordneten Volksregierung, deren Werkzeug der Erzbischof ist, nach zwei vergeblichen Anläufen, endlich 1114 das durch die Volksversammlung dargestellte Comune sich bildet, und bald darauf, jedenfalls vor März 1117, in den Konsuln sich eine regelmäßige

---

[1]) L'origine dei comuni di Milano e di Roma (secolo XI e XII). Palermo-Torino, C. Clausen. 1892. VI, 205 S.

[2]) Storia d'Italia dalla caduta dell' Impero Romano. Vol. I. Palermo 1889. S. 148.

[3]) Ich vermisse unter den angeführten Arbeiten die von Handloike.

[4]) Le origini del comune di Milano, in: Gli Albori della vita italiana. Milano, Frat. Treves. 1890. S. 117 ff.

Behörde gibt. Im zweiten Theil, l'origine del comune di Roma, leidet die Darlegung der stadtrömischen Verhältnisse etwas unter der allzu breiten Behandlung von Arnold's Vorgeschichte und Barbarossa's Romfahrt. Nach Paolucci geht die Gründung der römischen Gemeinde, d. h. der Zusammentritt des sacer senatus auf dem Kapitol im Jahre 1143, nicht vom Volke aus, sondern vom niederen Adel. Es ist ein Sieg der Senatores, die als Stand (senatores gleichbedeutend mit „niederem Adel") längst existiren, über die consules (b. h. den hohen Adel). Die Auslegung der Quellenstellen, die diese Auffassung stützen sollen, scheint mir ziemlich gewagt (besonders auf S. 104). Unsere Nachrichten über diese Dinge sind allerdings sehr spärlich, aber man möchte doch glauben, daß das Volk an der politischen Umwälzung nicht so ganz unbetheiligt war, wie Paolucci es darstellt. Erinnern wir uns nur, welche Rolle zwanzig Jahre später die Consules mercatorum et marinariorum Urbis gespielt haben.

Rom besaß freilich auf dem Gebiet des Handels und der Industrie niemals eine Stellung, die neben derjenigen der oberitalienischen und toskanischen Centren irgendwie in Betracht käme. Aber seine gewerbetreibende Bevölkerung zeichnete sich von jeher durch einen ganz erstaunlichen Trieb zur genossenschaftlichen Vereinigung aus. Dieser traditionelle Zug ist politisch gewiß nicht zu unterschätzen. Er offenbart sich im mittelalterlichen Rom in den scholae von militärischem und kirchlichem Charakter, in gewerblichen Societäten, endlich in eigentlichen Gilden. Um die Mitte des 13. Jahrhunderts unter dem Regiment Brancaleone's haben diese sich zu der großen Mercanzia Urbis zusammengeschlossen und dadurch ein bedeutendes Gewicht im römischen Gemeinwesen erlangt. Hierauf tritt wieder eine centrifugale Bewegung ein. Die einzelnen Korporationen lösen sich vom großen Ganzen ab. Schon 1357 führt die Mercanzia nur noch die Bezeichnung Mercatantia pannorum novorum. Aber die einzelnen Korporationen zeigen für sich, trotz der ungünstigen Verhältnisse, eine merkwürdige Lebenskraft. Die Entwicklung, welche diese Zünfte unter der Kontrolle des päpstlichen Stuhles und der städtischen Behörden durchlaufen haben, bildet ein interessantes Stück der römischen Stadtgeschichte, das bis jetzt nur theilweise aus Einzelpublikationen bekannt war. Nun hat uns E. Rodocanachi den gesammten Stoff in zwei großen Quartbänden zugänglich gemacht.[1]) Die Statuten sämmtlicher Zünfte

---

[1]) Les Corporations ouvrières à Rome depuis la chute de l'empire romain. Paris, A. Picard et fils. 1894. Bd. 1 CX, 478 S., Bd. 2 470 S. Im Anhang nützliche Erläuterungen und Verzeichnisse.

werden mitgetheilt, freilich nicht — was wenigstens bei den älteren
wünschenswerth gewesen wäre — im Originaltexte, sondern durch
übersichtliche Inhaltsangaben in französischer Sprache. Kurze historische
Einleitungen gehen jeweils voraus. An der Spitze des Ganzen steht
eine sehr gut geschriebene Abhandlung, die über die Lage der Arbeit
in Rom, die Vorgeschichte[1]) und Geschichte der Genossenschaften,
ihre administrative und fiskalische Abhängigkeit, den Charakter der
Statuten im allgemeinen orientirt. Das Werk ist eine Fundgrube
für die innere Geschichte Roms vom 13. bis zur Schwelle des
19. Jahrhunderts. — Ein werthvolles bibliographisches Hülfsmittel
der gesammten römischen Lokalgeschichte im Mittelalter und der Neu=
zeit bietet sich jetzt in dem Werke, das aus dem Nachlaß Francesco
Cerroti's († 1887) mit Zusätzen von Enrico Celani herausgegeben
wird. Der erschienene 1. Band[2]) enthält die Storia ecclesiastico-
civile, unter welchem Titel die Geschichte der Kirche im allgemeinen,
die der religiösen Körperschaften, des Papstthums und der einzelnen
Päpste, der Konklaven und endlich der Corte e curia zusammen=
gefaßt sind. Absolute Vollständigkeit kann von einer derartigen
Bibliographie billigerweise nicht. erwartet werden.

Man hat im Aufkommen des Konsulats das äußere Zeichen der
„italienischen Städtefreiheit" gesehen und demnach auch den Ursprung
jener Institution da gesucht, wo eine freiheitliche kommunale Ent=
wicklung sich darbot, d. h. in Toskana und Oberitalien. Umso auf=
fallender war die Behauptung Hans v. Kap=herr's[3]), daß das Kon=
sulat in Südtalien — in byzantinischen Einrichtungen wurzle
(Meereskonsulat). Nachdem dann zunächst Robert Davidsohn von

---

[1]) Die Worte des Titels depuis la chute de l'empire romain
erwecken falsche Hoffnungen. Über die Entwicklung vor 1255 erfahren wir
nichts neues. Der Vf. hätte aus den Bemerkungen von Bremer in den
Gött. Gel. Anz. 1892 S. 724 ff. und Kehr in dieser Zeitschr. 71, 158 ff.
Nutzen ziehen können.

[2]) Bibliografia di Roma medievale e moderna, opera postuma di
Francesco Cerroti accresciuta a cura di Enrico Celani. Vol. I. Storia
ecclesiastico-civile. Roma, Forzani e C. 1893. XI S. u. 604 Sp. —
Zwei weitere Bände sollen zum Gegenstand haben: La topografia, la storia
artistica e i monumenti, der 4.: La storia civile e municipale e la
storia fisica del suolo, del Tevere e della Campagna romana.

[3]) Bajulus, Podestà, Consules in: Deutsch. Ztschr. f. Geschichtswiss.
5 (1891), 21 ff.

der Betrachtung toskanischer Verhältnisse aus einen neuen, durchaus eigenartigen Weg zur Lösung der Frage eingeschlagen[1]), hat Adolf Schaube kürzlich "Neue Aufschlüsse über die Anfänge des Konsulats des Meeres" veröffentlicht.[2]) Im ersten Theil der Untersuchung wendet er sich gegen jene von Kap=herr vorgetragene Auffassung. Die Ordinamenti di Trani gelten ihm nicht als ein Zeugnis des 11., sondern des 15. Jahrhunderts, die Urkunde von Siponto (1063) als der Fälschung verdächtig. Er bestreitet die Existenz eines „byzantinischen Meerkonsulats". Die städtischen Konsuln seien nicht aus der Organisation der Kaufleute hervorgegangen, denn es habe consules communis lange vor den consules mercatorum gegeben. Die „Entgegnung" v. Kap=herr's[3]) vermag Schaube's Einwürfe nicht zu entkräften. Letzterer hat in einer „Erwiderung"[4]) seinen Standpunkt noch einmal präzisirt. Im zweiten Theil der oben citirten Untersuchung modifizirt Schaube auf Grund einer inzwischen an's Licht getretenen Urkunde von 1184 seine eigene Ansicht, wie er sie f. Z. in seinem Buche (das Konsulat des Meeres in Pisa, Leipzig 1888) ausgesprochen: Das pisanische Meereskonsulat ist aus der Decatia, dem Seezollamt, entstanden. Diese Behörde hat eine von der städtischen getrennte Finanzverwaltung, deren Einnahmen zu bestimmten, dem friedlichen Seeverkehr dienenden Zwecken verwandt werden. Aus den Gläubigern der Decatia bildet sich wahrscheinlich um 1200 der Ordo maris, der in unsicherer Zeit den Schutz des Seewesens, die Decatia, d. h. die Wahl von deren Vorstehern, in die Hand nimmt. Diese sind nun zugleich die consules ordinis maris. Doch entwickelt sich das Verhältnis rasch in der Weise, daß die Leiter (capitanei) der Decatia wieder zu reinen Staatsbeamten werden, der ordo maris dagegen, unter eigenen Konsuln, gewisse Aufwendungen aus der Kasse der Decatia bestreiten darf. Das genuesische Meerkonsulat hat genau denselben Ausgangspunkt, wie das von Pisa; Schaube vermuthet sogar, es sei nach dem Vorbild des letzteren etwa 1202 gegründet. Es behält aber im Gegensatz zum pisanischen den ursprünglichen Charakter als Finanzamt und rein staatliche Behörde während des ganzen 13. Jahrhunderts bei.

---

[1]) Entstehung des Konsulats. Mit besonderer Berücksichtigung des Komitat Florenz=Fiesole. Ebenda 6 (1891), 22 ff. Nachtrag S. 358 ff. 881.
[2]) Ebenda 9 (1893), 228 ff.
[3]) Zur Entstehung des Konsulats in Italien. Ebenda S. 288 f.
[4]) Ebenda 10 (1893), 128 f.

Früher als die Meereskonsuln, schon um die Mitte des 12. Jahrhunderts, treten neben den Consules communis die consules mercatorum auf. Die Entwicklung dieses Amtes in Pisa untersucht Schaube
in einer weiteren Abhandlung[1]), anknüpfend an eine Urkunde von
1159. Zunächst ist es ein Staatsamt und, wie das Meerkonsulat,
in Händen der Aristokratie, seine Aufgabe die Überwachung des
Handelsverkehrs, zumal auch der großen Pisaner Messe. Aber die
Mercatores erringen schließlich (1190? 1200?) das Recht der freien
Konsulwahl; die richterliche Kompetenz ihrer Konsuln wird erweitert,
ihr Ordo kommt an Bedeutung dem Ordo maris nahe.

Nur dadurch, daß solche Kollegien von unbedingt sachverständigen
Männern über die kaufmännische Standesehre wachten, daß das
Gewohnheitsrecht von den Zunftgenossen streng gewahrt wurde, ist
in diesen Zeiten der öffentlichen Unsicherheit ein ausgedehnter Handelsverkehr möglich gewesen. Feste Handelsgesellschaften, auf längeren
Zeitraum zum Betrieb bestimmter Geschäfte gegründet, finden sich
schon im 13. Jahrhundert (Cerchi, Bardi). Ein Theil der socii
vertrat die Interessen der Gesellschaft an auswärtigen Plätzen. Man
begreift, daß in dem so sich entwickelnden Verkehr das bequeme
Zahlungsmittel der Tratte (lettera di pagamento) rasche Verbreitung
fand. Sie ist aus der regelmäßigen kaufmännischen Korrespondenz
naturgemäß erwachsen. Schon 1291 herrscht ein lebhafter Tratten-
verkehr zwischen Florenz, Rom, England und den Champagner
Messen. Schaube[2]) ist zu der Ansicht gelangt, daß die Rechtsgültig-
keit dieser privaten Zahlungsbriefe bereits im 13. Jahrhundert anerkannt worden sei, während Goldschmidt dies erst für das 14. angenommen hat. Bei dieser Entwicklung schreitet Florenz, Toskana,
voran. In dem hier herrschenden ungemein lebhaften Geldverkehr
bildet sich der Gebrauch des Wechselbriefs und zugleich die Stellung
der vereidigten Makler am schnellsten aus, während an andern Orten,
z. B. in Genua, noch die umständliche Mitwirkung des Notars beim
Wechselgeschäft üblich ist. Ein ähnliches Verhältnis beobachtet Schaube
auf einem anderen für die Geschichte des Handels- und Seeverkehrs
wichtigen Gebiete, dem des Versicherungswesens.[3]) Die Genuesen

---

[1]) Die pisanischen Consules mercatorum im 12. Jahrhundert. Ztschr.
f. Handelsrecht 41 (1893), 2 ff.

[2]) Einige Beobachtungen zur Entstehungsgeschichte der Tratte. Ztschr.
der Savigny-Stiftg. f. Rechtsgesch. 14, 1 1893 (germ. Abth.), 111 ff.

[3]) Der Übergang vom Versicherungsdarlehn zur reinen Versicherung,
Jahrbücher f. Nationalökonomie u. Statistik 61 (3. F. 6, 1893), 481 ff.

bedienen sich noch des notariellen Versicherungsvertrags, als man in Toskana schon lange die Police eingeführt hat. Schaube zeigt, wie aus dem Versicherungsdarlehn, in dem wir unsern heutigen Begriff des Assekuranzgeschäfts geradezu auf den Kopf gestellt sehen, die echte Versicherung hervorgehen konnte. Diese bietet sich uns in reiner Form zuerst dar in einer pisanischen Urkunde von 1384 und einer florentinischen von 1397; beide sind nicht von Notaren, sondern von Sensalen aufgenommen. Damals war bereits „Die Gefahrvertheilung unter zahlreiche Versicherer, der Ausgleich der Risiken durch Betheiligung an zahlreichen Unternehmungen ... völlig ausgebildetes System." Im Verlauf der von Schaube dargestellten Entwicklung wird das Bestreben deutlich, durch die formelle Gestaltung des Versicherungsvertrags jeden Schein von usura zu vermeiden. Bekanntlich hat die Kirche gerade in diesen Zeiten des aufblühenden Bankwesens immer wieder jenes Zinsverbot[1]) betont, das die Christen der wucherischen Ausbeutung durch die Juden preisgab, für die Juden aber eine Quelle bald des Reichthums, bald der Verfolgungen war.

In Siena treten alle diese Gegensätze besonders scharf hervor. Gegen die Geldgeschäfte, die hier seit dem 13. Jahrhundert von Juden und Christen in großem Stil betrieben wurden, wirft der hl. Bernardino die ganze Kraft seines Ansehens in die Waagschale; aber auch er vermag auf diesem Gebiet nur momentane Wirkungen zu erzielen. Den Strom der geldwirthschaftlichen Entwicklung vermögen die Franziskaner nicht aufzuhalten, wohl aber haben sie ein wesentliches Verdienst an der Einrichtung der Monti pii, die während der 60er und 70er Jahre des Quattrocento als heilsames Schutzmittel gegen den Wucher in den italienischen Städten Eingang finden. Die Gründung des ersten Monte di pietà von Siena scheint allerdings allein von der Stadtregierung ausgegangen zu sein. Wir erhielten neuerdings über Siena's Finanzpolitik außerordentlich reiches Material durch eine Veröffentlichung, welche der Verwaltungsrath des Monte dei Paschi unter Leitung des Präsidenten Grafen R. Piccolomini veranlaßt hat.[2]) Die Geschichte des segensreichen,

---

[1]) Eine interessante Abhandlung über The ecclesiastical treatment of usury von Henry Charles Lea findet sich in der Yale Review, Febr. 1894.

[2]) Il monte dei Paschi di Siena e le Aziende in esso riunite. Note storiche racc. e pubb. per ordine della Deputazione ed a cura del presidente Conte P. Vol. I: I monti dei Paschi e della Pietà al tempo della Repubblica. Siena, Tip. e Lit. Sordo-Muti di L. Lazzeri.

noch heute in großem Ansehen stehenden Kreditinstituts ist hier mit
umfassender Benutzung der sieneser Archive von Narciso Mengozzi in
vier großen Quartbänden bearbeitet. Man hat das Thema möglichst
weit gefaßt. Den Ausgangspunkt bildet nicht die Gründung des
Monte pio und des Monte dei Paschi von 1569 und 1624. Der
ganze 1. Band ist vielmehr der Vorgeschichte von 1200 bis 1555
gewidmet und enthält zahlreiche Mittheilungen von allgemeinem
Interesse über den ältesten Betrieb des Bankgeschäfts in Siena, die
Stellung der Juden, S. Bernardino, die finanziellen Bestrebungen
der Stadt, ihre Schuldenverwaltung und ihre ersten öffentlichen
Kreditinstitute. In diesem Zusammenhang werden uns auch die
politischen Wandlungen deutlicher, die Siena bis zum Sturze der
Republik durchlebt hat.

Viel früher als die Städte Toskanas haben die norditalienischen
ihre Freiheit verloren. Schon gleich nach Beginn des 13. Jahrhunderts bereitete sich im östlichen Oberitalien die Tyrannis vor.
Die inneren Kämpfe in Verona haben dazu am meisten beigetragen.
Unsere Vorstellung von den Veroneser Parteiverhältnissen, wie sie sich
in den zwanziger Jahren des genannten Jahrhunderts gestalteten, ist
eine wenig klare. Auch Walter Lenel vermag in seinen „Studien
zur Geschichte Paduas und Veronas im 13. Jahrhundert" [1]) den
Schleier nicht völlig zu heben. Immerhin gibt er eine sehr an-
nehmbare neue Erklärung für die Partei der „Vierundzwanzig", in
denen man bisher eine Vertretung der Popolanen gesehen hat. Er
identifizirt sie nämlich mit jenen Adeligen, die laut Bericht der Veroneser und Paduaner Quellen im Jahre 1225 vom Grafen von
S. Bonifazio abfielen und mit dessen Feinden, den Montecchi,
gemeinsame Sache machten. Der Graf wurde verjagt, Ezzelin III. der
Weg zur Macht gebahnt. In den folgenden Wirren hat nach L. die
lombardische Liga eine vorsichtige Vermittelungspolitik eingehalten,
die in der Gründung des „Sonderbunds" von 1231 gipfelt, schließlich aber den Übertritt Ezzelin's und damit Veronas zum Kaiser
nicht verhindern kann. — Der Schwerpunkt liegt im ersten Theil

---

1891. 11 u. 310 S. Vol. II: Ricostituzione dei monti di Pietà e dei
Paschi (1555—1624). Ebenda. 1891. 10 u. 323 S. Vol. III: I monti
dei Paschi e di Pietà riuniti (1624—1642). Ebenda. 1892. 6 u. 307 S.
Vol. IV: I monti di Pietà e dei Paschi, espansione lenta e laboriosa
della loro attività (1643—1787). Ebenda. 1893. 10 u. 544 S.

[1]) Straßburg, Karl J. Trübner. 1893. IV, 86 S.

der Schrift, einer ungemein scharfsinnigen und sorgfältigen Untersuchung über die paduanische Historiographie des 13. Jahrhunderts.
Hier wird der überraschende Nachweis erbracht, daß das späte
Chronicon Patavinum (1174—1399) nicht, wie man annahm, aus
Rolandin und den Annalen von St. Justina geschöpft hat, daß vielmehr alle drei Quellen ältere verlorene städtische Annalen (und
zwar mindestens zwei besondere Gruppen von Aufzeichnungen) benutzten, die etwa das ausgehende 12. und etwas mehr als die erste
Hälfte des 13. Jahrhunderts umfaßt haben werden. L. macht es
ferner wahrscheinlich, daß die ursprüngliche Überlieferung bei dem
anonymen Verfasser des Chronicon zuweilen reiner enthalten ist,
als bei den durch ihren Parteistandpunkt beeinflußten Chronisten des
13. Jahrhunderts. Das große Ansehen, das Rolandin als Quellen-
schriftsteller genoß, wird durch diese Resultate stark erschüttert. Wenn
L. aber meint, Rolandin habe die Aufzeichnungen seines Vaters, die
er selbst fortgesetzt und in seiner Chronik verwerthet haben will, einfach fingirt, um sich den Schein der Unabhängigkeit von anderen
Quellen zu wahren, so schießt er mit dieser Vermuthung doch wohl
über das Ziel hinaus. Warum soll es ein Zeichen von Gedächtnis-
schwäche sein (S. 85 Anm.), wenn Rolandin den „Sonderbund"
von 1231 als eine Erneuerung der lombardischen Liga auffaßt?
Thatsächlich bedeutete jener Bund ja nichts anderes, als ein Zusammenwirken der nordöstlichen Städte im Sinne der Liga. Rolandin
war, wie L. konstatirt, an den damaligen Verhandlungen persönlich
betheiligt. Denn daß der magister Rolandinus notarius existens
in officio sigilli, der die Vollmacht des Paduaner Vertreters unter-
fertigt, mit dem Geschichtschreiber identisch ist, unterliegt keinem
Zweifel. Rolandin hat, so berichtet er selbst in seiner Chronik, zu
Bologna den Magistergrad erworben. Er war dort ein Schüler
des Toskaners Boncompagno. Bologna bot damals den angehenden
Notaren besonders gute Gelegenheit, sich in der Ars dictandi
auszubilden. Die Schriften eines Boncompagno[1]) und Guido

---

[1]) Francesco Novati, Il de malo senectutis et senii di Boncompagno da Signa, Rendiconti della R. Accad. dei Lincei, cl. di sc.
mor. stor. e fil. ser. V, vol. I. Roma 1892. S. 49 ff. — Agosto Gaudenzi, Boncompagni Rhetorica novissima, Bibliotheca juridica medi-
aevi. Vol. II. Bononiae 1892. S. 249 ff. — Karl Sutter, Aus Leben
und Schriften des Magisters Boncompagno. Ein Beitrag zur italienischen

Faba[1]) geben Zeugnis von der Betriebsamkeit, die bei den Vertretern dieses Faches herrschte. Sie sind uns zugleich werthvolle Urkunden der Kulturgeschichte im weitesten Sinne.   Carl Sutter.

Lettere e documenti del Barone **Bettino Ricasoli,** pubblicati per cura di Marco Tabarrini e Aurelio Gotti. Vol. VIII. Firenze, Successori Le Monnier. 1893.

Der neue Band der Sammlung von Ricasoli's amtlicher und privater Korrespondenz begreift die kurze, aber inhaltvolle Zeit vom Juni bis Oktober 1866, vom Ausbruch des Kriegs bis zum end= lichen Friedensschluß. Mit dem Tage der Kriegserklärung war Ricasoli, als Mann des allgemeinen Vertrauens, wieder an die Spitze der Regierung getreten. Die preußische Allianz war das Werk der vorigen Regierung gewesen, wir erfahren über sie nichts Neues, wie denn auch die wichtigsten der in diesem Bande mitgetheilten Briefe und Depeschen bereits früher gedruckt sind. Dies gilt namentlich von dem lehrreichen Berichte des Gesandten Nigra an den Prinzen von Savoyen=Carignan vom 23. Juni, der die Beweggründe der Politik Napoleon's mit wünschenswerthester Deutlichkeit im Zusammen= hang entwickelt, und von dem Briefe Ricasoli's an Nigra vom 9. Juli, worin die Verlockung Napoleon's zum Treubruch, zum Abfall vom preußischen Bündnis in den entschiedensten Ausdrücken als ehr= und treuwidrig zurückgewiesen wird. Die perfetta solidarietà fra i due governi alleati blieb unverrückbar die Richtschnur seiner Politik. Leider ist die Korrespondenz von preußischer Seite sehr lückenhaft mitgetheilt, während das Verhältnis zu Frankreich sich von Tag zu Tag verfolgen läßt. Es war doch nicht bloß moralische Gewissen= haftigkeit, wenn Ricasoli die österreichisch=französische Lockung zurück= wies; es wirkten starke politische Gründe mit. Sein patriotischer Stolz empfand die Zumuthungen des französischen Protektors, unter dessen Auspizien auch das preußische Bündnis abgeschlossen worden war, auf's unmuthigste, er hoffte mittelst des Kriegs die Befreiung von diesen drückenden Fesseln; auch konnte es nicht im Interesse Italiens sein, selbst wenn ihm Venetien sicher war, durch Rücktritt

---

Kulturgeschichte im 13. Jahrhundert. Freiburg i. Br. und Leipzig, Akad. Verlagsbuchhandl. von J. C. B. Mohr (Paul Siebeck). 1894. 128 S.

[1]) Agosto Gaudenzi veröffentlichte im Propugnatore, N. S. III (1890) 1, 287 ff., 2, 345 ff. die Summa dictaminis; ebenda V (1892) 1, 86 ff., 2, 58 ff.: Dictamina rhetorica; ebenda VI (1893) 1, 359 ff.; 2, 373 ff.: Epistole.

von der Allianz Österreichs Macht mittelbar zu verstärken, und jeden=
falls konnte Ricasoli nur durch energische Fortsetzung des Kriegs
hoffen, das weitere Ziel, das er sich gesteckt hatte, zu erreichen,
nämlich die Erwerbung von Südtirol und Istrien. Die unglück=
liche Kriegsführung hat auch diese Illusion zerstört, und in Ricasoli's
wie seiner Freunde Briefen spiegelt sich der Schmerz und die tiefe
Beschämung über die Unfähigkeit der Kriegsführung mitunter in er=
greifender Weise wieder. Nur um so mehr aber lag ihm daran,
daß Italien wenigstens Venetien nicht als demüthigendes Geschenk
aus den Händen Napoleon's empfange. Darüber wurde noch ein
heißer Ringkampf mit den Tuilerien geführt, und in diesem Streit
um die Förmlichkeiten der Übergabe, der sich bis zum letzten Augen=
blick hinzog, zeigte Ricasoli seine ganze Zähigkeit, die sich nicht zu=
frieden gab, bis die Übergabe zu einer leeren, fast unbemerkten Förm=
lichkeit zusammenschrumpfte, wobei der französische Kommissär General
Leboeuf geradezu eine lächerliche Rolle spielte. In diesem heißen
Streite hat sich recht eigentlich die Abschwenkung Italiens von der
französischen Freundschaft endgiltig vollzogen. Die Verleihung des
Annunciatenordens an Bismarck, die Ricasoli in einem eindringlichen
Briefe an den König (16. Oktober), empfiehlt, offenbar des Königs
Abneigung bekämpfend, drückt gleichsam das Siegel auf die ein=
getretene Wendung. Daß ein Antagonismus zwischen der Politik
des Königs und derjenigen Ricasoli's bestand, zeigt besonders der
Brief, den der letztere an Sir James Hudson am 9. Oktober schrieb,
um sich Raths zu erholen, was in England Brauch sei, wenn der
Monarch eigene Politik neben der offiziellen Staatspolitik treibe. In
dem Vorwort der Herausgeber sind freilich die Spuren des Wider=
standes, den Ricasoli in Italien selbst zu überwinden hatte, ebenso
mit Stillschweigen übergangen, wie dessen Urtheile über Lamarmara
und die scharfen Ausfälle über die treulose Einmischung des Kaisers
(s. besonders seine Briefe an Visconti=Venosta vom 4. Sept. und
an Buoncompagni vom 7. Sept.); sie geben eine stark gefärbte Dar=
stellung, worin der Hauptpunkt, der sich aus den mitgetheilten Schrift=
stücken ergibt, nämlich die wachsende Entfremdung zwischen Italien
und Frankreich, nach Kräften vertuscht ist.

Sehr charakteristisch für Ricasoli's Persönlichkeit ist, was sie vom
Einzug des Königs in Venedig am 7. November erzählen. Da der
Einzug mit allem königlichen Pompe geschah, erwartete man auch den
Ministerpräsidenten an der Seite Victor Emanuel's zu sehen. Ricasoli

22

hatte sich aber entschuldigt. Er wollte allerdings den großen Festtag mitfeiern, aber nicht in seiner amtlichen Eigenschaft, nicht im Zwang der Etikette. Er erschien am frühen Morgen als einfacher Reisender in der Lagunenstadt, eine Tasche in der Hand, nahm sich eine Gondel und mischte sich unbemerkt in die hunderte von Gondeln, bie, ein festfrohes Bolk tragend, den Canal grande bedeckten. Der stolze Baron wollte das unvergleichliche Schauspiel rein für sich genießen, als Italiener inmitten des jubelnden Volkes. Vielleicht auch wider= strebte es ihm, in amtlicher Eigenschaft sich bei einer Feier zu zeigen, von der die Erinnerung an so viel Bitteres unzertrennlich war.

W. L.

J. M. Alberoni, Lettres intimes adressées au comte J. Rocca et publiées ... Par **Emile Bourgeois.** Paris, G. Masson. 1893.

Der Bf., in Deutschland als Autor eines Buches über die Er= werbung Neufchatels durch die Preußen bekannt, hat in der vor= liegenden Publikation mehr als 600 Briefe vollinhaltlich mitgetheilt, die Alberoni, der Minister Philipp's V. von Spanien, in den Jahren 1703—1746 an seinen intimen Freund, den Grafen J. Rocca, ge= richtet hat. Die ersten 263 Briefe schrieb Alberoni, als er Vertreter des Hofes von Parma beim französischen Heere war, das unter dem Befehle des Herzogs von Vendôme stand. Sie bilden nach Umfang und Inhalt den weniger bedeutenden Theil der Publikation. Alberoni ist bestrebt, die Politik seines Hofes zu verstehen; ohne jedoch irgend= wie entscheidend in die Verhältnisse einzugreifen. Für den Führer der französischen Armee hat er nur Worte der Bewunderung. Land und Leute schildert er ohne besondere Schärfe; vornehmlich auf seine Be= quemlichkeit und seine Interessen bedacht, betrachtet er Alles von diesem beschränkten Gesichtspunkte aus. Die Briefe sind in französischer Sprache geschrieben und umfassen die Jahre 1703—1713. Den zweiten wesentlicheren Theil der Publikation bilden 348 Briefe, deren Mehrzahl — 312 — Alberoni in den Jahren 1713—1719 an Rocca gerichtet hat, also in jener Zeit, da er politisch eine hervorragende Rolle spielte. Diese Briefe sind von Interesse, sie enthalten eine Fülle von Mitthei= lungen, die unsere Kenntnisse von der Antheilnahme Alberoni's an wichtigen Staatsangelegenheiten vermehren. Insbesondere für die ersten Jahre seiner Thätigkeit als Berather der Elisabeth Farnese, deren Heirat mit Philipp V. das Werk Alberoni's war, enthalten die Briefe werthvolles Material. Seine Bestrebungen, eine wesentliche

Hebung der spanischen Industrie zu erzielen, werden erst durch diese
Publikation klar. Großen Gewinn werden auch die Forscher der
spanischen Kulturgeschichte aus diesem Werke ziehen. Als Freund guter
Bilder und Bücher, wie als warmer Verehrer einer guten Küche und
eines guten Trankes verweilt Alberoni gerne und lange bei der Be=
sprechung derartiger Angelegenheiten. Der Fehler der Publikation liegt
nur in dem Umfange derselben. Neben Gutem, Brauchbarem erhalten
wir viel des Überflüssigen, Werthlosen. Die ewigen Klagen über Geld=
kalamitäten, nichts Neues in der Diplomatie jener Zeit, ermüden den
Leser. Bourgeois hätte gut gethan, nur die wichtigeren Briefe in
extenso mitzutheilen, die übrigen in Regestenform zu geben oder in
den Anmerkungen zu verwerthen. Von diesem principiellen Bedenken
abgesehen, verdient der Herausgeber volles Lob, zumal für die Ein=
leitung, die, klar geschrieben, einen guten Überblick über das Leben
Alberoni's gibt.   A. Pribram.

Elisabeth Farnese. „The Termagant of Spain." By **Edward
Armstrong**. London, Longmanns, Green & Co. 1892. XXIV, 415 S.

„Geschichte der spanischen Politik unter Königin Elisabeth" wäre
der richtigere Titel des Buches gewesen. Es umfaßt Zeiten der ver=
wickeltsten diplomatischen Umtriebe und Verhandlungen, wie die von
1714—1735, Zeiten, in denen sich fortwährend neue politische Gruppi=
rungen bilden und Verträge nur dazu geschlossen scheinen, um sofort
wieder gebrochen zu werden. Diesen komplizirten Unterhandlungen
gerecht zu werden, die Schilderung nicht mit Details zu überladen,
Klarheit und Übersichtlichkeit der Darstellung zu bewahren, sind
schwierige Forderungen, denen nicht gewachsen zu sein man Armstrong
nicht allzu sehr zum Vorwurfe machen darf.

A. stützt sich vornehmlich auf die Berichte Alberoni's an den
Herzog von Parma und auf die Depeschen der verschiedenen englischen
Gesandten in Madrid, beides Quellen von hervorragender Bedeutung.
Die Briefe Alberoni's sind sehr interessant und werfen auf manches ganz
neues Licht, so z. B. auf die Ausweisung der Princesse des Ursins
aus Spanien. Ref. hält überhaupt die Kapitel des Buchs, die sich
mit Alberoni's Thätigkeit beschäftigen, für die gelungensten.

Aber auch die englischen Gesandten schickten gute, werthvolle
Berichte nach Hause; es waren zumeist äußerst geschickte, kluge Männer,
so Schaub, Stanhope, Keene. Wir erfahren von diesen treffliche
und treffende Urtheile über Zustände und Personen im damaligen

Spanien; als Beispiel diene die scharfe Charakteristik Scotti's von Sir Schaub (S. 127).

Es ist einer der Hauptfehler des Buchs, allerdings wieder ein schwer zu vermeidender, daß im Verlaufe der Darstellung die Persönlichkeit der Königin selbst immer mehr vor der großen Politik in den Hintergrund tritt, und daß wir Dinge wieder lesen müssen, die nur zu gut bekannt sind. Eine besonders hervorzuhebende Ausnahme bildet die Erwähnung des geheimen Vertrags zwischen Österreich und Spanien vom November 1725. Arneth hatte denselben in Wien nicht aufgefunden, glaubte aber aus anderen Aufzeichnungen ziemlich genau darüber unterrichtet zu sein; nun stellt sich doch eine nicht unwesentliche Differenz heraus zwischen dem wirklichen Vertrage und den gleichzeitigen Vermuthungen. In Art. II (S. 186) derselben versprach — das ist bekannt — Karl VI. zwei seiner damals lebenden drei Töchter den spanischen Prinzen zweiter Ehe zu Gemahlinnen. Im Art. III nun wird noch ausdrücklich versprochen, daß, im Falle der Kaiser stürbe, bevor die Erzherzoginnen das heiratsfähige Alter erreicht hätten, dann Erzherzogin Maria Theresia mit Don Carlos vermählt werden sollte. Eine Bestimmung, die doch den Wiener Hof in dieser Sache noch mehr gebunden hat, als man bisher meinte, die den Widerstand Prinz Eugen's gegen diesen Vertrag noch mehr rechtfertigt, die hochgespannten Erwartungen und darauffolgende Enttäuschung und Erbitterung Elisabeth Farnese's über die spätere Schwenkung der kaiserlichen Politik erklärt. Es ist bedauerlich, daß der Vf. diesen wichtigen Vertrag nicht wörtlich abgedruckt hat.

Sehr glücklich motivirt erscheint der Angriff auf Sardinien im Jahre 1717 (S. 88—91); richtig ist die Ansicht A.'s, daß dem ersten Familientraktate der Bourbons von 1733 — der überdies vielleicht von Spanien gar nie ratifizirt worden ist (S. 310) — keineswegs eine allzu große Bedeutung zugelegt werden dürfe; gut ist die Schilderung von der Plünderung Spaniens zu gunsten der Söhne Elisabeth's (S. 324 nach einem Berichte des Venetianers Venier); gut sind auch überhaupt nahezu alle Partien über die innere Lage und Verwaltung des Landes. A. versteht es sehr gut, in wenigen Worten die Bedeutung und Wirksamkeit eines Mannes zu schildern, so etwa Patiño's oder besonders Alberoni's (S. 125).

Nur von Charakter und Thätigkeit der Königin selbst wird uns kein übersichtliches Bild entworfen; wir sind genöthigt, wie zu einem Mosaikgemälde die verschiedenen Steine aus den entferntesten Theilen des Buches zusammenzutragen (S. 5. 40. 42. 61. 140. 150. 322. 333. 373. 385. 391). Entschieden zu tadeln ist dabei das zuweilen geradezu behag= liche Eingehen in Details des Hoflebens, die man eher in einer Vehse'schen Geschichte der Höfe als in einem ernst gemeinten neuen Geschichtswerke suchen möchte. In freigebigster Weise wird da auch St. Simon benutzt.

Neues Wissen über Elisabeth Farnese gewinnen wir doch manch= mal: so, daß der Königin Herrschaft über ihren Gatten anfänglich durchaus nicht unumschränkt war, daß sie das erst wurde, als die Eigenarten Philipp's V. immer mehr in temporären Wahnsinn aus= arteten. Auch erfahren wir, daß Elisabeth zunächst recht indolent und oft arbeitsunlustig war. Merkwürdig ist die Hochachtung A.'s vor der zünftigen Diplomatie; er kann nicht oft genug betonen, wie unskilled, untrained die Königin in der Politik gewesen sei; und doch scheint es nicht, als ob sie da etwas zu wünschen übrig gelassen habe.

Auch über die Person Philipp's V. hören wir ergänzende Details genug — ebenfalls etwas sehr zerstreut —, die das eheliche Leben der Königin an der Seite dieses Narren als ein Martyrium erscheinen lassen.

A. verwickelt sich manchmal in seltsame Widersprüche: so erzählt er S. 171, Elisabeth sei vor ihrer Heirat im Herzen österreichisch ge= sinnt gewesen, im geraden Widerspruch zu seiner Bemerkung auf S. 7 über die Jugend der Prinzessin. Oder es wird vom kgl. Beichtvater Bermudez ausdrücklich hervorgehoben, er habe alles, was französisch war, gehaßt (S. 172), während er kurz darauf (S. 203) als Partei= gänger Frankreich's geschildert wird. Kleiner Irrthümer sind einige zu verzeichnen: so S. 55 über die Renunciation Philipp's V., S. 67 über den angeblichen Wunsch Karl's VI., 1716 durch eine türkische Invasion in Italien zum Kriege in diesem Lande veranlaßt zu werden; S. 174, daß 1725 die erste Anknüpfung von Wien ausgegangen sei; S. 312, daß ein neuer österreichisch=spanischer Allianzvertrag im Jahre 1734 nur an dem energischen Festhalten Maria Theresia's an ihrem lothringischen Bräutigam gescheitert sei. Endlich muß Ref. bekennen, daß er entschieden anderer Ansicht als A. ist, wenn dieser es (S. 92) für „nicht romanhaft" hält, anzunehmen, daß ohne die Einverleibung Bremens und Verdens von Seite Hannovers und ohne die Angst vor Rußland der Familientraktat vielleicht nie geschlossen worden wäre, England noch heute im Besitze der amerikanischen Kolonien stünde u. dgl. m. Daß Freiheiten mit der Orthographie von Eigennamen, die nicht der englischen Sprache angehören, nicht fehlen dürfen, ist selbst=

verständlich; doch beschränken sie sich diesmal auf ein Minimum; so etwa S. 121 Zuminghen für Zumjungen, oder S. 123 Brunius für Bruynix. Trotz aller dieser Einwände und Bemerkungen ist das Buch interessant und auch gut geschrieben. Vf. verwendet mit Glück Anspielungen auf moderne englische Verhältnisse zur Belebung der Darstellung und weiß dort, wo ihm der Stoff nicht über den Kopf wächst, vortrefflich zu schildern. Ein gutes Register fehlt ebenfalls nicht.

O. Weber.

Maria Josepha Amalia, Herzogin zu Sachsen, Königin von Spanien. Von **Konrad Haebler**. Dresden, W. Baensch. 1892.

Eine im Jahre 1889 in Begleitung des sächsischen Prinzen Friedrich August unternommene Reise nach Spanien hat dem Vf. Anlaß und Gelegenheit gegeben, Materialien zu einem Lebensbilde der früh verstorbenen dritten Gemahlin Ferdinand's VII. von Spanien zu sammeln, das zugleich Anspruch darauf erhebt, ein Beitrag zur Geschichte Spaniens unter der Regierung dieses Königs zu sein und die parteilich entstellte Geschichte der spanischen Revolution in manchen Theilen zu berichtigen. Die Schilderung, welche H. von dem Charakter Ferdinand's VII. entwirft, ist weit günstiger als die bei Baumgarten und Anderen; besonders hebt er dessen Harmlosigkeit hervor und schiebt alle Schattenseiten desselben auf die verderblichen Einflüsse, die in der Jugend auf ihn eingewirkt hatten. Jedenfalls erweist sich aus den Briefen wie aus den in spanischer Sprache an ihren Gemahl gerichteten Gedichten der jungen Königin die Angabe, als ob die Königin Josepha an seiner Seite ein freudloses, unglückliches Leben geführt habe, als irrthümlich. Kann auch von einem bewußten Streben nach politischem Einfluß bei ihr nicht die Rede sein, so hat sie doch, besonders durch die Opposition, welche sie der Camarilla machte, einen heilsamen Einfluß auf das Regierungssystem ausgeübt, der freilich weder tief noch dauernd gewesen sein kann, da die Schrecknisse der Revolution ihre an sich zarte Gesundheit erschütterten und ihren Tod beschleunigten. Th. Flathe.

Die Jesuiten=Republik in Paraguay, eine Pombal'sche Lügenschrift. — Kurze Nachricht von der Republique, so von denen R. R. P. P. der Gesellschaft Jesu .... aufgerichtet worden .... Herausgegeben von Dr. **H. Baumgartner**. Wiener Neustadt, Selbstverlag des Herausgebers. 1892. 107 S.

Ref. muß gestehen, daß er nicht im Stande war, irgend eine Ausgabe des Originals der vorliegenden Flugschrift oder auch nur genauere bibliographische Angaben über dieselbe aufzutreiben. Dadurch dürfte zum Mindesten ihre große Seltenheit und die Berechtigung eines Neudruckes bewiesen sein. In dem Streite Pombal's wider die Jesuiten hat die Schrift unzweifelhaft eine bedeutende Rolle gespielt; Ibañez de Echavarri berichtet, daß ihr Erscheinen große Bestürzung bei den Jesuiten hervorrief und daß sie nach Kräften bemüht waren, die dort gemachten Angaben zu widerlegen oder zu entkräften. Die Vorwürfe, welche darin gegen die Jesuiten erhoben werden, sind die bekannten: Unterdrückung der Indianer und Aufwiegelung derselben gegen die zur Ausführung des spanisch=portugiesischen Grenzvertrages entsandten Kommissarien. Die Schrift ist allerdings zweifellos eine Parteistreitschrift, verfaßt im Auftrage der Regierung, d. h. Pombal's; dagegen kann sie durchaus nicht mit Recht als eine Lügenschrift bezeichnet werden, da sie fast nur Urkunden oder aus urkundlichem Material gezogene Nachrichten enthält.   Haebler.

Napoléon Ier et la fondation de la république Argentine. — Jacques de Liniers, comte de Buenos-Ayres, vice-roi de La Plata et le marquis de Sassenay (1808—1810). Par le marquis de **Sassenay.** Paris, Plon. 1892.   VIII, 285 S.

Der Inhalt des vorliegenden Buches wird richtiger durch den zweiten Theil seines Titels gekennzeichnet, denn es enthält zwei völlig von einander unabhängige Biographien, die sich nur in dem Abschnitte berühren, welcher dem persönlichen Zusammentreffen Sassenay's und Liniers' gewidmet ist. Die darin enthaltenen Nachrichten über den Lebenslauf des Marquis von Sassenay sind allerdings völlig neu; die Persönlichkeit desselben war so wenig bekannt, daß man sogar seinen Namen in den verschiedenen Werken, die seiner Erwähnung thuen, ganz verschieden geschrieben findet. Es hat dies aber seinen triftigen Grund darin, daß sein Lebenslauf, mit der einzigen Ausnahme seiner Sendung nach Buenos=Ayres, kaum ein geschichtliches Interesse bietet. Ihn in solcher Vollständigkeit auszuführen, hat den Vf. wohl vor allem das Familieninteresse veranlaßt. Was er aber auf Grund eines umfänglichen, zum Theil auch handschriftlichen Materiales über den Verlauf der diplomatischen Sendung des Marquis an Liniers mittheilt, berichtigt und ergänzt sehr wesentlich alle früheren Schilderungen dieser Vorgänge, die freilich bei ihrer gänzlichen Erfolglosigkeit für die Unabhängigkeitserklärung der Argentinischen Republik durchaus nicht die

Bedeutung haben, welche ihnen der Vf. in dem Titel seines Buches beizulegen scheint. Nicht ebenso gelungen ist der andere, geschichtlich weit interessantere Theil der Arbeit, die Biographie des Jacques de Liniers. Ich bin erstaunt gewesen, daß der Vf. unter seinen Quellen gerade dasjenige Werk nicht aufführt, welches am eingehendsten und gründlichsten unter Benutzung eines noch weit reicheren Materials, als es dem Vf. vorgelegen, die Geschichte der Regierung des Liniers und des Abfalles von Buenos-Ayres behandelt. Es ist dies die Introduccion der Historia de la Republica Argentina von B. F. Lopez[1]), worin allerdings ein wesentlich anderes und minder günstiges Urtheil über Liniers gefällt wird. Dasselbe mag gewiß zu einem nicht geringen Theile von amerikanischer Selbstüberschätzung beeinflußt sein, immerhin aber bleibt es bedauerlich, daß der Vf. zu der dort niedergelegten Auffassung nicht Stellung genommen hat, um so mehr, als Lopez die Vorgänge, welche unter der Verwaltung von Liniers die Losreißung Argentiniens vorbereiteten, noch von manchen Standpunkten aus beleuchtet, die dem Vf. entgangen zu sein scheinen. Freilich ist die Arbeit von Lopez selbst in der gelehrten Welt so wenig bekannt, ihre Lektüre schon wegen ihres Umfanges so wenig bequem, daß dem Vf. das Verdienst nicht bestritten werden kann, die Persönlichkeit dieses Franzosen in spanischen Diensten weiteren Kreisen bekannt gemacht zu haben; die Wissenschaft dagegen kann nicht umhin, zu beklagen, daß die von Lopez entworfene Charakteristik durchaus nicht widerlegt und ein abschließendes Bild dieser interessanten Persönlichkeit noch immer nicht gewonnen ist. Haebler.

Die Kunstdenkmale des Königreichs Baiern vom 11. bis zum Ende des 18. Jahrhunderts. Beschrieben und aufgenommen im Auftrage des kgl. Staatsministeriums des Innern für Kirchen- und Schulangelegenheiten. 1. Band: Die Kunstdenkmale des Regierungsbezirkes Oberbaiern. Bearbeitet von Gustav v. Bezold und Dr. Berthold Riehl unter Mitwirkung anderer Gelehrter und Künstler. Mit einem Atlas von 150—170 Lichtdruck- und Photogravuretafeln. Lieferung 1.[2]) München, Jos. Albert. 1892.

Von dem 1. Bande dieses auf eine Reihe von Textbänden und Atlanten zu berechnenden Werkes liegen dem Ref. nur drei Bogen und zehn Abbildungstafeln vor. Sie geben nach einer kurzen Einleitung, welche den Plan entwickelt und über die oberbaierische Kunst

---

[1]) Buenos-Ayres 1888. 2 Bde.

[2]) Inzwischen sind auch die Lieferungen 2—9 erschienen.

vorläufig orientirt, einen Abriß der Kunstgeschichte von Ingolstadt, dann eine allgemeine und detaillirte Beschreibung der oberen Pfarrkirche (Liebfrauenkirche), zum Theil auch noch der Garnisons-, ursprünglich Minoritenkirche dortselbst. Ist damit nicht einmal eine mäßig große Stadt erledigt, so drängt sich die Frage auf, ob das ganze Unternehmen in dieser Weise sich werde durchführen lassen. Wir hätten doch mehr ein „Inventar", eine gedrängtere, dadurch übersichtlichere Darstellung gewünscht, die nur für die größeren Städte etwas breiter, sonst eher in lexikalischer Knappheit gehalten wäre. — Das Hauptgewicht ruht auf der Wiedergabe der Kunstdenkmale und auf ihrer wissenschaftlichen Beschreibung, das Geschichtliche steht in zweiter Reihe. Da sind nun die Abbildungen meist trefflich gelungen, einiges, wie die Innenansicht der oberen Pfarrkirche, ist wundervoll ausgeführt. Der ja sehr erwünschten Verbreitung des Werkes in weiteren Kreisen dürfte die streng technische Sprache nicht gerade förderlich sein. Dringend aber ist größere Sorgfalt bei historischen Angaben zu empfehlen. Die Herausgeber sollten nur solche Mitarbeiter verwenden, welche im Stande sind, Inschriften richtig zu lesen. Was hierin namentlich an der Garnisonskirche gesündigt wurde, geht über das Entschuldbare hinaus.

v. Oefele.

Notizen und Nachrichten.

Die Herren Verfasser ersuchen wir, Sonderabzüge ihrer in Zeitschriften erschienenen Aufsätze, welche sie an dieser Stelle berücksichtigt wünschen, uns freundlichst einzusenden.

Die Redaktion.

Allgemeines.

Eine interessante Zeitschrift versprechen die „Biographischen Blätter", herausg. von A. Bettelheim (Berlin, E. Hofmann u. Co.), zu werden, deren beide erste Hefte uns vorliegen. Ein Essay von A. Dove über „Ranke's Verhältnis zur Biographie" in der bekannten etwas pretiösen aber immer geistvollen Weise des Verfassers leitet die mit den Jahren zunehmende Abneigung Ranke's gegen biographische Behandlungsweise sehr feinsinnig einerseits aus seiner Scheu vor dem geheimnisvollen und unbewußten Leben des Individuums, das nur dem Dichter, aber nicht dem Forscher sich ganz öffne, ab und andrerseits aus seinem Charakterzuge, die ganze individuelle Kraft einzusetzen in der Betrachtung der historischen Welt, ein Charakterzug, der nothwendig zurückwirken mußte auf die Art, wie er jene betrachtete. Der flache Aufsatz Ludwig Stein's, Zur Methodenlehre der Biographik, macht an sich selbst sein Wort recht zur Wahrheit: „Vielfach ist es ja nur das geistige Milieu, das im Philosophen als seinem typischen Repräsentanten denkt." Wir erwähnen noch A. E. Schönbach's Aufsatz „Über den biographischen Gehalt des altdeutschen Minnesanges" (ist geneigt, ihn namentlich für die Frühzeit höher zu schätzen, wo der Minnesang, wie er meint, wesentlich von Ministerialen gepflegt wurde); einen für die Geschichte der Aufklärungsideen in Österreich ganz interessanten Entwurf Josef Schreyvogel's zu einer Wiener Hof- und Staatszeitung (1795); eine Rede auf Scheffel von J. Bernays und einen sehr anziehenden Nachruf G. F. Knapp's auf Georg Hanssen. Das zweite Heft enthält eine warm

geschriebene und anregende Skizze von Erich Marcks „Nach den Bismarck=
Tagen", Mittheilungen Hans Kraemers über Bismarck's Schuljahre, sodann
die von A. Sorel bei seiner Aufnahme in die französische Akademie
gehaltene glänzende Rede auf Taine. Sie bemüht sich, eindringlicher, als
die bisher uns bekannt gewordenen Charakteristiken, die Gährungen seiner
inneren Entwicklung zu erfassen, und gipfelt in einer aus Sorel's Munde
besonders interessanten Beurtheilung der Origines de la France con-
temporaine. Taine war, meint er u. a., mehr Denker und Dichter als
Politiker, „gegen die Staatsraison war er unbedingt widerspenstig", darum
konnte er auch Napoleon nicht verstehen. — Außer dem Wiederabdruck von
Bezold's Untersuchung über die Anfänge der Selbstbiographie erwähnen
wir noch einen von Arneth mitgetheilten Stimmungsbericht J. v. Wessen=
berg's aus dem Jahre 1809 über seine Eindrücke in Potsdam und ein von
Fournier mitgetheiltes Urtheil Stadion's über Gentz 1807.

Neben der Akademischen Revue ist nun noch eine neue akademische
Wochenschrift begründet unter dem Titel: Die Aula. Wochenblatt für die
akademische Welt, redigirt von E. Boucke (München, R. W. Bobach. Preis
vierteljährlich 3 M.). Sie wendet sich an die Mitglieder aller Fakultäten
und will „ein die Natur= und Geisteswissenschaften gleichzeitig umfassendes
Organ sein, das über die Ergebnisse der wissenschaftlichen Erforschung und
über die Strömungen im Kunstleben durch geeignete Abhandlungen orientirt".
Aus dem 1. Heft notiren wir einen Aufsatz des kürzlich verstorbenen
Münchener Ästhetikers M. Carrière: Die Einheit des Geistes, und die
Anfänge von Artikeln von J. Kohler: Das römische und das deutsche
Recht, und von E. Hardy: Buddhismus und Christenthum.

Von der von Prof. O. Brenner neubegründeten volkskundlichen Zeit=
schrift für Baiern (vgl. unsere Notiz 73. 535) ist das erste Heft erschienen
unter dem Titel: Mittheilungen und Umfragen zur baierischen Volkskunde.

Eine neu gebildete Gesellschaft für niedersächsische Kirchen=
geschichte beabsichtigt, auch eine eigene Zeitschrift für nieder=
sächsische Kirchengeschichte in's Leben zu rufen, für die sie zur
Mitarbeiterschaft auffordert. Es sollen darin neben Publikation kirchen=
geschichtlicher Quellen Darstellungen aus der Geschichte des religiösen und
kirchlichen Lebens, der kirchlichen Verfassung, des Kultus und der kirchlichen
Wissenschaft, der Berührung mit anderen Konfessionen, des Schulwesens,
insbesondere aber auch der kirchlichen Entwicklung der einzelnen Gemeinden
dargeboten werden. Der Aufruf ist u. A. vom Abt G. Uhlhorn in
Hannover und Prof. Tschackert in Göttingen unterschrieben.

Von der Bibliotheca historico-militaris, herausg. von Dr.
Joh. Pohler (Kassel, F. Keßler), einer allgemeinen Bibliographie für Ge=
schichte der Kriege und Kriegswissenschaften, ist jetzt mit dem 5. Hefte des
3. Bandes die Schlußlieferung erschienen (Preis 8 M.).

Unter dem Titel Bibliotheca geographica ist der 1. Band einer neuen Publikation erschienen, die eine Übersicht über die auf dem Gebiete der Geographie erschienenen Bücher, Aufsätze und Karten gewähren soll, wie sie früher von der Gesellschaft für Erdkunde in Berlin im Anschluß an ihre Zeitschrift gegeben wurde. Der Herausgeber O. Baschin, Berlin W., Schinkelplatz 6, fordert zu Einsendung oder Namhaftmachung einschlägiger Arbeiten auf.

Unter dem Titel: I campi Flegrei gibt R. Annechino in Italien eine neue illustrirte Lokalzeitschrift, die der Geschichte der Umgegend von Pozzuoli gewidmet ist, heraus. — Auch in Venedig erscheint seit kurzem eine neue Monatsschrift: Nuove veglie veneziane (Preis jährlich 12 Lire). — De Rossi's Bullettino di archeologia cristiana wird fortgesetzt von seinem Bruder in Gemeinschaft mit E. Stevenson und Or. Marucchi unter dem Titel: Nuovo bullettino di archeologia cristiana.

In Madrid erscheint seit März eine neue Monatsschrift: Historia y arte, herausg. von Adolfo Herrera (Preis 35 Frcs. jährlich).

In Chartres gibt der Kanonikus Métais unter dem Titel: Archives historiques du diocèse de Chartres eine neue, monatlich erscheinende Publikation heraus, die hauptsächlich zur Veröffentlichung des betreffenden Urkundenmaterials bestimmt ist (Preis jährlich 10 Frcs.).

Die Verlagsbuchhandlung von Leop. Voß in Hamburg hat das 1. Heft einer neuen Monatsschrift „Die Handschrift" herausgegeben (Preis vierteljährlich 2 M.). Sie soll auch historische und kritische Beiträge zur Entwicklung der modernen Kurrentschrift bringen. In der Hauptsache aber ist es ein Organ für die sog. moderne Graphologie.

In seinem Aprilheft 1895 hat das Korrespondenzblatt des Gesammtvereins rc. eine neue Abtheilung „Aus den Museen" eingerichtet, die, regelmäßig durchgeführt, eine nützliche Übersicht über neue Funde rc. zu geben verspricht.

Zu der Frage: Professoren der Kulturgeschichte? nimmt noch K. Biedermann das Wort in einem kleinen Artikel im Feuilleton der Nat.-Ztg. vom 11. April, indem er sich zustimmend zu dem Wunsche Steinhausen's (vgl. 74, 527) äußert. Er macht dafür besonders geltend, daß neuerdings Schüler und Lehramtskandidaten in Kulturgeschichte geprüft würden, also auch auf der Universität für den Unterricht in Kulturgeschichte gesorgt werden müsse. Aber in den betreffenden Prüfungsreglements ist doch nur eine auch die kulturgeschichtliche Seite der Geschichte berücksichtigende gesammtgeschichtliche Behandlung gemeint, nicht speziell „Kulturgeschichte".

In der Beilage der Münch. Allg. Ztg. vom 17. Mai gibt L. Wolf eine Besprechung des Buches von O. Ammon: Die Gesellschaftsordnung und ihre natürlichen Grundlagen (Jena, Fischer. 1895) in einem gleich= betitelten Aufsatz. Die von ihm mit Zustimmung citirten Sätze aus dem Buche enthalten aber theilweise rechte Plattheiten.

Eine Abhandlung von G. Schumann: Zum Unterricht in der neuesten Geschichte in Prima (Programm des Matthias=Claudius=Gymnasiums zu Wandsbeck, Puvogel. 1895. 17 S.) geht im Allgemeinen von der auch von uns vertretenen Auffassung aus und warnt namentlich vor der Zurück= drängung der eigentlichen Hauptaufgaben des Geschichtsunterrichts durch Überlastung mit sozialpolitischen und kultur= und wirthschaftsgeschichtlichen Forderungen.

Aus einem demnächst bei Beck in München erscheinenden Werke: „Aus Alterthum und Gegenwart" veröffentlicht R. Pöhlmann in der Beilage der Münch. Allg. Ztg. vom 28. und 29. Mai einen Aufsatz: Zur Methodik der Geschichte des Alterthums. Vf. vertritt namentlich im Gegensatz zu neuer= dings gefallenen Äußerungen von Wilamowitz den auch von uns stets befür= worteten universalhistorischen Standpunkt auch für die alte Geschichte und wendet sich zugleich gegen die ungenügende Berücksichtigung der Geschichte, speziell der agrarischen und sozialen Fragen, in der neuen Ausgabe der Realencyklopädie des klassischen Alterthums von Wissowa.

Aus den Verhandlungen des Geographentages in Bremen heben wir namentlich die Kontroverse über das Verhältnis der Geographie zu den Naturwissenschaften einerseits und zur Geschichte andererseits hervor. Während von der einen Seite mit Entschiedenheit die Geographie als rein natur= wissenschaftliche Disziplin in Anspruch genommen wurde, wurde von anderer Seite nachdrücklich an das Wort Peschel's erinnert:' „Nie darf in Deutschland der Tag kommen, wo geschichtliche Studien getrennt werden von geographischen."

Alte Geschichte.

Nach einem in Edinburgh gehaltenen Vortrage hat Flinders Petrie einige Meilen nördlich von Theben in Ägypten Ruinen einer alten Stadt und alte Begräbnisplätze gefunden mit etwa 2000 Gräbern, in denen die Leichen nicht nach ägyptischer Weise begraben und einbalsamirt waren, sondern sämmtlich mit den Knieen gegen die Arme gebeugt auf der Seite, das Gesicht nach Westen gewandt, lagen. Petrie meint, daß es sich wahrscheinlich um einen lybischen Stamm handelt, der in der Zeit zwischen der 7. und 9. Dynastie, um 3000 v. Chr., in Ägypten eindrang und die Kultur des alten Königthums über den Haufen warf. Ägyptische Gegenstände haben sich in keinem der Gräber gefunden, ebensowenig Schriftzeichen; wohl aber bemalte Krüge und gut gearbeitete steinerne Geräthe und Metallsachen. Außerdem scheinen Anzeichen dafür zu sprechen, daß in dem Stamme eine Art von religiöser Anthropophagie geübt wurde.

In der Nähe der Lischt-Pyramiden sind von den Franzosen Gautier und Jéquier Ausgrabungen veranstaltet und namentlich eine Reihe von Statuen Usurtesens I. gefunden. — Morgan hat in der Nähe der Dashur-Pyramiden eine Reihe sehr alter Mastabas (Gräber von Beamten ɾc.), wahrscheinlich aus der 4. Dynastie, aufgedeckt. Abbildungen der neueren von ihm gefundenen Schmuckstücke findet man im Graphic vom 4. Mai. Neben den großen Funden De Morgan's bei Dashur sind auch die von dem englischen Egypt Exploration Fund bei Der el Bahri fortgesetzten Ausgrabungen in der letzten Saison wieder ziemlich erfolgreich gewesen. Der Tempel am Begräbnisplatz der Königin Hatshepsu ist freigelegt und hat Architekturreste und sonstige Fundstücke aus der 18. Dynastie ergeben, darunter Relieffries mit Darstellungen aus dem Leben und Lande des Königs von Punt. Namentlich ist aber an derselben Stelle auch ein ausgedehnter Begräbnisplatz aus späterer, koptischer Zeit (4. Jahrh. n. Chr.) gefunden, und auch aus dieser Zeit sind in den Särgen Papyrusrollen, Bronzen und Skulpturen zum Vorschein gekommen.

Ein hübscher Artikel von G. Ebers in der Beilage der Münchener Allg. Ztg. vom 29. März: „Wie das neue Ägypten gut macht, was es an dem alten verschuldet", macht Mittheilung über den kürzlich erschienenen 1. Band der großen Publikation, die auf Anregung De Morgan's und unter Protektion des jetzigen Chedive die Abbildungen sämmtlicher noch erhaltenen (unbeweglichen) altägyptischen Denkmäler nebst Inschriften bringen soll (Catalogue des monuments et inscriptions de l'Égypte antique). Zugleich gibt Verfasser eine Übersicht über die bisherigen großen ägyptischen Denkmälerpublikationen, die nun durch das neue große Sammelwerk ersetzt werden sollen.

Die Ztschr. für ägypt. Sprache und Alterthumskunde 32, 2 beginnt mit einem Nachruf für Brugsch von A. E(rman) und bringt dann eine nachgelassene Arbeit von Brugsch: Die Pithomstele (Publikation und Erläuterung der Inschrift). Im folgenden gibt L. Borchardt eine Fortsetzung seiner Untersuchungen „Zur Geschichte der Pyramiden" (Bemerkungen über den Namen der dritten Pyramide bei Gizeh und zur Baugeschichte der Knick-Pyramide bei Dashur). Endlich erwähnen wir als historisch bemerkenswerth aus dem Heft noch einen Artikel von Ed. Mahler: Materialien zur Chronologie der alten Ägypter (chronologische Bestimmung der Regierungszeit der Ramessiden, mit einer Übersichtstabelle der Ansätze für Amosis bis Ramses VI. [1575—1198 v. Chr.]).

In Maspero's Recueil 17 1/2 veröffentlicht A. Moret einen Artikel: Une fonction judiciaire de la XII. dynastie et les chrématistes ptolémaïques (Anknüpfung dieser Funktionäre der Lagiden an Vorgänger in der 12. Dynastie). Aus demselben Heft notiren wir noch zwei Artikel von L. Maspero: Notes sur différents points de grammaire et d'histoire und De quelques localités voisines de Sidon (die bei der assyrischen Eroberung erwähnt werden).

In der Ztschr. f. Assyriologie 9, 4 findet sich ein kleiner Artikel von Ed. Meyer: die chaldäische Ära des Almagest und der babylonische Kalender (erstere ist nichts als die babylonische Form der Seleucidenära und begann nicht am 1. Dios (Herbst), sondern am 1. Artemision (Frühling) 311 v. Chr.). — Dasselbe Heft enthält den Schluß des Artikels von W. Belck und C. F. Lehmann: Ein neuer Herrscher von Chaldia (über das alte Reich von Van, nach Inschriften, die von Belck und jetzt auch von den Russen publizirt worden sind). Wir notiren aus dem Heft noch einen Artikel von Y. Le Gac: Quelques inscriptions assyro-babyloniennes du Musée Lycklama à Cannes, und eine Miscelle von L. W. King: Sinsariskun and his rule in Babylonia.

Als Publikation des Vereins für die Geschichte von Ost- und Westpreußen zum 350jährigen Jubiläum der Königsberger Universität hat Arthur Ludwich in zwei starken Bänden „Ausgewählte Briefe von und an Chr. A. Lobeck und K. Lehrs nebst Tagebuchnotizen" herausgegeben. (Erster Theil 1802—1849. Zweiter Theil 1850—1878. XII u. 1049 S. Leipzig, Duncker und Humblot, 1894). Bei weitem die meisten Briefe sind von Lehrs, von dem nicht nur die eigentlich wissenschaftliche Korrespondenz, sondern auch eine Fülle von Briefen an Freunde, in denen er sich über alles mögliche, Kunst, Tagesfragen ꝛc. ausspricht, Aufnahme gefunden haben (daneben auch Tagebuchnotizen). Bei aller Achtung vor Lehrs' wissenschaftlicher Tüchtigkeit wird man doch fragen können, ob er denn ein Mann von so hervorragendem, universellem Geiste war, daß auch solche Äußerungen von ihm veröffentlicht zu werden verdienten. Diesen Eindruck eines ganz vorzüglichen Geistes empfängt man gerade aus den Briefen nicht. Der Herausgeber ist ja allerdings hierin offenbar anderer Meinung gewesen, und das ist begreiflich, wenn man einmal sein Verhältnis zu Lehrs als begeisterter Schüler und Nachfolger und dann die besondere Tradition der Königsberger philologischen Schule, als deren Meister Lobeck und Lehrs verehrt werden, in's Auge faßt. So ist ja eben diese Publikation auch vom preußischen Geschichtsverein veranstaltet und eine Festgabe zum Königsberger Universitätsjubiläum. Von diesem Gesichtspunkt aus, als speziell ostpreußische, Königsberger Publikation, wird man manches milder beurtheilen müssen. Aber unter allen Umständen ist doch des Guten zu viel gethan. Wo sollte es hinführen, wenn man nach diesem Maßstab Korrespondenzen aus unserm Jahrhundert veröffentlichen wollte! Dabei verfährt der Herausgeber mit rührender, philologischer Akribie. Von einem Rechtfertigungsschreiben von Lehrs in derselben Sache (wegen eines in der That recht unziemlichen Angriffs auf Herbart) werden zwei Konzepte, eines an das Provinzialschulkollegium und eines an das Ministerium (Nr. 52 u. 55) möglichst wort-

getreu abgedruckt; war es denn nicht möglich, diese Schreiben bezw. eines
derselben nach dem Original aus den Akten des Ministeriums zu geben?
Ferner werden in geradezu ärgerlicher Manier fast alle kleineren Versehen
oder Verschreiben, als ob es sich um alte Urkunden handelte, getreulich ab=
gedruckt, mit einem «so» dahinter („aus" für „auch", „sie" für „Sie" zc.).
In dieser verkehrt verstandenen Akribie und in diesem Mangel an Urtheil
über wirklichen Werth oder Unwerth der Stücke, man möchte sagen, in
diesem Mangel an jeder Fühlung mit dem allgemeinen Geistesleben unserer
Zeit, repräsentiren sich die beiden dicken Bände als rechter Typus für die
klassische Philologie unserer Tage. Das muß gegenüber überschwänglichen
Verherrlichungen, wie sie beispielsweise Kammer in der Frieblaender'schen
Festschrift (vgl. die folgende Notiz) äußert, offen gesagt werden. Von
Männern, deren Briefe an Lobeck oder Lehrs mitgetheilt werden, sind
namentlich Joh. Heinr. Voß, Gottfr. Hermann, Lachmann, Meineke
und Ritschl hervorzuheben; daneben noch etwa Dindorf, Zumpt, Rauch,
Köchly, Haupt, L. Preller, Jul. Schmidt, Fr. Zarncke; doch sind die Briefe der
letztgenannten, wie auch die meisten von G. Hermann, nicht von besonderer
Bedeutung, und vollends von einem so langweiligen Manne, wie dem Philo=
logen Nitzsch, an dessen gedruckten Werken wir schon mehr als zu viel haben,
brauchten wahrlich nicht auch noch gleichgültige Briefe abgedruckt zu werden.
Für Historiker von Interesse sind noch einzelne Briefe von K. W. Nitzsch,
dem Historiker, und A. v. Gutschmid; dazu frische, temperamentvolle
Briefe an Lehrs von J. Horkel, dem Autor des 1. Bandes der Ge=
schichtschreiber der deutschen Vorzeit. In philologischer Hinsicht das
Bedeutendste der ganzen Publikation sind die Briefe von Lachmann an
Lehrs, aus denen allerdings schon Einzelnes bekannt war, die aber jetzt im
Zusammenhang ein vollständiges Bild von der Ausbildung der Lachmann=
schen Ansichten über die homerischen Gedichte gewähren, eine höchst bedeu=
tende und willkommene Ergänzung zu seinen „Betrachtungen". Auch die
Briefe von Ritschl und Meineke bieten manches Interessante. Endlich
ein Brief wie der große von Joh. Heinr. Voß an Lobeck (Nr. 31) wiegt
Dutzende von andern auf. Aber um so bedauerlicher ist eben, daß dies
wirklich Bedeutende in der Menge des Gleichgültigen verschwindet. — Ein
„Personenverzeichnis", das sich verständigerweise nicht auf Personen
beschränkt, beschließt die Publikation. Erwünscht wäre noch eine übersicht=
liche Zusammenstellung der Briefsteller und der Adressaten der Briefe
gewesen.

　　Zum 50jähr. Doktorjubiläum L. Friedlaender's haben Freunde
und Schüler ihm eine Festschrift gewidmet (Leipzig, Hirzel, 1895. 554 S.).
In einer längeren Abhandlung, die uns daraus zugeht, behandelt
El. Klebs: Das lateinische Geschichtswerk über den jüdischen Krieg, den
sog. Hegesippus. Vf. stellt in eingehender Untersuchung des Inhalts und
der Sprache fest, daß wir das Werk weder als Übersetzung noch als

Bearbeitung bezeichnen dürfen, sondern daß es ein selbständiges, lateinisches Schriftwerk ist, das nur seinen Stoff wie Pompejus Trogus u. A. auch, einem griechischen Original, in diesem Falle also dem Josephus, entlehnte. Der Bf. war ein klassisch gebildeter Christ, der sich in der Sprache namentlich an Sallust, daneben auch an Tacitus ꝛc. anlehnte. Die Autorschaft des Ambrosius stellt Klebs entschieden in Abrede. Er hält die Benutzung Ammian's durch den unbekannten Bf. für sicher und setzt demnach die Abfassungszeit ins letzte Dezennium des vierten Jahrhunderts. — Von den übrigen Abhandlungen der Festschrift heben wir als von historischem Interesse hervor: Zur Camillus-Legende von O. Hirschfeld (Erörterung der historischen Bestandtheile in derselben). — Zu den griechischen Grabschriften von Ed. Loch (Terminologie derselben). — Profan- und Sakralrecht von R. Maschke (sc. der römischen Republik; vgl. dazu den S. 358 notirten Artikel desselben Bf. im Philologus). — Der Akanthus der Griechen und Römer von F. Olck (archäologische Studie). — Über die Divination in der Geschichtschreibung der römischen Kaiserzeit von J. Plew (Glaube an Weissagungen und Vorzeichen bei Tacitus ꝛc.). — Chthonischer und Todtenkult von P. Stengel (Verwandtschaft und Unterschiede zwischen beiden). Quaestio Thucydidea von M. Wiesenthal (gegen Müller-Strübing). — — Das Taurobolium von G. Zippel (Zusammenstellung und Besprechung namentlich der Inschriften über diesen phrygischen Geheimdienst). — Beiträge zur attischen Geschichte von G. Busolt (1. Zur inneren Entwicklung des athenischen Staates von Solon bis Kleisthenes, namentlich in agrarischer Beziehung; 2. Zum Kriegsplane des Perikles).

Aus einer andern Festschrift: Griechische Studien, Hermann Lipsius zum sechzigsten Geburtstag dargebracht (Leipzig, Teubner, 1894. 187 S.) müssen wir uns gleichfalls begnügen, die historischen Stücke, die die Mehrzahl der Sammlung ausmachen, kurz zu notiren: E. Bischoff: Beiträge zur Kenntnis griechischer Kalender: Der Kalender von Epidaurus. — P. Panske: De contributionibus societatis alterius maritimae earumque exactione quaestiones epigraphicae (Finanzwesen des attischen Bundes). — E. Koch: Ληξιαρχικὸν γραμματεῖον (war nichts anderes als die Beamtenlosungsliste der Einzelgemeinden für die Wahlen zu den Beamtenstellen der Gesammtgemeinde). — Th. Büttner-Wobst: Die Florentiner Handschriften des Polybios. — Joh. Ilberg: Die medizinische Schrift „über die Siebenzahl" und die Schule von Knidos (Zusammengehörigkeit des Buches περὶ ἑβδομάδων mit dem dritten Buche περὶ νούσων). — O. Crusius: Athanasius über das Orakel ἐν Καβείροις (bezieht sich auf die pontische Stadt Kabeira). — R. Hildebrandt: περὶ ῥύακος τοῦ ἐν Σικελίᾳ (Theophrastische Schrift über den Ätna). — M. Bencker: Zu Lysias' Rede gegen Agoratos. — B. Maurenbrecher: Andokides-Studien. — F. Poland: Das Prytaneion in Athen. — Ed. Heydenreich: Griechische Berichte über die Jugend Constantin's

23*

des Großen. — Ed. Zarncke: Zur griechischen Kunstprosa in Griechen=
land und Rom. — W. v. Voigt: Quo anno Agrippa expeditionem
Bosporanam fecerit (15 v. Chr. Besprechung der Jahre 16—13 v. Chr.).
— C. Cichorius: Zu den Namen der attischen Steuerklassen. — C. Th.
Fischer: Quaestionum Scylacearum specimen. — E. Thost: Ad
papyros titulasque Graecos symbolae. — O. Bodsch: Zum Publicola
des Plutarch. — E. Kyhnitzsch: De Jadis apud Dionem Cassium
vestigiis. — M. Thiel: Eudoxeum (Benutzung des Eudoxus durch Vitru=
vius mittels einer Arat=Ausgabe.

Einen Beitrag zur Vorgeschichte des europäischen Familienrechts gibt
F. Bernhöft in der Ztschr. f. vergleichende Rechtswissenschaft 11, 3
in einem Aufsatz über „Ehe und Erbrecht der griechischen Heroenzeit“.
Er betont namentlich das Vorkommen des Erdienens der Braut bei den
Griechen wie bei anderen Völkern (Othryoneus, Bellerophon, Sigfried x.).
Die Frage ist nur, inwieweit diese naturgemäß überall zu treffende Form
des Werbens als ein wirklicher Rechtsbrauch und allgemeinere Sitte zu be=
trachten ist, und da scheint uns Vf. in seinen Schlüssen zu schnell zu sein.
Auch sonst ist er in seiner Verwerthung von Mythos und Sage, und in
seinen Vergleichen, so betr. der Zigeunerehe, nicht vorsichtig genug und
gelangt daher zu problematischen Ergebnissen. Auf diesem Felde steht zu=
nächst der von Bernhöft vernachlässigten vergleichenden Sprachforschung das
Wort zu, und nur in Anlehnung an ihre Ergebnisse können Untersuchungen
wie die des Vf. Frucht bringen.

Den größten Theil des neuen Heftes des Journal of Hellenic studies
14, 2 füllt eine höchst bedeutsame Abhandlung von A. J. Evans über
seine Entdeckung einer altkretischen Bilderschrift: Primitive picto-
graphs and a praephoenician script from Crete and the Peloponnese
(mit zahlreichen Abbildungen und Tabellen der bilderschriftlichen Charaktere).
Diese Abhandlung wird grundlegend für die weitere Forschung auf diesem
Gebiet bleiben und sich auch für die ethnographischen Anschauungen über
die alte Welt von Bedeutung erweisen. Verfasser datirt die altkretische
Bilderschrift bis zur 12. ägyptischen Dynastie (3. Jahrtausend v. Chr.)
zurück und schreibt sie mit Entschiedenheit bereits der vorgriechischen Be=
völkerung zu, ein höchst bemerkenswerthes Ergebnis. (Vgl. dazu auch einen
Artikel von L. Mariani in der Academy Nr. 1191.) — Wir erwähnen aus
dem Heft des Journal noch eine mythologische Studie von A. G. Bather:
The problem of the Bacchae und eine gemeinschaftliche Arbeit von
Paton, Myres und Hicks: Three Karian sites: Telmissos, Karyanda,
Tarampos (mit einer Inschrift von Telmessos).

In dem Gebirgsthale Kukuneri unweit Ikaria hat Professor Richard=
son vom amerikanischen archäologischen Institut Fragmente eines griechi=
schen Opferkalenders aus dem 4. Jahrhundert gefunden.

Auf der Insel Delos sind von der französischen archäologischen Schule weitere Ausgrabungen vorgenommen und bis jetzt fünf Privathäuser freigelegt, die ein vollständiges Bild von der Anlage der altgriechischen Wohnhäuser gewähren. Auch schöne Bildwerke sind dabei gefunden, namentlich eine vollständig erhaltene, schöne Kopie von Polyklet's Ἀναδούμενος und die ebenso schön erhaltenen Statuen eines Athleten und einer Frau, ferner ein archaisches Relief, das Hermes und die Nymphen darstellt, und andere Skulpturen, dazu auch Wandgemälde und Mosaiken.

Von der Generalverwaltung der kgl. Museen zu Berlin wird eine von Abbildungen begleitete Beschreibung der Skulpturen von Pergamon herausgegeben, von der der erste Theil, die Gigantomachie, verfaßt von O. Puchstein, kürzlich erschienen ist (Berlin, W. Spemann).

Im Märzheft der Gazette des beaux arts gibt der Direktor der Ausgrabungen von Delphi, Homolle, in einem Artikel: Découvertes de Delphes, eine eingehende Besprechung der Metopen vom Schatzhause der Athener, die die Abenteuer des Theseus und Herkules zum Gegenstande haben und durch ihre sichere Datirbarkeit in die Zeit bald nach 490 für die Kunstgeschichte von besonderer Bedeutung sind. Verfasser sucht denn auch von diesem Ausgangspunkte die bisherigen zeitlichen Ansätze der uns erhaltenen Monumente aus älterer Zeit einer ziemlich weitgehenden Revision zu unterziehen, wobei er freilich in der ausschließlichen Betonung des Stilmoments für die Datirung zu einseitig vorgeht. — In einem weiteren Artikel im Aprilheft der Gazette bespricht Verfasser die Schatzhäuser von Sikyon und Siphnos und macht Mittheilungen über die bei letzterem den Figuren beigeschriebenen Namen, nach denen sich die Darstellungen mit Sicherheit bestimmen lassen.

Im Bulletin de Correspondance hellénique 18, 8—10 veröffentlicht P. Jamot einen Artikel über einen im Jahre 1890 gefundenen schönen Sarkophag mit Darstellungen der Herkules-Sage, wahrscheinlich aus hellenistischer Zeit (Fouilles de Thespies; fragments d'un sarcophage représentant les travaux d'Hercule; vgl. namentlich die Tafel mit der Abbildung des gut erhaltenen Kampfes mit Antäus). Es folgen Artikel von J. Chamonard und E. Legrand: Inscriptions de Notion, und von A. Jubin: Stèle funéraire archaique de Symi. Besonders bemerkenswerth ist die dann folgende Fortsetzung der Publikation von L. Couve: Inscriptions de Delphes (lauter größere Stücke, Dekrete Delphis und der Amphiktyonie für die Städte Smyrna und Antiochia aus der Zeit Seleucus' II. und Antiochus' III., ein Dekret für Nikomedien ꝛc.). Vgl. von demselben Verfasser im Folgenden noch einen kleinen Artikel: Sphinx de Chypre (jetzt im Museum des Louvre). Von großem Interesse ist ferner der Bericht von A. de Ridder über Fouilles de Gha (Ausgrabungen auf einer Insel im Copaïssee mit den Fundamenten eines

Palastes und Überresten aus der letzten Epoche mykenischer Kultur, nach dem Verfasser Werke der Minyer, die wahrscheinlich den eindringenden Böotern zum Opfer fielen. Vgl. dazu F. Noack in den Mittheilungen des athen. Instituts 19, 4: „Arne", gleichfalls eine lange Abhandlung über Gha, die aber in ihren Phantasien über die Minyer zu weit geht). Es folgen in dem Hefte noch mehrere Inschriftenpublikationen: Inscriptions de l'éparchie d'Almynos (elf Nummern) von N. J. Giannopoulos: Ἐπιγραφαὶ ἐκ Λυκίας (34 Nummern) von A. S. Diamantaras; Inscriptiones duae musei Surutchaniani (in Bessarabien) von B. Latyschew. Endlich den Beschluß macht eine Notiz von Th. Homolle: Nouvelles signatures du sculpteur Eutychidès.

Ein Aufsatz von U. Köhler in den Sitzungsber. der Berliner Akad. der Wissensch. Nr. 25: Die athenische Oligarchie des Jahres 411 v. Chr. sucht darzulegen, was über diesen Gegenstand aus der Ἀθ. πολ. zur Ergänzung und Verbesserung des thukydideischen Berichts zu gewinnen ist.

In dem nachträglich ausgegebenen Heft 12, 1894, der Fleckeisen'schen Jahrbücher findet sich ein Artikel von F. Susemihl: Zur Politik des Aristoteles (gegen Wilamowitz gerichtet, über die Abfolge der Bücher der Politik, und über Pol. 2, 12 und das gegenseitige Zeitverhältnis der Politik und der Politeia der Athener). — Aus demselben Heft notiren wir noch den Schlußartikel von H. Pomtow's Fasti Delphici (Übersichtstabelle über die Archontate der Amphiktyonendekrete und Nachträge) und kleinere Artikel von J. Mülleneisen: Beziehungen zwischen dem Sonnenjahr und dem bürgerlichen Mondjahr der alten Griechen; von F. Reuß: Isokrates' Panegyrikos und der kyprische Krieg (gegen G. Friedrich, vgl. unsere Notiz 74, 341, und von A. Weidner und P. R. Müller: Zu Tacitus (theilweise recht verfehlte Konjekturen). — Aus dem 2. Heft des Jahrgangs 1895 der Jahrbücher ist nur eine metrologische Untersuchung von F. Hultsch zu notiren: Drei Hohlmaße der römischen Provinz Ägypten.

Ein Artikel von M. Fränkel im Philologus 54, 1: Das große Siegesdenkmal Attalos' des Ersten, wendet sich gegen die Aufstellungen von H. Gäbler und hält daran fest, daß das Denkmal den im Jahre 228 beendigten Krieg gegen Antiochus und die Galater, in welchem Attalos von Pergamon den Feind in sieben Schlachten besiegte, feiert. — In demselben Heft setzt S. Bruck seine Studien „Über die Organisation der athenischen Heliastengerichte im 4. Jahrh. v. Chr." fort, indem er die Heliastentäfelchen behandelt; S. Sudhaus gibt neue „Exkurse zu Philodem", und R. Förster publizirt: Anecdota Choriciana nova. Wir erwähnen endlich aus dem Heft noch Artikel von J. Bannack: Zu den Inschriften aus Epidaurus (Kritik des Werkes von P. Kabbadias: Fouilles d'Épidaure) und von R. Maschke: Das älteste Fragment der römischen Stadtchronik (sc. aus dem Jahre 304 bezw. 321 bei Plinius, Hist. nat. 33, 6, 17 ff. durch Vermittelung des Valerius Antias).

Über einen bemerkenswerthen Inschriftenfund in Marsala auf Sicilien berichtet A. Salinas im Novemberheft 1894 der Notizie degli Scavi: Di una rara epigrafe ricordante Sesto Pompeo (mit Abbildung des Steins). In demselben Hefte wird über den Fund einer Inschrift zu Ehren des Augustus in Aosta berichtet und von L. Scotti über Nuovi scavi nella Terramara Rovere. — Im Dezemberheft berichtet F. G. Gamurrini: Di una iscrizione latina dedicata a Caracalla (in Betulonia in Etrurien), und A. Salinas veröffentlicht einen zusammenfassenden Artikel über Piombi antichi (aus Kalabrien, im Ganzen gegen 100 Stück, vom Verfasser eingetheilt in Piombi mercantili, Piombi di forma cilindrica schiacciati alle estremità, Sigilli bizantini con iscrizioni greche o latine und Tessere e frammenti informi bzw. Varia. Bemerkenswerth sind namentlich die byzantinischen Bleisiegel). — Im Januarheft 1895 macht L. Pigorini weitere ausführliche Mittheilung über seine Ausgrabungen von Pfahlbauten: Terramara Castellazzo di Fontanellato (provincia di Parma), und ebendort berichten L. A. Milani über neue Ausgrabungen in Betulonia in Etrurien und F. Barnabei: Di un nuovo cippo milliario dell' Appia.

In den Rendiconti della R. Accad. dei lincei zu Rom 3, 11/12 veröffentlicht R. Lanciani einen archäologischen Artikel, der allerdings mehr Interesse für Rafael-Forscher, als für römische Alterthumsforscher hat: La pianta di Roma antica e i disegni archeologici di Raffaello Sanzio. — In demselben Doppelheft findet sich ein interessanter Artikel von F. Barnabei über problematische älteste Darstellungen der Töpferscheibe auf griechischen Vasen: Di alcune pitture di vasi greci nelle quali si crede rappresentata la forma più antica della ruota da vasaio (mit Abbildungen). Wir notiren aus demselben Heft noch eine Prima relazione intorno ai viaggi fatti per la compilazione dei supplementa italica al Corpus inscriptionum latinarum von E. Pais, und aus Bd. 4 Heft 2 einen Aufsatz von E. Piccolomini: Di una reminiscenza Soloniana presso Cratino e presso Aristofane.

In der Nuova Antologia vom 1. April 1895 veröffentlichte E. Lattes einen umfänglichen Aufsatz, in dem er das Resultat seiner gelehrten Arbeiten zugänglich zu machen sucht: L'italianita della lingua etrusca (mit besonderer Berücksichtigung der Agramer Mumieninschrift). — Derselbe Verfasser veröffentlicht einen weiteren Beitrag zur Erklärung der Mumieninschrift in einer Abhandlung der Memorie della R. Accad. delle scienze di Torino, Serie II Tom. 44: L'ultima colonna della iscrizione etrusca della Mummia.

In der Rev. Histor. 58, 1 gibt W. Liebenam einen kurzen Überblick über die seit 1884 in Deutschland erschienenen Arbeiten zur römischen Geschichte (Publications relatives à l'histoire romaine), im vorliegenden Heft zunächst von 1884 bis 1891, woran sich dann ein zweiter Artikel über die Jahre 1892 und 1893 schließen soll.

Die Leipziger Studien 17, 1 enthalten eine umfangreiche Abhandlung von O. Bocksch: De fontibus libri V et VI Antiquitatum Romanarum Dionysii Halicarnassensis quaestiones variae (Hauptquelle, theils direkt, theils indirekt, ist nach dem Verfasser Valerius Antias, aus dem auch Licinius Macer und eine dritte daneben von Dionys benutzte Quelle bereits schöpften).

In den Wiener Studien 16, 2 wird von P. Vogt „Hypereides' erste Rede gegen Athenagoras" neu publizirt und erläutert. In demselben Heft findet sich eine Miscelle von W. Kubitschek: Die Tribus der claudischen Städte (die mauretanischen Neubürgergemeinden wurden in die Quirina, die übrigen in die Claudia aufgenommen).

Die von uns in den Notizen wiederholt erwähnten Artikel G. Boissier's über l'Afrique romaine, die zuerst in der Revue des deux mondes veröffentlicht wurden, sind jetzt auch vereinigt in Buchform erschienen: Gaston Boissier: l'Afrique Romaine. Promenades archéologiques en Algérie et en Tunisie. Paris, Hachette et Cie. 1895. 321 S. Das Ganze gibt in angenehm lesbarer Form eine Übersicht über das, was die Römer als Kolonisatoren und Kulturträger in Nordafrika geleistet haben und was die neuere, namentlich französische Forschung für die wissenschaftliche Rekonstruktion jener Periode in den letzten Dezennien gethan hat. Wir heben hier namentlich noch einmal den Abschnitt über die agrarischen Verhältnisse unter den Römern (les campagnes) und die Darstellung der Ergebnisse der Ausgrabung der alten Stadt Timgad hervor, über die eine besondere Publikation in Paris augenblicklich im Erscheinen begriffen ist (Timgad, une cité africaine sous l'empire romain. Paris, Leroux). Beigegeben sind dem Buche je zwei kleine Pläne von Carthago und von Timgad.

In den Mélanges d'archéologie et d'histoire 14, 5 setzen S. Gsell und H. Graillot ihre archäologischen Mittheilungen aus Algier fort: Explorations archéologiques dans le département de Constantine (Algérie), und zwar behandeln sie diesmal: Ruines romaines au nord des monts de Batna (Inschriften, 64 Nummern, und Architekturreste, mit zahlreichen Abbildungen und einer Karte).

In der Revue archéologique 26, 1 veröffentlicht Ph. Berger über das in Tripolis aufgefundene neupunische Grabdenkmal (vgl. die Notiz 74, 160) eine genauere Darstellung: Le Mausolée d'El-Amrouni, mit Abbildungen des Reliefs und Facsimile der Inschrift.

Aus der Zeitschr. f. Sozial= und Wirthschaftsgesch. 3, 2 notiren wir den Anfang einer Abhandlung von A. Schulten: Die römischen Grund=

herrschaften. Verfasser unterscheidet den Besitz großer Einzelgüter und die Ausdehnung des Besitzes über eine Menge Güter (Latifundien). Er bespricht die kommunale Selbständigkeit des Gutsbezirks und erörtert den Unterschied der Termini saltus, fundus, tractus, praedium, possessio, massa.

Gleichfalls eine bemerkenswerthe agrarische Studie von E. Dramard findet sich in den Séances et travaux de l'Académie, April 1895: Étude sur les Latifundia. Contribution à l'histoire de la propriété rurale à Rome du IIe siècle avant au IIe siècle après notre ère, hauptsächlich gegen Fustel de Coulanges gerichtet, ein Stück aus einer umfassenden Darstellung, in welchem zunächst die Zeugnisse der Alten geprüft und erörtert werden.

Als Programm des kgl. alten Gymnasiums zu Würzburg ist eine Abhandlung von W. Wunder erschienen: Manibiae Alexandrinae. Eine Studie zur Geschichte des römischen Kunstraubes (Würzburg 1894. 31 S.) über die von Augustus in Ägypten erbeuteten Kunstschätze.

Im Aprilheft der Deutschen Rundschau findet sich ein kleiner Aufsatz von P. Rohrbach: Sic et non. Neue Aktenstücke aus der Zeit der Christenverfolgungen (sc. die von uns schon erwähnten Libelli und das Prozeßprotokoll des Christen Apollonius, vgl. unsere Notizen 72, 162 und 542 f.).

Einen interessanten Gegenstand behandelt G. Nordheim in einem Aufsatze in der Beilage der Münch. Allg. Ztg. vom 22. April: Pontius Pilatus in der Sage.

Bemerkungen „Zur Geschichte des Christenthums in Lugudunum vor Constantin" veröffentlicht O. Hirschfeld in den Sitzungsber. der Berliner Akad. der Wissensch. Nr. 19 (über die Märtyrer vom Jahre 177 und über die sehr unsicheren Spuren von älteren christlichen Grabsteinen aus dem Gebiet von Lyon).

Über den syrischen Evangelienpalimpsest vom Sinai (vgl. die Notiz 74, 344) macht J. Wellhausen genauere Mittheilungen in den Nachrichten der kgl. Gesellschaft der Wissensch. zu Göttingen 1895, 1. — In demselben Heft ist der Anfang einer archäologischen Studie von C. Fredrich abgedruckt: Sarkophagstudien. I. Die Darstellungen auf den antiken Sarkophagen bis zur römischen Kaiserzeit.

In den Sitzungsber. der Münchener Akademie der Wissensch. 1894, 3 ist ein dann auch als Sonderabdruck herausgegebener Vortrag von Krumbacher erschienen: Michael Glykas (eine Skizze seiner Biographie und seiner literarischen Thätigkeit, namentlich auch über seine Weltchronik, nebst einem unedirten Gedichte und Briefe desselben; das Gedicht ist ein Prooemium zu der Sprichwörtersammlung des Glykas; der Brief ist wahr-

scheinlich an die Theodora Komnena, die Nichte und Mätresse des Kaisers
Manuel gerichtet).

Aus dem neuesten Heft der Byzantinischen Zeitschrift 4, 2 begnügen
wir uns zwei Abhandlungen zu notiren, von K. Prächter: Eine vulgär-
griechische Paraphrase der Chronik des Konstantinos Manasses, und von
J. Draesele: Der Mönch und Presbyter Epiphanios (lebte in der zweiten
Hälfte des 8. Jahrhunderts).

Neue Bücher: Mucke, Horde und Familie in ihrer urgeschichtlichen
Entwicklung. (Stuttgart, Enke.) — La Ville de Mirmont, Apollonios
de Rhodes et Virgile. La mythologie et les dieux dans les Argo-
nautiques et dans l'Enéide. (Paris, Hachette.) — Freeman, Gesch.
Siziliens. Deutsche Ausgabe von B. Lupus. I. (Leipzig, Teubner.) —
v. Holzinger, Lykophron's Alexandra, griech. u. deutsch. (Leipzig, Teubner.)

Römisch-germanische Zeit und Mittelalter bis 1250.

Als Heft 210 der Sammlung gemeinverständlicher wissenschaftlicher
Vorträge ist eine kleine Schrift von F. Seiler erschienen: Die Heimat
der Indogermanen (Hamburg, Verlagsanstalt 1894, 36 S.). Verfasser
wendet sich hauptsächlich gegen die Penka'sche Hypothese von dem Ursitz der
Indogermanen in Südskandinavien und schließt sich selbst im allgemeinen an
Schrader an, nur daß er die Urheimat nicht in den Südosten, sondern in
die Mitte des europäischen Rußlands verlegt. In der Zurückweisung der
Penka'schen Hypothese, die auch wenig Anhänger gewonnen hat, stimmen
wir ihm bei; aber seine eigenen, wie überhaupt die neuerdings bevorzugten
Hypothesen von den Ursitzen in Europa, halten wir für ebenso unbewiesen.

Über das von uns schon erwähnte, große Werk von P. und W. Sar-
rasin über die Wedda (H. Z. 72, 164) notiren wir noch eine eingehende
Besprechung von R. Keller im Biologischen Centralblatt 15, 6 und 7: Die
Wedda's von Ceylon und die sie umgebenden Völkerschaften; ein Versuch,
die in der Phylogenie des Menschen ruhenden Räthsel der Lösung näher
zu bringen.

Aus der Beilage der Münchener Allg. Ztg. vom 17. und 18. April
erwähnen wir einen Artikel von C. Hahn: Einiges über die Kumyken
(eines der Kaukasusvölker, nach Angaben eines von dem russischen Anthropo-
logen Pantjuchow in Tiflis gehaltenen Vortrages. Gestreift wird auch die
Frage nach der Herkunft der alten Kulturen Europas).

Im Nineteenth Century 218 (April 1895) veröffentlicht J. Prestwich
einen Artikel: The greater antiquity of man (sc. älter, als Lyell meinte;
nach dem Verfasser jetzt ohne Übertreibungen etwa auf 50000 Jahre zu
berechnen).

In Peru sind neuerdings bei Ausgrabungen, die im Auftrage von H. Villard von F. Bandelier unternommen worden sind, außerordentlich reiche Funde von Inka=Alterthümern gemacht worden. Namentlich reiche Schmuck= und Zierstücke von Gold, Silber und Bronze und Thongefäße der verschiedenartigsten und merkwürdigsten Formen sind in großer Menge gefunden. — Auch in Mexiko und Guatemala sind neuerdings wieder bedeutende Funde von Alterthümern gemacht worden.

Eine bemerkenswerthe Untersuchung veröffentlicht O. Montelius im Archiv f. Anthropologie 23, 3 zu der Frage: Findet man in Schweden Überreste von einem Kupferalter? Verfasser bejaht die Frage und fixirt die Zeit des Kupferalters auf ca. 2000 v. Chr. Seine Untersuchungen sind auch von allgemeinerem Interesse für prähistorische Forschungen. Von demselben Verfasser folgt in dem Heft noch ein Artikel: Zur ältesten Geschichte des Wohnhauses in Europa, speziell im Norden. Er bespricht namentlich die runde Hüttenform, die er, aber wohl mit Unrecht, für den allgemein indogermanischen Typus ansieht. — Ähnliche Gegenstände behandeln auch zwei Artikel in der Ztschr. für Ethnologie 27, 1: „Chemische Untersuchung westpreußischer vorgeschichtlicher Bronzen und Kupferlegirungen, insbesondere des Antimongehaltes derselben", von O. Helm, und „Die Südgrenze des sächsischen Hauses im Braunschweigischen" von R. Andree.

In Stockstadt am Main hat Conradi das einst von der XXII. Legion besetzte römische Kastell ausgegraben und das Prätorium nebst Badeeinrichtung freigelegt, daneben auch eine große Reihe kleinerer Funde gemacht.

In Baden bei Zürich sind die Fundamente von Gebäuden aus römischer Zeit freigelegt und eine große Reihe von Fundstücken, Vasen und Krüge mit Reliefs und Inschriften, Werkzeuge, Münzen ꝛc. zu Tage gefördert.

Auf einem Geestacker bei Kuxhaven ist ein großes, altgermanisches Gräberfeld gefunden, 38 Urnen sind bereits gehoben und nach Hamburg gebracht worden. Der Fund verspricht noch interessante Ergebnisse.

Die Reichslimeskommission hat ihre Arbeiten in diesem Jahre wieder aufgenommen, und dem Oberstlieutenant Dahm ist auf der Höhe von Braubach gleich ein bedeutender Fund geglückt, nämlich die Aufdeckung eines in den ersten Jahrhunderten n. Chr. betriebenen Hüttenwerkes. Die Überreste von Baulichkeiten und eine Anzahl berg= und hüttenbaulicher Werkzeuge, Feuerzangen, Tiegel ꝛc. sind gefunden. — Derselbe Kommissar hat bei Ehrenbreitstein auch die Fundamente eines römischen Kastells ausgegraben. — In Mainz sind zwei römische Altäre, aus dem 1. und 3. Jahrhundert n. Chr., gefunden, der eine den Deae Aufaniae geweiht; daneben auch Fragmente von Grabplatten und Reliefs. — Wir erwähnen hier noch einen Artikel der Leipziger Illustr. Ztg. vom 23. März: Das römische Kastell Abusina bei

Eining a. d. Donau von H. Arnold, mit guten Illustrationen von W. Örtel (über die vor Jahren veranstalteten Ausgrabungen des Pfarrers Schreiner).

In der Februarsitzung der Berliner Archäologischen Gesellschaft war ein Vortrag von Dahm bemerkenswerth über von ihm gemachte Waffenfunde bei den Limesausgrabungen, wobei er sich namentlich eingehend über die Entwicklung des römischen Pilums äußerte. Vgl. den ausführlichen Bericht in der Wochenschr. f. klass. Philologie Nr. 16. — Eine Übersicht über die Limesausgrabungen gibt F. Haug im Korrespondenzblatt des Gesammt-vereins Nr. 4: Vom römischen Grenzwall.

Im Globus Nr. 13 setzt G. Bancalari seine umsichtig und sorgfältig geführten, hausgeschichtlichen Studien fort in einem Artikel: Das südbeutsche Wohnhaus „fränkischer" Form. Vgl. auch in Nr. 15 derselben Wochenschrift einen „Beitrag zur Hausforschung" von J. Mestorf. Über das westfälische Bauernhaus veröffentlicht J. B. Nordhoff einen Aufsatz im Maiheft von Westermann's Monatsheften.

Das ganze neue Heft der Westdeutschen Ztschr. 14, 1 wird von einer umfangreichen, hauptsächlich auf inschriftlichem Material aufgebauten, anti-quarischen Studie von A. v. Domaszewski eingenommen: Die Religion des römischen Heeres. Wir müssen uns hier darauf beschränken, die Eintheilung der sorgfältigen, ihren Stoff wohl fast erschöpfenden Abhandlung anzugeben: 1. Die dii militares und das Fahnenheiligthum. 2. Die dii peregrini, die Lagertempel der Hauptstadt. 3. Der Genius des Kaisers und die Heiligthümer der principales. 4. Numina castrorum. 5. Das Recht der Heeresreligion. 6. Die Heeresreligion Diokletian's. 7. Die Heeres-religion der christlichen Kaiser. 8. Die Heeresgötter der Republik. Ein Register und Abbildungen der in Betracht kommenden Skulpturen sind dem Hefte angefügt. — Im Korrespondenzblatt 14, 1/2 bespricht H. Kelleter: Vorkarolingische Bauten zu Aachen (namentlich Basilika und Karlsgruft), Kisa ben Kanal in der Budengasse in Köln und K. Schumacher: Gewand-nadeln mit Fabrikmarke (in Ergänzung zu Dressel). Das der Nr. 3 des Korrespondenzblattes beigegebene Limesblatt Nr. 14 enthält Berichte von Wolff, Schumacher, Eidam und Kohl.

Über das im vorigen Jahre in Friedberg aufgedeckte Mithraeum veröffentlicht Th. Goldmann einen über den Fund genau berichtenden und zugleich die allgemeinen Fragen erörternden Artikel im Archiv f. Hessische Gesch. u. Alterthumskunde N. F. 2, 1: Der Mithraskultus und die Mithraeen in Friedberg (mit 2 Plänen im Text und 2 Doppeltafeln im Lichtdruck).

Über das von uns im vorigen Heft erwähnte Denkmal von AdamKlissi brachte O. E. Schmidt einen kleinen Aufsatz in den Grenzboten 1895

Nr. 12: Die Römer in der Dobrudscha und das Denkmal von Adamklissi. — Aus dem Archäolog. Journal 51 Nr. 203 und 204 notiren wir einen allgemein orientirenden Artik von Bunnell-Lewis: The antiquities of Vienne.

In der Ungarischen Revue 15, 1/2 wird ein Auszug aus einer Abhandlung von G. Teglas veröffentlicht: Neue Beiträge zu den Felseninschriften der Katarakte in der untern Donau (über die Herstellung der Straße durch die Römer im 1. Jahrh. n. Chr., mit schönen Illustrationen und Facsimiles).

Unter Mélanges et documents veröffentlicht die Revue Histor. 58, 1 einen nachgelassenen Aufsatz von P. Hunfalvy: Quelques réflexions sur l'origine du Daco-Roumains. Sein Raisonnement, das die Kontinuität der Entwicklung von den Römern zu den Rumänen bestreitet, wendet sich hauptsächlich gegen A. D. Xénopol, der dann kurz unter Hinweis auf seine Rumänische Geschichte antwortet.

Aus den Indogerm. Forschungen notiren wir einen Artikel von S. Bugge: Über den Einfluß der armenischen Sprache auf die gothische. Nach Philostorgios stammte Ulfilas von kappadokischen Christen, die von den Gothen im 3. Jahrh. n. Chr. auf einem Beutezuge zu Kriegsgefangenen gemacht waren. Bugge glaubt nun auch in der gothischen Sprache der Bibelübersetzung des Ulfilas armenische Anklänge nachweisen zu können.

In der Ztschr. f. kathol. Theolog. 1895, 2 veröffentlicht J. Ernst einen Aufsatz: Der angebliche Widerruf des hl. Cyprian in der Ketzertaufe, in dem er De Smedt und Fechtrup in Verwerfung des Widerrufs beipflichtet. — Ein Artikel von Al. Kröß in demselben Heft: Die Kirche und die Sklaverei in Europa in den späteren Jahrhunderten des Mittelalters, behandelt zunächst die Stellung des Christenthums zur Sklaverei des Alterthums in den ersten Jahrhunderten. Wir erwähnen noch einen Artikel von H. Grisar: Ein angeblicher Kirchenschatz aus den ersten Jahrhunderten (der Tesoro sacro des Cavaliere Giancarlo Rossi zu Rom; ist eine ganz moderne, raffinirte Fälschung). — Aus dem Nineteenth Century 218 (April 1895) notiren wir einen Artikel von W. R. Cassels: The diatesseron of Tatian. — In der Deutschen Ztschr. f. Kirchenrecht 5, 1 publizirt Goetz: Zwei kanonistische Abhandlungen: 1. Das Alter der Kirchweihformeln X—XXXI des Liber diurnus (ist eine alte Theilsammlung desselben, deren Anfänge in's 5. Jahrhundert zurückreichen, und die schon zu Gregor's I. Zeiten als fertige Sammlung im Kanzleigebrauche war) und 2. Die Echtheit der fälschlich als Ep. Widonis ad Heribertum archiepiscopum Mediolanensem bezeichneten Dekretale Paschalis' I. (Fraternae mortis C. I. q. III c. 7: Si quis autem objecerit). — In der Ztschr. f. Kirchengesch. 15, 4 setzt R. Röhricht seine Publikation der „Briefe des Jacobus de Vitriaco" (1216—1221) fort.

„Das deutsche Nationalgefühl in seiner geschichtlichen Ent=
wicklung" behandelt knapp und ansprechend G. Liebe in einem kleinen
Vortrage (Magdeburg, Niemann).

„Unedirte Karolinger=Diplome" aus französischen Handschriften,
den sog. Collections des Archivs und der Nationalbibliothek zu Paris,
über die Verfasser eine Übersicht gibt, publizirt A. Dopsch in den Mitth.
des Instituts f. österr. Geschichtsforschung 16, 2, im ganzen zehn Nummern
nebst Fragmenten und Regesten von drei weiteren Stücken und fünf
Fälschungen. — In den Kleinen Mittheilungen desselben Heftes handelt
B. Bretholz: Über das 9. Kapitel der pannonischen Legende des heil.
Methodius (bezieht sich auf eine Disputation in Mähren, wahrscheinlich im
Jahre 870), und K. F. Kaindl „Zu Cosmas" bestätigt die Annahme
Loserth's, daß Cosmas nicht der Autor der Versus de s. Adalberto sein könne.

Eine Miscelle von L. Schmidt im Neuen Archiv f. Sächs. Gesch. u.
Alterthumsk. 16, 1/2: Zur Geschichte der Dresdner Thietmar=Handschrift, hat
weniger Interesse für Thietmar, als für die Gelehrtengeschichte des 16. Jahr=
hunderts, zu der Verfasser durch Veröffentlichung eines Reskripts Kurfürst
August's von Sachsen vom 17. April 1563 einen Beitrag gibt.

In der Revue numismatique 3, 13 veröffentlicht A. de Barthélemy
einen kleinen Artikel: Note sur la classification des monnaies Caro-
lingiennes (sie sind nicht nach den Regenten, neben denen auch die Grafen,
Bischöfe und Äbte das Münzrecht ausübten, sondern nach geographischen
Bezirken zu klassifiziren).

Aus dem Archiv für das Studium der neueren Sprachen u. Literatur
94, 2/3 notiren wir einen Artikel von G. Schepß: Zu König Alfred's
Boethius (Nachweis der Benutzung lateinischer Vorgänger in König Alfred's
Kommentar).

Einen bemerkenswerthen Aufsatz veröffentlicht G. Kurth in der Revue
des questions histor. 114 (April 1895): La France et les Francs dans
la langue politique du moyen âge. Verfasser sucht die Entstehung und
den späteren Gebrauch dieser Namen festzustellen und betont vor allem,
daß dieselben mehr politische, als ethnographische Bedeutung haben, daß
also namentlich unter Franken keineswegs bloß Germanen zu verstehen seien.
Gewiß ist bei der Interpretation des Namens „Franken" auch stets die
Möglichkeit des rein politischen Gebrauchs in Betracht zu ziehen. Kurth
scheint uns in seiner Auffassung aber entschieden zu weit zu gehen.

In der Political Science Quarterly 10, 1 veröffentlicht F. Zink=
eisen eine Untersuchung über The Anglo-Saxon Courts of Law (über
das Hundertschafts= und Grafschaftsgericht, ihre Kompetenz in Zivil= und
Strafsachen und ihre Zusammensetzung).

Über die Bibliothek und einzelne bedeutende Handschriften des alten Klosters Novalese macht C. Cipolla weitere Mittheilungen in einer Reihe von Abhandlungen (in den Memorie della R. Accad. delle scienze di Torino Serie II Tom. 44, fast den ganzen starken Band füllend), die zusammen ein Bild von der Geschichte und geistigen Bedeutung des Klosters im Mittelalter geben.

Aus der Revue des langues romanes 8, 3 (März 1895) notiren wir eine Publikation von C. Douais: Poésies ou prières à la vierge (zwölf Nummern lateinischer Gedichte aus einem Manuskript der Stadtbibliothek von Toulouse aus dem 12. oder Anfang des 13. Jahrhunderts: Orationes de sancta Maria). Vgl. dazu die Artikel von G. Hecq und L. Paris in den Annales de la société d'archéologie de Bruxelles 9, 1 ff.: La poétique française au moyen âge et à la renaissance.

Aus der Beilage der Münchener Allg. Ztg. vom 2. April notiren wir einen Artikel von Dr. v. Lehner: Zur christlichen Ikonographie (Besprechung des Buches von P. Weber: Geistliches Schauspiel und kirchliche Kunst in ihrem Verhältnis erläutert an einer Ikonographie der Kirche und Synagoge, Stuttgart 1894). In der Beilage vom 5. April ferner fand sich ein bemerkenswerther Aufsatz: Die nestorianische Kirche und ihre Bedeutung, in welchem die Schicksale dieser Sekte in Asien von ihrer Entstehung ab durch's ganze Mittelalter bis in die neuere Zeit verfolgt werden.

Aus den Neuen Heidelberger Jahrbüchern 5, 1 notiren wir einen Aufsatz von Karl Neumann: Über Kunst in Italien im 12. Jahrhundert (wieder abgedruckt im Maiheft der Preußischen Jahrbücher).

Einen sehr bemerkenswerthen Aufsatz veröffentlicht W. Cunningham in der Ztschr. f. Sozial- u. Wirthschaftsgesch. 3, 2: Die Einwanderung von Ausländern nach England im 12. Jahrhundert. Er sucht die Bedenken, die Ashley gegen die darüber in seinem Buche (Growth of English Industry and Commerce in the Early and Middle Ages) vorgetragenen Ansichten geltend gemacht hat, zu entkräften, indem er die Einwanderung von Ausländern im Gefolge Wilhelm's des Eroberers im einzelnen darlegt (die Francigenae im Domesday-Book, die Einwanderung von Flamändern im 12. Jahrhundert und der Zusammenschluß der Ausländer in Gilden, namentlich der Webergilde).

Aus der English Histor. Rev. 38 (April 1895) notiren wir eine Miszelle von F. W. Maitland: The murder of Henry Clement (1235; Protokoll über die Gerichtsverhandlung).

Im Archiv für österr. Gesch. 82, 1 veröffentlicht B. Bretholz eine bemerkenswerthe Abhandlung: Mähren und das Reich Boleslaus' II. von Böhmen (Mähren wurde in Wirklichkeit zuerst von Bretislav i. J. 1029 erobert). — In demselben Bande des Archivs gibt G. E. Frieß eine

„Geschichte des ehemaligen Nonnenklosters O. S. B. zu Traunkirchen in Oberösterreich" von seiner Gründung im 11. Jahrh. bis zur Aufhebung im 16. Jahrh., mit einem Anhang von Urkunden und Regesten (102 Nummern) und einem Nekrologium.

Über reiche Funde von Handschriften und Urkunden aus dem 13. bis 16. Jahrhundert, die von Kowatschewitsch und Stephanowitsch auf einer im Auftrage der serbischen Akademie unternommenen Forschungsreise gemacht wurden, findet sich ein Bericht in der Beilage der Münch. Allg. Ztg. vom 27. März: Wissenschaftliche Forschungen in Altserbien.

In der Revue de l'Orient latin 2, 3/4 gibt H. Derenbourg eine französische Übersetzung der arabischen Autobiographie Ousamas' (12. Jahrh.).

Neue Bücher: Hodgkin, Italy and her invaders. V. VI. (Oxford, Clarendon Press.) — Güterbock, Der Friede von Montebello und die Weiterentwicklung des Lombardenbundes. (Berlin, Mayer & Müller.) — Jansen, Die Herzogsgewalt der Erzbischöfe von Köln in Westfalen. (München, Lüneburg. 4,60 M.) — Mitzschke, Urkundenbuch von Stadt und Kloster Bürgel. I. (1133—1454.) (Gotha, Perthes.) — Bretholz, Gesch. Mährens. I, 2 (bis 1197). (Brünn, Winiker.). — F. Lot, Hariulf. Chronique de l'abbaye de St. Riquier. (Paris, A. Picard.)

Späteres Mittelalter (1250—1500).

In den Württembergischen Vierteljahrsheften für Landesgesch. 3, 4 macht Pfarrer Busl „Mittheilung über wiederaufgefundene Urkunden aus den Klöstern Bebenhausen, Adelberg und Pfallingen". Es handelt sich um 15 auf der kgl. Universitätsbibliothek zu München wiederaufgefundene, württembergische Urkunden aus dem 12.—15. Jahrhundert, von denen Busl Regesten gibt. Vier dieser Urkunden waren bisher nicht publizirt, und nach einer den Urkunden beiliegenden Notiz sollen zwei davon für die Genealogie der Hohenzollern von Bedeutung sein.

In der Römischen Quartalschrift 9, 171 veröffentlicht H. Finke aus einem Codex des Soester Stadtarchivs eine sehr werthvolle Relation über das Pariser Nationalkonzil von 1290 von köstlicher Unmittelbarkeit der Erzählung.

The English historical Review Bd. 10 bringt in zwei Abtheilungen aus der Feder von W. E. Rhodes eine detaillirte Biographie des Edmund von Lancaster, des Bruders von Eduard I., der mannigfache Schicksale hatte und eine Zeit lang Kandidat für die sicilische Krone war. Grundlage des Aufsatzes bilden die neueren Veröffentlichungen der Record Comission.

G. Romano, der schon so manchen werthvollen Beitrag zur Geschichte des ersten Mailänder Herzogs Gian Galeazzo Visconti (1378—1402) geliefert hat, behandelt im Archivio storico Lombardo XXI (1894) fasc. 2 die auch für die Geschichte von König Ruprecht's Romzug interessante Frage, ob Gian Galeazzo wirklich den König noch in Deutschland durch einen Vergiftungsversuch habe aus dem Wege räumen lassen wollen, oder ob seiner Verdächtigung nur eine feingesponnene Intrigue der Florentiner, die König Ruprecht auf den Mailänder loslassen wollen, zu Grunde liegt? R.'s Aufsatz konstatirt erst, wie überaus thöricht sich der Mailänder Sendbote, welcher angeblich den Leibarzt Ruprecht's bestechen sollte, benommen haben würde, und gibt dann die volle Lösung der Frage auf Grund der überaus interessanten Aussage eines Florentiner Diplomaten Uzzano, der, 1402 in die Gefangenschaft der Mailänder gefallen, nicht Bedenken trug, seine Lage durch Ausplauderung des von der Kommune Florenz angezettelten Streiches zu verbessern. Die Gesandten der Florentiner bei König Ruprecht haben Auftrag erhalten, König Ruprecht glauben zu machen, daß Gian Galeazzo ihn durch seinen Leibarzt vergiften wolle und haben nicht gezögert, ihrer Intrigue das Leben dieses Mannes zu opfern.   K. Wenck.

In der Revue des quest. hist. LVII bespricht Comte de Puymaigre die merkwürdige Geschichte des Giannino Baglioni aus Siena, der als angeblicher Sohn Ludwig's X. von Frankreich vorübergehend in der Provence um Anerkennung gestritten haben soll. Die Quelle Istoria del re Giannino di Francia (neue Ausg. von Maccari, Siena 1893) enthält neben vielen Abenteuern doch so eigenartige Details, daß man an der Echtheit gar nicht zweifeln würde, wäre nicht der eine merkwürdige Umstand, daß kein gleichzeitiger Chronist von dem Manne und seinen Thaten Kunde hat. So bleibt am Schluß nur ein großes Fragezeichen; und namentlich bliebe stets eines ungelöst: wenn der Sienese wirklich ein betrogener Betrüger war, wer ihn denn eigentlich betrogen habe (vgl. auch oben S. 324 f.).

In Bd. 180 der Quarterly Review findet sich ein längeres Referat über Jeanne d'Arc, das im Anschluß an die Literatur des Jahres 1894 zugleich die Hauptergebnisse der Forschung seit Quicherat's grundlegenden Publikationen zusammenfaßt.

In einer kleinen, populär gehaltenen Skizze schildert R. Hannke „Cöslin im 15. Jahrhundert" (Cöslin, Hendeß, 1893. 28 S.), namentlich das soziale und kirchliche Leben der Bürgerschaft. Die Verfassungsverhältnisse bleiben unberücksichtigt.

Hier sei auch verwiesen auf den von H. Simonsfeld in Zeitschr. f. Kulturgesch. 2 veröffentlichten venetianischen Reisebericht aus dem Jahre 1492, der allerhand interessante Einzelheiten bietet. Eine Gesandtschaft hatte sich im Auftrage der Republik zu Kaiser Friedrich III. begeben und Süddeutschland bereist. Der Herausgeber gibt deutsche Übersetzung, zum Theil im Auszug; das Manuskript ruht auf der Markusbibliothek.

Tagányi, Geschichte der Feldgemeinschaft in Ungarn (Ungarische Revue 15, 1—2) stellt, von der Gegenwart zurückgehend, urkundlich fest, daß die Feldgemeinschaft in Ungarn im 13 Jahrhundert noch allgemein war, und zeigt, wie sie sich als Graswirthschaft oder Nomadenfeldgemeinschaft besonders in Siebenbürgen stellenweise bis in unser Jahrhundert hinein erhalten hat — eine sehr willkommene Ergänzung der Geschichte dieser Ackerbausystems.

Neue Bücher: v. Below, Landtagsakten von Jülich und Berg. I. 1400—1562. (Düsseldorf, Voß.) — W. v. Langsdorff, Johann Hus'. Ausgewählte Predigten. (Leipzig, Fr. Richter.) — Comba, Claudio di Torino. (Firenze, Libreria Claudiana.) — Ahrens, Die Wettiner und Kaiser Karl IV. (Leipzig, Duncker & Humblot. 4,40 M.) — Klinkenborg, Gesch. der ten Brok8. (Norden, Braams.) — Vogelstein und Rieger, Gesch. der Juden in Rom. II. (1420—1870.) (Berlin, Mayer & Müller.)

Reformation und Gegenreformation (1500—1648).

Auf Grund der Homilien des Predigers Jobst Clichtone (1472—1543) entwirft H. Chérot in der Revue des quest. hist. (1895, April) einige kurze Skizzen einzelner Gruppen der französischen Gesellschaft aus dem Anfange des 16. Jahrhunderts (das Volk, die Studenten, die Geistlichkeit).

In der Revue des quest. hist. (1895, April) behandelt A. Jacquet einen französischen Staatsmann aus dem Anfang des 16. Jahrhunderts Claude de Seyßel, der 1520 als Bischof von Turin starb, nachdem er namentlich unter Ludwig XII. politisch thätig gewesen war. Der beachtenswerthe Aufsatz beschäftigt sich vor allem mit der Schrift Seyßel's: Grand' Monarchie de France, in der er seine Ansichten vom Staate überhaupt und von den Aufgaben und Pflichten des französischen Staates darlegt, weshalb auch der Verfasser seinem Aufsatze den etwas zu umfassenden Titel: Das Nationalgefühl im 16. Jahrhundert gegeben hat.

Eine ausführliche, gründliche Untersuchung über die Expedition des Sebastian Cabot zum La Plata (1526/28) gibt Carlo Errara in dem Archivio storico italiano (1895, 1). Eine Besprechung und kritische Beurtheilung der Quellen geht der eigentlichen Darstellung vorauf.

Ein Aufsatz von N. Paulus im Hist. Jahrb. d. Görres-Gesellschaft (16, 1) beschäftigt sich mit verschiedenen Punkten der Biographie Tetzel's. Der erste Theil gibt eine Untersuchung über die Frage, in wessen Auftrage Tetzel zu verschiedenen Zeiten den Ablaß verkündet hat, und über seine Stellung zu der kirchlichen Lehre vom Ablaß. Der zweite Abschnitt richtet sich namentlich gegen den betr. Artikel in der Allgemeinen deutschen Biographie und weist einige schon seit langer Zeit gegen Tetzel erhobene schwere sittliche Vorwürfe als historisch unbegründet zurück, u. E. mit Recht.

In derselben Zeitschrift 16, 1 gibt M. v. Domarus eine werthvolle und sehr dankenswerthe Übersicht über die in Rom im Vatikanischen Archiv und in andern dortigen Bibliotheken und Archiven vorhandenen handschrift- lichen Quellen zur Geschichte Hadrian's VI. Noch Höfler hielt sie, als er die Biographie Hadrian's schrieb, für verloren, seither sind aber immer mehr derselben an's Licht gekommen.

Aus den Deutsch-Evangelischen Blättern (1895, Mai) notiren wir einen populären, lesenswerthen Vortrag von Theo Sommerlad über die wirthschaftliche und soziale Bedeutung der deutschen Reformation.

Im Neuen Arch. f. sächs. Gesch. u. Alterthumsk. (16, 1. 2) schildert J. Geß in einem vortrefflichen Aufsatze die Rivalität zwischen der auf- strebenden Universität Wittenberg und Leipzig bis zum Tode Mosellan's (1524). Die in einer Beilage gegebene genaue chronologische Fixirung und Verbesserung des Textes einer ganzen Reihe von Schrift- stücken, die im Urkundenbuche der Universität Leipzig gedruckt, aber gänzlich ungenügend datirt sind, machen die Arbeit um so werthvoller.

In den Württemb. Vierteljahrsheften für Landeskunde (1894) behandelt J. Josenhans die deutsche Bibelübersetzung in Württemberg zur Zeit der Reformation. Er schildert in dem trefflichen Aufsatze den Kampf um die deutsche Bibel, den Kauf und Druck von Bibeln in Württemberg und führt endlich aus der gleichzeitigen württembergischen Literatur den Beweis, daß mit der Vollendung von Luther's Übersetzung diese auch die in Württemberg allein herrschende geworden ist. Es schließen sich daran noch einige werthvolle sprachliche Bemerkungen.

Eine Gedächtnisrede auf Georg v. Frundsberg von Joh. Gaza (1530) veröffentlicht Otto Kunzer in der Zeitschr. f. d. Gesch. d. Ober- rheins (10, 1). Sie ist jedoch, wie Kunzer in der kurzen Vorrede feststellt, ohne historischen Werth.

In den Geschichtsblättern für Magdeburg (1894, 2) behandelt W. Ka- werau das Leben und die Schriften des Johann Fritzhans, der als Franziskaner in Leipzig 1520 für seinen Ordensbruder Alveld gegen Karl- stadt auftrat, wenige Jahre später aber das Magdeburger Kloster verließ, sich nach Wittenberg begab und als treuer Anhänger Luther's 1524 nach Magdeburg zurückkehrte, wo er bis zu seinem Tode (etwa 1540) als Prediger thätig war und als solcher eifrigen Antheil an der Durchführung und Befestigung der Reformation in Magdeburg gehabt hat.

Eine Ergänzung zu dem in dieser Zeitschrift (72, 374) erwähnten Auf- satze von Schell über den Kölner Drucker und Schriftsteller Caspar v. Gennep bringt N. Paulus im Katholik (Mai 1895). Er geht mehr auf die literarische Seite seiner Thätigkeit ein und behandelt besonders aus- führlich seinen Streit mit Cyriakus Spangenberg um 1560.

24*

In einer Marburger Dissertation von 1894 gibt E. Kleinwächter die ersten drei Kapitel einer größeren Arbeit über den Metzer Reformations= versuch von 1542/43. Die Abhandlung beruht auf ausgedehnten archivalischen Studien und zeichnet sich durch Gründlichkeit und besonnene Kritik aus. Dieser erste Theil führt die Ereignisse bis zu dem Mißerfolg der schmalkal= dischen Gesandtschaft an Metz (Ende September 1542). Ein Anhang be= schäftigt sich mit einzelnen Punkten der Metzer Stadtverfassung im 16. Jahr= hundert. Die vollständige Abhandlung soll in kurzer Zeit erscheinen.

Auf sehr gründlichen Studien der handschriftlichen und der gedruckten Quellen beruht die Schrift von G. Bossert, Das Interim in Württemberg (Halle, Niemeyer. 1895. Schriften des Vereins für Reformationsgeschichte Nr. 46. 47); sie gehört zu dem Besten, was der Verein für Reformationsgeschichte publizirt hat. Der Verfasser schildert die Maßnahmen zur Durchführung des Interims in Württemberg, den Wider= stand dagegen und seinen endlichen Fall; das letzte Resultat der ganzen Bewegung ist nach ihm eine Schädigung der katholischen und eine Stärkung der protestantischen Kirche in Württemberg.

Über das Eintreten Granvella's für die Durchführung des Interims in Markgröningen berichtet G. Bossert nach einem bisher unbekannten Aktenstücke in den Württemb. Vierteljahrsheften für Landes= kunde (1894).

Einen Beitrag zu der Belagerung von Metz durch den Kaiser im Jahre 1552 gibt E. v. Löffler in den Württembergischen Vierteljahrs= heften für Landeskunde (1894) durch die Bearbeitung und Veröffentlichung der Berichte des Ulmer Gesandten Neder aus dem Feldlager vor Metz.

„Eine Episode aus dem Leben des Pietro Strozzi“, seinen Auf= standsversuch gegen die spanische Herrschaft in Oberitalien in der ersten Hälfte des Jahres 1544, schildert Luigi Staffetti auf Grund handschrift= licher Quellen im Arch. stor. italiano (1895, 1).

Zwanzig Briefe König Ferdinand's I. an den Oberlandes= hauptmann von Schlesien aus den Jahren 1528—1560 veröffentlicht C. Wutke im Korrespondenzblatt des Gesammtvereins ꝛc. 1894, 3 u. 4. Ihr Inhalt betrifft u. a. die Stellung Ferdinand's zur Reformation, zu der Wiedertäuferbewegung, ferner Personalien über das Konzil von Trient, Maßregeln der Büchercensur u. s. w.

In Fortsetzung seiner, der Wirthschafts= und Verwaltungsgeschichte West= deutschlands zugewendeten Forschungen beginnt G. v. Below in den Jahr= büchern für Nationalökonomie und Statistik, 3. Folge, Bd. 9, die Entsteh= ung der Rittergüter in Jülich=Berg zu erörtern. Gestützt auf ein reiches, dem Verfasser wie wenigen vertrautes Aktenmaterial, untersucht er zunächst mit der ihm eigenen Genauigkeit der Begriffsbestimmung die that=

sächlichen Verhältnisse, die sich in der zweiten Hälfte des 16. Jahrhunderts
zeigen, und gelangt zu dem Ergebnis, daß die wesentlichen Merkmale des
Rittergutes jener Zeit die Befestigung des Wohnsitzes und der adelige Stand
des Gutsinhabers bildeten, während die Abhängigkeit von lehns= oder hof=
rechtlichen Momenten, sowie dem Vorhandensein größeren Grundbesitzes
zurückgewiesen wird. Darauf folgt eine Darstellung der Rechte und Frei=
heiten, die den Rittergütern theils allein, theils gemeinsam mit anderen
Formen des Grundbesitzes zustanden; die Entwicklung bis zu den konsta=
tierten Verhältnissen und deren allgemeine Bedeutung zu schildern, wird
einer späteren Veröffentlichung vorbehalten.　　　　　　J. Hartung.

In der Revue d'histoire diplomatique 9, 2 beschäftigt sich
H. du Bourg mit den Schicksalen Claude du Bourg's, eines fran=
zösischen Diplomaten aus der zweiten Hälfte des 16. Jahrhunderts, der in
Missionen nach Konstantinopel, Spanien, Venedig 2c. verwendet wurde, aber
als intriguant, ehrgeizig und unglücklich kein leuchtender Stern am Himmel
der französischen Diplomatie gewesen zu sein scheint.

Eine Reihe von Depeschen des venezianischen Gesandten am französi=
schen Hofe, G. Mocenigo, aus der Zeit vom 15. Dezember 1588 bis 27. Fe=
bruar 1589, deren Inhalt hauptsächlich die Ermordung der Guises betrifft,
veröffentlicht H. Brown mit kurzer orientierender Einleitung in der English
historical Review vom April 1895.

An der Hand der vor kurzem von Degert veröffentlichten Briefe des
Kardinals Arnaud d'Ossat und der von Degert verfaßten Biographie
gibt de Vogüe in der Revue des deux mondes (1. Mai 1895) einen
kurzen Abriß vom Leben des Kardinals, der als Vertreter Heinrich's IV.
bei der Kurie in sehr schwieriger Stellung sich um Frankreich große Ver=
dienste erworben hat.

Den Aufenthalt des italienischen Philosophen und Freidenkers Lucilio
Vanini in England 1612/1613 behandelt Christie im Aprilheft der
English historical Review.

Mit ermüdender Weitschweifigkeit polemisiert Max Dittmar in den
Gesch.=Blättern für Stadt und Land Magdeburg (1894, 2. Heft) gegen
Wittich in der bekannten Streitfrage über die Entstehung des Brandes vom
20. Mai 1631. Er hält an seiner Ansicht fest und stellt eine gründliche
Behandlung der ganzen Frage in einer besonderen Schrift in Aussicht.

Das Archiv für hessische Geschichte und Alterthumskunde N. F. 2, 1
(1895) enthält eine größere Abhandlung von Frohnhäuser über Gustav
Adolf und die Schweden in Mainz und am Rhein. Stellenweise etwas
breit und formlos, zeigt sie doch überall das Bestreben, das Quellenmaterial,
auch das ungedruckte, möglichst umfassend heranzuziehen und kritisch zu ver=
werthen. In letzterer Hinsicht sind besonders die genauen Untersuchungen

über den Rheinübergang Gustav Adolf's bei Oppenheim bemerkenswert. Es wäre zu wünschen gewesen, daß das Gustav Adolf = Jubiläum mehr Monographien dieser Art gezeitigt hätte.

Die Geschichte der französischen Kolonisation auf Madagaskar behandeln gleichzeitig b'Equilly in der Revue des quest. hist. (29., 1. April 1895, sehr ausführlich) und St. André in der Rev. d'hist. dipl. (9, 2, kurz und übersichtlich). Die erste nachweisbare französische Ansiedlung auf Madagaskar fand danach unter Ludwig XIII. statt, und unter den beiden folgenden Herrschern wurden wiederholt Versuche zu größeren Kolonisationen gemacht. Beide Autoren stimmen darin überein, daß die Engländer den französischen Bestrebungen mit allen Mitteln entgegenarbeiteten und daß daneben die Eifersucht der Gouverneure von Ile de France (Mauritius) nicht wenig zu den Mißerfolgen beitrug. Auch im 19. Jahrhundert dauerte der Kampf mit Engländern und Eingeborenen fort, doch verhinderte die Unsicherheit des heimischen Regimentes lange Zeit ein energisches Vorgehen, und im Jahre 1885 verzichtete Frankreich sogar auf einen Theil seines Protektorates über die Insel.

Mit glorifizirender Tendenz, einzelnen Unrichtigkeiten, aber unter Benutzung noch nicht verwertheter Familienpapiere schildert Frossard das Leben des französischen Marschalls Jean de Gassion (1609—1647), der unter dem Namen eines Barons von Hontans auch unter Gustav Adolf eine Zeit lang als Oberst gedient hat. (Bulletin historique de la société de l'histoire du protestantisme français 1895, 1.)

Im Aprilheft 1895 der English historical Review unterzieht Firth die Memoiren Sir Richard Bulstrodes' über die Regierung Karl's I. und II. einer eingehenden quellenkritischen Untersuchung. Er weist nach, daß ihr Herausgeber Nathanael Mist, der sie 1721 drucken ließ, sie aus autobiographischem Material, diplomatischen Korrespondenzen 2c. Bulstrodes' zusammengestellt, aber auch mit allerlei fremden Einschiebseln aus historischen Werken verbrämt hat.

Neue Bücher: Staehelin, Zwingli. II. (Basel, Schwabe.) — Joachim, Politik des letzten Hochmeisters in Preußen, Albrecht von Brandenburg. III. (Leipzig, Hirzel.) — Wutke, Merkbuch des Hans v. Schweinichen. (Berlin, Stargardt.) — Battistella, Il S. Officio e la riforma religiosa in Friuli. (Udine, Gambierasi).

1648—1789.

In der Scottish Review vom April 1895 berichtet W. O'Connor Morris wesentlich referirend über den 1894 erschienenen 1. Band von Gardiners History of the Commonwealth and Protectorate, der die Zeit vom Tode Karl's I. bis zur Schlacht von Worcester umfaßt.

Der exakten Forschung und dem gesunden Urtheil Gardiner's wird dabei hohes Lob gespendet.

In den Études réligieuses etc. publiées par des pères de la compagnie de Jésus (Bd. 55, Mai 1895) setzt Chérot seine biographischen Studien über die Familie des großen Condé fort und beginnt eine Schilderung der Jugend Louis' von Bourbon, des Enkels Condé's. Der vorliegende erste Artikel schließt mit dem Jahre 1677 ab, während die ganze Arbeit bis zum Jahre 1684 reichen soll.

In der Ungarischen Revue 15, 1 werden zur Geschichte der Eroberung Belgrads durch Kurfürst Max Emanuel von Baiern 1688 Briefe und Berichte eines betheiligten höheren Offiziers an Verwandte in der Heimat veröffentlicht. Sie geben eine ausführliche Schilderung der Belagerung und des Sturmes.

Auf Grund neu aufgefundener Briefe des Herzogs von Bourgogne (eines Enkels Ludwig's XIV.) an seinen ehemaligen Erzieher Beauvilliers gibt Marquis de Vogüé eine eingehende Charakteristik des Herzogs: er schildert ihn als einen gewissenhaften, sittenstrengen und tiefreligiösen Mann, der aber zu wenig Entschlossenheit besessen habe, um als Feldherr oder Staatsmann Hervorragendes zu leisten, wie u. a. der flandrische Feldzug von 1708 beweist. Die glänzende Schilderung St. Simon's ist hienach weit übertrieben. (Correspond. 10. Mai 1895.)

Wer hätte nicht von den Lettres de cachet en blanc gehört, jenen käuflichen Verhaftungsbefehlen, in denen nur der Name eines Feindes eingesetzt zu werden brauchte, um den Gehaßten für Jahrzehnte verschwinden zu lassen? Einer der wirkungsvollsten Romane von Dickens: A tale of two cities, gründet sich darauf. In Wahrheit gehören diese lettres de cachet en blanc ebenso wie das jus primae noctis zu den unechten Folterwerkzeugen des Feudalismus. Funck-Brentano, der das ganze Archiv der Bastille durchgesehen hat, erklärt in den Séances et travaux de l'Acad. des sciences mor. et pol., Mai 1895, auch nicht eine einzige echte lettre de cachet en blanc gefunden zu haben. Es sind ihm sogar nur zwei oder drei Fälle bekannt, in denen jemand lediglich aus Rücksicht auf einen Großen in die Bastille geworfen worden ist; und diese Gefangenen sind bald, der eine schon des andern Tags, wieder entlassen worden

Die Anerkennung der pragmatischen Sanktion Karl's VI. durch das Reich behandelt v. Zwiedineck-Südenhorst in den Mitth. des österreich. Instituts 16, 2, leider in einer das archivalische Rohmaterial wenig verarbeitenden Weise. Er meint, daß jene Anerkennung, an der Preußen den wesentlichsten Antheil hatte, auf die Politik der europäischen Mächte doch einen nachhaltigen Eindruck gemacht habe.

Rossel schildert die Beziehungen der Herzogin Louise Dorothea von Sachsen=Gotha zu Voltaire hauptsächlich auf Grund ihrer von Fräulein v. Osten=Sacken verfaßten Biographie und der von Haase in dem Archiv für neuere Sprachen und Literatur (1893 und 1894) veröffentlichten Briefe der Herzogin an Voltaire. (Nouvelle Revue, 1. April 1895.)

Aus den Berichten des Grafen Stainville, späteren Herzogs von Choiseul, während seiner Wirksamkeit als Gesandter in Rom, gibt André Hallays in der Nouvelle Revue 1. Mai eine anmuthig zugestutzte Schilderung des diplomatischen Debuts des später so einflußreichen Staatsmanns.

Ein Schüler Delbrück's, Fr. Luckwaldt, hat es (Preuß. Jahrbücher Mai 1895) versucht, die Auffassung Lehmann's und Delbrück's über den Ursprung des Siebenjährigen Krieges nach rückwärts hin tiefer zu begründen durch den Nachweis, daß die Westminsterkonvention von Friedrich Gr. nicht in defensiver, sondern in offensiver Absicht abgeschlossen ist. Neues Material ist nicht benutzt, die Indizien für die kriegerischen Pläne des Königs, die Verfasser mit großem Scharfsinn herauszuschälen sucht, lassen sich auch mit der bisherigen Auffassung vereinigen, und des Verfassers Arbeit leidet so schließlich an demselben „schweren inneren Fehler", den er seinen Gegnern vorwirft, daß sie „voraussetzt, was erst zu erweisen ist". Eine entschiedene Ablehnung hat die Lehmann'sche Hypothese neuerdings noch durch Ulmann in der Deutschen Revue (Mai 1895) er=fahren. — Leider noch ohne Kenntnis des jetzt bei uns entbrannten Streites beginnt Waddington als Vorläufer eines größeren Werkes in der Revue hist. (Mai=Juni 1895) eine Studie: Le renversement des alliances en 1756. Interessant ist namentlich der Nachweis, daß es die naive Hoffnung der englischen Staatsmänner beim Abschluß der Westminsterkonvention war, Preußen, Rußland und Österreich zu einem kontinentalen Friedensbunde unter einen Hut zu bringen. Friedrich's friedliche Absichten bei der West=minsterkonvention gibt Waddington zu, aber durch seine übereilte und un=ehrliche Politik habe er sich Frankreichs Vertrauen verscherzt und dadurch den verhängnisvollen Bruch herbeigeführt.

In Bd. 74, 180 haben wir bereits darauf hingewiesen, daß in der Revue des deux mondes eine neue Artikelserie aus der Feder des Herzogs von Broglie zu erscheinen begonnen hat. Der Gegenstand, die Bündnisse vor dem Siebenjährigen Krieg, hat durch den Streit um die Lehmann'sche Schrift an aktuellem Interesse gewonnen. Im Verlauf der Broglie'schen Darstellung findet sich mancherlei, was der aufmerksamen Beachtung werth ist, wenn sich auch der von uns angedeutete Charakter dieser Ausführungen nicht verleugnet. Es wird auch darauf noch zurückzukommen sein.

Giacinto Demaria, La soppressione della Nunciatura ponti=fica in Piemonte nel 1753", beleuchtet in interessanter Weise den Ehrgeiz

Sardiniens, als ein „Staat erster Ordnung" angesehen und behandelt zu werden. (Riv stor. ital. 12, 1.)

In der Zeitschrift für Kulturgeschichte 2, 4 gibt J. Silbermann, Berlinisches Gesindewesen im 17. und 18. Jahrhundert, einige hübsche Beiträge zur Illustrirung seines Themas, scheint aber das treffliche Buch von Robert Wuttke, Gesindeordnung und Gesindezwangsdienst in Sachsen, Leipzig 1893, gar nicht zu kennen.

In der Vierteljahrsschrift für Literatur und Geschichte der Staatswissenschaften 4, 1 setzt A. Oncken seine biographischen Studien über Fr. Quesnay, den Stifter der Physiokratie, fort.

Nach den Akten des National-Archivs zu Paris schildert Cruppi den durch Voltaire bekannten Prozeß des wegen angeblicher Gotteslästerung im Jahre 1766 grausam hingerichteten Chevalier de la Barre und besonders die muthige Wirksamkeit Linguet's für ihn und seine Mitangeklagten. Bemerkenswerth sind die Mittheilungen über die Verwendung der Geistlichkeit zu gunsten des Verurtheilten und über die Verhandlung vor dem Pariser Parlamente, wo der Prozeß de la Barre's mit 35 anderen, größtentheils recht unerheblichen Sachen am nämlichen Tage, anscheinend ohne alle Diskussion, in zweiter Instanz entschieden wurde. (Revue des deux Mondes, 1. März 1895.)

Neue Bücher: Sveriges ridderskaps och adels riksdagsprotokoll. XII. (1675—1678.) (Stockholm, Norstedt.) — Thirion, La vie privée des financiers au 18. siècle. Paris, Plon. fr. 7,50.) — Comte de Ségur, Le maréchal de Ségur (1724—1801) ministre de la guerre sous Louis XVI. (Paris, Plon. fr. 7.50.) — Maugras, La Fin d'une société. Le duc de Lauzun et la cour de Marie Antoinette. (Paris, Plon. fr. 7.50.)

Neuere Geschichte seit 1789.

Das Märzheft der Révol. française bringt eine biographische Studie von Lhuillier über den Konventsdeputirten Laurent le Cointre, einen „subalternen Revolutionär", der in den Versailler Oktobertagen von 1789 und später als Gegner Robespierre's eine gewisse Rolle spielte, und von Metin den Anfang einer guten Untersuchung über das comité de sûreté générale, worin zunächst dessen Vorläufer, das comité des recherches der konstituirenden Nationalversammlung, besprochen wird. (Schluß im Aprilheft.)

M. Sepet erörtert vom klerikalen Standpunkt aus die Debatten der Konstituante über die Einziehung der geistlichen Güter und das Dekret vom 2. November 1789. (Correspondant, 25. Dezember 1894; vgl. H. Z. 73, 583.)

Unter dem Titel Deux officiers de la marine anglaise à la tour du Temple erzählt B. Pierre, unter Benutzung von Akten des National-

Archivs zu Paris, die romantischen Schicksale des Commodore Sidney Smith, des tapferen Bertheidigers von St. Jean d'Acre, und seines Sekretärs John Wright, die, 1796 in französische Hände gefallen, nach zweijähriger Gefangenschaft durch Emigranten befreit wurden. Wright, 1804 abermals gefangen, endete 1805 im Temple wie Pichegru durch einen geheimnisvollen und nicht zweifelsfreien Selbstmord. (Correspondant, Oktober und November 1894.)

Marquis Costa de Beauregard veröffentlicht zwei Episoden aus dem Leben des Grafen August de la Ferronays. In der einen schildert er das Leben französischer Emigranten in Braunschweig (1794), in der andern das Zerwürfnis zwischen Karl X. und seiner Schwiegertochter, der Herzogin von Berry, nach deren heimlicher Vermählung mit dem Grafen Lucchesi und die Bemühungen de la Ferronays', die Eintracht unter den exilirten Bourbonen (1833) herzustellen. (Correspondant, November 1894 und Januar 1895.)

A. Böhtlingk's „aktenmäßige Darstellung" „Der Rastatter Ge-sandtenmord vor dem Karlsruher Schöffengericht" (Heidel-berg, J. Hörning, 1895, 112 S.) enthält hauptsächlich Mittheilungen über seine Zänkereien mit der Direktion des großherzoglichen Generallandesarchivs in Karlsruhe, namentlich mit Archivrath Obser; Zänkereien, bei denen zur Aufhellung des „Rastatter Gesandtenmordes" schlechterdings nichts heraus-kömmt. Auch wenn für die vor dem Schöffengericht erörterten drei Punkte aus der Geschichte dieses Ereignisses Böhtlingk's Auffassung und Darstellung als richtig erwiesen wären — was ich mindestens für seine Behandlung des Talleyrand'schen Erlasses vom 10. April 1799 nachdrücklich bestreite —, so würde das an dem allgemeinen Urtheil über Böhtling's Hypothese, das seiner Zeit Wegele in dieser Zeitschrift ausführlich begründet hat, nicht das mindeste ändern. Es bleibt dabei, daß Böhtlingk für seine Ansicht von Debry's Schuld bisher nur „Vermuthungen, Möglichkeiten, Verdachtsgründe" ohne „die Spur eines wirklichen Beweises" beigebracht hat (S. 67), während für die Schuld der Österreicher sonst so weit auseinander gehende Forscher, wie Sybel, Hüffer, Vivenot, mit guten Gründen und in seltener Überein-stimmung sich ausgesprochen haben. Übrigens ist, wie ich beiläufig noch bemerken möchte, die von Böhtlingk wiederholt und selbst in dem Immediatgesuch an den Großherzog von Baden vorgetragene Behauptung, daß seine im Jahre 1883 erschienene Schrift „Napoleon Bonaparte und der Rastatter Gesandtenmord" „gründlich todtgeschwiegen", „völlig unbeachtet geblieben sei" (S. 8 und 88) keineswegs ganz zutreffend; wenigstens habe ich sie in den Mitth. a. d. hist. Lit. in einer Besprechung von ca. 1¼ Seite völlig ausreichend gewürdigt.

P. B.

In der Zeitschr. f. Lit. u. Gesch. d. Staatswissenschaften 3, 5. 6 ver-öffentlicht Rosin, als Ergänzung zu dem bekannten Werke Stölzel's, ben von Svarez im Jahre 1791 dem Kronprinzen (Friedrich Wilhelm III.) gehaltenen Vortrag über das „Recht der Polizei", der speziell die Zensur-, Industrie- und Handelsgesetzgebung in sehr liberalem Sinne behandelt.

In Fortsetzung seiner Studien über W. v. Humboldt (vgl. H. Z. 74, 44 ff. u. 557) behandelt Bruno Gebhardt in den Preuß. Jahrbüchern 80, 126 ff. sein Verhältnis zu Nicolovius, speziell ihr Zusammenwirken bei der Neuordnung der kirchlichen Oberbehörden im Jahre 1809 und der Befestigung des staatlichen Einflusses dabei, und in der Quidde'schen Zeitschrift 12, 77 ff. seine Thätigkeit als Gesandter in Wien 1810—1813. Er findet, daß Humboldt die Wiener Verhältnisse viel schärfer gesehen habe, als Graf Hardenberg, dessen Berichte bisher als eine Hauptquelle dafür galten, und bringt in der That eine Menge interessanter Excerpte aus den Humboldt'schen Depeschen bei. — Wir erwähnen gleichzeitig, daß A. Leitzmann einen vollständigen Abdruck der Briefe Humboldt's an F. A. Wolf aus den Jahren 1809 und 1810 in den Neuen Jahrb. f. Philologie (1895, 3. Heft, 2. Abth.) begonnen hat.

Fünf Briefe Gneisenau's aus den Jahren 1813, 1816 und 1824 veröffentlichte M. Lehmann im Militärwochenblatt 1895 Nr. 31 u. 32. Besonders bemerkenswerth ist der vom 7. September 1813 an Stein gerichtete, der seinen Plan einer Kriegführung mit verschanzten Stellungen entwickelt und eine interessante Charakteristik der französischen Fechtweise in den Schlachten von 1813 gibt.

Aus dem Correspondant (Dezember 1894 bis Februar 1895) verzeichnen wir noch eine Reihe inhaltreicher Artikel über die Jugend Montalembert's von Lecanuet, der nach Tagebüchern und Korrespondenzen eine Biographie des großen katholischen Agitators vorbereitet. Die bisher veröffentlichten Kapitel betreffen Reisen Montalembert's nach Schweden und Irland, wo der begeisterte Jüngling durch O'Connell etwas enttäuscht wird, besonders aber seine Beziehungen zu Lamennais und Lacordaire, die geistigen Strömungen in Frankreich zur Zeit der Julirevolution und die Anfänge des Neokatholizismus. Von besonderem Interesse sind Briefe Montalembert's über den tiefgehenden Einfluß der romantischen Philosophie, namentlich Schelling's und Baader's.

In der Nouvelle Revue vom 15. Mai tritt ein anonymer Artikel La France et l'Angleterre en Turquie dem Aufsatz Benedetti's über den Krimkrieg (vgl. voriges Heft S. 184) in mehreren Punkten entgegen, so namentlich in der Charakteristik der türkischen Staatsmänner. Reschid Pascha war nach dem Anonymus eigentlich ein Freund Frankreichs; Ali Pascha ein unfähiger Intriguant unter Lord Stratford's Einfluß. In den Bemühungen Stratford's, die protestantische Mission im Orient auszubreiten, sieht der Verfasser das treibende Element der englischen Politik und die Quelle aller Zwistigkeiten.

Einen Beitrag zur orientalischen Frage liefert d'Avril in der Revue des quest. histor. (29. Bd. 1. April 1895) mit der Geschichte der beiden Landstriche an der bosnischen Küste Klek und Sontorina.

In einem interessanten, aber nicht selten zum Widerspruch reizenden Essay über das zweite Kaiserreich (Correspondant 25. April 1895) charakterisirt E. Lamy Napoleon III. als einen uneigennützigen Souverän ohne nationalen und dynastischen Ehrgeiz, dessen vornehmstes politisches Streben dahin ging, die Lage der niederen Volksklassen und der unterdrückten Nationen zu verbessern.

Ein Stück aus der neuesten preußischen Verfassungsgeschichte behandelt Gerichtsassessor Dr. Norden in den „Preußischen Jahrbüchern", Mai 1895: die Geschichte und Auslegung des 1875 aufgehobenen Artikels 15 der Verfassung über die Kirchenselbständigkeit. Er führt aus, daß der Artikel keineswegs das Kirchenhoheitsrecht des Staates aufheben sollte, sondern nur den Zweck hatte, den Kirchen die selbständige Ordnung ihres Lebensgebietes unter staatlicher Kontrolle zu garantiren.

Der Jahrgang 1894 des von Gustav Roloff jetzt bearbeiteten Schulthe ß'schen Europäischen Geschichtskalenders (München, Beck. 398 S.) macht einen durchaus günstigen Eindruck. Der neue Herausgeber hat sich auch im Tone der am Schluß gegebenen politischen Übersicht von dem Vorbilde des bisherigen Herausgebers, Hans Delbrück, offenbar etwas leiten lassen, ist aber, was dem Charakter des Werkes auch wohl besser entspricht, zurückhaltender in seinen Urtheilen. An der bisherigen Einrichtung ist nichts geändert, mit Dank zu begrüßen sind die literarischen Hinweise auf werthvollere Arbeiten zur Tagesgeschichte und das Versprechen, sog. „Enthüllungen" der Tagespresse über Vorgänge der vorhergehenden Jahre fortan zu buchen.

Auf Grund seiner reichen Kenntnis gibt D. Schäfer, „Zur Eröffnung des Nordostseekanals" (Preuß. Jahrbücher 1895, Mai), in großen Zügen eine Geschichte des Dominium maris Baltici und zeigt dabei, daß der neue Kanal die Wiederaufnahme eines alten natürlichen Handelsweges bedeutet.

Neue Bücher: Fode, Charlotte Corday. (Leipzig, Duncker & Humblot. 3,60 M.) — Mém. du comte de Paroy (1789—1797) p. p. É. Charavay. Paris, Plon. fr. 7.50.) — De Lanzac de Laborie. La domination française en Belgique, 1795—1814. (2 voll. Paris, Plon. fr. 16.) — Mém. du général Thiébault, p. p. Calmettes. IV (1806—1813). (Paris, Plon. fr. 7,50.) — Journal du maréchal de Castellane 1804—1862. I. (Paris, Plon. fr. 7,50.) — Martens, Recueil des traités .. conclus par la Russie. XI. Angleterre. 1801—1831 (Petersburg, Böhnke.) — Mollat, Reden und Redner des ersten deutschen Parlaments (Osterwieck, Zickfeldt. 12 M.) — A. Schäffle, Cotta. (A. Bettelheim, Geisteshelden. 18.) (Berlin, E. Hofmann. 2,40 M.).

Vermischtes.

Der dritte deutsche Historikertag fand vom 18. bis 20. April in Frankfurt a. M. statt. Von den 120 Theilnehmern gehörten je 30 akademischen Lehrkörpern bzw. den Lehrerkollegien höherer Schulen an, während die übrigen sich aus Archivaren, Bibliothekaren, Privatgelehrten und einigen Nichtfachmännern (besonders Frankfurtern) zusammensetzten. Die leitenden Kreise Berlins hatten sich diesmal ganz fern gehalten, auch die Frankfurt benachbarten Universitäten waren auffallend schwach, zum Theil gar nicht vertreten; dagegen waren einige Belgier und Schweizer anwesend, und auch das kaiserl. kgl. Kriegsarchiv in Wien hatte zwei Deputirte entsandt. Unter dem Vorsitz von Professor Heigel=München und Gymnasialdirektor Hart=wig=Frankfurt bewegten sich die Verhandlungen äußerlich in demselben Rahmen, den man schon in Leipzig aufgestellt hatte. Die Versammlung sollte lediglich wissenschaftlichen Interessen dienen, deshalb wurde ein Antrag Stern=Zürich, einen Protest gegen die Umsturzvorlage auf die Tagesordnung zu setzen, mit allen gegen 6 Stimmen kurzweg abgelehnt.

Zur Einleitung der Verhandlungen hielt Professor Oelsner=Frankfurt einen kurzen, hübschen Vortrag über Friedrich Böhmer.

Zur Debatte standen zwei größere Themata. Zunächst die Frage über die Anlage des historischen Studiums auf den Universitäten. Referenten waren Prof. v. Zwiedineck=Südenhorst=Graz und Gymnasialprofessor Vogt=Augsburg. Außerdem unterbreitete Prof. Lamprecht=Leipzig der Versammlung ein kurzes, für die in das Leipziger historische Seminar eintretenden Studenten bestimmtes Programm, das Rathschläge für das Studium der mittleren und neueren Geschichte enthielt. Dieses sog. Leipziger Programm, das übrigens weder den Anspruch erhob, neu zu sein, noch bindende Vorschriften geben zu wollen, formulirte in umfassender Weise die an den akademisch=historischen Unterricht zu stellenden Forderungen, wie sie an den größeren Universitäten im allgemeinen auch erfüllt werden, und wurde von den meisten Rednern als zweckmäßig anerkannt. Die Debatte griff vielfach über die engeren Grenzen des Themas hinaus und berührte Fragen, wie z. B. die nach der Berücksichtigung der alten Geschichte, der Kulturgeschichte, des Anknüpfens an die Zustände der Gegenwart zum Verständnis der Entwicklung der Vergangenheit, der Übung der Studierenden im freien Vortrag u. s. w.

Das zweite Thema betraf die Grundsätze, welche bei der Herausgabe von Aktenstücken zur neueren Geschichte zu befolgen sind. Prof. Stieve=München legte seine schon auf dem Leipziger Tag hierüber vorgetragenen Thesen in erweiterter und durchkorrigirter Form vor, und sie fanden im allgemeinen den Beifall der Versammlung. Es wurde beschlossen, für ihre Verbreitung in den Kreisen der Geschichtsforscher Sorge zu tragen.

Bei den Verhandlungen über diesen Gegenstand wurde auch die Frage nach dem Verhalten der Archivvorstände zu den Wünschen der

Archivbenutzer gestreift. Man beschloß jedoch, in keine ausführliche Besprechung hierüber einzutreten, sondern das Thema auf die Tagesordnung des nächsten Historikertages zu setzen.

Endlich sprach Prof. Kaltenbrunner=Innsbruck den Wunsch aus, geeignete Grundsätze aufzustellen, um die Fundorte der neueren periodischen Literatur den Forschern besser zugänglich zu machen. Auf den Antrag Stieve's, der diesen Wunsch lebhaft unterstützte, wurde der Ausschuß des Historikertages beauftragt, mit Zuziehung Prof. Kaltenbrunner's ein Schema auszuarbeiten, das der Erfüllung dieses Wunsches zu Grunde zu legen sei. Wir werden demnach auch diesem Thema auf der nächsten Versammlung wieder begegnen, und es wird sich dann herausstellen, wie weit es praktisch zu verwirklichen ist.

Wie in Leipzig, so war auch diesmal ein Theil der Zeit Vorträgen vorbehalten. Es sprachen Prof. Bücher=Leipzig über den Haushalt der Stadt Frankfurt a./M. im Mittelalter und Prof. Eduard Meyer= Halle über die wirthschaftliche Entwicklung des Alterthums. Da der Bücher'sche Vortrag im Druck erscheinen wird, gehen wir nicht näher auf ihn ein. Der Name des Redners, der sich hier auf seinem wohlbestellten Arbeitsfelde bewegte, bürgte von vornherein für strenge Wissenschaftlichkeit und Gediegenheit. Eine Glanzleistung war auch der Vortrag von Meyer. In großen Zügen entwickelte er ein Bild, das mehrere Jahrtausende umfaßte und durch den Gegensatz zu den meist engbegrenzten Einzelfragen, die in den Debatten und auch in dem Bücher'schen Vortrag vorgeherrscht hatten, sich besonders wirksam hervorhob. Am eingehendsten schilderte er die Entstehung des alt=orientalischen und die Entwicklung des griechischen Wirthschaftslebens und schloß mit einer glänzenden Übersicht über den Verfall der antiken Kultur im römischen Kaiserreich.

Der Schluß der Verhandlungen betraf die Organisation der Historikertage. Der Ausschuß schlug die Konstituirung der Versammlung zu einem Verbande deutscher Historiker vor, der durch einen geschäftsführenden Ausschuß von 15—20 Mitgliedern geleitet werden soll. Es soll lediglich eine Form sein, um das Zustandekommen späterer Historikertage zu sichern und sie auf eine gesicherte finanzielle Grundlage zu stellen. Der Verbandsbeitrag wurde auf 5 M. jährlich festgesetzt, wofür jedes Mitglied die Berichte über die Verhandlungen unentgeltlich erhält. Die Einladungen sollen auch fernerhin allen Berufsgenossen ohne Rücksicht auf ihre Zugehörigkeit zum Verbande zugehen. Diese Vorschläge des Ausschusses fanden mit geringen Abänderungen fast einstimmige Annahme. Es wird beabsichtigt, die Historikertage künftig alle zwei Jahr stattfinden zu lassen und zwar, um ein Zusammentreffen mit den Philologenversammlungen zu vermeiden, in den Jahren mit gerader Endzahl. Der Frühjahrstermin soll beibehalten werden, doch wird zum Übergang in das neue System der nächste Tag wahrscheinlich im Herbst 1896 und zwar in Österreich stattfinden.

In den Sitzungsber. der Berliner Akademie der Wissensch. 1895 No. 20 findet sich der Jahresbericht über die Herausgabe der Monumenta Germaniae historica von E. Dümmler. Im Laufe des Jahres 1894/95 erschienen danach in der Abtheilung Auctores antiquissimi: 1. Chronica minora saec. IV. V. VI. VII ed. Th. Mommsen II, 2 (= A. a. XI, 2); 2. Chronica minora saec. IV. V. VI. VII. ed. Th. Mommsen III, 1 (= A. a. XIII, 1). In der Abtheilung Leges: 3. Leges Visigothorum antiquiores ed. Zeumer; 4. Hincmarus de ordine palatii ed. Krause. In der Abtheilung Epistolae: 5. Epistolae saeculi XIII e regestis pontificum Romanorum selectae ed. Rodenberg III; 6. Epistolarum tom. II p. II Gregorii papae Registrum L. X—XIV ed. L. Hartmann; 7. Epistolarum tom. IV aevi Karolini t. II ed. E. Dümmler; 8. von dem Neuen Archiv der Gesellschaft Bd. 20, herausg. v. Breßlau. Außerdem ist die Herausgabe des 2. Bandes der Capitularia regum Francorum und des 2. Bandes der Constitutiones imperatorum demnächst zu erwarten. Für alles andere müssen wir auf den Bericht selbst verweisen.

Die Gesellschaft für Rheinische Geschichtskunde versendet ihren 14. Jahresbericht über das Jahr 1894. Aus dem Bericht über die wissenschaftlichen Unternehmungen der Gesellschaft heben wir Folgendes hervor: Zum Abschluß sind zwei Publikationen gelangt: 1. die von R. Hoeniger herausgegebenen Kölner Schreinsurkunden des 12. Jahrhunderts (2, 2. Bonn, Weber. 1894) und 2. Kölnische Künstler in alter und neuer Zeit. Johann Jakob Merlo's neu bearbeitete und erweiterte Nachrichten von dem Leben und den Werken Kölnischer Künstler, herausgeg. von Ed. Firmenich-Richartz unter Mitwirkung von H. Keußen (Düsseldorf, L. Schwan. 1894/95. Lieferung 7—30). — Begonnen ist ferner der geschichtliche Atlas der Rheinprovinz, von dem zwei Karten erschienen sind (die Rheinprovinz unter französischer Herrschaft im Jahre 1813, bearbeitet von Konst. Schulteis, und politische und administrative Eintheilung im Jahre 1789, sieben Blätter, von W. Fabricius (Bonn, Behrendt. 1894, eine weitere Karte und die zugehörigen Texte stehen für's nächste Jahr in Aussicht) und die Geschichte der Kölner Malerschule, herausgegeben von L. Scheibler und C. Aldenhoven, von der die erste Lieferung herausgegeben ist (32 Tafeln, Lübeck, J. Nöhring, 1894; die zweite Lieferung soll noch in diesem Jahre erscheinen). Von den Rheinischen Urbaren steht demnächst die Drucklegung des 1. Bandes von Köln, bearbeitet von Dr. Hilliger, und des ersten Bandes von Aachen, bearbeitet von Dr. Kelleter, in Aussicht. Von den Jülich-Bergischen Landtagsakten ist der 1. Band (Einleitung und Vorgeschichte von 1400 bis 1538, und Text der Landtagsakten von 1538 bis 1562, bearbeitet von v. Below; Düsseldorf, Voß & Co.) soeben erschienen. Ebenso ist die Ausgabe des 2. Bandes der Akten zur Geschichte der Verfassung und Verwaltung der Stadt Köln im 14. und

15. Jahrhundert, herausgegeben von W. Stein, demnächst zu erwarten. Von den erzbischöflich-kölnischen Regesten wird der 1. Band (bis 1414) in nächster Zeit zum Abschluß gebracht werden können; desgleichen der 1. Band der älteren rheinischen Urkunden (bis 800), bearbeitet von Perlbach, und die Publikation der Quellen zur ältesten Geschichte des Jesuitenordens in den Rheinlanden (1543—1582) von J. Hansen. Auch die meisten übrigen Arbeiten der Gesellschaft sind in erfreulichem Fortgang begriffen. — Die Kommission für die Denkmälerstatistik der Rheinprovinz hat das 2. Heft des 3. Bandes, umfassend die Beschreibung der Denkmäler der Städte Barmen, Elberfeld, Remscheid und der Kreise Lennep, Mettmann, Solingen, herausgegeben, und für das Jahr 1895 steht das Erscheinen des ganzen 3. Bandes, mit dem die Kunstdenkmäler des Regierungsbezirks Düsseldorf ihren Abschluß finden werden, in Aussicht. — Das Heft schließt mit dem Bericht der Mevissen-Stiftung (vgl. unsere Notizen 73, 383; 75, 190).

Die Historische Landeskommission für Steiermark versendet ihren 3. Bericht, März 1894 bis März 1895. Es werden darin Mittheilungen über die Arbeitsvertheilung und über die Forschungen in Archiven gemacht. Hervorzuheben ist namentlich ein als Anhang III abgedruckter, eingehender Bericht über den Inhalt von Materialien zur steiermärkischen Geschichte in den landschaftlichen Archiven zu Görz und Laibach von A. Luschin v. Ebengreuth.

In Halle starb am 31. März Otto Nasemann, vormals Direktor des Stadtgymnasiums daselbst (geb. 21. Januar 1821 zu Kochstedt), Verfasser mehrerer Schriften zur Reformationsgeschichte (Friedrich der Weise und Karl V.).

In Wiesbaden starb Mitte April der Professor der Archäologie an der Universität Königsberg Gustav Hirschfeld, geb. 4. November 1847 in Pyritz. Er leitete in den Jahren 1875—77 die deutschen Ausgrabungen in Olympia und hat später auch in Kleinasien fruchtbare Studien getrieben (vgl. seine Schrift „Die Felsenreliefs in Kleinasien und das Volk der Hettiter").

Am 30. April ist in Wiesbaden Gustav Freytag im 79. Lebensjahre aus dem Leben geschieden. Er hat, wie wenige, die Freude an der Geschichte und wirkliches Verständnis dafür in den weiteren Kreisen gehoben, und was wäre unsere Wissenschaft, wenn sie keine lebendige Theilnahme fände bei den gebildeten Kreisen der Nation.

Über Rossi notiren wir unter vielen andern Nekrologen einen Aufsatz von Jean Guiraud in der Revue Histor. 58, 1: Jean-Baptiste de Rossi. Sa personne et son œuvre.

In dem am 2. Juni verstorbenen ehemaligen preußischen Justizminister v. Friedberg verliert auch die Historische Zeitschrift einen Freund und Mitarbeiter.

Heinrich v. Sybel †.

Am 1. August starb Heinrich v. Sybel im 78. Jahre.

Es war in den 50er Jahren dieses Jahrhunderts, als der Verstorbene eine Anzahl von Jahren in München verlebte, in einem Kreise, der eine seltene Auswahl von bedeutenden Männern durch König Max II. vereinigte. Es war eine Zeit, in welcher die deutsche Wissenschaft, ermüdet und enttäuscht durch die Ruhelosigkeit politisch-leidenschaftlichen Strebens, sich wieder auf sich selbst besann und stellte, und Einzelne ihrer Pfleger sich von Neuem die Stelle wählten, auf welcher sie thätig sein mochten. Dadurch entstand durch Rückblick und Voraussicht die Neigung, Fachzeitschriften zu gründen, deren seit jener Zeit ja ganze Schwärme entstanden sind. Die Naturwissenschaften und die Technik, welche am meisten das Bedürfnis des Sammelns eroberter Einzelresultate haben, waren vorausgegangen, und auch für die Historie hatte 20 Jahre früher Ranke den vielleicht zu weit und zu früh greifenden Versuch der Gründung einer historisch-politischen Zeitschrift gemacht, der nach einigen glänzenden Arbeiten, die er zu Tage förderte, wieder aufgegeben werden mußte.

Seitdem hatte aber wieder durch Ranke und seine Schüler die deutsche Geschichtswissenschaft eine Breite und Tiefe der Entfaltung gewonnen, welche alljährlich ein umfassendes Material für eine Zeitschrift liefern konnte. Das überblickte Sybel und gründete die „Historische Zeitschrift", auf deren Programm als bestes Zeugnis für den Geist, in welchem sie entstand und geleitet

wurde, ich mir zu verweisen erlaube. Ich, der ich sehr bald zu
Sybel, nach seinem Eintritt in die Münchener Kreise, in freund=
schaftliche Beziehung gelangte, übernahm als Theilhaber der
Cotta'schen Buchhandlung den Verlag, ein geschäftliches Ver=
hältnis, das während 75 Bänden der Zeitschrift durch keinen
Mißton getrübt wurde.

Sybel war aber zu sehr schaffender und künstlerisch bildender
Historiker, um in der Arbeit des täglichen Sammelns und ge=
schäftlicher Rührigkeit aufgehen zu dürfen. Er suchte sich daher
vom Anfange der Zeitschrift an jüngere Gefährten für diese Arbeit,
und er war auch darin so glücklich in der Wahl, daß alle, die
sich ihm in dieser Weise angeschlossen, später bedeutende selbständige
Stellungen in ihrer Wissenschaft eingenommen haben. Ich er=
innere hier nur an Kluckhohn, Varrentrapp, Maurenbrecher, Leh=
mann. Sybel pflegte diese Mitarbeiter in der Redaktion früher
weniger, später mehr möglichst frei schalten zu lassen und behielt
sich nur vor, in kritischen Momenten und Fragen einzugreifen und
zu entscheiden. Er waltete gewissermaßen als wissenschaftliche
Vorsehung über der Zeitschrift. Edel, wie er das Leben über=
haupt, faßte er auch das Verhältnis zu seinen Mitarbeitern auf,
und selbst wo prinzipielle Fragen zur Scheidung führten, ging
Jeder der Beiden mit gegenseitiger voller Anerkennung seiner per=
sönlichen Würde und wissenschaftlichen Selbständigkeit aus dem
Konflikt hervor. Bei aller mit Recht behaupteten Selbstherrlich=
keit in allen solchen Fragen verschmähte er es nicht, den Rath
des Freundes einzuholen, dem er die ökonomischen Interessen der
Zeitschrift anvertraut hatte.

Ich, als 6 Jahre älter als der Verstorbene, mußte erwarten,
früher als er aus dieser Welt zu scheiden. Jetzt stehe ich im
84. Jahre mit meinen an meinem Geschäft betheiligten Söhnen
und den anderen Betheiligten vor der recht eigentlich unlösbaren
Aufgabe, für den Gründer der in gewissem Sinne verwaisten
Zeitschrift Ersatz zu finden. Unlösbar, weil der im gemeinen
Leben erfundene Satz, daß Niemand in dieser Welt unentbehrlich
sei, falsch ist, und jeder in bedeutender Wirksamkeit lebende
Mensch unersetzlich ist. Dem ungeachtet müssen alle Betheiligten

bestrebt sein, eine Lösung eher oder später zu finden. Vor der Hand eilt die Fragestellung und ihre Lösung nicht. Die Redaktion ist in vortrefflichen, vielfach bewährten Händen, die lebendige Fühlung mit dem Geiste Sybel's ist erworben und wird sich erhalten.

Es sei mir gestattet, hier einiges mehr oder minder Persönliche hinzuzufügen. Sybel hat stets und, wie mir mitgetheilt wurde, noch in der letzten Zeit seine in München verlebten Jahre als die glücklichsten seines Lebens bezeichnet. Sie waren es nicht bloß für ihn, sondern fast für alle, die in dem damals glücklich gebildeten Kreise gelebt haben, — für mich auch gerade durch meine Beziehungen zu Sybel. Im Hause lebten wir, eine Zeit lang unter Einem Dache, der gemeinsamen Pflege des heranwachsenden Kindersegens, und außer dem Hause trafen wir uns bei dem unvergeßlichen Liebig, der mit bezaubernder Liebenswürdigkeit Freunde und Arbeitsgenossen bei sich versammelte. Jedes Jahr im Herbst erschienen da die Männer, welche damals die Führung in naturwissenschaftlichen Dingen noch unbestritten besaßen, und es mag wohl da im Verkehr mit diesen in Sybel der oft von ihm ausgesprochene Wunsch entstanden sein, daß auch die Geschichtsforschung den exakten Methoden der Naturwissenschaft sich nähern möge. Durch Liebig wurden die populären Vorträge der Professoren hervorgerufen, zu welchen Sybel durch einige in seinen „Kleinen Schriften" gedruckte glänzende Essays beitrug.

Mein geschäftlicher Verkehr blieb ja auch während Sybel's Bonner Zeit ununterbrochen, aber ein lebhafterer persönlicher sollte erst wieder eintreten, als der Verstorbene nach Berlin übergesiedelt war. Es war in der zweiten Hälfte der 70er Jahre, als ich eines Tages ihn mit dem bestimmten Vorschlage, eine Deutsche Geschichte in 4 bis 5 Bänden zu bearbeiten, aufsuchte. Ja, lieber Freund, war die Antwort, damit bin ich ja eben schon beschäftigt, und sofort wurde dafür ein bündiger Verlagsvertrag abgeschlossen. Wie er sich damals ausdrückte: er habe zunächst für die Momente der deutschen Geschichte, welche er als ihre „Gelenke" bezeichnete, neue Quellenstudien zu machen und sie vorläufig zu formiren. Ein paar dieser Arbeiten sind in der „Deutschen Rundschau" und in der „Historischen Zeitschrift" ab= gedruckt. Unterbrochen wurden diese Studien Anfang der 80er Jahre durch die Einladung des Fürsten Bismarck an Sybel, sich der Geschichte der „Begründung des Deutschen Reiches durch Kaiser Wilhelm I." zu widmen. Er theilte mir diesen wichtigen Vorgang sofort mit, und unser Vertrag für die Deutsche Geschichte wurde auf das neue Werk übertragen. Die deutsche Welt hat davon vor fünf Jahren fünf Bände erhalten und seit vorigem Jahre den 6. und 7. Band. Sybel betrachtete eigentlich mit den letzteren das Werk als abgeschlossen, und mit einem gewissen Grauen die an ihn gestellte Forderung, in einem 8. Bande den Krieg von 1870/71 zu schildern. Es lag ja klar vor ihm, daß ein so ein= heitliches und übersichtliches Bild, wie er von dem großen Böhmischen Feldzuge gegeben, den in sechs Monaten sich voll= ziehenden kriegerischen Vorgängen in Frankreich schwer ab= zugewinnen war. Und doch hat er sich gelegentlich mündlich darüber ausgesprochen, wie er die schwierige Aufgabe zu lösen gedenke, wenn Leben und Gesundheit ihm erhalten bleibe. Er gedachte den Aufmarsch und den recht eigentlich dramatischen Theil des Feldzuges von Weißenburg bis Sedan in ausführlicherer Behandlung, die übrigen die deutschen Heereskräfte zersplitternden Vorgänge aber in kürzeren Übersichten zu geben. Wichtige münd= liche Mittheilungen von leitenden Personen standen ihm dabei zu Gebote und hätten der Darstellung eine eigene Belebung gegeben. Aufgezeichnet hat er davon, so weit von seinem Nachlasse bis jetzt verlautet, nichts.

Der achte Band ist denn ungeschrieben geblieben und wird es bleiben, da nicht einmal Vorarbeiten dazu vorhanden sind. Die zunehmende Kränklichkeit des Verfassers der sieben Bände war auch in dieser Richtung entscheidend. Sie hinderte ihn an der nothwendigen Konzentration für die Darstellung großer aber komplizirter Thatsachen, während sein Geist für die Aufgaben des Moments so frei wie je blieb. Eine ganze Reihe von Briefen an mich persönlich oder an mein Haus liegen mir vor als bewunderns= würdige Zeugen des unter lästigen Leiden freigebliebenen Geistes.

Das Ansehen und der Ruhm, den Sybel schon während seiner Münchener Zeit durch seine französische Geschichte und andere kleinere Arbeiten sich erworben hatte, ist seitdem stets gewachsen, und mit der „Begründung des Deutschen Reiches durch Kaiser Wilhelm I." ist er recht eigentlich in das Herz desjenigen Theils des deutschen Volkes gewachsen, der nationale Empfindungen kennt und pflegt. Es ist das glücklicherweise nicht nur der bessere, sondern auch der größere, jedenfalls der in allen ernsten Fragen entscheidende Theil. Sybel schied aus dieser Welt als ein nationaler Held Deutschlands. Die ihm aber näher standen, als dies durch lediglich literarischen Verkehr möglich ist, verlieren an ihm noch viel mehr: einen in ihren Ansprüchen an sein Herz nie versagenden Freund.

Hohenschwangau, 20. August 1895.

R. Oldenbourg sen.

Heinrich v. Sybel †.

Ein Meister und Bahnbrecher unserer Wissenschaft, einer der
kraftvollsten Führer der geistig=politischen Bewegung, aus der das
neue Deutsche Reich hervorgegangen ist, der Begründer und Leiter
unserer Zeitschrift ist von uns geschieden. Eine tiefe Bewegung
ging durch Deutschland, da wieder einer der wenigen noch ragen=
den Wipfel jener glänzenden Zeit dahingesunken ist, deren Inhalt
er, früher ein Streiter mit scharfem Schwerte, uns jetzt in seinen
letzten Jahren noch zum abgeklärten Kunstwerk geformt bieten
konnte.

Die historische Betrachtung sinnt sogleich, dieses reiche und
fruchtbare Leben in seine Wurzeln zurückzuverfolgen, es zu ver=
knüpfen mit dem allgemeinen Gange der Dinge, und welches
Gelehrtenleben wäre wohl geeigneter als das seinige, den großen
Abschnitt der deutschen Geschichte von 1840 bis 1871 im Spiegel
einer wachsenden und wirkenden Individualität vorzuführen, deren
eigenste Idee es war, ihr Bestes an die hohen Aufgaben ihrer
Zeit zu setzen.

Als er emporwuchs, standen sich zwei geistige Mächte in
Deutschland gegenüber, die gar nicht mit einander kämpfen konnten,
ohne sich fortwährend gegenseitig zu befruchten, und deren jede
erst dann erfolgreich wirken konnte, nachdem sie sich auch einen
Theil der Gedanken des Gegners zu eigen gemacht hatte. Auf
ihrer harmonischen Verbindung beruht die große geschichtliche
Leistung Bismarck's, beruht auch das Lebenswerk Sybel's. Merk=
würdig, wie schon in seiner Jugendentwicklung diese Verbindung

von Liberalismus und historisch-konservativer Staatsanschauung
sich vorbereitet. In liberaler Umgebung aufgewachsen, von Hause
aus frei von den Fesseln dogmatischen Denkens, wurde er von
Ranke und Savigny nicht nur zur strengen wissenschaftlichen
Arbeit, sondern, was ebenso wichtig war, zum Verständnis der
reichen Mannigfaltigkeit des historischen Lebens erzogen. Er
lernte von ihnen, aber er ging nicht in ihnen auf, und mit
kräftigem Selbstbewußtsein sprach er es, ·kaum aus ihrer Schule
entlassen, in seinen Doktorthesen aus, daß der Geschichtschreiber
cum ira et studio schreiben solle, daß eine große Zeit auch
große Geschichtschreiber hervorrufe, daß die Menschen und nicht
die Institutionen die Geschicke der Völker machen. Ein that=
kräftiger, politischer Zug regt sich ja selbst schon in seiner ersten
großen historischen Studie. Statt der romantischen Kreuzzugs=
helden der Legende schuf er hier scharfe politische Charaktere vom
Schlage eines Boemund von Tarent. Eine politische Frage stellte
er sich auch in dem Buche über die Entstehung des deutschen
Königthums. Waren die ältesten germanischen Institutionen politisch
lebensfähig, konnten sie sich durch eigene Kraft weiter entwickeln?
Er verneinte die Frage und reagirte damit zugleich gegen die
antiquarische, wie gegen die romantische Auffassung, die an die
Urwüchsigkeit der deutschen Entwicklung glaubte. Unwiderstehlich
zog es ihn von seinen kritischen Arbeiten in die Kämpfe der
Gegenwart. Jetzt gelte es, sprach er in einer Marburger Rede
von 1846 aus, jedes Studium mit der Theilnahme an den
öffentlichen Angelegenheiten zu durchdringen und in jedem Fache
den Werth desselben für die gegenwärtigen Nationalinteressen im
Auge zu behalten. Im Sinne des aufstrebenden Geschlechtes
der vierziger Jahre erklärte er es für die beiden Hauptaufgaben
der Zeit, den politischen Geist zu entfesseln und das National=
bewußtsein zu stärken, und in die Stürme des Jahres 1848
brachte er bereits ein fertiges politisch=historisches Glaubens=
bekenntnis mit[1]), dessen Grundzüge er festgehalten hat bis an sein
Lebensende. Während Ranke, von seiner höheren Warte aus,

---

[1]) Die politischen Parteien im Rheinlande. 1847.

wesentlich auch noch beeinflußt durch die Gedanken der Restau=
rationszeit, in dem Kampfe des Princips der Volkssouveränetät
mit den alten legitimen und historischen Gewalten die Signatur
der Zeit erblickte, glaubte Sybel, frisch und zuversichtlich in die
Zukunft strebend, diesen Gegensatz bereits aufgehoben in dem
modernen Rechtsstaate, der, stark und einheitlich, zugleich dem
Individuum freiesten Raum zur Entfaltung gewähre. Von diesem
festen Punkte aus machte er nun nach rechts wie nach links hin
Front. Mit der historischen Schule und mit seinem politischen
Lehrmeister Burke verabscheute er den Despotismus der radikalen
Theorien. Als rechtes Kind des rheinischen Bürgerthums forderte
er, daß die Monarchie sich auf den kapitalkräftigen, erwerbenden
Mittelstand stütze, und unterschätzte freilich dabei damals noch die
politische Kraft des Grundbesitzes. Aber noch gefährlicher als der
Kommunismus erschien ihm doch damals vor 1848 der Ultra=
montanismus, der im Bunde mit der feudalen Partei die Einheit
des Staates und das Recht der freien Forschung bedrohte.

    „Ich weiß nicht," hatte Sybel 1846 gesagt[1]), „ob etwa das
religiöse und philosophische Interesse für sich allein im Stande ist,
den wissenschaftlichen Arbeiten die Frische und Wärme einzuhauchen,
die sie aus einer engen Verbindung mit den praktischen Angelegen=
heiten des Volkes gewinnen." Damals glaubte er noch an ein
gemeinsames Emporsteigen von Staat und Wissenschaft. Wenn
nun nach dem traurigen Scheitern der politischen Hoffnungen in
den Fünfziger Jahren doch eine politische Historie in Deutschland
emporblühte, die an Gewissenhaftigkeit der Forschung, Kraft und
Feuer der Darstellung, Entschiedenheit und Einheitlichkeit der
politischen und sittlichen Maßstäbe ihres Gleichen nicht hatte, so
ist das ein Beweis, wie tief sie vorbereitet war in den Persön=
lichkeiten, die sie übten, und in den Bedürfnissen der Zeit. Und
es war geradezu ein Segen für das wissenschaftliche und in letzter
Linie auch für das Staatsleben, daß jetzt eine Zeit der ruhigen,
inneren Konzentration folgte, und die Talente, statt sich an den

---

    [1]) Über das Verhältnis unserer Universitäten zum öffentlichen Leben.
S. 12.

noch unlösbaren politischen Aufgaben aufzureiben, sich innerlich
ganz entfalten durften. Jetzt konnte sich das liberale und kon=
servative Element verschmelzen, und dieser Bund, für die Zukunft
unendlich folgenreich, belebte sogleich auch die Historie. Der liberal=
konservative Zug, konnte Sybel 1856 konstatiren, ist das vor
allem treibende Moment in den Werken Mommsen's, Duncters',
Waitz', Giesebrecht's, Droysen's und Häusser's; alles, was rechts
und links davon für die Geschichtschreibung geleistet wird, reicht
nicht heran an sie.

Als Kunstwerk, als umwälzende wissenschaftliche Forschung
und als politische That trägt wohl Sybels Revolutionsgeschichte
unter diesen Werken die Palme davon, namentlich in ihrer letzten
Gestalt, die ihr nach 30 jähriger Arbeit wurde. Der Historiker,
sagte Sybel einmal später, soll kritischer Forscher, politischer Sach=
verständiger, darstellender Künstler sein. Hier zeigte er, was die
harmonische Vereinigung der drei Eigenschaften leisten konnte. Die
Gründlichkeit der kritischen und archivalischen Vorarbeit war selbst=
verständlich bei einem Schüler Ranke's. Darüber erhob sich nun
eine festgeschlossene Komposition, eine Erzählung, welche zugleich
episch und ungezwungen dahinfließt und nie die allgemeinen Ge=
danken vergißt, deren Beweis dem Autor am Herzen liegt. Aber
sie aufbringlich zu betonen, ist er viel zu sehr gestaltender Künstler.
Wenn man die französischen Darstellungen der Revolutionsscenen
farbenreicher und packender gefunden hat, so entschädigt er dafür
durch die straffe Durchführung eines inneren Pragmatismus, durch
die genaue Zerlegung der Faktoren, die bei jedem politischen Er=
eignis mitwirkten, und nicht in letzter Linie durch die wuchtige
Erfassung der handelnden Persönlichkeiten. Eine thatkräftige, klare,
dem philosophischen Spekuliren abholde Natur, wie er war, der
den eigenen sittlichen und politischen Überzeugungen immer den
Sieg erkämpfen wollte, trug er sein Ich auch in die Dinge hinein
und setzte den freien Willen der Menschen und nicht die Ideen
überall als die wichtigste Ursache voraus. So offenbarte sich
ihm die sittliche Verderbnis des vorrevolutionären Frankreich, der
Zusammenhang der inneren revolutionären Zerstörung mit der
Kriegslust der Girondisten und die Verkettung von Schuld und

Strafe bei den Gegnern der Revolution. Das wichtigste und
aus den persönlichen Ideen Sybel's hervorgegangene Ergebnis
war politischer Art. Wenn man die Geschichte des deutschen
Liberalismus als einen Reinigungsprozeß ansehen kann, als eine
allmähliche Ausscheidung des fremden, französisch-radikalen Ele-
ments aus dem deutschen Blute, so kommt dem Sybel'schen Buche
ein ganz bedeutender Antheil des Verdienstes daran zu.

Und so pulsirt in allen historischen Schriften Sybel's ein
politischer Herzschlag. Er fehlte ja selbst bei der Gründung
unserer Zeitschrift nicht. Seine alten Feinde, Radikalismus,
Feudalismus und Ultramontanismus, sollten von ihr verbannt
sein, und den lebendigen Zusammenhang des Vergangenen mit
der Gegenwart zu pflegen, war und blieb das ausgesprochene
Ziel unserer Zeitschrift. Ihrem Begründer war es vergönnt, die
von ihm selbst mit ausgestreute Saat reifen zu sehen und dann
am Abend des Lebens seiner Zeit ein von der reifen und milden
Weisheit des Alters erfülltes Denkmal zu setzen. Alle seine Ideen
konnten hier noch einmal zusammenklingen in beruhigter Harmonie:
der starke, nationale Staat mit seinen historischen Wurzeln, das
freie Verfassungsleben, das auf den realen Kräften der Nation
beruht, die siegreich durchgreifende staatsmännische Persönlichkeit,
die Herrschaft der sittlichen Gesetze in der Geschichte.

Ein wunderbar schöner Abschluß seines Lebenswerkes. Nicht
ebenso beruhigt sah er in die Zukunft. Er, der jedem Dogma
widerstrebte, aber aus einer zwar einfachen, doch sehr bestimmten
und festbegründeten idealistischen Weltanschauung die Kraft zum
Handeln schöpfte, sah mit Trauer in unserer Wissenschaft den
Einbruch materialistischer Gedanken. Eine historische Fachwissen-
schaft mit zünftigem Charakter, wie sie sich neuerdings mehr und
mehr entwickelt, war ihm ein Greuel, und über Lehrbücher der
historischen Methode lächelte er. Schon als Künstler spottete er
über die, welche über den Geheimnissen der Zeugung brüteten,
statt frisch darauf los zu produziren. Vor allem aber beklagte
er die Lockerung des Bündnisses zwischen Politik und Historie.
Sie war ja eine unvermeidliche Folge unserer inneren Entwicklung,
aber mancher von uns Jüngeren hat sie wohl schon schwer

empfunden. Wir bemühen uns, die politische Weisheit der Sybel'=
schen Generation als Erbe festzuhalten, aber es fehlt uns dabei
der unmittelbare politische Impuls, und so versiegt eine Quelle
des Lebens für uns. Unsere Wissenschaft spaltet sich jetzt in
eine mehr zu Ranke zurücklenkende Richtung, welche in dem Reich=
thum der Jahrhunderte schwelgt, aber die Geschichte mehr wie
ein ästhetisches Schauspiel genießt und deswegen in der Gefahr
der inneren Erschlaffung steht, und in eine stark positivistisch
denkende, welche sich allerdings des belebenden Zusammenhanges
mit den sozialen Fragen des Tages berühmt, aber an innerer
Klarheit weit zurücksteht hinter den Leistungen der Sybel'schen
Generation, zu einer wirklich harmonischen Erfassung des histo=
rischen Lebens noch nicht gelangt ist und bei der Einseitigkeit
ihrer Voraussetzungen auch wohl schwerlich gelangen wird.

Wir, die wir meinen, daß die idealistische Weltanschauung
und das intensive Staatsgefühl des älteren Geschlechtes sich noch
keineswegs ausgelebt haben, wollen sein Vermächtnis in Treue
pflegen, ohne daß wir es deswegen epigonenhaft zum unverrück=
baren Dogma erstarren lassen brauchen. Es wird dann schon
die Stunde schlagen, wo wieder ein frischerer Wind in die Segel
weht, wo wir mit den uns überkommenen und von uns weiter=
gebildeten Ideen wieder hervortreten können aus der Stille des
Gelehrtenlebens, um der Nation zu beweisen, daß unsere emsige
Arbeit auch für die Aufgaben der Gegenwart nicht fruchtlos
geblieben ist.

Berlin, 11. September 1895.

Friedrich Meinecke.

Die städtische Verwaltung des Mittelalters als Vorbild der späteren Territorialverwaltung.

Von

Georg v. Below.

***

§ 1. Die bisherige Literatur.

„Die Städte sind in Europa gleichsam stehende Heerlager der Kultur, Werkstätten des Fleißes und der Anfang einer bessern Staatshaushaltung geworden, ohne welche dies Land noch jetzt eine Wüste wäre."

Mit diesen Worten beginnt Herder das vorletzte Kapitel seiner Ideen zur Philosophie der Geschichte der Menschheit.[1]

Wenn sein berühmtes Werk „unglaublich durch sich selbst und durch hundertfache Ableitungen auf die Bildung der ganzen Nation eingewirkt" hat[2]), so gilt dies ganz besonders von jenem Satze. Das darin ausgesprochene Urtheil ist in der That Gemeingut des deutschen Volkes geworden.

Indem Herder den „Anfang einer bessern Staatshaushaltung" in den Städten erwähnt, scheint er anzudeuten, daß deren Werk von einem anderen Körper fortgeführt worden ist. Allein er spricht davon nicht. Unter den Mächten, die die Träger einer neuen Zeit sind, nennt er keine anderen politischen Körper als die Städte. Ihnen stellt er, offenbar als überwiegend feindlich,

***

[1]) Ausgabe von 1791 (Riga und Leipzig), 4. Theil, S. 328.

[2]) Vgl. R. Haym, Herder nach seinem Leben und seinen Werken 2 (Berlin 1885), 262.

die „Regenten, Priester und Eble" gegenüber. Nur den
Priestern, der „Hierarchie", weist er noch eine relative Bedeutung
zu, insofern sie den „Despoten"[1] Widerstand geleistet haben.
Daß die Arbeit der Städte von anderen politischen Gewalten
aufgenommen worden ist, daß diese bereits im ausgehenden
Mittelalter, dessen hauptsächlichste Erscheinungen er schildern will,
damit beginnen, daß sie auch während des Mittelalters schon für
die „Kultur" thätig sind, erfahren wir aus seiner Darstellung
nicht.   Der „Schatten eines friedlichen Stadtregiments", die Entdeckungen, Erfindungen, Künste und Universitäten — lediglich
dies sind nach ihm die Mächte der neuen Zeit, welche „die Herr-
lichkeit Europas gegründet" haben.

Herder's einseitige Auffassung wurzelt in den Verhältnissen
und Anschauungen seiner Zeit, der Zeit der Zerfallenheit
Deutschlands, des Kosmopolitismus, des Rationalismus. Gerade
in den Ideen zur Philosophie der Geschichte vertritt er, im
Gegensatz zu eigenen älteren Äußerungen, den Standpunkt der
Aufklärung.[2] Die Menschen jener Zeit „sind dem geschichtlichen
Leben der Völker in dem Grade entfremdet, daß sie sich bei
Kriegen gar nichts anderes zu denken wissen', als unnütze
Raufereien unter den Fürsten, welche die Völker nichts angehen,
unter denen die Völker nur leiden". Man „weiß nicht, was es
bedeutet, wenn die Geister im allgemeinen durch große, den Hori-
zont erweiternde Begebenheiten und Erlebnisse angeregt sind."[3]
Man übersah, daß die Städte des Mittelalters ihren großen
Einfluß nicht ausgeübt haben würden, wenn ihre Bürger nicht
recht viel von den Neigungen und Eigenschaften der von Herder
gering geachteten „Regenten und Eblen" besessen hätten. Auch
in dieser Einseitigkeit lebt Herder's Darstellung[4] heute noch, bei

---

[1] Herder a. a. O. S. 338 f.

[2] Vgl. Haym a. a. S. S. 231.

[3] Worte Th. v. Bernhardi's. S. die charaktervolle Kritik der Herder-
schen Ausführungen in Th. v. Bernhardi's Leben (Leipzig 1895) 4, 63. Vgl.
auch Gött. Gel. Anz. 1892 S. 288.

[4] Eine Widerlegung der Darstellung Herder's im einzelnen ist theils
überflüssig, theils ergibt sie sich von selbst aus dem folgenden.

vielen Anhängern der Auffassung, die sich die kulturgeschichtliche
nennt.[1])

Einem wesentlich verschiedenen Standpunkt begegnen wir in
der neben der Herder'schen berühmtesten geschichtsphilosophischen
Darstellung, in Hegel's Vorlesungen über die Philosophie der
Geschichte. Die Verdienste der Städte des Mittelalters werden
hier zwar durchaus nicht geleugnet.[2]) Allein wie sollte Hegel,
der die Weltgeschichte wesentlich als Staatengeschichte, den Staat
als die Wirklichkeit der sittlichen Idee auffaßte, der das Wirkliche
für vernünftig hielt, der Gegner des Liberalismus seiner Zeit[3]),
der Einseitigkeit der Aufklärungsperiode fähig sein? In seiner
Darstellung steht nicht die Stadt, sondern der Staat im Vordergrunde! Das große Ereignis, der „Fortschritt" des ausgehenden
Mittelalters ist in seinen Augen ein staatliches Ereignis: „der
Übergang der Feudalherrschaft in die Monarchie"[4]), welchen er als
das „Brechen der subjektiven Willkür der Vereinzelung der
Macht", „das Hervorgehen einer Obergewalt" definirt. Und er
hebt hervor, daß auch die Städte dieser Obergewalt unterworfen
werden: sie bilden fortan Mächte „im Gemeinwesen". Es verdient
Erwähnung, daß er auf die energische Verwirklichung dieses Gedankens in Frankreich hinweist.[5])

Wie die Geschichtsphilosophen, so gingen auch die Juristen
und Historiker in ihren Anschauungen über die allgemeine

[1]) Vgl. hierzu (kritisch) Delbrück, Über die Bedeutung der Erfindungen
in der Geschichte, Historische und politische Aufsätze (Berlin 1887), S. 339 ff.
Dietrich Schäfer, Geschichte und Kulturgeschichte (Jena 1891). Gött. Gel.
Anz. 1892 S. 280 ff.

[2]) Hegel, Vorlesungen über die Philosophie der Geschichte, herausgeg.
von Ed. Gans (Berlin 1837), S. 391 ff. Vgl. z. B. S. 394: „Die Städte,
wo ein rechtlicher Zustand zuerst wieder begann."

[3]) Vgl. H. v. Treitschke, Deutsche Geschichte im 19. Jahrhundert 4, 484.

[4]) So überschreibt Hegel (a. a. O. S. 403 ff.) das vorletzte Kapitel des
über das Mittelalter handelnden Abschnittes.

[5]) Hegel a. a. O. S. 408 f. S. 430 spricht er den in diesem Zusammenhang bemerkenswerthen Satz aus (allerdings nicht in unmittelbarer Anwendung auf die Städte): „Man muß, wenn von Freiheit gesprochen wird,
immer wohl Acht geben, ob es nicht eigentlich Privatinteressen sind, von denen
gesprochen wird."

historische Stellung der Städte auseinander. Das Urtheil wurde
in der Hauptsache durch den politischen Standpunkt bestimmt.
Die Liberalen vertraten mehr das Recht der Städte, die Konser=
vativen mehr das des Staates (d. h., in Deutschland, der Ter=
ritorien). Selbst Dahlmann z. B., sonst durchaus kein Anhänger
der „kulturgeschichtlichen" Auffassung Herder's, äußert sich dennoch,
seinem politischen Standpunkt entsprechend, mit sichtbarer Bitter=
keit über die Einschränkung der städtischen Selbständigkeit durch
den Staat.[1]) Obwohl er keineswegs die mittelalterlichen Vor=
rechte der Städte wiederhergestellt wissen will[2]), läßt er doch
gar nicht erkennen, daß eine innere Nothwendigkeit ihre Be=
seitigung gebot.[3]) Dagegen der konservative C. W. v. Lancizolle[4])
sucht es verständlich zu machen und als berechtigt zu erweisen,
daß die Selbständigkeit der Städte seit dem Ausgang des Mittel=
alters vermindert wurde.

Die Beseitigung der Anschauungen des älteren Liberalismus
verdanken wir auf dem Gebiete der historischen Literatur Ranke.[5])
In Ranke's Schule finden wir nirgends mehr jene Gering=
schätzung des Staates, wie sie bei Herder hervortritt. Es er=
folgte so eine Annäherung an die historische Auffassung Hegel's,
wenngleich der Ausgangspunkt ein anderer war. So wenig

---

[1]) Dahlmann, Politik S. 240. Die erste Auflage erschien 1835, die
zweite 1847.

[2]) A. a. O. S. 241 ff. 264.

[3]) Über andere Vertreter einer ähnlichen Auffassung vgl. Schmoller in
der Ztschr. f. preußische Geschichte 8, 521 f. Er bemerkt: „Die Dinge werden
in der Regel so dargestellt, als ob die erstarkte landesherrliche Gewalt ohne
jede innere Berechtigung successiv die alte Selbständigkeit und damit die Blüte
der Städte vernichtet habe." Bei Dahlmann fehlt wenigstens nicht die Er=
kenntnis, daß am Ende des 18. Jahrhunderts die städtischen Freiheiten den
Städten keineswegs unbedingt zum Vortheil gereichten. Allein in der älteren
Zeit steht er zu einseitig auf Seiten der Städte.

[4]) Grundzüge der Geschichte des deutschen Städtewesens mit besonderer
Rücksicht auf die preußischen Staaten. Berlin u. Stettin 1829 Vgl. z. B.
S. 86: „Viele Neueren achten nur auf den Verfall der beiden ersten Stände
und übersehen den gleichen oder wohl noch tieferen Fall der Städte."

[5]) Vgl. H. v. Sybel, Über den Stand der neuern deutschen Geschicht=
schreibung, Kleine histor. Schriften 1 (1863), 352 ff.

Ranke von der „sophistischen, in sich selbst nichtigen und nur durch den Bannspruch seltsamer Formeln wirksamen Philosophie" Hegel's [1]) etwas wissen wollte, schon allein seine ästhetische Begeisterung für das geschichtliche Menschendasein schlechthin und sein Empirismus [2]) lassen ihn Anschauungen huldigen, die denen Hegel's trotz des verschiedenen Ursprungs verwandt sind.

Wenn nun seit Ranke [3]) die Bedeutung des Staates, d. h., für Deutschland, der Territorien, nicht mehr unterschätzt und andrerseits das Verdienst der Städte doch ebenso wenig übersehen wurde, so kam es darauf an, ihr gegenseitiges Verhältnis näher zu beschreiben, zu erklären, wie die Städte von den Territorien unterworfen werden konnten, ohne daß das, was sie geschaffen, verloren ging. Die Formel für die Beantwortung dieser Frage wurde darin gefunden, daß die besiegten Städte die Lehrmeister der Territorialherren geworden, daß die städtische Verwaltung in der territorialen nachgeahmt worden ist.

Es ist vielleicht nicht Zufall, daß diese Erklärung zuerst gerade von einem persönlichen Schüler Ranke's [4]) und in einem ihm gewidmeten Buche gegeben worden ist: in Wilhelm Arnold's Verfassungsgeschichte der deutschen Freistädte (1854). Arnold

---

[1]) L. v. Ranke, Zur eigenen Lebensgeschichte, herausg. von Alfred Dove, S. 174.

[2]) Vgl. Alfr. Dove, Allg. Deutsche Biogr. 27, 247. 251.

[3]) Ranke selbst hebt auch hervor, daß man in den Territorien „so nach Einheit wie nach Ordnung strebte", und daß „überall die Macht der innern lokalen Antriebe mit der Autorität der Reichsgewalten wetteiferte". Deutsche Gesch. im Zeitalter der Reformation (fünfte Aufl.) 1, 223. Vgl. auch S. 41. Man halte dagegen, was Joh. v. Müller, 24 Bücher allgemeiner Geschichten (Cotta'sche Ausgabe von 1831) 5, 105 sagt: „Auch in der Geschichte der Fürsten des teutschen Reichs fängt man an, höhere und neue Abgaben von Land und Verbrauche zu bemerken; Staatsgefahren oder dem Geiste der Zeit angemessene Anstalten wurden der Vorwand. Wenn Gewohnheit sie erträglich gemacht, so waren Gründe zur Perpetuirung nicht schwer zu finden." Beide Historiker äußern sich nur sehr kurz über das deutsche Fürstenthum in der Zeit des Übergangs vom Mittelalter zur Neuzeit. Und doch ist das, was sie sagen, für ihr historisches Urtheil überaus charakteristisch.

[4]) Vgl. L. v. Ranke, Zur eigenen Lebensgeschichte, herausg. von Alfr. Dove, S. 556 f.

sagt: „Die städtische Verwaltung war von besonderem Einfluß auf die politische Entwicklung, insofern sie zuerst die Idee des Staats und einer Staatsgewalt zur Geltung gebracht hat."[1] „Sie (die Städte) haben vor allem dazu beigetragen, daß die Landeshoheit später zu einer Staatsgewalt, die Territorien zu Staaten umgebildet werden konnten; sie wirkten vorbereitend für die neue Epoche der Geschichte, bis sie selbst davon erfaßt und durch den Staat, der ohne sie nimmer zur Reife gekommen wäre, verzehrt wurden." „Für die verschiedensten Zweige der Staatsverwaltung sind meist in den Städten die Vorbilder aufgekommen, die nachmals in den Territorien nur eine erweiterte Anwendung fanden. Das gilt besonders für das Kriegswesen, die Finanzen und die Polizei".[2] Arnold unternimmt es auch, im einzelnen für die von ihm behauptete Vorbildlichkeit der Städte einige Beweise zu erbringen.

Sein Gedanke ist später, im Jahre 1866, von Th. v. Kern wieder aufgenommen worden, in einem Aufsatze über den „Kampf der Fürsten gegen die Städte in den Jahren 1449 und

---

[1] 1, VIII.

[2] 2, 135. — Vor Arnold hatten schon einige Autoren das, was er klar ausspricht und im einzelnen zu begründen sucht, angedeutet. So bemerkt C. Hegel, Geschichte der Städteverfassung von Italien 2, 461 (1847): „Die bürgerliche Freiheit (der Städte des Mittelalters) führte zur Auflösung des unkräftigen Lehnsstaates und zur Blüte eines vielgestaltigen, auf kleinere Kreise beschlossenen politischen Lebens, welches zugleich die Keime einer unabsehbar fortschreitenden Kultur in sich trug und den kommenden Zeiten zur weiteren Ausbildung überlieferte." Etwas eingehender, jedoch in der ihm eigenen wenig präzisen Art äußert sich Barthold, Geschichte der deutschen Städte und des deutschen Bürgerthums (Leipzig 1850) Theil 1 S. 5 f. Nicht lange nach Arnold hat Droysen dessen Gedanken von neuem ausgesprochen. Vgl. J. G. Droysen, Gesch. der preußischen Politik 2² (zweite Aufl.), 13 ff. und besonders S. 22: „In den Territorien und für dieselben wurden die Künste der Hierarchie und die Erfahrungen der städtischen Wirthschaft in Anwendung gebracht und verwerthet." Doch ist hiermit weniger gut als bei Arnold, Th. v. Kern, Maurer und Gierke das Wesen der Sache hervorgehoben. Dagegen liegt ein Vorzug der Darstellung Droysen's in treffenden Bemerkungen über die Gründe, weshalb am Ende des Mittelalters die Städte vor den Territorien zurücktreten mußten.

1450[1])", in dem er zugleich auf ihre vorausgehenden Kämpfe einen Blick wirft und nach einer allgemeinen Betrachtung über die Resultate des heftigen Streites bemerkt: „Es bereitete sich auf allen Seiten die Entwicklung vor, durch welche am Ende des 15. Jahrhunderts das Territorialsystem zu vorwiegender Geltung, das Fürstenthum, in einer Reihe bedeutender Persönlichkeiten vertreten, zu jenem innern Abschlusse gelangte, der ihm die Zukunft gesichert hat. Gerade hierin aber mußten ihm die Städte zum Vorbild dienen, deren staatliche Organisation neben aller Eigenthümlichkeit so vieles enthielt, was für die neuen Bildungen zugleich die Grund-idee und den Ausgangspunkt hergeben sollte. So haben die Bürger, indem sie ihr Gemeinwesen und die politische Selb-ständigkeit desselben gegen die Angriffe der Fürsten und des Adels schützten, nicht bloß den Boden gesichert, auf welchem Künste und Wissenschaften, die ganze reiche Kultur jener Tage immer glänzender sich entfalten sollten, sie haben eine bedeutungsvolle Errungenschaft auch für das Staatsleben der Folgezeit davon-getragen". Kern gibt seinen Worten zwar keine weitere Be-gründung. Aber sie verdienen wegen ihrer geschickten Formu-lierung und wegen des Zusammenhanges, in dem er den Ge-danken Arnold's wiederholt, Erwähnung.

G. L. v. Maurer hat in seiner in den Jahren 1869—71 erschienenen Geschichte der Städteverfassung in Deutschland[2]) auch die Abhängigkeit der territorialen von der städtischen Verwaltung stark betont und durch mancherlei, wiewohl nicht immer wohl gesichtetes Material belegt.

Sehr energisch hat sodann Gierke die Vorbildlichkeit der Städte für die Einrichtungen der Territorien betont. In den in den Jahren 1868 und 1873 erschienenen ersten beiden Bänden seiner Darstellung des „deutschen Genossenschaftsrechtes" spielt gerade jener Gedanke eine Hauptrolle. Er ist eng mit der Grundidee des Buches, der von der rechtbildenden Kraft des

---

[1]) Historisches Taschenbuch, herausg. von F. v. Raumer, 4. Folge, 7. Jahrg. S. 97—124. Wiederabgedruckt in den „Geschichtlichen Vorträgen und Aufsätzen" von Th. v. Kern (1875) S. 102 ff.

[2]) Vgl. namentlich 4, 82 ff.

„genoſſenſchaftlichen Princips"[1]), verknüpft. Dieſe Idee geht theils auf beſtimmte philoſophiſche, juriſtiſche, nationalökonomiſche, politiſche Anſchauungen, theils aber auch auf beſtimmte hiſtoriſche Beobachtungen zurück, eben die Beobachtung der der territorialen vorauseilenden ſtädtiſchen Entwicklung.

Gierke ſchließt ſich in der Durchführung ſeiner Anſicht im weſentlichen an Arnold an. In Übereinſtimmung mit ihm läßt er zunächſt den „Gedanken der Landesobrigkeit" ſelbſt unter dem Einfluß des ſtädtiſchen Vorbildes ausgebildet werden[2]) und zweitens auch die ſtaatliche Thätigkeit der Territorien ſich in ihren einzelnen Zweigen nach ſtädtiſchem Vorbild richten.[3])

Seit Gierke iſt der Zuſammenhang zwiſchen ſtädtiſcher und territorialer Verwaltung auf beſtimmten einzelnen Gebieten zwar oft mit Energie hervorgehoben und auch nachgewieſen worden[4]): die bezüglichen Unterſuchungen bedeuten eine ſehr erfolgreiche

---

[1]) Vgl. R. Sohm, Die deutſche Genoſſenſchaft. Leipzig 1889.

[2]) Gierke 2, 857: „Der Gedanke der Landesobrigkeit mit einer Fülle ſich aus ihm ergebender äußerer Veränderungen wurde von den Fürſten zunächſt dem ſtädtiſchen Gemeinweſen entnommen oder doch unter weſentlichem Einfluß des ſtädtiſchen Vorbilds ausgebildet."

[3]) A. a. O. S. 858: „Die Landesherrn entwickelten nach ſtädtiſchem Vorbild eine einheitliche und wahrhaft ſtaatliche Geſetzgebung und Rechtſprechung; ſie bildeten den Begriff der Regierung als der poſitiven Fürſorge für das öffentliche Wohl aus; ſie ſchufen nach ſtädtiſcher Analogie ein ſtaatliches Kriegsweſen mit zum Theil auch äußerer Nachbildung des Söldnerweſens, der ſtehenden Heere und der Feſtungsanlagen, ein höchſt eingreifendes Polizeiweſen mit ſeinen vielfachen Verzweigungen, einen einheitlichen Haushalt mit Schulden- und Kreditweſen und einer eigentlichen, insbeſondere auch indirekten Beſteuerung. In allen dieſen Beziehungen aber erſetzten ſie die Selbſtverwaltung und Autonomie durch obrigkeitliche Verwaltung und Verordnung. Und wie den Schlußſtein der ſtädtiſchen Entwicklung die Herſtellung eines einheitlichen Stadtbürgerthums bildete, ſo war das letzte Ziel der Landeshoheit die Begründung eines allgemeinen und gleichen Staatsbürgerthums, das aber wiederum nur nach der paſſiven Seite als die unmittelbare Unterwerfung unter die Eine obrigkeitliche Staatseinheit in dem Begriff der Unterthanenſchaft zur Erſcheinung kam." S. auch S. 740: „es findet ſich ſchon früh in den Städten dieſelbe Übertreibung des Polizeibegriffs, welche ſpäter in die Territorien verpflanzt wurde."

[4]) Vgl. die Unterſuchungen der unten zu erwähnenden Forſcher.

Förderung unserer Kenntnis der deutschen Verwaltungsgeschichte. Indessen eine allgemeine zusammenfassende Würdigung jenes Zusammenhanges hat man inzwischen nicht wieder unternommen.[1]) Es fehlt sogar noch viel daran, daß die Ausführungen Arnold's, Maurer's, Gierke's und ihrer Nachfolger überall berücksichtigt werden.[2]) Wohl weiß man heute überall, auch außerhalb der Kreise der Historiker, daß das Mittelalter die Zeit der „Gestaltungen kleines Umfangs"[3]) ist, daß mit dem Beginn der Neuzeit der Staat sich die kleinen Gemeinwesen unterordnet, und daß „unstreitig ein Gewinn an allgemeiner Ordnung und Sicherheit in der Niederdrückung der unzähligen kleinen Gewalten vor wenigen großen lag".[4]) Allein den Zusammenhang zwischen dem reichen und intensiven Leben der Gemeinden des Mittelalters und der ergiebigen Thätigkeit der späteren Staaten hat man noch zu wenig erforscht. Und doch wird es erst durch die Ergründung dieses Zusammenhanges klar werden, weshalb die Zeit der Städte durch die der Staaten ohne einen Verlust an allgemeiner Kultur abgelöst werden konnte, weshalb die Ablösung vielmehr deren Fortschritt beförderte, nicht etwa bloß um der „Ordnung und

[1]) Kurz weist auf den Zusammenhang F. v. Bezold, Gesch. der deutschen Reformation S. 26 f. hin.

[2]) In den Darstellungen der deutschen Geschichte von Nitzsch und Lamprecht, in welchen über Verfassung, Verwaltung und Wirthschaft so viel gesprochen und so wenig gesagt wird, sucht man vergeblich nach Belehrung über diesen Punkt. Vgl. z. B. Nitzsch, Geschichte des deutschen Volkes (1885) 3, 444 ff. Was Lamprecht hierüber sagt, besteht hauptsächlich nur in einem reichlichen Gebrauch der Worte „geldwirthschaftlich" und „individualistisch". Vgl. z. B. Lamprecht, Deutsche Geschichte 4, 171 und 5¹, 4 ff. Droysen a. a. O. S. 9 und 14 f. hat das, was Lamprecht andeuten will, schon besser ausgedrückt.

[3]) Lotze, Mikrokosmus 3 (vierte Aufl., 1888), 159. Vgl. ebenda S. 162: „Wir sehen auch dieses reiche Leben (das der Städte) in einer Menge scharfbegrenzter Körperschaften krystallisiren."

[4]) A. a. O. S. 169. Ebenda bemerkt Lotze von den einzelnen Gemeinden des Mittelalters, daß „deren lebhafter und würdiger Gemeinsinn doch nicht für die mangelnde Größe und Vielseitigkeit der Verhältnisse entschädigen konnte und deren wechselseitige Beziehungen unsicher und unorganisirt geblieben waren".

Sicherheit" willen nothwendig war. So wird denn eine neue Erörterung dieses Gegenstandes nicht der Rechtfertigung bedürfen. Wenn ich sie im folgenden versuche, so mache ich mich freilich keineswegs anheischig, irgendwie abschließende Resultate zu liefern. Um zu solchen zu gelangen, dazu sind noch zu viel Vorarbeiten erforderlich; namentlich wird man auch für diesen Punkt auf die lange schon entbehrte Herausgabe oder Bearbeitung der Landtagsakten der größeren deutschen Territorien warten müssen.[1] Die vorliegende Abhandlung beansprucht aber auch gar nicht einmal, auf einer vollständigen Durcharbeitung des bisher gedruckten Materials zu beruhen. Sie will vielmehr in erster Linie nur die Aufstellungen der allgemeinen Werke und der Einzeluntersuchungen zusammenfassen und kritisch sichten.[2] Auch bei dieser Beschränkung wird bereits eine Förderung der Forschung erreicht werden können.

§ 2. Der Kampf zwischen Territorien und Städten.

Wie erwähnt, macht Th. v. Kern seine Bemerkungen über den Zusammenhang zwischen städtischer und territorialer Verwaltung am Schluß einer Abhandlung, die den Kampf zwischen

---

[1] Bekanntlich hat schon Ranke (Preuß. Gesch. 1 [Ausg. v. 1874], 146 Anm. 1) „als die nächste für die Märkische Geschichte vor allem erforderliche Arbeit eine auf das Einzelne eingehende historische Darstellung der Landtagsverhandlungen, besonders des 16. Jahrhunderts" bezeichnet. Es ist vollkommen richtig, daß hier nur eine „auf das Einzelne eingehende" Arbeit Nutzen schaffen kann. Vgl. meine Bemerkungen in der H. Z. 74, 102. 884. Zu der vorliegenden Arbeit bin ich gerade durch die Beschäftigung mit der Landtagsgeschichte veranlaßt worden. Vgl. meine Geschichte der landständischen Verfassung in Jülich und Berg (Düsseldorf 1885—91) und meine Edition der Landtagsakten von Jülich und Berg, Bd. 1 (Düsseldorf 1895).

[2] Da wir alle Zweige der städtischen und der territorialen Verwaltung zu durchwandern haben, so kann im folgenden von vollständigen Literaturangaben nicht die Rede sein. Die unten gegebenen Citate sollen nur Beispiele anführen. Dabei habe ich die neueste Literatur besonders berücksichtigt. — Ich spreche im folgenden von dem Einfluß der Städte auf die Territorien. Gegen die öfters (so auch von Roscher) aufgestellte Behauptung, daß die Kirche dem Staate fast alle Entwicklungen vorgemacht habe, erklärt sich mit Recht Sommerlad, Jahrbücher f. Nationalökonomie 62, 658. Sie trifft hauptsächlich

Territorien und Städten in Oberdeutschland schildert. Wir
haben es eben hier mit der in der geschichtlichen Entwicklung
nicht selten hervortretenden Thatsache zu thun, daß nach heftigem
Kampfe die unterliegende Partei als die Lehrmeisterin der siegreichen erscheint. Es wird aber sehr wesentlich zum Verständnis
dieses Verhältnisses beitragen, wenn wir die Natur der von den
Territorien gegen die Städte geführten Kämpfe festzustellen suchen.

Th. v. Kern [1]) spricht von einem „Principienkampf" zwischen
Landesherren und Städten. Es ist richtig, daß die Städte überzeugt waren, die Landesherren wollten sie unter ihre Gewalt
bringen. [2]) Wenn die Parteien sich nicht ohne Ausnahme nach
den ständischen Gruppen sonderten, sondern manche Städte es
mit den Landesherren, manche Landesherren es mit den Städten

---

nur für das frühere Mittelalter (und auch hier nicht so unbedingt) zu. Vgl.
Lotze, Mikrokosmus 3, 163: „In vielfachen Beziehungen stand am Anfange
des Mittelalters die Kirche an der Spitze des Fortschritts und der Zivilisation;
die meisten gemeinnützigen Einrichtungen gingen von ihr aus" u. s. w.

[1]) Histor. Taschenbuch a. a. O. S. 99 ff.; Chroniken der deutschen
Städte 2, 417. Mit Rücksicht zunächst auf die Kämpfe des 14. Jahrhunderts,
aber doch wohl auch in einem allgemeineren Sinne urtheilt dagegen Lindner,
Deutsche Geschichte unter den Habsburgern und Luxemburgern 2, 144: „Das
wirthschaftliche und innere Leben der Reichsstädte und der größeren Fürsten-
städte unterschied sich nicht wesentlich. Doch ist es nicht richtig, deßwegen
das Bürgerthum als eine Einheit aufzufassen, deren Vertreter die Reichsstädte
gewesen wären, und ebenso irrig ist es, von einer grundsätzlichen Feindschaft
zwischen Bürgerthum und Fürstenthum zu reden. Die Reichsstädte sind
niemals die Vorfechter eines Gesammtbürgerthums gewesen und haben es
niemals sein wollen. Sie schlossen nur einen Bruchtheil der bürgerlichen
Bevölkerung ein. Die übrige, an Zahl weit überwiegende Menge war vertheilt
unter die vielen Landesherrschaften." S. 145: „Die Behauptung, der Kampf
zwischen Fürsten und Bürgerschaften sei eine Reaktion des Landes gegen die
Stadt, gewissermaßen ein Widerstand gegen die bloße Geldmacht gewesen, ist
... wohl geistreicher als richtig." Diese letzte Bemerkung richtet sich wohl
gegen Nitzsch a. a. O. S. 369 und 445 ff. Vgl. hiezu und zum folgenden
ferner Priebatsch, Die Hohenzollern und die Städte der Mark im 15. Jahrhundert, S. 2 ff. Auf die Stellung des niederen Adels zu den Städten (vgl.
Priebatsch S. 4 ff.) einzugehen, würde hier zu weit führen.

[2]) Th. v. Kern, Histor. Taschenbuch a. a. O. S. 103 Anm. 5 und S. 122;
Frensdorff, Hansische Geschichtsblätter, Jahrg. 1893 S. 77.

hielten, so liegt darin noch kein Beweis gegen den principiellen Charakter des Gegensatzes. Denn zu allen Zeiten spaltet sich bei Kämpfen zwischen verschiedenen Interessengruppen wohl ein Theil von seinen Genossen ab, aus Kurzsichtigkeit oder Einsicht oder rein zufälligen Gründen. Allein, welches war das Princip, um das man stritt? Es handelte sich hauptsächlich nur um die allerdings sehr wichtige Frage der politischen Selbständigkeit der Städte. Die Landesherren wünschten sie sich zu unterwerfen und waren für die Erreichung dieses Zieles im allgemeinen auch zu gegenseitiger Unterstützung bereit.[1] Indessen man geräth in Schwierigkeiten, wenn man festzustellen sucht, bis zu welchem Grade sie die Unabhängigkeit der Gemeinden einschränken wollten. Hier waltet große Mannigfaltigkeit. Es ist erstens der Unterschied der Zeiten zu beachten. Von dem 14. Jahrhundert darf man sagen, daß es trotz seiner Städtekämpfe noch mit dem 13. Jahrhundert das eigentliche Zeitalter der städtischen Autonomie, der sogar von den Landesherren anerkannten Autonomie darstellt. Auch im 15. und 16.[2] sind die Gemeinden in ihrer Selbständigkeit noch bei weitem nicht so beschränkt wie im 17. und 18. Jahrhundert. Zweitens begegnen wir in den einzelnen Territorien und sogar in demselben Territorium oft einem verschiedenen Verfahren. — Außer dem mehr äußerlichen Streit um die Selbständigkeit der Städte wird man jedoch kaum einen principiellen Gegensatz in jenen Kämpfen entdecken können. Vergegenwärtigen wir uns die bestimmten Beschwerden, die von den Parteien erhoben werden. Zum Theil beziehen sie sich auf einfache Gebietsstreitigkeiten[3], wie sie ebenso zwischen Landesherren allein vorkommen. Ferner klagen die Reichsstädte über die ihnen drohenden Verpfändungen an Landesherren. Damit sprechen sie nur aus, daß sie die Unterwerfung unter die Territorialgewalt fürchten. Weiter richtet sich der Unwille der Städte gegen die

---

[1] Dies tritt besonders deutlich in dem Kampfe gegen die Stadt Braunschweig hervor. Vgl. Priebatsch, Die große Braunschweiger Stadtfehde 1492 bis 1495 (Breslauer Diss. von 1890).

[2] Mit Recht bemerkt Lancizolle S. 78 f., daß gerade in dieser späteren Zeit manche Städte noch einen Zuwachs ihrer Gerechtsame erhielten.

[3] Vgl. Lindner S. 146.

vielen, oft eigenmächtig von den Landesherren errichteten Zoll=
stätten.[1]) Allein sie schwärmten keineswegs für allgemeine Zoll=
freiheit; sie hielten vielmehr den Zoll, der in ihrer Hand war,
ihr Stapelrecht und das „Gästerecht", welches fremden Gewerbe=
treibenden gegenüber wie ein Schutzzoll wirkte, fest und suchten
sie zu erweitern. Von Seiten der Landesherren wird den
Städten am meisten wohl das Pfahlbürgerthum zum Vorwurf
gemacht. Ihr Widerstand gegen diese Einrichtung zeigt sie uns
aber in denselben Bestrebungen, die die Städte verfolgten. Zu
Pfahlbürgern ließen sich solche Unterthanen der Landesherren
aufnehmen, welche sich ihrer territorialen Steuer= nnd Gerichts=
pflicht entziehen wollten.[2]) Wenn die Fürsten hiergegen ein=
schritten, so thaten sie nichts anderes als die Städte, die ihren
Gemeindebezirk zu einem fest geschlossenen Steuer= und Gerichts=

---

[1]) Die Beschwerden über die vielen lästigen Zollstätten werden nicht
bloß außerhalb der Territorien, d. h. von den Reichsstädten und mit ihnen
vereinigten Landstädten vorgebracht, sondern auch innerhalb, d. h. von den
Landstädten bezw. Landständen gegenüber dem eigenen Landesherrn, und zwar
mit Erfolg. Vgl. G. v. Below, Landtagsakten von Jülich=Berg 1, 152 und
180. Man ersieht daraus, daß bis zu einem gewissen Grade die Zwecke der
Städte auch ohne Reichsstädte und Städtebündnisse erreicht werden konnten.
Aber freilich auch nur bis zu einem gewissen Grade: nämlich höchstens soweit,
als die Macht des eigenen Landesherrn reichte.

[2]) Vgl. Kniele, Die Einwanderung in den westfälischen Städten bis
1400 (Münster 1893) S. 48 ff.; G. v. Below, Landständ. Verf. 3[1], 38 f.;
Priebatsch 1, 150 Anm. 5; Max Georg Schmidt, Die staatsrechtliche An=
wendung der goldenen Bulle bis zum Tode König Sigmund's (Hallische
Dissertation von 1894) S. 36. Eine völlig verkehrte Ansicht von dem Pfahl=
bürgerthum hat Nitzsch 3, 321: „Welche Anziehungskraft diese neue städtische
Kultur mit ihrem lockenden Verdienst und ihrem entwickelteren Lebensgenuß
auf die außerstädtische Bevölkerung äußerte, erkennen wir aus den . . . Maß=
regeln gegen die Ausbildung des Pfahlbürgerthums." Er denkt sich die
Pfahlbürger (d. h. die cives non residentes!) also wie moderne Dienst=
boten, die das platte Land verlassen, und übersieht vollständig, daß jene auf
dem Lande sitzen blieben! Woher weiß Lamprecht a. a. O. 4, 113 f., daß
die Pfahlbürger sich aus „den kräftigsten Bevölkerungsschichten des platten
Landes" rekrutirten? Es ist auch mißverständlich, wenn er die Verbote des
Pfahlbürgerthums „konservativ", „zurückhaltend" nennt. Sie sind etwas, was
durch die fortschreitende Entwicklung gefordert wurde.

bezirk auszubilden, die Exemtionen von der städtischen Steuer-
und Gerichtspflicht zu beseitigen suchten. Selbst die Streitigkeiten über die Einwanderung unfreier Personen in die Städte
lassen keinen inneren Gegensatz erkennen. Denn die Stadt,
welche Unfreie aufnahm, ging nicht darauf aus, die Unfreiheit
überhaupt zu beseitigen, sondern nahm sich nur derjenigen an,
die ihre Bürger geworden waren. Und der Landesherr, welcher
einer Stadt wegen der Aufnahme entlaufener Unfreier zürnte,
dachte dabei vornehmlich nur an seine Unfreien, sah es jedoch
keineswegs ungern, wenn die Städte seines Territoriums ihre
Bürgerschaften durch Unfreie fremder Herren verstärkten.[1]) So
wird man denn von einem inneren Gegensatz zwischen städtischem
und landesherrlichem Wesen im Mittelalter im vollen Sinne
nicht sprechen dürfen. Um so weniger, als die Städte ja von
ihrer Gründung an die lebhafteste Förderung durch die Landesherren erfahren haben. Das Wesen der mittelalterlichen Stadt
liegt in ihrer Privilegirung; ihre Ausstattung mit Vorrechten
verdanken sie aber dem König und den Landesherren. Zum
Theil haben sie ihre Privilegien freilich erkaufen müssen. Zum
andern Theil sind sie ihnen jedoch frei verliehen worden, weil
die Obrigkeit durch die Begünstigung der Städte ihren eigenen
und des Landes Nutzen wahrzunehmen glaubte.[2]) Die Landesherren sind darin sogar manchmal zu weit gegangen, indem sie
kleine Orte mit städtischen Vorrechten ausstatteten, die sich auf
die Dauer — trotz der Unterstützung der Obrigkeit — nicht als
Städte behaupten konnten.[3])

---

[1]) Vgl. Kniele a. a. O. S. 117 ff. und 124; G. v. Below, Ursprung
der deutschen Stadtverfassung S. 120.

[2]) Vgl. H. Z. 59, 219.

[3]) Es mag hier ferner daran erinnert werden, daß die Beherrscher der
an Deutschlands Grenze gelegenen slavischen Gebiete Städte — und zwar
deutsche Städte — in Menge um des damit verbundenen direkten und indirekten Nutzens willen gründeten und mit Privilegien ausstatteten; eine
Erscheinung, die uns auch insofern interessirt, als sie zeigt, wie die deutschen
Städte des Mittelalters, die später Vorbild der deutschen Territorien wurden,
vorher schon in anderer Weise als Vorbild gedient hatten, nämlich für die
Städtegründung im Slawengebiet. Vgl. darüber zuletzt Rachfahl, Organisation
der Gesammtstaatsverwaltung Schlesiens S. 56 ff.

Alles dies beweist, wie völlig verkehrt es wäre, die Landesherren des Mittelalters als Vertreter spezifisch ländlicher Interessen den Städten feindlich gegenüberstehend sich vorzustellen.
Nicht etwa, daß sie ländliche Interessen den Städten gegenüber
vertreten hätten, sondern daß sie sich um städtische wie ländliche
Interessen recht wenig kümmerten, charakterisirt sie. Man darf
sogar, wie wir es eben schon hervorgehoben, behaupten, daß sie
den Städten mehr Aufmerksamkeit als dem platten Lande zu-
wandten, jene vor diesem begünstigten. An vielen Dingen aber,
denen die Städte sich mit dem größten Eifer widmeten, nahmen
sie auch gar keinen oder wenigstens keinen lebendigen Antheil; und
wenn sie mit ihnen eben deshalb hier kaum in Konflikt gerathen
konnten, so erfuhren diese städtischen Anliegen doch aus demselben
Grunde auch wiederum keine Förderung durch sie. Sie empfanden
gar nicht oder so gut wie nicht das Bedürfnis einer Ordnung
dieser Verhältnisse. Die letztere blieb im Mittelalter fast ganz
den Städten (beziehungsweise privaten Genossenschaften) überlassen. Darin liegt die innere Rechtfertigung für das große
Maß von Selbständigkeit, welches sie behaupteten. Sie be-
durften ihrer, um ihre Angelegenheiten rückhaltlos wahrnehmen
zu können. Um nur ein sprechendes Beispiel herauszugreifen:
die Hansa hat ihre Erfolge zum großen Theil deshalb errungen,
weil die unabhängige Stellung der Hansastädte es ihnen gestattete, eine hauptsächlich auf die eigenen Verkehrsinteressen gerichtete Politik zu verfolgen.[1]

Welche Gründe es gewesen sind, die die Ersetzung der Selbständigkeit der Städte durch ihre Abhängigkeit von den Landesherren nothwendig gemacht haben, das wird sich zum Theil
gerade aus dem weiteren Verlaufe unserer Untersuchung ergeben.

Die Territorialgewalten haben ihr Übergewicht zunächst
durch offenen Kampf hergestellt.[2] Die Zeiten dieser Kriege mit

---

[1] Vgl. Dietrich Schäfer, Artikel Hanse im Handwörterbuch der Staatswissenschaften 4, 389.

[2] Sowohl bei dem offenen Kampf wie bei dem friedlichen Vorgehen
gegen die Städte kam den Landesherren oft die innere Uneinigkeit der Bürgerschaften (die wiederum einen Beweis von der Nothwendigkeit einer über den

den Städten sind das 14. und das 15. Jahrhundert. Das Er-
gebniß war noch kein voller Erfolg. Nicht nur viele Reichsstädte,
auch Landstädte retteten ihre Selbständigkeit in das 16. Jahrhundert hinüber und haben hier noch manchem Angriff siegreich
widerstanden. Vollständig ist die Herrschaft der Territorialgewalten schließlich auch nur über die Landstädte ausgedehnt
worden. Das meiste hat dabei übrigens nicht der offene Kampf,
sondern die friedliche Geltendmachung der landesherrlichen Rechte
und das eigene Bedürfniß der Städte gethan. Die Überzeugung
von dem Nutzen der Unterordnung unter die landesherrliche Gewalt ist jedoch erst mehr nachträglich eingetreten. Selbst die
Landesherren lassen sich anfangs durch solche Erwägungen nicht
bestimmen. Im 14. Jahrhundert ist es noch lediglich und im
15. wenigstens noch überwiegend der Wunsch, einfach die Grenzen
des Territoriums zu erweitern oder zu behaupten, der die
Kämpfe mit den Städten veranlaßt. Oft haben die Landesherren erst hinterher die Ausdehnung ihrer Herrschaft durch eine
auf das Wohl der Städte gerichtete bewußte Politik gerechtfertigt.

**§ 3. Der Zusammenhang zwischen städtischer und territorialer
Verwaltung.**

Arnold (und ihm folgend Gierke) stellt, wie erwähnt, die
Behauptung auf, daß die Städte zuerst in der deutschen Geschichte
die Idee des Staates zur Geltung, zuerst einen Staat zur Erscheinung und zum Bewußtsein gebracht, zuerst eigentliche Staaten
erzeugt haben. Darin geht er zu weit. Es kommt darauf an,
was man unter Staat versteht. Man darf nicht den Maßstab
eines etwa in der Gegenwart gebildeten fertigen Staatsbegriffs

---

Gemeinden stehenden Macht war) zu statten. Vgl. z. B. Priebatsch, Die
Hohenzollern und die Städte der Mark im 15. Jahrhundert S. 14. Mitunter
wandte man das Mittel der Erregung von Uneinigkeit mit Bewußtsein als
Kampfmittel an. Weshalb andrerseits das Eingreifen in die inneren Verhältnisse der Städte nothwendig war, darüber vgl. z. B. F. A. v. Langenn,
Melchior v. Ossa S. 173 und 183. Einige für die Art, wie die Landesherren in die Gemeindeverwaltung eingriffen, charakteristische Fälle f. in
meiner Landständ. Verf. 3², 97 f.

an die Vergangenheit anlegen. Man hat vielmehr für jede Periode
der geschichtlichen Entwicklung aus ihren Vorstellungen heraus
den Begriff des Staates festzustellen. Es gibt keinen „eigentlichen
Staat". Wenn man in jener Weise verfährt, wird man auch in
der Zeit vor dem Aufkommen der Städte unschwer bestimmte
Vorstellungen von staatlicher Ordnung entdecken.

Selbst in der Beschränkung läßt sich Arnold's Ansicht nicht
halten, daß der später in den Territorien vorhandene Staatsbegriff
unter dem Einfluß des speziellen in den Städten entstandenen
Staatsbegriffs ausgebildet worden ist. Denn erstens boten die
Städte dafür keinen Anknüpfungspunkt.[1]) Und zweitens trugen
die Territorien in sich den Keim für die Weiterbildung des Staatsbegriffs: wie das Territorium aus der Grafschaft, so hat sich der
Begriff der Landesobrigkeit, der Landeshoheit aus dem der gräf-
lichen Gewalt entwickelt. Schon im 13. Jahrhundert[2]) ist der
Begriff terra, dominus terrae, dominium terrae vorhanden,
und aus ihm als einem allgemeinen Begriff werden einzelne Rechte
abgeleitet.

Es ist eine verbreitete Vorstellung[3]), daß im Mittelalter
nur in den Städten ein politisches Verhältnis zwischen dem
einzelnen und der höheren Gewalt vorhanden[4]), daß im übrigen
der Untergebene an den Herrn durch ein lediglich persönliches

---

[1]) Gierke selbst hebt, obwohl er von einem Einfluß der Stadt= auf die
Territorialverfassung spricht, a. a. O. 2, 857 den Unterschied zwischen dem
Staatsbegriff der mittelalterlichen Städte und dem der späteren Territorien
hervor.

[2]) Auf das 12. Jahrhundert einzugehen, ist in diesem Zusammenhange
nicht nothwendig. Vgl. darüber Waitz, Verfassungsgeschichte 5 (zweite Aufl.),
196 f.; 7, 306 f. S. auch H. Z. 63, 296 ff.

[3]) Max Duncker, Feudalität und Aristokratie (Abhandlungen aus der
neueren Geschichte) S. 5 führt es als eine Besonderheit Englands gegenüber
dem Kontinente an: „Die Erhaltung des Grafschaftsgerichts ... hat den Sieg
der feudalen Aristokratie über das Königthum und über das Bauernthum in
England verhindert." Allein in Deutschland ist das Grafschaftsgericht auch
erhalten geblieben!

[4]) Vgl. D. Schäfer, Die Hansestädte und König Waldemar von Dänemark S. 242.

Treuverhältnis gebunden gewesen sei. Allein es ist ganz unmöglich, nachzuweisen, daß sämmtliche Eingesessenen einer Grafschaft
in persönlicher Abhängigkeit von dem Grafen gestanden haben.
Die Herrschaft des Grafen ist vielmehr die über Unterthanen, ist
staatsrechtlicher Natur.[1]) Wie die Landeshoheit an die gräfliche
Gewalt anknüpft, so ist die Unterthanenschaft der späteren
Territorien die Fortsetzung des staatsrechtlichen Verhältnisses, in
dem die Insassen einer Grafschaft des Mittelalters zu ihrem Grafen
standen. Auch in dieser Beziehung dürfen wir also nicht von
städtischem Vorbild sprechen. Das moderne Staatsbürgerthum
ist keineswegs aus dem mittelalterlichen Stadtbürgerthum hervorgegangen[2]), vielmehr, wie auf Kosten der anderen privilegirten
Stände, so auch auf Kosten des privilegirten städtischen Bürger-
standes entstanden. Die Städte waren ebenso wie die Schweizer
nicht geneigt, die Einwohner der von ihnen abhängigen Bezirke
mit den privilegirten Gemeindegenossen gleich zu stellen.[3])

Endlich sind es auch nicht die Städte, die den Landesherren
die allgemeinen Ziele in Bezug auf die Weiterbildung der Verfassung gewiesen haben. Hier wirkten das Vorbild der deutschen
königlichen Gewalt, das der außerdeutschen Nachbarstaaten und,
nicht am wenigsten, die staatsrechtliche Theorie des römischen
Rechts, die für die humanistisch gebildeten Beamten der Landesherren zu einem Leitstern wurde.

Hiernach kann von einer vorbildlichen Bedeutung der Städte
für die Verfassung der Territorien nicht die Rede sein. Eben

---

[1]) Vgl. H. Z. a. a. O.; ferner 58, 195 ff.; 59, 235 Anm. 1; G. v. Below,
Die landständische Verfassung in Jülich und Berg 3[1], 6 ff.

[2]) Gegen diese Ansicht wendet sich mit Recht L. W. v. Lancizolle,
Grundzüge der Geschichte des deutschen Städtewesens S. 86 f. Vgl. auch
Droysen a. a. O. 2[2], 89: „Die armen Leute, die den Städten, reichen Stadt-
bürgern gehörten, standen um nichts besser als die klösterlichen, ritterschaft-
lichen, landesherrlichen ... Sie waren ja nicht Genossen des Gemeinwesens,
sondern dessen Unterthanen, deren Arbeit das Kapital ländlichen Grundbesitzes
zinstragend machen mußte."

[3]) Gegen die Ansicht, daß die städtische Verfassung auf die landständische
von Einfluß ist, habe ich mich schon in meiner Landständ. Verf. in Jülich
und Berg 2, 76 Anm. erklärt.

deshalb habe ich es durch die Wahl des Themas als Zweck der
vorliegenden Abhandlung bezeichnet, festzustellen, auf welchen
Gebieten der Territorialverwaltung sich städtischer Einfluß
geltend gemacht hat. Zunächst lenkt sich der Blick auf das
Ämterwesen.

1. Die Verwaltungsorganisation und das Beamten=
thum. Das wichtigste Ereignis aus der Geschichte des Ämter-
wesens in der zweiten Hälfte des Mittelalters ist die Verdrängung
des Lehnswesens aus dem Beamtenthum. In der Zeit vom
9. bis zum 12. Jahrhundert hatte sich das Lehnswesen der staatlichen Ämter in weitem Umfange bemächtigt. Die Ämter hatten
damit ihren alten Amtscharakter zwar nicht vollständig, aber doch
in wesentlichen Stücken verloren. In der Reichsverfassung hat
das Lehnswesen auch bis zum Schlusse der Reichszeit seine Bedeutung behalten. Dagegen in den Territorien lebt das reine
Beamtenverhältnis wieder auf. Wie ist es wiederhergestellt
worden? Wir können hier zwischen der Entwicklung in Italien
und der in Deutschland unterscheiden. Dort haben die Städte
einen großen Antheil an der Verdrängung des Lehnswesens.[1])
In Deutschland dagegen ist davon kaum die Rede. Hier haben
die Landesherren, hauptsächlich mit Hülfe ihrer Ministerialität[2]),
das Lehnswesen aus dem Beamtenthum beseitigt. Die deutschen
Städte hätten sich nur dann erhebliche Verdienste darum erwerben
können, wenn sie, wie die großen italienischen Kommunen, sich zu
Territorien erweitert hätten. Ihre Verdienste sind geringer als
die der Städte einiger anderer Völker, weil sie weniger mächtig
waren. Unsere Auseinandersetzungen werden uns noch öfters
auf diese Thatsache führen. Es mag daher sogleich hier eine

---

[1]) Vgl. Ficker, Forschungen zur Reichs= und Rechtsgeschichte Italiens
2, 275: „In sehr weitem Umfange war hier die feudale Ordnung von unten
auf durch das Emporstreben der Städte beseitigt oder zersetzt."

[2]) Vgl. G. v. Below, Ursprung der deutschen Stadtverfassung S. 115;
H. Z. 59, 225 ff.; 63, 302 f. Ich sage absichtlich: von einem Verdienst der
Städte ist in Deutschland in dieser Hinsicht „kaum" die Rede. Denn ein
kleines Verdienst kommt ihnen allerdings zu, insofern sie für das wenig
umfangreiche Stadtgebiet die Übertragung von Ämtern zu Lehen ausschlossen.

allgemeine Bemerkung darüber Platz finden. Man hat es in alter und neuer Zeit oft beklagt[1]), daß es den deutschen Städten nicht gelungen ist, ihre Macht noch mehr auf Kosten der Landesherren auszudehnen, wie die italienischen Städte das umliegende platte Land aufzusaugen. Allein gerade das Beispiel Italiens beweist uns, daß eine solche Entwicklung schwerlich für Deutschland einen Vortheil bedeutet hätte. Die großen Städte in Ober= und Mittel= italien sind dadurch, daß sie so viel staatliche Rechte, so viel länd= liche Gebiete erwarben, selbst zu Territorien geworden. Und sie haben dann über kurz oder lang meistens dieselbe monarchische Verfassung erhalten, wie sie die alten Territorien besaßen, so daß selbst die Verehrer republikanischer Staatsformen nicht über jenen Machtzuwachs erfreut sein können. Jedenfalls aber darf ihnen kein Verdienst um die schließliche Einigung Italiens zugeschrieben werden: die Kleinstaaterei war gerade da zu Hause, wo die mächtigen Städte sich das umliegende platte Land unterworfen hatten, in Ober= und Mittelitalien. Es ist auch nicht ein ehemaliger Stadt=Staat, der endlich die Einigung Italiens durchgeführt hat, sondern eines von den wenigen alten Territorien, die sich neben den großen Kommunen behauptet hatten.

Ungefähr in der Zeit, in welcher das Lehnswesen aus dem territorialen Ämterwesen verdrängt wurde, nahm man eine Or= ganisation des Gebietes für Verwaltungszwecke, eine Einteilung

---

[1]) Bücher, Die Entstehung der Volkswirthschaft S. 249 f.: „Den Schluß= stein dieser Entwicklung (der mittelalterlichen Stadt) hätte die politische Ab= hängigkeit der Landschaft von der Stadt bilden müssen, die Begründung von Stadtstaaten wie in Italien und theilweise auch in der schweizerischen Eid= genossenschaft. Frankfurt gehört zu den wenigen deutschen Städten, welche in der Erwerbung von Landgemeinden bewußt diesem Ziele zusteuerten — freilich ohne es zu erreichen. Darin aber, daß in Deutschland die städtische Entwicklung einseitig und unvollendet blieb, lag m. E. die Hauptursache, weshalb dieselbe für das Reich nicht, wie es anfangs den Anschein hatte, ein bindendes, sondern ein auflösendes Element mehr wurde, weshalb sie im 17. und 18. Jahrhundert rascher wieder von ihrer Höhe heruntersank, als sie die= selbe erklommen hatte." Vgl. auch G. Hansen, Die drei Bevölkerungsstufen (München 1889) S. 263.

des Territoriums in einzelne Amtsdiftrikte, vor.[1]) Hiefür konnte
naturgemäß die Stadt, bei der Verschiedenheit des Gebietsumfangs,
auch nicht als Mufter dienen.

Das nächste große Ereignis aus der deutschen Beamten=
geschichte ist die Neuorganisation der Centralverwaltung im
16. Jahrhundert.[2]) Sie besteht namentlich in zwei Momenten:
in der Einführung von Kollegien und in der Überweisung der
einzelnen Verwaltungszweige an besondere Behörden. Es werden
jetzt hauptsächlich drei Behörden mit kollegialer Verfassung in der
Centralverwaltung gebildet: eine Behörde für allgemeine Landes=
angelegenheiten (Rath, Hofrath, Geheimrath), eine für Finanz=
sachen (Hoftammer, Rechenkammer), eine richterliche (Hofgericht,
Kammergericht).

Es ist nicht zu leugnen, daß die Städte schon im Mittel=
alter Manches besitzen, was diesen in den Territorien erst jetzt
eingeführten Einrichtungen an innerem Werte wohl nahekommt.
Erinnern wir uns der zahlreichen Rathsdeputationen, die die
mittelalterlichen Städte kennen.[3]) Verwirklicht war in ihnen
gewiß das Princip, das später in den Territorien zur Einsetzung
jener verschiedenen kollegialen Behörden geführt hat. Man glaubt
auch auf äußere Nachahmung schließen zu dürfen, wenn man
etwa die kölnische Rentkammer (resp. die Beisitzer auf der Rent=
kammer[4]) mit den territorialen Rechenkammern vergleicht. Dennoch

---

[1]) Körnicke, Entstehung und Entwicklung der bergischen Amtsverfassung
bis zur Mitte des 14. Jahrhunderts (Bonner Differtation von 1892); dazu
vgl. Deutsche Literaturzeitung 1893 Sp. 1234 ff.

[2]) G. v. Below, Die Neuorganisation der Verwaltung in den deutschen
Territorien des 16. Jahrhunderts, Historisches Taschenbuch 1887 S. 303 ff.
Aus jüngster Zeit vgl. darüber Ztschr. des Berg. Geschichtsvereins 30, 8 ff.;
Nachsahl a. a. O.

[3]) Vgl. G. L. v. Maurer, Städteverfassung 3, 190 ff.

[4]) Hegel, Chroniken der deutschen Städte 14, Einl. S. 136. Über ver=
wandte Einrichtungen in anderen Städten s. G. L. v. Maurer, Städte=
verfassung 2, 857; Hegel a. a. O. 1, 277. Gegen eine Nachahmung der
städtischen Rentkammer in den Territorien würde es an sich noch nicht
sprechen, daß die territoriale Rechenkammer mit den wichtigsten Steuern nichts
zu thun hat (s. G. v. Below a. a. O. S. 315), während die städtische Rent=
kammer gerade für die Steuerverwaltung bestimmt ist.

sind die Städte hier nicht Muster gewesen; sondern Vorbild waren für jene Neuorganisation der territorialen Centralverwaltung die französisch-burgundischen Einrichtungen. Frankreich war damals die hohe Schule der Kunst der Verwaltung für alle seine Nachbarländer, für England[1]), Savoyen[2]), Burgund. Mit den burgundischen Einrichtungen wurde Maximilian I. durch seine Vermählung mit Karl's des Kühnen Tochter bekannt und richtete dann nach jenem Vorbild die Verwaltung in seinen Erblanden ein.[3]) Von Österreich aus wurden die neuen Behörden in andere deutsche Territorien verpflanzt.[4]) Einige der an der Westgrenze gelegenen Territorien sind auch direkt von dem französisch-burgundischen Vorbilde beeinflußt worden.[5]) Bei der Übernahme dieser fremden Einrichtungen konnte man übrigens vielfach an vorhandene deutsche anknüpfen. So z. B. ist bei der Bildung von Hofgerichten nicht bloß das burgundische, resp. österreichische Vorbild maßgebend gewesen; nachweisbar hat man auch das Kammergericht zum Muster genommen.[6])

---

[1]) König Heinrich VII. von England, der Begründer des modernen englischen Staates, ging in Frankreich in die Schule. Vgl. Wilh. Busch, England unter den Tudors 1, 305. Auch der erste deutsche Landesherr moderner Art, Kaiser Karl IV., hat schon dort seine Schule gemacht. Vgl. Burdach, Vom Mittelalter zur Reformation 1, 23 ff.

[2]) Rosenthal, Die Behördenorganisation Kaiser Ferdinand's I., Archiv f. österreichische Geschichte 69, 103 f.

[3]) Über das Buch von S. Adler, Die Organisation der Centralverwaltung unter Maximilian I., vgl. H. Z. 57, 285 ff. und liter. Centralbl. 1886 Sp. 1076 ff. Alf. Huber, Österreichische Reichsgeschichte (1895) S. 63 ff.

[4]) Rosenthal a. a. O. S. 223 ff. Gelegentlich finden die Amtstitel in Deutschland eine mehr oder weniger von dem burgundischen Vorbild abweichende Anwendung (Rosenthal S. 114 Anm. 1). Trotzdem ist die Übernahme bedeutsam. In diesem Zusammenhange mag an die im 12. Jahrhundert erfolgte Übernahme des Konsultitels erinnert werden, der in den deutschen Städten auch in anderem Sinne gebraucht wird als in den italienischen, von wo man ihn erhielt. Vgl. G. v. Below, Die Entstehung der deutschen Stadtgemeinde S. 101 f.; H. Z. 59, 206.

[5]) Vgl. G. v. Below, Die Neuorganisation der Verwaltung a. a. O. S. 818 und das weiter unten über die subscriptio Gesagte.

[6]) Vgl. z. B. Rosenthal, Geschichte des Gerichtswesens und der Verwaltungsorganisation Baierns 1, 147 f.

Obwohl hienach die Städte nicht die bestimmten Formen für die Neuschöpfungen in den Territorien geliefert haben, so ist der städtische Verwaltungskörper doch in dem Sinne vorbildlich gewesen, wie wir das Wort typisch gebrauchen. Auf die Bedeutung, die den Rathsdeputationen in dieser Beziehung zukommt, haben wir schon hingewiesen. Ebenso verhält es sich aber mit der reicheren Entfaltung des städtischen Beamtenthums überhaupt. Die großen Städte, wie Köln, Lübeck, Nürnberg, haben schon im 14. Jahrhundert mehrere Clerici oder Juristen zugleich in ihrem Dienste; in Köln sind im 15. Jahrhundert vielfach die Rechtslehrer der Universität zugleich die geschworenen Räthe der Stadt. [1] In der Umgebung der Landesherren dagegen finden wir Männer mit gelehrter Bildung noch nicht so früh. Von den größten Territorien abgesehen [2]), setzen sich die Räthe der Landesherren bis weit in das 15. Jahrhundert hinein aus ungelehrten Mitgliedern des Landesadels und einem geistlichen Kanzler, der jedoch ebenfalls noch keineswegs immer gelehrte Bildung besitzt, zusammen. [3]) Speziell auch beim Kanzleramte erkennen wir die vorauseilende Entwicklung der Städte. Entlehnt ist der territoriale Kanzler nicht ihnen, sondern dem

---

[1]) So bemerkt W. Stein, Deutsche Stadtschreiber im Mittelalter, Beiträge zur Geschichte vornehmlich Kölns und der Rheinlande (Festschrift für Mevissen, Köln 1895), S. 47. Vgl. Stobbe, Geschichte der deutschen Rechtsquellen 1, 643.

[2]) Über Böhmen unter Karl IV. vgl. Burdach S. 30 ff. Hierbei ist indessen zu berücksichtigen, daß Karl IV. zugleich König war. Vgl. übrigens Stobbe 1, 633. Aus einem mittleren Territorium führe ich an, daß in Urkunde des Herzogs von Jülich-Geldern von 1407 (Lacomblet, Urkundenbuch Bd. 4 Nr. 48) Joh. vom Neuenstein doctoir in keyserrechte als herzoglicher Rath erscheint. S. über ihn Keussen, Die Matrikel der Universität Köln 1, 54; Westdeutsche Ztschr. 9, 366 f.

[3]) Vgl. Krusch, Der Eintritt gelehrter Räthe in die Braunschweigische Staatsverwaltung und der Hochverrath des dr. iur. Stauffmell, Ztschr. des hist. Vereins f. Niedersachsen 1891 S. 68: „Bei dem Friedensschlusse zwischen den Braunschweigischen Fürsten und Städten 1486 waren Dr. Joh. Seborch als Vertreter der Stadt Braunschweig und Dr. G. Gieseler als Abgeordneter der Stadt Göttingen thätig, während die Fürsten noch durch Ritter und einen geistlichen Kanzler vertreten waren". G. L. v. Maurer 4, 188 f. weist hier auch auf das „Vorbild der Städte" hin.

Reiche.[1]) Allein die Eigenschaften, die ihn später im Territorium auszeichnen, finden sich vorher schon nicht bloß bei dem betreffenden königlichen, sondern auch dem städtischen Beamten. Zunächst ist der „Stadtschreiber" im allgemeinen wohl früher im Besitz akademischer Bildung als der Vorsteher der landesherrlichen Kanzlei.[2]) Sodann wird dort der Geistliche früher durch den Laien ersetzt als hier. Als durchschnittlicher Termin läßt sich etwa bestimmen, daß die weltlichen Stadtschreiber die geistlichen um die Mitte, die weltlichen Kanzler der Landesherren die geistlichen gegen Ende des 15. Jahrhunderts ablösen.[3]) Nur in Bezug auf den vornehmen Titel sind die Stadtschreiber den territorialen Beamten nicht vorangegangen.[4]) Und später, als seit dem Ende des Mittel-

---

[1]) Stölzel, Die Entwicklung des gelehrten Richterthums in deutschen Territorien 1, 253. Breßlau, Handbuch der Urkundenlehre 1, 458.

[2]) Vgl. Stein a. a. O.

[3]) Vgl. Stein S. 67 ff. In den Städten stellt sich eine bewußte Abneigung gegen die Anstellung von Geistlichen im Kanzleidienste ein, die in den Territorien nicht oder wenigstens nicht in dem Grade vorhanden ist. — Über die ersten Laien, die in der königlichen Kanzlei beschäftigt worden sind, s. Burdach S. 48 Anm. 2. Der älteste königliche Kanzler, der Laie war, ist Kaspar Schlick. Vgl. über ihn Burdach S. 49; Krusch, Ztschr. des histor. Vereins f. Niedersachsen 1893 S. 224; Allg. Deutsche Biogr. 31, 505 ff. In Baiern begegnet zum ersten Mal im Jahre 1867 ein Laie als Kanzler. Doch folgen auf ihn noch öfters Geistliche, abwechselnd mit Laien. Dieser Wechsel hält bis zum Beginn der Neuzeit an. Riezler, Geschichte Baierns 3, 678. In Brandenburg stirbt im Jahre 1483 der geistliche Kanzler Sesselmann. Auf ihn folgt Sigismund Zerer, zwar, wie es scheint, kein Geistlicher mehr, aber noch dr. iur. canon. Stölzel, Brandenburg-Preußens Rechtsverwaltung und Rechtsverfassung 1, 110 f. In Braunschweig kommen weltliche Kanzler erst seit 1501 bez. 1503 vor. Krusch a. a. O. S. 225. Dagegen liegt in der Stadt Köln die Grenze schon im Jahre 1455 (Stein a. a. O.). Vgl. auch Basler Chroniken 4, 134.

[4]) Der erste deutsche Landesherr, der einen „Kanzler" hat, ist der auch im übrigen durch seine hochgespannten Ansprüche seine Zeitgenossen überragende Herzog Rudolf IV. von Österreich (1358—65). S. Franz Kürschner, Die Urkunden Herzog Rudolf's IV. von Österreich, Archiv f. österreichische Geschichte 49, 33. Vorher kommt (nach frdl. Mittheilung von Bretholz) nur einmal (1357) in einer subscriptio der Titel cancellarius vor (1308 ferner: „Berichtold unser obrister schriber"). Der regelmäßige Gebrauch des Kanzlertitels datirt jedenfalls erst seit Rudolf IV. In Baiern erscheint 1867 zuerst

alters die Territorien eine erhöhte staatliche Thätigkeit entfalteten, haben die an der Spitze der Verwaltung stehenden Kanzler nicht bloß an äußerem Ansehen die Stadtschreiber übertroffen.

Mit Rücksicht auf das höhere Alter und die reichere Ent-wicklung der städtischen Verwaltung könnte man noch auf die Vermuthung kommen[1]), daß die Landesherren in der Zeit, in der sie ihre Thätigkeit zu erweitern begannen, solche Beamte bevorzugt hätten, die vorher im städtischen Dienst thätig gewesen waren. Indessen die Annahme eines direkten Einflusses der städtischen auf die territoriale Verwaltung bewährt sich auch hier nicht. Vergegenwärtigen wir uns den Lebenslauf der bekanntesten Kanzler aus der Zeit des Übergangs vom Mittelalter zur Neu-zeit. In Brandenburg ist der erste namhafte Kanzler Sessel-mann. Von Haus aus Pfarrer in Cadolzburg, verdankt er seine spätere Laufbahn offenbar zunächst den persönlichen Beziehungen, in die er dort zu der Hohenzollern'schen Familie trat. Um 1436 erscheint er in fürstlichen Diensten. Aber bald gibt er sie auf, um in Bologna den Studien obzuliegen. Von dort zurückgekehrt, im Besitz eines akademischen Grades, erhält er jetzt das Kanzler-amt, das er dann bis zu seinem Tode verwaltet hat. Von den späteren brandenburgischen Kanzlern erwähnen wir die beiden Distelmeier.[3]) Lampert Distelmeier, aus Leipzig gebürtig, macht

---

der Amtstitel Kanzler. Rosenthal, Verwaltungsorganisation Baierns 1, 270; Riezler a. a. O. Krusch a. a. O. S. 205 ff. berechnet, daß in den meisten nord= und mitteldeutschen Territorien die Annahme des Kanzlertitels durch die Vorsteher der Kanzleien ungefähr um das Jahr 1443 erfolgt. — In den Städten war im 13. Jahrhundert ab und zu der Kanzlertitel üblich gewesen, dann aber wieder verschwunden (Stein a. a. O. S. 39 und 52).

[1]) So Droysen a. a. O. S. 14: „Die geistlichen und weltlichen Fürsten, die ihren Vortheil verstanden, waren froh, von dorther (nämlich aus den Städten) Räthe gewinnen zu können."

[2]) L. Lewinski, Die brandenburgische Kanzlei während der Regierung der beiden ersten hohenzollernschen Markgrafen (1411—1470), S. 54 ff.; Stölzel a. a. O. S. 62 ff.

[3]) Vgl. Stölzel a. a O. S. 191 ff. Nicht viel anders als mit Lampert Distelmeier verhält es sich mit Martin Mair (Allg. Deutsche Biogr. 20, 113 ff.). Er erwarb übrigens den Doktorgrad auch während seines städtischen Dienstes.

seine Studien auf der dortigen Universität. Dann tritt er allerdings in den Dienst einer Stadt (Bautzen). Sein Aufenthalt daselbst dauert jedoch nicht lange (etwa drei Jahre), und während dieser Zeit ist er zugleich Rechtskonsulent des benachbarten Adels. Der Umstand sodann, der ihm die Berufung in landesherrlichen Dienst einträgt, ist nicht sowohl seine Thätigkeit in der Stadt als vielmehr die Doktorwürde, die er gegen das Ende seines Bautzener Aufenthaltes erlangt hatte. Überhaupt scheint er der Universität und der Empfehlung ihrer Lehrer in erster Linie sein Glück zu verdanken. Sein Sohn Christian ist gar nicht in städtischem Dienst gewesen; er hat seine Ausbildung auf verschiedenen deutschen Universitäten und in der von seinem Vater geleiteten Kanzlei erhalten. Aus Baiern nennen wir Leonhard v. Eck.[1]) Er macht seine Studien in Ingolstadt und Siena, ist dann kurze Zeit Rath des Markgrafen Georg in Ansbach und tritt von da sogleich in baierische Dienste. Bei dem Sachsen Melchior v. Ossa[2]) ist der Zusammenhang mit der Universität noch stärker. Seiner späteren Stellung als kursächsischer Rath, Kanzler, Hofrichter geht nicht bloß das Studium, sondern auch eine Lehrthätigkeit als Professor des römischen Rechts voraus. Sein Landsmann, Christoph v. Carlowitz[3]), der vertraute Rath des Kurfürsten Moritz und dreier Kaiser, hat seine Ausbildung nur auf Universitäten, deutschen und französischen, und im herzoglich sächsischen Dienst erhalten. Es wird nicht nothwendig sein, weitere Beispiele anzuführen. Die eben genannten beweisen zur Genüge, daß nicht der städtische Dienst, sondern die fürstliche Kanzlei und die Universität[4]) die Schule der landesherrlichen Kanzler gewesen sind.

Seine Begabung und Wirksamkeit ist überdies in erster Reihe diplomatischer Natur. Für die Übertragung der städtischen auf die territoriale Verwaltung kommt er also jedenfalls nicht in Betracht.

[1]) Allg. deutsche Biogr. 5, 604 ff.

[2]) Handwörterbuch der Staatswissenschaften 5, 62 f.

[3]) Allg. deutsche Biographie 3, 788 ff.

[4]) In diesem Zusammenhang verdient es Erwähnung, daß Frankreich, dessen Staatsverwaltung in jenen Jahrhunderten als Musterverwaltung galt, eine selbständige Bedeutung neben Italien für die Pflege der humanistischen Studien, die das Universitätsstudium neu belebten, besitzt. Vgl. Burdach S. 53.

Sie wiederholen, wie ihr Amt der Reichskanzlei nachgebildet ist, auch den Bildungsgang der königlichen Kanzler. Typisch ist der Lebenslauf des ersten königlichen Kanzlers aus dem Laienstande: Kaspar Schlick erhielt das Kanzleramt, nachdem er eine Universität (wahrscheinlich Bologna) besucht hatte und in einer landesherrlichen Kanzlei (der des Bischofs von Agram) in den Kanzleidiensten unterwiesen worden war.[1]) Nun finden wir freilich gerade in der Zeit des Übergangs vom Mittelalter zur Neuzeit sehr oft landesherrliche Räthe, die zugleich Räthe einer Stadt sind.[2]) Allein diese sind nicht deshalb von den Landesherren in ihren Dienst gezogen, weil sie städtische Beamte sind; sondern Landesherren und Städte haben sich gemeinsam ihrer aus dem gleichen Grunde versichert, weil sie nämlich ihre juristische Bildung schätzten.[3]) Überdies handelt es sich hierbei nicht um die eigentlich einflußreichen landesherrlichen Räthe, vielmehr hauptsächlich um solche, deren Meinung in einzelnen auftauchenden Rechtsfragen eingeholt wird.

überhaupt standen damals Praxis und Theorie, d. h. Kanzlei und Universität, in innigen Beziehungen. Über die Universitätsstudien der Beamten der Reichskanzlei unter Karl IV. und Wenzel handelt Burdach S. 42 ff. Karl's IV. Kanzler Joh. v. Neumarkt widmet Cola di Rienzo enthusiastische Bewunderung (a. a. O. S. 88 f.).

[1]) Typisch ist sein Lebenslauf für die späteren landesherrlichen Kanzler nur vielleicht insofern nicht, als er ein Bürgerssohn aus Eger war. Denn obwohl einerseits die Zahl der bürgerlichen Räthe neben den ritterlichen seit dem Beginn der Neuzeit zunimmt, so mehrt sich doch andrerseits unter den ritterlichen Räthen die Zahl derjenigen, welche gelehrte Bildung besitzen und darum für das Kanzleramt geeignet sind. Ohne Zweifel ist die Zahl der adeligen Kanzler seit 1500 größer als vorher (die „obersten Schreiber" des Mittelalters als Kanzler gerechnet).

[2]) Es sei nur an Gregor Heimburg erinnert. Sonst vgl. z. B. meine Landtagsakten 1, Nr. 242 (S. 727 Anm. 1).

[3]) Wattenbach, Schriftwesen im Mittelalter (zweite Aufl.), S. 390 (s. auch S. 394), und W. Stein, a. a. O. S. 53, machen darauf aufmerksam, daß man auf der Universität Erfurt im 15. Jahrhundert die Unterweisung in einem besonderen stilus civitatis kannte. Ein Student rühmt sich, daß er nicht bloß diesen beherrsche, sondern auch für andere Kanzleidienste geeignet sei. So stehen denn in der That der städtische und der landesherrliche Kanzleidienst getrennt neben einander.

Wenn aber bei den Beamten der landesherrlichen Centralverwaltung der ſtädtiſche Dienſt nicht als ihre Schule bezeichnet
werden kann, ſo gilt dies gewiß noch weniger von den niederen
Verwaltungsorganen. Ein unmittelbarer Einfluß der Städte
auf das territoriale Beamtenthum — ſei es, daß es ſich um die
Nachahmung der Behördenorganiſation, ſei es, daß es ſich um
die Schulung im ſtädtiſchen Dienſt handle — iſt alſo jedenfalls
nicht anzunehmen. Nur für einzelne Zweige der Verwaltung[1]),
insbeſondere der Steuerverwaltung — wir kommen darauf zurück —, läßt ſich vielleicht eine Abhängigkeit behaupten.[2])

Für die Thätigkeit des Beamtenthums haben wir einen
gewiſſen Maßſtab in der Ausbildung des Schreibweſens. Die
Städte haben ihr Schreibweſen ſchnell und früh entwickelt. Der
Vorrath an Urkunden und Akten, den die größten Reichsſtädte
des 14. und 15. Jahrhunderts aufweiſen, übertrifft den einer
mittleren territorialen Verwaltung aus der gleichen Zeit. Freilich wäre ein ſolcher einfacher Vergleich der Menge des überlieferten Stoffes etwas Unvollſtändiges. Denn da die großen
Reichsſtädte Staat (Territorium) und Gemeinde zugleich ſind,
müßte man, um ihn vollſtändig zu machen, zu den Denkmalen
der territorialen Verwaltung noch die aus den zu dem betreffenden
Territorium gehörenden Stadt- und Landgemeinden hinzurechnen,
wodurch der Vergleich ſich dann doch meiſtens zu ungunſten der
Reichsſtädte geſtalten würde.[3]) Dagegen läßt ſich gewiß behaupten,

---

[1]) Ob vielleicht die territorialen Baumeiſter den ſtädtiſchen (vgl. z. B.
Doebner, Urkundenbuch der Stadt Hildesheim 5, 638) nachgeahmt ſind?
Freilich darf man aus der Übereinſtimmung des Namens nicht zu viel
ſchließen. Der Baumeiſter der Stadt Nürnberg hat Befugniſſe, die man in
ſeinem Namen nicht ohne weiteres ſucht. Vgl. Endres Tucher's Baumeiſter-
buch der Stadt Nürnberg, herausgegeben von F. v. Weech, Bibl. des liter-
Vereins in Stuttgart, Bd. 64. In Köln haben Leitung und Beaufſichtigung
der öffentlichen Bauten die Rentmeiſter (die oberſten Finanzorgane). Knipping,
Ein mittelalterlicher Jahreshaushalt der Stadt Köln (1879), Meviſſen-Feſt-
ſchrift (1895), S. 147.

[2]) Die Frage, ob der Dienſtkontrakt der ſtädtiſchen Beamten den der
territorialen beeinflußt hat, werde ich an anderem Orte behandeln.

[3]) Ähnlich verhält es ſich mit dem Archivweſen. Das ſtädtiſche Archivweſen des Mittelalters iſt deshalb konzentrirter als das territoriale, weil

daß die größten Kommunen in jener Zeit in der Technik des
Schreibwesens (namentlich was die inneren Verhältnisse der
Stadt betrifft) den meisten Territorien voraus waren. Dennoch
hat das territoriale Schreibwesen seine bestimmten Formen nicht
aus den Städten, sondern vom Reich oder von den französischen
und niederländischen Nachbarländern erhalten.[1]

Staat und Gemeinde hier zusammenfallen. Das territoriale Archivwesen litt
überdies noch unter dem Umstande, daß die Archivalien in verschiedenen
landesherrlichen Schlössern, resp. in Schlössern und Klöstern, nicht an einem
Orte aufbewahrt wurden. Vgl. Wattenbach, Schriftwesen im Mittelalter
(2. Aufl.), S. 537; Breßlau, Urkundenlehre 1, 149; Rosenthal, Verwaltungsorganisation Baierns 1, 272 ff.; Lewinski, Brandenburgische Kanzlei, S. 125 ff.;
G. v. Below, Landtagsakten 1, 136 f. Über das städtische Archivwesen vgl.
Breßlau a. a. O. S. 149; Ulrich, Zur älteren Geschichte des Kölner Stadtarchivs, Mittheil. a. d. Stadtarchiv von Köln 10, 1 ff. Vgl. hierzu auch
W. Stein in der Mevissen-Festschrift, S. 34.

[1] Wie das territoriale Urkundenwesen im allgemeinen unter dem Einfluß des königlichen steht, so ist insbesondere auch von der subscriptio (Unter-
fertigung; s. über deren allgemeine Bedeutung Seeliger, Das Hofmeisteramt
S. 97; Lewinski S. 76 ff. und S. 87 ff.) diese Abhängigkeit hervorgehoben
worden. So bemerkt Krusch, Ztschr. d. hist. Vereins f. Niedersachsen 1893, S. 210,
daß in Braunschweig seit 1471 der betreffende Gebrauch der kaiserlichen Kanzlei
zur Anwendung kam. Vgl. ferner Wagner, Archival. Ztschr. 10, 39. In der
That wird für die meisten deutschen Territorien in dieser Beziehung das Vorbild
der Reichskanzlei maßgebend gewesen sein. Allein für die nordwestdeutschen
Territorien möchte ich niederländischen Einfluß annehmen. In Jülich und Berg
hat die subscriptio nämlich die bestimmte Form, die in den geldrischen Urkunden
üblich ist. Ferner begegnet sie hier später als in Geldern: in Berg findet sich die
subscriptio (in der Urkundenabtheilung Jülich-Berg des Düsseldorfer Staatsarchivs, nach frdl. Mittheilung der Archivverwaltung) zum ersten Mal 1384,
in Jülich sogar erst 1402, während sie in Geldern schon viel früher häufig vorkommt. Vgl. z. B. Nijhoff, Gedenkwaardigheden 2, Nr. 109. 184. 186. Also
wird in Jülich und Berg der geldrische Kanzleigebrauch nachgeahmt worden
sein. Vgl. noch meine Landtagsakten 1, 72 Anm. 8. Jener Nachweis betrifft
scheinbar nur eine Einzelheit, läßt sich aber auch für die Geschichte der Beeinflussung der deutschen Territorien von Westen her im allgemeinen verwerthen und deutet an, wie etwa das burgundisch-niederländische Vorbild die
Verwaltungsorganisation in den deutschen Territorien beeinflußt hätte, wenn
Maximilian I. nicht durch seine Heirath in besondere Beziehungen zu den
burgundischen Niederlanden getreten wäre. Zur Übernahme burgundischer
Einrichtungen vgl. auch die Stiftung der neuen Orden (Schwanenorden,

2. Das Gerichtswesen. Die Städte des Mittelalters wachen eifersüchtig darüber, daß jeder Bürger nur vor dem Stadtgericht Recht nimmt, daß kein auswärtiger Herr die städtische Rechtsprechung beeinflußt, daß der Stadtgerichtsbezirk in jeder Beziehung festgeschlossen bleibt. Natürlich fehlt auch den ländlichen Gerichtsbezirken nicht der Selbsterhaltungstrieb. Allein viel lebendiger tritt die Stadt für die Geschlossenheit ihres Gerichtsbezirkes ein. Seit dem Ende des Mittelalters begegnen wir nun ganz denselben Bestrebungen in den Territorien: die Landesherren der beginnenden Neuzeit zeigen den gleichen Eifer für die Geschlossenheit ihres territorialen Gerichtswesens, wie die mittelalterlichen Städte für die ihrer Bezirke. Es liegt hier eine vollkommen parallele Bewegung vor. Freilich handelt es sich nicht um direkte Nachahmung; schon darum wohl nicht, weil die Abschließung der Territorien nach außen hin eine Maßregel ist, welche sich ganz besonders gegen die Städte richtet: sie konnte nur durchgeführt werden, indem die Landesherren das Pfahlbürgerthum und den Rechtszug der Städte nach auswärtigen Oberhöfen[1]) beseitigten. Unmittelbare Einwirkung auf die neue Organisation des territorialen Gerichtswesens hat, wenn nicht in jener, so doch in mancher anderen Beziehung, insbesondere die Organisation der Reichsgerichtsbarkeit ausgeübt, wie wir es von einem Punkte bereits bemerkt haben.[2])

Hubertusorden). S. L. v. Ranke, Preuß. Gesch. 1, 111; G. v. d. Ropp, Hansische Geschichtsblätter 1886, S. 42; G. v. Below, Landtagsakten 1, 116, Anm. 155. — Wie sonst im Schreibwesen ein Territorium das andere nachahmte, darüber vgl. F. v. Weech in der Festschrift zur Feier des 25 jährigen Bestehens des Vereins Herold (Berlin 1894), S. 186: in dem Lehenbuch des Bischofs von Speyer (angelegt in den Jahren 1465—67) haben wir wohl das Vorbild des pfälzischen Lehenbuches, dessen Herstellung im Jahre 1471 begonnen wurde, zu sehen. Der Bischof von Speyer, Matthias Ramung, war Kanzler des Kurfürsten Friedrich des Siegreichen von der Pfalz.

[1]) Vgl. z. B. G. L. v. Maurer 3, 776 ff. Frensdorff, Dortmunder Statuten, S. 264 f. G. v. Below, Landstd. Verf. 1, Anm. 192—195. Landtagsakten 1, 374 f.

[2]) Schon Pütter, Histor. Entwicklung der heutigen Staatsverfassung des Teutschen Reichs, 1 (1786), 324 sagt treffend: „Noch ein nicht minder erheblicher Vortheil von Errichtung des Kammergerichts zeigte sich auch darin, daß

Auf dem Gebiete des Gerichtswesens haben sich die Landesherren weiter um die Beseitigung des Fehdewesens und des Raubritterthums verdient gemacht. Sie haben dabei die Bundesgenossenschaft der Städte gehabt.[1]) Wir dürfen sogar sagen, daß die Städte im eigentlichen Mittelalter mehr Eifer für die Beseitigung jener Übelstände gezeigt haben. Allein die Hauptarbeit haben schließlich die Landesherren gethan. Denn Recht und Ordnung konnten nur diejenigen vollständig herstellen, welche die weiten Flächen der Territorien besaßen.[2]) Die Städte hätten diese Aufgabe nur lösen können, wenn sie selbst sich zu Territorien erweitert hätten. So wie aber die Verhältnisse einmal lagen, fiel die Hauptarbeit bei der Beseitigung der im Lande herrschenden Gewaltsamkeit den Territorialherren und dem Reiche, übrigens dem ständisch[3]) gegliederten Reiche, zu. Die Städte haben die

---

nunmehr ein jeder Reichsstand in seinem Lande das Gerichtswesen auf einen gewissen Fuß setzen konnte." — G. L. v. Maurer 4, 95 ff. geht in dem, was er über die Vorbildlichkeit des städtischen Gerichtswesens sagt, zu weit. Namentlich darf man nicht in der Weise, wie er es thut, der mittelalterlichen Stadt das Princip der Trennung von Justiz und Verwaltung zuschreiben. Die Frage nach der Vertheilung der Kompetenzen zwischen Schöffenkollegium und Stadtrath z. B. wurde oft genug durch einen einfachen Kampf um die Macht entschieden.

[1]) Ich sage absichtlich: die Bundesgenossenschaft der Städte. Die Landesherren haben auch schon im Mittelalter die Sorge für den Landfrieden keineswegs den Städten allein überlassen. Knipping (in der unten zu erwähnenden Abhandlung über den kölnischen Jahreshaushalt, S. 144) bemerkt darum mit Recht: „Die gemeinsamen Interessen der Fürsten und Städte" haben zum Abschluß des Landfriedensbundes von 1355 geführt. Vgl. G. v. Below, Landstd. Verf. 2, 58; Landtagsakten 1, 113 ff. 139 ff.

[2]) Vgl. Droysen a. a. O. S. 10 f.: „Wie tapfer die Städte jene verwilderte Ritterlichkeit . . . verfolgen mochten, es war doch nur hier und da ein Einzelner, den sie griffen . . .; das Übel auszurotten, mußte eine größere Macht da sein." Bücher, Entstehung der Volkswirthschaft S. 214 schlägt in dieser Beziehung die Verdienste der Städte etwas zu hoch an. Charakteristisch ist es, daß viele Verträge zur Beseitigung der öffentlichen Unsicherheit ausschließlich von Landesherren, ohne Mitwirkung von Städten, abgeschlossen worden sind. Vgl. die in meinen Landtagsakten 1, 212 ff. erwähnten Vorträge und Scotti, Gesetze von Kleve-Mark 1, Nr. 22 und 35.

[3]) Vgl. M. Ritter, Deutsche Geschichte im Zeitalter der Gegenreformation und des Dreißigjährigen Krieges 1, 17: „Ob diese Behörde (das Reichs-

entscheidende Rolle so wenig gespielt, daß die Landesherren viel=
mehr im Interesse der Herstellung geordneter Verhältnisse genöthigt
waren, wie den Trotz der Ritterschaften, so auch die Selbständigkeit
der Städte zu brechen. Denn die Beseitigung des Fehderechts
war nicht bloß eine Frage des Gerichtswesens und der Polizei.
Sie war mindestens ebenso sehr eine politische, eine Machtfrage.
Es ist nicht Zufall, daß die Beseitigung des Fehdewesens zeitlich
mit der Bildung größerer Territorien[1]) und mit der Verstärkung
der landesherrlichen Gewalt innerhalb der Territorien zusammen=
fällt. Und es ist andrerseits wohl auch nicht Zufall, daß die
letzte Fehde, die Grumbach'sche, auf dem klassischen Boden der
territorialen Zersplitterung ausbrach. Man hat es einen „Finger=
zeig für die weitere Entwicklung"[2]) genannt, wenn in den sorgen=
vollen Zeiten zu Ausgang des 15. Jahrhunderts aus dem Kreise
der Städte selbst der Vorschlag auftaucht, sich einen Fürsten zum
Schirmherrn zu erwählen. Wenn sie damit der Bedrängung
durch einen anderen Fürsten vorbeugen wollen, so wird dadurch
unsere Auffassung keineswegs widerlegt. Es kommt auch darin
nur die Thatsache zum Ausdruck, daß allein in einem größeren
Gemeinwesen genügender Schutz zu finden war.

---

kammergericht) ihre Gerichtsgewalt vom Kaiser oder von Kaiser und Ständen
gemeinsam empfange, war eine der unergründlichen Streitfragen deutscher
Rechtswissenschaft; von wem sie thatsächlich abhing, zeigte ein Blick auf ihre
Zusammensetzung und Beaufsichtigung." . . . „Wenn so das neue Gericht
seiner ganzen Wirksamkeit nach vornehmlich auf den Reichsständen beruhte,
so war das in noch höherem Maße bei denjenigen Einrichtungen der Fall,
welche die Niederwerfung widerrechtlicher Gewalt verbürgen sollten." —
Natürlich will ich mit dem obigen Satze die selbständigen Verdienste des
mittelalterlichen Königthums um die Herstellung des Friedens im Reiche nicht
leugnen.

[1]) Ranke, Deutsche Geschichte im Zeitalter der Reformation 1 (5. Aufl.),
42 ff. macht darauf aufmerksam, daß gerade in der Zeit des Überganges vom
Mittelalter zur Neuzeit die mächtigen Häuser, die seitdem die Gewalt gehabt,
ihre Stellung gewannen, daß gerade damals an vielen Orten ein Geist der
Ausbreitung und Zusammenschmelzung lebendig war.

[2]) Frensdorff, Hansische Geschichtsblätter, Jahrgang 1893, S. 101. Vgl.
Priebatsch, Die Hohenzollern und die Städte der Mark im 15. Jahrhundert,
S. 18.

Unerörtert lassen wir den Einfluß der Städte auf die Fortbildung des deutschen Privat-, Straf-, Prozeßrechtes, da wir
damit von unserem Thema zu weit abschweifen würden. Es ist
unbestreitbar, daß ein solcher vorhanden ist.[1] Er wäre freilich
viel größer gewesen, wenn nicht die Rezeption des römischen
Rechts dazwischen getreten wäre. So aber steht die Entwicklung
des Rechts in den Territorien wesentlich unter dem Einfluß des
römischen Rechts. Die Territorien öffneten sich diesem früher
und weiter als die Städte. Denn „hier hatte schon im Mittelalter eine Reform des materiellen Rechts und des Prozeßrechts
stattgefunden, welche das Stadtrecht dem fremden Recht gegenüber
widerstandsfähiger machte." „Das Stadtrecht war weit konservativer in der Erhaltung des einheimischen Rechts als das Landrecht, und sehen wir z. B. am Ostseestrande die Städte lübischen
Rechts als Inseln deutschen Rechts hervorragen, während das
platte Land vom römischen Recht überschwemmt ist."[2]

3. Das Kriegswesen. Arnold legt besonders großen
Werth auf die Vorbildlichkeit der Städte, insofern sie den Territorien
für das Kriegswesen das Muster geliefert haben. Freilich, wenn
er sagt, daß Festungen nicht älter sind als Städte[3], so stimmen
wir ihm darin nicht bei. Denn wir kennen ja König Heinrich I.
nicht als Städtegründer, sondern als Burgenerbauer.[4] Auch
daß die Städte in der Art des Festungsbaues[5] vorbildlich gewesen

---

[1] Einiges darüber bei G. L. v. Maurer 4, 96 ff. Vgl. ferner
W. Sickel, Zum ältesten deutschen Zollstrafrecht, Ztschr. f. d. gesammte Straf-
rechtswissenschaft 7, 506 ff. (Nachtrag in Mitt. d. Instituts f. österreich.
Geschichtsforschung, 8. Ergänzungsband, S. 497). S. z. B. S. 518: „Auch hier
gelangten sie (die Landesherren) durch das Bürgerthum zu der Einsicht, daß ihr
eigenes Interesse gewinnen würde, falls sie dem Gewerbetreibenden die vollste
Sicherheit dafür böten, daß die Verwaltung ihn nicht ungerecht behandeln könne."

[2] Worte Sohm's, Fränkisches Recht und römisches Recht, S. 78. Vgl.
hierzu auch Gierke, Badische Stadtrechte und Reformpläne des 15. Jahrhunderts, Ztschr. f. d. Gesch. des Oberrheins 1888, S. 129 ff.

[3] Arnold 2, 135.

[4] Vgl. darüber zuletzt Keutgen, Untersuchungen über den Ursprung der
deutschen Stadtverfassung, S. 42 ff.

[5] Vgl. Gierke 2, 858: „mit zum Theil auch äußerer Nachbildung des
Söldnerwesens, der stehenden (sic!) Heere und Festungsanlagen".

sind, trifft nicht recht zu. Wenigstens haben die Landesherren, welche im 16. Jahrhundert[1]) große Festungen neuer Art anlegen, sich dabei nicht die mittelalterlichen Städte zum Vorbild genommen, sondern ihre Muster im Auslande gesucht.[2]) Es sind ausländische Baumeister, namentlich Italiener, welche jene Festungen des 16. Jahrhunderts nach fremden Mustern bauen.[3]) Dagegen hat Arnold Recht, wenn er hervorhebt, daß die größeren finanziellen Mittel der Städte sie in den Stand setzten, sich einen größeren und besseren Vorrath von Geschützmaterial zu beschaffen, ferner Söldnerheere in's Feld zu stellen. Sie haben, als die Geldmächte ihrer Zeit, außerordentliche Aufwendungen für militärische Zwecke machen können. Die Stadt Köln hat z. B. gelegentlich in einem Friedensjahre[4]) 82 % ihrer Gesammtausgaben für ihre militärische und diplomatische Sicherung verwandt[5]) — ein

----

[1]) Ob, resp. in wiefern die Städte sich während des Mittelalters um die Fortbildung des Festungsbaus verdient gemacht haben, scheint mir schwierig zu bestimmen zu sein. Vgl. darüber M. Jähns, Geschichte der Kriegswissenschaften vornehmlich in Deutschland 1, 429. 774 ff. 783 ff. Wenn Jähns S. 429 bemerkt, daß ein gewisser Fortschritt sich „nicht an der Befestigung der Burgen, sondern an der der Städte" vollzog, so ist damit natürlich noch nicht gesagt, daß der Fortschritt auch von den Städten selbst ausging.

[2]) Jähns a. a. O. S. 774 und 791 ff. hebt hervor, daß die Italiener in dieser Beziehung die Schüler der Deutschen gewesen sind, nur das, was sie von ihnen gelernt, weiter gebildet haben, so daß dann „die italienische Befestigungsschule . . . thatsächlich das ganze 16. Jahrhundert beherrscht".

[3]) Vgl. z. B. Stölzel, Brandenburg-Preußens Rechtsverwaltung 1, 273; G. v. Below, Landtagsakten 1, 249. 633 (Anm.) und 793.

[4]) In Kriegsjahren natürlich noch weit mehr. S. Knipping in der Westdeutschen Ztschr. 13, 347 f.

[5]) Knipping, Ein mittelalterlicher Jahreshaushalt der Stadt Köln (1379) Festschrift für Mevissen (1895), S. 141 f. Die Mittheilungen Hegel's, Chroniken der deutschen Städte 1, 188, über die Höhe der Ausgaben in Kriegs- und S. 288 über die in Friedensjahren betreffen nicht sämmtliche militärischen Aufwendungen. Vgl. noch H. Mack, Die Finanzverwaltung der Stadt Braunschweig bis zum Jahre 1874 (Gierke, Untersuchungen, Heft 32), S. 95; Schönberg, Finanzverhältnisse der Stadt Basel, S. 85. Je größer das Maß von Selbständigkeit, das eine Stadt besitzt, desto höher sind natürlich die Aufwendungen für militärische Zwecke und auswärtige Politik, da bei relativ abhängigen Städten der Stadtherr (König, bezw. Landesherr) einen größeren Theil jener Kosten trägt.

Prozentsatz, der, bei den reichen Einnahmen Kölns, eine bedeutende
Summe darstellt.   Der Kaiser wie die Fürsten sahen sich mehrmals genöthigt, Geschütze von den Städten zu entleihen.[1] Und
wenn die Städte des Mittelalters den Landesherren im Felde
begegnen konnten, so verdankten sie das hauptsächlich den von
ihnen aufgestellten starken Söldnerheeren.   Wohl haben auch die
Fürsten seit dem 11. Jahrhundert[2] in steigendem Maße Söldner
gehalten, wie andererseits die Städte durch detaillirte Bestimmungen
für die persönliche Wehrfähigkeit ihrer Bürger gesorgt haben.[3]
Allein im großen und ganzen dürfen wir doch sagen: im Mittelalter haben die Landesherren hauptsächlich durch Lehnsleute und
Unterthanen[4], die Städte durch Söldnerheere gekämpft.[5] In
der Art, wie die Städte durch Ausnutzung des Steuerrechtes
große Söldnerscharen aufbringen, ist das spätere Verfahren der
Landesherren vorbildlich gezeichnet.   Indessen handelt es sich auch

---

[1] Arnold 2, 136 f.   Andrerseits wird die Gießstätte des deutschen
Ordens in Marienburg gerühmt.   Gengler, Über Äneas Sylvius in seiner
Bedeutung für die deutsche Rechtsgeschichte, S. 48.   Die Stadt Hamburg bezog
übrigens ihre Büchsen von auswärts, jedoch aus einer anderen Stadt (Lübeck)
und aus Flandern (d. h. wohl auch aus flandrischen Städten).   Koppmann,
Kämmereirechnungen der Stadt Hamburg 1, XCVIII und 385.

[2] Spannagel, Zur Geschichte des deutschen Heerwesens vom Beginn
des 10. bis zum Ausgang des 12. Jahrhunderts, S. 71 ff.

[3] G. L. v. Maurer 1, 482 ff.; v. d. Nahmer, Die Wehrverfassungen
der deutschen Städte in der zweiten Hälfte des 14. Jahrhunderts (Marburger
Dissertation von 1888); M. Balzer, Zur Geschichte des Danziger Kriegswesens
im 14. und 15. Jahrhundert (Progr. des Gymnasiums zu Danzig, Ostern
1893), S. 5 ff.

[4] Vgl. G. v. Below, Landst. Verf. 2, 59; Landtagsakten 1, 97 ff.;
Gött. Gel. Anz. 1895, S. 229.   R. Schröder, Rechtsgeschichte § 47 Anm. 6,
erinnert daran, daß der Ritterspiegel es für nöthig hält, die Vorzüge der
„Mannschaft“ vor den Söldnern hervorzuheben.

[5] Knipping a. a. O. S. 142 ff. Hegel, Chroniken der deutschen Städte 1,
185: „Was man auch von der Kriegstüchtigkeit der Städtebürger im Mittelalter rühmen mag, für diese Zeit ist nur so viel wahr, daß der Krieg hauptsächlich durch Söldner geführt und mit Geld von den Städten bestritten
wurde.“   Zu berücksichtigen ist hiebei die Neigung der Bürger, sich durch
Geldzahlung vom Kriegsdienste zu befreien. Vgl. z. B. G. L. v. Maurer 2,
840 und 844; 4, 107; v. d. Nahmer S 49.

hier mehr um eine typische Entwicklung als um unmittelbare
Nachahmung. Wenigstens stammt die Organisation des späteren
Söldnerwesens nicht von den Städten her. Ein spezifisch städtisches
Söldnerwesen hat sich nicht ausgebildet; namentlich wohl deshalb
nicht, weil die städtischen Söldner zum großen Theil die Ritter
des platten Landes waren.[1]) Bekanntlich besoldeten die Städte
die sog. Edelbürger, vornehme Herren der Nachbarschaft, welche
sich verpflichteten, die Stadt, die ihnen eine jährliche Rente zahlte,
zu unterstützen. Aber auch abgesehen von den Edelbürgern, die
einfachen Soldverträge, die die Stadt schloß, wurden zum großen
Theil mit der umwohnenden Ritterschaft abgeschlossen. Das
Vorbild des späteren Söldnerwesens hat, soweit es sich um die
Reiterei handelt, Burgund[2]), soweit es sich um die Fußtruppe
handelt, die Schweiz[3]) geliefert.

4. Das Finanzwesen. Die große Bedeutung der städtischen
Steuern haben wir soeben hervorgehoben. Das Verdienst der
Städte in dieser Hinsicht ist freilich mitunter überschätzt worden.
Arnold[4]) spricht den Satz aus, der nach ihm in der einen oder

---

[1]) Knipping a. a. O. Arnold 2, 245. Mendheim, Das reichsständische,
besonders Nürnberger Söldnerwesen im 14. und 15. Jahrhundert (Leipziger
Differt. von 1889), S. 25 und 44. Mack a. a. O. S. 93 bemerkt: „In der
großen Mehrzahl der Fälle sind Edelleute als diejenigen genannt, für die
Pandquitinge (Zahlungen für die Söldner bei den Wirthen) vollzogen wurde."
Vgl. auch H. Leo, Lehrbuch der Geschichte des Mittelalters (1830), S. 679.

[2]) Jähns, Geschichte der Kriegswissenschaften 1, 317 ff. Vgl. hiezu
übrigens auch G. v. Below, Landtagsakten 1, 353 f.; Ztschr. des Bergischen
Geschichtsvereins 90, 1 ff.

[3]) Jähns a. a. O. S. 299 ff. und 311. Barthold, Kriegswesen der
Deutschen 2 (1864), 161. Auch in den städtischen Heeren des Mittelalters
bilden die Schweizer schon einen wichtigen Bestandtheil. Mendheim a. a. O.
S. 69 ff. — Die Behauptungen Arnold's (2, 138), daß die städtischen Söldner
„die ersten Anfänge einer stehenden Miliz" darstellen, daß ferner „die allgemeine Dienstpflicht (der Städte) früh von den Territorien adoptirt" wurde,
bedürfen der Widerlegung nicht. Nur zu dem zweiten Punkte sei bemerkt, daß die allgemeine Dienstpflicht das ganze Mittelalter hindurch in den
Territorien bestanden hat und hier nie in dem Maße durch Loskaufungen
durchbrochen worden ist wie in den Städten. Die allgemeine Dienstpflicht
neuerer Art ist aber wahrlich auch nicht von den Städten geschaffen worden.

[4]) Arnold 2, 138.

anderen Form öfters wiederholt ist: „In den Territorien (im
Gegensatz zu den Städten) sind wahre Steuern nicht älter als
geworbene Soldtruppen oder, wenn man will, noch jünger. Ihre
Entstehung fällt in das fünfzehnte und sechzehnte Jahrhundert."
Allein die landesherrlichen Steuern sind viel älter, als Arnold
angibt. Die Landesherren erheben eine wirkliche Steuer[1]) spätestens
seit dem 12. Jahrhundert: die Bede, lateinisch: petitio, precaria,
exactio, eine direkte Steuer, hauptsächlich eine Grundsteuer. Ein
Landesherr des beginnenden 13. Jahrhunderts erklärt schon, er
müsse Steuern (exactiones) erheben, da er ohne Geld das Land
nicht in Frieden halten könne.[2]) Die Bede ist älter oder wenigstens
ebenso alt wie die deutsche Stadtverfassung.[3]) Die Städte sind
also nicht die ersten Erfinder der Steuern in Deutschland.
Indessen eine Steuer verdankt ihnen allerdings ihr Dasein: die
indirekte Steuer, die im Mittelalter sog. Accise (Ungeld). Sie ist
„gewissermaßen eine Entdeckung der Stadtgemeinde".[4]) Sie ist
die spezifisch städtische Steuer und bleibt die wichtigste städtische
Steuer das Mittelalter hindurch.[5]) Andere Steuern haben die

---

[1]) Vgl. G. v. Below, Landstd. Verf. 3 ¹, 7 ff.; H. Z. 58, 196 ff. Über
die seitdem hinzugekommene Literatur s. Metzen, Die ordentlichen direkten
Staatssteuern im Bisthum Münster (Münster'sche Dissertation von 1895).

[2]) G. v. Below a. a. O. S. 5.

[3]) Handwörterbuch der Staatswissenschaft 2, 349 ff.

[4]) Sohm, Jahrbücher f. Nationalökonomie 34, 260. Freilich trifft
Sohm's Meinung (wie ich in H. Z. 59, 240 f. näher dargelegt habe) nur
insofern zu, als die Erhebung einer Accise auf städtischem Boden zuerst zur
Anwendung gekommen ist. Vom rechtlichen Standpunkte aus ist diese Accise
dagegen eine landesherrliche Steuer, die allerdings regelmäßig gleich am
Anfang den Städten verpachtet, verkauft oder auch frei überlassen wird.

[5]) Ein sprechender Beweis für die Unkenntnis, die Nitzsch auf dem Gebiete der deutschen Städtegeschichte auszeichnet, ist seine Behauptung (Deutsche
Geschichte 3, 322): „Die gewöhnliche Grundlage der Einnahmen bildete eine
direkte Vermögenssteuer; wenn dieselbe nicht ausreichte, wurde sog. Ungeld,
eine indirekte Verbrauchsabgabe erhoben." Man sieht, er kehrt das wahre
Verhältnis völlig um. Vgl. dagegen z. B. Sohm a. a. O. S. 260: „Von
der indirekten Steuer, dem sog. Ungeld, war die städtische Finanzverwaltung
(wie in Basel, so in allen übrigen deutschen Städten) ausgegangen. . . . Die
indirekte Steuer blieb auch fernerhin die Grundlage der städtischen Finanz-
wirthschaft." Hegel, Chroniken der deutschen Städte 1, 281: „Es ist bemerkens-

Städte im allgemeinen erst später, erst nach und nach erhoben: namentlich Vermögenssteuern spielen im 14. und 15. Jahrhundert eine Rolle.[1] Aber die Grundlage bildet doch regelmäßig die Accise.[2]

Die städtische Accise beginnt mit kleinen Anfängen: zunächst sind ihr nur wenige Gegenstände unterworfen, besonders Getränke. So ist es im 13. Jahrhundert. Allein der Kreis der Gegenstände, die der städtischen Accise unterworfen werden, erweitert sich fortschreitend. Der Accisetarif wird schließlich recht umfangreich.

Ganz dieselbe Entwicklung finden wir — nur später — in den Territorien. Hier wird seit dem 15., ausnahmsweise schon seit dem 14. Jahrhundert, auch eine Accise erhoben. Anfangs wiederum nur von sehr wenigen Gegenständen; allmählich von einer fortschreitend steigenden Zahl. Der Accisetarif wächst hier ebenso wie in den Städten.[3]

Sollen wir annehmen, daß es sich hiebei wiederum nur um eine typische Entwicklung handelt? Liegt hier nicht vielmehr die Vermuthung nahe, daß die Territorien die städtischen Einrichtungen mit Bewußtsein übernommen haben? Wir sind in der Lage, diese Vermuthung für einen Fall durch ein ausdrückliches Zeugnis

werth, daß die früheste allgemeine und regelmäßige Steuer nicht auf direktem Wege vom Grundbesitz und Vermögen, sondern von der Konsumtion erhoben wurde: das sog. Ungeld. So natürlich und naheliegend erscheint diese Steuer für die Ökonomie eines städtischen Gemeinwesens." Arnold 2, 139: „Die älteste und lange Zeit die einzige städtische Steuer war die . . . indirekte. . . . Direkte Steuern sind in den Städten weit jüngern Ursprungs."

[1] Schönberg, Finanzverhältnisse der Stadt Basel S. 87 f.

[2] In Köln ist während des Mittelalters sogar eher ein Rückgang als eine Zunahme der direkten Besteuerungsformen zu bemerken. Knipping a. a. O. S. 158 f. Darin steht die Stadt Köln unter den größeren Kommunen allerdings wohl allein. Dagegen hat es gewiß unter den kleineren nicht wenige gegeben, in welchen der städtische Haushalt das ganze Mittelalter hindurch im wesentlichen auf die Accise beschränkt blieb. Vgl. meine Landst. Verf. 1, Anm. 226 ff.; Ztschr. des Bergischen Geschichtsvereins 23, 197 ff. Auch wird mitunter im Mittelalter eine direkte in eine indirekte Steuer umgewandelt (Landst. Verf. 1, Anm. 152).

[3] G. v. Below, Landständ. Verf. 3², 154; Landtagsakten 1, 252 ff. und 697 ff.

zu bekräftigen. Eine Urkunde von 1388[1]) liefert uns den Beweis, daß damals Burggraf Friedrich V. von Nürnberg eine indirekte Steuer, die die Stadt Nürnberg eingeführt hatte, nach deren Vorgang auch in seinem Territorium erhoben hat.[2])

[1]) Monum. Zoller. 5, Nr. 204 (S. 213): Urk. König Wenzel's für Burggraf Friedrich zu Nürnberg d. d. 1388 5. April: verleiht ihm und seinen Erben, daß sie in allen ihren Landen, Gerichten und Gebieten, in ihren Städten, Märkten und Dörfern „ein ungelt nemen und ufheben mugen von allerlei getrant, als daz unſzer und dez reichs purger zu Nurenberg von unſſer laube zu biſſen zeiten in der ſtat zu Nurenberg einnemen und aufheben". Zuerst hat auf diesen Zusammenhang Hegel, Chroniken der deutschen Städte 1, 281, aufmerksam gemacht.

[2]) Später sind Vorbild auf dem Gebiet der indirekten Steuern nicht die Städte, sondern die holländischen Generalstaaten (in denen doch aber auch die Städte im Vordergrunde standen) gewesen. So stellte der schwedische Kanzler Oxenstierna unter Beihülfe des holländischen Kaufmanns Peter Spring ein neues System mit erhöhten Zollsätzen, den sog. Lizenten, auf, welche den Handel in den Ostseehäfen besteuerten. Vgl. Lorentzen, Die schwedische Armee im Dreißigjährigen Kriege S. 1. Über den Einfluß Hollands auf die Einführung der Accise in Brandenburg unter dem großen Kurfürsten f. Erdmannsdörffer, Deutsche Geschichte von 1648 bis 1740, 1, 426. — Bei dieser Gelegenheit mag noch eine Bemerkung Platz finden, die freilich nicht die Vorbildlichkeit der Städte betrifft. Wie wir vorhin hervorhoben, ist die Zeit des Übergangs vom Mittelalter zur Neuzeit eine Periode der Vergrößerung der Territorien. Soweit diese auf bewußte Handlungen der Regierungen zurückgeht, werden wir die Motive in erster Linie in allgemeinen politischen Erwägungen zu suchen haben. Allein es ist möglich, daß auch noch spezielle Wünsche mitgewirkt haben, die sich aus den auf verschiedenen Gebieten der staatlichen Verwaltung gemachten Beobachtungen ergaben. Man denke z. B. an die Schwierigkeiten, die die Appellation und Konsultation bei Gerichtsstätten außer Landes verursachte. Ferner erschwerten die Kleinheit und die zerstreute Lage der Territorien außerordentlich die Einführung indirekter Steuern. In dieser Hinsicht sind die Verhältnisse von Jülich-Berg lehrreich. Vgl. meine Landtagsakten von Jülich-Berg 1, 736, Anm. 2: Die Besitzer der Jülicher Unterherrschaften (ehemals selbständiger Landesherrschaften, die nach und nach in größere Abhängigkeit vom Herzog von Jülich geriethen) erklären, sie wollten nach Möglichkeit dafür sorgen, „dat in den underherlicheiden wein noch bier niet wolfieler dan uiſſerhalb derſelben [d. h. im Gebiet des eigentlichen Herzogthums Jülich] gegeven und verzapt ſal werden, uf dat niemantz oirſach gegeven werde, dahin zu komen, wairdurch i. ſ. g. bewilligte acciſen verkleinert muechten werden". Jahrbuch des Düsseldorfer Geschichtsverein 8, 251: „Dweil zu Berchem und Mondorf die narung des

Wie im allgemeinen, so scheint die städtische Acciseverwaltung auch in manchen Einzelheiten Muster gewesen zu sein. So haben sich die Landesherren in Bezug auf das Personal, dem sie die Verwaltung der Accise übergaben, wohl mitunter nach dem städtischen Vorbild gerichtet.[1] Ferner ist vermuthlich auch die Form der Verpachtung der Accise, die in den Territorien öfters begegnet, nach dem Vorgang der Städte eingeführt worden.[2] Wenn uns die Verpachtung von Steuern heute als eine niedere Form der Steuerverwaltung erscheint, so ist doch zu berücksichtigen, daß ihr wenigstens betreffs der indirekten Abgaben noch vor nicht sehr langer Zeit der Vorzug der billigeren und sicheren Erhebung zuerkannt worden ist.[3]

Ob auch andere städtische Finanzbeamte außer den Accisebeamten in die territoriale Verwaltung übernommen worden sind, erscheint fraglich. In den Städten begegnen wir als allgemeinen Finanzorganen den Rentmeistern. In den Territorien steht auch oft an der Spitze der Finanzverwaltung ein Rentmeister[4], oberster Rentmeister[5], Landrentmeister.[6] Doch treten

---

weins gar klein und sie dem Colnischen lande vast nahe grenzen, dahin die kaufleute umb der acciß willen oftmal ziehen und das ampt Lewenberg verlassen" u. s. w. Wie es sich aber auch mit den Motiven verhalten mag, jedenfalls ist die Vergrößerung der Territorien in ihren Folgen den einzelnen Zweigen der staatlichen Verwaltung — und so auch der Finanzverwaltung — zu Statten gekommen.

[1] S. meine Landtagsakten 1, 255 Anm. 1 und 834 Anm. 2 (S. 335). Zu dem an letzterer Stelle besprochenen Amte der „Kurmeister" vgl. H. van der Linden, Hist. de la constitution de la ville de Louvain S. 118. 128.

[2] Vgl. Hegel, Chroniken der deutschen Städte 14, 136; Reinhold, Verfassungsgeschichte Wesels S. 104; G. v. Below, Landtagsakten 1, 764 Anm. 1.

[3] Vgl. Roscher, Finanzwissenschaft § 67.

[4] G. L. v. Maurer, Fronhöfe 2, 245. Lacomblet, Urkundenbuch 3, Nr. 316 Anm. 2. Lamprecht, Wirthschaftsleben 1, 1480. Der Rentmeister ist in der ersten Zeit öfters Geistlicher. Vgl. auch Annalen des Histor. Vereins f. d. Niederrhein, Heft 9/10, S. 125.

[5] Nijhoff, Gedenkwaardigheeden 2, Einleitung S. 10 und IV, Nr. 35: reddituarius supremus terrarum Gelrensium.

[6] G. v. Below, Landtagsakten 1, 130. Die Bezeichnung „Landrentmeister" oder dergl. wird zur Unterscheidung von den Rentmeistern der einzelnen Amtsbezirke gebraucht.

diese nicht viel später hervor als ihre städtischen Namensvettern.[1]) So ist denn die Möglichkeit nicht ausgeschlossen, daß beide neben einander aufgekommen sind, vielleicht eine gemeinsame Wurzel, die dann wohl ein Beamter der Privatwirthschaft[2]) sein würde, haben oder auch neben einander aus den Niederlanden[3]) übernommen worden sind.

Die Städte des Mittelalters sind nicht bloß durch die Ausnutzung ihrer Steuerkraft mächtig; sie sind zugleich „die Mittelpunkte des Mobiliarkredits".[4]) Durchweg tritt bei ihnen eine auffallend starke Benutzung des öffentlichen Kredits zu Tage.[5])

---

[1]) Darauf, daß der territoriale Rentmeister andere Funktionen hat als der städtische (insofern ihm ein sehr wichtiger Theil der Steuern, die von den Landständen bewilligten, nicht unterstellt ist, sondern von diesen selbst verwaltet wird), will ich kein besonderes Gewicht legen, ebensowenig wie darauf (s. oben), daß die territoriale Rechenkammer andere Funktionen hat als die städtische Rentkammer.

[2]) Ein analoger Fall wäre der territoriale Hofmeister, der, wie G. Seeliger, das Deutsche Hofmeisteramt S. 1 ff. nachweist, aus der Privatwirthschaft, speziell der klösterlichen, stammt. Für den Ursprung des Rentmeisteramtes aus der Privatwirthschaft könnte auf den magister censuum und ähnliche Bezeichnungen, die Waitz, Verfassungsgeschichte 5 (zweite Auflage, herausg. von Zeumer), 257 ff. anführt, verwiesen werden.

[3]) Über Rentmeister in niederländischen Territorien s. vorhin Nijhoff. Vgl. ferner S. Muller, De registers en rekeningen van het bisdom Utrecht, deel 1 (1889), 263 Nr. 241 (Urk. v. 1329): Stephanus de Zulen miles ... in officio renthmagistratus sibi per nos (den Bischof von Utrecht) commisso. Nr. 242 (Urk. von demselben Jahre): renthmeester, van den renthmeesterambacht. Über Rentmeister in niederländischen Städten s. Pirenne, Histoire de la constitution de la ville de Dinant, S. 62; Note sur un cartulaire de Bruxelles (Bulletins de la commission royale d'histoire de Belgique, tom. 4), S. 22 (1842); H. van der Linden, Histoire de la constitution de la ville de Louvain, S. 113.

[4]) Sohm, Jahrbücher f. Nationalökonomie 34, 264.

[5]) Zur Geschichte des öffentlichen Kredits in den Städten des Mittelalters vgl. außer den bekannten Arbeiten von Schönberg und Sohm, welche zuerst helleres Licht über diese Verhältnisse verbreitet haben, Pirenne a. a. O. S. 60 Anm. 1; H. van der Linden a. a. O. S. 125; Havemann, Haushalt der Stadt Göttingen, Zeitschr. des histor. Vereins f. Niedersachsen 1857, S. 206. Die wichtigste Untersuchung aus neuester Zeit hat Knipping geliefert: Das Schuldenwesen der Stadt Köln im 14. und 15. Jahrhundert,

„Der öffentliche Krebit war für die Kölner (und nicht bloß für sie) Finanzverwaltung der ständig angewendete Regulator zur Gleichgewichtserhaltung im städtischen Haushalt[1]).“ Auch in dieser Beziehung, insbesondere in der Ausbildung freierer Formen des Leih- und Rentenverkehrs eilen die Städte den Territorien voran.[2])

Von dem städtischen Rechnungswesen gilt dasselbe wie von dem städtischen Schreibwesen überhaupt: es ist reicher entwickelt als das territoriale[3]), ohne daß es für dieses im allgemeinen Muster geworden ist.

5. Die Polizei (im allgemeinen). Das eigenthümlichste Gebiet der städtischen Verwaltung des Mittelalters ist

---

Westdeutsche Zeitschrift 18, 340 ff. (vgl. auch Knipping, Jahreshaushalt der Stadt Köln S. 153). Ein besonderes Verdienst Knipping's ist es, auch auf die Schattenseiten der Borgwirthschaft der Städte hingewiesen zu haben (S. 340 Anm. 2).

[1]) Knipping, Jahreshaushalt a. a. O.

[2]) A. v. Kostanecki, Der öffentliche Krebit im Mittelalter, nach Urkunden der Herzogthümer Braunschweig und Lüneburg (Schmoller's staats- und sozialwissenschaftliche Forschungen Bd. 9 Heft 1). Vgl. den zusammenfassenden Überblick S. 121 ff. S. auch Werminghoff, Die Verpfändungen der mittel- und niederrheinischen Reichsstädte während des 13. und 14. Jahrhunderts (Gierke, Untersuchungen, Heft 45). Über das Verhältnis der territorialen zu den städtischen Rentenbriefen vgl. außer Kostanecki Knipping, Schuldenwesen S. 389 f., und G. v. Below, Landtagsakten 1, 135 f. und 164. Knipping S. 385 Anm. 93 vermuthet, daß die Stadt mit dem Rentenverkauf selbst auch seine rechtlichen Formen aus dem Privatkreditverkehr übernommen hat. — S. 342 erwähnt Knipping, daß die Stadt Köln im Jahre 1416 eine Anleihe bei den Kölner Bürgern gemacht hat. So machen auch die Landesherren bei ihren Unterthanen (bei den ärmeren in kleinen Beträgen) Anleihen. Siehe meine Landständ. Verf. 3¹, 56 f.; 3², 108. Ist dies Verfahren auch den Städten nachgeahmt worden?

[3]) Jedoch ist es nicht in jedem Punkte dem territorialen Rechnungswesen vorangegangen. So kennen die Städte im Mittelalter noch keinen Voranschlag künftiger Ausgaben und Einnahmen (Mack a. a. O. S. 98 u. S. 102; Knipping, Jahreshaushalt S. 132). In den Territorien kommt ein solcher etwa seit dem Anfang des 16. Jahrhunderts vor (vgl. Histor. Taschenbuch 1887, S. 310), also mindestens nicht später als in den Städten. Er wird zweifellos aus Frankreich-Burgund übernommen sein. Der Name ist anfangs: stait.

das der sog. inneren Verwaltung, der Polizei[1]), wie man
seit dem Ende des Mittelalters zu sagen pflegt. Hier
hat die Stadt im Verhältnis zum Territorium am meisten selbständiges hervorgebracht. Man darf sich nicht durch die Zahlen
des Stadthaushaltes täuschen lassen. Allerdings übertreffen ja
die Ausgaben für die Sicherung der Stadt nach außen und die
Erhaltung der städtischen Selbständigkeit um ein mehrfaches die
Ausgaben für die innere Verwaltung, während die moderne Stadt
ihre Einnahmen fast ganz auf Kultur- und Wohlfahrtszwecke verwendet. Indessen die mittelalterliche Stadt ist eben nicht bloß
Stadt im modernen Sinne. Wenigstens die größeren Kommunen
haben auch diejenigen Funktionen wahrgenommen, welche heute
in den Aufgabenbereich des Staates fallen: die Aufrechterhaltung
der Rechtsordnung im Innern und den Schutz nach außen.[2]) Es
ist ein durchaus falsches Bild, wenn Herder die Wohlthaten, die
wir den Städten des Mittelalters verdanken, „im Schatten eines
friedlichen Stadtregiments“ hervorgebracht sein läßt. Nie haben
sich Städte so sehr und so anhaltend im Kampfe befunden wie
die des Mittelalters. Politische Selbständigkeit und Macht haben
sie mit dem größten Eifer erstrebt. Kaum haben sie auf etwas
mehr Gewicht gelegt als auf eigene Rechtsprechung, politische
Selbständigkeit und militärische Macht. Dennoch dürfen wir
sagen, daß das Gebiet, auf dem sie recht eigentlich original sind,
das der inneren Verwaltung ist. Original gegenüber dem gleichzeitigen Territorialstaat und dem Reich: Territorium und Reich
kümmerten sich gar nicht oder so gut wie gar nicht um die
Zwecke der inneren Verwaltung. Nicht sowohl an dem, was die
mittelalterliche Stadt als Staat, als vielmehr an dem, was sie
als Gemeinde geschaffen hat, haftet das weltgeschichtliche

---

[1]) Über Begriff und Geschichte des Wortes Polizei s. Loening im Handwörterbuch der Staatswissenschaften 5, 159 ff.; G. v. Below, Landtagsakten 1, 138. 385. 584. Das Wort wurde aus Frankreich übernommen,
wie so viele technische Bezeichnungen und Einrichtungen jener Zeit. Übrigens
umfassen die städtischen und territorialen Polizeiverordnungen noch etwas
mehr als das, was wir „innere Verwaltung“ nennen.

[2]) Vgl. Knipping, Jahreshaushalt S. 131.

Interesse.[1]) Wenn die Bürgerschaften des Mittelalters den eigent=
lich politischen Dingen so viel Eifer widmeten, so lag das daran,
daß damals die Stadt gerade um des Schutzes ihrer friedlichen
Aufgaben willen zugleich Staat sein mußte. Wenn die Auf=
wendungen für militärische und diplomatische Zwecke so groß
waren, so bedarf das keiner besonderen Erklärung. Auch im
modernen Kulturstaat übertreffen diese Ausgaben ja alle anderen
und werden sie voraussichtlich stets übertreffen. Es liegt in der
Natur der Dinge, daß die Sorge für das Heer kostspieliger ist
als z. B. die für das Gewerbewesen und die Gesundheitspolizei.
So sehr das eigentlich neue in den Städten verdeckt scheint, es
ist doch sichtbar genug, und es besteht eben in der allgemeinen
Kultur= und Wohlfahrtspflege.

Einer der besten Kenner des Verwaltungsrechtes aus neuester
Zeit (Loening) sagt: in der Polizeigesetzgebung der mittelalterlichen
Städte „hat die öffentliche Gewalt zuerst die Lösung der großen
Aufgaben in Angriff genommen, die das Wesen der modernen
Staatsverwaltung bilden. Die Geschichte des deutschen Ver=
waltungsrechts hat fast in allen Theilen anzuknüpfen an die
Rechtsinstitute und Satzungen der Städte des 14. und 15. Jahr=
hunderts".[2])

Wir werden einzelne besonders wichtige Zweige der städtischen
Polizeigesetzgebung sogleich ausführlicher besprechen. An dieser
Stelle nennen wir, mehr nur um den Umfang der städtischen Ver=
waltung[3]) zu charakterisiren, die Sorge für Maß und Gewicht[4]),

---

[1]) Vgl. G. v. Below, Die Entstehung der deutschen Stadtgemeinde,
S. 2 f.

[2]) Vgl. Handwörterbuch der Staatswissenschaften 2, 790.

[3]) Über die städtische Polizeigesetzgebung im allgemeinen vgl. außer
Loening G. L. v. Maurer 4, 109; Gierke 2, 740 ff.

[4]) Das Recht, Maß und Gewicht zu ordnen, haben die Landesherren
im Mittelalter wohl gehabt, aber davon keinen erheblichen Gebrauch gemacht.
In der Hauptsache blieb praktisch die Ordnung von Maß und Gewicht den
Gemeinden überlassen. S darüber meine Ausführungen in der Zeitschrift
für Sozial= und Wirthschaftsgeschichte (herausg. von Bauer und Hartmann),
Bd. 3. Erst seit dem Ende des Mittelalters entwickeln die Landesherren
hier eine regere Thätigkeit, obwohl sie zunächst auch noch nicht viel erreichen.

für das Straßenwesen [1]), die Gesundheits=, die Sittenpolizei, Gesetze gegen den Luxus [2]), über den Zinskauf.

Die Territorien folgen den Städten in dieser Thätigkeit erst seit dem 15. [3]), hauptsächlich aber erst seit dem 16. Jahr=

Vgl. Schmoller, Jahrbuch für Gesetzgebung 1884, S. 25 ff. Bemerkenswerth ist es, daß in der aus der Zeit des Bauernaufstandes stammenden Schrift „Reformation Friedrich's III." Einheit von Münze, Maß und Gewicht verlangt wird. F. v. Bezold, Gesch. der deutschen Reformation S. 463.

[1]) Über die Thätigkeit der Städte auf diesem Gebiete s. Gasner, Zum deutschen Straßenwesen von der ältesten Zeit bis zur Mitte des 17. Jahrhunderts (Leipzig 1889; dazu liter. Centralbl. 1890, Sp. 790 und Deutsche Literaturztg. 1890, Sp. 1844); Joh. Fritz, Zur Geschichte des deutsch=lombardischen Handels, Ztschr. f. d. Gesch. des Oberrheins 1891, S. 320 ff.; Knipping, Jahreshaushalt a. a. O. S. 136 und 147; Havemann a. a. O. S. 207 und 220. Über die Fürsorge der Landesherren für das Straßenwesen seit dem Ende des Mittelalters s. Gasner S. 68 f.; Riezler, Geschichte Baierns 3, 775; Lamprecht, Wirthschaftsleben 2, 242; G. v. Below, Landtagsakten 1, 587. 634. 793.

[2]) Vgl. Sommerlad, Art. Luxus im Handwörterbuch der Staatswissenschaften 4, 1077 ff. Schon das zweite Straßburger Stadtrecht (ca. 1200) enthält Bestimmungen über den bei Hochzeiten und sonst zulässigen Aufwand (§ 45 ff.). Weinhold, Die deutschen Frauen (zweite Auflage) 2, 257 Anm. 1 erwähnt Bestimmungen aus mittelalterlichen Ordnungen der Stadt Ulm über das Tragen von Hermelin. Die Reichspolizeiordnung von 1548 erklärt es dann für einen Vorrang des Fürstenstandes, Hermelin zu tragen. — Übrigens steht die Entwicklung der Luxusgesetzgebung auch unter kirchlichem Einfluß, namentlich unter dem der Synodalbeschlüsse. Vgl. Weinhold a. a. O. S. 255 Anm. 2 und Sommerlad a. a. O.

[3]) Vereinzelte kleine Anfänge lassen sich wohl auch schon aus dem 14. Jahrhundert anführen. Vgl. z. B. die Tiroler Landesordnung aus dem Jahre 1352 über die Rechtsverhältnisse der Bauern und Handwerker bei E. v. Schwind und A. Dopsch, Urkunden zur Verfassungsgeschichte der deutsch=österreichischen Erblande im Mittelalter, S. 184. Zu den ältesten territorialen Polizeiordnungen (übrigens noch nicht mit diesem Namen) gehören die Gesetze der Hochmeister und die Landtagsbeschlüsse aus dem deutschen Ordenslande. Vgl. Töppen, Akten der Ständetage Preußens unter der Herrschaft des deutschen Ordens 1, 36 ff. Schon sehr früh (etwa 1335) werden im Ordenslande Beschlüsse über Maß und Gewicht gefaßt (s. a. a. O. S. 32 ff.). Allein es ist charakteristisch, daß der Hochmeister hierbei nur Städte, nicht auch Landbewohner zuzieht.

hundert nach.[1])   Seit dieser Zeit gibt es auch eine territoriale
Polizeigesetzgebung, territoriale Polizeiordnungen (die sog. „Landes-
ordnungen“).   Wenn Luther in der Schrift an den christlichen
Adel deutscher Nation im Jahre 1520 die Landesherren[2]) auffordert, dem „Mißbrauch Fressens und Saufens“, dem Luxus zu
steuern, die „gemeinen Frauenhäuser“ zu beseitigen, dem Zinskauf zu wehren und „den Fuggern und dergleichen Gesellschaften
einen Zaum in's Maul zu legen“, so bedurfte es jetzt für manche
dieser Aufforderung nicht mehr; für viele aber war es die Anregung zu einer bisher nicht oder kaum begonnenen Thätigkeit.

Die territoriale Polizeigesetzgebung geht gewiß nicht überall
auf direkte Nachahmung der städtischen zurück.[3])   Allein jeden-

---

[1]) Vgl. die Zusammenstellung bei Eichhorn, Deutsche Staats- und
Rechtsgeschichte 3, 259 g; Stobbe, Gesch. der deutschen Rechtsquellen 2, 220 f.;
M. Ritter, Deutsche Geschichte von 1555 bis 1648, 1, 40 Anm. 1; G. v. Below,
Landtagsakten 1, 690 ff.; Lamprecht, Wirtschaftsleben 1, 1345. Über Mühlen-
ordnungen der Landesherren seit dem 15., resp. 16. Jahrhundert s. Hand-
wörterbuch der Staatswissenschaften 4, 1240. Lehrreich sind die Ausführungen
des Melchior v. Ossa über die verschiedenen Zweige der „Polizei“. Vgl.
F. A. v. Langenn, Melchior v. Ossa (Leipzig 1858), S. 192 ff.

[2]) F. v. Bezold, Gesch. der deutschen Reformation S. 292, behauptet,
daß jene Schrift Luther's sich „ganz im Sinn der Ritterpartei und mit ab-
sichtlicher Übergehung der Fürsten ... nur an den Kaiser und den deutschen
Adel“ richte. Dies ist ein Mißverständnis. Luther wendet sich gerade an
die Fürsten (resp. Landesherren). Es handelt sich hier um den Sprachgebrauch, nach welchem „Adel“ die Landesherren, resp. die Landesherren und
die Ritterschaft zusammen bezeichnet. S. meine Landtagsakten 1, 17. Gegen
Bezold's Auffassung läßt sich außer dem Inhalt der Schrift auch anführen,
daß eine Quelle für Luther die exhortatio ad principes ist. S. Luther's
Werke 6 (Weimar 1888), 394. Luther war eben nicht so „revolutionär“,
wie Bezold (auf Grund jener Auffassung) u. A. behaupten. Er wandte sich
einfach an diejenigen, welche schon im Begriff und auch am ehesten befugt
waren, die kirchlich-politischen Verhältnisse zu ordnen.

[3]) Neben der städtischen Verwaltung haben noch andere Faktoren auf
die innere Verwaltung in den Territorien eingewirkt. So, wie schon angedeutet, die Kirche und ferner die Reichsgesetzgebung. Freilich sind die Reichs-
polizeigesetze durchaus nicht immer original. Zunächst stehen auch sie wohl
theilweise unter dem Einfluß der städtischen Verwaltung (vgl. Frensdorff, Die
Lehnsfähigkeit der Bürger, Nachrichten der Gött. Ges. der Wiss. 1874, Nr. 4,
S. 52). Da ferner einzelne territoriale Polizeiordnungen älter sind als die

falls ist die Entwicklung in den Städten auch hier wieder typisch für die in den Territorien gewesen.

Wir widmen jetzt einzelnen Zweigen der inneren Verwaltung eine ausführlichere Darstellung.

6. **Das Gewerbewesen.** Das Gewerbewesen des Mittelalters ist lokal geordnet.[1]) Jede Stadt hat für sich ihre Zunftstatuten. Mit dem Beginn der Neuzeit tritt an die Stelle der lokalen Ordnung des Gewerbewesens oder wenigstens neben sie die territoriale.

Die territoriale Ordnung ist nicht überall der Art, daß sie gerade von einem Landesherrn geschaffen wird. Die städtischen Kreise haben selbst das Bedürfnis der Herstellung größerer Verbände empfunden und es vielfach ohne Rücksicht auf bestimmte territoriale Grenzen verwirklicht. So treten gerade am Schluß des Mittelalters die Steinmetzen[2]) zu größeren und kleineren, mehr sich an Stammes= als an Territorialgrenzen anschließenden Vereinigungen zusammen. Und sie stehen in dieser Beziehung

---

ältesten Reichspolizeiordnungen, so werden sie auch von jenen beeinflußt worden sein. Wie es sich aber mit ihrem Ursprung verhalten mag, jedenfalls haben sie auf die territoriale Verwaltung eingewirkt. In manchen Punkten wird die territoriale Verwaltung jedoch weder vom Reich noch von der Kirche noch von den Städten beeinflußt, sondern selbstständig sein. So z. B. auf dem Gebiet der Waldordnungen (vgl. Handwörterbuch der Staatswissenschaften 3, 592 f.; Mitteil. des Instituts f. österr. Geschichtsforschung 1894, S. 189; G. v. Below, Landtagsakten 1, 146 und 709 § 4) Denn die Waldordnungen, die etwa mittelalterliche Städte für ihren doch verhältnismäßig kleinen Waldbesitz erließen, können schwerlich als Muster in Betracht kommen

[1]) Vgl. hierzu und zum folgenden H. Z. 58, 151 f.; Schmoller im Jahrbuch für Gesetzgebung 1884, S. 23 ff. und Straßburger Tucher= und Weberzunft S. 539 f.; Lexis im Handwörterbuch der Staatswissenschaften 6, 465 ff.; Gothein, Wirthschaftsgeschichte des Schwarzwaldes 1, 893 ff.; Eulenburg, Ztschr. f. Soz.= u. Wirthschaftsgesch. 2, 62 ff. S. auch Jahrbuch für Gesetzgebung 1894, S. 318 ff.

[2]) Janner, Die Bauhütten des deutschen Mittelalters (Leipzig 1876), S. 54 ff ; Schmoller, Forschungen zur Brandenburg. und Preuß. Geschichte 1, 70 ff.; A. Luschin v. Ebengreuth´, Das Admonter Hüttenbuch und die Regensburger Steinmetzordnung vom Jahre 1459 (Mittheilungen der K. K. Centralkommission z. Erforschung der Kunst= und histor. Denkmale 1894, Heft 3/4).

nicht allein.[1]) Allein weit mehr noch nehmen die Landesherren
die Einführung übereinstimmender gewerberechtlicher Grundsätze
für ein größeres Gebiet, eben für den Umfang ihres Territoriums,
in die Hand. Es geschieht in verschiedener Weise. Entweder
erlassen die Landesherren besondere Gewerbeordnungen[2]), theils
für sämmtliche oder nahezu sämmtliche, theils für einzelne Gewerbe des Landes, theils unter Beibehaltung, theils unter Aufhebung der lokalen Zünfte. Oder sie regeln das Gewerbewesen
in ihren großen Polizeiordnungen. Oder sie verzichten wohl
darauf, allgemeine Ordnungen zu erlassen, richten sich aber doch
in den den einzelnen Städten oder Zünften ertheilten Urkunden
nach mehr oder weniger übereinstimmenden Grundsätzen oder verstärken wenigstens den staatlichen Einfluß in der einzelnen Stadt.[3])

Es ist selbstverständlich, daß die Landesherren bei dieser
ihrer Thätigkeit auf dem Gebiete des Gewerbewesens das benutzt
haben, was die Städte des Mittelalters geschaffen hatten. Oft
konnten sie ohne weiteres ein altes Zunftstatut nur mit ihrem
Namen versehen in die Welt senden. Jedenfalls bot ihnen das
reich entwickelte Gewerberecht der mittelalterlichen Städte das
schätzbarste Material, das sie auch thatsächlich verwerthet haben.[4])

---

[1]) Schmoller a. a. O. Stieda, Hansische Geschichtsbl. 1886, S. 121.

[2]) M. Ritter, Deutsche Geschichte 1, 42 f.; Stieda, Handwörterbuch der
Staatswissenschaften 6, 887 f.; Gierke 3, 767 f.; Gothein a. a. O. S. 420 ff.;
Schmoller a. a. O.; F. v. Bucholtz, Gesch. Ferdinand's I., Urkundenband,
S. 460 ff.

[3]) Schmoller a. a. O. S. 82 sagt von Brandenburg: „Mochte auch
von 1550 bis 1600 an die kurfürstliche Bestätigung der Innungsstatuten Regel
werden, ... im Ganzen ist bis 1713 die zunehmende Zahl der Innungs-
privilegien von den Zunftmeistern und ihren Advokaten entworfen, von den
städtischen Räthen nicht entsprechend geprüft und geändert, von der Lehnskanzlei
bis in die späteren Jahre des großen Kurfürsten kritiklos gegen ihre Gebühren
genehmigt worden." Hier handelt es sich zunächst nur um die Statuten.
Wie in anderer Weise sich der landesherrliche Einfluß steigerte, darüber siehe
Schmoller S. 81.

[4]) Vgl. z. B. Schmoller im Jahrbuch f. Gesetzgebung 1884, S. 29:
„Der Glaube an die Schädlichkeit des Vorkaufs, der alle Waaren nur ver-
theure, ging von den städtischen Statuten ziemlich unverkürzt in die Landes-
gesetze über."

Ein charakteristisches Beispiel mag hier zum Beweise dafür an=
geführt werden, wie sehr die Landesregierungen jetzt geneigt sind,
das Gewerberecht der Städte, selbst fremder Städte, nicht bloß
der zum eigenen Territorium gehörenden, zu benutzen. Im
Jahre 1547[1]) wird auf einem jülicher Landtage der Beschluß
gefaßt, es sollten einige von der Landschaft sich über die Dienst=
boten und Werkleute besprechen und ihr Bedenken dem Herzog
vorbringen; der Herzog wolle dann „solichs durchsehen und mit
den stetten Coln und Aich, dergleichen mit dem administrator
Coln darvon auch handlen lassen". Darauf werden bestimmte
Personen beauftragt, die Städte Köln und Aachen um Mittheilung
ihrer Ordnungen zu ersuchen.[2])

---

[1]) G. v. Below, Landtagsakten 1, 584 und 587. Über den Begriff
„Werkleute" s. die Ordnung der Stadt Düren von 1588 bei Bonn, Rumpel
und Fischbach, Materialien zur Geschichte der Stadt Düren, S. 131 f.

[2]) Ich theile hier die Antwort der Stadt Köln (d. d. 1547 Dezember 15)
mit; ich verdanke eine Abschrift der Liebenswürdigkeit R. Knipping's (aus
dem Kölner Stadtarchiv, Briefbuch 68 f. 67 b). Köln an den Herzog von
Jülich: Unsern willigen bereiden dienst und vermogen zuvör. Hochgeborner
furst, besonder lieber her. Der hochgelerte Goddart Gröpper, der rechten
doctor, hat uns nach verlesung u. f. g. besegelter credenzen (d. b.1547 Dzb. 11)
muntlich vorgetragen, das e. f. g. begeren, von uns bericht zu werden, welcher
mässen die ordnunge der taglöner und werkleute in unser stat gehalten und
was inen nach gelegenheit der zeit zu belonung gegeben werde. Daruf wollen
wir u. f. g. zu dienstlicher und nachbarlicher antwort nit verhalten, das bei
uns van althere gute ordnung darinne gehalten worden, die sich aber nuhe
in diesen lesten duren jaren etwas verlaufen, also das man jedem werkman,
der eins meisters wert ist, teglich uf seine eigne beköstigung 8 alb. laufends
paiments und uf der burger costen 5 derselbiger alb. in einem sommerlichen
tage gegeben hat und zu winterzeit teglichen 7½ alb. und uf der burger
costen 4½ alb.; dergleichen einem opperknecht somertags uf seine costen 5 und
zu winterzeit 4½ alb., aber uf der burger costen 3 alb. Nuhe ist man mit
de ampten steinmetzer, zimmerleut und andern bouleuden in handlung der
meinong, einmal bestendige ordnung darinne uzurichten. So balde man
derselbiger verglichen, wollen wir unbeschwert sein, dieselbige u. f. g. auch zu=
zustellen. Und was wir sunst u. f. g. zun eren und dienstlichen gefallen
bewisen mochten, des sollen wir ieder zeit nachbarlich und gutwillig gespurt
werden. Das erken Got almechtig, der u. f. g. in furstlicher regierung und
stande frölich und gesunt beware. Geschreven am XV. decembris. — Die

Im Mittelalter war die Bewidmung einer Stadt mit dem Recht einer anderen unendlich häufig. Sie erfolgte entweder in der Weise, daß der Stadtherr (Landesherr) sich das fremde Recht für seine Stadt holte, oder so, daß die Stadt selbst sich das andere Stadtrecht geben ließ.[1] Es kam auch oft vor, daß eine Stadt oder ein gewerblicher Verband in einer Stadt sich das Gewerberecht einer anderen Stadt aneignete oder sich darüber belehren ließ.[2] Dagegen hat ein Landesherr des Mittelalters dem Gewerbewesen wohl kaum so viel Aufmerksamkeit gewidmet, daß er sich die Mühe gemacht hat, gewerbrechtliche Bestimmungen aus einer fremden Stadt für eine seiner Städte zu beschaffen; nur wenn es sich um das Stadtrecht im ganzen handelte, scheute er nicht die Arbeit. Vollends dürfte es ohne Beispiel sein, daß im Mittelalter ein Landesherr gewerbrechtliche Bestimmungen fremder Städte zur Grundlage von Ordnungen für sein Territorium zu machen sucht. Jetzt dagegen geschieht es, wie das Beispiel von 1547 zeigt.

Stadt Köln hatte sich im Jahre 1374 eine Werkleuteordnung gegeben. Siehe Knipping, Jahreshaushalt S. 147 Anm. 1; Stein, Akten zur Gesch. der Verfassung und Verwaltung der Stadt Köln, Bd. 2, Nr. 46 (S. 41 f.).

[1] Vgl. z. B. Hegel, Chroniken der deutschen Städte 9, 963; F. v. Wyß, Abhandlungen zur Gesch. des schweizerischen öffentlichen Rechts S. 472; W. Stein, Westdeutsche Zeitschr., 12, 300. Diese Citate sollen auf weniger bekannte Beziehungen hinweisen.

[2] Ich theile hier zwei Beispiele aus dem Stadtarchiv zu Münster (11 Nr. 248 und 281) mit, die ich der Liebenswürdigkeit von R. Krumbholtz verdanke. Man ersieht aus diesen zugleich, daß der Verkehr von Stadt zu Stadt auch noch bis über das Mittelalter hinaus bestehen blieb. 1520 Mai 8 erklären Bürgermeister und Rath von Münster auf eine Anfrage der Stadt Bielefeld, wie es in M. mit der Wittwe eines Bäckers hinsichtlich der Fortführung des Geschäfts gehalten werde, daß die Wittwen in allen Gilden und Ämtern berechtigt seien das Handwerk fortzusetzen. Im Jahre 1564 wenden sich die Barbiere und Chirurgen Münster's, da der Rath sie aufgefordert, die Artikel einzureichen, welche sie in eine Rolle aufgenommen haben wollen, nach Köln und verschaffen sich von dort das dortige Statut d. d. 1397 April 14 (Ennen, Quellen 6, S. 524). Der Inhalt dieses Statuts wird 1564 Oktober 17 vom Rath von Münster als Rolle der Barbiere und Chirurgen bestätigt.

Wir wollen nun die Abhängigkeit der territorialen Geseßgebung von der städtischen nicht übertreiben. Es war ja auch
manches, was die städtischen Gewerbeordnungen enthielten, für
das Territorium nicht brauchbar. Immerhin jedoch zeigt sich
uns hier wie auf anderen Gebieten die Vorbildlichkeit der
städtischen Geseßgebung des Mittelalters.[1])

Die Erseßung oder wenigstens Ergänzung der lokalen Ordnung des Gewerbewesens durch die territoriale ruhte, wie schon
angedeutet, auf einem lebhaft empfundenen Bedürfnis. Die Ursachen der Änderungen hier eingehend zu erörten, würde zu weit
führen. Nur ein Moment sei hervorgehoben. Vielleicht am
meisten hat die Landesregierungen zum Eingreifen in die gewerblichen Verhältnisse das Anwachsen des Handwerks auf dem
platten Lande[2]) veranlaßt. Im Mittelalter waren die Städte
die privilegirten Stätten für Handel und Gewerbe. Durch das
Gästerecht[3]), das Bannmeilenrecht, das Verbot des Landhand-
werks in größerem oder geringerem Umfange hielten sie das umliegende platte Land in einer gewissen wirthschaftlichen Abhängigkeit. Nun mehrten sich aber seit dem Ende des Mittelalters die auf dem Lande betriebenen Gewerbe, theils in Folge
einer näheren Entwicklung der Dinge, theils weil man unmittelbar
für die ländliche Kundschaft arbeiten oder die billigeren Produktions-
kosten ausnußen oder auch sich vom Zwang der städtischen Zunft-
ordnung losmachen wollte.[4]) Diese Kreise wollten die wirthschaftliche Herrschaft der Städte nicht anerkennen. Aber auch
der einfache Landwirth empfand die Forderung der Städte, daß
er seine Produkte nur in ihnen absetzen sollte, als drückende

---

[1]) R. Wuttke, Gesindeordnungen und Gesindezwangsdienst in Sachsen
bis zum Jahre 1835 (Schmoller, Forschungen 12⁴), S. 7 erwähnt, daß
Sachsen aus dem Mittelalter nur eine Gesindeordnung besißt, und dies ist
eine städtische.

[2]) Vgl. M. Ritter 1, 29 und 40 f.; Schmoller, Jahrbuch f. Geseß-
gebung 1884, S. 27 f. und 29 f. und 1887, S. 792, Forschungen zur
Brandenb. und Preuß. Gesch 1, 65 und 104; Gothein a. a. O.; G. v. Below,
Landtagsakten 1, 145.

[3]) Vgl. Handwörterbuch der Staatswissenschaften 2, 791 f.

[4]) Ritter 1, 29.

Fessel. Da die Städte ihrerseits ihre bevorrechtete Stellung nicht aufgeben wollten, so kam es überall in Deutschland zu einem lebhaften Kampf zwischen Stadt und Land, der in einem Territorium mehr durch Beschwerden, die man vor den fürstlichen Hof brachte, in einem anderen mehr auf den Landtagen ausgefochten wurde. Die Landesherrschaft wurde überall als Friedensstifterin angerufen. Wie stellte sie sich nun zu den entgegengesetzten Ansprüchen? Suchte sie lediglich das, was im Mittelalter Recht der Städte gewesen war, zu bewahren? Im allgemeinen dürfen wir wohl sagen, daß sie dieses in der schonendsten Weise zu behandeln strebte (nicht am wenigsten durch finanzpolitische Rücksichten dazu bestimmt), daß sie aber in einigen Punkten sich doch schon von dem zu gunsten der Städte ausgebildeten mittelalterlichen Privilegiensystem entfernte. Je weiter wir uns vom Mittelalter entfernen, desto mehr Aufmerksamkeit erfährt das platte Land.[1]

7. Der Handel. Wie in gewerblicher Beziehung, so bildete die mittelalterliche Stadt auch inbetreff des Handels einen in sich geschlossenen Wirthschaftskomplex. Die Konkurrenz auswärtiger Kaufleute hielt sie außer durch das schon erwähnte Gästerecht namentlich durch das Stapelrecht[2] nieder. Die hierauf beruhende städtische Handelspolitik wurde von den Landesherren seit dem Ende des Mittelalters fortgesetzt. Es ist aber eben das Territorium, welches jetzt den Schutz des städtischen Stapelrechts in die Hand nimmt.[3] Während er im Mittelalter im allgemeinen den Bürgerschaften überlassen blieb, suchen jetzt überwiegend die Landesherren

---

[1] Es mag hier noch an einen anderen aus der mittelalterlichen Gewerbeverfassung hervorgehenden Konflikt erinnert werden, den Streit zwischen Handwerk und Fabrikthätigkeit. Vgl. dazu G. v. d. Ropp, Hansische Geschichtsblätter, Jahrgang 1892, S. 172 ff.; G. v. Below, Landtagsakten 1, 284.

[2] Vgl. die eingehende historische Darstellung des Stapelrechts von Stieda im Handwörterbuch der Staatswissenschaften 5, 863 ff.

[3] M. Ritter 1, 31 f. und 44 f. Schmoller, Jahrbuch f. Gesetzgebung 1884, S. 24. — Was vom Stapelrecht gilt, gilt auch vom Zollwesen. Im Mittelalter traten namentlich die Städte für Beseitigung fremder Zollstätten, resp. Befreiung von fremden Zöllen ein. Jetzt thun es im allgemeinen für die Städte die Landesherren. Vgl. z. B. G. v. Below, Landtagsakten 1, 553 ff. (über die Rheinzölle in den Niederlanden).

die entgegengesetzten Ansprüche ihrer Städte auszugleichen und
das Stapelrecht ihrer Städte gegen das fremder Städte zu vertheidigen und zu erweitern. Das Territorium wird mehr und
mehr als eine wirthschaftliche Einheit aufgefaßt. Eben aus diesem
Gesichtspunkt ergab sich freilich noch eine weitere Neuerung
gegenüber dem Mittelalter: die große Zahl der kleinen Stapel-
rechte innerhalb des Territoriums wurde eingeschränkt. [1]

So energisch indessen die deutschen Landesherren die Interessen
ihrer Städte gegen einander wahrten, ihr Territorium war doch
zu klein und ihre Interessen zu eng, als daß sie den deutschen
Handel auch den außerdeutschen Staaten gegenüber hätten schützen
können. [2] Auf die Reichsgewalt war gleichfalls nicht zu rechnen.
Daraus erklärt sich das Schicksal der Hansa. Sie hätte sich,
unter den veränderten Verhältnissen, nur behaupten können, wenn
sie, wie etwa die englische Kaufmannschaft, den Rückhalt eines
großen und kräftigen Staates gehabt hätte. Nicht genug aber,
daß ein solcher fehlte; die deutschen Territorialherren standen
überdies der Hansa wegen der Selbständigkeit ihrer Glieder miß-
günstig gegenüber. Die Gründe für den Fall der Hansa liegen
in erster Linie auf politischem Gebiet. [3]

Das Gewerbe und den Handel betrifft in gleicher Weise die
städtische Theuerungspolitik, die im Mittelalter schon in großartiger
Weise ausgebildet worden war. Das Reich und die Territorien
haben auf diesem Gebiet in jener Zeit kaum etwas aufzuweisen. [4]
Seit dem Ende des Mittelalters gibt es jedoch auch eine landesherrliche Theuerungspolitik. [5] Sie findet namentlich in zwei

---

[1] Vgl. Schmoller a. a. O. S. 30.

[2] Von allen deutschen Territorien hat nur die Regierung der burgundischen Niederlande eine erfolgreiche Handelspolitik nach auswärts ausgeübt.
Ritter 1, 45 f.

[3] Schäfer, Handwörterbuch der Staatswissenschaften 4, 389 f.; Ritter 1,
54 f., 2, 22 f. und 411 ff..

[4] Über eine Ausnahme vgl. G. Küntzel, Über die Verwaltung des
Maß- und Gewichtswesens in Deutschland während des Mittelalters, S. 58.

[5] Ritter 1, 43. 48. Schmoller, Jahrb. f. Gesetzgeb. 1884, S. 32. G. Adler,
Die Fleischtheuerungspolitik der deutschen Städte beim Ausgang des Mittelalters, S. 103 ff. G. v. Below, Maßnahmen der Theuerungspolitik im Jahre
1557 am Niederrhein, Ztschr. f Sozial- und Wirthschaftsgeschichte 3, 468 ff.

Maßregeln ihren Ausdruck: in Lebensmitteltaxen und in Ausfuhr-
verboten (die übrigens nicht bloß zu diesem Zweck erlassen werden).
Freilich bleibt die territoriale Berwaltung einstweilen hinter dem,
was die Städte in dieser Beziehung geleistet haben, noch zurück.

8. Das Münzwesen.[1]) Es ist oft auseinandergesetzt
worden, daß auf dem Gebiete des Münzwesens das Mittelalter
die Periode der Städte gewesen, das Münzwesen damals durch
sie aus dem Verfall auf eine höhere Stufe erhoben worden ist.
Dieser Satz gilt zwar nicht uneingeschränkt. Die unendliche
Mannigfaltigkeit der geschichtlichen Erscheinungen widerstrebt den
historischen Konstruktionen nach „synthetischem“ Rezept, für die
kein besonderes Studium der Quellen erforderlich ist.[2]) Die
Verdienste der Städte um das Münzwesen kann man seit dem
13. Jahrhundert datiren. Aber schon damals nöthigt ein Landesherr im Bunde mit der Stadt Köln den Erzbischof zur Einschränkung der willkürlichen Münzerneuerungen, und der Landesherr der Steiermark scheint eine verwandte Zusicherung auf
Andrängen seiner Ministerialen zu geben.[3]) Aus dem 14. Jahrhundert seien die vorwiegend landesherrlichen rheinischen Münz-
konventionen genannt. Immerhin jedoch darf man für das Mittelalter den Städten ein hervorragendes Verdienst um das Münzwesen zuschreiben.

Allein ihre Wirksamkeit hatte natürliche Grenzen: eine allgemeinere Besserung konnte nur durch größere staatliche Verbände
herbeigeführt werden. Sie trat ein, als sich seit dem Ende des
Mittelalters die innere Verwaltung in den Territorien höhere
Ziele zu stecken begann, und wurde dadurch mitbefördert, daß seit
jener Zeit, wie schon erwähnt, mehrere Territorien ihr Gebiet
vergrößerten. Im 16. Jahrhundert hat auch noch das Reich sich
des Münzwesens angenommen und hier einige Anregungen

---

[1]) Eheberg, Über das ältere deutsche Münzwesen (Leipzig 1879). Lexis,
Artikel: Münzwesen, Handwörterbuch der Staatswissenschaften 4, 1248 ff.
Schmoller, Jahrbuch f. Gesetzgebung 1884, S. 33 ff.

[2]) So nach einer in anderem Zusammenhang gemachten treffenden
Bemerkung Justi’s, Ztschr. f. bildende Kunst 1891, S. 162.

[3]) Eheberg S. 85.

gegeben. Indeſſen wirklich fruchtbare Neuordnungen vermochte es nicht durchzuführen. „Das große Fürſtenthum allein unterzog ſich dieſer Aufgabe mit einer wenigſtens alle ſeine Nebenbuhler übertreffenden Kraft."[1]

Von einer Nachahmung des ſtädtiſchen Münzweſens durch die Landesherren läßt ſich ſeit dem 16. Jahrhundert nicht eigentlich ſprechen. Dieſe gehört dem Mittelalter an.[2]

9. Das Bergweſen. Ein beſonders ruhmvolles Kapitel aus der deutſchen Rechtsgeſchichte bildet die Geſchichte des deutſchen Bergrechts. Das deutſche Bergrecht hat ſich ohne Beeinfluſſung von außen entwickelt und einen Siegeszug weit über Deutſchlands Grenzen hinaus gehalten. Der moderne Bergbau iſt zum großen Theil deutſcher Kulturarbeit zu danken.

---

[1] Ritter 1, 56 f.

[2] Vgl. Eheberg S. 96: Kaiſer Karl IV. gewährt dem Burggrafen von Nürnberg das Recht, in ſeinen Städten Baireuth und Kulmbach Pfennige und Heller ſchlagen zu laſſen nach dem Korn, nach der Aufzahl, ſo man Pfennige und Heller zu Nürnberg, zu Laufen oder in anderen Städten ſchlägt. K. Kunze macht mich ferner noch auf folgende intereſſanten Urkunden aufmerkſam. 1386 geſtattet Hz. Wilhelm von Berg (Preuß=Falkmann, Lipp. Regeſten 2, Nr. 1346) der ravensbergiſchen Münze in Bielefeld, unter ſeinem Wappen weiße Pfennige wie die Städte Lübeck, Hamburg, Lüneburg und Wismar zu prägen. 1389 Oktober 10 verleiht Hz. Bogislaf VI. von Pommern (Dähnert, Sammlung Pommeriſcher und Rügiſcher Landesurkunden; künftig im Hanſ. UB. Bd. 4) der Stadt Greifswald de‘ munte, der tho brukende unde pennynghe tho slande like aus anderen steden Lubek, Wismar, Rostock unde Stralessund, also dat ze de munte nicht ergher slan scolen laten we de anderen stede vorebenomed. Were ok. dat de stede vorebenomed nicht een droghen edder tweyeden an der munte, so gheve wy unde ghunnen den sulven unsen borghermesteren, raatmannen unde menheyt unser stad vorbenomed, dat ze moghen de munte slaen laten, alzo de van deme Sunde doen, also dat ze mid der stad Stralessund allyke ghud ghelt slaen unde nicht ergher. Were dat ze de munte nicht also ghud een sloghen also de van deme Sunde, dat uns, unsen mannen, unsen steden unde landen witlik worde, so moghen wy de munte wedderropen. Vgl. noch zur Geſchichte des wendiſchen Münzvereins Koppmann, Hanſerezeſſe 2, Nr. 172 (1379) und 229 (1381); v. d. Ropp, Hanſerezeſſe 7, Nr. 527 (1422) und 740 (1424).

Das so weit verbreitete deutsche Bergrecht geht von dem Bergrecht einer deutschen Stadt aus: der Stadt Freiberg in Sachsen. Das älteste sächsische Bergrecht ist das Freiberger, und dessen Aufzeichnung (vor 1328) ist wesentlich ein Werk der Stadt Freiberg, wiewohl sich schon damals Bürger und Bergmann nicht deckten, der Bergbau ein Landesbergbau war.[1]) Der Verfasser ist nicht unter den landesherrlichen Bergbeamten, sondern unter den Rathsmitgliedern oder städtischen Beamten zu suchen; vielleicht ist er derselbe wie der des Freiberger Stadtrechts.[2])

Seit dem 15. Jahrhundert nehmen die sächsischen Landesherren die Sache in die Hand. Die jetzt erlassenen Bergordnungen — die Schneeberger und Annaberger Bergordnungen — sind ihr Werk. Charakteristisch ist es, daß auch die aus dem 15. Jahrhundert erhaltene Aufzeichnung des Gewohnheitsrechtes ihre Entstehung der Initiative der Fürsten verdankt.[3]) Die Verhältnisse nöthigten die Landesregierung jetzt, dem Bergbau größere Aufmerksamkeit zu schenken[4]), und sie gab diesem Antriebe nach.

---

[1]) H. Ermisch, Das sächs. Bergrecht d. Mittelalters (Leipzig 1887), S. LVI ff. Vgl. ebenda S. LXX f.: die Bergordnung des Markgrafen von Meißen benutzt eine von der Stadt Iglau der Stadt Freiberg mitgetheilte Rechtsweisung.

[2]) Ermisch S. LXV. Vgl. ebenda S. LXXIV f.: Der Verfasser des Freiberger Bergrechts B (verfaßt zwischen 1346—75), einer im Auftrage des Freiberger Rathes gemachten Kodifikation, die bis in die Neuzeit hinein offizielle Geltung gehabt hat, ist vermuthlich der damalige Stadtschreiber oder ein bergrechtskundiges Mitglied des Rathes.

[3]) Ermisch S. CXLVII ff.

[4]) Vgl. Opet im Neuen Archiv f. sächsische Geschichte 16 (1895), 122: „Wer die Berichte des Freiberger Urkundenbuchs über den Stand des Bergbaus um die Mitte des 15. Jahrhunderts einsieht, der wird leicht die Überzeugung gewinnen, daß einem Mangel an Thatkraft, einer Unordentlichkeit des Betriebes, wie sie sich damals im Kreis der Gewerkschaften und Einzelabbauer zeigten, nur durch energisches Einschreiten des Staats, vor allem durch Einsetzung eines staatlichen Beamtenthums abgeholfen werden konnte. Mit richtigem Blick hat Cavalli sich bei Abfassung seines Entwurfs diesen Grundsätzen des sächsischen Bergrechts angeschlossen." Dieser egregius miles Antonio di Cavalli hatte dem Rath der Zehn einen Entwurf überreicht, auf den die venetianische Bergordnung von 1488 zurückgeht. Der Entwurf ist ein Kompromiß zwischen der baierischen und der sächsischen Bergrechtsgruppe; die wesentlichsten Züge sind jedoch der sächsischen Gesetzgebung entlehnt. Opet S. 109 ff.

Charakteristisch aber ist es wiederum, daß die Landesherren auch bei
jenen Bergordnungen noch unmittelbar die bewährte Bergrechts-
kunde des Freiberger Rathes benutzten.[1]) Die Annaberger Ordnung von 1509 wurde dann theils durch direkte Übertragung
theils durch die Vermittlung der auf ihr beruhenden Joachimsthaler
Ordnungen (namentlich der Bergordnung von 1548) die Mutter
der meisten neueren Landesbergordnungen in Deutschland.[2])

Das Bergrecht der Stadt Freiberg besaß schon im 13. Jahr-
hundert weite Verbreitung.[3]) Es war u. a. auch nach Iglau ge-
kommen. Das Iglauer, d. h. dem Ursprung nach, zweifellos Frei-
berger[4]) Bergrecht wurde dann wiederum sehr weit verbreitet: durch
Deutschland, bis Venedig, bis Spanien und von dort aus im
Zeitalter der Entdeckungen über den Ozean bis in die neue Welt.
Und es ist abermals (wenigstens von Haus aus) der Iglauer
Stadtrath, der diese Mittheilungen nach auswärts gegeben hat.[5])

10. Die Kirche. In neuerer Zeit ist mit besonderem Nachdruck auf die Bedeutung hingewiesen worden, welche dem schon
vor der Reformation ausgebildeten Landeskirchenthum zukommt.[6])

---

[1]) Ermisch S. CLXII.

[2]) Ermisch S. LXIV. Gothein S. 651. C. Neuburg, Goslars Bergbau bis 1552 (Hannover 1892) S. 365. Über die Übertragung des sächsischen
Bergrechts nach dem Niederrhein s. meine Landtagsakten 1, 506. Ursprünglich
scheint man in Jülich-Berg mehr an das Vorbild von Lüttich gedacht zu
haben (s. ebenda S. 210 f.).

[3]) Ermisch S. XLVI ff.

[4]) Ermisch S. XLVIII ff.

[5]) Ermisch S. LXVIII f. Es mag hier noch erwähnt werden, daß
Kurfürst Friedrich II. von Sachsen im Jahre 1444 mit einem Ausländer,
nämlich mit Adrian Spierinc, dem wegen seines Geschicks in der Auffindung
von Metallen bekannten Bergmeister des Königreichs England (magister
minerarum regni Anglie), Verhandlungen angeknüpft hat, um ihn zu einer
Reise nach Sachsen behufs Aufsuchung neuer Erzlagerstätten zu veranlassen.
Wir wissen jedoch nicht, ob sie Erfolg hatten. Ermisch S. CXLVII. Hiezu
vergleiche man, daß das älteste Privileg für die Klingenschmiede von Solingen
fast genau mit dem hundert Jahre früher den Schleifern in Sheffield ertheilten übereinstimmt. Alph. Thun, Die Industrie am Niederrhein 2. Theil
(Leipzig 1879) S. 8.

[6]) Vgl. darüber zuletzt Sohm, Kirchenrecht 1, 560; Friedberg, Lehrbuch
des katholischen und evangelischen Kirchenrechts (vierte Aufl.) S. 51 f.;

Die landesherrliche Gewalt weist die Kirche auf ihr inneres Lebens-
gebiet zurück und erhebt zugleich den Anspruch, die äußeren Verhältnisse der Kirche zu regeln. Es sind hier folgende Punkte zu
nennen: Besteuerung des Kirchengutes; Beschränkung des kirchlichen Vermögenserwerbs (durch die Amortisationsgesetze); Einschränkung der geistlichen Jurisdiktion[1]); Ausübung eines staatlichen Placets[2]); Einfluß auf die Stellenbesetzung; Visitations-
und allgemeines Aufsichtsrecht innerhalb des Territoriums.[3])
Solche Befugnisse legten sich die Landesherren oder wenigstens
viele Landesherren bereits vor der Reformation bei. Es war
daher im allgemeinen nichts Neues, wenn Luther den christlichen
Adel deutscher Nation aufforderte, gegen die Pfründenbesetzung[4])
und die finanzielle Ausbeutung durch die Kurie[5]), gegen die geistliche Jurisdiktion — „die greuliche Schinderei der Offiziale"[6]) —

H. v. Schubert, Die Entstehung der Schleswig-Holsteinischen Landeskirche
(Separatabdruck aus der Ztschr. f. Gesch. der Herzogthümer Schleswig-Holstein Bd. 24); Kahl, Lehrsystem des Kirchenrechts und der Kirchenpolitik 1
(1894), 262 ff. Kahl führt diese Bewegung auf den Einfluß der Oppositions-
literatur (Dante und Marsilius) zurück. Allein die letztere ist auf die Politik
der deutschen Landesherrn kaum von Einfluß gewesen; das praktische Bedürfnis
des täglichen Lebens genügt wohl als Erklärungsgrund. Überdies sind die
betreffenden Maßregeln der Landesherren, wie wir sogleich sehen werden, zum
Teil älter als jene Literatur.

[1]) Vgl. darüber zuletzt meine Landtagsakten 1, 122 f. 220 ff. 622 ff.;
Deutsche Ztschr. f. Kirchenrecht 4, 121 ff. (sowie die daselbst angegebene
Literatur). S. auch Stüve, Gesch. des Hochstifts Osnabrück 2, 291; Chroniken
der deutschen Städte 2, 418 Anm. 5.

[2]) Friedberg, De finium inter ecclesiam et civitatem regundorum
iudicio S. 156 ff. Scotti, Gesetze von Cleve-Mark 1, 12 (Nr. 7). Deutsche
Ztschr. f. Kirchenrecht a. a. O. H. v. Schubert S. 34.

[3]) Finke, Ztschr. d. Ges. f. Schleswig-Holsteinische Gesch. 1883, S. 150.
G. v. Below, Zur Geschichte des Landeskirchenthums in Jülich, Ztschr. f.
Kirchengeschichte 11, 158 ff.

[4]) Luther's Werke 6 (Weimar 1888), 420. 428 Anm. 7. Zu der
letzteren Stelle vgl. Lossen, Andreas Masius S. 218; G. v. Below, Landtagsakten 1, 630 Anm. 5.

[5]) Luther's Werke a. a. O. S. 419. 427 (Z. 35 f.). Zur Beseitigung
der Annaten ruft Luther „Fürst, Adel, Stadt" auf.

[6]) a. a O. S. 430.

einzuschreiten. Das hatten die Landesherren lange schon gethan. Das konnten damals auch mehr oder weniger katholische Fürsten thun, wie denn thatsächlich geistliche Fürsten Amortisationsgesetze erlassen[1]) und so eifrige Gegner des Protestantismus wie Georg von Sachsen[2]) und Maximilian von Baiern[3]) ein Landeskirchenthum ausgeübt haben. Die Reformation hat freilich den Einfluß des Staates in kirchlichen Dingen noch gesteigert, indem sie der weltlichen Gewalt erst wirkliche Selbständigkeit verlieh[4]) und ferner dem Landeskirchenthum mehr konstruktive Ideen gab[5]); eine Steigerung, die übrigens mittelbar auch auf die Verhältnisse in den katholischen Territorien einwirkte.[6])

Im wesentlichen in derselben Weise wie die Landesherren sind nun auch die Städte auf kirchlichem Gebiete thätig gewesen.[7]) Allein während wir sonst so oft fanden, daß die Städte den Landesherren vorauseilten, ist das hier nur in beschränktem Maße der Fall. Unbedingt haben sie den Vorsprung bloß in Bezug auf die Amortisationsgesetze: die städtischen stammen schon aus dem 13.[8]), die territorialen erst aus dem 14. Jahr-

---

[1]) So in Kurmainz seit 1462. Kahl, Amortisationsgesetze S. 126; Handwörterbuch der Staatswissenschaften 1, 242. S. auch Barges, Jahrbücher f. Nationalökonomie 64, 520.

[2]) Maurenbrecher, Gesch. d. kath. Reformation 1, 97 f.

[3]) F. Stieve, Das kirchliche Polizeiregiment in Baiern unter Maximilian I. (München 1876), S. 2 ff. Rosenthal, Verwaltungsorganisation Baierns 1, 337.

[4]) Sohm, Kirchenrecht 1, 544. Lenz, Preußische Jahrbücher 75, 432.

[5]) Vgl. Kahl, Kirchenrecht 1, 263.

[6]) Richter-Dove-Kahl, Kirchenrecht (achte Aufl.) § 74. — Man vergleiche, in welcher wenig sachgemäßen Weise Nitzsch, Deutsche Geschichte 3, 426 über die politische Wirkung der Reformation spricht.

[7]) Vgl. hiezu im allgemeinen G. L. v. Maurer, Städteverfassung 3, 187 ff. 4, 102 ff.

[8]) Kahl, Die deutschen Amortisationsgesetze (Tübingen 1879) S. 51 Anm. 70 (Erfurt 1281; jetzt bei Beyer, Urkundenbuch der Stadt Erfurt Bd. 1, Nr. 311); S. 53 Anm. 71 (Goslar 1219). Arnold 2, 177. G. v. Below, Landständ. Verf. 2, 40 (Wipperfürth 1282). Zeumer, Städtesteuern S. 80. Manche von den alten städtischen Amortisationsgesetzen sind Privilegien, die der Stadtherr ertheilt; aber sie werden eben nur für das Gebiet der Stadt ertheilt und müssen deshalb als städtische, nicht als territoriale Amortisationsgesetze angesehen werden.

hundert.[1]) Ob dabei an Entlehnung zu denken ist oder die gleiche Erscheinung sich aus den gleichen Ursachen erklärt, mag dahingestellt bleiben. Wenn ferner bereits sehr früh die aufkommenden Städte die Wahl des Pfarrers oder wenig= stens ein Recht der Mitwirkung bei seiner Bestellung zu gewinnen suchen[2]), so darf man solche Fälle nicht mit den Bemühungen der Landesherren, das Stellenbesetzungsrecht kirchlicher Kollatoren, gar des Papstes einzuschränken, auf eine Linie stellen. Denn es handelt sich dort doch nur um den Übergang der Patronatsrechte des Stadtherrn auf die Gemeinde. Von dem Kampf gegen die geistliche Juris= diktion sodann läßt sich wohl sagen, daß er gleich früh, nämlich im 13. Jahrhundert, in den Städten[3]) und in den

---

[1]) Kahl S. 226. 315. Friedberg, De finium etc. S. 193—195 G. v. Below, Landständ. Verf. a. a. O.; Landtagsakten 1, 142 ff. Das älteste landesherrliche Amortisationsgesetz scheint Friedrich der Schöne von Österreich (vor 1311) erlassen zu haben (geistliche Personen dürfen liegende Güter nicht ohne ausdrückliche landesherrliche Bewilligung ankaufen). Über ein Amortisationsgesetz des Grafen Wilhelm von Holland von 1328 s. Gött. Gel. Anz. 1781 S. 1238. Was Friedberg und Kahl von landesherrlichen Amortisationsgesetzen aus dem 13. Jahrhundert anführen, reduzirt sich darauf, daß ein Landesherr den Übergang einer Besitzung an ein kirchliches Institut genehmigt oder bestätigt. Von solchen Fällen hat aber schon Kahl selbst (S. 50 Anm. 69) bemerkt, daß die landesherrliche (oder städtische) Bestätigung manch= mal nicht Bedingung der Giltigkeit war, sondern nur zu größerer Sicherheit des Rechtsbestandes der Zuwendung erbeten und gegeben wurde. Überdies hängt die Bestätigung mitunter mit einem nicht immer sofort erkennbaren besonderen Rechtstitel zusammen.

[2]) G. v. Below, Die Entstehung der deutschen Stadtgemeinde S. 111. Vgl. übrigens auch W. Stein in der Mevissen=Festschrift S 32.

[3]) Beispiele aus dem 13. Jahrhundert bei Hinschius, Kirchenrecht 5, 445 f. Die Verbote der Ladung vor ein auswärtiges geistliches Gericht (Hist. Ztschr. 59, 201 Anm. 7; Ennen, Quellen 2, 196) lassen sich nur in beschränktem Maße hierher ziehen. Sonst könnte man aus dem 12. Jahrhundert für unser Thema schon das Stadtrecht von Medebach § 16 (Gengler, Stadtrechte S. 284) anführen. Was Hinschius sonst aus dem 12. Jahrhundert erwähnt, bezieht sich auf flandrische Städte. — S 435 Anm. 3 und S. 437 Anm. 3 weist Hinschius die irrigen Angaben Köhne's über die Stellung der Send= gerichte in den Städten zurück.

Territorien[1]) einsetzt. Im übrigen[2]) aber wird den Landesherren der Vorrang zuzuerkennen sein. Jedenfalls ist ihre
Kirchenpolitik schon im Mittelalter umfassender und großartiger als die der Städte. Die Privilegien, die sie z. B.
vom Papste zu erlangen wußten, sind zahlreicher und bedeutender als die, welche die Städte[3]) erhielten. Sie vermochten,
wenn ein schismatischer Papst seine Obedienz erweitern oder ein
Papst sich gegen das ihn bedrohende Konzil sichern wollte, mehr
in die Waagschale zu werfen als die Städte. Auch mag erwähnt werden, daß die Städte bei den Maßregeln, die sie auf
kirchlichem Gebiet ergriffen, mehrmals gerade von den Landesherren unterstützt wurden.[4]) Andrerseits haben sie noch im
Reformationszeitalter und ganz besonders damals sehr oft ihren

---

[1]) Hinschius S. 447 Anm. 2. Jos. Hansen, Rheinland und Westfalen
im 15. Jahrhundert 1 (Publ. a. d. kgl. Preuß. Staatsarchiven Bd. 34),
Einl. S. 4 f.

[2]) Gerade die ältesten Nachrichten über die landesherrliche Bede sind
Klagen über Besteuerung des Kirchengutes durch die Landesherren. Die
landesherrliche Bede aber ist, wie oben bemerkt, älter oder mindestens ebenso
alt wie die Stadtverfassung. Allerdings haben im weiteren Verlaufe des
Mittelalters die Städte die Steuerfreiheit des Klerus im einzelnen noch stärker
ignorirt als die Landesherren.

[3]) Über päpstliche Privilegien für die Landesherren s. Friedberg, De
finium etc. S. 179; Varrentrapp, Hermann von Wied 2, 5; Hansen a. a. O.
S. 65 ff. Über solche für Städte s. Chroniken der deutschen Städte 16 (Braunschweig, Bd. 2, herausg. von Hänselmann), XVIII ff.; Hansen S. 5 Anm. 3.

[4]) Luther's Werke 12, 5. H. v. Schubert S. 34. — Zum Schluß mag
hier noch eines Parallelismus zwischen städtischer und territorialer Verwaltung
gedacht werden. Die Städte hatten im Mittelalter sich geistliche Räthe
("oberste Pfaffen" oder "Prälaten" der Stadt genannt). Vgl. W. Stein in
der Mevissen-Festschrift S. 45 ff. Ebenso haben die Landesherren schon vor
der Reformation "geistliche Räthe", die sie speziell für kirchliche Angelegenheiten (Ehesachen einschließlich) gebrauchen. Vgl. Histor. Taschenbuch 1887
S. 316 f.; Rosenthal, Verwaltungsorganisation Baierns 1, 509 Anm. 3. Die
Einrichtung wird in den Städten und Territorien ziemlich gleich alt sein.
Denn nicht jeder Kleriker, der im Dienste der Stadt steht, kann hierher
gerechnet werden. — Über die den protestantischen Konsistorien entsprechenden
Behörden, welche katholische Territorien seit der Reformation haben, vgl.
Rosenthal S. 506 ff.; Richter-Dove-Kahl a. a. O. Anm. 2.

Landesherren gegenüber eine selbständige kirchliche Politik bewährt und sich dadurch nicht geringe Verdienste um den Protestantismus erworben.[1])

11. Das Schulwesen. Die Schulen des Mittelalters sind im allgemeinen Gründungen und Einrichtungen der Kirche. Die stärkste Ausnahme bilden die Universitäten: sie sind in Deutschland zu einem Theil städtische, zum größeren Theil landesherrliche Gründungen. Im mittleren und niederen Unterricht machen nur die Städte der Kirche Konkurrenz, insofern seit dem 13., namentlich jedoch erst dem 14. Jahrhundert Stadtschulen in steigender Zahl aufkommen.[2]) Doch sind die mittleren und niederen Schulen auch im späteren Mittelalter noch überwiegend kirchliche Anstalten. Den Landesherren liegt die Sorge für diesen Unterricht fern.[3])

Die Errichtung der Stadtschulen rief den Schulstreit des Mittelalters hervor, weil sie sich überall unter dem Einspruche der geistlichen Herren vollzog, welche bis dahin an den betreffenden Orten Stifts= oder Klosterschulen unterhalten hatten. Die Ursachen[4])

---

[1]) Es mag an die Stadt Braunschweig erinnert werden. Hätte sie nicht am Ende des 15. Jahrhunderts ihrer Landesherrschaft erfolgreichen Widerstand geleistet, so wäre sie schwerlich später zum Stützpunkt für die Schmalkaldener geworden. So sehen wir, wie die politische Selbständigkeit der Städte, die im Mittelalter die friedliche Arbeit der Bürger gewährleistet, auch noch im 16. Jahrhundert Früchte zeitigt.

[2]) C. A. Schmid, Gesch. der Erziehung 2¹, 309 ff. 327 ff. Kämmel, Gesch. d. deutschen Schulwesens im Übergange vom Mittelalter zur Neuzeit S. 56 ff. Gierke 2, 741. G. L. v. Maurer 3, 61 ff. Kluckhohn, Abhandlungen der baier. Akad., Histor. Klasse, 12³, 173 f. Reinhold, Verfassungsgesch. von Wesel S. 100. W. Stein in der Mevissen=Festschrift S. 32 f. 44. 49. Öfters sind die Stadtschulmeister zugleich Stadtschreiber. Vgl. Stein, a. a. O.; Burdach, Vom Mittelalter zur Reformation 1, 33. Im Budget der Stadt Köln vom Jahre 1379 figurirt das Bildungs= und Schulwesen nicht. Knipping, Jahreshaushalt von 1379 S. 151.

[3]) Nur insofern kann man von einer Theilnahme auch ihrerseits sprechen, als sie manchmal die Städte im Kampf um die Schule gegen die Geistlichkeit unterstützt haben. Vgl. K. A. Schmidt a. a. O. S. 329.

[4]) Vgl. darüber Koldewey, Gesch. des Schulwesens im Herzogthum Braunschweig (Wolfenbüttel 1891) S. 20 ff.

dieses Streites darf man jedoch nicht zu tief suchen: er entspringt aus wesentlich äußeren Rücksichten und Interessen. An einen prinzipiellen Gegensatz ist schon deshalb nicht zu denken, weil oft Päpste, Bischöfe und Domscholaster den Städten zum Siege verholfen haben. Dennoch ist es von folgenreicher Bedeutung, daß jetzt nicht mehr bloß die Kirche, sondern neben ihr noch eine andere Macht für den Unterricht sorgt.

Seit dem Reformationszeitalter folgen die Landesherren dem städtischen Beispiel: hauptsächlich unter dem Einfluß der kirchlichen Reformation[1]) gründen jetzt auch sie Schulen, und zwar Schulen nicht bloß für den höheren, sondern auch den mittleren Unterricht. Sie erlassen ferner allgemeine Schulordnungen.[2]) Freilich haben sie damit das städtische Schulwesen keineswegs beseitigt, wie auch die Kirche (katholische wie protestantische) seit der Reformation dem Unterricht noch ihre Pflege widmete. Die Städte entwickeln im 16. Jahrhundert vielleicht sogar mehr Eifer in dieser Beziehung als im Mittelalter. Jener Schulstreit wird fortgesetzt[3]) und erhält jetzt, im Zusammenhang mit den in der kirchlichen Reformation hervortretenden Bestrebungen, einen tieferen Hintergrund. In Bezug auf Gründung von Universitäten übertreffen die Landesherren die Städte jetzt noch mehr als im Mittelalter. In die Pflege des mittleren Unterrichts theilen sich beide etwa gleichmäßig. Von den berühmten Pädagogen des 16. Jahrhunderts z. B., die man „die vier großen protestantischen Rektoren des 16. Jahrhunderts"[4]) zu nennen pflegt, sind zwei an städtischen Schulen thätig gewesen — Joh. Sturm in Straßburg und Hieronymus Wolf in Augsburg —, zwei an landesherrlichen —

---

[1]) Über die ungünstige Wirkung der Gegenreformation auf das Schulwesen vgl. andrerseits Kluckhohn a a. O. S. 174.

[2]) Vgl. Möller, Lehrbuch der Kirchengeschichte 3 (herausg. von Kawerau), 391 f. Die älteste baierische Schulordnung stammt aus dem Jahre 1548 (von Herzog Wilhelm IV.). Kluckhohn S 175.

[3]) Vgl. z. B. G. v. Below, Landtagsakten 1, 147. 210. Über die Verdienste der Städte um das Schulwesen seit der Reformation vgl. u. A. Barthold, Gesch. der deutschen Städte 4, 414, Koldewey S. 30 ff. und die vorhin angeführten allgemeinen Werke.

[4]) Schmid a. a. O. 2³, 276 ff.

Valentin Trotzendorf in Goldberg und Michael Neander in Ilfeld. Die Sorge für den niederen Unterricht blieb, von sehr vereinzelten Anfängen landesherrlicher Thätigkeit[1]) abgesehen, den Gemeinden und der Kirche überlassen.[2]) Der Staat nahm sich der Sache allgemein erst wesentlich später an.

Die Erwähnung Ilfeld's erinnert uns an den Streit über die Verwendung des Kirchengutes, der das Schulwesen so wesentlich mit betraf. Es ist ja im 16. Jahrhundert viel Kirchengut einfach in landesherrlichen Domänenbesitz verwandelt oder — in den Städten — zum städtischen Kämmereivermögen eingezogen oder vom Landesadel okkupirt worden. Aber dennoch darf man wohl sagen, daß seit der Reformation und Säkularisation das Kirchengut zweckmäßiger, namentlich auch mehr für Schulen und Armen- und Krankenpflege verwandt worden ist als vorher. Denn früher diente das Kirchengut in zu großem Umfange dem Unterhalt von Personen, die weder der Schule noch auch der Kirche erheblichen Nutzen schafften. Der Vortheil sodann, den der Landesadel vom Kirchengut hatte, ist im Mittelalter gewiß größer gewesen als später.

Die vorstehende Darstellung zeigt, daß die Städte den Landesherren im Schulwesen vorausgegangen sind. Zum Theil aber hat ihre Arbeit auch den Fürsten direkt als Muster gedient. Als Beispiel diene Braunschweig.[3]) Die erste territoriale Schulordnung für Braunschweig-Wolfenbüttel ist die Kirchenordnung, welche der schmalkaldische Bund, als er das Fürstenthum Wolfenbüttel im Jahre 1542 besetzt hatte, 1543 einführte. Dies Kirchen- und Schulgesetz geht im wesentlichen auf die Kirchenordnung zurück, welche Bugenhagen für die Stadt Braunschweig verfaßt hatte. Die Ordnung von 1543 verlor dann seit der Niederlage der Schmalkaldener ihre Bedeutung. Die nächste Kirchen- und Schulordnung ist von 1569. Sie geht im wesentlichen auf die württembergische Kirchenordnung von 1559 zurück, welche zugleich

---

[1]) Vgl. Möller a. a. O. S. 392.
[2]) G. Hanssen, Amt Bordesholm (Kiel 1842) S. 275.
[3]) Koldewey S. 58 ff.

die Grundlage für die Lüneburger Ordnung von 1564 ist. Dies
Beispiel zeigt zugleich, wie noch die städtischen Ordnungen des
16. Jahrhunderts als Muster dienen konnten, und ferner, wie
doch schließlich das städtische Vorbild verlassen wurde (indem
man sich an eine landesherrliche Ordnung selbständigen Ursprungs,
die Württemberger, anlehnte).

12. Die Armenpflege. Die Geschichte der Armenpflege
verläuft vollkommen parallel der des Schulwesens. Von Haus
aus ruht sie ebenso wie die Schule in der Hand der Kirche (resp.
in der von Genossenschaften wie Zünften und Brüderschaften).
In der zweiten Hälfte des Mittelalters tritt neben die kirchliche
die städtische Armenpflege.[1]) Die Fürsorge der Städte für das
Armenwesen äußert sich namentlich in folgenden Punkten. Der
Stadtrath nimmt in immer weiterem Umfang einen Antheil an
der Spitalverwaltung für sich in Anspruch.[2]) Neben dem kirchlichen Armenvermögen sammelt sich jetzt ein städtisches an. Es
werden Bettelordnungen von Stadt wegen erlassen. Vereinzelt
kommen auch schon von der Stadt angestellte Armenpfleger vor.[3])
    Mit der Reformation ändern sich die allgemeinen Anschauungen
über das Armenwesen.[4]) Sie beseitigt insbesondere die Ansicht

---

[1]) G. L. v. Maurer, Städteverfassung 3, 41 ff. Reinhold, Verfassungsgesch. von Wesel S. 99. V. v. Woikowsky-Biedau, Das Armenwesen des
mittelalterlichen Köln (Breslauer Diss. von 1891). Vgl. dazu Keussen in der
Deutschen Literaturztg. 1892 Sp. 601 f. Knipping, Jahreshaushalt S. 151.
Die beste Übersicht gibt Uhlhorn in seinem ausgezeichneten Buche: Die christliche Liebesthätigkeit 2, 431 ff. (s. auch Handwörterbuch der Staatswissenschaften 1, 824 ff.). S. 449 f. spricht er über die Armenpflege in den mittelalterlichen Landgemeinden und den Zusammenhang der städtischen mit dieser,
S. 396 ff. über die genossenschaftliche Armenpflege.

[2]) Vgl. G. Ratzinger, Gesch. der kirchlichen Armenpflege (Freiburg i. B.
1868) S. 280: „Die Bürgergemeinden behielten sich regelmäßig die Administra-
tion der Temporalien eines Hospitals vor und fügten zur frommen Gesinnung,
welche solche Gesinnungen in's Leben rief, noch die Kunst einer umsichtigen
Verwaltung und die Sorgfalt eines guten Haushalts hinzu."

[3]) Uhlhorn S. 458. In England, das ja in der staatlichen Entwicklung
Deutschland voraus war, gibt es aus dem Mittelalter auch schon staatliche
Bettelordnungen. Uhlhorn 3, 498.

[4]) Vgl. Uhlhorn 3, 13. 16.

von der Verdienstlichkeit des Bettlerthums. Sie wandelt ferner
den äußeren Charakter der Armenpflege um: die mittelalterliche
Armenpflege ist anstaltlicher Natur; die protestantische ist Gemeindearmenpflege. Dieser Änderung hatten schon die Städte vor-
gearbeitet.

Die Gemeinden, welche jetzt die Armenpflege übernehmen,
stehen freilich keineswegs im Gegensatz zur Kirche. Sie sind,
wenigstens in den lutherischen Landschaften, vielmehr bürgerliche
und kirchliche Gemeinden zugleich; und so auch in manchen
reformirten Gegenden. Andere reformirte Gemeinden, namentlich
solche in Territorien, deren Herrschaft einem anderen Glaubensbekenntnis anhing (z. B. am Niederrhein), sind sogar rein kirchliche Körper. Der religiös-sittliche Ernst der reformirten Kirche
hat hier eine großartige kirchliche Armenpflege hervorgebracht.[1]
Gemeindearmenpflege ist jedoch auch diese, im Gegensatz zum
mittelalterlichen System.

Seit der Reformation widmen sich nun weiter, zum großen
Theil infolge der reformatorischen Bewegung[2]), auch die Landesherren der Armenpflege.[3] Sie erlassen Armenordnungen für ihr
Territorium und errichten Landeshospitäler.[4] Die örtliche Armenpflege im einzelnen bleibt freilich den Gemeinden. Eben wegen
des letzteren Umstandes konnten die Landesherren sich umsomehr
an städtische Einrichtungen anschließen.[5]

---

[1]) Ed. Simons, Die älteste evangelische Gemeindearmenpflege am
Niederrhein (Bonn 1894).

[2]) Schon allein deshalb, weil die Reformation Luther's den Landesherren größeren Einfluß auf die Kirche, die sich doch bisher vorzugsweise der
Armen angenommen hatte, verschaffte. Daneben kommen die allgemeinen
Fortschritte der staatlichen Gewalt in Betracht, die auch in katholischen Territorien die Obrigkeit die Aufsicht über die Spitäler beanspruchen ließen. Vgl.
darüber Uhlhorn 3, 177 f.

[3]) Roscher, System der Armenpflege und Armenpolitik (Stuttgart 1894)
S. 84 ff. 101. Uhlhorn 3, 77. 83 f. Ritter, Deutsche Geschichte 1, 48.
G. v. Below, Landtagsakten 1, 693 (vgl. auch S. 704).

[4]) Vgl. über die in Hessen aus den Klostergütern dotirten vier Landeshospitäler Uhlhorn 3, 127.

[5]) Uhlhorn weist mehrmals auf die Nachahmung städtischer Einrichtungen
hin. Vgl. z. B. S. 52 und 96. Für die städtische Armenpflege selbst haben

Wie aus dem Gesagten bereits hervorgeht, sind die Landesherren auf dem Gebiet der Armenpflege keineswegs etwa mit dem
Beginn der Neuzeit ganz an die Stelle der Städte getreten. Die
deutschen Städte haben hier vielmehr bis in die neueste Zeit und
gerade in dieser eine höchst bedeutungsvolle selbständige Thätigkeit
entwickelt.[1] Das System der Armenpflege, das eine deutsche Stadt
des 19. Jahrhunderts hervorgebracht hat, das Elberfelder[2] System,
wird heute von der nationalökonomischen Wissenschaft sogar als
Muster der Armenpflege bezeichnet und hat nicht nur in vielen
deutschen Städten, sondern auch über Deutschlands Grenzen
hinaus Aufnahme gefunden. Die Fürsorge des Staates für die
Armen schließt die Thätigkeit der Gemeinden nicht aus, wie
ebenso seit der Trennung der bürgerlichen und kirchlichen Gemeinden und der Ausbildung einer rein bürgerlichen Armenpflege
die rein kirchliche noch immer ihre Berechtigung behält.[3]

In den vorstehenden Ausführungen haben wir zwischen
direkter Nachahmung und einfacher typischer Entwicklung unterschieden. Auch die Errungenschaften der Städte, welche nicht
unmittelbare Nachahmung in den Territorien gefunden haben,
sind nicht vergeblich gewesen. Die indirekte Wirkung, die eine
Einrichtung ausübt, ist oft nicht weniger bedeutsam als die direkte.

----

mitunter andere, ältere städtische Einrichtungen als Muster gedient. Uhlhorn
S. 89: „Man schuf in dem Kollegium der Kastenherren einen ganz ähnlichen
Verwaltungskörper, wie man deren für städtische Angelegenheiten besaß.“
S. 90: „Hatte man doch ... das warnende Beispiel so vieler durch unordent-
liche Wirthschaft heruntergekommenen Klöster und Spitäler und andrerseits
das gute Vorbild der sorgsamen städtischen Finanzverwaltung und ihres schon
sehr ausgebildeten Rechnungswesens vor Augen.“

[1] Über die Verdienste der Städte um die Armenpflege seit der Reformation vgl. z. B. Barthold 4, 337; Jahrbuch f. Gesetzgebung 1884 S. 286 ff.
und 1895 S. 674. Für Luther's Stellung zur Armenpflege ist die Kasten-
ordnung von Leisnig eine der wichtigsten Quellen. Über die ihrer Einführung entgegengesetzten Schwierigkeiten f. Luther's Werke 12, 6. Vgl. auch
die Literaturangaben ebenda S. 8 f.

[2] Uhlhorn 3, 453 ff. Handwörterbuch der Staatswissenschaften 3, 227 ff.

[3] Vgl. Simons S. 148 ff.

Das werthvolle Erbtheil, das die Städte auf dem Gebiete der Verwaltung hinterlassen haben, ist aber keineswegs ihr einziges Verdienst. Wir haben nur einen Ausschnitt aus ihrer Thätigkeit geschildert.

Jene Fortschritte haben sie unter dem Schutze ihrer politischen Selbständigkeit errungen. Sie war die Voraussetzung für ihre gedeihliche Thätigkeit im Innern. Wir wenden deshalb in den Kämpfen, die sie im Mittelalter für ihre Unabhängigkeit zu bestehen hatten, unsere Sympathien meistens ihnen zu, wenngleich das formelle Recht oft genug auf der Seite ihrer Gegner war. Der Wandel der Zeiten ergab dann die Nothwendigkeit der Unterordnung unter die Territorialgewalten. Fortan liegt das Wohl der Städte in dem Zusammenhang mit dem Territorium; sie können nicht mehr losgelöst von dem Territorium ihre Interessen verfolgen. Die Städte, welche sich jener Unterordnung erwehren, die das Mittelalter überdauernden Reichsstädte, bleiben nun hinter den Landstädten zurück.[1])

Nachschrift. Während des Druckes der vorstehenden Abhandlung ist erschienen: W. Varges, Die Wohlfahrtspflege in den deutschen Städten des Mittelalters, Preußische Jahrbücher, 81, 250—318. Varges gibt eine sehr inhaltreiche Schilderung der Thätigkeit der Städte auf diesem Gebiet und ergänzt insofern die obige Darstellung. Auch weist er kurz (S. 251) auf die vorbildliche Stellung der Städte gegenüber den Territorien hin. Ferner hebt er den von mir nur gestreiften (s. vorhin S. 449 Anm. 1) Zusammenhang zwischen städtischer und ländlicher Gemeindeverwaltung stärker hervor (S. 251 ff.). Die ungenauen Angaben auf S. 251 über Ordnungen von Jülich, Köln und Aachen gehen wohl auf die oben auch von mir erwähnten Nachrichten über die jülicher Landtagsverhandlungen von 1547 (s. meine Landtagsakten 1, 587) zurück.   G. v. B.

---

[1]) Über die isolirte Lage der Reichsstädte seit dem 16. Jahrhundert und deren ungünstige Folgen vgl. Ritter, Deutsche Geschichte 1, 53 f.

Zur Geschichte der Begründung der schwedisch-norwegischen Union.

Von

Dietrich Schäfer.

— —

In der reichen Literatur über die Begründung der schwedisch-
norwegischen Union, welche der Zwist zwischen den beiden Staaten
hervorgerufen hat, ist die neueste darstellende Publikation eine
Schrift von Nils Edén. Betitelt Kiel-Freden och Unionen
(Upsala 1894. 143 S. 8°), ist sie jetzt auch in deutscher Übersetzung erschienen: Die schwedisch-norwegische Union und der
Kieler Friede. Eine historisch-staatsrechtliche Untersuchung von
Nils Edén. Autorisirte deutsche Ausgabe. Mit einer Vor-
bemerkung von Fritz Arnheim. (Leipzig, Duncker & Humblot.
1895. 155 S. 8°.) Die Thatsache, daß sie als erste selbständig
erscheinende Schrift über diese Frage dem deutschen Publikum
vorgelegt wird, rechtfertigt wohl ein besonderes Eingehen auf
sie. Leider führt ein solches zu dem Resultate, daß Edén's
Arbeit nicht geeignet ist, in irgend einem wesentlichen Punkte
die Kenntnis oder Beurtheilung der einschlägigen Hergänge zu
fördern, wohl aber die Verwirrung und Erbitterung in den
Tageskämpfen zu steigern.

Der Verfasser will, besonders in Anlaß der Publikationen
Aubert's und Nielsen's[1]), die Frage beantworten: „Ist der Kieler

---

[1]) L. M. B. Aubert, Kielertraktatens Opgivelse som Unionens
retslige Grundlag. Christiania 1894. 55 S. 8°. — Y. Nielsen, 1814.
Fra Kiel til Moss Christiania 1894. 87 S 8°.

Friede als staatsrechtliche Grundlage der Union preisgegeben worden?" Es gelingt ihm der Nachweis, daß Schweden niemals auf den Kieler Frieden und die Ansprüche, die ihm dieser an Norwegen gab, verzichtet, sie nie ausdrücklich preisgegeben hat, daß einzelne Äußerungen, die in diesem Sinne gedeutet worden sind, als Beleg für eine solche Annahme nicht dienen können. Auch hat er in einigen, übrigens kaum ernstlich umstrittenen Neben= fragen Recht; aber in der eigentlichen Hauptfrage, ob die gegen= wärtig bestehende Union ihre staatsrechtliche Grundlage im Kieler Frieden oder in den folgenden, zwischen Norwegen und Schweden 1814 sich abspielenden Hergängen hat, sind seine Darlegungen unhaltbar, zum Theil sich selbst widersprechend. Obgleich Schweden niemals ausdrücklich auf den Kieler Frieden verzichtet hat, so kann doch kein Zweifel darüber sein, daß es denselben als staatsrecht= liche Grundlage für die Union thatsächlich längst aufgab.

In genanntem Frieden (14. Januar 1814) trat Dänemark Norwegen an Schweden ab, natürlich, wie Verfasser mit Recht gegenüber anderen Auslassungen es auffaßt, an die Krone Schweden, nicht bloß an den damaligen König. Die Norweger haben sich dieser ihrer Abtretung nicht gefügt; sie haben nicht nur die Unter= werfung unter die schwedische Krone, sondern auch den Anschluß an Schweden überhaupt verweigert. Es beliebt dem Verfasser, das völkerrechtlich als Aufruhr zu bezeichnen. Zugegeben, daß diese Bezeichnung berechtigt ist, so waren die Norweger jedenfalls Aufrührer von der Art, wie 1809 die Tiroler, wie die Spanier gegen Joseph und Napoleon, wie die Amerikaner gegen England, die Griechen gegen die Türken, wie 1830 die Belgier gegen den König der Niederlande, die Polen gegen die Russen und — last not least — wie Gustav Wasa selbst und so manche Andere, Aufrührer, die man als glorreiche Helden und Befreier preist, wenn sie Er= folg haben, als Märtyrer verehrt, wenn sie unterliegen. Und noch mehr! Ist denn Norwegen dereinst nicht auch ein selbständiges skandinavisches Reich gewesen neben Schweden und Dänemark? Und ist dem Verfasser bei seinen völkerrechtlichen Konstruktionen nie die Erinnerung gekommen, wie diese Selbständigkeit ver= loren gegangen ist? Etwa anders als durch einen puren Gewalt=

alt, ohne jede rechtliche Grundlage? Und was die Norweger
1536 über sich ergehen ließen und ergehen lassen mußten, weil es
zwar keinerlei völfer- oder staatsrechtliche, wohl aber, bei der damaligen Schwäche und Ohnmacht des norwegischen Volkes, eine
genügende politische Grundlage hatte, weil es der Ausdruck der
bestehenden Machtverhältnisse war, das sollten sie verpflichtet sein,
für alle Zeiten zu ertragen? Sie sollten keinerlei Recht haben,
zu gelegener Stunde, gestützt auf eine in fast ununterbrochen
aufsteigender Entwicklung wieder erstarkte Volkskraft, die alt-
besessene politische Selbständigkeit wieder zu beanspruchen? Was
ist das für eine völferrechtliche Gelehrsamkeit, die von einem derartigen Rechte nichts weiß?

Aber gleichwohl, darüber kann ja gar kein Zweifel sein, daß
der König von Schweden das Recht besaß, den Kieler Frieden
mit den Waffen in der Hand zur Durchführung zu bringen, die
Norweger unter seine Herrschaft zu zwingen. Wenn sie ihrerseits politische Selbständigkeit beanspruchten, so hing der Erfolg
davon ab, ob sie Manns genug waren, solche Selbständigkeit zu
erringen und zu behaupten. Die Sachlage war eben die, daß sich
hier von vornherein Bestrebungen gegenüberstanden, von denen
keine sich eines besseren Rechts als die andere rühmen konnte.
Die Norweger waren eine unleugbar bestehende, wenn auch ohne
politische Selbständigkeit bestehende Nation; sie hatten zwar kein
völfer- oder staatsrechtlich stipulirtes, wohl aber ein zweifelloses
sittliches Recht, in einem Augenblicke, wo sie als corpus vile
aus ·der Hand einer Macht in die einer andern gegeben werden
sollten, die ihnen dereinst rechtlos entfremdete politische Selbständigkeit wieder zu beanspruchen. Schweden andrerseits war
auch in seinem Rechte, wenn es auf Grund des Kieler Friedens
Unterwerfung forderte. Diese Sachlage ist es, die Verfasser mit
seiner doktrinären Aufruhrstheorie völlig übersieht.

Die weitere Entwicklung ist denn auch nur ein Ausgleich
zwischen diesen beiden Standpunkten gewesen und zwar ein Ausgleich, der ganz überwiegend in norwegischem Sinne ausgefallen
ist. Schon der Kieler Friede lockerte die Bande der Abhängigkeit,
in der Norwegen bislang gestanden hatte. Er bestimmte, daß

„Norwegen ein mit Schweden vereinigtes Königreich" bilden solle. Die Auslegung, die Verfasser dieser Bestimmung gibt, soll nicht angefochten werden (ein Streit darüber wäre müßig, da die Bestimmung durch die folgenden Ereignisse jede Bedeutung verloren hat), aber es ist doch nicht gleichgültig, daß in ihr ein Fortschritt gegenüber der Stellung liegt, die Norwegen in seiner Verbindung mit Dänemark eingenommen hatte. Denn in dieser sollte es nach der Handfeste von 1536 sein „eine Provinz von Dänemark wie Jütland, Fünen, Seeland, Schonen, so daß es fortan kein eigenes Königreich mehr heiße". Und wie hier ein gewisses Entgegenkommen gegen norwegische Selbständigkeitsansprüche erkennbar wird[1]), so in der Haltung des schwedischen Königs selbst. Ganz entsprechend der milden Regierungsweise, die Schweden in den von ihm gewonnenen und zeitweise beherrschten fremden Provinzen im allgemeinen geübt hat, hat Karl XIII. seinen neugewonnenen norwegischen Unterthanen ganz aus freien Stücken, ohne irgend welche Zwangslage, die gleichen politischen Rechte zugestehen wollen wie seinen Schweden. In seiner Proklamation vom 8. Februar verspricht er Berathung mit angesehenen norwegischen Männern „behufs Ausarbeitung von Vorschlägen für eine Konstitution, in welcher das Repräsentations= und Selbstbesteuerungsrecht des Volkes die grundlegenden Principien werden sollten". Derartige Rechte hatte weder das norwegische noch das dänische Volk besessen.

Die Norweger sind aber mit diesen Zugeständnissen nicht zufrieden und durch dieses Entgegenkommen nicht zu gewinnen gewesen. Abgesehen von ihrem Streben nach Selbständigkeit haben sie sich dabei auch durch ihre in jahrhundertelangen Kämpfen und Reibereien entwickelte Abneigung gegen Schweden leiten lassen. Dazu kam ein Einzelmoment. Der Vetter des Königs, Christian Friedrich, der spätere dänische König Christian VIII., war seit Mai 1813 als Statthalter im Lande und hat sich — ~~aus~~ welchen

---

[1]) Daß die Bestimmung einem solchen Entgegenkommen ihren Ursprung verdankt, erhellt besonders aus dem Umstande, daß sie eine Korrektur der Fassung des ersten Entwurfs ist, in dem es nur heißt, daß Norwegen zum Königreich Schweden gehören und ihm inkorporirt werden solle.

Motiven, kann zunächst gleichgültig sein — an die Spitze der norwegischen Erhebung gestellt, hat ihr Führung und Mittelpunkt gegeben. Eine Nationalversammlung trat im April in Eidsvold zusammen, arbeitete ein Reichsgrundgesetz aus und wählte an demselben Tage, wo dieses angenommen wurde, Christian Friedrich zu Norwegens König. Einem solchen Vorgehen gegenüber konnte Schweden, wenn es sein Recht nicht ganz aufgeben wollte, nur noch an die Waffen appelliren.

Hier erlangt nun das Machtverhältnis der beiden Völker eine Bedeutung. Wäre die Überlegenheit Schwedens eine einiger- maßen erdrückende gewesen, so hätte es die norwegische Selb- ständigkeitsbewegung in ihren ersten Anfängen ersticken können. Aber das war doch entfernt nicht der Fall. Der beste Theil von Schwedens Streitkräften stand im Heere der Verbündeten gegen Napoleon und wurde erst frei durch dessen Sturz. Was im Reiche zurückgeblieben war, reichte nicht hin, auch nur einen Versuch zu machen. Erst als Karl Johann (Bernadotte) mit seiner Armee zurückgekehrt und weitere Rüstungen vollendet waren, fühlte man sich stark genug (Ende Juli). In einem ziemlich unblutig verlaufenden Feldzuge drang man ungefähr 50 km weit in Feindes- land ein. Aber schon am 14. August machte die Konvention von Moß allen kriegerischen Maßregeln ein Ende.

Es ist neuerdings zweimal, und zwar beidemal von schwedischer Seite, die Frage untersucht worden, ob Schweden militärisch im Stande gewesen wäre, den Widerstand der Norweger völlig zu brechen, es zu willenloser Unterwerfung zu bringen. Mankell möchte diese Frage verneinen, Björlin, gewiß der weit gründlichere und besser unterrichtete Forscher, sie bejahen.[1] Zweifellos waren die Schweden den Norwegern militärisch wesent- lich überlegen. Referent möchte sich auch der Meinung Björlin's anschließen. Aber für die Frage nach der Begründung der Union,

---

[1] J. Mankell, Fälttåget i Norge år 1814. Stockholm 1887. Vgl. Hist. Ztschr. 69, 157. 162 S. 8°. — Björlin's Buch ist auch deutsch er- schienen: Der Krieg in Norwegen 1814. Nach amtlichen Quellen und Auf- zeichnungen dargestellt von Gustaf Björlin. Stuttgart-Stockholm 1895. 854 S. 8°.

nach ihrer staatsrechtlichen Unterlage kommt nicht in Betracht, was hätte geschehen können, sondern was geschehen ist. Oder möchte jemand eine Pflicht der Dankbarkeit für die Norweger daraus herleiten, daß ihnen 1814 nicht so viel Kriegsleid zugefügt worden ist, als möglich gewesen wäre? Niemand wird sie überzeugen, daß Schweden nicht auch sich zu Gefallen den Krieg eingestellt habe. Zudem ist Dankbarkeit dieser Art etwas dem Völkerleben überhaupt Fremdes. Für den nüchtern und sachlich Urtheilenden ist nur das Faktum belangreich, daß Schweden die friedliche Verständigung der Fortsetzung des Krieges bis zu völliger militärischer Entscheidung vorgezogen hat.

Edén vertritt nun die Meinung, daß Schweden durch die Konvention von Moß den Kieler Frieden nicht preisgegeben habe. Durchschlagend ist für ihn, daß in der Konvention nichts derartiges geschrieben steht. Ihre Bestimmungen sind von der ersten bis zur letzten fast ebenso viele Durchbrechungen des Kieler Friedens; aber das ist dem Verfasser nebensächlich; einen Verzicht auf den Kieler Frieden enthält die Konvention nicht, ergo gründet sich Schwedens Recht und die ganze Union noch heute auf den Kieler Frieden. Ich muß gestehen, daß mir das als ein starkes Stück von Formalismus, selbst für einen Juristen, erscheint.

Die Konvention von Moß wird geschlossen zwischen dem schwedischen Kronprinzen als Vertreter seines Königs und der „norwegischen Regierung". Schon dieses Verhandeln und Vereinbaren mit einer „ungesetzlichen" Regierung, wie die derzeitige norwegische vom Standpunkt des Kieler Friedens aus nach des Verfassers Ansicht war, ist ein Preisgeben eben dieses Friedens. Gleichviel aus welchen Gründen, aber Schweden verzichtet damit auf die Durchführung dieses Friedens allein von sich aus, zu der es doch ein unbestreitbares „Recht" besaß. Weiter wird dem Prinzen Friedrich Christian auferlegt, die Stände des norwegischen Reichs in der durch die Eidsvolder Konstitution vorgeschriebenen Weise zu berufen, und der König von Schweden verpflichtet sich, nicht nur mit dem so zu Stande gekommenen norwegischen Reichstage durch einen oder mehrere Kommissare zu verhandeln, sondern auch die von den Deputirten des Eidsvolder Reichstages verfaßte

Konstitution anzunehmen und keine anderen Abänderungen derselben vorzuschlagen, als für die Vereinigung beider Reiche nothwendig sind, solche Abänderungen aber nur im Einverständnis
mit dem Reichstage vorzunehmen. Wo bleibt da der Kieler Friede?
Der König von Schweden stellt sich ja fast vollständig auf den
Standpunkt des „aufrührerischen“ norwegischen Volks, erkennt
rundweg die vornehmste Frucht dieses „Aufruhrs“, die selbstgegebene Verfassung an. Selbstverständlich, wenn diesen Ver-
einbarungen eine dauernde Verständigung nicht folgte, so blieb
es dem Könige von Schweden unbenommen, auf den Kieler
Frieden zurückzugreifen; schon deshalb konnte er nicht ausdrücklich verzichten. Aber dieser Fall ist ja nicht eingetreten. Es ist
ja eine Verständigung erfolgt. Und diese Verständigung, bei der
es ausdrücklich ausgesprochen wird, daß Norwegen ein freies
und selbständiges, aber mit Schweden unter einem Könige vereinigtes Reich sein soll, die bildet zusammen mit den vorauf-
gehenden staatsrechtlichen Akten, der Aufrichtung einer Reichsverfassung am 17. Mai und der Moß-Konvention vom 14. August,
die Grundlage der gegenwärtig bestehenden schwedisch-norwegischen
Union, nicht aber der Kieler Friede. Norwegen gegenüber hat
der Kieler Friede für Schweden nicht mehr Bedeutung, als für
den König der Niederlande gegenüber Belgien die Bestimmungen
des Wiener Kongresses. Gegen Dänemark und jede dritte Macht
ist allerdings dieser Friede noch heute ein Rechtstitel für Schwedens
Ansprüche an Norwegen, aber ein Rechtstitel, der im Grunde
genommen auch entbehrlich gemacht worden ist durch die zwischen
Schweden und Norwegen aufgerichtete Union. Besteht diese, so
ist sie eine völlig genügende rechtliche Grundlage, um Ansprüche
jeder dritten Macht zurückzuweisen.

Der Verfasser widmet lange Ausführungen den Einzelheiten
der Verhandlungen und dem Bemühen, seine Auffassung durch
die Haltung der Großmächte zu stützen. Er hat da in dieser
und jener Nebenfrage gegenüber norwegischen Auslassungen nicht
immer Unrecht, aber in der Hauptsache kämpft er gegen Wind-
mühlen, weil er die Thatsachen gegenüber Worten und Formen
glaubt völlig übersehen zu können. Charakteristisch für seine

Auffassung und Beweisführung ist, daß es ihm nicht genug ist, daß in der Konvention von Moß, wie wir gesehen haben, der König von Schweden auf die von den Norwegern selbstgegebene Verfassung verpflichtet wird, sondern daß er fordert, es hätte die Anerkennung dieser Verfassung in einem besonderen Paragraphen „ordentlich stipulirt und unverblümt wie um ihrer selbstwillen ausgesprochen" werden müssen! Betreffend die Haltung der Großmächte, über die wir ein recht umfangreiches Material den Forschungen Yngvar Nielsen's verdanken, vertritt der Verfasser die Ansicht, daß sie sich durchaus auf den schwedischen Standpunkt gestellt hätten. Formell betrachtet, läßt sich das allenfalls sagen. Die Mächte konnten den unter ihrer Mitwirkung zu Stande gekommenen Kieler Frieden nicht verleugnen, sie waren sogar verpflichtet, ihn durchführen zu helfen, und dem entsprechend haben ihre Kommissäre, die eintrafen, als sich Schwierigkeiten erhoben, das Vorgehen der Norweger ausdrücklich als „ungesetzlich" bezeichnet. Aber ihr thatsächliches Eingreifen geht in einer ganz andern Richtung. Sie sind bemüht, die Vereinigung ohne Blutvergießen zu Stande zu bringen, und um das zu ermöglichen, wirken sie auf Schweden ein im Sinne des Entgegenkommens gegen die Forderungen der Norweger. Dieser ihrer Haltung ist es nicht zuletzt zuzuschreiben, daß Schweden thatsächlich entgegenkommt. Von zweifelloser Bedeutung ist hier wieder der Umstand, daß es ein dänischer Prinz ist, der an der Spitze des norwegischen „Aufruhrs" steht. Wie man immer über Christian Friedrich urtheilen und wie viel Hohles und Phrasenhaftes in seinem Auftreten finden mag, die Norweger sind ihm zu großem Dank verpflichtet, weil seine Vertretung ihrer Sache diese, man möchte sagen, hoffähig gemacht, die Haltung der Großmächte nicht unwesentlich beeinflußt hat. Man kann über die Berechtigung einzelner Ausdrücke in Yngvar Nielsen's Darlegung dieser Dinge streiten, in der sachlichen Auslegung behält er in allen Hauptmomenten Recht gegenüber Edén.

Und das Gleiche ist der Fall in der Beurtheilung der Schritte der schwedischen Regierung. Drei Motive sind für diese besonders maßgebend gewesen: einmal die Thatsache, daß eine

völlige gewaltsame Niederwerfung der Norweger denn doch auch
Schweden menschlichem Ermessen nach viel Blut und Geld ge-
koftet haben würde; dann Zweifel, ob auf diesem Wege ein
dauernder und ruhiger Anschluß Norwegens an Schweden zu
sichern sei, Zweifel, die in der Art und Denkweise der leitenden
Persönlichkeiten eine Stütze fanden; drittens die Haltung der
Großmächte, die einem friedlichen Ausgleich entschieden das Wort
redeten. Auf die sich eröffnende Möglichkeit, ohne weiteren Krieg
in den Besitz Norwegens zu gelangen, ist Karl Johann alsbald
eingegangen. Diese Möglichkeit eröffnete sich in dem Augenblicke,
wo Christian Friedrich sich nicht mehr entschieden sträubte, seinen
Ansprüchen auf Norwegen endgültig und ohne Vorbehalt zu
entsagen. Es lag eben so, daß Christian Friedrich das schwierigste,
ja das einzige nennenswerthe Hindernis zwischen dem norwegischen
Volke und dem schwedischen Könige geworden war. Es ist nun
selbstverständlich, daß Schweden, indem es die Konvention von
Moß einging und die Entfernung Christian Friedrich's aus seiner
bisherigen Stellung mit der thatsächlichen Anerkennung der Eidsvolder Verfassung erkaufte, doch bemüht war, möglichst wenig
von seiner bisherigen Auffassung preiszugeben. Und diesem Bestreben entspringen die Bestimmungen der Konvention über die
Form des Zurücktretens Christian Friedrich's von der geübten
Gewalt, ihrer Übertragung auf Andere, über die Führung der
Geschäfte bis zur Versammlung des Reichstags durch den Staatsrath „auf hohen Befehl", eine Klausel, welche die Streitfrage,
ob im Namen des schwedischen Königs regiert werde oder nicht,
unentschieden ließ. Das sind „mezzi termini", unter denen die
gegenüberstehenden Auffassungen gewahrt blieben, Auffassungen,
die gewahrt bleiben mußten, wenn man zu einer Verständigung
kommen wollte, da keine der andern zu weichen bereit war. In
den weiteren Verhandlungen, die mit der Wahl Karl's XIII. zu
Norwegens König (4. Nov. 1814) ihren Abschluß fanden, geriethen
aber Schwedens Vertreter vor allem dadurch in Nachtheil, daß
Karl Johann die Vereinigung so ziemlich um jeden Preis herbeiführen wollte. So kam es, daß, wenn auch formell und ausdrücklich niemals der alte Standpunkt aufgegeben und nie für gesetzlich

erklärt wurde, was vor dem 4. November 1814 in Norwegen geschehen war, man doch durch Aufrichtung der Union auf der vom „Aufruhr" vorbereiteten Grundlage die thatsächliche Anerkennung des Geschehenen völlig zweifellos ließ. Auch hier ist es ein Streit um Worte, wenn man auf den niemals erfolgten Widerruf des Kieler Friedens das entscheidende Gewicht legen will.

Nun kann man ja diese Haltung Karl Johann's bedauern, kann sie tadeln und für verderblich erklären, was häufig genug geschehen ist. Man kann der Meinung sein, eine kräftige Fortsetzung des Krieges mit dem Ergebnis eines entscheidenden Sieges über Norwegen, weiter die Einführung einer der schwedischen nachgebildeten Verfassung würden das Band mit Schweden fester geschlungen haben und der Entwicklung Norwegens nicht ungünstig gewesen sein. Der plötzliche Übergang in letzterem Lande von völliger politischer Rechtlosigkeit zur freiesten Verfassung Europas hat ja zweifellos Nachtheile im Gefolge gehabt, und man könnte sich auf Gründe stützen, wenn man das Urtheil fällen wollte, Norwegen kranke noch heute an den Folgen dieser Umwälzung. Aber solche Erwägungen haben wohl einen historisch-theoretischen, nicht aber einen politisch-praktischen Werth. Was geschehen ist, ist nicht ungeschehen zu machen. Viel, sehr viel läßt sich auch für Karl Johann's Politik sagen, und nicht ohne Grund hat man ihn, seine Milde und Klugheit als Begründer der Union gepriesen. Daß seine Fehler — wenn sie solche waren — heute noch wieder gut zu machen wären, indem man gleichsam das in Aufwendung von Energie Versäumte heute noch nachholte, wird kaum ein ruhig Denkender behaupten wollen. Also kann es nur gelten, sein Werk zu erhalten. Der Lösung dieser Aufgabe aber dient man nicht mit einer formal juristischen Betrachtungsweise, die sich über alle Thatsachen hinwegsetzt. Der norwegische Rechtslehrer Aubert schließt seine Arbeit mit dem Wunsche, „die in Schweden gewöhnliche Behauptung von dessen eventueller Berechtigung, in gewissen Fällen an den Kieler Frieden zu appelliren, möge aufgegeben werden, da es sich hiebei um eine falsche politische Redeweise handle, die nur geeignet sei, bei allen Norwegern böses Blut zu erregen". Edén verwahrt sich gegen diesen Wunsch und stellt ihm

zwei schwedische entgegen, einmal, das Bruderland möge Schweden
keinen Anlaß geben, auf den Kieler Frieden zurückzugreifen, zum
andern, „Norwegens Männer der Wissenschaft mögen Redensarten
vermeiden wie die, daß dieses oder jenes geeignet sei, bei allen
Norwegern böses Blut zu erregen". Ich stehe meinerseits nicht
an, zu erklären, daß gerade gegenüber Versuchen, wie Edén sie
unternommen hat, Aubert's Wunsch seine volle Berechtigung hat.
Versuche, die norwegische Bewegung von 1814 als bloßen „Aufruhr"
zu stempeln, alles „Recht" auf schwedischer, keines auf norwegischer
Seite zu finden, die sind gewiß nur zu geeignet, böses Blut zu
machen, und erschweren allen unionsfreundlichen Männern Norwegens — und sie sind heute vielleicht nicht mehr der größere, aber
jedenfalls noch der bessere Theil der Nation — ihre Stellung ganz
außerordentlich. Sowohl von praktisch-politischen wie von wissenschaftlichen Gesichtspunkten aus ist Edén's Buch in seinem Hauptinhalt verfehlt, und Deutschlands öffentliche Meinung würde
völlig irre gehen, wenn sie sich diese Darlegungen aneignen wollte,
eine Gefahr, die auch wohl kaum besteht.

Übrigens sind auch schon von schwedischer, und zwar autori-
tativer Seite, Edén's Deduktionen nachdrücklich zurückgewiesen
worden (Svensk Historisk Tidskrift XIV, Öfversikter 102 ff.
von [Staatsrath] C. G. H[ammarskjöld]). Mit Recht wird hier
u. a. hervorgehoben, daß Schweden nicht nöthig habe, im Falle
eines Bruches der Union von norwegischer Seite auf den Kieler
Frieden zurückzugreifen, wenn es wirklich dem Gedanken der
Gewaltanwendung näher treten wolle; die Thatsache eines Bruches
der Union, als eines staatsrechtlich bindenden Aktes, genüge, um
Schweden freie Hand zu geben in Anwendung der Mittel, welche
die Wiederaufrichtung einer schwedisch-norwegischen Verbindung
sichern könnten. Also auch für die ultima ratio bedarf es so
doktrinärer Auffassung nicht, wie Edén sie beliebt hat, und damit
sinkt die letzte Berechtigung seiner Schrift dahin, soweit wenigstens
ihr Hauptinhalt in Frage kommt.

Europa verfolgt den nordischen Zwist mit Theilnahme.
Man darf wohl sagen, daß es in seiner weitaus größten Majorität
die Lösung der Union tief beklagen würde. Mit dem Treiben

der norwegischen Radikalen ist wohl nur in principiell republi-
kanischen Kreisen Sympathie vorhanden; andrerseits kann nicht
leicht jemand der festen, ruhigen und besonnenen Haltung
des regierenden Königs seine Anerkennung versagen. Trotzdem ist, wenn ein glücklicher Abschluß der schwebenden Fragen
erreicht werden soll, von größter Wichtigkeit, daß schwedische
Publizisten nicht Öl in's Feuer gießen, indem sie Auffassungen
vertreten, gegen die jeder Norweger Front machen muß. Heute
schwebt der Streit in der Hauptsache noch zwischen Norwegens
Unionsfreunden und Unionsgegnern, und noch liegt kein Anlaß
vor, an dem endlichen Siege der Ersteren zu verzweifeln. Zu
widersinnig wäre die völlige Trennung der beiden Nachbar-
völker. Nimmt der Kampf aber einmal die Form eines Streites
von Volk zu Volk an, so möchte die Union aus dem Bereiche
der Möglichkeiten zurücktreten. Es würden sich dann zweifellos
auch Europas Sympathien weit mehr theilen, als das heute der
Fall ist.

Miscellen.

Das vermeintliche Schreiben Wiclif's an Urban VI. und einige verlorene Flugschriften Wiclif's aus seinen letzten Lebenstagen.

Von J. Loserth.

Viele Wiclif-Forscher verlegen in das Jahr 1384 ein Schreiben, das Wiclif an den Papst Urban VI. gerichtet hat.[1]) Wiclif sagt darin, er freue sich lebhaft, wenn es ihm vergönnt sei, Jedermann seinen Glauben darzuthun; besonders lebhaft sei diese Freude, wenn er dies dem Papste gegenüber thun könne: denn der werde den Glauben, wofern es der rechte „in Demuth" bestärken, wofern er aber irrig sei, verbessern. Man erwartet nun ein förmliches Glaubensbekenntnis. Statt dessen werden nur fünf Punkte dargelegt, die insgesammt auf ein und dasselbe Ziel führen: 1. Das Evangelium hat unbedingte Autorität; 2. jeder Christ, vor allem der Papst, als Stellvertreter Christi auf Erden, hat sich nach diesem Gesetze Gottes zu richten; 3. Christus — so steht in diesem Gesetz — war als Mensch der Ärmste und wies jede weltliche Herrschaft von sich; 4. kein Gläubiger darf dem Papste, ja selbst einem Heiligen nachfolgen, wenn diese Nachfolge nicht auf dem Vorbilde Christi beruht. Daraus folgt 5., daß der Papst die weltliche Herrschaft preisgeben und dazu auch seinen Klerus anhalten muß.

Wenn ich in diesen Punkten, sagt Wiclif, geirrt haben sollte, so bin ich bereit, mich jeder Buße zu unterziehen. Er wäre für seine Person bereit, sich dem Papste zu stellen, aber er sei aus dem Evangelium

---

[1]) Zuletzt gedruckt bei Lechler, Johann v. Wiclif 2, 633—684. Die übrigen lateinischen und englischen Drucke ebenda 1, 713.

belehrt, Gott mehr zu gehorchen als den Menschen. Man darf aber von Urban VI., deſſen Anfänge ſo vielverheißend geweſen, erwarten, daß er hierin Chriſto nachfolgen werde u. ſ. w.

Gegen dieſen Brief hat ſchon Lechler Bedenken erhoben: dieſes Schriftſtück ſei, wenn wir es vorurtheilslos prüfen, weder der Form nach ein Brief noch dem Inhalt nach eine Entſchuldigung gegenüber erhaltener Vorladung. Lechler hat den Ausdruck Epistola in unſerem heutigen Gebrauch genommen. Dieſer Ausdruck, wie ihn die Wiener Handſchrift 1384 an die Spitze dieſes Stückes ſtellt (Epistola missa pape Urbano VI), iſt aber nicht anders aufzufaſſen, als bei der Streitſchrift De dissensione paparum, die ja nach einer Handſchrift auch als ein Brief und zwar an den Biſchof von Norwich, gilt: Epistola missa ad episcopum Nortwicensem propter Cruciatam.[1]

Man hat danach nicht an einen Brief zu denken, ſondern an ein Flugblatt. Da Lechler im übrigen die Gründe anführt, warum nicht an ein Schreiben an den Papſt ſelbſt zu denken ſei, will ich hier nur noch anfügen, daß dies Schreiben gar nicht in das Jahr 1384 gehört, ſondern in eine Zeit, wo er von dieſem Papſte wirklich noch ſchreiben durfte: Cum autem Deus dederit papae nostro instinctus iustos evangelicos, rogare debemus, quod instinctus illi non per sub-dolum consilium extinguantur nec quod papa aut cardinales aliquid agere contra legem Domini moveantur. Igitur rogemus Dominum, quod sic excitet papam nostrum Urbanum VI, sicut inceperat .... Das iſt der Standpunkt, den Wiclif im Buch von der Kirche, das 1378 verfaßt wurde, einnimmt und wo er von Urban VI. wohl im Hinblick auf deſſen Vorgänger Gregor XI., den er — man kann ſagen — als perſönlichen Feind anſieht und als ſolchen haßt, ſagt: Sed benedictus dominus matri nostre (ecclesie), qui nostre iuvencule diebus istis providit caput catholicum, virum evan-gelicum, Urbanum sextum, qui rectificando instantem ecclesiam, ut vivat conformiter legi Christi ordinatur ordinate a se ipso et suis domesticis. ... Ideo oportet ex operibus credere quod ipse sit caput nostre ecclesie ... et in facto docet mundana spernere et sapide sentire celestia.

Während er Gregor XI. nicht als Haupt der (ſtreitenden) Kirche anerkennt, thut er dies Urban VI. gegenüber, deſſen Lehr- und Lebensweiſe — und das iſt ja das einzige Kriterium, das wir haben — uns dies anzuerkennen nöthigt.

---

[1] Polemical Works. ed. Buddensieg S. 574.

So kann Wiclif nach der Cruciata über den Papst Urban VI. nicht mehr gedacht und geschrieben haben; schon im Trialogus, der im Jahre 1381 verfaßt wurde, liest man: „Nach dem eben Gesagten muß man glauben, daß kein Papst nach Christi Anordnung nothwendig ist, ja daß er nur durch Lug und Trug des Satans in die Kirche ein=geführt wurde: Et sic supposito quod non est aliquis talis in ecclesia militante per legem scripture quam habent fideles, et per adiutorium episcopi animarum, qui est supra in ecclesia trium-phante, stabilius staret nostra ecclesia, quam stat modo. Man sieht, hier hat er mit dem Papstthum schon abgeschlossen. Es wäre für die Kirche — lehrt er hier und in anderen Schriften — viel besser, wenn es ein Papstthum nicht gäbe. Dem Papstthum, wie es besteht, dankt man das Aufkommen des Sarazenenthums, die Spaltung zwischen morgen= und abendländischer Kirche u. s. w. Als die Kirche ihre Dotation und die weltliche Herrschaft noch nicht besaß, da wuchs sie gar prächtig: et statim post dotationem Caesaream cecidit secta Saracenica et post divisa est ecclesia Graeca cum aliis ecclesiis particularibus, quibus est longe tolerabilius quam est nobis. So lehrt er auch im Trialogus, man müsse die Fürsten dieser Welt auffordern, sich vor dem Raub des Antichrist zu vertheidigen; die Kleriker, die er in's Land bringe, müsse man verjagen, ihn selbst dürfe niemand unterstützen. Von den Klerikern müsse man verlangen, aus der Bibel den Beweis zu erbringen, daß das Papstthum in die Kirche nur eingeschmuggelt worden sei.

Am schärfsten äußert er sich in seinem letzten Werke — dem Buch vom Antichrist. Hier ist der Papst die abhominatio in ab-stracto, der Greuel der Verwüstung am hl. Orte. Heilig, grade so ironisch zu nehmen, wie wenn man sage „Heiligster Vater". Es sei geradezu schrecklich für alle Christenmenschen zu hören, daß ein solches Teufelshaupt (tale caput diaboli) sich den Stellvertreter Gottes auf Erden nennt: Hoc ergo est abhominacio in abstracto quam Daniel prophetavit. Sicut facit se nominari patrem beatissimum, sic facit curiam suam specialem nidum diaboli simonie atque omnis mendacii vocari sedem sacratissimam.

Wenn es demnach im Jahre 1384 seinen heftigsten Zorn erregt, daß der Papst sich nenne immediate Christi vicarius, wie kann er zu derselben Zeit ihm ein Schreiben zugesandt haben, darin er den Papst geradezu so nennt: Suppono iterum quod Romanus pontifex, cum sit summus vicarius Christi in terris, sit ad istam legem evangelii

maxime inter viantes maxime obligatus. . . . Dieses Schriftstück,
das man heute noch für ein an Urban VI. gerichtetes Schreiben hält,
ist demnach ein solches nicht und kann auch nicht dem Jahre 1384
angehören. Es ist in einer Zeit verfaßt, wo Wiclif vornehmlich Säku=
larisationsideen beherrschten, in der Zeit, die unmittelbar auf die Wahl
Urban's VI. folgte. An der Echtheit des Schriftstückes, das, was
Lechler übersehen hat, übrigens auch in den Protestationes schon als
Epistola verzeichnet wird, möchte ich nicht zweifeln. Ein jeder Satz
ist Wiclifisch.

Im Jahre 1384 bildet nicht die evangelische Demuth des Klerus
und die Entäußerung weltlicher Macht durch den Papst den Angel=
und Stützpunkt des ganzen Wiclif'schen Systems, sondern die Abendmahls=
lehre — und dieser wird hier noch mit keiner Silbe gedacht. Würde
dies Schriftstück aus 1384 stammen, so würde sie jedesfalls erwähnt
sein; denn es existirt aus den letzten Jahren Wiclif keine Schrift von
ihm, in der er nicht seine Abendmahlslehre — hier breit, dort knapp —
vorträgt. Nun hat Wiclif in der That im Jahre 1384 — vielleicht
schon 1383 — einige Briefe, man wird auch hier nur an Flugschriften
denken dürfen, geschrieben und zwar an den Papst, an den Bischof
von Lincoln und an die Großen des Landes. Wir erfahren dies aus
seinem Antichrist, wo er im 47. Kapitel des ersten Buches schreibt:
Et hinc scripserunt fidem illam Romano pontifici, episcopo Lin-
colnie et ceteris dominis secularibus, qui in parte cognoscerent
illam fidem. Wie ist Wiclif dazu gekommen, derartige Briefe zu
schreiben, und was bezweckte er damit? Er geht vom Schisma aus.
Welcher Papst ist der rechte? Daß mindestens der eine, wo nicht
alle beide, verabscheuungswürdige Ketzer seien, steht ihm fest. Wie
kann man da die Wahrheit erkennen? Die heutige Kirche irrt in vier
Punkten: in ihrer Lehre von der Transsubstantion, denn sie hat aus
der Anbetung dieses „Bündels von Accidenzien ohne Inhalt" einen
Götzendienst gemacht; in der Lehre von der evangelischen Armuth, der
Entäußerung alles weltlichen Gutes seitens des Klerus — Lehren,
die sie nicht anerkennt — und in ihren Sekten, d. h. in den Orden,
gemeint sind namentlich die Bettelorden. Man forsche also beide
Päpste über diese Dinge aus. Bevor hier nicht die Wahrheit fest=
gestellt ist, hat kein Engländer einen Grund, etwa zur Kurie zu gehen
und dort in kirchlichen Geschäften sich abzumühen und darf man keinen
geistlichen Fremdling im Lande aufnehmen. Gibt von den Päpsten
einer über diese Dinge keine befriedigende Erklärung, so ist er als

Ketzer anzusehen und danach zu behandeln. Unter allen vier Punkten liegt ihm die Lehre vom Leib des Herrn am meisten am Herzen. Über den modernen Götzendienst müssen Könige, geistliche und welt= liche Obrigkeiten aufgeklärt werden.[1])

Man sieht demnach, daß die Briefe oder richtiger die Flug= schriften, die Wiclif und seine Anhänger 1384 in die Welt hinaus= sandten, mehr enthielten, als das sogenannte Schreiben an Urban VI.: sie behandelten noch die Lehre vom Altarssakrament und die Frage der geistlichen Orden.

---

[1]) Ad cognoscendum autem si sint fideles, foret medium empiricum neutrum eorum suscipere tamquam papam, antequam fidem suam sufficienter declaraverint de sacramento altaris, de vita paupere et exproprietaria clericorum, de extollencia secte Christi super sectas alias introductas ...

Literaturbericht.

Einleitung in das Studium der alten Geschichte. Von **Curt Wachs-muth**. Leipzig, S. Hirzel. VI, 717 S.

Der Vf. gibt zunächst einen kurzen „Überblick über die Behandlung der alten Geschichte in neuerer Zeit" (S. 1—66). Dann folgt im I. „allgemeinen Theil" eine Besprechung der uns erhaltenen universal-historischen Arbeiten des Alterthums, der „Weltchroniken", der bio-graphischen und „sonstigen Sammlungen historischen Inhalts" (S. 67 bis 240); weiter eine kurzgefaßte Übersicht über die urkundlichen und monumentalen Quellen (S. 241—279), dann ein Abschnitt über die „Metrologie und Chronologie der Alten" (S. 280—312), endlich ein Anhang über „Umfang und Ausdehnung der alten Geschichte" (S. 312 bis 316). Der II. „besondere Theil" des Werkes behandelt auf S. 325—488 die Quellen zur Geschichte der einzelnen Völker des Orients, auf S. 489—704 die Quellen zur Geschichte der klassischen Völker, immer mit kurzen Angaben über die neuere Literatur.

Ref. muß sagen, daß er sich eine Einleitung in das Studium der alten Geschichte etwas anders vorgestellt hätte. Zunächst vermißt er eine Definition des Gebietes, in das der Leser eingeführt werden soll. Denn der kurze Anhang am Schluß des allgemeinen Theils behandelt nur die Frage nach der Abgrenzung der Geschichte des Alterthums gegen die Geschichte des Mittelalters, noch dazu in einer Weise, die zeigt, daß der Vf. den springenden Punkt nicht erkannt hat. Die Frage, wie weit die Entwicklung des Wirthschafts- und Geisteslebens in die „Geschichte" gehört, wird gar nicht erörtert; thatsächlich aber beschränkt sich der Vf. fast durchaus auf die politische Geschichte. Wozu unter diesen Umständen der kurze Abschnitt über die Metrologie dienen soll, ist dem Ref. unverständlich geblieben.

Ebenso sehr überrascht hat den Ref. das Fehlen jeder Erörterung
über die Grundsätze der historischen Kritik in ihrer Anwendung auf
die Geschichte des Alterthums. Und doch herrschen gerade auf diesem
Gebiete noch immer die schroffsten Meinungsverschiedenheiten; man
denke z. B. an die Behandlung der älteren griechischen Geschichte durch
Wilamowitz einerseits, Eduard Meyer und den Ref. andrerseits. Eine
Orientirung des Lesers über diese und ähnliche Fragen war doch unbedingt nothwendig; die gelegentlichen Bemerkungen darüber bei der
Besprechung der einzelnen historischen Hauptwerke sind ganz ungenügend.

Sehr stiefmütterlich ist auch die Chronologie behandelt; was
darüber auf ganzen 23 Seiten gesagt wird, betrifft nur das Kalender-
wesen und die Jahreszählungen. Das ganze große Gebiet der an-
gewandten Chronologie wird mit keinem Worte berührt, und doch ist
dies für den Historiker bei weitem die Hauptsache. Es war unbedingt
nothwendig, die Grundlagen darzulegen, auf denen die Datirung der
Ereignisse der alten Geschichte beruht, und die wichtigsten Probleme
hervorzuheben, die ihrer Lösung noch harren. Sehr dankenswerth ist
dagegen der Abdruck des ptolemäischen Königskanons (S. 305 f.); noch
weitere derartige Beigaben wären erwünscht gewesen.

So ist es denn fast ausschließlich Quellenkunde, was der Bf. uns
bietet. Auch hier aber ist er der ihm gestellten Aufgabe keineswegs
in vollem Maße gerecht geworden. Schon gegen die Abgrenzung
zwischen dem „allgemeinen" und dem „besonderen" Theil ließe sich
vieles einwenden; ganz verfehlt aber ist die Anordnung des speziellen
Theils nach dem ethnographischen Princip, wobei wir denn zu unserer
Verwunderung Polybios unter den „Italikern" finden. Ebenso verfehlt ist die Ökonomie des Buches: Bf. widmet den Quellen zur
orientalischen Geschichte fast denselben Raum, wie den Quellen zur
Geschichte der beiden klassischen Völker zusammen, und doch ist er in
der Geschichte des Orients nicht selbst Fachmann und nimmt also sein
Material aus zweiter Hand. Da gehen wir doch lieber gleich an die
Quelle und greifen zu Eduard Meyer oder zu den Handbüchern der
Perthes'schen Sammlung. So bleibt denn freilich zu einer gründlichen
Behandlung der griechischen und römischen Historiker nicht der nöthige
Raum; namentlich fehlt es fast durchaus an einer strengen Quellen-
analyse, und der Leser wird mit allgemeinen Redensarten abgespeist.
Ein Vergleich mit den entsprechenden Abschnitten von Susemihl's
Literaturgeschichte der Alexandrinerzeit fällt sehr zu ungunsten des Bf.
aus. Dazu kommt dann weiter, daß der Bf. sich viel zu sehr auf

die Historiker im engsten Sinne des Wortes beschränkt. Von Platon hören wir gar nichts, ebenso wenig von Aristoteles' Politik; die Politien werden allerdings kurz besprochen (auf kaum zwei Seiten), aber in ganz ungenügender Weise; von der Ἀθηναίων πολιτεία sagt der Vf.: „Es kann nicht dieses Ortes sein, die zahlreichen Kontroversen, die sich an das Schriftchen (sic) anknüpfen, zu skizziren oder Stellung zu ihnen zu nehmen" (S. 557 A.). Ja selbst eine Quelle von so fundamentaler Wichtigkeit für die politische Geschichte, wie Strabon's Geographie, wird keiner Besprechung gewürdigt. Und so wird denn auch dieses Buch das seinige dazu beitragen, „daß die Studenten meinen, man lernte die griechische Geschichte wesentlich aus den Historikern".

Ref. hat den Eindruck, daß das Buch aus Kollegienheften hervorgegangen ist; und wir Alle wissen ja, daß ein gutes Kollegienheft noch lange kein gutes Buch ist. Immerhin füllt das Werk eine Lücke in unserer Literatur aus; es wird den Anfängern ein bequemes Hülfsmittel werden, besonders beim Einpauken auf's Examen. Und auch wir Anderen können manches daraus lernen; das bedarf bei dem Namen des Vf. keiner besonderen Hervorhebung. Ref. aber glaubte es dem Vf. schuldig zu sein, einen hohen Maßstab an sein Werk anzulegen.						Beloch.

Geschichte des deutschen Privatrechts. Von **Friedrich v. Thudichum,** ordentlichem Professor der Rechtswissenschaft an der Universität Tübingen. Stuttgart, Ferdinand Enke. 1894.

Eine eingehende Darstellung der Geschichte des deutschen Privatrechts würde einem oft empfundenen Bedürfnis abhelfen. Das vorliegende Buch ist freilich in erster Reihe für Studirende der Rechtswissenschaft bestimmt, würde aber auch seinem Plane und Umfange nach geeignet sein, dem zweiten in der Vorrede angegebenen Zwecke zu dienen, nämlich einem weiteren Kreise von „Nichtfachjuristen", welche für ihre Zwecke von dem Gegenstande Kenntnis nehmen müssen, zu dienen; es würde insbesondere manchem Historiker willkommen sein, wenn es dem Grade von Zuverlässigkeit entspräche, welchen man bei einem solchen Werke voraussetzen muß. Ich will nicht die Ungleichmäßigkeit in der Behandlung der verschiedenen Stoffe tadeln, obwohl die Darstellung einzelner Gebiete unverhältnismäßig breit ausgefallen ist: es sind Lieblingsgebiete des Vf., wie z. B. Leibeigenschaft, Entwicklung des Bauernstandes, Markverfassung, Stellung der Juden.

Gerade diese Partieen, welche dem Vf. völlig vertraute Gebiete behandeln, sind die besten des Buches. Störender wirkt schon die Ungleichheit der Behandlung der verschiedenen Zeitabschnitte in der Darstellung einzelner Institute. Am schlechtesten kommt das Mittelalter weg, welches oft ganz ausfällt. So begnügt sich der Vf. beim Erbrecht der Schwaben, Baiern und Ripuarier für das eigentliche Mittelalter mit der Bemerkung, daß es hier noch an genügenden Untersuchungen fehle (S. 351. 353. 359). Ich meine, wenn man auch von dem Vf. eines Lehrbuches nicht verlangen kann, daß er überall aus den Quellen heraus den Stoff neu bearbeiten soll, — daß ein solches Verfahren doch nicht zu billigen ist. Es gibt für alle diese Gebiete reichliches Material keineswegs entlegener Quellen, die zu Rathe gezogen werden mußten; und an Vorarbeiten fehlt es im Einzelnen auch nicht. Am besten ausgeführt ist die neuere Zeit. Hier liest man die Darstellung vielfach mit Interesse. Dagegen stehen die Partieen, welche sich mit der älteren Zeit befassen, m. E. tief unter den Anforderungen, welche man an eine wissenschaftliche Arbeit stellen muß. Das Urtheil klingt hart gegenüber der Leistung eines Mannes, dessen Name früher auf dem Gebiete rechtsgeschichtlicher Forschung wohlangesehen war. Ich denke aber, daß die folgenden Ausführungen es begründen werden.

Es fehlt vor allem an historischer Kritik und Methode. Quellenstellen der ältesten Zeit werden unvermittelt neben 1000 Jahre jüngeren verwerthet. Dieses Verfahren ergibt überraschende Resultate. So heißt es S. 191 f.: „Eine allgemein verbreitete, bis in's 16. Jahrhundert fortdauernde Benennung (der unehelich Geborenen) war ‚Königskind‘, was in der Lex Salica und Ripuaria mit puer regis übersetzt ist". Dazu werden angeführt e i n e Urkunde von 1468 in Haltaus' Glossarium: „all u. jeglich bastarten, genandt ‚königs kinder‘ in der Marggraffschaft Baden"; sowie Lex Sal. 13, 4. 5; 54, 1. Lex Rip. 53 (55), 1. S. 192 A. 3 wird dann nachgetragen: „In Lex Burg. 49, 4 und 76, 1—4 sind pueri regis Leute, welche die Urtheile vollstrecken, Pfändungen vornehmen und heißen auch wittiscalci. — Hienach könnte es üblich gewesen sein, Uneheliche zu Gerichtsbütteln, Sacebaronen, zu bestellen." Also weil im 15. Jahrhundert in einer Gegend Deutschlands vereinzelt die Bezeichnung Königskinder für Uneheliche gebraucht wird — es geschah das in Bezug auf ihre Beerbung durch den Fiskus, die übrigens erst seit dem Mittelalter nachweisbar ist —, deshalb müssen die ein volles Jahrtausend früher in den Volksrechten als pueri regis (= Königsknechte) bezeichneten Männer, die uns in der Stellung von Grafen und anderen königlichen Beamten begegnen, Uneheliche sein. Aber selbst wenn man diese ungeheuerliche Annahme nicht gänzlich abweisen müßte, hätte der Vf. doch auf Grund dieses Quellenmaterials nimmermehr das Recht, zu behaupten, daß die Bezeichnung Königskind in diesem Sinne eine allgemein verbreitete, bis in's 16. Jahrhundert fortdauernde gewesen sei. Kann doch Thudichum aus dem ganzen Jahrtausend vor jener Urkunde nicht ein Beispiel anführen! Was aber herauskommt, wenn der Vf. nun auf Grund der mittelalterlichen Quellen über Uneheliche und der Stellen der Volksrechte über die pueri regis die Rechtsstellung der unehelich Gebornen vom 5. bis 15. Jahrhundert darstellt, kann man sich denken.

Daß eine richtige Schätzung des Werthes der einzelnen Quellen vielfach vermißt wird, erklärt sich zum Theil daraus, daß der Vf. die neueren Ausgaben, wie überhaupt die neuere Literatur etwa der letzten 30 Jahre, nur sporadisch benutzt. Unerklärlich aber ist es, wenn S. 65 A. 5 von einer Stelle aus der Kapitulariensammlung des Ansegis (3, 65) gesagt wird: sie sei unsicher wie die ganze Sammlung. Da scheint denn doch der Vf. die bisher mit Recht als ganz zuverlässig angesehene Sammlung des Ansegis mit der Fälschung des Benedictus in einen Topf zu werfen. Wären solche Zweifel ernst gemeint, so wären sie jedenfalls zu neu, um ohne jeden Schein einer Begründung den jungen Rechtsbeflissenen aufgetischt zu werden. Ebenso grundlos behauptet Th. auch von anderen Kapitularien, daß sie noch nicht genügend auf ihre Echtheit untersucht seien. Für das Verhältnis des Vf. zu den Quellen ist die Art, wie er die Texte der Quellen erst „verbessert" und dann diese verbesserten Texte interpretirt, bezeichnend. So macht er es mit dem Edictus Chilperici (S. 360), so auch mit der Constitutio contra incendiarios von 1186 (S. 175). In letzterem Gesetze findet sich die bekannte Bestimmung, welche den filiis sacerdotum, dyaconorum ac rusticorum den Rittergürtel verbietet. Daran nimmt der Vf. Anstoß. Er zieht deshalb den angeblichen Text von zwei Handschriften vor, nach welchem von den Söhnen der bäuerlichen Priester und Diakonen die Rede sein soll. Dieser Text aber lautet nach Th.'s eigener Angabe: De filiis sacerdotum dyaconorum rusticorum, was also ganz dasselbe bedeuten würde wie der andere Text. Wie kommt nun der Vf. zu dem gewünschten Texte? Er sagt: „Wahrscheinlich lautete der echte Text: De filiis sacerdotum ac dyaconorum rusticorum. Abschreiber ließen das ac aus Versehen weg, worauf es die folgenden an falscher Stelle einschoben." So kann man freilich die Texte sagen lassen, was man will. Bemerkt sei auch, daß der Vf. S. 34 die Eigenthümlichkeiten der Sprache des lango= barbischen Edikts als „Sprachfehler" verbessert.

Für den Mangel wirklich kritischer Benutzung der deutschen Rechts= quellen kann den Leser auch die mit Vorliebe angewendete Rechts= vergleichung nicht entschädigen. Hat es in Fällen, wie S. 75, wenig Werth, wenn ausführlich auf altchinesische Verhältnisse hingewiesen wird, so ist des Vf. Rechtsvergleichung in anderen Fällen völlig un= verständlich. So wenn S. 107, wo von der freiwilligen Ergebung in die Knechtschaft aus Noth gehandelt und dabei, außer einem von Gregor von Tours berichteten Falle, nicht etwa die bekannten Beispiele in den Formelsammlungen erwähnt werden, sondern bemerkt wird, daß „1871 in Korsahan, Persien, Eltern ihre Kinder den Turkmanen in die Sklaverei verkauft hätten, und daß aus dem alten China Ähn= liches berichtet wird". S. 293 wird behauptet, daß der „hauptsäch= liche" Zweck des Muntschatzes gewesen sei, der Frau eine Zuwendung zu machen. Die Begründung für diese unrichtige Behauptung lautet: „Dafür spricht schon der Umstand, daß auch ein bloßer Vormund den Muntschatz erhielt, da eine Bezahlung für die Abtretung der Munt bei diesem unvernünftig erscheinen müßte, sowie sie bei einem Vater wenigstens eine Rohheit wäre". Aber warum soll der Vormund keine Bezahlung erhalten für die Abtretung eines Rechtes, welches den Germanen wegen der damit verbundenen Ansprüche regelmäßig als vortheilhaft und begehrenswerth galt? Und daß es bei einem Vater eine „Rohheit" gewesen wäre, ist nach den Anschauungen der alten Zeit sicher unbegründet. Im Gegentheil: eher war es schon eine verfeinerte Auffassung, daß der Preis nicht mehr für die Frau selbst, sondern für das Mundium gezahlt wurde. Wenn der Vf. dann aber fortfährt: „Es spricht dafür aber auch der noch jetzt bei den Abighe im Kaukasus geltende Gebrauch, daß die Frau bei jeder Geburt eines Kindes von ihrem Vater oder Vormund einen Theil des Muntschatzes ausgefolgt erhält," so kann man das nur als schlagendes Beispiel für mißbräuch= liche Anwendung der Rechtsvergleichung bezeichnen. Ähnlich ist es auch, wenn Th. S. 21 sagt: „Wer sich ein deutliches Bild von der altdeutschen Geschlechtsverfassung machen will, braucht nur in J. H. Schwicker's Geschichte der Österreichischen Militärgrenze die Schil= derung von den Sabrugas (Zadrugas) oder Hauskommunionen bei Kroaten und Serben nachzulesen". Der Vf. verwerthet dann auch

ohne Bedenken diese slawische Einrichtung für die Darstellung der grund=
verschiedenen deutschen Sippe (vgl. auch S. 24). Eine solche Ver=
mengung — anders kann man dies nicht nennen — der deutschen
Rechtsgeschichte mit fremdartigen Dingen findet sich auch sonst in dem
Buche: so wenn S. 7 als Denkmäler der Rechtsliteratur aus dem
13. und 14. Jahrhundert neben Sachsenspiegel und Schwabenspiegel
ausschließlich zwei tschechische Privatarbeiten, das Rosenberger Buch
und der Ordo judicii terrae Boemiae, genannt, und wenn S. 368,
nachdem über das Erbrecht deutscher Stämme gehandelt ist, als ganz
gleichberechtigt nicht nur die Angelsachsen und Anglonormannen, sondern
auch die Pruthenen, die heidnischen Preußen, die gar nichts mit
Germanen zu schaffen haben, besprochen werden.

Kaum nur als Mangel an wissenschaftlicher Methode aber wird
man es ansehen können, wenn der Vf. bei der Auseinandersetzung der
Gründe für die beschleunigte Aufnahme des römischen Rechtes im 15.
und 16. Jahrhundert u. a. die Beschaffenheit der Quellen des deut=
schen Rechtes anführt und dabei bemerkt, zwar seien auch Sachsen=
spiegel und Schwabenspiegel (wie das Corpus juris) frühzeitig durch
den Druck verbreitet; „aber das Recht, welches sie darstellten, lag
mehr als 200 Jahre zurück" — das des Corpus juris doch sogar
etwa 1000 Jahre! — „und die Sprache des Sachsenspiegels wurde
im Süden, die des Schwabenspiegels im Norden nicht verstanden"!
Diese von Th. entdeckte Schwierigkeit hat man doch, wie wir wissen,
schon im Mittelalter in der glücklichsten Weise so gelöst, daß man im
Norden regelmäßig den Sachsenspiegel, den Schwabenspiegel aber im
Süden benutzte?! Seltsam genug nimmt sich auch kurz vorher die
Bemerkung aus, daß, wenn im 15. Jahrhundert ein Professor in
Tübingen Vorlesungen über Württembergisches Recht hätte halten
wollen, alle Studenten, die nicht aus Württemberg waren, diese nicht
besucht hätten. Ist das denn heute viel anders?

Es würde zu weit führen, wollte ich alle gröberen Mißverständ=
nisse und Irrthümer, die mir aufgefallen sind, anführen. Ich glaube
aber Einiges noch hervorheben zu sollen, um die volle Berechtigung
meines Urtheils über das Buch unzweifelhaft darzuthun. Ganz ver=
fehlt sind gleich die Abschnitte, welche über Verwandtschaft und Sippe
handeln, §§ 3 und 4. „Mage" soll in erster Linie den Verschwägerten,
„Magschaft" die Schwägerschaft bedeuten, während Mage bekanntlich
bei den Westgermanen, den Deutschen, ursprünglich gerade allein den
Blutsverwandten, das Mitglied der Sippe bezeichnet. Daran ändert

auch eine Stelle bei Haltaus aus dem spätesten Mittelalter, wo Mag=
schaft als affinitas erklärt wird, nichts. Geradezu die Dinge auf den
Kopf stellen heißt es aber, wenn Th., dem die Widersprüche der Quellen
gegen seine Annahmen nicht ganz verborgen bleiben konnten, S. 15
sagt: „Daneben kommt der Ausdruck Magen auch in einem weiteren,
die Blutsfreunde mitumfassenden Sinne vor.“ Das Unglaublichste
aber leistet der Vf. in der Erklärung des Wortes Libmagen, welches
in alemannischen Rechtsquellen des späteren Mittelalters vorkommt.
Freilich finde sich im Augenblick nicht, daß der Ausdruck schon irgendwo
erklärt ist: die richtige Erklärung liegt aber so auf der Hand, daß sie
wahrscheinlich schon von Anderen gegeben ist. Libmage kann nur
den Gegensatz zu Nagelmage bezeichnen. Bekanntlich stellt der Sachsen=
spiegel 1, 3 die Sippe unter dem Bilde des menschlichen Körpers dar
und ebenso nach ihm der Schwabenspiegel. Die zur Sippe zählenden
Magen werden an die einzelnen Glieder zwischen Haupt= und Finger=
spitze gesetzt. Die Magen des 6. Grades stehen am dritten Gliede
des Mittelfingers: „in dem siebenten Gliede aber, heißt es, steht ein
Nagel und nicht ein Glied (let, lid), darum hört da die Sippe auf
und heißt Nagelmage“. Wenn nun die nicht mehr eigentlich zur Sippe
gerechneten Magen des 7. Grades Nagelmagen genannt werden, so
ist es durchaus verständlich, wenn ihnen gegenüber die Magen der
sechs ersten Grade als Libmagen bezeichnet werden. Dem entspricht
auch die Anwendung in der vom Vf. angeführten Stelle der Berner
Handfeste, wo für einen Beweis „sieben der nächsten Libmagen“ ge=
fordert werden. Damit werden Nagelmagen unbedingt ausgeschlossen.
Ganz anders aber erklärt Th. das Wort. Zwar deutet er zunächst Lid
richtig als Glied, fährt dann aber fort: „Libmagen wären demnach
Verwandte durch das männliche Glied“! Das wird als fast selbst=
verständlich hingestellt. Aber es gibt doch noch andere Glieder, und an
jenes denkt bei dem Worte nicht gerade Jeder zuerst! Ja, nur wenige
Verwandte würden nach dieser Erklärung nicht Libmagen sein. —
Sehr wunderlich ist auch die Bemerkung über die Familiennamen (S. 20):
„Vorher (vor dem Aufkommen der Familiennamen) führte Jedermann
nur einen Vornamen Henrich, Friedrich u. s. w., und der Sohn nannte
sich nur nach dem Vornamen seines Vaters Henrich=Sohn, Friedrich=
Sohn.“ Ref. hat ziemlich viel Urkunden und andere Quellen aus
jener Zeit gelesen, erinnert sich aber weder einem Henrich=Sohn noch
einem Friedrich=Sohn je begegnet zu sein. Patronymika kommen aller=
dings vor, sind sogar in manchen Gegenden, wie in Schleswig=Holstein,

die wesentlichste Grundlage für die Familiennamen geworden; doch ist die Behauptung Th.'s in der allgemeinen Fassung unzulässig. Das unberechtigte Hereinziehen der slawischen Sadrugas in die deutsche Sippe ist schon oben zurückgewiesen. S. 22 wird dann noch die ganz unbewiesene Behauptung aufgestellt, daß das alte Geschlecht als unterste Heeresabtheilung 10 Einzelfamilien enthalten habe, die Zehnschaft oder das Dorf 10 Geschlechter, die Hundertschaft 100 Geschlechter mit mindestens 1000 Waffenfähigen. Dazu wird dann auf §§ 13 und 14 verwiesen, wo S. 70 dieselbe Behauptung nur weiter ausgeführt, ein Beweis aber ebenfalls nicht erbracht wird. Durch das Zurückverweisen auf § 4 (die erste Stelle) wird die Sache nicht glaubhafter. Auch wird es trotz Th. dabei bleiben, daß die Hundertschaft als Heeres= abtheilung 100 und nicht 1000 waffenfähige Männer, die Tausend= schaft nicht 10000, sondern 1000 umfaßte. — S. 74 liest der Vf. aus c. 26 der Germania seltsamerweise heraus, daß zu Tacitus' Zeiten die Dorfgemeinden noch jährlich, wie zu Cäsar's Zeiten, ihre „Sitze" gewechselt hätten. S. 78 wird als älteste Nachricht für die Entstehung des Privatgrundeigenthums aus dem Gemeinbesitz eine Stelle der Lex Visig. angeführt, welche die 50 jährige Verjährung für die sortes Goticae und tertiae Romanorum festsetzt, die mit dieser Sache aber nichts zu schaffen hat. In den römischen Provinzen, in denen die Landtheilungen erfolgten, um die es sich bei diesen sortes handelt, gab es schon längst ein fest ausgebildetes Privateigenthum an Grund und Boden. Sonst ist dies ja eine Frage, für deren richtige Lösung der Vf. früher vielfach mit Erfolg, z. Th. im Gegensatz gegen Waitz, gearbeitet hat. Auch in diesem Buche betont er mehrfach nachdrück= lich diesen Gegensatz. Hier aber hätte die grundlegende Untersuchung von Waitz über die altdeutsche Hufe angeführt werden müssen, durch deren Benutzung mancher Irrthum vermieden werden konnte. Die mangelhafte Benutzung der Literatur macht sich auch auf S. 162 bei Besprechung der Schöffenbarfreien geltend. Der Vf. scheint von Zallinger's wichtigem Buch über diesen Stand nichts zu wissen, ebenso wenig von dessen Abhandlung über ministeriales und milites; denn sonst hätte er S. 163 die homines synodales, die Sendbar= oder Semperfreien nicht für die freien Herren (nobiles) erklären können, die so genannt seien, „weil sie zum Reichstag erschienen". In der Darstellung des Ritterstandes S. 182 werden dessen ursprünglich ver= schiedene Bestandtheile, freie Vasallen und Ministerialen, nicht deutlich unterschieden und wird der Ausdruck Dienstmann mißbräuchlich auf jene ausgedehnt. — Ganz irreführend ist es, wenn S. 238 im Anschluß an die Bezeichnung des Grundeigenthums als Erbe bemerkt wird: „namentlich aber hieß die den Markgenossen zustehende Allmend ‚Ganerbschaft‘, die Märker Erben oder Ganerben“. Was namentlich mit den Ausdrücken Ganerbe und Ganerbschaft bezeichnet wird, ist bekannt, die Anwendung auf die Markgenossenschaft erst abgeleitet und selten. — Bei der Behandlung des Erwerbes des Grundbesitzes S. 141 f. werden die ursprünglich verschiedenen Bestandtheile des Formalaktes, Besitzeinweisung und Auflassung nicht deutlich auseinander gehalten. — Auffallend ist eine Bemerkung S. 265. Es wird von den Ver- pfändungsbüchern gesprochen und bemerkt: „In einigen Landschaften freilich ist man erst recht spät dazu gekommen, in der Stadt Berlin an der Spree erst 1693.“ Nun ist allerdings in diesem Jahr eine kurfürstliche Verordnung über die Führung von „Lagerbüchern“ in den Städten Berlin und Cöln a. d. Spree erlassen, aus der man aber nicht schließen darf, daß vorher Verpfändungen hier überhaupt nicht eingetragen seien. Im Gegentheil erhellt aus dem Berliner Stadt- buch des 14. Jahrhunderts, daß auch hier solche Eintragungen üblich waren. — S. 288 wird gesagt, daß bei willkürlicher Verstoßung der Frau ihre Verwandten auf Zahlung des doppelten Widems klagen oder Fehde auf Leben und Tod erheben konnten. Ersteres wird durch die dazu angeführte Stelle (Lex Burg. 24, 2) nur insoweit belegt, daß bei den Burgunden der verstoßenen Frau Anspruch auf eine Zah- lung in Höhe des für sie gezahlten Preises zustand: von den Ver- wandten und der Fehde auf Leben und Tod ist nicht die Rede. Auch sonst wäre noch ausführlicher Widerspruch gegen manches zu erheben, was in Bezug auf das Eherecht vorgebracht wird, so wenn das Recht des Gatten, den ertappten Ehebrecher zugleich mit der treulosen Frau zu töten, erst dem späten Mittelalter zugeschrieben wird, während es schon die Westgothen von den Römern übernommen und anderen germanischen Stämmen überliefert haben; ebenso gegen die Behauptung S. 296, daß die feierliche Frage an die Verlobten, ob sie sich ehe- lichen wollen, und ihre bejahende Antwort darauf „vermählen“ ge- heißen habe. Das Wort bezieht sich auf die Abmachungen bei der Verlobung. Auch zu den angeblichen rechtlichen Folgen der Morgen- gabe S. 298 wäre manches zu bemerken. Statt auf dieses und anderes noch einzugehen, will ich nur noch eine Stelle des Buches hervorheben, welche so recht erkennen läßt, wie wenig der Vf. es versteht, sich in den Geist des alten Rechtes zu versetzen. Er spricht von der feier-

lichen Besitzergreifung, bei welcher das alte Recht vielfach das Sitzen
auf einem dreibeinigen Stuhl erfordert. Nebenbei ist der Stuhl als
Rechtssymbol auch sonst regelmäßig dreibeinig. Th. findet nun in
in einer Urkunde von 1140 die „rechtlichen Merkmale am genauesten
hervorgehoben", worin es heißt, die possessio habe stattgefunden per
tres dies et noctes publica, sollempnis et libera. Von einem dreibeinigen Stuhl ist hier aber nicht die Rede. Weshalb aber in den
anderen Quellen der dreibeinige Stuhl? Möglichenfalls, meint Th.,
habe die Dreibeinigkeit gar keine besondere Bedeutung. „Sie kann
aber auch", fährt er fort, „sinnbildlich sein: sie kann auf die drei
Tage deuten oder auf die drei Erfordernisse publica, sollempnis,
libera." Kann man diese symbolischen Schemelbeine noch ernst
nehmen? Unsere Vorfahren waren glücklicherweise von solch' — tief-
sinniger Rechtssymbolik weit entfernt. Wenn aber die deutsche Rechtsgeschichte in solcher Weise, welche den Spott herausfordert, behandelt
wird und noch dazu in einem zunächst für Studirende bestimmten
Buche, so muß das das Ansehen unserer Wissenschaft schädigen; und
deshalb habe ich geglaubt, gegen solches Verfahren ausführlich begründeten Einspruch erheben zu müssen.   K. Zeumer.

Die Designation der Nachfolger durch die Päpste. Von Dr. Karl
Holder. (Inaugural-Dissertation der philosophischen Fakultät der Universität
Freiburg in der Schweiz.) Freiburg in der Schweiz, Univ.-Buchhandlung
B. Veith. 1893. 113 S.

Vorliegende Abhandlung, die ihre Entstehung einer Anregung
Schnürer's verdankt, legt ein günstiges Zeugnis von dem wissenschaftlichen Wirken, das an der jungen katholischen Universität der Schweiz
herrscht, und von der Gelehrsamkeit und tüchtigen Schulung des Vf. ab.
Sie ist ein werthvoller Beitrag zur Kirchengeschichte und zur Geschichte
des Kirchenrechts. Phillips und Hinschius hatten zwar in ihren großen
Werken über Kirchenrecht die Designation der Päpste besprochen,
jedoch hat es bisher an einer eingehenden Untersuchung hierüber, wie
sie der Vf. liefert, gefehlt. Freilich kann der Vf., was die ersten
Jahrhunderte betrifft, sich nicht von der dogmatischen Befangenheit
losreißen. Linus ist ihm „nach sicherer Tradition" der Nachfolger
des Apostels Petrus auf dem römischen Bischofsstuhl, der erste Clemens-
Brief rührt unzweifelhaft von Clemens her, die Nachrichten des Eusebius
über die ersten Bischöfe Roms nimmt er kritiklos hin u. s. w. Sobald
der Vf. aber festen Boden unter den Füßen hat, beruht seine Dar-

stellung auf unbefangenen, streng wissenschaftlichen Untersuchungen. Eingehend bespricht er den Versuch des Papstes Symmachus (499), durch Gesetz das Recht des Papstes, bei seinen Lebzeiten die Nachfolge mit den Wahlberechtigten festzustellen. Doch können wir der Ansicht des Vf., daß Symmachus hiermit nur das auf einer Tradition der römischen Kirche beruhende Recht der Päpste, ihre Nachfolger zu designiren, schriftlich fixirt habe, nicht beistimmen. Seit der Mitte des 6. Jahrhunderts kamen Designationen nicht mehr vor. Die Abhängigkeit, in der sich das Papstthum von den oströmischen Kaisern, dann von den fränkischen und deutschen Königen befand, trat ihnen hindernd entgegen. Erst mit Gregor VII. beginnen die Designationen wieder, und fast ein Jahrhundert hindurch ward der päpstliche Stuhl mit Päpsten besetzt, die von ihrem Vorgänger designirt und danach von den Kardinälen gewählt wurden. Erst seitdem durch Alexander III. (1179) für die Papstwahl Zweidrittel=Mehrheit vorgeschrieben war, wurden die Designationen seltener. Als letztes Beispiel führt der Vf. die Designation Paul's III. durch Clemens VII. an. Doch ist in ihr mehr eine Empfehlung als eine eigentliche Designation zu erblicken. An ihre Stelle treten später allgemeine Ermahnungen, welche der sterbende Papst nicht selten an die Kardinäle richtet. Zum Schlusse erörtert der Vf. die Frage, ob der Papst berechtigt ist, seinen Nachfolger zu ernennen, und verneint diese Frage. Er geht dabei von dem Grundsatz aus, daß dem Papste nur diejenigen Rechte zustehen, welche durch das Zeugnis einer Offenbarungsquelle ihm ausdrücklich reservirt sind. Wir glauben nicht, daß der Vf. sich damit in Übereinstimmung mit dem heute in der katholischen Kirche geltenden Rechte befindet. Romanus pontifex est supra jus canonicum, wie Benedikt XIV. erklärte. Die Gesetzgebungsgewalt des Papstes ist nur durch das jus divinum beschränkt. Daß aber das Wahlrecht der Kardinäle auf jus divinum beruhe, wird wohl der Vf. nicht behaupten.

Loening.

Die Cluniacenser in ihrer kirchlichen und allgemeingeschichtlichen Wirksamkeit bis zur Mitte des 11. Jahrhunderts. Von **Ernst Sackur**. 2. Band. Halle, Niemeyer. 1894.

Der 2. Band des vorliegenden Werkes verdient in gleichem Maße die Anerkennung, welche der erste allseitig gefunden hat. (Vgl. auch H. Z. 70, 101 ff.) Die kritische Verarbeitung eines so großen und ungemein zersplitterten Materials ist eine Leistung, die für sich allein

schon dem Buch einen dauernden Platz in unserer historischen Literatur
sichert. Darüber hinaus bieten in diesem Bande zusammenfassende
Kapitel über Wirthschaft und Klosterreform, über das geistige Leben
und die Kunst in den Cluniacenfer=Klöstern eine Reihe anregender
und werthvoller Ausblicke in größerem Zusammenhange. Endlich
sammelt ein Schlußkapitel die allgemeinen Ergebnisse der Darstellung
in übersichtlicher Gruppirung.

Aber freilich diese Ergebnisse fordern zum Widerspruch heraus.
Die überlieferte Anschauung schreibt den Cluniacensern eine führende
Rolle in dem Entwicklungsgange des christlichen Abendlandes zu.
Nach Sackur kann davon künftighin nur in sehr bedingtem Maße die
Rede sein. Freilich im 1. Bande tritt er der alten Anschauung noch
nirgends ausdrücklich entgegen, auch im 2. spricht er noch am Schluß
von der „geistigen Umbildung" (S. 466), welche die Bewegung im Abend=
lande herbeiführte und durch die sie „im stillen den Boden vorbereitete"
(S. 449) für die weitere Entwicklung. Aber die „allgemeingeschichtliche
Wirksamkeit der Cluniacenser", von der der Vf. im Titel redet, schränkt
er in seiner Darstellung doch ganz wesentlich ein, wenn er leugnet,
„daß die Idee einer Reform der Geistlichkeit von ihnen ausging" (S. 448),
und wenn er hinzufügt, daß man überhaupt nicht von „cluniacensischen
Ideen" im spezifischen Sinne „als der Summe aller reformatorischen
Bestrebungen jener Zeit" (S. 449) reden dürfe. Diese Ideen, so meint
er, seien damals Gemeingut gewesen, er bezeichnet sie gelegentlich als
in der „Tendenz der Zeit" (S. 461) liegend, womit freilich über ihre
Herkunft nichts ausgesagt ist. Ja, die Vorstellungskreise, in denen die
Mönche von Cluny lebten, sollen nicht einmal in der Richtung der
künftigen Entwicklung gelegen haben. Nicht bloß, daß Cluny selbst
nicht im stande war „Persönlichkeiten wie Gregor VII. zu produ=
ziren" (S. 449), — „die cluniacensischen Ideen führten sogar in ihrer
weiteren Ausbildung nicht zu Gregor, sondern zu seinen Gegnern"
(S. 445). Mit einem Wort: nach S. haben die Tendenzen, welche von
Cluny ausgingen, zwar vorbereitend gewirkt für die Ausbildung des
hierarchischen Systems, aber doch nur als ein Moment neben anderen
und nicht als das entscheidende. Sie bildeten eine Nebenbewegung,
die man fälschlich für die Hauptströmung angesehen hat, die aber
schließlich ganz anderen Zielen zustrebte.

So wenig ich glaube, daß sich diese Anschauungen als haltbar
erweisen werden, möchte ich doch mit einem Zugeständnis nicht
zurückhalten. Es ist ein unbestreitbares und bleibendes Verdienst des

S.'schen Buches, daß es den überlieferten Vorstellungen einmal kritisch
auf den Grund gegangen ist und keinen Raum mehr läßt für unklare
Phantasien. Wir haben nun endlich die Bewegung in allen ihren
Verästelungen greifbar vor uns und mögen es gerne dafür in den
Kauf nehmen, daß der Vf., von seinem kritischen Bestreben zu weit
geführt, schließlich dahin kommt, die Bedeutung der ganzen Bewegung,
wenn nicht zu negiren, so doch über Gebühr einzuengen. Aber freilich
zu folgen vermögen wir ihm nicht auf diesem Wege.

Der Fehler des vorliegenden Buches liegt m. E. darin, daß es
die Bedeutung der religiösen Impulse, von denen die cluniacensische
Bewegung getragen war, nicht hoch genug einschätzt. Eine katholische
Stimme hat sich dahin geäußert, der Vf. habe wohl für die äußere
Geschichte Clunys ein staunenswerthes Material zusammengebracht,
eine Behandlung seines inneren Lebens suche man bei ihm aber vergeblich. Der Vorwurf ist so ungerecht nicht, wie es auf den ersten
Blick scheinen möchte. Nicht bloß, daß die Schilderung der Institutionen
und des eigentlichen Mönchslebens doch sehr zurücktritt und keineswegs
erschöpfend ist (vgl. das schon H. Z. 70, 106 Anm. Gesagte), es fehlt
vor allem die volle Versenkung in die Kraft und Tiefe der religiösen
Grundgedanken Clunys. Dem Vf. sind diese Gedanken nicht verborgen
geblieben, im Gegentheil, wir begrüßen es besonders dankbar, daß er
sie als die einzigen Triebfedern der Bewegung klargestellt hat, aber
er unterschätzt ihre Tragweite und steht ihnen ohne Sympathie gegenüber. Die Bewegung erscheint ihm „unbestimmt", „abstrakt", „idea-
listisch", ohne „feste Ziele" und vor allem ohne die Kraft einer
energischen „Agitation" (S. 449). Es klingt wie ein Vorwurf, wenn es
heißt: „der Seelenfang war und blieb der eigentliche Zweck" (S. 464).

Wir unsererseits erblicken gerade in dieser Weltabgezogenheit und
religiösen Reinheit der Bewegung die Ursache ihrer weltüberwindenden
Kraft und in dem Mangel einer kirchenpolitischen Agitation den
mächtigsten Hebel ihrer Verbreitung. Eben indem sie nicht ein bestimmtes „Programm", sondern eine „Weltanschauung" (vgl. S. 464)
unter die Massen trug, hat sie eine der größten Umwälzungen herauf-
geführt, welche die abendländische Geschichte kennt. Gewiß hat sie die
hierarchischen Gedanken nicht produzirt, es ist gut, daß der Vf. das
so scharf betont, aber noch weniger haben es die Legisten gethan,
welche den Pseudo=Isidor wieder hervorholten (vgl. S. 284. 304 u. ö.)
und deren gelehrte Thätigkeit der Vf., wie es scheint, zum Agens
einer weltgeschichtlichen Revolution machen möchte. Produzirt brauchten

diese Gedanken überhaupt nicht mehr zu werden, sie brauchten nur einen Boden, auf dem sie wachsen und sich zu neuem Leben entfalten konnten, sie brauchten Tendenzen, die ihnen entgegenkamen, und diesen Boden, diese Tendenzen hat ihnen die cluniacensische Bewegung geliefert: ohne die „geistige Umbildung", die von Cluny ausging, wären sie niemals wieder aufgelebt und zum Siege durchgedrungen. Ich meine, nicht erschüttert hat der Vf. die Anschauungen über die Bedeutung Clunys für die allgemeine Entwicklung, er hat sie im Gegentheil, indem er die Bewegung in ihrer religiösen Reinheit darstellte, nur um so tiefer und fester begründet. Nach wie vor dürfen wir daran festhalten, daß in der Klosterreform des 10. und 11. Jahrhunderts die Wurzeln der Geistesrichtung stecken, welche Europa seit den Tagen Gregor's in ihrem Banne hielt. Auch S. hat keine anderen Wurzeln aufgedeckt. So sehr wir mit Dank und Anerkennung seine kritische Leistung entgegennehmen, seine Resultate lehnen wir ab.

G. Buchholz.

Jahrbücher des Deutschen Reichs unter Heinrich IV. und Heinrich V. Von **Gerold Meyer v. Knonau**. Bd. 1: 1056—1069, Bd. 2: 1070—1077. Leipzig, Duncker & Humblot. 1890—1894.

A. u. d. T.: Jahrbücher der deutschen Geschichte. Auf Veranlassung Sr. Maj. des Königs von Baiern herausgegeben durch die historische Kommission bei der kgl. Akademie der Wissenschaften.

Durch Schuld des Ref. ist die Besprechung von Bd. 1 soweit verzögert worden, daß nun auch der 2. Band der Jahrbücher Heinrich's IV. vorliegt. Beide Bände reichen bis in den Anfang des Jahres 1077, für das ganze Werk bis zum Ende Heinrich's V. sind also kaum weniger als sechs Bände zu erwarten. Schon diese Erwägung zeigt, welch eine Arbeitslast der verdiente Vf. auf sich genommen hat. Keinem der anderen Mitarbeiter an den Jahrbüchern war eine gleich große Aufgabe gestellt. Nicht bloß dem zeitlichen Umfang nach. Jedermann weiß, welch' unverwüstliche Anziehungskraft gerade die Geschichte Heinrich's IV. bei uns von jeher auf die Forschung geübt hat, wie sie seit Jahrzehnten der beliebte Tummelplatz von Dissertationen und Programmen gewesen ist. Da ist denn mit der Zeit eine Literatur angewachsen, welche für den zusammenfassenden Bearbeiter, der doch wo möglich nichts Wichtiges übersehen durfte und auch das Unwichtige und ganz Werthlose selbst prüfen mußte, eine wesentliche Erschwerung seiner Aufgabe in sich schloß.

Der Autor aber, der unter solchen Umständen schrieb, darf unserer
dankbaren Anerkennung im voraus sicher sein. Diese Anerkennung
gilt nicht bloß seiner Arbeitsleistung als solcher, so groß dieselbe ist,
sondern in fast noch höherem Grade der Kraft wissenschaftlicher Selbst-
entsagung, welche er mit Übernahme und Durchführung dieser Aufgabe an den Tag gelegt hat. Freilich, wir halten uns verpflichtet es
auszusprechen, er hat sich seine Aufgabe mehr als nöthig erschwert
und dadurch seinem Buche selbst geschadet.

Ranke hat einst die Aufgabe der „Jahrbücher" dahin formulirt,
daß sie „eine kritische Feststellung dessen, was man über jeden einzelnen
Moment weiß und in wie weit diese Kunde sicher ist" geben sollen.
Zweifelsohne haben sie also auch eine fortlaufende kritische Orientirung über die bisherige Literatur der Epoche zu liefern. Der Vf.
hat mehr gethan. Er hat in den Anmerkungen ein nahezu vollständiges Referat über alle aufgestellten Meinungen und Ansichten
gegeben. Er hat sich verpflichtet gefühlt, mit jedem seiner Vorgänger,
Berufenen wie Unberufenen, in kritische Auseinandersetzung einzutreten;
er hat durchgehends, auch da wo er sich zustimmend verhält, die Literatur in den Anmerkungen rekapitulirt. Und darin, meinen wir, ist er zu
weit gegangen. Es wäre undankbar, wollten wir ihm einen Vorwurf daraus
machen, daß er mit einer Hingebung sondergleichen das kleinste kritische
Stäubchen aufgehoben hat, wir erkennen im Gegentheil gern an, daß er
seinen Nachfolgern damit viel Mühe und Arbeit erspart hat. Die Frage ist
nur, ob das nicht auf etwas summarischerem Wege auch zu erreichen
gewesen wäre (vgl. Dümmler, Ostfränk. Reich 1², Vorwort S. VI),
ob nicht die Handlichkeit des Buches besser gefahren wäre, wenn an
Stelle des referirenden Verhaltens der Literatur gegenüber einfach
knappe kritische Hinweise getreten wären, wenn Auseinandersetzungen
wie die mit Gfrörer und Hefele weggeblieben oder wenigstens auf
das denkbar knappste Maß zusammengezogen wären, und endlich so
manchen herzlich unbedeutenden Dissertationen und Programmen die
Ehre einer Besprechung und Widerlegung nicht erst erwiesen wäre.
Wir unsererseits würden es sogar für gerechtfertigt gehalten haben,
wenn Erzeugnisse von so vollkommener wissenschaftlicher Werthlosig-
keit wie Machatschek's Geschichte der Bischöfe von Meißen ganz un-
genannt geblieben wären, und wir meinen, was das Buch auf solchem
Wege an Selbständigkeit etwa eingebüßt hätte, würde es an Übersichtlichkeit gewonnen haben, vor allem würde dann auch die Originalität der eigenen Leistung des Vf., die sich jetzt im kritischen Gestrüpp

faſt verbirgt, deutlicher an den Tag getreten ſein. Mutatis mutandis gilt doch auch für ſolche Bücher das Wort unſeres Leſſing: „Man iſt in Gefahr, ſich auf dem Wege zur Wahrheit zu verirren, wenn man ſich um gar keine Vorgänger bekümmert, und man verſäumt ſich ohne Noth, wenn man ſich um alle bekümmern will."

Es ſoll an dieſer Stelle nicht der Verſuch gemacht werden, den Einzelertrag der bisher vorliegenden Bände zu ſkizziren. Das allgemeinere kritiſche Ergebnis aber möchte ich dahin formuliren, daß hier zum erſten Mal eine umfaſſende Darſtellung der Anfänge Heinrich's IV. gegeben wird, die über Gieſebrecht's rationaliſtiſche Kritik der Quellen mit ihrem gegenſeitigen Abſchleifen widerſprechender Berichte ein gutes Stück hinausgeht, vor allem mit der von Gieſebrecht zuletzt hartnäckig vertheidigten Autorität Lambert's endgültig bricht und den plaſtiſchen Schilderungen dieſes gefährlichen Autors mit geſundem Mißtrauen gegenübertritt. In einer Reihe von Exkurſen zum 1. wie zum 2. Bande wird die Frage nach der Glaubwürdigkeit Lambert's an der Hand der bisherigen Literatur von neuem mit allem Detail eingehend erörtert, dabei ſachlich dem Hersfelder Mönche kaum etwas geſchenkt, ohne daß doch von bewußter Bosheit und hämiſcher Lüge die Rede wäre. Der Standpunkt iſt durchweg kritiſch beſonnen, im 2. Bande wohl noch feſter als im erſten, wie denn z. B. die 1, 278 ff. Lambert noch nacherzählte Geſchichte vom Kaiserswerther Königsraub nach Dieffenbacher's Vorgange im 2. Bande (S. 308) geſtrichen wird. Manchmal freilich wäre auch hier noch eine größere kritiſche Konſequenz am Platze geweſen. So bei der Geſchichte von der Flucht Buccos von Halberſtadt (1076), die von Lambert ſo romanhaft ausgeſtattet iſt. Ganz richtig wird der Verlauf nicht dieſem, ſondern Bruno nacherzählt (2, 680 f.), die Datirung aber ohne Bedenken aus Lambert genommen, und, da ſie nicht mit der Erzählung Bruno's ſtimmen will, dieſer nun ſeinerſeits des Fehlers geziehen (S. 716 Nr. 169). Wir unſererſeits meinen, daß an dieſer Stelle nicht Bruno aus Lambert zu korrigiren, ſondern umgekehrt Lambert's in dieſem Zuſammenhang an ſich ganz unbeglaubigtes Datum einfach mit dem Reſt ſeiner Erzählung zu verwerfen iſt. Das Ergebnis dieſer kritiſchen Operation würde zugleich der Chronologie des ſächſiſchen Aufſtandes von 1076 zu gute kommen. Nicht minder ſcheint es uns, wenn auch ſachlich ganz indifferent, doch methodiſch richtiger, nicht mit Lambert der Königin Judith, ſondern mit Bruno ihrem Gemahl Salomon von Ungarn die Rolle des Gefangenwärters bei dem Biſchof

zu übertragen. Wir können den Vf. hier nicht ganz von Harmo-
nistik der Quellen freisprechen.   G. Buchholz.

Scriptores rerum Germanicarum in usum scholarum ex Monumentis Germaniae historicis recusi: **Lamperti** monachi Hersfeldensis
opera recognovit **O. Holder-Egger.** Hannover u. Leipzig, Hahn. 1894.
LXVIII u. 490 S.

Unter den zahlreichen Gelehrten, die sich in den letzten Dezennien
mit dem hervorragenden Geschichtschreiber des 12. Jahrhunderts
Lambert — so pflegten wir ihn bisher zu nennen — beschäftigt
haben, hat sich keiner so verdient gemacht, wie Holder-Egger durch
seine Untersuchungen im Neuen Archiv und die vorliegende neue, erste
Gesammtausgabe von Lambert's Werken. Vor allem verdanken wir H. die
Entdeckung und den Nachweis, daß uns in der Vita Lull's, des Erzbischofs von Mainz und Gründers von Hersfeld, ein Werk Lambert's erhalten ist, dessen Entwurf von des Vf. eigener Hand wir in einem
Maihinger Codex, und dessen vollständigere Ausführung wir in späteren
Abschriften, namentlich die sonst überall fehlenden fünf Schlußkapitel
in einer Trierer Handschrift des 13. Jahrhunderts, besitzen. Hiedurch sind
ganz neue Anhaltspunkte für die Kritik Lambert's überhaupt gewonnen.
Aber auch die Edition der Annalen ist durch umfassende Heranziehung
aller Hülfsmittel und durch eindringende Recension wesentlich verbessert worden.
Namentlich hat H. die Quelle Lambert's für den ganzen ersten Theil
des Werkes bis zu den Lebzeiten des Autors, die verlorenen Annales
Hersfeldenses, eingehend analysirt, deren verschiedene Recensionen bezw.
Fortsetzungen aus den daraus abgeleiteten Annalen bestimmt, und
nachgewiesen, wie fast ausschließlich Lambert diese eine Quelle benutzt hat.
Die Annales Weissenburgenses, eine jener abgeleiteten Annalen, hat
H. in ihren korrespondirenden Abschnitten daneben gestellt und in
ihrer selbständigen Fortsetzung bis 1147 neu edirt. Es sind zum
Theil recht diffizile quellenanalytische Untersuchungen, um die es sich
da handelt, und die Abgrenzung der verschiedenen Recensionen der
Hersfelder Annalen läßt sich nicht immer genau bestimmen, aber Ref.
hat bei eingehender Nachprüfung die Resultate H.'s in allem wesentlichen zu bestätigen gefunden. Nur halte ich die subsidiäre Benutzung
von Regino's Chronik seitens Lambert's nicht für erweislich: die drei bis
vier angeblichen Entlehnungen aus Regino, nur sachlich nicht wörtlich
entsprechend und dürftig wie sie sind, lassen sich m. E. mit mehr

Wahrscheinlichkeit als ursprünglicher Bestand der Annales Hersfeldenses erklären, den die abgeleiteten Quellen zufällig überein-
stimmend weggelassen haben; auch in dem selbständigen Theil des
Lambert'schen Werkes, bei der Erzählung der Abendmahlsscene zu Canossa
ist eine Benutzung Regino's nicht erweislich; fraglich bleibt m. E. nur
eine Stelle in der Vita Lulli.

Wie H. gezeigt hat, daß die korrekte Namensform Lampert sei, so hat
er auch die ganze Persönlichkeit des Autors mit scharf eindringender
Kenntnis gewissermassen neu gestaltet, überraschend genug angesichts
der vielen früheren Monographien zur Würdigung Lambert's. Mit
gründlicher Abweisung der einseitigen Versuche, dies oder jenes anonyme
Geschichtswerk der Zeit auf Grund nicht genügend präziser Stil-
vergleichung dem Lambert zuzuweisen, hat H. dessen literarische Individualität fest umschrieben. Ein umfangreiches Verzeichnis von Parallel-
stellen aus der klassischen Literatur, S. 399—490, sowie sorgfältige
Citatennachweise in den Noten erläutern den Sprachgebrauch des
Autors. Über seine Heimat, seinen Bildungsgang, seine persönlichen
Beziehungen gibt H. neue Aufklärung. Namentlich hat er sichergestellt,
daß die Hersfelder Klostergenossenschaft ununterbrochen und höchst
entschieden auf Seiten der königlichen Partei gestanden hat, so daß
Lambert mit seinen Anschauungen in ausgesprochenem Gegensatz zu dieser
seiner Umgebung erscheint. Zur Entscheidung der so viel umstrittenen
Frage nach der Zuverlässigkeit des Autors hat H. einen neuen Aus-
gangspunkt von der Kritik der Vita Lulli aus gewonnen: hier, wo wir
Lambert und seine Arbeitsweise sicherer als vielfach in den Annalen
kontrolliren können, zeigt er sich höchst unzuverlässig, springt er auf's
Willkürlichste mit dem überlieferten Stoffe um, erfindet er und rheto-
risirt er auf's Dreisteste. Allerdings muß angesichts dessen das alte,
immer wieder von Einigen festgehaltene Vorurtheil zu gunsten des
Autors schwinden; allein es fragt sich doch, ob man berechtigt ist, von der
Vita Lulli aus ohne weiters mit dem entgegengesetzten Vorurtheil an die
Annalen Lambert's heranzutreten. H. hat selber bemerkt (S. XXVIII),
daß man den Hagiographen des Mittelalters viel nachzusehen habe,
und ich meine, daß das auch in diesem Falle mehr zu berücksichtigen
ist, als H. zugeben will. Die mittelalterlichen Schriftsteller haben
doch einen sehr bewußten Unterschied zwischen der Gattung der
Heiligenleben und der Profangeschichte gemacht: wie oft haben sie
erstere völlig aus vermeintlichen Visionen und Inspirationen geschöpft,
und wem wäre es dagegen eingefallen, auch nur die geringste Thatsache

32*

für ein Annalenwerk aus solcher mystischen Erleuchtung herzuleiten!
Ich will damit nur dafür plaidiren, daß man Lambert nicht von
vornherein dieselbe bewußte Gleichgültigkeit gegen das historisch
Thatsächliche, die er in der Vita verräth, in den Annalen zuschreiben
darf; denn im übrigen ergibt die Kritik der letzteren selber ja genug
Indizien für seine Ungenauigkeit und Unzuverlässigkeit. Ich schreibe
diese aber mehr seiner rhetorischen Neigung, seiner mangelhaften Kenntnis und seiner parteiischen Eingenommenheit als bewußter Entstellung
zu, während H. auf Grund seiner aus der Vita geschöpften Anschauung geneigt ist, letzteres anzunehmen, auch wo es nicht mit genügender
Sicherheit zu erweisen ist. Z. B. scheint es mir durchaus nicht erweislich, daß Lambert den urkundlichen Wortlaut der sog. Securitates
von Canossa gekannt und somit deren Inhalt bewußt fälschend wieder-
gegeben habe; und daß er jenes Gottesgericht, das Papst Gregor dem
Könige beim Abendmahl zu Canossa zugemuthet haben soll, frei nach
Regino erfunden hätte, erscheint, abgesehen von der Unnachweislichkeit
dieser Entlehnung, schon darum unzutreffend, weil ähnliche Fabeleien
auch bei anderen Zeitgenossen aufstoßen, die sowohl von Regino wie
von Lambert durchaus unabhängig sind; Lambert gibt vielmehr in
diesen Fällen, wie so oft, unkontrollirte Gerüchte, Ansichten, Nach-
reden seiner Partei wieder und zeigt sich nicht so berechnend in der
Entstellung der Thatsachen, wie H. durchweg annimmt.

Man sieht, es ist nur eine geringe Nüance, um die Ref. von
dem Urtheil H.'s abweichen zu müssen meint, und in allem wesentlichen
halte ich die Lambert-Fragen durch die neue Ausgabe für vollgültig
abgeschlossen. Dieselbe ist inhaltlich und formell als eine Muster-
leistung zu betrachten.   E. B.

Eine Wiener Briefsammlung zur Geschichte des Deutschen Reiches und
der österreichischen Länder in der zweiten Hälfte des 13. Jahrhunderts. Nach
den Abschriften von A. Starzer herausg. von O. Redlich. Mit drei Tafeln.
Wien, in Komm. bei F. Tempsky. 1894. (A. u. d. T.: Mittheilungen aus
dem vatikanischen Archive. 2. Band. Herausg. von der k. k. Akademie.)

Im Mai 1892 stieß A. Starzer bei seinen Arbeiten für das Istituto Austriaco in Rom auf den Cod. Ottobonianus 2115, der
dem Inventar zufolge Variae Germaniae saec. XVI enthalten sollte,
in Wirklichkeit aber, wie eine von O. Redlich unternommene Untersuchung einzelner Stücke dieser Handschrift ergab, eine neue reich-
haltige Quelle zur Geschichte der Zeit Rudolf's von Habsburg dar-

bietet. R. hat denn auch deren Bearbeitung übernommen und, wie
wir gern anerkennen, in kurzer Frist zu Ende geführt. Seine Einleitung (S. I—LV) belehrt in trefflicher Weise über die Handschrift,
ihren Inhalt und die Glaubwürdigkeit und Ursprünglichkeit der
Überlieferung.

Die Handschrift wurde in den neunziger Jahren des 13. oder
in den ersten Jahren des 14. Jahrhunderts in Wien geschrieben und
befand sich dort bis 1530, worauf sie in den Besitz der Königin
Christine von Schweden und später in die vatikanische Bibliothek gelangte. Nicht weniger als 13 Hände waren an ihr thätig. Sie faßt
161 Blätter. Fol. 1—25 findet sich die Summa des Johannes von
Bologna (Rockinger O. u. E. 9, 593—712). Da diese wohl nicht
vor 1289 bekannt gewesen, so kann auch die folgende Briefsammlung,
von der ein Theil von derselben Hand wie die Summa geschrieben
ist, nicht aus einer früheren Zeit stammen.

In der eigentlichen Briefsammlung scheidet der Herausgeber zwei
Theile streng von einander. Der eine enthält Stücke, die bisher unbekannt waren, der andere zumeist solche, die sich auch in anderen
Formularbüchern aus der Zeit Rudolf's finden; jener enthält eine
nach bestimmten Gesichtspunkten geordnete Sammlung, dieser bekundet keine bestimmte Ordnung. Im ersten Theile finden sich litere
regum, ducum, comitum, episcoporum, humilium ecclesiasticarum
personarum. Auch innerhalb dieser Gruppen ist eine gewisse Rang-
ordnung vorhanden. Diesem Princip zulieb sind zeitlich und sachlich
zusammengehörende Stücke auseinandergerissen, so z. B. die ganze
auf die Beziehungen zwischen Ottokar und Rudolf bezügliche Korrespondenz. Für eine Aneinanderreihung nach chronologischen Gesichtspunkten hatte der Sammler keinen Sinn. Die Datirungen fehlen
zumeist; Titel und Eigennamen sind gekürzt, oft geändert. Die willkürlichen Änderungen sind zum Glück doch nicht sehr bedeutend und
können in den meisten Fällen leicht erkannt werden.

Die Masse der Stücke gehört der Zeit Ottokar's nach der Erwerbung Österreichs, dann des Königs Rudolf und Albrecht's als
Herzog von Österreich an. Über 1298 reicht kein Stück hinaus. Die
Hauptmasse beginnt mit 1277. Nicht weniger als 120 Stück stehen
in engster Beziehung zur königlichen und österreichischen Kanzlei und
zu dem Landschreiberamte. Auch der Privatkorrespondenz Friedrich's
von Nürnberg und des Bischofs Bruno von Olmütz ist eine ziemliche
Anzahl von Nummern entnommen. „Die Hälfte der ganzen Brief-

menge bezieht sich auf die österreichischen Länder." Am meisten ist
Wien berücksichtigt. Schon daraus ergibt sich, daß „der Codex nicht
bloß in Wien geschrieben, sondern die Sammlung auch dort ent=
standen ist". Die meisten Stücke dieser Gruppe gehen auf Materialien
zurück, die der kgl. Protonotar Gottfried gesammelt hat. Der eigent=
liche Bearbeiter dieser Sammlung war ein anderer Protonotar des=
selben Namens, der in den Diensten des Herzogs Albrecht stand und
1295 gestorben ist.

Der Herausgeber untersucht hierauf den zweiten Theil der Samm=
lung und sein Verhältnis zu den anderen Briefsammlungen aus der
Zeit Rudolf's, die bekanntlich auf eine Arbeit des kgl. Notars Andreas
von Rode zurückgeführt werden. Von den 291 Nummern des zweiten
Theils finden sich 224 auch in anderen Formularbüchern.

Sowohl Gottfried als Andreas benützten für ihre Sammlungen
echtes Material, und in diesem Umstand liegt der Hauptwerth der
vorliegenden Sammlung. Was die Edition betrifft, sind die einzelnen
Stücke chronologisch geordnet; Veränderungen, welche die Sammler
an ihren Vorlagen gemacht, sind durch kursiven Druck gekennzeichnet.
Die Einleitung bringt endlich eine „vergleichende Tabelle der Briefe
im Codex Ottobonianus 2115 mit der Ausgabe und den anderen
Formularbüchern". Der Anhang enthält die Varianten zum zweiten
Theil, Exordia, Salutationes etc.

Die neue Sammlung bietet zunächst für Lokal= und Provinzial=
geschichte, darin wieder für Österreich und Böhmen viel neues
Material. Aber auch auf die Reichsgeschichte und die päpstliche
Politik fällt vielfach neues Licht (vgl. die Nummern 21. 22. 23. 29.
30. 33. 36—40. 51. 79 u. s. w.), und es wäre unsere Pflicht, die
Ergebnisse im Einzelnen herauszuheben und zu betrachten. Da aber
der Herausgeber selbst dieses Material unmittelbar bei der Neu=
bearbeitung der Regesten Rudolf's und in der Geschichte dieses Königs,
an der er arbeitet, verwerthen will, so mag an dieser Stelle davon
Umgang genommen werden.

Die Ausgabe als solche ist mit aller Sorgfalt gemacht. Die
Abschrift ist, wie ich mich an Ort und Stelle überzeugen konnte,
ziemlich genau und wurde überdies von Dr. Teige nochmals sorgsam
verglichen. Der Kommentar ist vollkommen ausreichend.

                                            J. Loserth.

Deutsche Reichsgeschichte im Zeitalter Friedrich's III. und Max' I. Mit besonderer Berücksichtigung der österreichischen Staatengeschichte. Von **Adolf Bachmann**. 2. Band. Leipzig, Veit & Co. 1894. XII, 768 S.

Beim Erscheinen des 1. Bandes im Jahre 1884[1]) hatte der Vf. noch zwei weitere Bände angekündigt; erfreulicherweise hat er sein Ziel — er geht nur bis zur Wahl Maximilian's im Jahre 1486 — jetzt in einem Bande erreicht, wobei dann allerdings die letzten Jahre nicht mehr so wie die früheren mit einer in alles Detail der Verhandlungen eingehenden Genauigkeit dargestellt sind. In den zehnjährigen Studien, die zwischen beiden Bänden liegen, hat der Vf. an Verständigkeit der Auffassung von Zeiten und Menschen, sowie an Schärfe des Blicks für die Bedeutung der sich abspielenden Vorgänge erheblich gewonnen; er bemüht sich redlich, die auf der Bühne dieser 20 Jahre von 1467 bis 1486 in den Vordergrund tretenden Personen objektiv nach ihren Reden, Schreiben und Handlungen zu verstehen und dem Leser vorzuführen; er bringt namentlich den Kaiser Friedrich in eine Beleuchtung, die ihn zwar keineswegs auf Kosten anderer in's Dunkel gesetzter Figuren durch optische Kunststücke verschönt, jedoch die wirklich tüchtigen Züge dieses anscheinend so kargen, aber in seiner auf einen starken Glauben an seine Stellung und sein Haus gestützten Zähigkeit immerhin bedeutenden Mannes erkennen läßt. Wenn trotzdem die Lektüre des Buches eine anstrengende und fast ermüdende Arbeit ist, so liegt das einmal darin, daß die dargestellten, oft höchst verwickelten Vorgänge des wirklich lebendigen Zusammenhanges, wie ihn nur die Wirksamkeit einer Alles beherrschenden Idee oder Persönlichkeit hervorbringt, völlig entbehren, andererseits an der mehr und nicht immer leicht reflektirenden Darstellungsweise des Vf.

Die Fassung der Aufgabe, die Anlage des Werks, die Gruppirung des Stoffs verrathen den die ganze Politik der Zeit überschauenden weiten Blick, der dem Geschichtschreiber eignen muß, welcher sich an eine so große Aufgabe heranwagt; aber in dem ewigen Durcheinander der sich unaufhörlich durchkreuzenden Bestrebungen, die wenigstens zu keinem die Nation befriedigenden Ergebnis führen, ist der Vf. oft vom Berge in die die Aussicht beschränkenden Thäler hinabgestiegen. Aber lassen wir uns dadurch die Freude an dem bedeutenden Stück Forschung, das uns geboten wird, nicht trüben. Es liegt uns doch der erste Versuch einer wirklichen Reichsgeschichte des ausgehenden Mittelalters vor. Die österreichische Färbung, in die er getaucht ist,

---

[1]) H. Z. 52, 335.

erscheint nicht unberechtigt; immerhin sind die Pläne und Ziele und
zu guter Letzt auch die Erfolge des habsburgischen Kaisers doch un=
gleich bedeutender als die der thätigsten und hervorragendsten Reichs=
fürsten. Vor inneren Reichsangelegenheiten ist in dieser Zeit viel
weniger die Rede als von auswärtiger Politik.

In der Stellung des Reichs zu den östlichen Mächten, zu dem
mit der Katholikenpartei so tapfer ringenden tschechisch=husitischen
Böhmenkönig und zu dem magyarischen Emporkömmling in Ungarn,
der die zusammengefaßte Kraft seiner Nation so siegreich nach Westen
vorschob, wie zu den ebenfalls auf moderner Grundlage sich auf=
bauenden Staatenbildungen des Westens, zu Burgund und zu den
Schweizern, desgleichen zu Frankreich, znm Papste, waren überall die
Hausinteressen Habsburgs im Vordergrunde; noch viel wunderbarer
als bei seinem Sohne Maximilian erscheint bei Friedrich III. der
Kontrast der beschränkten Machtmittel und der weitausgreifenden
Aspirationen. Seine Lage ist immer eine mit den größten Schwierig=
keiten kämpfende, das Morgen dem Heute abringende, oft geradezu
erbärmliche, und doch welche zähe, widerstandsfähige Lebenskraft, der
andererseits jeder Schimmer von Heroismus fehlt!

Der Stoff ist in zwei große Abtheilungen zerlegt. Die erste,
1467—1476, führt die Überschrift: Die burgundische Heirat, weniger
weil diese ihren hauptsächlichen Inhalt ausmacht, denn den größeren
Theil desselben bildet doch der Streit um die Krone Böhmen, als
weil sie mit der Erreichung des vom Kaiser Burgund gegenüber
ausdauernd verfolgten Zieles ausklingt. Die zweite Abtheilung,
1477—1486: Das deutsche Reich im Gegensatze zu Ungarn. Die
römische Königswahl Maximilian's I. ist erheblich kürzer und zeigt auch
gegen Ende mehr eine übersichtliche Darstellung. Besser charakterisirt
der Vf. den Inhalt und Standpunkt seines Buches in dem Neben=
titel: Kaiserthum und moderne Staatenbildungen im Osten und Westen
des Reiches. Gründung der Großmacht des Hauses Habsburg. Die
Fülle neuen Materials, das hier zum ersten Mal in einer groß an=
gelegten, doch, wie schon angedeutet ist, alle Vorgänge bis in's Ein=
zelne verfolgenden Darstellung verwerthet worden ist, ist außerordentlich
groß und ebenso außerordentlich zerstreut; was der Vf. selbst an
archivalischem Stoffe ausgegraben hat, hat er während der Arbeit in
drei Bänden der Fontes rerum Austriacarum (2, 42. 44. 46) ver=
öffentlicht. Schritt für Schritt belegt er Alles mit genauen Quellen=
nachweisen; man wird sehr selten finden, daß er Bedeutenderes über=

sehen hat. Bietet das Buch auf diese Weise eine überaus dankens=
werthe Zusammenfassung des heutigen Standes der Forschung, so führt
es dieselbe fast in allen Partien mit sicherer Hand weiter. Einer so
reichhaltigen Arbeit gegenüber in Einzelheiten mit dem Vf. zu rechten
hält Ref. wenigstens an dieser Stelle für ganz unangebracht. Wenn
die nächsten Jahrzehnte wieder ebenso viel neue Quellen erschließen,
als die letzten in die Öffentlichkeit gebracht haben, dann wird ja Manches
zu berichtigen sein, aber auch die, die dann mit Selbstgefühl im Ein=
zelnen weiterbauen werden, werden nicht nöthig haben, die von B.
aufgeführten Grundmauern vorerst wieder abzutragen. — S. 91. 92
muß der Kopftitel lauten Nürnberger Reichstag statt Regensburger.
S. 262 enthält der zweite Satz einen offenbaren Widerspruch. S. 538
ist ostensiv im Sinne von ostensibel gebraucht. S. 714 statt Kampf
um Guben l. Glogau. S. 262 statt Maçon l. Macon. **Mkgf.**

Die Wiederbelebung des klassischen Alterthums oder das erste Jahr=
hundert des Humanismus. Von **Georg Voigt.** 2 Bände. Dritte Auflage,
besorgt von **Max Lehnerdt.** Berlin, Georg Reimer. 1893. 1. Bd. XVI,
591 S.; 2. Bd. VIII, 543 S.

Die neue Auflage, zwei Jahre nach G. Voigt's Tode erschienen,
stimmt, wie der Herausgeber im Vorwort versichert, mit ihrer Vor=
gängerin nicht nur in der äußern Einrichtung des Buches und der Anordnung
des Stoffes, sondern auch in der Beurtheilung der Persönlichkeiten und
Leistungen der Humanisten überein, nur in biographischer und biblio=
graphischer Hinsicht seien Änderungen nöthig geworden. Der Heraus=
geber habe sich bemüht, die neuern Arbeiten und Veröffentlichungen
über den Humanismus, die seit den letzten zwölf Jahren in Deutsch=
land, Italien und Frankreich in so reicher Fülle erschienen sind, unter
möglichster Schonung des ursprünglichen Textes zu verwerthen, und
habe seine Änderungen fast durchweg in die Anmerkungen verwiesen,
ohne seinen geistigen Antheil an dem Werk in seiner jetzigen Gestalt
äußerlich zu kennzeichnen. Zur Beurtheilung seiner Thätigkeit verweist
er auf einen Vergleich mit der vorigen Auflage.

Leider läßt sich nicht sagen, daß der Vergleich dem Herausgeber
zu sonderlichem Lobe gereichen könnte; Wahrung des alten Bestandes
bei einem so bedeutsamen Werke wie dem vorliegenden mag unter
Umständen eine Pietätspflicht sein, dann hätte man aber es sich an
einer unveränderten Auflage genügen lassen können; nach dem Vorwort
durfte man aber eine verbesserte und vermehrte erwarten, wird aber

in dieser Erwartung durchaus getäuscht. Die reiche Literatur der letzten zwölf Jahre über den Humanismus ist auch in ihren bedeutendsten Erscheinungen nur ganz unzulänglich berücksichtigt worden. Ich finde nirgends, daß Eberhard Gothein's Buch „zur Kulturentwicklung Süditaliens", 1886, das die Kenntnis der südtitalischen und besonders der neapolitanischen Renaissance so sehr gefördert hat, benutzt worden ist, obgleich Gothein an mehr als einer Stelle gegen Voigt's Darstellung Einspruch erhebt; Denifle's „Geschichte der Universitäten im Mittelalter", 1885, bleibt trotz unmittelbarer Polemik gegen Voigt unerwähnt; dasselbe gilt von Paulsen's „Geschichte des gelehrten Unterrichts", 1885, deren erster Abschnitt dem Humanismus gewidmet ist und schon um ihrer eigenartigen Auffassung von der kulturellen Bedeutung des Humanismus und um des lauten Widerspruchs willen, den Paulsen's Betrachtungsweise gefunden hat, der Beachtung würdig gewesen wäre. — Und vollends erst die stattliche Zahl von Einzeldarstellungen und Ausgaben, mit denen uns namentlich Italien und Frankreich beschenkt hat — wie wenig ist davon in der Neuauflage auch nur angeführt! Nur zwei Beispiele: Gabrielli's Aufsatz über die Briefe des Cola di Rienzo vermißt man ebenso wie dessen Ausgabe des Epistolario di Cola di Rienzo, 1890; aber auch Tabrès' im Jahre 1886 erschienene Ausgabe der Cancellaria Johannis Noviforensis ist dem Herausgeber unbekannt geblieben; die italienische wie die deutsche Veröffentlichung steht in leicht zugänglichen Schriften gelehrter Gesellschaften. Die Aufzählung läßt sich leicht vermehren. Im Text ist gar manches stehen geblieben, was · bei aller Pietät für den Vf. doch besser getilgt worden wäre. Dazu zählen die vielen, allerdings durch die Anordnung des Stoffes verursachten, Wiederholungen, die sich aber bei sorgfältigerer Durchsicht wohl hätten mindern lassen, auch eine Nachprüfung der chronologischen Angaben hätte sich empfohlen; denn die Eigenthümlichkeit der Florentiner Jahresrechnung, das neue Jahr erst mit dem 25. März anzuheben, ist nicht immer berücksichtigt worden. Das ungünstige Urtheil, das Voigt über die italienischen Universitäten gefällt hat, ist von der Einzelforschung nicht bestätigt worden; außer Denifle's Buch zeigen eine Reihe italienischer Arbeiten, daß der Antheil der Universitäten an den humanistischen Bestrebungen viel bedeutender war als Voigt angenommen hat; besonders gilt dies von Padua, Pavia und Florenz. Daß zwischen der Universität zu Rom und dem studium generale an der Kurie zu unterscheiden sei, ist sowohl Voigt als L. entgangen.

Auch im einzelnen hätten manche Flüchtigkeiten, die bei der Über=
fülle des Stoffes unvermeidlich waren, jetzt beseitigt werden können.
Beccadelli's Hermaphroditus ist gar nicht der Ausbund von Laster=
haftigkeit, wie Voigt, wohl durch den Titel bewogen, angenommen hat;
schon Geiger, noch mehr aber Gothein haben das Urtheil über dies
merkwürdige Buch, das ein so ernsthafter Mann wie Bartolommeo
von Mailand rühmt, auf das richtige Maß zurückgeführt.

Was wir aus der Neuauflage über Kaiser Karl's IV. Beziehungen
zum Humanismus erfahren, ist noch von Friedjung's heute ziemlich
veraltetem Buche abhängig. Seither ist aber unsere Kenntnis von
den Einflüssen, die in Böhmen im 14. Jahrhundert zu einer Art
Frührenaissance in literarischer und künstlerischer Beziehung geführt
haben, ganz erheblich gewachsen. Dasselbe Material, aus dem
K. Burdach eine mustergültige und geistvolle Charakteristik der Kultur
Böhmens unter Karl IV. aufbaut, hätte zum größten Theil auch L.
zu Gebot gestanden. Burdach's Aufsätze bieten wieder eine Reihe von
Berichtigungen und Ergänzungen zu Voigt's Werk; es ist z. B. nicht
richtig, daß Karl nie nach einem Livius verlangt hätte (vgl. 2³, 267),
der Kaiser hat ihn in französischer Übersetzung gelesen. Vor allem
hat Burdach mit der Forderung, die fremden Strömungen, die seit
der Mitte des 14. Jahrhunderts auf das geistige Leben Deutschlands
wirken, in ihre Bestandtheile, den französischen und italienischen, zu
zerlegen, der künftigen Forschung über die literarische Renaissance
Deutschlands den Weg gewiesen und ist heute wohl der Berufenste,
deren Geschichte zu schreiben und mit G. Voigt's Pfund weiter zu
wuchern.

Alles in allem wird man sagen dürfen: wer von G. Voigt's Werk
die zweite Auflage besitzt, braucht sich nicht zu beeilen, sie mit der
dritten zu vertauschen, und wer diese besitzt, muß sich vor Augen
halten, daß sie trotz der Jahreszahl 1893 doch nur dem Stand der
Kenntnisse etwa um 1880 entspricht.   Chroust.

Geschichte der Gegenreformation in Böhmen. Von **Anton Gindely**.
Leipzig, Duncker & Humblot. 1894. 532 S.

Mit dieser erst nach dem Tode des Vf. herausgegebenen Schrift
hat Gindely wieder den Boden betreten, auf dem seine Forschung
begonnen und wohl auch die meisten Verdienste errungen hat, nämlich
die innere Geschichte Böhmens. Was er unter dem Titel der „Gegen=
reformation" bietet, ist eine Darstellung sowohl der kirchlichen wie der

staatlichen Verwaltung und Umgestaltung, welche über Böhmen während der acht Jahre nach der Schlacht am Weißen Berg erging. Der Vorzug der meisten Arbeiten G.'s, nämlich eine weit ausgreifende archivalische Forschung, tritt hier in besonders ausgedehntem Maße hervor: seine Mittheilungen und Citate eröffnen einen überraschenden Ausblick auf unbekannte Quellen und Thatsachen. Andrerseits freilich fehlen auch nicht die bekannten Mängel. Ein methodisch arbeitender Geschichtschreiber würde z. B. die ungedruckten Akten über die kirchliche Reaktion Ferdinand's II. in Böhmen nicht heranziehen, ehe er die im Anhang von Carafa's Germania sacra gedruckten Aktenstücke ex cancellaria regni Bohemiae sich angeeignet hätte: G. hingegen führt wohl diese Schriftstücke an, aber nicht als gedruckt, sondern wie er sie in seinen Archiven gefunden hat, und mit Inhaltsangaben, welche gegen die Vollständigkeit und Zuverlässigkeit seiner Auszüge viele Bedenken erregen. Es hängt dies mit der Eigenart G.'s zusammen, der eine seltene Kunst besaß, aus einem Wust von Akten, gleichsam im Flug, wichtige Vorgänge zu fassen und im Flug eine Anzahl darauf bezüglicher Korrespondenzen zu sammeln, während die Geduld, die Quellen erschöpfend zu bearbeiten, besonders auch in dem Sinn sie zu bearbeiten, daß er sich vor allem einen vollständigen Überblick über die Ergebnisse des gedruckten Materials verschaffte, ihm abging. Übrigens wird man bei Beurtheilung des vorliegenden Buches nicht vergessen, daß es ein opus postumum ist, und sich folglich auch nicht zu sehr daran stoßen, wenn die Zusammenfassung des Einzelnen zu größeren Abschnitten fast überall den Eindruck des Unfertigen macht. Am ehesten scheint mir die im neunten Kapitel gegebene Entstehungsgeschichte der „verneuerten Landesordnung" zusammenhängend und verhältnismäßig zuverlässig zu sein. Von hohem Interesse sind auch die bei der Behandlung der kirchlichen Angelegenheiten gebrachten Mittheilungen über den Gegensatz zwischen den Jesuiten und andern Organen der Hierarchie, welcher bei der Umwandelung der Prager Universität hervortrat und in den Gegenwirkungen des Jesuiten Lamormain und des Kapuziners Valeriano Magni seinen schärfsten Ausdruck fand, — nur daß von diesem wie von vielen andern Theilen des Buches dem Leser der Wunsch zurückbleiben wird, es möchten die vom Vf. neu erschlossenen Gebiete geschichtlicher Kenntnis recht bald einen sorgfältigen Ausbau erfahren.

Moriz Ritter.

Der niedersächsisch-dänische Krieg. Von **Julius Otto Opel.** 3. Band (1627—29). Magdeburg, Faber'sche Buchdruckerei. 1894. 749 S.

Das Geschichtswerk, das mit diesem 3. Bande, vierundzwanzig Jahre seit dem Erscheinen des 1. Bandes, abschließt, hat je nach den Erwartungen, mit denen man an dasselbe herantrat, sehr verschiedene Beurtheilungen erfahren. Wer es lesen will, in der Meinung, eine folgerechte und klare Darstellung der Ereignisse, oder auch nur eine lichtvolle Auseinandersetzung einzelner verwickelter Verhältnisse oder streitiger Fragen geschichtlicher Forschung zu finden, wird das Buch, in dem der Lauf der Geschichte in eine Reihe wenig zusammenhängender Abschnitte zertheilt ist, und die Thatsachen aus einer eintönigen Folge schwer verständlicher Aktenauszüge herausgeschält werden, mit Unmuth aus der Hand legen. Wer es dagegen zur Unterstützung eigener Forschung gebraucht, wird vor der Gewissenhaftigkeit, mit welcher der Vf. die weit verstreute Literatur durchgearbeitet und für jede Thatsache die vorliegenden Zeugnisse zusammenzustellen gesucht hat, mit ebenso viel Achtung wie Dank erfüllt werden. Auch aus einer Reihe von Archiven finden sich, wenn nicht tiefgreifende, so doch vielfach ergänzende Beiträge. Eine andere Frage ist es, wieweit man Opel folgen darf, wenn er nicht einfache Thatsachen, sondern verwickelte Verhandlungen auf Grund weitschweifiger und vieldeutiger Aktenstücke darzulegen sucht. Hier wird der Eindruck von Unklarheit und Widersprüchen gleich beim ersten Lesen geweckt und bei näherer Prüfung bestätigt werden. Wer dies Urtheil zu weit gehend findet, der möge als Stichprobe etwa den Abschnitt über den Mühlhausener Kurfürstentag von 1627 (S. 374 ff.) durchgehen und zunächst zusehen, wie weit er aus der Analyse des ungedruckten Protokolls, welche O. als Darstellung der Verhandlungen gibt, klug zu werden vermag, sodann, wie sich die also gewonnenen Ergebnisse über die Beschlüsse der Kurfürsten zu anderweitig bekannten Angaben, wie sie z. B. aus der Resolution des Erzbischofs von Mainz vom 28. März 1628 (vgl. die Citate S. 456) zu entnehmen sind, verhalten. Zu einer ähnlichen Stichprobe würde sich der Abschnitt über die maritimen Projekte Spaniens und des Kaisers in den Jahren 1625 bis 1628 empfehlen.[1]) — Noch schärfer finde ich mich vielfach da zum Widerspruch aufgefordert, wo der Vf., über die unmittelbaren Aussagen

---

[1]) Nicht verwerthet hat Opel in diesem Abschnitt die manches Neue bringende Arbeit von Gindely in den Denkschriften der Wiener Akademie, philol.-histor. Klasse, 39. Bd.

der Akten hinausgehend, selbständige Vermuthungen aufstellt. Die Art z. B., wie er S. 588 ff. den Einfall, daß hinter den Kapuzinerberichten über Wallenstein von 1628 zwar nicht als eigentlicher Autor, aber doch als Miturheber der Graf von Schwarzenberg stecke, begründet, scheint mir das gerade Gegentheil einer ernsthaften Beweisführung zu sein. — Trotz dieser Einwände betone ich indes nochmals, daß das O.'sche Werk für Jeden, der den betreffenden Zeitraum bearbeiten will, von hohem Werthe ist. Moriz Ritter.

Protokolle und Relationen des brandenburgischen Geheimen Rathes aus der Zeit des Kurfürsten Friedrich Wilhelm. Von Archivar Dr. Otto Meinardus, Privatdozent an der Universität Berlin. 2. und 3. Bd. (A. u. d. T.: Publikationen aus den kgl. preußischen Staatsarchiven. 54. u. 55. Bd. CXLII, 684 bezw. 841 S.) Leipzig, S. Hirzel. 56 M.[1])

Selten hat ein Kollegium eine so vielseitige Thätigkeit entwickelt wie der brandenburgische Geheime Rath unter der Regierung des Großen Kurfürsten. Als einzige Centralbehörde des eben erst in der Entwicklung begriffenen Gesammtstaates verfügte er über eine fast unbeschränkte Kompetenz. Neben den wichtigsten Fragen der äußeren Politik und der inneren, politischen, finanziellen und Justizverwaltung gelangten, bei dem Mangel am filtrirenden, unteren Instanzen, die unbedeutendsten Kleinigkeiten unmittelbar vor sein Forum. Eine beliebig herausgegriffene Tagesordnung enthält z. B. folgende Punkte: Ständische Verhandlungen, Frankfurter Deputationstag, Oxenstierna, Verbrechen, Kontributionsreste, Zehdenicker Ziese, Kriegsschaden, Zoll zu Werben, Privilegien der Freienwalder Kietzer, Pferderequisition, Durchmärsche, Oderberger Pfarrer, preußische Angelegenheiten, Münzverhandlungen u. s. w. In dieser Fülle von Verhandlungsstoff liegt zum großen Theil der Werth der Protokolle des Geheimen Rathes. In Zukunft wird niemand, der sich mit irgend einem Kapitel brandenburgischer Geschichte in dem betr. Zeitraum beschäftigt, achtlos an ihnen vorübergehen dürfen. Allerdings sind viele Gegenstände nur mit ein paar Stichworten protokollirt, so daß die qualitative Reichhaltigkeit des Materials hinter der quantitativen zurücksteht. Dennoch hat sich der Herausgeber entschlossen, die Editionsgrundsätze des 1. Bandes auch in den beiden vorliegenden Bänden, welche die Zeit vom April 1643 bis August 1647 umfassen, beizubehalten. Alle Protokolle werden wörtlich und ohne Auslassungen, die Relationen

---

[1]) Vgl. die Besprechung von Bd. 1 H. Z. 66, 320.

und anderen Stücke größtentheils wörtlich oder in ausführlichen Aus=
zügen mitgetheilt. Wir halten dieses Verfahren, besonders bei den
Protokollen, durchaus für richtig und hoffen, daß es auch in den folgenden
Bänden beibehalten wird. Es hat nicht nur den Vortheil, daß ein
Zurückgreifen auf die archivalischen Originale selbst für den ein=
bringendsten Spezialforscher fortan überflüssig ist. Wer aus den kurzen
Angaben sich nicht genügend belehren kann, der findet in ihnen
wenigstens Hinweise, wo seine genauere Forschung einzusetzen hat.
So leisten auch die kleinsten Notizen willkommene Regestendienste.
Überhaupt verdient die Technik der Edition uneingeschränktes Lob.
Die genaue Bezeichnung der Herkunft jedes Stückes und seiner Be=
schaffenheit (ob Konzept, Ausfertigung, eigenhändig, signirt, korrigirt ꝛc.),
die kurzen Inhaltsangaben am Kopfe oder am Rande, die weise Be=
schränkung der erläuternden Anmerkungen, alles das ist musterhaft
und nachahmenswerth. Zu ganz besonderem Danke sind wir dem
Herausgeber für das von ihm selbst bearbeitete, außerordentlich sorg=
fältige Sachregister verpflichtet, wodurch das von Dr. Sapper eben=
falls sehr genau entworfene Personen= und Ortsregister ergänzt wird.
Gleich dem 1. Band enthält auch der 2. und 3. eine Reihe von
Schriftstücken, die weder Protokolle noch Relationen des Geh. Rathes
sind. Manche von ihnen, wie z. B. die auf die Relationen ergangenen
kurfürstlichen Resolutionen, bilden eine nothwendige Ergänzung; über
die Auswahl und den organischen Zusammenhang anderer läßt sich
vielleicht streiten, doch wird im allgemeinen das Gefühl überwiegen,
auch für sie dem Herausgeber dankbar zu sein. Beiläufig bemerkt,
theilt eine dieser Zugaben das Schicksal vieler Archivfindlinge. Der
Brief Avaux' an den Großen Kurfürsten vom 24. Februar 1647
(P. u. R. 3, Nr. 426) ist nämlich schon in den Négociations
secrètes touchant la paix de Munster et d'Osnabrug (4, 30) ge=
druckt. Ich erwähne das hauptsächlich deshalb, weil das in dem
letzten Theil dieses Briefes ausgesprochene Urtheil Avaux' über From=
hold auf Grund eines fast gleichzeitigen Berichts Avaux' an Mazarin
(Nég. secr. 4, 20) einer starken Korrektur bedarf.
Wohl jeder, der nach den P. und R. greift, wird sie mit dem
Wunsche aus der Hand legen, nun bald auch eine der modernen Forschung
entsprechende Darstellung der Geschichte des brandenburgischen Ge=
heimen Rathes zu erhalten. Aus der fortschreitenden Veröffentlichung
seiner Verhandlungen erhellt ebenso sehr die Wichtigkeit seiner Stel=
lung im Organismus der brandenburgischen Behörden des 17. Jahr=

hunderts, wie andrerseits die Unzulänglichkeit der bisher über ihn vor=
handenen Literatur. Diese Geschichte kann im Zusammenhang aber
erst dann geschrieben werden, wenn die Akten seiner Thätigkeit voll=
ständig vorliegen. Mit richtigem Takt hat M. deshalb der Ver=
suchung widerstanden, sie bruchstückweise in den Einleitungen zu den
verschiedenen Bänden zu geben. Die Einleitung am Anfang des
2. Bandes, die sich ebenso wie das Register am Ende des 3. auf
beide Bände erstreckt, enthält nur wenige Bemerkungen über die
Organisation des Geheimen Rathes und die Stellung seiner einzelnen
Mitglieder. Sie schließt sich vielmehr eng an die Einleitung des
1. Bandes an und behandelt die Grundzüge der brandenburgischen
Politik in den letzten Jahren Georg Wilhelm's und in den ersten
Friedrich Wilhelm's. Indem sich M. bemüht, die Geschichtschreibung
dieser Zeit ihrer ständischen Färbung zu entkleiden, rückt er Personen
und Verhältnisse in ein ganz neues Licht, dessen Strahlen mit steigen=
der Wärme auf den Grafen Adam von Schwartzenberg fallen, während
die vielgepriesenen Anfänge des Großen Kurfürsten von Schatten nicht
frei bleiben. Schwartzenberg ist nach ihm nicht mehr der böse Dämon
des schwächsten Hohenzollern, der von dessen großem, jugendlich
genialen Sohne als „friedhässige Persönlichkeit" richtig durchschaut
und glücklich beseitigt wird. Er ist vielmehr „der getreue Eckart"
des kurfürstlichen Hauses, der zielbewußte Vertreter einer wehrhaften
Politik Brandenburgs, von der sein unerfahrener, ständisch berathener,
neuer junger Herr „im Anfang seiner Regierung aus jugendlichem
Idealismus und aus mangelnder Kenntnis" ablenkt, um, durch eigene
Erfahrung gewitzigt, bald zu ihr zurückzukehren. Den Ausgangspunkt
für dieses Urtheil bildet die von M. energisch betonte Auffassung,
daß Schwartzenberg als Staatsmann vor allem „ein grundsätzlicher
Gegner des Ständethums und ein Vorkämpfer der absoluten Monarchie
in Brandenburg=Preußen" gewesen sei. Was er zum Beweise dafür
vorbringt, ist so überzeugend, daß wir ihm in diesem für die principielle
Würdigung des Grafen so wichtigen Punkte nur beipflichten können.
Auch von Illoyalität Schwartzenberg's gegen seinen kurfürstlichen
Herrn, von Verdächtigung seiner Beziehungen zum Kaiser oder gar
von hochverrätherischen Umtrieben wird in Zukunft keine Rede mehr
sein dürfen.

Nicht ganz so glücklich und gelungen scheint mir dagegen der von
M. versuchte Nachweis zu sein, daß die einzelnen Maßregeln der
Schwartzenberg'schen Politik stets die richtigen waren und daß die

„landständische Friedenspolitik" des Großen Kurfürsten von 1640 bis 1644, speziell der Waffenstillstand mit Schweden seinem Lande „nur schwere Nachtheile gebracht habe". Daß die großen Werbungen von 1637/38 ein Fehler waren und der Versuch der Offensive in Pommern gänzlich mißlang, muß M. selbst zugestehen. Ob die Selbständigkeit und die Souveränetät Georg Wilhelm's damals durch den Kaiser wirklich so stark bedroht war, wie wir S. 38 Anm. 1 lesen, ist mindestens fraglich. Die Neutralitätspolitik Friedrich Wilhelm's gegenüber Schweden war eine bewußte Abkehr von dem Schwarzenberg'schen System, das ist richtig, aber sie war doch nur Opportunitätspolitik und bedeutete keineswegs einen dauernden Verzicht auf die eigene Wehrhaftigkeit. Deshalb dürfen wir die Werbungen von 1644, in denen M. die Rückkehr des Kurfürsten zu den gesunden Grundsätzen der Schwarzenberg'schen Politik erblickt, nicht ohne weiters als eine direkte Fortsetzung dieser Politik hinstellen, zumal da sie sich gegen einen ganz anderen Gegner, nämlich den Pfalzgrafen von Neuburg, richteten.

So ließe sich noch manches pro et contra anführen, wozu es hier an Raum fehlt. Das Üble bei der Diskussion über alle diese Punkte liegt, wie ja in so vielen ähnlichen Fällen, darin, daß auf beiden Seiten zu viel mit Bedingungssätzen operirt werden muß. Ob der Staat der Hohenzollern besser dabei gefahren wäre, wenn schon Schwarzenberg die friedlichen Bahnen des Großen Kurfürsten eingeschlagen oder wenn dieser auf der feindseligen Haltung gegen Schweden beharrt hätte, wird sich niemals widerspruchslos beweisen lassen. Die Verhältnisse lagen vielmehr damals so schwierig und verworren, daß wir selbst heute nicht im Stande sind, einen Ausweg zu nennen, der das Prädikat „klar und sicher", geschweige denn „einzig richtig" verdiente. Die Hauptsache war und bleibt, daß der Große Kurfürst überhaupt einen solchen und zwar einen ehrenvollen fand. Und wie war derselbe beschaffen? Alle großen Erfolge bis zum schwedisch=polnischen Kriege verdankt Friedrich Wilhelm doch fast ausschließlich seiner Diplomatie. Die beiden Male, wo er die Politik der bewaffneten Neutralität in eine Politik der Waffenthaten umsetzen wollte (1646 und 1651 gegen Pfalz=Neuburg), endeten bekanntlich mit einem militärischen Fiasko. So fern es uns selbstverständlich liegt, die Bedeutung des damals begründeten miles perpetuus zu unterschätzen, sein Versagen in den beiden Momenten, wo er thätig in die Politik eingriff, sollte uns doch zum Bewußtsein bringen, daß das Heil des Staates damals nicht einzig und allein im Schwerte lag.

Die Fragezeichen, die wir hinter einzelne der M.'schen Ausführungen gesetzt haben, sollen die allgemeine Werthschätzung seiner
Einleitung durchaus nicht herabsetzen. Es ist anzuerkennen, daß er
das Material zur Stütze seiner Ansicht mit Umsicht gesammelt und
sehr geschickt verwerthet hat. Sehr viele Einzelheiten treffen auch unbedingt zu, mit Recht wird der Gegensatz zwischen ständischer und
antiständischer Auffassung der Politik hervorgehoben, die einzelnen
Persönlichkeiten werden vortrefflich charakterisirt.

Besonders dankenswerth ist auch die Beigabe eines 4. Kapitels,
das sich mit den wirthschaftlichen Zuständen und Wandlungen in
Land und Stadt beschäftigt. In ihm werden die Protokolle und
Relationen ausgebeutet, um die Verheerungen zu schildern, welche
der Dreißigjährige Krieg in der Mark anrichtete. Wie gewaltig er
unter der städtischen Bevölkerung aufgeräumt hat, ergibt sich mit erschreckender, statistischer Deutlichkeit aus der sehr sorgsam gearbeiteten
Städtetabelle, welche die Einleitung abschließt.   C. Spannagel.

Corrispondenza tra L. A. Muratori e G. G. Leibniz conservata
nella biblioteca di Hannover ed in altri istituti e pubblicata da
Matteo Campori. Modena, G. F. Vincenzi. 1892. XLIII, 335 S.

Die in der Geschichte der Wissenschaften wundervolle, leider nicht
eben häufige Erscheinung zweier durch gemeinsame Arbeit und durch die
gleichen Aufgaben verbundener Gelehrter von dem Range Leibnitzens
und Muratori's hat mit Recht schon mehr als einmal die Aufmerksamkeit der späteren Forscher auf sich gezogen. Aber weder des
Marchese Giuseppe Campori [1]) kurzer Versuch, noch Alfred Reumont's [2])
geistreicher Essay geben ein vollkommen deutliches Bild von den Beziehungen der beiden Männer zu einander, von ihren gemeinsamen
Arbeiten und von dem Konflikte, der sie entzweite. Auch die Biographie
Muratori's von Gian-Francesco Soli-Muratori (1756) bietet für das
Verhältnis Muratori's zu Leibnitz nicht viel mehr als die Leibnitz-
Biographie von Guhrauer. Denn das Material, auf das sie sich

---

[1]) Leibnitz e Muratori in Prose e Versi nella sollenne inaugura-
zione della statua a L. A. Muratori. Modena 1853. Da der kleine
Aufsatz in Deutschland unbekannt geblieben zu sein scheint — auch Wegele,
Historiographie S. 642, nennt ihn nicht, was allerdings nichts beweist —, so
sei hier ausdrücklich auf ihn verwiesen: er beruht auf urkundlichem Material
und selbständiger Forschung.

[2]) Allgem. Monatsschrift, März 1854.

stützten, war doch sehr unvollständig und unzureichend. Von den Briefen, welche Leibniz und Muratori mit einander austauschten, waren nicht eben viele bekannt. Auf sie aber kommt alles an.

Um so größeres Lob verdient unter solchen Umständen Herr Matteo Campori, der sich die Mühe nicht hat verdrießen lassen, die zwischen Leibniz und Muratori gewechselten Briefe zu sammeln und sorgfältig herauszugeben. Es sind im ganzen 98 Briefe, die er in extenso abdruckt, davon 69 inedita und 9 bisher nur zum Theil bekannte. Dazu kommen in einem Anhange 6 weitere auf Arbeiten Muratori's bezügliche Briefe, die er dem Archivio Gonzaga zu Mantua entnommen hat. Die Briefe Muratori's an Leibniz verdankt Campori dagegen der kgl. Bibliothek zu Hannover, welche, wie man weiß, den Nachlaß Leibnizens bewahrt; die Briefe des letzteren aber sind theils nach den Originalen des Archivio Soli-Muratori zu Modena, theils nach den Konzepten Leibnizens in Hannover wieder= gegeben. Auch das Staatsarchiv zu Modena hat einige Briefe bei= gesteuert. Andere entstammen der Sammlung Campori's oder der jüngeren schon citirten Publikation Giuseppe Campori's und Muratori's Scritti inediti.

Dieses stattliche und, so viel ich sehe, vollständige Material gestattet nun, den Beziehungen der beiden großen Männer zu einander Schritt für Schritt nachzugehen. Es ist ein eigener Reiz, sich an der glänzenden Diktion und der wunderbaren Klarheit der Argumentation Leibnizens zu erfreuen oder den gründlichen und zuweilen von kräftigem Humor gewürzten Auseinandersetzungen Muratori's zu folgen. Für den Gelehrten insbesondere sind diese Briefe eine außerordentlich reiche Quelle: nicht nur die Individualität der Beiden erschließt sich dem Leser je länger je mehr, auch wie sie arbeiteten und in ihren Forschungen vorrückten, kann man, manchmal von Monat zu Monat, verfolgen.

Die gemeinsame Aufgabe, über welche die beiden Gelehrten fast 8 Jahre hindurch korrespondirt haben, war, wie man weiß, die Geschichte des Hauses Este. Seitdem Leibniz mit seiner 1695 erschienenen Lettre sur la connexion des maisons de Brunsvic et d'Este den halb vergessenen, halb durch genealogische Fabeleien verdunkelten gemeinsamen Ursprung der Este und Welfen erwiesen hatte, sah er die Este fast als sein angestammtes Herrscherhaus an, für dessen Größe er unermüdlich thätig war. Nichts war dem Hofe von Modena willkommener als die glänzende Feder des großen deutschen Publizisten;

von den päpstlichen Parteigängern, besonders von dem boshaften
Giusto Fontanini angegriffen, nahm er überaus gerne den Beistand
Leibnizens gegen die lästernden römischen Federn an. So entstand
in Leibnizens Kopf der Plan der Vindiciae Estenses, in denen er
die Größe der Estes erweisen und die Einwürfe der Gegner Punkt
für Punkt widerlegen wollte. Er will für das Alter des ruhmreichen
Geschlechts neue Beweise erbringen und den, allerdings irrigen, Gedanken
des von ihm verehrten und verdienten Bacchini an den Zusammenhang
der älteren Estes mit den Vorfahren der großen Mathilde von Canossa
erweisen. Aus dem geplanten Werke wurde zwar nichts, aber er führte
die beiden Hofhistoriographen von Braunschweig und Modena zuerst
zu häufiger Korrespondenz und bald auch zu gemeinsamer Arbeit. Es
war kein Wunder, daß es den jungen Italiener unwiderstehlich lockte,
seinen Namen mit dem des berühmten deutschen Philosophen, den er
als seinen Lehrer und Meister zu bezeichnen nicht müde wird, ver=
bunden zu sehen: schon zu Anfang des Jahres 1709 hat er Leibniz,
an den er zum ersten Mal am 28. September 1708 geschrieben hatte,
den Vorschlag gemacht, die geplanten Vindiciae zu erweitern und die
Arbeit so zu theilen, daß Leibniz die Geschichte des Hauses Este und der
braunschweigischen Linie, er selbst die des estensischen Zweiges schreiben
solle; das Werk solle dann unter beider Namen erscheinen. Auch
daraus wurde nichts, trotzdem Muratori immer wieder auf diesen
Vorschlag zurückkam; Leibniz wich aus: der Gedanke dieser gemeinsamen
Untersuchung, der nicht seinem Kopf entsprungen war, mochte ihm
nicht gefallen. Ihn zog es jetzt, da er soeben die beiden letzten Bände
der Scriptores rerum Brunsvicensium vollendet hatte, übermächtig
zu seinen Annalen; dort gedachte er die Geschichte des Hauses Este
im Zusammenhang mit der des Hauses Braunschweig zu behandeln.
Schon hier liegt der Keim zu dem Konflikte, der das Verhältnis
der beiden der gleichen Aufgabe zugewandten Gelehrten so empfindlich
stören sollte.

Mit den Gelehrten ist es bekanntlich ein eigen Ding; im Punkte
des Ruhmes verstehen sie keinen Spaß, und an der Größe und den
Leistungen Anderer sich unbefangen zu erfreuen, wird ihnen zuweilen
schwerer als anderen Sterblichen. Auch Leibniz, so liebenswürdig er
uns in diesen Briefen entgegentritt, war hier schwach. Wie konnte er
über die feindselige Recension grollen, die der böse Fontanini an
seinen letzten Bänden der Scriptores in dem Venezianischen Giornale
de' letterati d'Italia (Tom. XII. 1712 p. 388 sq.) verübt hatte: er,

der kaiserliche Rath, möchte den Übelthäter am liebsten der kaiserlichen
Regierung denunziren und den Botschafter des Kaisers in Venedig
gegen ihn mobil machen; er denkt ernstlich daran, zu bewirken, daß
Fontanini's Schrift in den kaiserlichen Landen diesseits und jenseits
der Alpen verboten werde. Freilich, ebenso schnell ist er wieder
besänftigt. Auch das Verhältnis zu dem jungen Muratori war von
Anfang an ein schiefes. Er war dem Jüngern und Aufstrebenden
gegenüber der große Mann, der die Geschichte wesentlich vom Standpunkte des Politikers betrachtete; auch seine Forschungen sollten politischen
Zwecken dienen; in seinem universalen Geiste gestaltete sich diese
Thätigkeit nur als ein bescheidener Theil einer umfassenderen Wirksamkeit. Muratori's Ziele waren nicht so hoch gesteckt, ein unermüd-
licher Sammler und ein rastloser Forscher, wie er war, wünschte er
die Ergebnisse seiner archivalischen Nachforschungen so bald als möglich
dem gelehrten Publikum vorzulegen; mehr Gelehrter als Politiker, hatte
er nur geringes Verständis für des Andern politische Bedenken: Le
carte e l'erudizione non conquistano stati. Die leidige Gewohnheit
des Zeitalters, gelehrte Entdeckungen und Funde geheim zu halten,
kam hinzu, das einmal erweckte Mißtrauen zu verstärken: wir sind am
Ende ganz ebenso wie Muratori erstaunt, zu sehen, wie weit Leibnizens
Studien vorgedrungen waren und was er bereits festgestellt hatte,
indes sein italienischer Mitarbeiter in mühsamer Forschung sich durch
die dunkle Genealogie der Este hindurcharbeitete. Wahrhaft bewun-
derungswürdig erscheint auch hier Leibnizens überlegene Gelehrsamkeit
trotz aller Zurückhaltung: wie er Muratori die einzuschlagenden archivalischen Wege zeigt, ihn sowohl auf das tyrrhenische Küstenland wie
auf Mailand hinweist — ein deutlicher Beweis, daß seine Forschungen
über die Ahnen der Este viel weiter gediehen waren, als irgend jemand,
auch Muratori ahnen konnte. Aber er verlangt das Unmögliche; noch
über den historischen Stammvater der Este, den Markgrafen Adalbert,
Otbert's I. Vater, hinaus, den er längst, Muratori aber erst nach
langen Forschungen gefunden hatte, fordert er archivalische Aufschlüsse;
so lange will er von einer überstürzten Publikation nichts wissen.
Wir begreifen Muratori's Enttäuschung und Empfindlichkeit, daß sein
deutscher Nebenbuhler seinen Forschungen durchaus nicht die Bedeutung
zumaß, die seinen jahrelangen Studien zukam, und daß jener immer
schon das wußte, was er mühsam entdeckte, auch wohl im einzelnen
kritisirte. Mehrere solcher Kontroversen ziehen sich durch die Korrespondenz hindurch; die Art, wie sie debattirten, ist lehrreich für den

wissenschaftlichen Charakter der beiden Gelehrten; während Mura=
tori sich oft eigensinnig auf seine nicht immer richtigen Ansichten
versteift, wird Leibniz nicht müde, ihn mit neuen Argumenten zu
überzeugen.

Doch nicht diese streitigen Punkte führten zu dem bedauerns=
werthen Konflikt. Immer wieder hatte Leibniz die Publikation des
Muratori'schen Werkes, dessen Manuskript bereits fertig gestellt und
ihm zur Begutachtung zugesandt war, hinauszuschieben gewußt, zuerst
aus dem Grunde, weil er diese Forschungen als noch nicht ab=
geschlossen erklärte, dann, weil ihre frühzeitige Publikation der eigenen,
im Auftrage seines Fürsten unternommenen Arbeit das Beste weg=
zunehmen drohte. Man versteht Leibnizens Bedenken, wie Muratori's
steigendes Mißtrauen. Nicht zum ersten und nicht zum letzten Mal
geschah es, daß ein jüngerer Gelehrter sich um die Früchte seiner
eigenen Arbeit durch einen älteren und berühmteren Gelehrten bedroht
glaubte. Unglücklicherweise fanden sich Leute, welche dieses natürliche
Mißtrauen zu schüren wußten; elende Klatschereien und Verleumdungen
der Engländer und der Modenesen in London führten endlich den
Bruch herbei.

Man kennt die große Streitfrage um die Priorität der Erfindung
der Integralrechnung zwischen Newton und Leibniz. Es war nicht
nur eine Sache literarischer Schulen, fast mehr noch ein Gegenstand
nationaler Rivalität. Die Engländer schwuren auf ihren Newton und
erklärten den Deutschen schlechthin für einen elenden Plagiator. Der
König Georg selbst, in seinem Reiche unpopulär und umsomehr bestrebt,
die Gunst seiner englischen Unterthanen zu gewinnen, war seinem
großen Hofhistoriographen keineswegs günstig gesinnt; er grollte ihm
noch wegen seines Versuches, in kaiserliche Dienste überzutreten. Der
Hof urtheilte natürlich wie der Herr, und die halbanglisirten Hanno=
veraner in London hatten es sehr eilig, in die englischen Schmähungen
einzustimmen. Der Graf v. Bothmer wie der Baron v. Bernstorff,
beide hannoverische Minister in London, scheuten sich nicht, bei dem
modenesischen Gesandten das Mißtrauen gegen Leibniz zu schüren,
und der modenesische Gesandtschaftssekretär, der Abt Giuseppe Riva,
schrieb nun seinerseits Brief über Brief an seinen gelehrten Freund
nach Modena, in denen er ihn vor den arglistigen Anschlägen Leibnizens
warnte. Man hat in London offenbar Muratori gegen Leibniz aus=
spielen wollen; Newton selbst bemühte sich, Muratori's Briefe an
Riva in die Hände zu bekommen, doch wohl um sie gegen seinen

Gegner zu verwenden. Wie groß der Haß dieser Engländer gegen
Leibniz war, verräth einmal Riva: bisogna dire che il sig. Leibnitz
sia composto di zolfo, salnitro e di qualunque altra materia
capace di subitamente prender fuoco, e che in oltre abbia un'
anima in corpo molto nera. Er sei ein garbatissimo cavaliere,
ein plagiatore, ein uomo di mal cuore e pieno di maliziosi
artifizii. Es ist ein unerfreulicher Blick in das Gelehrtenleben jener
Zeit, den diese Briefe gewähren, und immer wird man beklagen
müssen, daß Muratori, so begreiflich sein Mißtrauen auch war, den
Feinden Leibnizens mehr geglaubt hat, als diesem selbst. Er hat,
wie man weiß, dieses Mißtrauen nie überwunden. Aber auf der
andern Seite, wie tritt trotz aller Schwächen Leibnizens Liebenswürdigkeit und unvergleichliche Gelehrsamkeit neben Muratori's Eifer
und Ernst in diesen Briefen zu Tage! Für die Geschichte der Leibniz'schen
Annalen und noch mehr der Muratori'schen Antiquitates werden sie
immer die wichtigsten Quellen bleiben.   Kehr.

Baiern unter dem Ministerium Montgelas, 1799—1817. Von Dr.
Richard Graf du Moulin Eckart, Privatdozent der Geschichte an der Universität Heidelberg. 1. Band: 1799—1800. München 1895.

Erst „das feste Bewußtsein nicht bloß des geistigen, sondern auch
des politischen Deutschthums" ermöglicht es jetzt, wie der Vf. sagt,
„ohne sittliche Entrüstung den Geist eines Zeitraums zu schildern, wo
die politischen Ereignisse doch nur die nothwendige Basis gelegt haben
zu dem Ausbau eines modernen Baiern, das seiner Bestimmung, der
zweite Grundpfeiler des Deutschen Reiches zu werden, hiedurch entgegengebracht worden ist." Das Werk ist sehr weit angelegt. Die
beiden ersten Bände werden lediglich das Politische bieten, während
sich der 3. Band dem inneren Treiben zuwenden wird. Auch die
ferneren Bände sollen unter diesen Gesichtspunkt geordnet werden,
denen alsdann zum Schluß ein Aktenband folgen soll. Da nun der
1. Band nur den neunten Theil des achtzehnjährigen Zeitraums behandelt, so kann man auf eine stattliche Anzahl von Bänden rechnen,
von denen zwei Dritttheile der äußeren Politik des Grafen Montgelas
gewidmet sind, während ein Dritttheil die Ausbildung des einheitlichen
baierischen Rechtsstaates darstellen soll. Da letztere bisher noch nicht
genügend behandelt und klar dargestellt worden ist, wird dieser Theil
der Arbeit sicherlich hohes Interesse bieten. Ob aber auch eine so
eingehende Betrachtung der im wesentlichen bereits bekannten äußeren

Politik erforderlich war, kann wohl bezweifelt werden, umsomehr da der Vf. vorzugsweise nach den schon mehrfach benutzten preußischen und französischen Akten gearbeitet hat, während das Münchener Geheime Staatsarchiv ihm verschlossen geblieben ist. Immerhin hat er noch manches Interessante gefunden, namentlich über die Beziehungen Baierns zu Preußen und Rußland. Die baierische Regierung war damals, wo sie die begehrlichen Ansprüche des übermächtigen österreichischen Bundesgenossen noch mehr zu fürchten hatte als den französischen Gegner, gern bereit, sich der preußischen Politik unterzuordnen, sich von Preußen leiten und dafür beschützen zu lassen. Da ihm dieser Schutz nicht in der gewünschten Weise gewährt wurde, ist Baiern dann zunächst in ein Schutzverhältnis zu Rußland getreten. Der Vf. erläutert nicht nur die Politik der baierischen Regierung, sondern zeigt auch, welchen Widerspruch sie bei den Ständen und bei der öffentlichen Meinung in Bayern fand. Mit wachsender Energie sprach sich das Land gegen das Bündnis mit Österreich aus und forderte den Anschluß an Frankreich, obgleich es von den Franzosen nicht weniger ausgebeutet wurde als vorher von den Österreichern.

Paul Goldschmidt.

Das Deutsche Reich ein monarchischer Einheitsstaat. Von Albert v. Ruville. Berlin 1894. 294 S.

Ruville geht aus von dem Widerspruch, der in dem Begriff eines Bundesstaates liegt, und will diesen Begriff beseitigen. Entweder ist ein sogenannter Bundesstaat ein Staat, d. h. die Entscheidung liegt bei der Regierung des Gesammtstaates. Oder er ist ein Bund von Staaten, d. h. im Fall des Zweifels liegt die Entscheidung bei den einzelnen, und die gemeinsame Gewalt reicht nur so weit, als die Verträge und der Wille der Einzelstaaten es gestatten. Abgesehen davon, ob diese Kritik einwandfrei sei: gewinnt man wirklich ein fruchtbareres Prinzip, wenn man mit R. statt Bundesstaat sagt Einheitsstaat mit weitgehender Decentralisation? Nicht der Grad der Decentralisation unterscheidet in erster Linie den Einheitsstaat vom Bundesstaat. Was uns zunächst veranlaßt, einen Staat nicht als Einheitsstaat zu bezeichnen, ist die Form seiner Glieder. Wenn für die Theile nicht die Form von Provinzen, sondern die von Staaten überliefert oder gewählt ist, besonders wenn diese Staaten Fürstenthümer und Königreiche sind — so widerstrebt es uns, von einem Einheitsstaat zu sprechen. Es ist das auch nicht bloß ein populäres

Bedenken, sondern wohl begründet für jeden, der die Bedeutung der Form und des Namens der Dinge im politischen Leben zu wägen weiß. Der Begriff Bundesstaat bietet eine willkommene Hülfe zu Bezeichnungen solcher komplizirten Staaten. R. legt Gewicht darauf, daß die Staatsrechtslehrer bei der Definition des Begriffs Bundesstaat es vermieden zu sagen: der Bundesstaat ist ein Staat, sondern sich unbestimmter Wendungen bedienen wie ein politisches Gebilde u. s. w. Ob das alle thun, prüfe ich nicht nach, denn alle verstehen unter diesen Ausdrücken doch dasselbe wie Staat und vermeiden den einfachen Begriff nur, weil es nicht eine einfache, sondern eine komplizirte Form des Staates zu bezeichnen gilt.

Die Auffassung des Deutschen Reichs als Einheitsstaat würde das Gefühl der Gemeinsamkeit stärken und auch die Neigung, die gemeinsamen Einrichtungen auszudehnen, und zwar auch gegen den Willen etwa widerstrebender Einzelstaaten. Manche werden das für ein Glück halten — aber andere nicht und sie würden die, die nun in der Umwandlung des Begriffs die Fahne des Einheitsstaates aufpflanzen, als Friedensstörer ansehen, die den Rechtszustand angreifen. Ich höre schon den Vf. den Einwand erheben, daß es ihm nur um die wissenschaftliche Schärfe der Definition zu thun sei. Gut, aber oft genug deutet er an, daß diese Schärfe auch politisch dienlich sein werde. Darum sei auch das politische Bedenken erwähnt. Doch lassen wir das. So geschickt er bei seiner Beweisführung vorgeht — er kommt aus den Schwierigkeiten nicht heraus und macht nun den Versuch, den Charakter des heutigen Deutschen Reichs als eines Einheitsstaats historisch zu erweisen, indem er zu zeigen sucht: 1. Das heutige Deutsche Reich sei der Rechtsnachfolger des alten 1806 erloschenen, unsere Kaiser die „legitimen Nachfolger jener langen Reihe von Cäsaren, unter deren Szepter Deutschland die glänzendsten und auch die traurigsten Zeiten seiner Geschichte durchlebt hat" (S. 9.) 2. Das alte heilige römische Reich sei bis zuletzt rechtlich ein Einheitsstaat gewesen. Der historische Beweis für diese Auffassung des heiligen römischen Reichs ist mißglückt, und sonderbar muthet es an, daß er ausführt, im Laufe der Jahrhunderte habe das heilige römische Reich deutscher Nation seinen Charakter als rechtliche Fortsetzung des römischen Weltreichs abgestreift, nicht bloß thatsächlich, sondern auch rechtlich, und das Reich, das Kaiser Franz „im Jahre 1806 auszutilgen glaubte", sei ein anderes Reich, ein deutsches Reich gewesen. Mit seiner sonstigen Behandlung von Thatsachen und zähem Festhalten einmal geltender Rechtsanschauungen ist das nicht zu vereinen. Die Zeit von 1806 bis 1870 betrachtet er ferner rechtlich als Interregnum. „Das alte Deutsche Reich bestand, wie wir bewiesen haben, noch immer zu Recht" (S. 98). Das ist nicht bewiesen, vielmehr ist der Vf. zu recht künstlichen Auffassungen gedrängt worden. Ebenso er= geht es ihm bei den Vorgängen des Jahres 1870, welche den Nord= deutschen Bund zu dem Deutschen Reich erweiterten und erhöhten. Er geräth hierbei auch mit seinem Grundsatz in Widerspruch, daß man das Wesen eines Staates in erster Linie aus den Vorgängen, den Auffassungen und Ansichten der Gründer des Staats feststellen müsse, nicht oder doch erst in zweiter Linie aus der Verfassung selbst. So glaube ich seine Ansicht richtig zu verstehen, jedenfalls begebe ich mich damit auf das Feld, auf dem er die Entscheidung glaubt suchen zu müssen. Da ist nun aber klar, daß weder König Ludwig von Baiern in seinem berühmten Zirkularschreiben vom 4. Dezember 1870 von einem Einheitsstaate spricht, noch daß Bismarck und Delbrück u. s. w. eine Erneuerung des alten Reichs oder gar — was R. doch fordern müßte — eine Anerkennung der Thatsache, daß das 1806 aufgelöste Reich noch bestehe, in's Werk zu setzen meinten. Wie künstlich und unhaltbar die Auffassungen sind, zu denen R. greift, mag der Satz S. 92 zeigen: „Einen Kurerzkanzler, dem diese Pflicht (die Wahl zu leiten) obgelegen hätte, gab es nicht mehr, der König von Böhmen in der Person des Kaisers von Österreich hatte im Prager Frieden auf jede Mitwirkung an der Neugestaltung Deutschlands Verzicht geleistet. So mußte dem Könige von Baiern als rechtmäßigem Nach= folger des Kurfürsten von Pfalzbaiern der erste Rang unter den zu wählenden Fürsten eingeräumt werden." Baiern hat einfach als der anerkannt mächtigste und deshalb als der geborene Worthalter der übrigen Fürsten die Aufforderung erlassen. Die Bildung des Deutschen Reichs ist 1870 unterstützt worden durch die Erinnerung an die lange gemeinsame Geschichte, die unser Volk in den Formen des heiligen römischen Reichs durchlebt hat, aber man hat 1870 weder daran gedacht, das alte Reich zu erneuern, noch hat man geglaubt, das thatsächlich noch bestehende wieder als solches anzuerkennen. — All= zuscharf macht schartig, das ist der Eindruck, mit dem ich die auf gründlichen Studien ruhende und durch scharfe, wenn auch einseitige Beleuchtung wichtiger Vorgänge fördernde Abhandlung aus der Hand lege. G. Kaufmann.

Bibliographie de l'Histoire de Paris pendant la Révolution
Française Par **Maurice Tourneux**. I. II. Paris, Imprimerie Nouvelle 11 Rue Cadet. 1890. 1891. L, 520 und XLIV, 822 S.

Dieſe monumentale Arbeit, die eine der reichſten Fundgruben
für die genauere Erforſchung der Revolutionsgeſchichte zu werden
verſpricht, wird ein Gegenſtück zu dem Werke von Alexander Tuetey:
Répertoire général des sources manuscrites de l'Histoire de Paris
pendant la Révolution française bilden. Auch gehört ſie, wie dieſe,
der großen Sammlung geſchichtlicher Veröffentlichungen an, die, durch
die Centenarfeier von 1889 hervorgerufen, unter dem Patronat des
Gemeinderathes von Paris erſcheinen. Die Aufgabe, die M. Tourneux
zu löſen hat, bietet vielleicht noch größere Schwierigkeiten als die,
welche A. Tuetey obliegt. Denn die gedruckten Quellen der Pariſer
Revolutionsgeſchichte von Zeitungen und Sammelwerken bis zu
Einzeldrucken von Reden oder Geſetzen, Pamphleten, fliegenden
Blättchen u. a. m. ſind Legion. Auch hat man ſie an den ver-
ſchiedenſten Stellen, und nicht nur im Geburtslande der Revolution
aufzuſuchen. Der geſchulte und unermüdliche M. T., dem man u. a.
die ſchöne Ausgabe der Correspondance littéraire und die Mittheilung der Procès-verbaux de la Commune de Paris 10 août
1792 à 1 juin 1793 in den Publikationen der Société de l'Histoire
de la Révolution Française verdankt, hat ſich keine Mühe verdrießen
laſſen, allen gerechten Anforderungen zu genügen. Man erkennt dies
ſchon aus den bisher erſchienenen zwei Bänden. Eine ausführliche
Einleitung unterrichtet über die Hauptſammlungen der in Frage
kommenden Materialien und über den Plan, den der Herausgeber
ſich vorgezeichnet hat. Man braucht nicht zu ſagen, daß die Croker-
Kollektion im British Museum nicht von ihm vernachläſſigt worden
iſt. Doch gedenkt er der darauf bezüglichen Arbeit Arnold Schaefer's
(Hiſt. Ztſchr. Bd. 40) erſt im 2. Band. In dieſem kommt u. a.
auch die große Uſteri'ſche Sammlung der Züricher Stadtbibliothek zu
ihrem Rechte. Werthvoll iſt der Überblick über die hauptſächlichen
Verkäufe revolutionsgeſchichtlicher Literatur, der ſich gleichfalls in der
Einleitung des 1. Bandes findet.

Dieſer Band ſelbſt betrifft zunächſt die einſchlägigen Schriften
allgemeinen Inhalts, hierauf die Wahlen von Paris zu den États
généraux, danach die einzelnen Ereigniſſe von 1789 bis zum
18. Brumaire. Der 2. Band enthält alles, was ſich auf die munizipale
Organiſation von Paris, ſeine bewaffnete Macht, die Berathungen

und Akte der Distrikte, Sektionen und Klubs, sowie den haupt=
städtischen Journalismus bezieht. Drei weitere Bände stehen in
Aussicht. Band 3 und 4 sollen sich mit den „Monumenten, Sitten,
Institutionen', mit „Biographie und Memoiren" beschäftigen. Band 5
wird das allgemeine Register enthalten. Ergänzungen einer so
ungemein weitschichtigen Sammlung und kleine Berichtigungen des
Kommentars aufzufinden ist nicht schwer. Beispielshalber sei zu
1, 68 Nr. 337 erwähnt, daß es sich bei Vulpius nicht um ein
„Pseudonym", sondern um Goethe's Schwager handelt. An dieser
Stelle wären auch K. E. Ölsner's „Bruchstücke aus den Papieren
eines Augenzeugen und unparteiischen Beobachters der französischen
Revolution" (vgl. Deutsche Zeitschrift für Geschichtswissenschaft 1890
3, 100—127 und Aulard: La Société des Jacobins 2, 100) zu
erwähnen gewesen. Wie gewinnreich andrerseits der Kommentar des
Herausgebers ist, beweisen u. a. 2, 497 und 512 die Notizen zur
Biographie Röderer's und Maret's, oder 2, 488 der Artikel über den
Mercure de France. Die Arbeiten von Deschiens, Hatin u. A.
werden durch die von M. T., der es auch an Wiedergabe charakte=
ristischer Holzschnitte nicht fehlt, ganz in den Schatten gestellt.

Alfred Stern.

Recueil de documents relatifs à la Convocation des États
généraux de 1789. Par **Armand Brette.** I. Paris, Imprimerie
Nationale. MDCCCXCIV. CLIX, 534 S.

Als Theil der Collection de documents inédits sur l'histoire
de France, die das Unterrichtsministerium herausgeben läßt, wird
eine Sammlung von Aktenstücken erscheinen, welche sich auf die
Berufung der Reichsstände von 1789 beziehen. Die äußere Anlage
des 1. Bandes entspricht ganz derjenigen des Recueil des actes du
comité de salut public, publié par F. A. Aulard. Auch ist der
genannte ausgezeichnete Gelehrte mit der Beaufsichtigung des Druckes
der neuen Sammlung betraut. Ihr Bearbeiter, A. Brette, hat sich
bereits durch Beiträge in der Zeitschrift La Révolution Française
und in den Publikationen der Société de l'Histoire de la Révolution française (Le sermont du jeu de Paume) vortheilhaft bekannt
gemacht. Wie methodisch und sorgfältig er zu verfahren gedenkt,
ersieht man aus seiner Einleitung. Sein Werk wird auf viel festeren
Grundlagen ruhen, als die in Frage kommenden Bände der Archives
parlementaires, die schon häufig angefochten worden sind. Es wird
die werthvollste Vorbereitung einer vollständigen Sammlung der

Cahiers bilden und die höchst verwickelten öffentlich=rechtlichen Zu=
stände des alten Frankreich in neuem Lichte erscheinen lassen.

Der erste Theil der Sammlung betrifft alle Akte der königlichen
Gewalt, der Parlamente und der Nationalversammlung, die sich auf
die Berufung der Reichsstände beziehen. Die Dokumente werden theils
wörtlich, theils in Regestenform mitgetheilt. Der zweite Theil
beschäftigt sich mit den Agenten der Regierung und den verschiedenen
Beamten, die bei der Berufung und Erwählung der Reichsstände zu
thun hatten. Diese Listen enthalten eine Fülle wichtiger biographischer
Notizen über Minister, Gouverneure, Intendanten, geistliche Würden=
träger u. s. w. In der Folge sollen Listen der Deputirten, Dokumente
verschiedenen Inhalts (abgesehen von Protokollen und Cahiers), die
auf das Wahlgeschäft Bezug haben, Übersichten der Baillages und
Sénéchaussées mit genauer Angabe ihrer Grenzen sich anschließen.
Für alles dies bieten die Archives nationales den reichsten Stoff.
Nähere Angaben über den archivalischen Bestand finden sich gleich=
falls in der Einleitung. Zur Ergänzung der in dem Archiv auf=
bewahrten Drucke dienen die unerschöpflichen Schätze der Bibliothèque
nationale. Als ein Beispiel dafür, daß mitunter der Text einer
wichtigen Urkunde nur in einem gedruckten Libell aufbewahrt ist, sei
auf S. 252 hingewiesen. Alfred Stern.

Deutsche und italienische Kunstcharaktere. Von B. **Riehl.** Frankfurt
a. M., H. Keller. 1893. VIII, 254 S.

Die antike Kunst war vorzugsweise Plastik, die moderne ist vor=
zugsweise Malerei; der Charakter der antiken Kunst ist ein plastischer,
auch wo sie Malerei ist, der Charakter der modernen Kunst ist ein
malerischer, auch wo sie Plastik ist; die antike Kunst bevorzugt das
Typische, die moderne das Charakteristische, Individuelle; jene stellt
das Wesentliche durchaus in den Vordergrund, diese gewährt dem
Zufälligen mehr Raum; in der antiken Kunst herrscht die Ruhe, in
der modernen die Bewegung; die antike Kunst ist ideal, die moderne
ist realistisch. Diese Sätze wollen ungefähr das in Kürze bezeichnen,
was seit A. W. v. Schlegel die Mitgift eines jeden sein sollte, der die
Kunst historisch und ästhetisch zu betrachten und zu genießen gesonnen
ist. Diese Grundsätze lassen sich auch als leitender Faden in dem
vorliegenden Buch von Riehl erkennen, und zwar mit der Weite=
rung, daß, wenn auch bei aller Beeinflussung von Seiten der Antike
die moderne Kunst niemals ihren eigenthümlichen Charakter eingebüßt

hat, doch immerhin dasjenige Land, welches als Hauptfundstätte der
Überreste antiker Kunst anzusehen ist, zwar vom Norden nicht unberührt
blieb, aber im Charakter seiner Kunst der Antike am nächsten steht;
daß dagegen Deutschland und die Niederlande, welche ihrerseits wieder
ganz bedeutend von Italien beeinflußt waren (Dürer, Rubens), immerhin die Eigenart der modernen Kunst entschiedener ausprägten. Diesen
Unterschied zwischen italienischer und deutscher Kunst sucht Riehl in
anschaulich-phantasievoller Weise und an treffenden Beispielen darzu-
zulegen. Sein Buch ist ausgesprochener Maßen ebenso sehr für den
Künstler und Kunstfreund, wie für den Kunsthistoriker geschrieben.
Unsere Zeit ist die Zeit der Museen und der Kunstblättersammlungen.
Das Museum aber entfernt den Kunstgegenstand aus der Umgebung,
für die er ursprünglich geschaffen war, beeinträchtigt so dessen Wirkung. Es gehört ein bedeutendes Maß von Abstraktionsvermögen
dazu, um von dieser falschen Situation abzusehen; es gehört Phantasie
und Empfindung dazu, um die ursprüngliche Situation sich zu vergegenwärtigen. Ähnlich verhält es sich mit den Sammlungen der
Kunstblätter. Wie leicht wird unter diesen Verhältnissen der Kunstfreund verleitet, den ursprünglichen Zweck der Kunstwerke zu übersehen.
Der Verfasser des vorliegenden Buches besitzt die Fähigkeiten, welche
diese Gefahr ausschließen; er weiß seine Leser vertraut zu machen
mit dem ganzen Zustand, aus welchem die Kunstwerke entsprangen,
und der Umgebung, für welche sie berechnet waren. Er führt uns
ein in die mittelalterliche, deutsche Stadt mit ihren Thürmen und
engen Straßen. Er zeigt uns die italienischen Verhältnisse, wo statt
der bescheidenen Bürgerwohnungen Paläste die Träger der Kunst sind,
wo nicht die Kunst für's Haus, sondern die Ausschmückung des Äußern
überwiegt, wo die Plastik mehr monumentale Größe erzielt, während
die deutsche in der Durchführung überlegen ist. Er führt uns vor
das Thor der deutschen Stadt, zeigt uns die Landschaft mit ihren
eigenen Reizen, gibt uns eine lebendige Schilderung der anders-
gearteten italienischen Landschaft und weiß im Zusammenhang damit
die Unterschiede deutscher und italienischer Landschaftsmalerei einleuchtend darzulegen. Als spezielle Beispiele zur Klarlegung seiner
Auffassung dienen dem Verfasser die Städte Regensburg und Verona,
die Künstler Fiesole und Fra Bartolommeo, Dürer's Kunst für's Haus,
d. h. seine Holzschnitte und Kupferstiche, Giovanni Bellini, Michel-
angelo, David Teniers und Adriaen Brouwer, zum Schluß Peter
Paul Rubens, in welchem das anziehende Bild eines Höhepunktes

nordischer Kunstentwicklung entworfen wird. Des Vf. spezifische
Eigenart besteht in einem innigen Nachempfinden, einem gefühlvollen
Versenken in den Kunstgegenstand und seine eigenthümliche Umgebung.
Er ist eine lyrische Natur, vor allem geeignet, stimmungsvolle
Schilderungen mit poetisch thätiger Phantasie zu entwerfen. Wer
da meint, daß seine Art der Darstellung nicht recht geeignet sei für
ein wissenschaftliches Buch, der übertrage einmal eine charakteristische
Stelle in die abstrakte, wissenschaftliche Form, und wenn dieselbe
inhaltlich alsbann noch durchaus zu Rechte besteht, so wird ein
solcher Leser wohl auch zugestehen, daß des Vf. Art ihre Berechtigung
und ihren eigenthümlichen Werth hat.   Ch. Berghöffer.

Geschichte der bildenden Kunst in Böhmen vom Tode Wenzel's III. bis
zu den Hussitenkriegen. Von J. **Neuwirth.** 1. Band: Allgemeine Verhält=
nisse, Baubetrieb und Baudenkmale. Prag, J. G. Calve. 1893. VIII, 616 S.
mit 57 Tafeln.

In dem Kampfe der Nationalitäten, unter welchem das schöne
Böhmerland so schwer zu leiden hat, spielt das Rüstzeug der Geschichte
keine geringe Rolle: die Tschechen wollen erweisen, daß sie ein altes
Kulturvolk seien, die Deutschen halten daran fest, daß die Kultur,
welche in Böhmen geherrscht habe, vorzugsweise deutscher Art sei
und die Tschechen das, was sie geleistet hätten, den Deutschen ver=
dankten. In diesem Widerstreit der Meinungen ergreift das neueste
Werk Neuwirth's nicht einseitig Partei, aber gerade dadurch, gerade
wegen seiner objektiven Art der Schilderung, bei welcher nur mit=
unter das stolze Gefühl durchblitzt, ein Deutscher zu sein, ist es
geeignet, für alle Zeiten ein wichtiges Kampfeswerkzeug zu werden.
Erbarmungslos zerstört es an der Hand der Urkunden und Denk=
mäler die von neueren tschechischen Historikern und Kunsthistorikern
gepflegte Lehre, daß das goldene Zeitalter Böhmens, die glänzende
Regierungsepoche Kaiser Karl's IV., auf tschechischem Geiste beruhe.
Unter Heranziehung einer erstaunlichen Fülle archivalischen Materials
weiß N. darzulegen, daß vorzugsweise die internationale Stellung,
welche Böhmen Dank den Luxemburgern im 14. Jahrhundert ein=
nahm, sowie die zahlreichen im Lande lebenden Deutschen und die
aus Schwaben und anderswoher berufenen Künstler es waren, welche
jene hohe Kunst= und Kulturblüte bewirkten, vor der wir noch heute
bewundernd stehen. Nachdem im Anfang des 14. Jahrhunderts
französischer Einfluß erheblich an Boden gewonnen hatte, Baumeister
aus Avignon berufen waren und Bauten nach dem Muster des

Papstpalastes zu Avignon und des Louvre in Paris begonnen waren,
erblühte unter Karl IV., der ein Freund deutscher Kunst war und
deutsche Dichter, Maler, Bildhauer und Architekten an seinen Hof
zog, die deutsche Kunst hier mächtiger wie nur in irgend einem rein
germanischen Gaue. Der Raum verbietet es mir, Einzelheiten zu
berühren; nur den Gang der Untersuchung des Vf. etwas näher darzulegen, sei mir gestattet. In umsichtiger und umfassender Weise
schildert N. die Voraussetzungen und Bedingungen, aus welchen das
glänzende Kunstleben und Kunsttreiben der karolinischen Epoche entsprang. Nach einem kurzen Überblick über die äußere Geschichte
Böhmens während des 14. Jahrhunderts führt er die einzelnen
Bevölkerungselemente als Förderer der Kunstthätigkeit vor: die Mitglieder des Königshauses, die Bischöfe des Landes, unter welchen
einige zu den namhaftesten Persönlichkeiten ihrer Zeit zählen, die
Welt- und Klostergeistlichkeit, den Adel und den Bürgerstand; sodann
legt er die jenes Jahrhundert beherrschenden kunstfreundlichen und
kunstfeindlichen Strömungen und Ideen dar, wie das Aufblühen des
Fronleichnamkultus, die Zunahme der Marien-Verehrung, die Verehrung der Landespatrone, die wachsende Neigung zur Prachtentwick-
lung und Repräsentation, die Errichtung der Universität u. dgl. m.;
andrerseits aber die steigende Opposition gegen die Reliquienverehrung
und vor allem das Aufkommen des Husitismus, der ja schließlich die
stolze Blüte brechen sollte. Daß den fremdländischen Einwirkungen
besonders sorgsam nachgegangen wird, ist nach dem oben Gesagten
selbstverständlich; aber hervorgehoben muß werden, daß der Vf.
keineswegs einseitig ist, sondern dem Auf- und Emporstreben des
tschechischen Volkes durchaus gerecht wird und die national-tschechischen
Künstler und ihre Leistungen gebührend in das Licht stellt.

Diesem allgemeineren Theil folgt die Schilderung des Baubetriebs und der Baudenkmäler. Die festgeregelte Ordnung im Bau-
wesen, der Abschluß der Verträge, die Baupolizei, die Beschaffung
der Materialien, die Organisation des Bauamts und der Bauhütte,
die wirthschaftliche Stellung und Bezahlung der einzelnen Arbeiter-
klassen und die Kosten des Bauwerks werden ausführlich beschrieben.
Allerdings wird man die Empfindung nicht zu unterdrücken vermögen,
daß der Vf., der auch im übrigen eine etwas breite, sich in Wiederholungen bewegende Darstellungsweise nicht ganz hat überwinden
können, hier zu ausführlich geworden ist; in eine Geschichte der
bildenden Kunst gehörten kaum diese umständlichen und ermübenden

Zahlennachweise von Arbeiterlohn und Materialienkosten, die man lieber zu einer besonderen Abhandlung rein volkswirthschaftlicher Natur vereinigt gesehen hätte. Will man von diesem formalen Bedenken absehen, so liegen gerade hier Ergebnisse vor, die weitgehende Beachtung verdienen; ich weiß nicht, ob wir sonst eine so zuverlässige, festgegründete Schilderung mittelalterlichen Baubetriebs besitzen, wie sie uns hier geboten wird. Den letzten und ausführlichsten Abschnitt des Buches bildet die Schilderung der Baudenkmäler, welche gleichfalls den eindringenden Fleiß des Bf. in hervorragender Weise offenbart und welche durch die Beigabe von 57 schönen Lichtdrucktafeln, sowie durch mehrere Textillustrationen wirksam unterstützt wird. Und so stellt denn das Buch N.'s einen bemerkenswerthen Fortschritt in unsern Anschauungen über die kunstgeschichtliche Entwicklung des Mittelalters dar. Wie dringend nothwendig es ist, die Kunstgeschichte so zu pflegen und zu behandeln, wie N. es im Geiste Anton Springer's und Alwin Schultz's thut, erkennt man deutlich aus der wie ein rother Faden durch das Buch sich ziehenden Polemik gegen Cornelius Gurlitt, der auf geistreichen Hypothesen und stilistischen Ähnlichkeiten seine Darstellung aufbaut, durch seinen Mangel an historischer Kenntniß, Schulung und Methode aber nur zu oft sich zu Trugschlüssen und irreführenden Auffassungen hat verleiten lassen. Ohne mich in allen Einzelheiten mit dem N.'schen Werk identifiziren zu wollen, glaube ich doch sagen zu können, daß die Wissenschaft allen Anlaß hat, sich der ihr dargebrachten Gabe mit herzlicher Dankbarkeit zu erfreuen. Herm. Ehrenberg.

Wilhelm Kaulbach. Von **Hans Müller.** 1. Band. Mit Kaulbach's Selbstbildnis vom Jahre 1824. Berlin W., F. Fontane & Co. 1898.

Für eine Künstlerbiographie wäre das Buch, dessen bisher erschienener 1. Band allein 554 große Seiten umfaßt, zu weit angelegt, da Kaulbach bereits jetzt, erst zwei Jahrzehnte nach seinem Tode, nur noch historisch erfaßt werden kann, also für die Entwicklung der Kunst eine geringe Bedeutung gehabt hat; daß sich „in wenigen Werken der Kunst", wie der Vf. sagt, „die verschiedenartigsten Stimmungen und Zeitrichtungen, Kunstfragen und Interessen, Wahrheiten und Irrthümer so mannigfaltig und umfassend wiederspiegeln, wie in den seinigen", ist richtig, würde aber zur Begründung einer so eingehenden Behandlung noch nicht hinreichen; denn auch trotz seines „quellenden Reichthums an Geist und Inhalt, Absicht

und Idee" hat Kaulbach zu den führenden Geistern nicht gehört, da
er nur den bereits in der Zeit liegenden Gedanken Ausdruck verlieh:
dagegen gewinnt das Buch seine volle Berechtigung durch die liebevoll
eingehende Art, wie hier ein an Mühen und Arbeit, aber auch an
Erfolgen und an stillem Glück reiches Menschenleben geschildert wird.
Durch eine ausgiebige und geschmackvolle Verwerthung des umfang=
reichen Briefnachlasses, durch die Einflechtung persönlicher, auf Ernst
Förster, Ludwig Speidel, Moritz Carriere, Karl Stieler und die
Familie zurückgehender Erinnerungen ist es dem Vf., der sich in
seinen Helden vollkommen eingelebt hat, ohne jedoch diesem gegen=
über weder einen panegyrischen, noch einen kritischen Maßstab anzu=
legen, durchaus gelungen, ein einheitliches Lebensbild, dem der Werth
einer Selbstbiographie innewohnt, in gefälliger, leicht fließender Dar=
stellung zu bieten.

Wir durchleben mit dem Meister seine schwere Jugendzeit, die
er als der Sohn eines kleinen Goldarbeiters in Arolsen, dann in
Mühlheim an der Ruhr verbracht, und können es ihm, dem nach
des Vf. Ausspruch „keine Spur romantischen Wesens" anhaftete,
wohl nachfühlen, wenn er in späterer Zeit, als er bereits auf der
Höhe seines Ruhmes stand, es bedauert, daß er nicht habe Bauer
werden können auf jener rothen Erde, deren stählende Kraft er an
sich erprobt hatte. Dann folgen die Jahre auf der Düsseldorfer
Akademie, wo er für den besten und selbständigsten unter allen
Schülern des Cornelius galt (S. 52 und 101 werden wichtige Akten=
stücke von Cornelius und dem Maler Kolbe zur Kenntnis der dortigen
Kunstzustände mitgetheilt); 1826 die Übersiedlung nach München;
endlich 1834 die künstlerische That, die ihn mit einem Schlage über
alle seine Genossen emporhob und zur Berühmtheit machte: die Kom=
position der Hunnenschlacht, deren Idee ihm, wie auf S. 287 nach=
zulesen, vom Architekten Klenze eingegeben worden ist, und zwar
in einer dem romantischen Gegenstande besser angepaßten malerischen
Auffassung als der monumentalen Gestalt, die Kaulbach selbst dieser
Darstellung verlieh.

Sein zweites großes Werk: die Zerstörung Jerusalems von
1836, im folgenden Jahre der im Auftrage des Kronprinzen Max
ausgearbeitete Entwurf zu einem Cyklus weltgeschichtlicher Bilder,
dann 1842 die Pläne für den Wandschmuck des Treppenhauses des
Berliner Museums sind bloße Anwendungen des in der Hunnen=
schlacht aufgestellten, dem Zeitgeschmack· entsprechenden Princips,

geschichtsphilosophische Anschauungen durch reiche Figurenkomposi=
tionen zur Darstellung zu bringen. „Der Geist Gottes in der
Geschichte ist es, den ich malen wollte," erklärt Kaulbach selbst
einmal, und der Vf. charakterisirt sie richtig dahin, daß sie „alle ein
Stück gemalter Hegel'scher Philosophie" seien. Gelehrte Historien=
malerei im Sinn einer nach wissenschaftlicher Bildung dürstenden Zeit
ist das, eingehender Erläuterung, womöglich gar, nach des Meisters
Wunsch, der begleitenden Musik bedürftig: nicht aber jene ernste und
naive Historienmalerei, deren ewig=gültiger Inhalt seine Erklärung
in sich selbst trägt. Bezeichnend für diese Geistesrichtung des Künstlers
ist es, daß die beiden Reisen nach Italien, die er 1835 und 1838
unternahm, fast spurenlos an ihm vorübergingen; ebenso daß in dem
an Meisterwerken überreichen Palazzo Pitti das Bild eines wenn
auch tüchtigen, so doch leblosen Künstlers der beginnenden Verfallzeit,
der Triumph David's von Matteo Rosselli, in erster Linie seine Liebe
gewann.

Von den Werken seiner Frühzeit dagegen, in denen seine Fähigkeit
zu scharfer Beobachtung der menschlichen Charaktere sich in wahrhaft
origineller Weise geäußert hat, von dem Narrenhause und dem
Verbrecher aus verlorener Ehre, machte er später wenig Aufhebens.
Als der Leiter des Bibliographischen Instituts in Hildburghausen
ihm 1835 in richtiger Werthschätzung den Vorschlag machte, eine
Serie Narrenbilder aus dem Leben, eine Börsenszene à la Hogarth
zu entwerfen, wies er dies Ansinnen als eines Historienmalers un=
würdig zurück. Auf diesem Gebiet hätte er Bleibendes schaffen
können. Ein Glück ist es, daß der Reinecke Fuchs (1840—1846) zu
Stande kam. Auch in seinen Todesbildern hat er ähnliche Töne
angeschlagen. Seine vielbewunderten Goethe=Bilder dagegen bezeugen
nur den tiefen Stand der deutschen Kunst um die Mitte des Jahr=
hunderts.

Mit der Übernahme des Direktorpostens an der Münchener
Akademie im Jahre 1849 schließt dieser Band ab. Als höchst be=
lustigende Episoden seien die Berichte über den Zeichenunterricht, den
Kaulbach als Akademieschüler einigen vornehmen Damen zu ertheilen
suchte (S. 106 ff.), und über seine Meldung zum Militärdienst (S. 235)
hervorgehoben.   W. v. Seidlitz.

Notizen und Nachrichten.

Die Herren Verfasser ersuchen wir, Sonderabzüge ihrer in Zeitschriften erschienenen Aufsätze, welche sie an dieser Stelle berücksichtigt wünschen, uns freundlichst einzusenden.

Die Redaktion.

Allgemeines.

In Messina ist das erste Heft einer neuen Zeitschrift für alte Geschichte erschienen: Rivista di storia antica e scienze affini, diretta dal Dr. Giac. Tropea, Messina, tipografia d'Amico 1895. Sie soll vierteljährlich in Heften von fünf Bogen erscheinen; Preis für Jahresabonnement 12 L., für die einzelne Nummer 4 L. Das 1. Heft enthält außer dem Programm einen Aufsatz vom Herausgeber, G. Tropea: l'Etna e le sue eruzioni nelle principali fonti greche e romane, eine literarhistorische Studie von G. E. Rizzo: Questioni Stesicoree, vita e scuola poetica, und einen verfassungsgeschichtlichen Artikel von E. Cocchia: Del modo come il senato romano esercitava la funzione dell' interregno; daneben Miscellen, Recensionen (u. a. von Beloch's Griechischer Geschichte und von Ed. Meyer's Untersuchungen zur Geschichte der Gracchen), Zeitschriftenschau, Notizen 2c.

Die Verlagsbuchhandlung von O. Regenhardt, Berlin, fordert zur Mitarbeiterschaft an einer Sammlung von Biographien hervorragender Männer auf dem Gebiet des Handels und der Industrie auf.

In Marseille (bei Domenc) ist die erste Nummer einer neuen Zeitschrift für den Süden Frankreichs erschienen, unter dem Titel: Revue de Provence.

Von einer neuen „Geographischen Zeitschrift", herausgegeben von A. Hettner, ist das 1. Heft erschienen mit Artikeln von A. Hettner,

F. v. Richthofen und Ed. Brückner. Den Beschluß des Heftes macht eine Rubrik „Geographische Neuigkeiten" von A. Fitzau.

Die bisher von L. Quidde herausgegebene Deutsche Zeitschrift für Geschichtswissenschaft kündet in einer Notiz des neuen Heftes an, daß der Jahrgang 1895 ganz ausfallen soll. Vom Jahre 1896 ab soll die Zeitschrift reorganisirt und unter neuer Redaktion (in Leipzig) dann wieder regelmäßig erscheinen.

Im Verlage von Duncker & Humblot in Leipzig ist das 1. Heft einer neuen Publikation erschienen: Staats- und völkerrechtliche Abhandlungen. Herausgeg. von G. Jellinek und G. Meyer: Die Monarchomachen. Eine Darstellung der revolutionären Staatslehren des 16. Jahrhunderts (1575—1599) von R. Treumann (2 M.).

Das Neue Archiv der Gesellschaft für ältere deutsche Geschichtskunde soll vom nächsten (21.) Bande ab in einer Stärke von 50 Druckbogen (statt früher 40) erscheinen, und es ist der Preis demgemäß von 12 auf 15 M. jährlich erhöht worden.

Die im vorigen Jahre unter Vorsitz von Prof. F. Vogt in's Leben getretene Schlesische Gesellschaft für Volkskunde gibt als eigenes Organ „Mittheilungen der Schles. Gesellschaft f. Volkskunde", redigirt von F. Vogt und O. Jiriczek, heraus, von denen jetzt der 1. Band erschienen ist.

Im Herbst dieses Jahres soll in Berlin eine Versammlung der preußischen Provinzialkonservatoren stattfinden, die u. a. über die Begründung einer besonderen Zeitschrift für die Denkmalspflege berathen soll. Sie soll hauptsächlich eine Verzeichnung der Funde, sowie eine Besprechung alles dessen, was für Erhaltung und Erforschung der vorhandenen Denkmäler der Vorzeit geschieht, bieten. Man sollte allerdings meinen, daß diesen Zwecken auch im Rahmen einer der bereits bestehenden Zeitschriften, etwa im Anschluß an das Korrespondenzblatt des Gesammtvereins, Genüge geschehen könnte.

Von der Revue internationale des archives, des bibliothèques et des musées (vgl. die Notiz 74, 525) ist jetzt das 1. Heft der Archivabtheilung und der Museumsabtheilung erschienen. Wir notiren aus dem Archivheft einen längeren, einführenden Artikel von Ch.-B. Langlois: La science des archives (Verfasser gibt einen Überblick über Archivwesen und tritt namentlich für möglichste Centralisation ein). — Gleichzeitig verweisen wir auf einen Artikel von Rob. Galli in der Nuova Antologia vom 15. Juli 1895: Per gli archivi di Stato (Vorschläge zur Neuorganisation des Archivwesens in Italien).

Ein Aufsatz von Th. M. Platt in der Political Science Quarterly 10, 2 erörtert die Begriffe Staat, Souverän, Regierung: A Triad of political conceptions: State, Sovereign, Government (the state is the theater of positive law, — the sovereign is the commander of positive law, and the government is the formulator and administrator of positive law).

In einem Programm des Progymnasiums in Malmedy (Ostern 1895, 35 S. 4⁰) veröffentlicht J. Baar: Studien über den geschichtlichen Unterricht an den höheren Lehranstalten des Auslandes. Nähere Mittheilungen, die eine willkommene Übersicht gewähren, werden über den Geschichtsbetrieb iu Frankreich, Rußland und Nordamerika gemacht. Über Italien und England, über die nur eine kurze Notiz zum Schluß gegeben wird, sowie über unsere nordischen Stammverwandten wäre eine ähnliche Übersicht in einem zweiten Programm erwünscht.

Fr. Aly's kleiner Aufsatz „Über den Einbruch des Materialismus in die historischen Wissenschaften" (Preuß. Jahrbücher, August 1895) sei hier erwähnt als ein Zeichen der gesunden Reaktion gegen die mechanisch-atomistische Betrachtungsweise, wie sie namentlich auf dem Gebiete der neueren Literaturgeschichte leider stark um sich gegriffen hat.

Der als Nachfolger Seeley's an die Universität Cambridge für neuere Geschichte berufene Lord Acton hat eine Antrittsvorlesung gehalten, an der in der englischen Presse zum Theil sehr scharfe Kritik geübt worden ist. Daß er als Muster der Geschichtschreibung unserer Tage nebeneinander Ranke, Mommsen und Treitschke hinstellt, wird allerdings auch einen deutschen Leser etwas seltsam anmuthen und läßt auf recht eklektische, vielseitige Neigungen des neuen Professor regius schließen.

Im Juniheft der Deutschen Rundschau veröffentlicht L. Stein einen Aufsatz: Das Princip der Entwicklung in der Geistesgeschichte; einleitende Gedanken zu einer (demnächst zu veröffentlichenden) Geschichte der Philosophie im Zeitalter der Renaissance. Verfasser faßt seine Grundanschauung selbst in die Formel zusammen: Die immanent teleologische Entwicklung ist das tragende Princip der Geistesgeschichte.

Alte Geschichte.

Über die Ergebnisse der neueren Ausgrabungen in Ägypten orientirt ein Essai von E. Amélineau in der Revue des deux mondes vom 15. Juli: Les fouilles récentes en Égypte. Vgl. auch in der Gazette des beaux arts, Juli 1895: Correspondance d'Égypte; le nouveau trésor de Dahchour von Al. Gayet (mit Abbildungen) und einen Aufsatz von G. Steindorff im Augustheft der Deutschen Rundschau: Vierzehn Jahre ägyptischer Ausgrabungen (bei den Pyramiden von Memphis, im Faijum und El Amarna).

Die Revue d'Assyriologie 3, 3 bringt den von J. Heuzay dem französischen Unterrichtsministerium erstatteten Bericht über die letzten

Sarzec'schen Ausgrabungen (vgl. unsere Notiz 74, 337 f.): Mission de M. de Sarzec en Chaldée. Huitième campagne de fouilles (1894). Ebendort behandelt Ph. Berger eine neugefundene kyprische Inschrift aus der Ptolemäerzeit über die Errichtung einer Statue im Tempel des Melcart zu Larnaka, die das Fortbestehen phönizischer Reste auf dem Nordtheil von Cypern in dieser Zeit zeigt: Mémoire sur une inscription phénicienne de Chypre. Wir notiren noch einen Artikel von J. Oppert: Les mesures de Khorsabad (Bestimmung von Längen-, Flächen- und Hohl-maßen).

Im American Journal of Archaeol. 10, 1 publizirt J. P. Peters: Some recent results of the University of Pennsylvania excavations at Nippur, especially of the temple hill. — Die Revue archéol. 26 (Mai, Juni 1895) bringt einen Artikel von L. Heuzay: Mythes chaldéens.

In der Junisitzung der Berliner Anthropol. Gesellschaft hielt Dr. Leh-mann einen Vortrag über die Beziehungen zwischen Zeit- und Raum-messung bei den Babyloniern.

Der philosoph.-histor. Klasse der Wiener Akademie wurde von Toma-schek der erste Theil einer Abhandlung über „Sasun und das Quellengebiet des Tigris", eine Zusammenstellung aller Quellen-zeugnisse über diese Landschaft („Geschichtliches über Sasun") vorgelegt.

Aus dem Bulletin der Académie des Inscript. (März-April 1895) notiren wir: Note de M. J. Menant sur quatre tablettes achémé-nides découvertes par M. Chantre à Kara-Euyuk (in Kappadocien).

In den Nachrichten von der kgl. Gesellsch. der Wissensch. zu Göttingen, 1895, Heft 2, findet sich ein Aufsatz von J. Wellhausen: Die Rückkehr der Juden aus dem babylonischen Exil. Verfasser wendet sich gegen die Aufstellungen von W. H. Kosters zur Chronologie von Esra und Nehemia und über das Verhältnis der im Lande zurückgebliebenen zu den aus dem Exil zurückkehrenden Juden, welch letzteren er für die Erstarkung und Neu-formation des Judenthums doch größere Bedeutung als Kosters beimißt.

„Chronologie der Könige von Israel und Juda" behandelt ein Artikel von F. Rühl in Quidde's Zeitschr. 12, (nebst Nachtrag: Rektifizirung und Erklärung der Listen in den Büchern der Könige und Chronika).

Ein Artikel von T. K. Cheyne in der Contemporary Review 355: The archaeological stage of Old Testament Criticism behandelt den Nutzen, den die Bibelforschung aus der Assyriologie gezogen hat. — In der Dublin Review 117 findet sich ein Artikel von J. A. Howlett: The book of Daniel (Verfechtung älteren Ursprungs desselben). In demselben Heft behandelt C. van den Biesen: Origin and history of the septuagint (Entstehung der Übersetzung in Alexandrien und ihre weitere Geschichte in frühchristlicher Zeit).

Aus den Études Religieuses März und Juni 1895 notiren wir einen Artikel von A. Durand: La semaine chez les peuples bibliques.

In Mykene hat man kürzlich mit neuen Ausgrabungen begonnen. Zehn Gräber sind geöffnet, in denen man Bronzeschwerter, Schmucksachen u. s. w. gefunden hat.

In Delphi ist neuerdings außer weniger bedeutenden Skulpturen 2c. auch ein großer Gesammtfund von 6700 mittelalterlichen, meist griechischen, sicilischen und venezianischen Münzen aus der Zeit vor 1400 n. Chr. entdeckt worden.

Bei den Ausgrabungen auf der Akropolis von Athen ist eine Inschrift gefunden, die einen Theil der Rechnungen für das Standbild der Athene des Phidias enthält. Die Aufsichtsbeamten, denen die Ausführung dieses Werkes unterstellt war, bekunden auf der Inschrift, daß sie von den Schatzmeistern die Summe von 100 Talenten erhalten haben, und sie geben an, was sie davon für den Ankauf von Gold und Elfenbein für die Statue verausgabt haben. Aus diesen Angaben ist zugleich der Marktpreis des Goldes in jener Zeit (ca. 438 v. Chr.) zu erschließen.

Im Jahrbuch des kaiserl. deutschen Archäologischen Instituts 10, 2 beginnt Chr. Belger mit der Veröffentlichung von „Mykenischen Studien" (1. Über die Burg und Gräber von Mykene, in Ergänzung zu seinem H. Z. 71, 363 erwähnten Programm).

Der Schwerpunkt des Buches von P. Cauer: Grundfragen der Homer=Kritik (Leipzig, Hirzel. 1895. 321 S.) ruht in den textkritischen Abschnitten, während gerade die historischen Theile, die Behandlung des „historischen Kerns" des Epos und einzelne sachkritische Erörterungen in dem sonst trefflichen Buche leider recht verfehlt sind. Es mag daher genügen, wenn ich hier auf meine ausführliche Besprechung in den „Preußischen Jahrbüchern" verweise. Erhardt.

Über mykenische und homerische Kultur handelt ein Artikel von M. Hoernes in der Österr.=Ungar. Revue 18, 1: Griechenlands älteste Kulturstufen und ihre nordischen Beziehungen. Zur homerischen Archäologie notiren wir ferner einen Artikel aus der Ztschr. f. die österr. Gymnasien 46, 3: Der homerische Bogen, eine naturwissenschaftliche Untersuchung von St. Fellner, und einen Artikel von W. Reichel in den Archäolog.= Epigraph. Mitth. aus Österr.=Ungarn 18, 1: Die Orsothyre im homerischen Megaron.

Aus den Archäolog.=Epigraph. Mittheilungen 18, 1 notiren wir noch Übersichten über „Alterthümer aus Niederösterreich" von F. Ladek und über die „Antikensammlung im erzbischöflichen Seminare zu Udine" von J. Banko und P. Sticotti (Stulpturen und Inschriften), endlich „Antike Inschriften aus Bulgarien" (meist griechisch, 37 Nummern) von B. Dobrusky.

Aus dem Journal of Hellenic Studies 15, 1 notiren wir einen hübschen Aufsatz von A. B. Cook: The bee in greek mythology. Dasselbe Heft enthält eine sorgfältige topographisch-archäologische Abhandlung von W. Loring: Some ancient routes in the Peloponnese (die Straßen von Megalopolis nach Tegea, von Sparta nach Megalopolis, von Sparta nach Tegea und Mantinea über Megalopolis und direkte Straßen von Tegea nach Sparta; mit beigegebenen Karten und Plänen). Von demselben Verfasser folgt eine kleine Inschriftenpublikation: Four fragmentary inscriptions, an die sich ein Artikel von W. Arkwright: The frontier of Lycia and Caria und zwei weitere Inschriftenpublikationen reihen: Greek inscriptions from Lycia (31 Nummern) von G. Davies und Inscriptions from Lycia and Pisidia copied by Daniell and fellows (auf einer Expedition im Jahre 1842, 28 Nummern) von C. F. Hills. Die übrigen Artikel des Heftes sind mehr kunstgeschichtlichen und textkritischen Inhalts, und wir erwähnen nur noch den übersichtlichen Artikel am Schluß des Bandes: Archaeology in Greece 1894/95.

In der Ztschr. des Vereins deutscher Ingenieure Bd. 39 (1895) ist eine Abhandlung von A. Haack erschienen: Über attische Trieren, in der Verfasser vom Standpunkt des Schiffsbaumeisters aus (er war selbst früher Direktor der Stettiner Schiffsbauanstalt „Vulcan") das Trierenproblem zu behandeln sucht (im Gegensatz zu Breusing).

Eine neue Inschrift von Nisyros veröffentlicht F. Hiller von Gärtringen in den Sitzungsber. der Berl. Akademie der Wissenschaften Nr. 26.

Aus der Märzsitzung der Archäolog. Gesellsch. zu Berlin heben wir Vorträge und Mittheilungen hervor von Curtius über Urkunden aus dem Thesaurus der Athener in Delphi, von Belger über das Enneakrunos-Problem und die neuesten Versuche zu seiner Lösung (gegen Dörpfeld) und von Kern über den von Humann gefertigten Stadtplan von Magnesia. — In der Aprilsitzung sprach Koepp über Evans' Entdeckung kretischer Schriftzeichen aus mykenischer Zeit (vgl. unsere Notiz S. 356); Aßmann über die Darstellung von Schiffen auf Dipylonvasen, die nach ihm nicht als attische, sondern als phönicische Schiffe zu erklären sind; endlich Brückner über die prähistorischen Baudenkmäler der Insel Gla im Kopaissee (vgl. die Notiz S. 357 f.). — In der Maisitzung sprach Herrlich über neue Funde in Pompeji und Bosco reale (nach Autopsie) und Koepp über das große Schlachtendenkmal in Pergamon, indem er gegen Fraenkel (vgl. unsere Notiz S. 358) für Gaebler Partei nahm. Die ausführlichen Berichte vgl. in Nr. 22—24, Nr. 25 und 29 der Wochenschr. f. klass. Philol.

In der neuen akademischen Wochenschrift „Die Aula" behandelt R. Pöhlmann in einer längeren Artikelreihe Nr. 6—10 etwas breit „Die Entstehung des Cäsarismus". Der Titel ist insofern irreführend und hätte mindestens den Zusatz „bei den Griechen" erfordert, als Verfasser nicht

sowohl den römischen Cäsarismus, als vielmehr die analoge Entwicklungs=
reihe bei den Griechen bis zur Monarchie Alexander's des Großen und
seiner Nachfolger in's Auge faßt. — Aus Nr. 9 u. 10 derselben Zeitschrift
verweisen wir noch auf einen Artikel von G. Meyer: Alte und neue
Sprachen in Kleinasien, in dem Verfasser über die verschiedenartigen Sprach=
stämme in Kleinasien, Ureinwohner, indogermanische und semitische Stämme,
bekanntlich ein sehr schwieriges und verwickeltes Thema, trefflich orientirt.

In der Revue des Universités du Midi, die seit kurzem als neue
Serie der Annales de la Faculté des lettres de Bordeaux erscheint,
veröffentlicht G. Radet eine längere, sich vielfach mit dem in dieser Zeit=
schrift Bd. 74 erschienenen Aufsatz von Kaerst berührende Abhandlung: La
déification d'Alexandre (I, Nr. 2, Bordeaux 1895).

In Sicilien sind bei der altgriechischen Kolonie Megara Hyblaea und
in der Nähe von Syrakus bei Castelucio auf dem Berge Crimilt größere
prähistorische Funde aus der Steinzeit, an letzterem Orte in
Verbindung mit einer Netropole, gemacht worden. Aus Syrakus wird auch
von der Auffindung von Gräbern aus der frühgriechischen Zeit, dem 8.
und 7. Jahrhundert v. Chr., berichtet.

Beim Anlegen einer neuen Straße in Rom ist man in der Nähe des
Kolosseums auf bauliche Reste, Mosaik und Mauerwerk, gestoßen, die von
Lanciani als Fundamente der Titus=Thermen, die man bisher am
südwestlichen Abhang des Esquilin annahm, erklärt werden. Weitere Nach=
grabungen scheinen die Annahme zu bestätigen.

Wie jetzt erst nachträglich bekannt wird, ist bei den Ausgrabungen in
Bosco reale (vgl. unsere Notiz 74, 343 und einen Bericht von A. Mau
in den Mitth. des kaiserl. deutschen Archäol. Instituts, Röm. Abth. 9, 4)
auch ein großer Silberschatz, Prunkgefäße mit herrlichen Darstellungen in
Hochrelief, ähnlich wie beim Hildesheimer Silberfund, zum Vorschein
gekommen. Der vom Besitzer des Grundstückes zunächst verheimlichte Fund
ist von Rothschild in Paris für eine halbe Million erworben und den
Sammlungen des Louvre als Geschenk überwiesen.

Im Rheinischen Museum 50, 2 kritisirt ein Artikel von P. Krumb=
holz: Zu den Assyriaka des Ktesias, die von uns 73, 160 erwähnte Ab=
handlung von J. Marquart. Es folgt ein Artikel von M. Ihm: Die
Epigramme des Damasus, in dem Verfasser eingehend diese christlichen
Stilübungen auf die Märtyrer behandelt. Wir erwähnen gleichzeitig, daß
als erstes Volumen der Anthologiae latinae supplementa jetzt auch eine
Ausgabe der Epigramme des Damasus von demselben Verfasser erschienen
ist: Damasi epigrammata. Accedunt Pseudodamasiana aliaque
ad Damasiana illustranda idonea, recensuit M. Ihm. Leipzig, Teubner.
1895. 145 S. Zu jedem Stück sind umfängliche Adnotationes hinzugefügt;

am Ende fünf Indices. — Wir notiren aus dem Rhein. Museum ferner Untersuchungen von J. Beloch „Zur Geschichte der älteren griechischen Lyrik": 1. Theognis von Megara (stammte nach Beloch aus dem sicilischen Megara; die Kyrnoslieder sind um 500 v. Chr. zu setzen); 2. Alkaeos und der Krieg um Sigeion (Sigeion wurde nur ein Mal, von Pisistratos, erobert, und auch Alkaeos und Pittakos gehören in die pisistrateische Zeit. Beide Hypothesen, namentlich die letztere, scheinen uns sehr problematisch). In einem kleinen Artikel „Über die Weihinschrift der Nike des Paionios" meint dann J. Koepp: die Feinde würden auf der Inschrift nicht genannt, nicht aus Furcht, sondern weil es zu viele verschiedene waren in den ersten Jahren nach der Ansiedlung. — Endlich notiren wir aus dem Heft eine brauchbare Zusammenstellung von C. Hosius: Römische Dichter auf Inschriften und eine Miscelle von V. Gardthausen: Die Eroberung Jerusalems durch Herodes (gegen Bemerkungen von J. Kromayer).

Im Hermes 30, 2 behandelt ein Artikel von M. Wellmann: Leonidas von Byzanz und Demostratos (sc. als Quellen für die Zoologie der Fische bei Oppian und Aelian); und ein Aufsatz von M. v. Wilamowitz-Moellendorff: Die Herkunft der Magneten am Mäander (im Anschluß an die Schrift von Kern, vgl. H. Z. 74, 533 f.). In einem längeren Artikel: Der Ursprung des Odysseus-Mythus, mit einem Anhang über Todtendienst und Heroenkult, erwidert sodann Ed. Meyer auf den Angriff Rohde's (vgl. unsere Notiz 74, 532 ff. Wir verweisen beiläufig noch auf einen Artikel von F. B. Jevons, der einen verwandten Stoff behandelt, in der Classical Review 9, 5 [Juni 1895]: Greek law and folk lore, über das Gesetz von Keos und den griechischen Volksglauben und Volksbrauch inbetreff der Seelen Abgeschiedener). Im 2. Heft des Hermes findet sich ferner noch ein Artikel von B. Keil: Der Perieget Heliodoros von Athen (Versuch, seine Fragmente näher zu bestimmen und zu ergänzen), und endlich H. Graeven publizirt „ein Fragment des Lachares" (nach einer Handschrift der Pariser Nationalbibliothek, ein größeres Stück über den Rhythmus in der Prosa der Redner). — Einen sehr mannigfaltigen Inhalt hat das 3. Heft derselben Zeitschrift. Wir notiren Th. Mommsen: Die armenischen Handschriften der Chronik des Eusebius (empfiehlt eine neue Vergleichung der Handschrift E bei Petermann. Vgl. von Mommsen noch unter Miscellen: Inschriften von Curubis und Lilybaeon [über S. Pompejus] vgl. die Notizen S. 166 und 359). — P. Stengel: Zu den attischen Ephebeninschriften. — A. Hoeck: Der Eintritt der Mündigkeit nach attischem Recht (mit vollendetem 18. Jahre, gegen Busolt und Gilbert). — W. Strootman: Der Sieg über die Alamannen im Jahre 268 (war wirklich ein Sieg, den Kaiser Claudius II. schon vor dem Gothenkrieg erfocht). — J. Vahlen: Über eine Stelle im Octavius des Minucius Felix (emendirt und vertheidigt die auf das alte Testament bezügliche Stelle in Kap. 19). — J. Toeppfer: Das attische Gemeindebuch (gegen Koch über das λητιαρχικὸν γραμματεῖον, vgl. die Notiz S. 355). — M. Schanz: Sueton's Pratum (Rekonstruktion dieses Werkes in Abweichung von Reifferscheid; es handelte nach Schanz systematisch nur von Natur, Mensch und Zeit, und ein zweites, von Reifferscheid damit konfundirtes encyklopädisches Werk „Roma" ist ganz davon zu scheiden). — Endlich A. Behr: „Der amphilochische Krieg und die Kerkyraeischen Optimaten (neue Behandlung einer von Köhler im Hermes 26 veröffentlichten Inschrift). — Aus den Miscellen erwähnen wir außer der von Mommsen noch die von F. Blaß: Χρῖστιανοί — Χριστιανοί (ersteres war als volksthümliche Umwandlung für Christianoi bis in's 4. Jahrhundert in Gebrauch) und Bemerkungen zur Πολ. Ἀθην. des Aristoteles von B. Keil und B. G. Thompson.

Aus den Neuen Jahrbüchern für Philologie, 1895, H. 3, notiren wir Artikel von E. A. Wagner: Zu Diodor's drittem und erstem Buche (über die Quellen Diodor's, namentlich Agatharchides); von C. Krauth die Fortsetzung der Untersuchungen über „Verschollene Länder des Alterthums" (die Ostgrenze Skythiens und die Völkerreiche im Osten von Skythien nach Herodot); einen kleinen Artikel von O. Pingel: Zur Geschichte der griechischen Heilkunde (Herod. III, 131 über Demokedes) und endlich von A. Wilms: Die Zeit des ersten Sklavenkrieges (Festtellung der Chronologie von 144—132 v. Chr.; der Anfang des Krieges ist nicht vor 141 zu setzen). — Aus Heft 4 der Jahrbücher ist nur ein Artikel von F. Susemihl zu erwähnen: Die Lebenszeit des Andronikos von Rhodos (ca. 125—50 v. Chr.; Auseinandersetzung mit dem Artikel von Gerike in der neuen Ausgabe von Pauly's Realencyklopädie).

Die Revue des études greques 29 (8, 1) enthält Artikel von R. Dareste: Une prétendue loi de Solon (vgl. die Notiz S. 163); von M. Holleaux: Sur une inscription de Thèbes (schon von Lolling im Corp. inscr. Graec. septentr. Nr. 2419 publizirt, jetzt im Museum zu Theben; eine Liste von Schenkungen zur Herstellung der Stadt nach dem Jahre 316 von den durch Alexander d. Gr. erlittenen Schäden); von P. Tannery: L'inscription astronomique de Keskinto (auf Rhodos, publizirt von Hiller von Gaertringen unter den griechischen Inselinschriften); von G. Schlumberger: Poids de verre étalons monétaires d'origine byzantine; von Th. Reinach: Inscriptions d'Amasie et d'autres lieux (35 Nummern aus Kleinasien); und endlich den Schluß der Abhandlung von P. Girard: De l'expression des masques dans les drames d'Eschyle.

In der Revue archéol. 26, 3 (Mai, Juni 1895) behandelt L. Dimier: La polychromie dans la sculpture antique im Gegensatz zu den Übertreibungen von Collignon. Wir notiren aus demselben Heft noch Artikel von P. Tannery: Sur les subdivisions de l'heure dans l'antiquité und von S. Reinach: Les déesses nues dans l'art oriental et dans l'art grecque (Nacktheit stammt nicht aus dem Orient, sondern aus Griechenland).

Aus dem vorhergehenden Heft der Revue archéol. 26, 2 notiren wir noch eine Papyruspublikation von J. Nicole: Requête adressée à des officiers romains (papyrus inédit de la collection de Genève; Anzeige einer Frau vom Verschwinden ihres Gatten, bezw. Bitte um Nachforschung nach seinem Verbleib).

In der Revue de Philologie 19, 2 publizirt Bréal die von uns schon erwähnte (S. 166) Inscription de Curubis, und J. Nicole Bruchstücke des Euripideischen Orestes von einem Papyrus (Une page de l'Oreste d'Euripide sur papyrus d'Egypte). In einem Artikel: Pausanias et la destruction d'Haliarte ebendort beschuldigt Holleaux den Pausanias einer starken Confusion in seinen Angaben über die Zerstörung von Haliartus; in Wirklichkeit wurde Haliartus gar nicht von den Persern unter Xerxes, sondern nur von den Römern im Krieg gegen Perseus erobert. Wir notiren aus dem Heft endlich Notes épigraphiques (Athènes—Lemnos-Milet) von J. Delamarre.

In den Mélanges d'archeol. et d'hist. 15, 1 setzt St. Gsell seine archäologischen Studien über römische Überreste in Afrika fort in einem Artikel: Satafnis (Périgotville) et Thamalla (Tocqueville), mit Abdruck von 40 Inschriften.

Ein Artikel von G. Sergi in der Nuova Antologia, Juli 1895, sucht die Frage Chi erano gli Italici? vom anthropologischen Gesichtspunkt aus zu beantworten. — In den Studi Storici 4, 1 wirft G. Scaramella die Frage auf: Dove sia sorto per la prima volta il nome „Italia", (hält gegenüber Cocchia an Calabrien fest). Ebendort veröffentlicht E. Pais einen Artikel: I Berbici dell' Asia Minore e dei Pirenei (Polemik gegen Holm) und J. Niccolini beginnt mit der Publikation einer neuen Zusammen=stellung der Fasti tribunorum plebis, ab an. 260/494 usque ad an. 731/23 (das vorliegende Heft enthält die Einleitung und die Fasten bis 306/448).

Aus dem Bullettino della Commissione archaeol. comun. di Roma 231 notiren wir: Nuove osservazioni sul mosaico di Palestrina von Or. Marucchi (mit Abbildung des hergestellten Mosaiks) und eine topo=graphische Studie von Ch. Hülsen: Il tempio del sole nella regione VII di Roma.

In den Rendiconti della R. Accad. dei Lincei zu Rom 4, 3 ist eine religionsgeschichtliche Studie von C. Pascal abgedruckt: Le divinità infere e i Lupercali (vgl. die Notiz S. 166).

Im Märzheft der Notizie degli Scavi veröffenlicht F. Barnabei einen bemerkenswerthen Artikel: Di una rarissima „tessera hospitalis" con iscrizione latina (aus Trasacco).

In den Atti della R. Accad. delle scienze di Torino 30, 7 handelt
E. Ferrero: Di un' iscrizione di Aosta (Dedication der incolae Salassi
an Augustus aus dem Jahre 23/22 v. Chr.).

Ein interessantes Thema behandelt in interessanter Darstellung die
kleine Schrift von Ettore Ciccotti: Donne e politica negli ultimi anni
della repubblica romana (Mailand, Selbstverlag; 48 S.). Nach einer allgemeinen Einleitung, in der ein Überblick über die Stellung der Frauen in
Rom in älterer Zeit gegeben wird, bespricht Verf. die Entwickelung politischen Einflusses des weiblichen Geschlechtes in den letzten Zeiten der
Republik und führt endlich eine Reihe einzelner Frauentypen aus dieser
Zeit vor (Clodia, Calpurnia, Servilia, Scribonia, Porcia, Fulvia, Cleopatra,
Octavia, Livia).

In der Beilage der Münchener Allg. Ztg. vom 2. Juli ist eine
Münchener Universitätsrede von A. v. Bechmann abgedruckt: Die
Tendenzgesetzgebung des Kaisers Augustus. Verf. leugnet den Nutzen dieser
Gesetzgebung, der Ehegesetze ꝛc., zur Reformirung der gesellschaftlichen
Schäden jener Zeit, unter offenbarem Hinblick auf die Gegenwart, so daß
der Vortrag selbst den Charakter eines Tendenzvortrages erhält.

Im Julihefte der Deutschen Rundschau findet sich ein Aufsatz von F.
Max Müller: Die wahre Geschichte des Celsus, in dem die Bedeutung
dieser Streitschrift des Celsus über den λόγος ἀληϑής, die wir nur aus der
Gegenschrift des Origines kennen, für das Verständnis der Anfänge des
Christenthums in seinen Berührungen mit der Philosophie erörtert wird.

Im Historischen Jahrbuch 16, 2 veröffentlicht J. Stiglmayr den
Anfang einer Abhandlung: Der Neuplatoniker Proklus als Vorlage des
sogen. Dionysius Areopagita in der Lehre vom Übel. Die angezogenen
Stellen zeigen in der That die vollkommenste Übereinstimmung des Dionysius
mit der Schrift des Proklus de malorum subsistentia.

In Kairo hat Dr. Karl Schmidt, der im Herbst v. Js. als Stipendiat
nach Ägypten gegangen ist, aus der Bibliothek des Klosters Achmim eine
altchristliche Schrift in koptischer Sprache entdeckt, die sich als ein Dialog
zwischen Jesus und den Jüngern über die fleischliche Auferstehung darstellt
(nach Schmidt wahrscheinlich aus der ersten Hälfte des 2. Jahrhunderts
n. Chr. stammend; vgl. darüber die Sitzungsberichte der Berl. Akad. der
Wissensch. Nr. 31).

Auf die Abercius-Inschrift (vgl. unsere Notiz 73, 162) kommt F. C.
Conybeare in einem Artikel in der Classical Review 9, 6 (Juli 1895)
zurück: Harnack on the inscription of Abercius. Er publizirt eine
armenische Übersetzung der Inschrift und verhält sich den Zweiflern an dem
christlichen Charakter der Inschrift gegenüber sehr reservirt. — Wir notiren
aus demselben Heft der Classical Review einen Artikel von W. Peterson:

Two editions of the Germania of Tacitus (über die Ausgaben von H. Furneaux, Clarendon Press 1894, und von H. M. Stephenson, Cambridge 1894).

Über „Tertullian in der Literatur der alten Kirche" veröffentlicht Ad. Harnack einen inhaltsreichen Artikel in den Sitzungsber. der Berliner Akad. der Wissensch. 29 (mit einem Anhang von Belegen).

In der Teubner'schen bibliotheca scriptorum graecorum et romanorum veröffentlicht A. Brinkmann den griechischen Text der kleinen Schrift des Alexander von Lykopolis gegen die Manichäer: Alexandri Lycopolitani contra Manichaei opiniones disputatio ed. A. Brinkmann (Leipzig, Teubner 1895, 31 und 50 S.). In der Praefatio orientirt er über das Wenige, was sich über die Schrift und den Verfasser feststellen läßt. Letzterer schrieb nach ihm am Ende des 3. oder spätestens zu Anfang des 4. Jahrhs. n. Chr. und war nicht, wie man behauptet hat, Christ, sondern Platoniker. Der Text ist nach dem Codex Mediceus aus dem 9. Jahrh. revidirt, aus dem in der Vorrede auch das Fragment eines Gedichtes εἰς τὸν Βασίλειον βασιλέα abgedruckt wird, das nach Brinkmann wahrscheinlich als Widmung zu einer Sammlung manichäischer Schriften, die dem Kaiser vor dem Paulicianerkriege überreicht wurde, verfaßt wurde.

Neue Bücher: Tiele, Gesch. der Religion im Alterthum, deutsche Ausgabe von G. Gehrich. 1, 1. (Gotha, Perthes.) — M. Büdinger, Die Universalhistorie im Alterthum. (Wien, Gerold. 5 M.) — E. Meyer, Die wirthschaftliche Entwicklung des Alterthums. (Jena, Fischer. M. 1,50.) — Busolt, Griech. Geschichte. II. Zweite vermehrte und völlig umgearb. Auflage. (Gotha, Perthes.) — Aristotelis Πολιτεία Ἀθηναίων it. edidit Frid. Blass. (Biblioth. Teubneriana.) — v. Spruner-Sieglin, Handatlas, Atlas Antiquus, Lief. 4. (Gotha, Perthes.) — Baumgarten, L. A. Seneca und das Christenthum. (Rostock, Werther. M. 6.)

Römisch-germanische Zeit und Mittelalter bis 1250.

In Schleswig ist bei der Ausgrabung eines Hünengrabes bei Wollerup ein Bronzewagen mit vier Rädern gefunden, der die Urne nebst Waffenresten (Schwert, Lanzenspitzen und Pfeile) trug.

In Saarburg ist ein Mithrasheiligthum, das wahrscheinlich im 4. Jahrhundert n. Chr. zerstört wurde, aufgefunden, mit einer Reihe von Skulpturen, die das Mithrasmysterium in bekannter Weise zur Darstellung bringen.

Auch in Carnuntum (Petronell) ist bei neuerdings wieder aufgenommenen Ausgrabungen ein Mithrasheiligthum von reichster Ausstattung gefunden worden. Auch dort sind eine Reihe gut ausgeführter, aus den

erſten Jahrhunderten n. Chr. ſtammender Skulpturen, die auf den Mithras-
dienſt Bezug haben, entdeckt, dazu noch namentlich ein ſchöner Altar, deſſen
vier Seitenflächen von plaſtiſchen Figuren bedeckt ſind, auf der Vorderſeite drei,
auf den andern Seiten je zwei. — In der Nähe des Heiligthums ſind noch
die Fundamente von zwei andern Gebäuden freigelegt, deren eines mit einer
Statue der Nemeſis und mehreren kleinen Altären gleichfalls ein Heiligthum
geweſen zu ſein ſcheint.

Bei Hohenheim in Rheinheſſen ſind in dem dort freigelegten fränkiſchen
Gräberfelde eine Menge von Waffen und Schmuckſtücken, ſeltene Formen
von Gewandſpangen ꝛc. gefunden. Auch ein bei Sprendlingen auf-
gedecktes, fränkiſches Gräberfeld hat reiche Ausbeute an Waffen, Schmuckſtücken und Geräthen ergeben. — Bei weiteren Ausgrabungen am römiſchen
Kaſtell bei Kannſtadt ſind Bruchſtücke einer ſog. Jupiter-Säule und die
Fundamente des Prätoriums gefunden.

Die Ausgrabungen des römiſchen Standlagers von Novaeſium ſind
jetzt abgeſchloſſen; die zahlreichen Fundſtücke ſind ins Rheiniſche Provinzial-
muſeum nach Bonn gebracht.

Bei Uttendorf in Oberöſterreich iſt ein großes Gräberfeld aus prä-
hiſtoriſcher Zeit gefunden, und zwar fand ſich einmal ein größerer Brand-
hügel, auf dem offenbar die Leichen verbrannt wurden, und daneben eine
Reihe von kleineren Hügeln ohne Brandſpuren, in denen dann die Aſche
der Verbrannten beigeſetzt wurde.

Eine Reihe von Fund- und Ausgrabnngsberichten bringt das Jahrbuch
der Geſellſch. für lothringiſche Geſch. u. Alterthumskunde 6 (1894): L'enceinte
préhistorique de Tincry von E. Paulus. — Excursion archéologique
au Hérapel von E. Huber (vgl. dazu die Anzeige eines Sonderabbrucks
aus den Mémoires de la société nationale des Antiquaires de France 53,
1894: Antiquités du Mont Héraple von L. Max-Werly u. G. de la Noё). —
Die ſog. Römerſtraße in der Oberförſterei St. Avold von A. Hinrichs. —
Eine prähiſtoriſche Wohnſtätte und eine römiſche trua von H. v. Hammer-
ſtein. — Ausgrabungen und Funde bei Saarburg i. L. von Wich-
mann. — Der römiſche Meilenſtein bei Saarburg und Römiſcher Grabfund
in Sablon (bei Metz) von J. B. Kenne.

Bei Wieſen in Hannover iſt das Vorhandenſein eines großen
Urnenfriedhofes aus vorchriſtlicher, germaniſcher Zeit feſtgeſtellt, der noch
ſeiner ſyſtematiſchen Aufgrabung harrt.

Bei Paſing in Bayern iſt ein alter Reihengräberfriedhof aufgedeckt
mit Waffen und Geräthen aus dem 5. oder 6. Jahrhundert n. Chr.

Über Fouilles d'un cimetière Belgo-Romain à Vesqueville près
Saint-Hubert berichtet G. Cumont in den Annales de la société
d'archéol. de Bruxelles 9, 1. — In der Revue archéologique 26, 2

und 3 gibt S. Reinach in einem Artikel Epona eine Zusammenstellung über den Typus dieser Gottheit in Deutschland, Frankreich und Italien (Darstellungen und Inschriften).

Im Globus 68, 2 findet sich ein Artikel von H. Jentsch: Germanisch und Slawisch in der vorgeschichtlichen Keramik des östlichen Deutschland, und in Nr. 5 derselben Wochenschrift ein Artikel von E. H. L. Krause: Die Nähr= und Gespinstpflanzen der vorgeschichtlichen Europäer.

Über die Hallstadt=Periode in Oberbayern und in der Oberpfalz hielt J. Naue einen Vortrag in der Aprilsitzung der Anthropologischen Gesellsch. in München. Er entwarf ein anschauliches Bild dieser Zeit und suchte nachzuweisen, daß in Oberbayern die Hallstadtperiode der Römerzeit unmittelbar voraufging ohne eine besondere La-Tène=Periode als Zwischen= glied, — eine Aufstellung, der von anderer Seite lebhaft widersprochen wurde.

Ein Artikel von H. Arnold in der Beilage der Münchener Allg. Ztg. vom 15. Juni: Zur Limesforschung, erhebt ziemlich lebhafte Ausstellungen gegen die neue Sarwey=Hettner'sche Publikation.

Von C. Mehlis' Studien zur ältesten Geschichte der Rheinlande ist als zwölfte Abtheilung ein Programm des Gymnasiums zu Neustadt a. d. H. ausgegeben (Leipzig und Neustadt a. d. H. 35 S.), in dem Verfasser in drei Abschnitten 1. über die ältesten Handelsverbindungen und über die mittel= rheinischen Kriegswälle, 2. noch einmal über die Ergebnisse der Ausgrabungen auf der Heidenburg bei Kreimbach i. d. Pfalz (vgl. die Notizen 72, 364; 73, 359; 74, 589) und 3. über ein Beil mit Runeninschrift von Silz i. d. Pfalz (vgl. unsere Notiz 74, 846) handelt. Wir finden durch diese Schrift nur unsere an letzter Stelle gemachte Bemerkung bestätigt.

Das Korrespondenzblatt des Gesammtvereins 2c. Nr. 5 enthält einen Artikel von R. Weiß: Aus der Umgegend des Steinhuder Meeres (Unter= suchung auf Alterthümer). In Nr. 6/7 desselben Blattes findet sich ein „Kritischer Beitrag zu der Reichslimesforschung" von Generalmajor Wolf (über den Limes an der Chattengrenze). — Aus der Westdeutschen Ztschr. 14, 2 notiren wir Artikel von Ch. L. Thomas: Die Ringmauern auf dem Goldgruben= und Dalbesberge in der Hohen Mark im Taunus; und von L. Jacobi Grenzmarkirungen am Limes (Ergebnisse der im Jahre 1894 im Taunus erfolgten Untersuchungen; mit Plänen). — Im Korrespondenz= blatt Nr. 6 berichtet Körber über neue Funde in Mainz (darunter den schon von uns erwähnten Altar der Deae Aufaniae) und A. Kisa über neue Inschriften aus Köln (Votivtafel an Jupiter Dolichenus und Grab= stein eines Veteranen der legio X gemina und seiner Gattin). — Nr. 15 des Limesblattes enthält Berichte von Kofler, Wolff (Kastell Okarben), Mettler, Lachenmaier, Kapff (Kastell bei Cannstadt), Eidam und J. Fink.

Aus den Neuen Heidelberger Jahrbüchern 5, 1 notiren wir noch einen Artikel von K. Zangemeister: Zur germanischen Mythologie (germanische Namen auf römischen Inschriften) und einen populären Vortrag desselben Verfassers, den er hier mit gelehrten Anmerkungen versehen hat: Der ober= germanisch-rhätische Limes. In demselben Heft findet sich noch ein Nachtrag „zu den Heeren der Bürgerkriege" von A. v. Domaszewski (vgl. die Notiz 74, 161) und ein Artikel von F. Ohlenschlager: Der Name „Pfal" als Bezeichnung der römischen Grenzlinie (dieselbe Frage behandelt auch Zangemeister in dem eben erwähnten Vortrage; beide erklären sich gegen den Zusammenhang von Pfal in diesem Gebrauch mit Pallisade und bringen das Wort vielmehr mit vallum, Wall, Erhöhung, zusammen).

In der Ztschr. des histor. Vereins für Schwaben und Neuburg Bd. 21 gibt J. Schuster eine „Beschreibung der Römerstraße von Augsburg nach Türkheim und Wörishofen". — Im Globus 67, 22 behandelt G. Banca= lari in Fortsetzung seiner hausgeschichtlichen Studien: Thüringische Haustypen.

Unter Notes and Documents in der Engl. Hist. Review 39 (Juli 1895) veröffentlicht H. Anscombe einen Artikel: The paschal canon attributed to Anatolius of Laodicea (ist erst 457 entworfen). Eben= dort folgt eine Miscelle von J. H. Round: Henry I at Burne (sc. Westburne).

Die Revue des Questions Histor. 115 (Juli 1895) enthält einen Aufsatz von P. Allard: Le clergé chrétien au milieu du IV siècle (über die soziale und politische Stellung der Bischöfe und des Klerus über= haupt und über die Anfänge des klösterlichen Lebens). Aus derselben Zeit= schrift notiren wir eine kirchenrechtliche Studie von A. d'Avril: Les églises autonomes et autocéphales (451—1885).

In den Études Religieuses, Juni und Juli 1895, veröffentlicht A. Lapôtre die Fortsetzung seiner Studien zur Geschichte Papst Johann's VIII. und seiner Beziehungen zu Karl dem Kahlen: Études d'histoire pontificale. I. L'Empire, l'Italie et le pouvoir temporel des papes au temps de Jean VIII (la royauté sous Charles le Chauve und l'empire sous Charles le Chauve). II. Gaule et Germanie.

In der Revue des deux Mondes vom 1. Juli 1895 veröffentlicht E. M. de Vogüe einen Artikel: Le moyen-age. Poètes et philologues (über die Arbeiten von Gaston Paris).

Im neuen Heft der Quidde'schen Zeitschrift 12, 1 ist der Schluß der Abhandlung von W. Sickel abgedruckt: Die Verträge der Päpste mit den Karolingern und das neue Kaiserthum (vgl. die Notiz 74, 542). Verfasser behandelt hier namentlich die Erneuerung des Kaiserthums durch Karl den Großen und die Rückwirkung dieser neuen Würde auf die Stellung des

Papstthums. — In den Kleinen Mittheilungen des Heftes gibt Ed. Heyden=
reich einen Nachtrag zu den mittelalterlichen Sagen über Konstantin's des
Großen Jugend.

„Über Leben und Lehre des Bischofs Klaudius von Turin", der einen
charakteristischen Gegensatz zu den humanistischen Gelehrten der Karolinger=
zeit bildet, veröffentlicht E. Dümmler eine Studie in den Sitzungsber.
der Berliner Akad. der Wissensch. Nr. 23.

Im Neuen Archiv 20, 3 veröffentlicht O. Holder=Egger die Fort=
setzung seiner Studien zu Thüringischen Geschichtsquellen. Wir gedenken
darauf zurückzukommen. Dasselbe Heft enthält eine umfangreiche Abhand=
lung von Br. Krusch: Reimser Remigius=Fälschungen (über die Fälschungen
des Erzbischofs Hinkmar und seiner Nachfolger zum Vortheil des Reimser
Stuhles. Gegen Verschleierungen von Kurth hebt Krusch den Sachverhalt,
daß hier schwere Fälschungen vorliegen, stark hervor). In den Miscellen
des Heftes theilt J. Werner Epitaphien und Epigramme des 12. Jahr=
hunderts (aus einer Züricher Handschrift) mit, und G. Caro macht Mit=
theilungen über eine Appellation der Stadt Albenga an den Kaiser, die er
den falschen handschriftlichen Datirungen entgegen in's Jahr 1226 setzt.

„Über das Todesjahr des Bischofs Adalbero II. von Metz" handelt
H. Breßlau in einer Miscelle im Jahrbuch der Gesellsch. f. lothring.
Gesch. u. Alterthumskunde 6 (1894), indem er die Ansetzung des Datums
auf den 14. Dezember 1005 als zutreffend erweist. Ebendort bespricht
H. V. Sauerland „Das Testament der lothringischen Gräfin Erhanfrida",
indem er mehrere Irrthümer eines Aufsatzes von J. Marx über denselben
Gegenstand berichtigt.

Ein Aufsatz von R. Goette: Zur Geschichte deutschen Volksgeistes
im Mittelalter bis zu den Zeiten Heinrich's IV. (Ztschr. f. Kulturgesch.
2, 5/6), gibt mehr eine Zusammenstellung von Notizen zur Geschichte des
deutschen Volkscharakters, wie er sich in Aufnahme und Abwehr fremder
Elemente in seiner Eigenart entwickelt, als wirkliche geistige Durchdringung
und plastische Ausarbeitung des Stoffes.

Zu der Frage, ob Gregor VII. Mönch gewesen, nehmen noch zwei
Artikel im Histor. Jahrbuch 16, 2 Stellung. Im ersten „Gregor VII. war
nicht Mönch" sucht W. Martens seine These gegen Scheffer=Boichorst auf=
recht zu halten; dagegen in dem zweiten, längeren Artikel „Hildebrand ein
Ordenskardinal" stellt sich H. Grauert auf die Seite von Scheffer=Boichorst
und entkräftet namentlich das Argument von Martens, daß der Erwerb
eines größeren Besitzes, der von Hildebrand bezeugt wird, seine Eigenschaft
als Mönch ausschließe. In derselben Zeitschrift vertheidigt A. Gottlob
in einem kleinen Artikel: Hat Papst Innocenz III. sich das Recht zuerkannt,
auch die Laien für Kreuzzugszwecke zu besteuern? seine negative Beant=

35*

wortung dieser Frage gegen Michael. Endlich macht ebendort K. Eubel eingehende kritische Bemerkungen zum Provinciale in Tangl's „päpstlichen Kanzleiordnungen".

In den Württemberg. Vierteljahrsheften 4, 1/2 veröffentlicht K. Weller eine Miscelle: Zur Kriegsgeschichte der Empörung des Königs Heinrich gegen Kaiser Friedrich II.

Die Blätter des Vereins für Landeskunde von Niederösterreich 29, 1—4 enthalten eine quellenkritische Studie von K. Uhlirz: Die Continuatio Vindobonensis, ein Beitrag zur Quellenkunde der Geschichte Wiens (an das bis 1267 reichende, in Klosterneuburg entstandene Annalenwerk schließt sich eine wahrscheinlich ebendort, jedenfalls nicht in Wien geschriebene, aus mehreren ungleichartigen Stücken bestehende Fortsetzung).

Die Analectes pour servir à l'histoire eccles. de la Belgique 25, 3 enthalten die Fortsetzung der Documents relatifs à l'abbaye Norbertine de Heylissem von Reusens (Nr. 34—110, 1187—1238).

In den Bulletins de la commission roy. d'histoire de Belgique 5, 2 veröffentlicht H. Pirenne: Note sur un manuscrit de l'abbaye de Saint-Pierre de Gand (auch als Sonderabdruck ausgegeben, Brüssel 1895. 49 S. Genaue Beschreibung einer jetzt im kgl. Archiv zu Brüssel aufbewahrten Handschrift, die die Annales Blandinienses, einen werthvollen Liber traditionum vom 7. bis 12. Jahrhundert und vereinzelte, bis in's 14. Jahrhundert reichende Stücke enthält. Eine Anzahl von Bullen und andern Urkunden aus dem 9.—13. Jahrhundert werden im Text und Anhang abgedruckt).

In der Revue de l'orient latin 3, 1 veröffentlicht Frau B. de Khitrowo: Pèlerinage en Palestine de l'abbesse Euphrosine, princesse de Polotsk (1173; in französischer Übersetzung nach dem Schluß der russischen Vita der heiligen Euphrosine). Ebendort publizirt J. Delaville le Roulx: Inventaire de pièces de terre sainte de l'ordre de l'Hopital und zwar zunächst: Inventaire des chartes de Syrie (in 378 Nummern von 1107—1287).

Im Archivio storico per le province Napoletane 20, 1 publizirt und kommentirt G. Guerrieri: Un diploma del primo Goffredo conte di Lecci (Schenkungsurkunde aus Dezember 1082).

In den Studi Storici 4, 1 veröffentlicht A. Crivellucci einen Beitrag zur Geschichte der Anfänge des Franziskanerordens: La penitenza di frate Elia.

Aus dem Bullettino dell' istituto storico ital. Nr. 15 notiren wir eine Publikation von A. Gaudenzi: Un secondo testo dell' assedio d'Ancona di Buoncampagno (Veröffentlichung des Textes nach dem

Pariſer Codex der Nationalbibliothek unter Heranziehung des Vaticanus nebſt dem Text von Muratori).

In den Atti della R. Accad. delle scienze von Turin 30, 5 veröffentlicht Gaud. Claretta: Una ricognizione dell' archivio del Cenobio d'Oulx nel 1607 e il Cartario Ulcience (bisher unbekannte Mittheilungen über das Chartular nach einem Dokument aus dem Kapitelsarchiv in Suſa). — In Heft 6 derſelben Publikation unterſucht Ag. Dutto: Se gli Asgiani e l'abate di S. Dalmazzo del Borgo ebbero parte nella fondazione di Cuneo (mit Abdruck von vier Urkunden 1196—1206).

Von den Forſchungen zur deutſchen Landes- und Volkskunde iſt das 1. und 2. Heft des 9. Bandes den Siebenbürger Sachſen gewidmet. Heft 1 enthält: Art der Anſiedelung der Siebenbürger Sachſen von Fr. Teutſch, und Volksſtatiſtik der Siebenb. Sachſen von Fr. Schaller; Heft 2: Volksthümliches der Siebenbürger Sachſen von O. Wittſtock, und die Mundart der Siebenbürger Sachſen von A. Scheiner (Stuttgart, Engelhorn. 194 S.).

Neue Bücher: Bernouilli, Der Schriftſtellerkatalog des Hieronymus. (Freiburg, Mohr. M. 6.60). — Benedicti regula monachorum rec. Woelfflin. (Biblioth. Teubneriana).

Späteres Mittelalter (1250—1500).

Von allgemeinerem Intereſſe iſt in der Zeitſchrift des Harzvereins 28, 1—116 die kritiſche Biographie des Herzogs Albrecht's I. von Sachſen von H. Steudener, die die politiſche Stellung dieſes angeſehenen Reichsfürſten gegenüber den Königen und Gegenkönigen ſeiner Zeit (1212—1260) im Zuſammenhange vorführt. Das Verdienſt ſeiner territorialen Thätigkeit iſt namentlich die Behauptung der ſächſiſchen Herzogsgewalt in den nordalbingiſchen Landen; anderes konnte er nicht erreichen.

An einem Orte, an dem man es nicht vermuthet, hat Uhlirz ein außerordentlich reiches Material zur Gewerbe- und allgemeinen Wirthſchaftsgeſchichte veröffentlicht, auf welches die ſtädtegeſchichtliche Forſchung hiermit nachdrücklich hingewieſen werden mag. In dem 16. Bande des Jahrbuchs der Kunſtſammlungen des Allerhöchſten Kaiſerhauſes (Wien 1895, Druck von Adolf Holzhauſen) veröffentlicht er nämlich „Urkunden und Regeſten aus dem Archive der Reichshaupt- und Reſidenzſtadt Wien". Sie ſind dem alten Archiv der Stadt Wien und 'dem jetzt mit dem Wiener Stadtarchiv räumlich verbundenen Archiv des Bürgerſpitals entnommen, beziehen ſich auf die Jahre 1289—1439 und berückſichtigen diejenigen Gewerbe, die mit der Kunſt in näherem oder weiterem Zuſammenhange ſtehen, alſo die Münzer, Goldſchmiede, Waffenſchmiede, Schloſſer, Zinngießer, Glockengießer,

Gürtler, Paternosterer, Glaser, Maler, Bildhauer, Maurer, Steinmetzen und
dergl. Dabei hat U. sich nicht darauf beschränkt, die Nachrichten über die
genossenschaftliche Organisation und die politische Stellung des Handwerks
zu notiren, sondern auch die über gewerbliche Erzeugnisse und über einzelne
Handwerker und Künstler erwähnt. Man erfährt also z. B. auch, wie die
Wiener Bürger diese und jene Kirche mit den Erzeugnissen des Wiener
Kunstfleißes auszuschmücken sich bestrebten. Die Publikation umfaßt
128 Folioseiten. Das dem Separatabdruck beigegebene Register bezieht
sich auf die ganze zweite Hälfte des 16. Bandes.   G. v. Below.

Karl Heldmann stellt in seiner sehr fleißigen und sorgfältigen „Geschichte der Deutschordensballei Hessen nebst Beiträgen zur Geschichte
der ländlichen Rechtsverhältnisse in den Commenden Marburg und Schiffenberg, I. Theil, bis 1360" (Sonderabdruck aus der Ztschr. des Vereins für
Hessische Geschichte, N. F., Bd. 20; Kassel 1894, L. Döll; 191 S. nebst einer
Anzahl Tabellen) zunächst die Entstehung der Ballei, ihre Verfassung, Erwerbungen, Rechte (besonders auch gegenüber den Landesherrschaften) und
Thätigkeit dar. Als den Höhepunkt der Ballei bezeichnet er, von der
äußeren politischen wie von der innern Seite des eigentlichen Ordenslebens
betrachtet, die Jahre 1280—90. S. 86, Anm. 3, weist er auf einen inter-
essanten Beitrag zur Geschichte des römischen Rechts in Deutschland hin.
— Weiter untersucht Heldmann speciell die landwirthschaftlichen Verhältnisse:
Hörigkeit und Pacht, Gutspreise und Vertheilung des Grundbesitzes. In dem
Abschnitt zur Geschichte der Hörigkeit geht er auf die fuldischen Traditions-
bücher zurück. Bei der Pacht unterscheidet er als Hauptarten die einfache
Pacht und die Landsiedelleihe. Die letztere erklärt er als „das gemeinsame
Produkt von Grundhörigkeit und Prekarie, erwachsen auf dem Boden der
Rodungen". Die Zeitformen sind sämmtlich bei ihr vertreten. Sehr be-
stimmt erklärt sich Heldmann in Übereinstimmung mit dem Ref. (H. Z. 63, 308)
gegen Lamprecht's Behauptung, daß die Hofgerichte (und überhaupt die
Hörigkeit) durch das Pachtwesen zersetzt worden seien. „Nichts ist irriger
als das . . . . Das Gegentheil entspricht der Wahrheit: mit den freien
Pachten wurde den Hofdingen gerade eine ausgebreitetere Wirksamkeit zugewiesen." Die specielle Darstellung der landwirthschaftlichen Verhältnisse
ist auch (unter dem Titel: „Beiträge zur Geschichte der ländlichen Rechtsverhältnisse in den Deutschordenscommenden Marburg und Schiffenberg")
als Marburger Doktordissertation von 1894 erschienen.   G. v. Below.

Für die Betrachtung der Entwicklung der Landeshoheit im nördlichen
Deutschland, speziell der Staatssteuern, ist ein neuer Beitrag von Werth, den
O. Merklinghaus in einer Untersuchung über die Bedeverfassung
der Mark Brandenburg in den Forschungen zur Brandenburg. und
Preuß. Geschichte 8, S. 59 ff. darbietet. In zwei Abschnitten wird der
Verlauf bis zum 14. Jahrhundert geführt; als der wichtigste Moment tritt

1282 die vertragsmäßige Umwandlung der unregelmäßigen Beden in eine gleichmäßige jährliche hervor.

In Heft 26 der Mittheilungen aus dem Stadtarchiv von Köln S. 1 führt H. Keussen die Registrirung der Briefe des 14. und 15. Jahrhunderts weiter, die in Heft 22 begonnen war und im nächsten zum Abschluß kommen wird. Namentlich die „fehdenreiche Zeit des ausgehenden 14. Jahrhunderts erhält viel neues Licht".

Ebenda S. 163 schließen die Tabellen über das **Kölner Patriziat** bis 1325 von F. Lau. Nach einer Notiz des Verfassers in Westdtsch. Ztschr. 14, 172 scheint es, als ob er demnächst dort die allgemein historischen und verfassungsgeschichtlichen Gesichtspunkte seiner Studien entwickeln wolle.

Hochinteressantes Detail zur Geschichte der Romfahrt **Heinrich's** VII. bietet ein bisher unbeachtetes französisches Epos, das aus einer Handschrift der Metzer Stadtbibliothek von G. **Wolfram** und F. **Bonnardot** im Jahrbuche für Lothring. Gesch. und Altertumsk. VI, S. 177—280 veröffentlicht wird. Ersterer gibt eine Einleitung und historische Anmerkungen (deutsch); letzterer die Übersetzung, linguistische Analyse und Glossar (französisch). Im Hinblick auf den beliebten Ritterroman Les voeux du Paon, an den sich das Epos in Motiven und zum Theil in den Worten anlehnt, haben die Herausgeber ihm den Titel Les voeux de l'Épervier gegeben. In fesselnder Weise werden u. a. Scenen aus der Romfahrt aneinander gereiht; höfisches Leben, abenteuerliches Treiben der Ritterschaft, zuletzt der Tod des Kaisers werden anschaulich erzählt. Bei der Tafelrunde in Mailand, deren Schilderung den eigentlichen Mittelpunkt bildet, ist es dann, wo alle Theilnehmer sich durch Gelübde dem Könige verpflichten. Daher schon die alte Überschrift: Si après trouverés les voulz, que les noblez princes et seigneurs vowont etc. Auch auf den Verfasser, der über viele Einzelheiten genau unterrichtet ist und zu Bischof Theobald von Lüttich Beziehungen hatte, ließ sich ein Schluß gestatten: möglicherweise ist es Simon von Marville, Kanonikus zu Metz, den Heinrich VII. mehrfach zu politischen Missionen verwandte. Er wird mit vor Brescia gewesen sein und kannte auch sonst die im Gedicht geschilderten Theilnehmer der Tafelrunde meist persönlich.

Umfangreiche Besprechungen von **Gmelin's** Buch über Schuld oder Unschuld des **Templerordens** liefern sowohl **Hagenmeyer**, Revue de l'orient latin 3, 107, als **Salvémini**, Archivio storico italiano 15, 225.

In Bibliothèque de l'école des chartes 56, 21 werden aus zwei bei einem römischen Antiquar zufällig aufgefundenen Pergamentblättern mehrere **Briefe** und **Memoires** des älteren **Marino Sanudo** edirt, von denen das Konzept eines Gutachtens über die Aussöhnung **Ludwigs des Baiern** mit der Kurie nicht ohne Werth ist. Der originelle Projektenmacher legt darin seine Gründe vor, aus denen die Aussöhnung möglich sei, die ihm für seine Kreuzzugspläne unentbehrliche Voraussetzung ist. Die Datirung des nicht vollständig und nicht ohne Fehler überlieferten Stücks ist schwierig; die übrigen Stücke sind aus der Mitte der dreißiger Jahre Doch hat der Verfasser ganz ähnliche Ideen schon viel früher entwickelt. Da der Verzicht auf das Reich vorkommt, möchte ich es eher dem Jahre 1334 zuweisen, als den Jahren 1335—1336, wie die Herausgeber.   8.

Ebenda S. 99 beginnt eine breit angelegte Biographie des bretonischen Dichters Jehan Meschinot, die aus seinen Werken vor Allem die Satiren gegen Ludwig XI. behandeln wird. Sie stammt aus der Feder von Arthur de la Borderie.

In den Mélanges d'archéologie et d'histoire 15, 103 veröffentlicht A. Coulon aus einer vatikanischen Handschrift ein Fragment d'une chronique du règne de Louis XI., vermuthlich aus der Feder eines burgundischen Hofbeamten, in dem die genauen Schilderungen der Krönung in Reims und des Einzugs in Paris den weitaus größten Raum einnehmen.

Das Juliheft der Revue des questions historiques bringt einen Aufsatz: Première guerre entre le protectionnisme et le libre-échange von C. de la Roncière, der die Bemühungen Frankreichs nach dem 100 jährigen Kriege um Wiederbelebung des Handels schildert. Hauptgegenstand der sehr lebendigen Darstellung ist der Kampf, den der keinen geraden und krummen Weg der Politik und des Krieges verschmähende Ludwig XI. in nothwendig protektionistischer Weise gegen den Widerstand seiner Kaufleute zur Beseitigung des Zwischenhandels mit den Italienern und Nieder-ländern führte.

Im Archivio storico Napoletano 20, 72 beginnt F. Cerasoli mit der Herausgabe vatikanischer Aktenstücke für die Beziehungen zwischen Urban V. und der Königin Johanna I. von Neapel.

Ein Söldnerführer unter Karl VII., Jean de la Roche, dessen Per-sönlichkeit innerhalb einer Gruppe gleichnamiger Herren erst festgestellt werden mußte, wird in Revue des questions historiques 58, 41 von Simon dargestellt. Wegen seiner Tüchtigkeit hat ihn der König zum Seneschall von Poitou gemacht. Später, als er durch seinen Freund La Tremoille in Konspirationen und den Bürgerkrieg der sogen. kleinen Praguerie hineingerieth, wurde er abgesetzt und entging wohl nur durch seinen Tod (1440) schärferer Bestrafung.

Berliner annalistische Aufzeichnungen, wahrscheinlich aus dem Jahre 1434 stammend und zumeist die Jahre 1369—1434 behandelnd, hat Wilh. Meyer aufgefunden und veröffentlicht sie in den Nachrichten der Göttinger Gesellschaft 1895, 3 mit sorgfältigem Kommentar.

Eine Zusammenstellung der Oberlausitzer auf Universitäten während ſes Mittelalters und bis zum Jahre 1550 gibt H. Knothe im N.=Lauſitz. Mag. 71, 133.

Zum Theil aus ungedruckten Materialien gibt H. Witte unter dem Titel „Zur Geſchichte der Burgunderkriege" in der Ztſchr. f. d. Geſch. d. Oberrheins Bd. 10 eine ausführliche Abhandlung über die Ereigniſſe ſeit dem Sommer 1475 (nach der Aufhebung der Neuſſer Belagerung) bis zu der entſchiedenen Offenſive Karl's gegen die Schweizer Eidgenoſſenſchaft.

Neue Bücher: Rehme, Das Lübecker Oberſtadtbuch. (Hannover, Helwing. M. 8.) — Nirrnheim, Das Handlungsbuch Vickos von Helderſen. (Hamburg, Voß. M. 6.) — Tille, Die bäuerl. Wirthſchafts= verfaſſung des Vintſchgaues, vornehmlich in der zweiten Hälfte des Mittel= alters. (Insbruck, Wagner.) — v. Zallinger, Das Verfahren gegen die landſchädlichen Leute in Süddeutſchland. (Insbruck, Wagner.) — Joachimſohn, Die humaniſtiſche Geſchichtſchreibung in Deutſchland. I. Die Anfänge. Sigismund Meiſterlin. (Bonn, Hanſtein. M. 10.) — Ortvay, Geſch. der Stadt Preßburg. Deutſche Ausg. Bd. 1—3. (Preß= burg, Stampfel. 1892/95.) — Vogelſtein u. Rieger, Geſch. der Juden in Rom. II. (1420—1870). (Berlin, Mayer & Müller.) — Pollock and Maitland, The history of English law before the time of Edward I. 2 voll. (Canterbury, University Press.) — F. v. Löher, Das Kanarierbuch. Geſch. u. Geſittung der Germanen auf den kanariſchen Inſeln. (München, Schweitzer. M. 8.)

Reformation und Gegenreformation (1500—1648).

Mittheilungen über Beziehungen der Fugger zum Humanismus macht E. Fink in der Ztſchr. d. hiſt. Ver. f. Schwaben u. Neuburg 21 (1894). Anton Fugger ſtand mit Erasmus in freundſchaftlicher Verbindung (ein Brief von ihm an Erasmus von 1530 wird abgedruckt). Vorwiegend handelt der Aufſatz über etliche ſchleſiſche Humaniſten, deren ſich Anton und ſein Sohn Markus Fugger vielfach angenommen haben, den Poeten Georg v. Logau, Anton Paus und den Juriſten Nikolaus v. Reusner.

O. Vogt referirt in der Zeitſchrift für Kirchengeſchichte 16, 1 über drei Briefe Bugenhagen's (von 1523 und 1524) an Spalatin, die 1891 in den Mitth. d. Inſtituts f. öſterr. Geſchichtsforſchung 12 von R. Thommen veröffentlicht worden ſind.

Im Anzeiger für Schweizer Geſch. 1895, 2 weiſt W. Öchsli auf Grund der betreffenden Briefe nach, daß die ſpätere Behauptung Tſchudi's, der erſte Druck ſeiner Rhaetia 1537 ſei gegen ſeinen Willen von Gleveau veranlaßt worden, nicht wahrheitsgemäß geweſen iſt.

In den Nachrichten der Gesellsch. d. Wissensch. zu Göttingen 1895, 1 beschreibt und bespricht W. Meyer eine in Göttingen befindliche Nachschrift der Postille Melanchthon's von 1555/56 und vergleicht dieselbe mit Pezel's Druck. Die Göttinger Handschrift läßt einen sehr guten Einblick in Melanchthon's Lehrthätigkeit thun und wäre, wie Meyer ausführt, besonders geeignet, als Grundlage für weitere Forschung gedruckt zu werden.

Interessantes Material zur Geschichte der Universität Frankfurt a/O. veröffentlicht E. Friedlaender in den Forschungen zur Brandenb.=Preuß. Gesch. 8, 1, und zwar einmal 14 Erlasse des ersten Rektors Wimpina an die Studirenden (Anschläge am schwarzen Brett) von 1506 und sodann eine Verordnung vom 14. September 1542 über die Reform der Universität nach einer Visitation durch kurfürstliche Delegirte.

In einem interessanten Aufsatze behandelt K. Haebler in der Ztschr. d. hist. Ver. f. Schwaben und Neuburg 21 (1894) auf Grund bisher unbekannter Urkunden die Frage, wie die Welser in den Besitz von Venezuela gekommen sind, und namentlich die dort vorhergehende Regentschaft der Ehinger (1528—1530). Aus dieser Zeit werden eine Reihe von Aktenstücken aus dem British Museum und dem Dresdener Archiv abgedruckt.

Die Augsburger Chronik des Clemens Sender, die kürzlich durch die Historische Kommission in München veröffentlicht worden ist, wird durch W. Vogt in der Ztschr. d. hist. Ver. f. Schwaben u. Neuburg 21 ausführlich besprochen und ihre Bedeutung für die Geschichte Augsburgs in der Reformationszeit gewürdigt.

Aus Enoch Widmann's handschriftlicher Chronik der Stadt Hof veröffentlicht Christian Meyer in der Zeitschrift für Kirchengeschichte 16, 1 das Stück, welches den Wiedertäufer Nikolaus Storch und dessen Anhänger betrifft.

Die Nachrichten über die Schützengesellschaften und Schützenfeste Augsburgs im 15. und 16. Jahrhundert stellt Radlkofer in einem Aufsatze in der Ztschr. d. hist. Ver. f. Schwaben und Neuburg 21 zusammen. Am Schlusse desselben veröffentlicht er einige darauf bezügliche Urkunden und Nachrichten.

Im Arch. f. Hess. Gesch. u. Alterthumsk. N. F. 2, H. 1 gibt G. Windhaus neue Beiträge zur Geschichte der Kirche und Schule in Friedberg, eine Ergänzung zu seinem früheren Aufsatze und zugleich eine Berichtigung verschiedener Behauptungen Grein's (vgl. H. Z. 73, 557).

Die Nachrichten über die Familie des polnischen Reformators Joh. v. Lasco vereinigt César Pascal in einem noch nicht abgeschlossenen Aufsatze des Bullet. du protestantisme français (1895 H. 5 u. 6). Er behandelt bisher Johann Andreas und den politisch vielfach thätigen Hieronymus Lasco.

In der Westdeutschen Zeitschr. 14, 2 vertheidigt sich J. Hansen gegen M. Lossen's Kritik seiner Einleitung zu den Römischen Nuntiaturberichten 1572—85 (H. Z. 75, 1 ff.), wie uns scheint, mit zutreffenden Gründen.

Ziemlich breit, aber ohne viel Neues zu bringen, schildert Hoeynck in der Ztschr. f. vaterländ. Gesch. u. Alterthumsk. (Westfalens) die Truch-sessischen Religionswirren von 1582 ff. mit besonderer Rücksicht auf das Herzogthum Westfalen, und zwar vorläufig bis zum Arnsberger Landtag im März 1583. Schluß folgt im nächsten Band.

Aus der Rivista storica italiana 12, 1 notiren wir einen ziemlich ausführlichen Aufsatz E. Callegari's über den Heimfall Ferraras an den Kirchenstaat nach dem Tode des Herzogs Alfons II. von Este im Oktober 1597.

In ansprechender, für weitere Kreise bestimmter Weise beschreibt A. Sperl das Leben des Pfalzgrafen Philipp Ludwig von Neuburg und den Übertritt seines Sohnes Wolfgang Wilhelm zum Katholizismus, sowie die Durchführung der Gegenreformation in Pfalz-Neuburg (Schriften des Vereins für Reformationsgeschichte Nr. 48. Halle, M. Niemeyer. 1895. 87 S. 1.20 M.).

Das Leben des französischen Connetable und Gouverneurs des Dau-phiné Lesbiguières († 1626) macht Armstrong zum Gegenstand einer biographischen Skizze, die aber lediglich die Resultate fremder Forschung wiedergibt. (English historical Review Juli 1895, 10, 39.)

In den Jahren 1625—1630 fädelte Richelieu eine diplomatische Intrigue ein, um das Fürstenthum Orange in Frankreich einzuverleiben. Den Verlauf dieses Handels, der schließlich mißlang und mit der Erschießung des von Frankreich gewonnenen Gouverneurs von Orange, Valkenburg, endete, erzählt Albert Waddington im Juli-Augustheft 1895 der Revue historique (Bd. 58).

Über das Bundesverhältnis zwischen Hamburg und Schweden unter Gustav Adolf macht A. Wohlwill einige Mittheilungen und publizirt darin einen am 26. November 1631 abgeschlossenen Vertrag, in dem sich Hamburg gegen das Versprechen des schwedischen Schutzes zur Zahlung von 150 000 Thalern verpflichtet. (Mittheil. des Vereins für Hamburg. Gesch. 16.)

Im Historischen Jahrbuch der Görres-Gesellschaft 16, 2 (1895) sucht Ehses die Legende zu zerstören, daß Papst Urban VIII. beim Tode Gustav Adolf's eine Seelenmesse für diesen habe lesen lassen. Er habe vielmehr ein Tedeum ob laetitiam necis regis Sueciae interfecti an-stimmen lassen.

Das 4. Heft des 15. Bandes der Ztschr. f. Kirchengeschichte bringt den Schluß der Abhandlung von Jakobi über das liebreiche Religionsgespräch zu Thorn vom Jahre 1645 (vgl. die Notiz in H. Z. 74, 552). Die Erzählung ist ausführlich und genau, aber es scheint fast, als ob sie durch den unerquicklichen Verlauf des Gesprächs an Kraft und Tiefe etwas eingebüßt habe.

In der Altpreuß. Monatsschrift Bd. 32 H. 3 u. 4 erhebt K. Loh= meyer in ausführlicher, im allgemeinen recht anerkennender Besprechung der von Breysig herausgegebenen ostpreußischen Ständeverhand= lungen (vgl. H. Z. 74, 101) Einspruch gegen dessen Auffassung von dem absoluten, antiständischen Charakter der älteren Ordensregierung. Sein weiterer Einwurf, daß Breysig für Ostpreußen und für Deutschland über= haupt die principielle Bedeutung des fürstlich=ständischen Gegensatzes für das 16. und beginnende 17. Jahrhundert übertreibe, daß man nicht ohne weiters die deutsche Entwicklung mit der französischen vergleichen dürfe, berührt eine wichtige, allgemeinerer Behandlung werthe Frage.

Neue Bücher: Lavisse et Rambaud, Histoire générale. V. Les guerres de Religion. 1559—1648. (Paris, Colin; Leipzig, Brock= haus. fr. 12.) — Villari, Machiavelli. II. 2. ed. (Milano, Hoepli.) — Gothein, Loyola. (Halle, Niemeyer. M. 15.) — Correspond. de Granvelle. XI. (Brüssel, Hayez.) — Wiebe, Zur Geschichte der Preis= revolution im 16. und 17. Jahrhundert. (Leipzig, Duncker & Humblot. M. 9.) — B. Loewe, Die Organisation und Verwaltung der Wallen= stein'schen Heere. (Freiburg u. Leipzig, Mohr. M. 2.) — Die böhm. Landtagsverhandlungen und Landtagsbeschlüsse. VIII. 1592—1594. (Prag, Verlag d. kgl. böhmischen Landesausschusses.) — Archiv Cesky. XIII. 1503—1511. (Prag, Bursik & Kohout.) — Struck, Das Bündnis Wilhelm's von Weimar mit Gustav Adolf. (Stralsund, Regierungsbuch= druckerei.) — Knipschar, Kurfürst Philipp Christoph von Trier und seine Beziehungen zu Frankreich. (Marburg, Elwert.) — R. Schmidt, Ein Kalvinist als kaiserl. Feldmarschall im Dreißigjähr. Kriege (Holzappel). (Berlin, Fußinger. M. 3.) — Svenska riksrådets protokoll. VII. 1637—1639. (Stockholm, Norstedt.)

1648—1789.

In den Forschungen zur brand. u. preuß. Gesch. 8, 1 (1895) theilt Hirsch acht bisher unbekannte Briefe der Kurfürstin Luise (Henriette) an den Oberpräsidenten Otto v. Schwerin mit und gibt im Anschluß daran eine Reihe textkritischer Bemerkungen zu den früher von Orlich veröffent= lichten Briefen der Kurfürstin, dessen Datirungsversuche auch vielfach be= richtigt werden.

Einen sehr lehrreichen Beitrag zur Geschichte der Provinzial= und Lokal= verwaltung unter Cromwell in der parlamentlosen Zeit von Januar 1655 bis September 1656 enthält ein |Aufsatz von Rannie in der English historical review vom Juli 1895. Raunie schildert darin die Einführung der Major Generals, d. h. militärischer Generalgouverneure in den einzelnen englischen Landschaften, deren Funktionen aber keineswegs rein militärischer Natur waren, sondern weite Gebiete der Zivilverwaltung umfaßten. Sie charakterisiren sich mithin als ein Versuch, das parlamentarische Regiment durch eine persönliche Militärdiktatur zu ersetzen, ein Bestreben, das durch den Zusammentritt des Parlaments im Herbst 1656 sein Ende fand.

In der Zeitschrift für Gesch. des Oberrheins 10, 2 theilt J. Weiß Briefe des schwäbischen Feldwachtmeisters Grafen v. Öttingen an seinen Vetter, den Reichshofpräsidenten v. Öttingen, mit, die mancherlei Nachrichten über die Kriegsereignisse von 1688/89 enthalten.

Moritz Jaffé, Die Entwicklung des irischen Pachtwesens von 1700 bis zu den Anfängen der Agrarreform (Jahrbuch für Gesetzgebung, Verwaltung und Volkswirthschaft 19, 3), führt uns das Wesen der zeitlich und örtlich höchst verschiedenartigen Verhältnisse der Pächter zu den Landbesitzern, das so verderbliche Institut der middlemen, den Grund für die ungeheuere Vermehrung der Unterpächter mit ihren lächerlich kleinen Zwergwirthschaften, und die rechtliche Form der Pacht, besonders das eigenartige tenant-right vor Augen; für das Verständnis der wirthschaftlichen Lage der irischen Bevölkerung und deren Nöthe in unserem Jahrhundert trägt dieser Aufsatz ganz bedeutend bei.

„Ein Kapitel aus der böhmischen Finanzgeschichte" betitelt Ottokar Weber einen Aufsatz in den Mittheilungen für Geschichte der Deutschen in Böhmen 33, 4, und gibt darin einen aktenmäßigen Beleg für die Lieferungen an Geld und Rekruten, die der 1742 von den Bayern okkupirte Theil Böhmens diesen geleistet hat — eine für die finanzielle und militärische Verwaltung des Landes in jenen Kriegszeiten werthvolle Arbeit.

Über die Staatsschulden und die Ordnung des Staatshaushalts unter Maria Theresia handelt Adolf Beer in einem ersten Artikel in dem Archiv f. österr. Gesch. 82, 1. Es handelt sich hauptsächlich um den Versuch, den Staatskredit zu heben durch Umwandlung der Länderschulden in eine einheitliche staatliche Schuldenmasse; um Projekte zur Schaffung von Papiergeld und zur Ausgabe von Banknoten; um die Errichtung einer Börse in Wien; um die Herabsetzung des Zinsfußes von 6 und 5 auf 4% und in Verbindung damit um feste Einrichtungen zur Schuldentilgung. Graf Friedrich Harrach und Graf Ludwig Zinzendorff treten in dieser auf breitestem archivalischem Material beruhenden Darstellung gegenüber Haugwitz und Hatzfeldt bedeutender hervor, als bisher; vor allem erscheint die Arbeitskraft und der Geschäftsverstand der Kaiserin selbst in hellem Lichte. Zwei beigegebene Tafeln veranschaulichen den Zustand der Staatsschulden von 1765 bis 1780.

In den Mittheil. d. Instituts f. österreich. Geschichtsforsch. 16, 3 veröffentlicht M. Lehmann, um seine These von der Priorität der preußischen Rüstungen gegenüber den österreichischen im Jahre 1756 zu erhärten, mehrere Aktenstücke Wiener Provenienz. Wir notiren noch aus den Forsch. zur brand. u. preuß. Gesch. 8, 1 zwei kleinere, gegen Lehmann sich richtende Aufsätze von O. Herrmann und H. Prutz und aus den Mitth. aus der histor. Literatur 23, 3 eine eindringende, zusammenfassende Besprechung des ganzen Streites durch E. Berner, der sich ebenfalls durch Lehmann nicht überzeugt fühlt. — Unter den wenigen Stimmen, welche sich für Lehmann erhoben haben, befindet sich eine kurze Besprechung von Onno Klopp, was freilich nicht Wunder nehmen kann. (Österreich. Literaturblatt 1895 4, 12.) Er triumphirt, daß Lehmann die Schlußfolgerungen, die er schon 1860 aus der Apologie de ma conduite politique gezogen, wieder aufnimmt; er gibt Lehmann in allem Recht, nur für einen Punkt ist er andrer Meinung: Friedrich's Verhalten gegenüber Sachsen sei nicht „in dem Geist seines Jahrhunderts" zu verstehen; schon Fleury habe den König einen malhonnête homme et un fourbe genannt, und auch späterhin habe es an ähnlichen Urtheilen von kompetenter Seite nicht gefehlt.

Im Juli=Augusthefte der Revue histor. bringt R. Waddington den Schluß seines von uns S. 376 dieses Bandes notirten Aufsatzes über die Allianzen von 1756. Er nennt hier den Versailler Vertrag ein Meisterstück der österreichischen Diplomatie, aber ein Unglück für Frankreich.

Den Antheil des Sekretärs Westphalen an den Feldzügen des Herzogs Ferdinand von Braunschweig untersucht Hans Donalies in den Forsch. z. brandenb.=preuß. Gesch. 8, 1 und gibt darin eine summarische Darstellung der Feldzüge auf dem westlichen Schauplatze des Siebenjährigen Krieges. Insbesondere charakterisirt er die Verhältnisse im deutschen Hauptquartier und die eigenthümliche Stellung, die sich Westphalen, ursprünglich der Privatsekretär des Herzogs, dann thatsächlich sein Generalstabschef, zu verschaffen gewußt hatte. In seinen sachlichen Resultaten und seinen Urtheilen berührt sich der Verfasser fast stets mit Emil Daniels, der seine bereits früher notirte Monographie über Herzog Ferdinand fortgesetzt und nahezu vollendet hat. (Preuß. Jahrb. 79, 80.) Vor Donalies hat Daniels die genauen Schlachtbeschreibungen und namentlich die Stärkeberechnungen voraus, an Übersichtlichkeit steht aber seine zu ausführliche Erzählung der knappen Darstellung von Donalies weit nach. — Neben diesen Aufsätzen über den Siebenjährigen Krieg sei noch erwähnt Schmitt, Ulm und sein Militär 1757 (Würtemb. Vierteljahrsschr. für Landesgesch. 4, 1).

Im Juli=August=Heft der Revue historique findet sich die Einleitung zu einem größeren Werke Les Français au Canada von R. de Kerallain; das Werk soll, nachdem einzelne Theile in der Revue historique abgedruckt sein werden, selbständig erscheinen. Die Einleitung bietet einen Überblick über die bisherige Literatur zur Geschichte Canadas im vorigen Jahrhundert.

„Zum Gedächtniß" des 1795 verstorbenen Würzburger Fürstbischofs Franz Ludwig von Erthal druckt Kerler im 37. Band des „Archivs des Historischen Vereins" zu Würzburg die auf den Bischof bezüglichen Stellen aus den Aufzeichnungen des Professors Franz Oberthür ab. Die Veröffentlichung erhält besonderen Werth durch die angehängten Anmerkungen Kerler's, in denen er aus gedruckten und ungedruckten Quellen ein reiches Material zur Biographie Franz Ludwig's zusammenstellt.

A. Oncken führt in der Vierteljahrsschrift für Staats= und Volkswirthschaft 4, 2 seine Beiträge zur Biographie Quesnay's bis zum „ökonomischen Zeitalter" des Stifters der Physiokratie und damit zu einem vorläufigen Abschluß.

An demselben Orte findet man einen Aufsatz von Gino Macchioro über Beccaria's, des berühmten Gegners der Todesstrafe, ökonomische Schriften, die hier vom freihändlerischen Standpunkte aus besprochen werden.

Unter fleißiger Benutzung der von Lehmann (Preußen u. die kathol. Kirche 6 u. 7) veröffentlichten Aktenstücke gibt M. Immich eine Darstellung der ergebnißlosen „Vermittelung Preußens im Nuntiaturstreit 1787—1789"; er betont mit Recht die Unparteilichkeit König Friedrich Wilhelm's gegenüber den Streitigkeiten des Papstes mit den Erzbischöfen, seine redlichen Bemühungen um einen Ausgleich, die an den Traditionen der Römischen Kurie scheitern mußten, aber er beurtheilt dabei, wie mir scheint, den Grafen Hertzberg zu günstig. (Forsch. zur Brandenb. u. Preuß. Gesch. 8, 1.)

Du Moulin Eckart's Veröffentlichung „aus den Papieren eines Illuminaten" behandelt das Schicksal des bayerischen Staatsmannes von Zwack, der, als Illuminat verfolgt, 1785 aus Bayern flüchtete, später aber durch Max Joseph zurückberufen und zum Regierungspräsidenten in der Pfalz ernannt wurde. Die Arbeit ist ein willkommener Beitrag zu der in manchen Punkten noch immer unaufgeklärten Geschichte des Kampfes zwischen der Regierung Karl Theodor's und dem Orden der Illuminaten, auf deren politische und religiöse Bestrebungen hier einzelne Streiflichter fallen. (Reinhardstöttner's Forsch. z. Kultur= u. Literaturgesch. Bayerns, 3. Buch.)

Die bisher nur in russischer Sprache bekannten Schreiben der Kaiserin Katharina an den Fürsten von Ligne veröffentlicht L. Perey, zugleich mit den Briefen des Fürsten, nach den französischen Originalen im Petersburger Archiv. Die Korrespondenz, mehr ein Austausch von geistvollen Komplimenten als historisch bedeutsam, beginnt nach dem Aufenthalt des Fürsten in Petersburg (1780) und endet im Jahre 1796. (Revue de Paris, 15. Juni und 15. Juli 1895.)

Neue Bücher: Recueil des instructions données aux ambassadeurs et ministres de France depuis les traités de Westphalie etc. XIII. Geffroy, Danemark. (Paris, Alcan.) — Texte, Rousseau et les origines du cosmopolitisme littéraire. (Paris, Hachette.) — Der zweite Schlesische Krieg. Herausg. vom Großen Generalstabe. I. II. (Berlin, Mittler. M. 15 u. M. 11.) — Scriptores rer. Silesiacarum XV. Das Kriegsgericht wegen der Kapitulation von Breslau 1758. (Breslau, Max & Komp.) — De Larivière, Catherine le Grand. (Paris, Le Sondier. Fr. 3.50.) — Rae, Life of Adam Smith. (London, Macmillan.)

Neuere Geschichte seit 1789.

Eine hübsche Studie ist der Aufsatz von Kayser über Anarcharsis Cloots, den „Sprecher des Menschengeschlechts", der in der etwas rosafarbigen Beleuchtung des Verfassers mehr wie ein Opfer des französischen Chauvinismus, als seiner eigenen revolutionären Ausschreitungen erscheint. (Preuß. Jahrb. März 1895.)

In einer Reimann zum 50 jährigen Doktorjubiläum gewidmeten kleinen Schrift „Französische Staatsgefangene in schlesischen Festungen" (Breslau, Nischkowsky, 1895) behandelt J. Krebs, nach den Akten des Geh. Staatsarchivs und des Archivs des Kriegsministeriums in Berlin, sehr eingehend den Aufenthalt von Lafayette, Latour-Maubourg und Bureau de Puzy in Neiße und Glatz (1794).

Die Wegnahme von Kunstwerken, Handschriften und Büchern in Belgien und Italien durch die Franzosen schildert Müntz in einer Reihe von Artikeln mit großer Unbefangenheit und Gründlichkeit. (Les annexions de collections d'art ou de bibliothèques, principalement pendant la révolution française in der Revue d'hist. dipl. 1895.)

Vortrefflich ist ein Aufsatz von A. Sorel über die letzten Jahre des General Hoche, dessen Verhalten in der Vendée, Pläne gegen Irland, Wirksamkeit am Rhein, Verhältnis zum Fructidor-Staatsstreich. Sorel nennt Hoche le plus complétement et le plus foncièrement français parmi tous les héros de la Révolution, im Gegensatz zu dem esprit tout romain et tout césarien Bonaparte's, und weist nach, daß die außerordentliche Volksthümlichkeit Hoche's in Frankreich auf der Hoffnung beruhte, durch ihn die drei Dinge zusammen verwirklicht zu sehen, die sich gegenseitig vernichtet haben: „die Freiheit, die Republik und die Rheingrenze". Das Unfertige, Unbestimmte in dem Charakter und den Zielen von Hoche wird von S. besonders anschaulich vergegenwärtigt. (Les vues de Hoche in der Revue de Paris, 15. Juli und 1. August 1895.)

Die durch der Streit Böhtlingk's und Obser's neuerdings wieder belebte Frage nach den Urhebern des Rastatter Gesandtenmordes hat H. Hüffer, unter Heranziehung einiges bisher unbekannten Materials aus Wien, einer gründlichen und umsichtigen Prüfung unterzogen, indem er durch scharfe Unterscheidung zwischen dem Attentat auf die Gesandschafts-

Papiere und der Ermordung der Gesandten selbst den ganzen Zusammen=
hang und die völkerrechtliche Bedeutung des Ereignisses klarzustellen sucht.
Während er den Erzherzog Karl von aller Verantwortung entlastet (was
mir nach dessen Erlaß vom 28. April nicht ganz gerechtfertigt erscheint), be=
zeichnet er auf Grund eines Schreibens des Erzherzogs an den Kaiser
den Generalquartiermeister, Generalmajor v. Schmidt, als den Haupt=
schuldigen, der durch einen unbesonnenen Brief den Angriff auf die
Gesandten veranlaßt habe. Bei der Ermordung selbst ist Hüffer (mehr als
früher) geneigt, die Einwirkung des Fanatismus französischer Emigranten
auf die Erbitterung untergeordneter österreichischer Offiziere für wahr=
scheinlich zu halten. (Deutsche Rundschau, Juli u. August 1895.)   P. B. ·

Das Aprilheft der Révol. française bringt eine Abhandlung von
P. Robiquet über die Verhaftung Babeuf's, die jedoch nur über
dessen Familie einiges Neue enthält, und von Aulard über die Wahl
Napoleon's zum Konsul auf Lebenszeit. Aulard betont die
oppositionelle Haltung des Senats, der nicht (wie z. B. Thiers behauptet)
aus Mißverständnis, sondern mit voller Absicht das Konsulat statt auf
Lebenszeit nur auf 10 Jahre bewilligt habe; die zweifellos außerordent=
liche Mehrheit bei dem Plebiszit von 1802 (500,000 Ja mehr als i. J. 1800)
hält er hauptsächlich für eine Folge des Konkordats.

Nach englischen Reisebeschreibungen (Weston, the praise of Paris,
1803, und Hughes, a tour through several departements of France,
1803) schildert P. Mille die Zustände in Paris und in einigen französischen
Provinzen (besonders in der Vendée) unter dem Consulat, wobei er nament=
lich den durch die Revolution hervorgerufenen ungeheuren Besitzwechsel erörtert.
(Revue bleue, 15. Juni und 13. Juli.)

Ein Beitrag zur Kolonialpolitik Napoleon's ist die Abhand=
lung über die Beziehungen Frankreichs zu Nord=Amerika von Miß Ida
Tarbell, welche zum Theil nach den Berichten der amerikanischen Ge=
sandten hauptsächlich die Geschichte der Verträge vom 30. Sept. 1800 und
10. April 1803 (Verkauf Louisianas) erörtert. (Mac Lure's Magazine, Juni=
Heft, und Revue des Revues, 15. Juli 1895.)

Das von dem Ingenieur=Oberst Legrand verfaßte, dem Kaiser
Napoleon durch Clarke 1809 überreichte Journal historique de la campagne de Prusse 1806 (vgl. Revue de Paris, 1. Juli 1895) ist zum
großen Theil nur eine erweiterte Bearbeitung des von Foucart veröffent=
lichten Extrait du journal des opérations du 3e corps d'armée, (oder
wäre dieses ein Auszug aus jenem? vgl. Campagne de Prusse, I, 673 folg.).
Neu sind einige Mittheilungen über die Übergabe von Küstrin, von deren
Besatzung nur die Artillerie Neigung zum Widerstande zeigte.

Zur Geschichte der Kämpfe und Verschwörungen der Royalisten gegen die
Republik und das Kaiserreich liegen einige interessante Veröffentlichungen vor

Graf Gerard de Contades hat unter dem Titel Émigrés et Chouans (Paris, Didier, 1895) fünf theilweise früher im Correspondant erschienene Abhandlungen vereinigt: 1. Die Geschichte des Chevalier de Haussey (vgl. H. Z. 75, 183). 2. Armand de Chateaubriand, ein Vetter des Dichters, der als Mitglied der „Agentur von Persey" im Jahre 1809 gefangen und erschossen wurde. 3. „Ein Chouan in London" (Collin de la Conrie, Vertreter der bretonischen Armee). 4. Les gentilshommes poètes de l'armée de Condé, die sogen. Akademie von Steinstadt im Breisgau. 5. Puisaye et d'Avaray, die Intriguen zur Verdrängung Avaray's aus dem Vertrauen Ludwig's XVIII., wobei auch der Graf Artois eine Rolle spielte. Ähnlichen Inhalts sind die Erzählungen zur Geschichte der Chouans von E. Daudet, welche gleichfalls die Agentur von Persey und deren erbitterten Kampf gegen Napoleon (von 1807 bis 1809 wurden außer Chateaubriand noch 25 Chouans hingerichtet), die romantischen Schicksale des Chevalier de la Haye=Saint=Hilaire (erschossen 1806), und die Entdeckung und Unterdrückung einer royalistischen Verschwörung zu Bordeaux (1804) behandeln. (Vgl. Revue de Paris, 1. Dez. 1894 und 1. Juli 1895; Revue hist. 1895, Mai=Juni.)

Die bisher vermißten Immediatschreiben Napoleon's an Caulaincourt während dessen Gesandtschaft in Rußland haben sich, abschriftlich aber in zweifellos authentischer Gestalt, in den Papieren von La Ferronays vorgefunden. Vandal, der sie in der Revue bleue (Nr. 13—16) veröffentlicht und ihre Bedeutung mit Recht sehr hoch anschlägt, findet darin im Wesentlichen eine Bestätigung der in seinem großen Werke vorgetragenen Anschauungen, namentlich auch über Napoleon's aufrichtige Abneigung gegen den Krieg von 1809. Die vom 2. Februar 1808 bis zum 10. April 1809 reichenden Schreiben beleuchten neben den orientalischen Plänen der beiden Kaiser in höchst charakteristischer Weise die Intervention Napoleon's in Spanien (31. März: je ne suis pour rien dans les affaires d'Espagne) und die Vorgeschichte des Krieges mit Österreich, das Napoleon durch eine Trennung in drei Theile oder durch Entwaffnung unschädlich zu machen vorschlägt. Übrigens sind die Briefe mehr Instruktionen darüber, wie die napoleonische Politik in Petersburg dargestellt werden sollte, als wie sie wirklich war.

Aus der Fortsetzung seiner Studien zur Geschichte Napoleon's und Alexander's I. veröffentlicht Vandal eine Untersuchung über die Spionage Tschernyschew's in Paris vor Ausbruch des Krieges von 1812. (Revue de Paris, 1. Januar 1895.)

Nach den Tagebüchern eines Advokaten und Professors an der Universität Perpignan, Namens Jaume, schildert der Abbé Torreilles die Wandlungen in den Gesinnungen der klerikalen und royalistischen Parteien Frankreichs, namentlich in der Beurtheilung Napoleons, von 1800 bis 1809. Unter den zahlreichen bemerkenswerthen Notizen heben wir hervor die Angaben Jaume's über die infolge der vielen Kriege zunehmende Verwilderung und Entsittlichung, wodurch G. Duruy's (in dem Vorwort zu den eben veröffentlichten Memoiren von Barras) begeisterte Ausführungen über die sittliche Hebung und Veredelung Frankreichs durch die Kriege der Revolution und des Kaiserreichs gründlich widerlegt werden (Revue des quest. hist. 1895, Heft 2).

Im Juliheft von Harper's New Monthly Magazine beginnt P. Bigelow unter dem Titel the german struggle for liberty die Veröffentlichung von geschmackvoll illustrirten Schilderungen zur Geschichte der deutschen Kämpfe gegen Napoleon. Die bisher erschienenen Abschnitte betreffen die Erschießung Palm's, Königin Luise, die Schlacht von Jena und Auerstädt, Napoleon und Hegel, und zeigen neben einigen Amerikanismen zugleich eine Sympathie für die deutsche Sache, die in der lebendigen und anschaulichen Schreibweise des Verfassers sich dem Leser mittheilt. Fortsetzung im Augustheft (mit einem bisher unbekannten, vorzüglichen Bild der Kronprinzeß Luise) und im Septemberheft Gneisenau, Scharnhorst u. s. w..

Seine früheren Studien und Aktenpublikationen über die Einführung der Gewerbefreiheit in Preußen setzt K. v. Rohrscheidt in der Vierteljahrschrift für Staats- und Volkswirthschaft 4, 2 fort und bringt dieses Mal in zwei Kapiteln den ersten Entwurf eines Gewerbepolizeiedikts vom 31. Dezember 1810 und einzelne Gutachten darüber, unter denen ein Promemoria J. G. Hoffmann's über die Ablösung der Gerechtigkeiten bedeutend hervorragt.

Von erheblichem Interesse ist die Veröffentlichung Bienemann's „aus dem Briefwechsel Georg Friedrich Parrot's mit Kaiser Alexander I." Der Professor der Physik in Dorpat, Parrot, der im Jahre 1802 das Vertrauen Alexander's gewonnen hatte, pflegte seitdem dem Kaiser gegenüber die wichtigsten Fragen der inneren und äußeren Lage Rußlands mündlich und schriftlich mit hohem Freimuth zu erörtern. In den aus den Jahren 1805—1812 mitgetheilten Briefen (Deutsche Revue 1894, November-Dezember) bespricht Parrot den Verfassungsplan Kaiser Alexander's, den er lebhaft bekämpft, die Nothwendigkeit innerer Reformen, zu deren Förderung er Maximilian Klinger warm empfiehlt, und anderes. Besonders merkwürdig ist eine im Hinblick auf den bevorstehenden Krieg mit Frankreich geschriebene Denkschrift vom 15. Oktober 1810, welche Rathschläge für die auswärtige Politik und die Kriegführung, unter Benutzung der Ausdehnung Rußlands, Magazinkrieg und Aushungerung der Feinde enthält.

Zehn Blücher-Briefe, meist aus den Jahren 1814 und 1815, von fast ausschließlich biographischem Werthe, veröffentlicht A. Roeschen in den Forsch. zur brandenb. u. preuß. Gesch. 8, 1.

Ein anonymer Aufsatz in der Nouvelle Revue (15. Juni) über die Schlacht bei Ligny enthält mancherlei Irrthümer. Die Legende von

36*

Napoleon's Erschlaffung, seinem zu späten Angriff am 16. wird wiederholt, die Qualität des preußischen Heeres wird überschätzt und das Verhältnis zwischen Blücher und Wellington nicht richtig dargestellt; insbesondere ist dem Verfasser das Versprechen Wellington's, zu Hülfe zu kommen, unbekannt, infolgedessen sich die Preußen erst definitiv zur Schlacht entschlossen.

Die von dem Generallieutenant Delort im Jahre 1820 niedergeschriebene Relation über die Schlacht von Belle-Alliance betrifft hauptsächlich die großen Kavalleriekämpfe, an denen er als Kommandeur einer Division des Milhaud'schen Corps Theil nahm. Dem unzeitigen Verbrauch der Reiterei, für den er ausschließlich Ney verantwortlich macht, bezeichnet er als eine Haupturfache der Niederlage. (Revue hebdom., 10. Aug. 1895.)

Über „Die Einschiffung Napoleon's in Rochefort" bringt die Nouvelle Revue rétrosp. Relationen von Augenzeugen, eines Beamten und eines Offiziers von der Bemannung des „Epervier", des Schiffs, auf dem Napoleon zum Bellerophon hinüberfuhr. (Juniheft.)

In der Revue de Paris (15. April 1895) werden in französischer Übersetzung eine Anzahl Briefe des Papstes Leo XIII. aus den Jahren 1829/31 veröffentlicht, die der 20 jährige Student aus Rom an seinen Vater und seinen Bruder schrieb. Sie enthalten vornehmlich Nachrichten über die Wahlen der Päpste Pius' VIII. und Gregor's XIV. und über die Parteien, die sich im Konklave gegenüberstanden.

In den Annales de l'École libre des sciences politiques 10, 3 beginnt F. Barosz eine Studie über die polnische Revolution von 1830/31. Der vorliegende, bis Anfang 1831 reichende Abschnitt schildert die Vorbereitung der Revolution, die Unfähigkeit des Gouverneurs, des Großfürsten Konstantin, der sie unschwer im Keime ersticken konnte, die Ausbreitung des Aufstandes und die Parteien, die sich unter den Polen bildeten. Der Diktator Chlopicki wird geschildert als ein der Revolution eigentlich durchaus abgeneigter Mann. Da er von der Insurgirung Littauens und Rutheniens und als alter Napoleonischer Soldat von einer Volksbewaffnung nichts wissen wollte, so bildete sich bald eine starke Oppositionspartei gegen ihn.

In dem Fortgang seiner Veröffentlichungen über Montalembert (vgl. H. Z. S. 379 dieses Bandes) berichtet Lecanuet über dessen Reise durch Deutschland in den Jahren 1833 und 1834 und macht aus Tagebüchern und Briefen an Lamennais interessante Mittheilungen über den Aufenthalt in Bonn (wo ihm A. W. v. Schlegel trop vain et trop français erschien), in Westfalen (la Bretagne germanique), Berlin (bei Savigny, Radowitz) u. s. w. Am längsten verweilte Montalembert in München im Verkehr mit Baader, Görres und Klemens Brentano. Das Ergebnis seiner Reise faßte er in dem Urtheile zusammen, daß certainement l'histoire telle qu'elle est enseignée et écrite en France est bien au-dessous de ce qu'elle est en Allemagne, où chaque mois voit éclore des ouvrages capitaux et inappréciables sur l'histoire de la chrétienté et de la littérature au moyen âge. (Correspondant, 25. Juli 1895.)

In der Ztschr. f. Schleswig-Holstein-Lauenburg. Gesch. (Bd. 24) behandelt Vizeabmiral Batsch den Seekrieg zwischen Schleswig-Holstein und Dänemark, der neben dem Landkriege von 1848/49 herging. Zu großen Entscheidungen konnte es nicht kommen, da die deutschen Provinzen sich erst eine Flotte schaffen mußten und hierbei manchen Widerstand zu überwinden hatten, so u. a. den Widerspruch des Prinzen Friedrich v. Noer, der von einem Seekriege nichts erwartete.

Unter dem Titel Napoléon III et Drouyn de Luys 1855 publizirt L Thouvenel einen Briefwechsel zwischen dem damaligen Direktor im Ministerium des Auswärtigen, Thouvenel und dem Gesandten in Konstantinopel, Benedetti. Die Briefe enthalten mancherlei Einzelheiten von Interesse über die Wiener Verhandlungen und beweisen auf's neue den kriegerischen Eifer der damaligen französischen Regierung. Wichtig sind ferner einige Schreiben von Drouyn de Luys unmittelbar nach seinem Sturze an Napoleon, in denen er dem Kaiser vorwirft, zuerst seine mit Buol verabredeten Bedingungen bis auf einige Modifikationen gebilligt, ihn aber dann gegenüber dem englischen Gesandten verleugnet und bloßgestellt zu haben. Leider sind einige Aktenstücke undatirt mitgetheilt.

Von den zahlreichen Artikeln über den Krieg von 1870 erwähnen wir die persönlichen Erinnerungen des Generals v. Verdy (Deutsche Rundschau 1895, Juni-September), wo u. a. Erlebnisse aus den Augustschlachten mitgetheilt werden, sowie einen anziehend geschriebenen Essai über Bismarck in Versailles, vornehmlich auf Grund der Publikationen von Moritz Busch, von L. Navez in der Revue de Belgique (15. Juni 1895).

Die Gattin des Dichters Octave Feuillet, Valerie, veröffentlicht, als Fortsetzung ihrer von der französischen Akademie soeben gekrönten Schrift: Quelques années de ma vie, interessante Erinnerungen, unter denen die Aufzeichnungen und Briefe über Zustände und Stimmungen in der Bretagne und in der französischen Kolonie von Yersey während des Krieges von 1870/71 Beachtung verdienen. Daneben finden sich bonapartistische Reminiszenzen, Besuche bei Napoleon III. in Chislehurst, bei Eugenie in Arenenberg u. s. w. (Correspondant, 25. März bis 10. Juni 1895.)

Mit dem russisch-türkischen Kriege 1877/78 beschäftigen sich Thilo v. Trotha: Die türkische Heeresleitung im Balkanfeldzuge (Deutsche Heereszeitung, Juni-Juli), und Krahmer: Die Verpflegung der russischen Armee auf dem Kriegsschauplatze (Beiheft 5 zum Milit. Wochenblatt 1895).

Veröffentlichungen aus dem Nachlaß von Taine bringen die Revue philosophique (Juliheft): Les éléments derniers des choses, Untersuchungen über die Anziehungskraft u. s. w., und die Revue de Paris (15. Juni und 15. Juli): Notes de voyage en Belgique et en Hollande, Aufzeichnungen, die neben kritischen Betrachtungen über Gemälde und Bauten auch seine Bemerkungen über Kulturgeschichte und Charakter der Belgier und Holländer enthalten.

Neue Bücher: [Kovalevsky, 1 dispacci degli ambasciatori Veneti alla corte di Francia durante la rivoluzione. I. (Torino, Bocca.) — Montégut, Le maréchal Davout. (Paris, Hachette. fr. 3.50.) — Gießener Studien. VII. Lohr, 1. Die schleswig-holsteinische Frage. 2. Der Kampf bei Eckernförde. (Gießen, Ricker.) — Schweizer, Geschichte der schweizerischen Neutralität. III. (Schlußband.) (Frauenfeld, Huber. M. 7.20.) — K. Vogel, Die dritte französische Republik bis 1795. (Deutsche Verlagsanstalt, Stuttgart. M. 7.50.)

Vermischtes.

Die historische Kommission bei der kgl. bayer. Akademie der Wissenschaften versendet den Bericht über ihre 36. Plenarversammlung in der Pfingstwoche am 7. und 8. Juni 1895.

Seit der letzten Plenarversammlung, Mai 1894, sind folgende Publikationen durch die Kommission erfolgt:

1. Allgemeine deutsche Biographie. Bd. 37, Lieferung 2 und 3. Bd. 38. Bd. 39, Lieferung 1. 2. 3.
2. Chroniken der deutschen Städte. Bd. 23: Bd. 4 der Chroniken der Stadt Augsburg.
3. Briefe und Akten zur Geschichte des Dreißigjährigen Kriegs. Bd. 6.

Die Hanserecesse werden mit dem nächsten, dem 8., Band abschließen, dessen Druck demnächst beginnt.

Von den Chroniken der deutschen Städte ist der 24. Band im Druck begriffen. Er wird Auszüge aus den Stadtbüchern von Soest und die von dem Priester Johann von Wassenberch verfaßte Chronik von Duisburg in den Jahren 1474—1517 enthalten, beides von Archivar Dr. Ilgen in Münster bearbeitet, welcher auch eine Geschichte der Verfassung von Soest hinzufügen wird.

Die Jahrbücher des Deutschen Reichs unter Otto II. und Otto III. hofft Dr. Uhlirz im Laufe des Jahres 1896 druckfertig zu stellen.

Von der Geschichte der Wissenschaften in Deutschland ist die von Professor Landsberg übernommene Vollendung von Stinzing's Geschichte der Rechtswissenschaft bis zum Ende des 18. Jahrhunderts vorgerückt, und wird diese fertige Hälfte demnächst veröffentlicht werden.

Von den Reichstagsakten der älteren Serie sind der 10. und 11. Band noch in Vorbereitung begriffen; von denen der jüngeren Serie ist der 2. im Druck begriffen.

Von den Wittelsbacher Korrespondenzen ist der 3. Band der Briefe des Pfalzgrafen Johann Casimir in der älteren Pfälzischen Abtheilung noch in Vorbereitung; von der älteren Baierischen Abtheilung wird die Drucklegung des 4. Bandes der Druffel'schen Beiträge zur Reichsgeschichte im Jahre 1895 vollendet werden.

Der Hansische Geschichtsverein versendet seinen 24. Jahres-bericht. Danach ist im vergangenen Jahre der 5. Band der Hansischen Geschichtsquellen erschienen, der die von Dr. Blümcke bearbeiteten Berichte und Akten der Hansischen Gesandtschaft nach Moskau im Jahre 1603 ent-hält (H. Z. 74, 178). Druckfertig sind der 6. Band der dritten Abtheilung der Hanserezesse, bearbeitet von Professor Schäfer, der 4. Band des Hansischen Urkundenbuches (1361—1392), bearbeitet von Dr. Kunze, und der 1. Band der Hansischen Inventare des 16. Jahrhunderts (Hanseatica des Kölner Archivs 1531—71), bearbeitet von Professor Höhlbaum.

Die diesjährige Generalversammlung des Gesammtvereins der deutschen Geschichts- und Alterthumsvereine in Konstanz findet statt vom 15. bis 18. September. Vorträge sind angemeldet von Th. Martin, G. Meyer von Knonau, Brecher und L. Wilser.

Preisaufgabe der Berliner Akademie der Wissenschaften, Charlotten-Stiftung: „Cicero's Timäus soll auf Grund des veröffentlichten Materials in neuer textkritischer Bearbeitung vorgelegt und knapp gehaltene Prolegomena über die Recensio, die Authentie der Übersetzung und die Komposition des beabsichtigten Dialogs vorausgeschickt werden. Man wünscht durch diese Aufgabe die Anregung zu geben, die Textgeschichte des sog. Corpus Philosophicum vom Archetypus an genauer zu erforschen und eine neue Ausgabe der meistens noch nicht in befriedigender Recension vorliegenden Dialoge, die aus jenem Archetypus stammen, in Angriff zu nehmen" (eine, wie uns scheint, nicht eben glücklich gewählte Aufgabe). Zeit der Ablieferung bis 1. März 1896. Der Preis besteht in den Jahreszinsen des Stiftungskapitals von 30 000 M. für vier Jahre.

Preisaufgabe der Münchener Akademie der Wissenschaften, Stiftung Christalls Zographos: Neue textkritische Ausgabe der Werke des Historikers Prokop mit Einschluß der Geheimgeschichte, auf Grund der besten Hand-schriften. Einlieferungstermin 31. Dezember 1897. Preis 1500 M., zur Hälfte gleich, zur Hälfte nach der Drucklegung zahlbar.

Preisaufgaben der Société des arts et des sciences zu Utrecht (Adresse Baron R. Melvil de Lynden, Utrecht. Ablieferungstermin 1. Dez. 1896. Preis ein Ehrendiplom und 300 Gulden = ca. 620 Francs): 1. Une histoire des relations commerciales entre la République des Provinces-Unies et le Levant. 2. Componantur fasti quam fieri possit locupletissimi, qui facta ad rem scenicam Graecorum pertinentia complectantur, additis et veterum testimoniis et eruditorum argumentis. (Lösungen für letztere Aufgabe lateinisch, für erstere auch deutsch.)

Preisausschreiben der Società storica lombarda in Mailand: Storia della ragioneria italiana nel medio evo e nell' età moderna. Ablieferungstermin 30. Juni 1896. Preis 1200 Lire.

Am 3. Juni ist in Sigmaringen der verdiente Direktor des dortigen fürstlichen Museums und der Bibliothek, Hofrat Dr. v. Lehner, im Alter von 70 Jahren gestorben.

Am 22. Juli ist in Berlin im fast vollendeten 82. Lebensjahr Rudolf v. Gneist gestorben (geb. zu Berlin 13. August 1813). Wie als Politiker und Jurist, so hat er auch als Historiker die fruchtbarste Wirksamkeit entfaltet; sein Ruhm als Meister auf dem Gebiet der englischen Rechts= und Verfassungsgeschichte ist in England wie in Deutschland gleich anerkannt. (Nachruf von E. Loening in der Beilage zur Allgem. Zeitung vom 6. und 7. Aug.)

Über G. Hirschfeld veröffentlicht die Altpreuß. Monatsschrift 32, 3/4 einen Nekrolog von H. Prutz und ein Verzeichnis seiner Arbeiten von M. Lehnerdt. Nachträglich erwähnen wir auch noch den in der Altpreuß. Monatsschrift Bd. 31 erschienenen eingehenden Nekrolog Lohmeyer's für Toeppen. — Ein umfangreicher Nekrolog für K. Hartfelder findet sich in Bursian's Jahresberichten 23.

Von Arndt und Weiland gibt E. D(ümmler) Nekrologe im Neuen Archiv 20, 3 (unter Nachrichten).

Einen Nekrolog von John Robert Seeley veröffentlicht T. R. Tanner in der Engl. Histor. Review 39 (Juli 1895).

Das Augustheft der Deutschen Rundschau enthält einen Artikel von A. v. Miaskowski: Wilhelm Roscher.

Eine Gedächtnisrede, die G. Cohn in der kgl. Gesellsch. der Wissenschaften zu Göttingen auf G. Hanssen gehalten hat, ist außer in den Nachrichten der Gesellschaft auch als Sonderschrift herausgegeben (Leipzig, Duncker & Humblot. 24 S.). Man kann nicht sagen, daß es eine eigentlich tiefgründige Darstellung von dem Wirken und der Bedeutung des Mannes ist; eigenthümlich berührt das Hereinziehen politisch=agrarischer Fragen der Gegenwart in die Rede.

An die

geehrten Leser der Historischen Zeitschrift!

Es wird den Lesern unserer Zeitschrift zur Befriedigung gereichen, zu erfahren, daß Heinrich v. Treitschke sich bereit erklärt hat, die Leitung der Historischen Zeitschrift in Gemeinschaft mit dem bisherigen Redakteur zu übernehmen.

Redaktion und Verlagshandlung
der
„Historischen Zeitschrift".

Historische Zeitschrift.

Herausgegeben von

Heinrich von Sybel und Friedrich Meinecke.

Neue Folge neununddreißigster Band.

Der ganzen Reihe 75. Band.

Drittes Heft.

Inhalt.

München und Leipzig 1895.

Druck und Verlag von R. Oldenbourg.

☞ Zur gefl. Beachtung! ☜

Die Versendung der zur Besprechung in der historischen Zeitschrift einlaufenden Bücher erfolgt von jetzt ab von Berlin aus.

Sendungen von Recensions-Exemplaren

bitten wir entweder an die Redaktion (Archivar Dr. Meinecke, Berlin W., Augs- burgerstr. 97) oder an die Verlagsbuchhandlung von R. Oldenbourg in München, Glückstraße 11 zu richten.

Verlag von R. Oldenbourg in München und Leipzig.

Geschichte der deutschen Historiographie
seit dem Auftreten des Humanismus.

Von

Dr. Franz X. von Wegele.